本文集由晨讯科技集团、暨南大学211工程第三期项目赞助出版

鄧喬彬學術文集 第2卷

比较诗学

邓乔彬 著

安徽师范大学出版社

责任编辑:潘　安　祝凤霞
装帧设计:丁奕奕

图书在版编目(CIP)数据

比较诗学 / 邓乔彬著.—芜湖:安徽师范大学出版社,2013.8(2017.4 重印)
(邓乔彬学术文集;2)
ISBN 978-7-5676-0144-4
Ⅰ.①比… Ⅱ.①邓… Ⅲ.①比较诗学—文集 Ⅳ.①I052-53

中国版本图书馆 CIP 数据核字(2012)第 300070 号

比较诗学
邓乔彬　著

出版发行:安徽师范大学出版社
　　芜湖市九华南路 189 号安徽师范大学花津校区　　邮政编码:241002
网　址:http://www.ahnupress.com/
发 行 部:0553-3883578　5910327　5910310(传真)　E-mail:asdcbsfxb@126.com
经　销:全国新华书店
印　刷:浙江新华数码印务有限公司
版　次:2013 年 8 月第 1 版
印　次:2017 年 4 月第 2 次印刷
规　格:787×1092　1/16
印　张:27.75　插　页:4
字　数:594 千字
书　号:ISBN 978-7-5676-0144-4
定　价:128.00 元

1993年版封面

1993年版扉页

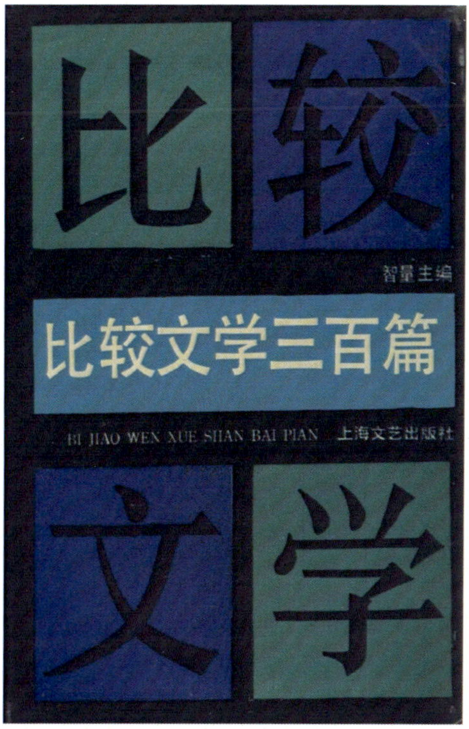

参编1990年版封面

扉　页

1987年，千岛湖，《比较文学三百篇》审稿

1991年，扬州

1993年

1997年，武夷山

2000年，黄山，与余恕诚教授

2004年，晋祠内

总　序

孔子说："吾十有五而志于学，三十而立，四十而不惑，五十而知天命，六十而耳顺，七十而从心所欲，不逾矩。"我今年七十周岁，应以之对照反省并思考其中原因了。

孔子以六艺授徒，实行全才式教育，我于1956年考入华东师大附中，勉强可算"十有五而志于学"，却已开始偏科。试前突击可考数、理、化优良，日常所好却为文哲、史地与艺术。高中再入师大附中，不久就被调到区体校，虽安排就读于同是名校的复兴中学，兴趣使然，偏科更为严重。直到高三，情况始变：体校为兼顾运动会得分和高考录取率，全班仅剩十七人，在最小的教室上课，一流老师讲课，我虽近视未戴眼镜，仍看得清又听得明，能集中思想学习。我不仅是文、史课代表，空间解析几何、有机化学等课程的测验、考试也几为全优。学业之进，使我误以为自己能做到文理兼长，因看到了历年对《红楼梦》研究、对胡适思想、对诸多文艺现象和人物的批判，深感"文科危险"，于是，在高考的选择上，决定报考理工科。我有绘画之长，又爱制作船模，原欲报考同济大学建筑系或上海交大造船系，后来却突然生变。原因是：在六月举行的上海市中学生运动会体校组比赛中，我获得跳高冠军和三项全能亚军，被观战的华东师大体育老师相中，劝我报考师大。他告以师大物理系毕业生多分配至高校或科研单位，到中学的仅百分之五。而因经济困难，我曾对父母许诺读大学不要家里负担，师范生由国家提供膳食，能不爽所约，故而听从所劝，改以华东师大物理系为第一志愿，并被录取。

入学后，开始还信心满满，但随着时间推移，却对学习越来越不感兴趣。尤其是高等数学，常布置几十道题，有时竟然半天也解不了一题，使我深感烦恼。有次实验，一女同学失手损坏了仪器配件，被命赔偿，她的痛哭使我难以平静，就此视实验为畏途。我住在运动员宿舍，见文科生毫无作业、实验负担，同室一位羽毛球队员读中文系，是印尼归侨，曾说："我们的同学真厉害，高中就读过《三国演义》、《水浒传》、《红楼梦》！"听此叹慕，我心中暗笑："这些小说，鄙人小学时就读过了，岂止读过，人物和情节都能随口说出！”我深感文理科的苦乐不同，心想：“毕业后拿一样的工资，何必要读物理系？学得如此之苦！”为此，因高考弃长取短、选择了理科而后悔，开始有转系之念。

那时的高校，转系极难。我先向物理系提出转读中文系的申请，未得理睬。后听说，有一数学系转中文系的学生，曾向市委书记柯庆施写信，历尽周折才得批准，且必须从一年级读起。我当然不愿去中文系“留级”，更不愿在物理系勉强升级，决定破釜沉舟、“舍命”一搏。于是，所有的专业课都亮起“红灯”，以证我不宜在物理系学习；同时，正式提出转读中文系二年级的申请。在受阻于物理系、教务处之后，我决定写信给校党委书记兼副校长常溪萍，申明要求转系的理由。常溪萍抗战时入党，曾是山东的模范专员，保持老八路本色，经常出现在学生宿舍、食堂和运动场，爱打篮球，曾多次看我跳高，认识我。我刚入学，就在新生运动会上破了校纪录。1963 年参加高校运动会，所有高度都一次过杆，最有希望夺冠，却在跳 1 米 86 时，心想过此高度将集冠军、高校纪录和一级运动员于一身，杂念一生，三跳失败，仅获亚军。虽如此，我仍是华东师大田径队的“希望之星”。我候在丽娃河桥畔，见他经过，把信交他手上，只说：“常校长，这是我要求转系的信。”转身就走。不久，教务处约我谈话，认真听取我要求转系的理由，后又同意我参加中文系考试，以决定能否转读二年级。事后得知，这是奉常校长所命而办，而常校长之所以同意我转系，主要不在于我是学校的优秀运动员，而是通过查阅高考作文卷，知我所写《雨后》一文似是得了理科生的最高分，这是可以转读中文系的重要理由和依据。

因期终考试已过，我被安排参加中文系一年级的补考，所有课程都通过，优多良少，我终于没成为“留级生”，在 1963 年下半年转到中文系二年级就读。这年冬天，成为一级运动员，自感学习上驾轻就熟，大有余力读书。次年春，我以 1 米 92 打破 1 米 86 的上海高校跳高纪录，距新的运动健将标准仅 3 厘米，是全校最有希望成为健将的人选。我开始酝酿学习与体育双优的计划，期待毕业能留校工作，走上高校教学和文学研究的道路。

但是，在中文系仅读了一年，1964 年 10 月，全年级同学就被命参加“社教”工作队，到安徽农村搞“四清”。先是“访贫问苦”、“扎根串连”，后是“整那些走资本主义道路的当权派”，从全椒县到定远县，先后参加了三期运动。1966 年 5 月，结束“社教”，恢复了大学生身份，回到学校。但随即“五一六”通知下达，“无产阶级文化大革命”真正拉开序幕，我在无“学”、不“学”的大学度过了“乱也看惯了，篡也看惯了”的两年多。好不容易在被拖一年后，于1968年毕业分配。五年制的大学六年毕业，我实际上只读了一年物理系，一年中文系，在“四面向”（厂矿、农村、基层、边疆）的潮流中，被分到甘肃永登水泥厂。服从建材部安排，我于1968年9月到江苏南通长江边的东方红农场，接受解放军的再教育。战天斗地，劳动一年半，于1970年3月结束锻炼。5月初到甘肃永登水泥厂报到，开始在黄土高原的山沟接受工人阶级的永久性再教育。

我先被安排随政工组挖防空洞，后到原料车间，每天推小车，数月后，再被分到班组，当了三班倒工人。一年多后，职工子弟小学一位体育教师调回老家，厂政工组找我谈话，令去学校顶缺，理由是我不久前获兰州市首届运动会跳高冠军，教体育很合适。我认为自己虽能当专业教练却教不了小学体育，在压力之下还是顺从了。每天面对小麻雀般的一二年级小学生，和“我们今天玩什么”的发问，我只能摇头苦笑，唯求不出意外，何有教学可言！一年后，我改任职工子弟中学的军体课，课馀还曾满怀热忱训练学生田径队。后被同事告知：校长对我教体育穿运动鞋和运动服、戴太阳帽（均自费购置）很不满，认为是资产阶级作风，差点过不了转正一关。在教了近两年军体课后，我“归队”当语文教师，而因“阶级”的嫌疑，冷却了对学校体育事业的热心。

很快就到了“而立”之年。难出于时代之外，此时的我是不“学”又未“立”。应付每周十二节语文课兼一个班的班主任，每周三个晚上的学习毛选、马列，是极其容易的。在“知识越多越反动”的年代，不必“给人一杯水，自己要有一桶水”，此时除了马列、毛选，实在无书可读，我仅是利用为厂文艺宣传队创作节目的机会，借口找参考书，在厂图书馆发现了几本藏在角落的外国小说，读了以前未读过的梅里美《嘉尔曼》、《高龙巴》等书。

黄土高原的杨树叶生生落落，我的生活在“看人儿女大，为客岁年长”中循环……终于到了1976年，周恩来、朱德先后逝世，唐山大地震，毛泽东逝世……不久，传来了一举粉碎“四人帮”的消息，举国欢庆之后，很快就是一系列的拨乱反正。终于，在1977年听到了恢复高考的喜讯，不久又传来研究生招生的消息。“伤痕文学”的出现，促使人们反思“文革”，陈景润攻克“哥德巴赫猜想”的报告文学，更鼓舞了许多人，“志于学”的时代终于来临了！我在1978年春报考了古代文学研究生，以母校华东师大为第一志愿，在永登县城参加考试，除俄语外，其他三门课自感较好。在等待中得到了复试通知，却因夏天的洪水冲断宝天铁路，只能向厂领导申请乘飞机回沪，且不顾只准飞兰州到西安的批示而直飞上海，参加复试。9月，收到录取通知，我成为了“文革”后“黄埔一期”研究生，得以从中年开始“志于学”。

三年研究生，是我真正的读书期。深感本科六年、毕业十年的无学，蹉跎岁月之痛，激起了学习的热情。我尽废以前所好，停止了体育锻炼，渐入学术之门。1981年，研究生毕业，留校工作，既是我学术研究的继续，又是逐渐开拓的起始。很快就进入“不惑”之年，对于人生之途自无所“惑”，而对学术问题则“惑”者甚多，因之而兴趣渐广。我先是为写研究吴梅的硕士论文而用力于戏曲和曲论，后因兴趣主要在词而转向唐宋词与词学批评，以上研究领域的相关成果分别是《吴梅研究》与《唐宋词美学》二书及参撰的《中国词学批评史》，还有多篇词学论文。而因唐宋词与词学批评分别被同事设为选修课，且作为科研主攻方向，我就避之而将研究转到了古代诗画比较。这一转向并非有意作跨界研究，而是或因我青年时对诗画皆有所好的“情结”所致，此时因浸淫学术而多了几分中年的理性，虽未能用力于诗画创作，却对研究二者尤其是比较其异同感兴趣。遂从钱锺书先生的两篇论文及所提出的问题出发，写出了古代诗画比较的讲稿，以此稿开了多年的选修课，并据此而写成、出版了《有声画与无声诗》一书。此书被一书评称为“中国的《拉奥孔》”，虽或过誉，但也确是点出了构建中国古代诗画比较理论体系，揭示民族特色的意旨。

《吴梅研究》初稿成于1981年，出版于1990年底，历时近十年；《有声画与无声诗》成稿五年后，才于1993年出版。《唐宋词美学》1993年出版，《中国词学批评史》1994年出版。以上四种著作，都出在五十岁左右。而因前两者的出版历尽艰难，使我真正懂得学术研究成果的面世受制于市场，这就改变了以前的观念，大概可算是我的“五十而知天命”了！

虽然上述的专著、合著都出版于二十世纪九十年代，却是我八十年代“学”之所成，所以这十年之所“治”，主要是词曲与诗画之学。

1988年起，我受命参与华东师大文科第一个复合型硕士专业的筹建，开始指导这一名为“中国文化建设”方向的硕士生，又有授课的任务，遂用了很多时间阅读文化学、文化史著作，结合我国古代的文学与艺术，写成《中国文化与文艺》讲稿。除了为这一方向的硕士生授课外，又在中文系各层次、范围的学生中以选修课讲过多次。在讲述十年后，写成《古代文艺的文化观照》一书，作为我主持的教育部项目成果，在2003年出版。在研读文化学、文化史的过程中，我一度对图腾、民俗颇感兴趣，曾费时费力地借助放大镜阅读影印版《二十五史》，企图从古史记载中寻找图腾制的遗迹，欲写《中国图腾艺术史》。此事虽未行，却因对文化学、文化史及中国古代史著作的阅读，引发出对史前文艺与神话研究的兴趣。适逢中文系有人主持撰写二十世纪中国美学研究丛书，以人为题，确定了十位对象，将其中的闻一多研究交给我，我虽因读了俞兆平的《闻一多美学思想论稿》而自感难以再作全新之论，却因对闻一多用文化人类学方法研究神话、《诗经》的兴趣，而将论题扭转到对闻氏的古代文学研究作文化的观照，与赵晓岚合作，写成了《学者闻一多》。

与上述研究几乎同时，我又延续了对诗、画的研究兴趣。《有声画与无声诗》出版后，因感到西方是力图拉开诗与画的距离，而我国古代却着力于诗画的融合，可是，诗与画毕竟所属不同，艺术介质、手段有异，虽可比又不可比，为此而生分写《中国诗歌思想史》与《中国绘画思想史》之念。我以先生后熟为原则，先作后者，全书百万字，始于1994年，因有集体项目和教学任务，主要用暑假写作，耗时四年才完成，也同《有声画与无声诗》一样，经历了曲折的过程，才在成稿三年多后出版。此时，已入新世纪，同事萧华荣的《中国诗学思想史》已出多年，使我只能将另一选题调整为《中国诗歌艺术思想史》，却因对能否出版的疑虑，令我不敢贸然动笔。而因2002年接受暨南大学之邀担任古代文学学科带头人，则更使我的生活发生了很大改变，这一写作计划终未能实施。近十年之后，出版拙著《中国绘画思想史》的贵州人民出版社要我自报选题，争取国家出版基金资助，而此时经历了一场大病，我的健康状况已不允许再写大部头著作。于是，我的诗画之学就只能终止于这种跛腿的状态了。

九十年代的十年，我的治学既延续了诗画之学而偏在绘画，又新辟了文化与文艺的宏观关系研究，还在学术史范畴以学者为对象继作“研究之研究”。以上三方向的成果，就是分别出版于2001年的《中国绘画思想史》，2003年的《古代文艺的文化观照》，2001年的《学者闻一多》。三著的出版，在我六十岁左右，此时的辨识力已较前为高，虽非和光同尘，却听到的多能泰然入耳，看到的也见怪不怪，虽无反潮流的勇气，却能不跟风而动，此或为我的“六十而耳顺”之义。

2002 年底，为申报古代文学博士点及中文一级学科博士点，我被借调到暨南大学，担任学科带头人，次年，前者得批，后者未就，我正式调入暨大。河南大学出版社的《宋代研究丛书》已出多种，或因我有《中国绘画思想史》之作，向我约写《宋代绘画研究》。成约于 2002 年 6 月，而因我的调动，应对多事，虽只用了半年多撰稿，成书却已在 2004 年 8 月，出版则是 2006 年 10 月了。我的学术兴趣屡转，虽不怕“学书不成学画，学画不成学塑”之讥，却因只问耕耘、不问收获，从未在各界求取认同，故似只有词学界还将我看作“自己人”，因此而有回归词界之想。我先应上海古籍出版社之约写了《宋词与人生》，又在该社出了《词学廿论》，在齐鲁书社再版了《唐宋词美学》，以维持先入为主的词学学者形象。2004 年，国家社科基金项目“唐宋词的形式与艺术发展史”获批，为应对考核而发表了 30 多篇论文后，我在 2007 年一年内完成了《唐宋词艺术发展史》的百万字书稿，三年后正式出版。

我曾有二十年的体育锻炼和体力劳动史，自三十五岁重回大学以来，为追回岁月，就停止了锻炼，虽自感体能退化，却无明显的不适，为之还自我调侃：“青年时应是狮子老虎，老年时要像乌龟王八。”而实际上我不应提前进入“乌龟王八”状态，故从中年起已因久坐不动而疾病暗生。1999 年，第一个验血指标高出临界，此后各指标逐年飘红，渐成“三高”人员，本应重启体育锻炼，却停不下高强度研究的脚步。因多年的连轴转，健康严重透支，终在 2009 年大病一场，躺上了手术台。此时，我才意识到体育锻炼确应是一生之事，对于运动员出身的人尤应如此。悔之晚矣，亡羊补牢，却已非其时！我只能停止了将要进行的研究，为自己的学术生涯不情愿地划上休止符。

从前曾流行过“为祖国健康工作五十年”的口号，我的真正为学始于三十五岁，应工作到八十五岁，但因健康亮起红灯，身患多种疾病，我只能止于七十。这本是“从心所欲，不逾矩”之年，我虽不逾法度规矩，却受制于健康而不能从心所欲了。有了这一清醒认识，我只能中止原先计划，仅在出版《唐宋词艺术发展史》后，于 2011 年再版了《中国绘画思想史》插图本，旋即开始整理三十多年的著作、论文，拟在七十周岁时出版自己的学术文集，就此将“换一种活法”，以度余生。这样，原先计划要写的几种著作都不能付之实施了。按先后，这些著作是：《进士文化与唐诗》、《中国诗歌艺术思想史》、《中国韵文学概论》，以及力图构建新体系、体现“一代之所胜”的《中国文化史纲》，此外，还有一或两种词籍别集的校笺。

新著写作未成，旧作整理已就，如今，名之为《邓乔彬学术文集》的十二卷本将正式出版。十二卷文集分别是：

第一卷：《文化与文艺》，包括专著《古代文艺的文化观照》和相关论文七篇。

第二卷：《比较诗学》，包括平行比较与影响比较两个专题。前者是：专著《有声画与无声诗》，古代诗画比较论文一篇，中外比较诗学论文六篇。后者是：与陈学祖合作的影响比较研究书稿《现代新诗与古典诗词》三章。

第三卷：《文化诗学》，包括四组论文：文化与诗，十二篇论文；进士文化与唐诗，十二篇论文；诗歌美学，十篇论文；曲学及其他，十一篇论文。

第四卷：专著《唐宋词艺术发展史（上）》。

第五卷：专著《唐宋词艺术发展史（下）》。

第六卷：《词学三著》，分别是《唐宋词美学》、《宋词与人生》、《爱国词人辛弃疾》。

第七卷：《词学论文集》，包括：词学总论，十三篇；词人词作论，十三篇；词论研究，十篇；其他，八篇。

第八卷：专著《中国绘画思想史（上）》。

第九卷：专著《中国绘画思想史（下）》。

第十卷：《宋画与画论》，包括《宋代绘画研究》及研究绘画与画论的论文六篇，访谈一篇。

第十一卷：《学者研究》，包括《吴梅研究》与《学者闻一多》二著，及论述二人学术成就或研究方法的论文二篇。

第十二卷：《杂缀集》，包括六部分：第一部分是为古代六十种画论著作所写的提要，第二部分是九十二篇古文的提要，第三部分为序跋后记，第四部分为学习笔谈，第五部分为发言、讲座稿，第六部分为作品赏析。最后附有作者分年度的著作、论文、文章目录。

回顾七十年的人生，恰以 1978 年三十五周岁为界：此前是在中学、大学偏科、移易的“志于学”与不能“学”之十多年，学工、学农、学军的数年，不能给人以学、自己亦不能学的工厂子弟学校教师的七年；

此后则是真正在高校的为学、治学，经历了不惑、知天命、耳顺、从心所欲而不逾矩的生命历程、节点。十多年的蹉跎岁月，即使放弃体育锻炼及诸般爱好，也难以追回！若老天能再给我以十多年的健康岁月，本应有逾千万的文字用于结集的，如今却只能止于古稀之年而仅得六百多万字。不过，人们常说，学问是做不完的，念此也就不必自责、自叹了。

本文集的出版，先得暨南大学第三期211工程经费的资助，所缺的大半费用由晨讯科技董事长杨文瑛女士赞助，在我筹款无门、不得已而向这位从无联系的初中同学求助时，立即就得到她的无条件应允，随即将钱款打入出版社账户。对此，实在是难以表达我内心的感激之情！本文集的整理、出版，得我沪、穗两地历届的博士生、博士后助力甚多，分别负责各卷的整理、校核者是：

第一卷：刘兴晖、金国正

第二卷：陈学祖

第三卷：彭国忠

第四、五卷：刘兴晖、昌庆志

第六卷：吴思增、王毅

第七卷：杨柏岭、仲冬梅

九卷：李杰荣、刘兴晖、王嘉、陈建穰

第十卷：何平华、汪涤

第十一卷：李俊（委托刘晓亮）

第十二卷：程刚、夏令伟

文集能顺利出版，衷心感谢他们！

安徽师范大学出版社将本文集列为重点图书，社领导统筹安排，诸位编辑兢兢业业，特此致谢！

围绕为学主题，回顾五十多年人生历程，权以为序。啰嗦之至，望读者谅之！

邓乔彬

2013年5月22日

本卷提要

本卷所收为比较诗学的专著与论文。第一部分为平行比较，收诗画比较专著《有声画与无声诗》，诗画比较论文 1 篇，比较文学论文 6 篇，共论文 7 篇；第二部分为影响比较，收专著《现代新诗与唐宋诗词》（未刊）书稿的 3 章。

《有声画与无声诗》正文 8 章，前有小引，后有结语，由徐中玉先生作序。

前四章论述中国古代诗画之异：

第一，就表现对象而言，诗与画经历代发展，分流渐显。早期诗歌"饥者歌其食，劳者歌其事"，绘画"图画天地，品类群生"；中期诗歌虽有游仙、山水之盛，但所写仍多在人世与人情，而绘画则转为以宗教题材为主；后期更呈现出表现对象的分流，可总结为：诗歌始终立足于人生（民生与民族），而绘画则走向自然（山水与花鸟）。

第二，就诗画的思想基础而言，也有儒学与道释的不同。先秦儒家倡《诗》，汉儒重《诗》，墨、道、法家不重《诗》，却有论画之见。孔孟的人道主义和人格精神，对历代诗人和诗作产生了巨大影响；而庄子的"无情"、"无己"、"心斋"、"坐忘"，则成为后代绘画的精神。儒家思想通向人间事业，而庄子和禅宗却向往幽深清远的林下风流。

第三，对诗画社会功能的认识，也经由了两千多年的发展演变而导致不同。先秦至汉，"诗言志"、"兴观群怨"以贯之；孔子论画的"明镜察形"、"往古知今"，延续在王延寿"诫世示后"，曹植"存乎鉴戒"中。陆机说"诗缘情而绮靡"，刘勰、钟嵘、裴子野、挚虞回归"言志"；"益仁智之善性"则是佛教与佛画功能的最好说明。"诗言志"经三次引申仍然屹立、坚持，而绘画经礼教化、宗教化，终至"畅神"论出现。

第四，历史最终确立了杜甫的诗圣地位，而文人画则以王维为尊。以杜甫诗风来衡诗在于"实"，以王维的画风观画却在于"虚"，"实"与"虚"成为了诗画批评的不同标准。儒家美学思想是通过"人为"而求"尽美"、"充实"、"全"、"粹"，在于"辞达而已"的"实"；道释则以"虚无为本"、"唯道集虚"、"随缘任运"而返于自然，在于"大象无形"的"虚"。

后四章论述诗画之同：

第一，中国古代诗画有诸多相异，"有声画"与"无声诗"一说，体现出诗画美学特征的融合。二者是指以山水为主兼及花鸟、静物的诗和画，互相汲取，互为补充。可从三方面看：时间艺术的空间感和空间艺术的时间性，诗的收空于时与画的寓时于空，诗的空间假借与画的时间凝缩。

第二，诗画分为时间艺术与空间艺术，在形象营造上却有趋同之势：导源于庄学、发展于玄学的言意之辨与形神之鉴，造就了诗画创作的共同原则。庄、玄的得意忘言，落实为诗的析词尚简，禅宗的不立文字则见于诗的简约与含蓄，前者为以少概多、以小见大，后者为以景见情、象外见意。形神之鉴深刻影响了画论，神似、气韵、意兴成为普遍追求。

第三，王维"诗中有画，画中有诗"确立了诗画创作准则和品评标准。诗中画意是：视境鲜明，重神韵、情趣，非"形"所能尽而出之以"意"。画中诗情是：有感情、思想喻托，以非写实的画面让人"以神会"，从节奏上体验。求得诗中画意要由入而出，变实为虚，以动写静。实现画中诗情是从"物化"到"化物"，由工入写，拟容取心、别构灵奇。

第四，明末清初，南宗画与神韵诗标志着诗画的相通。山水南北宗论的合理性是：禅宗分宗与山水画分派都在唐代，二者地位及兴衰史相似。禅义对画意的影响：南宗禅"自开宝藏"与南宗画重主观发抒，南宗禅"随缘任运"与南宗画倡自然天趣。南宗禅的方法论也影响了南宗画："不立文字"与轻形似，"直了见性"的"顿"教与南宗画的"根于性"。南宗画与神韵诗的共性是：借物写心与抒发情性，形似为末与意在言外，虚静得雅韵与伫兴成天然。

收入本卷的平行比较论文是：《诗画与虚实——论我国诗画批评标准的成因》及《从荷马史诗与西周史诗谈中西文学》。一组短文为中外文学或理论的比较，分别是：《荷马史诗与西周史诗》、《酒中有深味——陶渊明〈饮酒〉与莪默·伽亚谟〈鲁拜集〉》、《龚自珍与雪莱》、《王国维"境界"与叔本华"理念"谈片》、《阳刚、阴柔与崇高、优美》。

影响比较的论文由我与博士后陈学祖合作写成。原系陈学祖承担的国家社科基金青年项目，成果题为《中国现代新诗诗美建构与唐宋诗词》，收入本书者为其中部分。陈学祖写出草稿，再由我作较大的补充、修改而成。其后，他再行修改而成书稿。本卷所收是我当时的改写稿，与后出的书稿不同。现征得同意，命名为《现代新诗与古典诗词》收入本卷。

《现代新诗与古典诗词》分为三章。

第一章，意象与意境。第一节"互动与寻觅"，论中国现代新诗对欧洲象征诗派及其他外国诗歌的摹仿。第二节"民族的皈依"，论述新诗由外转内的变化，及其对古典诗歌的搬用、化用及回归的途径。第三节论新诗的意象类型与诗词传统。第四节从创作与理论论新诗意境的失落与追寻。第五节论新诗中意胜、境胜与意境两浑，有我之境与无我之境，意句、境句与动境、静境之异。第六节论新诗琢炼与平淡、雄浑与奇诡、含蓄与朦胧的各种意境。

第二章，声韵与体式。第一节论述汉语声韵与古典诗歌。第二节论新诗与声韵，认为新诗与旧体的最大不同是诗乐相离，为建立民族形式，诗人、论家对声韵作了许多探讨。第三节论新诗声韵的建构，分析常见用韵及特殊用韵。第四节论新诗的体式建构与中外诗歌资源，及新诗人尝试本土与学习外国的途径。第五节论述从诗词格律到新诗"三美"的历史进程，总结新诗的不同节奏与体式。第六节论新诗体式所受诗词散曲的影响。

第三章，语言与修辞。第一节论古代汉语与现代汉语的同一性和异质性。第二节分别就白话的多种尝试及理论的多方探讨，从两方面论新诗诗人在语言转换期的努力探索。第三节从三方面论现代新诗的语言策略与唐宋诗词的关系:现代新诗对唐宋诗词的借鉴,现代新诗与唐宋诗词的炼字炼意,新诗语言的个性化与唐宋诗词。第四节论现代新诗的修辞策略与唐宋诗词的关系,分论对偶与排比,明喻与隐喻,博喻与诡喻,象征。

另有论文5篇系《有声画与无声诗》正式出版前所发表,与书中部分章节大同小异,故存其目录而不收入本卷。

目　录

有声画与无声诗

比较诗学论文

现代新诗与古典诗词

有声画与无声诗

序

古希腊时代的西蒙尼底斯(前 556—前 496)(很早说过:“画是无声诗,诗为有声画。”稍后罗马诗人与批评家贺拉斯(前 65—8)(也这样说:“诗歌就像图画。”我国的诗论、画论同样有悠久的传统,融合诗、画两者的美学特征来比较研究的成果不仅丰富,且多精微。最著名的如苏轼《书摩诘蓝田烟雨图》,称赞王维的诗与画:“味摩诘之诗,诗中有画;观摩诘之画,画中有诗。诗曰:‘蓝溪白石出,玉川红叶稀,山路元无雨,空翠湿人衣。’此摩诘之诗。”苏氏还进而提出:“诗画本一律,天工与清新。”(《书鄢陵王主簿所画折枝二首》)宋代张舜民《跋百之诗画》云:“诗是无形画,画是有形诗。”(《画墁集》一);钱鍪《次袁尚书巫山诗》云:“终朝诵公有声画,却来看此无声诗。”(《宋诗纪事》卷五九引)竟与古希腊罗马时代哲人在这一问题上的见解几乎吻合,实在是令人惊奇,细想却又并非偶然的巧事。

各种样式的文艺作品都是人类从各自的生活实践中萌生、发展、成熟、不断创造出来的。它总是由于适应继续增长的各种需要,既要再现也要表现,经过历代许多人的探索、创新,而出现了若干脍炙人口的精品。人类内部固然存在不少差异和矛盾,但整个人类有共同的利益,在面临的共同问题之前,如何取得发展与进步,从一段时期来看,可能分歧很大,但全面长期来考察,就会看到思想感情、是非爱憎、价值标准还是基本一致的,迟早能达到大同的境界。文艺创作之摸索出某些规律,乃是整个人类社会生活能摸索出某种规律在文艺领域中的表现。这也是不以人们自己的意志为转移的。这就是为什么当人们从闭关锁国、自我拘禁的状态脱出之后,每能从世界各地人民的精神文明创造成果中发现许多不谋而合、不约而同的精华的原因。所以我认为在诗、画美学特征的研究讨论中,古今中外有如此吻合的见解,细想实非偶然的巧事。这样的例子举不胜举。当然,在表现方法与技巧运用上,原是理该多样选择,各适其用,不会也不必趋同的。

邓乔彬同志向来专治词学,著述甚丰,卓有成绩。我知道他近年兼及诗学,并扩展到绘画理论。我很赞佩他这种不断钻研,在紧邻学科间比较、探索的精神,在一个领域内已打下牢固基础而后逐渐扩大到相关领域,既是自然的,也是必要的过程,比之一上来就想解决一个总问题,却由于囫囵吞枣,往往显得大而无当、虚而不实,费力不少却什么问题都未能真正解决这种做法,的确踏实、有益得多。这部《有声画与无声诗》新著的出版,证明他在精进的道路上果然又取得了新的成果。

把诗与画两者联系起来进行研究,无论在西方还是东方,都有古老的历史,常新的未来。过去讨论过的问题还未穷尽,已经认识到的关系还可深化并使之更有条理,很多作品以及其中相互可以贯通或对照的精微之处在新的观念和现代化的研究手段指引、帮助下，无疑能有许多新的发现。何况新诗、新画层出不穷，规律、真理的发展没有终极。现代以来，我所知甚少，只知我国前辈学者如朱光潜、朱自清、伍蠡甫、宗白华、钱锺书等先生都有对这论题的专文，嘉惠后学。乔彬同志正是在学习了诸前辈，以及广搜博览国外有关著作、资料，读了古今很多诗、画名作、理论原著之后，不苟同异地据自己心得才写成这部专著的。从量上来说，国内过去还未曾有过这样大部的书籍。从质上来说，我觉得这部书确有新意。无论文艺观念或研究方法，近年毕竟比几十年前有了不少开拓，作者是努力注意到这个要求的。已经在诗学、词学研究上有了牢固的基础，同只是就画论画，或简单表面的比较，自然不一样。

乔彬同志对我国诗学、画学的发展历史相当熟悉，立论是在我国人文发展的背景下进而说明各个历史时期诗、画发展的情况，再进而分析各个时期诗、画代表作家、作品的演变，根据诗、画不同样式的美学特征，比较其异同、特殊性与普遍性。因此，虽是理论著作，却具体而不空泛，明畅而不枯燥，头头是道，最后概括、上升为他的议论。有实学基础，又能接受新知，继承并努力发扬我国古代史、评、论三者相结合的优良传统，这是他取得成绩的主要关键。要做到这一点很不容易。祝愿他在这个广阔天地里继续钻研下去，争取更多的收获。

诗中要有画，真诚、健康、美好的思想感情如果缺乏感染读者的如画的魅力，形式上虽然像诗，实际上不成为诗艺。画中要有诗，如果仅有某种简单、机械的图像，其中显示不出任何真、善、美的思想感情，没有灌注洋溢其中的清新生动的神气，亦不成为画艺。不是艺术，就没有感染力、吸引力、说服力。诗中有画，画中有诗，都要求形神俱到，饱满的情意是核心。诗、画各有自己的美学特征，各有其优势，无高下之分，有互补之益，不能替代，不必求同，但作为文艺的一种，例如形神俱到，便是文艺的共同规律。书中讨论到诗、画创作中不少具体问题，谈得都有启发。有些问题还可商榷，原在意料之中，是自然的，作者既已把他的看法谈出来，就有可能把讨论推进一步了。创新之益，亦在于此。

略谈所见，聊以为序。

徐中玉

一九九二年十月二十三日

小 引

中国是诗的国度。

当文明的曙光最初照耀着古埃及、古巴比伦、古印度、古希腊，我们这个星球的大部分地区还是一片荒蛮之时，在亚细亚的东方，精于农耕的周人，已唱出了优美的诗歌。现存《诗经》三百零五篇，其中最早的《周颂》和反映周公东征的《豳风·破斧》，是西周初年作，距今已有三千年；其中最晚的《陈风·株林》，亦已有两千五百多年的历史了。著名的古希腊《荷马史诗》相传由盲诗人荷马据小亚细亚口头流传的史诗短歌综合编成。《诗经》虽以民歌为主，作者可考姓名者亦不在少数，其产生地域至少在黄河流域的中原一带，"十五国风"涉及现在的陕、晋、豫、鲁、冀、鄂六省。

当战国的兵车斧钺声代替了春秋的诗乐弦诵之后，独处南方的湘沅云梦之畔、叠波旷宇之间，又有瑰丽的《楚辞》"轩翥诗人之后，奋飞辞家之前"①，沾丐后人，衣被百代。

公元四、五世纪，一度极为辉煌的罗马帝国消失尽残阳的余辉，欧洲文学逐渐过渡到中世纪。在文艺复兴运动到来之前，长达千年的欧洲大地上，基督教神学垄断了一切文化，除了各民族的英雄史诗及部分骑士文学外，几乎无文学、诗歌可言。我国虽也经由晋朝的五胡乱华、南北大分裂，后又有北方少数民族政权的南侵和金、元继立，但是诗歌的创作却未曾衰落。一个个优秀的诗人，以一首首动人的诗篇，造就滔滔不绝的诗之长河。唐诗、宋词、元曲体现出代有所胜的精神，屈原、陶渊明、李白、杜甫、苏轼、辛弃疾，都高踞诗坛之巅。即使在欧洲出现了但丁、莎士比亚、歌德、席勒、拜伦、雪莱、普希金和海涅之后，西方人透过巨大的思想文化差异，仍倾心于中国的古典诗歌，李白、杜甫、王维都成了远游的诗神，以他们的柳枝甘露催生出欧美的意象派诗歌。

中国也是画的国度。

诚然，先秦时代未曾有过古希腊高度繁荣的雕刻艺术，如同神权统治下的欧洲，中世纪的艺术主要体现在拜占庭、罗马式、哥特式的教堂建筑之上，从我国的寺院建筑、石窟壁画、雕像，也看到了佛教的影响。但是，欧洲中世纪的全部精神历史都写在大教堂的石头上，而我国即使是南北朝佛教艺术最兴盛的时期，绘画仍然洋溢着世俗生活的美好情趣。综观中西艺术，商周的青铜礼器与古希腊的雕刻，汉代的画像砖石等工艺品与古罗马的壁画、镶嵌画，是各自的高峰。在欧洲艺术成为基督教奴仆的整个中世纪，亚洲文化、阿拉伯文化、拜占庭文化也造就出各自的绘画艺术，而相较之

---

① 刘勰:《文心雕龙·辨骚》。

下,中国绘画的成就更高。从顾恺之经吴道子到李公麟的人物画,从王维、张璪经宋而至元的诸多风格各异的山水画,起于唐代的鞍马、花鸟,至后代愈形发达,都在世界画坛上占有应得的历史地位。

自欧洲文艺复兴以来,达·芬奇、米开朗琪罗、拉斐尔、提香、伦勃朗、鲁本斯、戈雅、德拉克洛瓦……以及莫奈以后的印象派,他们的成就使欧洲绘画跃上了世界的高峰。然而,我国绘画仍以其发展着的技巧而自成体系,也占有重要的一席。虽然欧洲画坛不像诗坛那样,产生过受唐人山水诗启迪而成的意象派,但后期印象派的绘画也并非与宋元文人画完全绝缘。

将我国的诗画置于世界文化的背景之下,又有着鲜明的个性和特点。

我国先秦时期的百家争鸣与古希腊雅典城邦制的民主政治颇为相似, 在创立起自己的高峰之后,中西各有所"独尊",在中国,儒家理性文化绵延至久;在欧洲,基督教神学文化统治时期甚长。

我国从氏族社会遗留下来的重视血缘宗法的思想,使人们更注重人际关系。理性被纳入现实政治和伦常感情之中,推之于自然,则表现为人与自然的和谐、相安,这就是始于孔子而完成于荀子的儒家路线。魏晋以后,玄、佛兴盛,但儒家思想仍表现出传统的潜在力量。

正是儒家思想,对我国诗歌的内容起着决定性的影响:"言志"是诗的纲领,"志"是主于内的"怀抱"而非主于外的"记录"①,因此我国有"诗史"而无史诗(指汉族);诗之"吟咏情性"并非"私情",我国缺少真正的爱情诗,"忆内"、"悼亡"之外,爱情多见之于新体之词曲;由于"丽以则"与"丽以淫"的对立,诗人不以踵事增华为能,使中国缺乏鸿篇巨制,缺少描述性诗歌;从"言志"、"抒中情"到"发愤抒情"、"穷而后工",虽见"主情说"愈形势大,狂狷之作表现出真正的价值,但"温柔敦厚"的中道之制约,又使我国的诗歌不以感情宣泄之"尽"为极致……

再看欧洲,在古希腊时代,诗主于真和美的结合。在走出了中世纪之后,对基督神学禁欲主义与希求来世的积极否定,使"爱"与"死"成为文学的永恒主题,求"真"精神的回复与宗教迷狂及殉道精神的神学文化沿袭,结合成追求无尽的"浮士德精神",灵魂挣扎和感情宣泄,都崇尚其"尽"。

中西文化的巨大差异,造成了中西诗歌鲜明的民族性格:表现(言志)与再现(摹仿),美善相兼与真美结合,抒发而归于中和与宣泄而入于偏至,人同自然相安与人同自然对抗,即是主要点。而作为中国诗歌民族性格的遗传基因,正是儒家思想。

但是,儒家思想并不能广被一切,它对诗的内容、功能影响虽深,然而在艺术技巧上,道家思想与佛教禅宗的影响更大。

尤其应该看到, 中西绘画的题材有着更显著的差异, 畅神于山水而非注目于人生,正是庄子的精神。线与点构成的画面,主于笔、墨抒情的境界,"水墨为上"的黑白

① 闻一多《歌与诗》:"志有三个意义:一,记忆;二,记录;三,怀抱。"

二色的阴阳之道，目往还、心吐纳、俯仰天地、容与中流的空间意识，心游于物、嗒然忘身的创作态度，化繁为简，“为道集虚”的用笔技巧，神领意造、逸笔遣兴的绘画思想……都得之于庄、禅。而西洋绘画，却是主要立足于“摹仿”，注重光、色、块面，主于造型忠实、比例完美，讲究透视准确，追求构图的完整、严谨……较之中西诗歌的不同，中西绘画似有更大的差异。

中国诗画的鲜明的民族特色和深刻的文化内涵，都值得探究，其创作规律、利弊得失都值得总结。面对着积数千年而成的宝山，“深浅随所得，谁能识其全？”还是鼓起勇气，进山探宝，不必因仰其高，见其深而裹足不前！

人生与自然
——诗画表现对象的分流

在公元前六世纪，古希腊的赫拉克利特已提出了艺术摹仿自然的观点。在他身后，德谟克利特又进而具体说道："从蜘蛛我们学会了织布和缝补；从燕子学会了造房子；从天鹅和黄莺等歌唱的鸟学会了唱歌。"色诺芬《回忆录》记录了他的老师苏格拉底的思想，苏格拉底发展了前人的摹仿说，认为"一个雕像应该通过形式表现心理活动"，指出了心灵摹仿的重要性。苏格拉底的学生柏拉图以自己的"理念"论将摹仿说作了改造。在《理想国》卷十中，从心灵摹仿论倒退，认为"图画只是外形的摹仿"。而且从文艺摹仿理念的影子——现实事物出发，将诗人与画家置于一起，加以比较："我们现在理应抓住诗人，把他和画家摆在一个队伍里，因为他有两点类似画家，头一点是他的作品对于真理没有多大价值，其次，他逢迎人性中低劣的部分。"

亚里士多德(下简称亚氏)批判了柏拉图的"理念"说，全面总结了古希腊文艺创作经验，写成了《诗学》。《诗学》不仅探讨了诗的起源、诗的真实与历史真实的关系，以及诗的分类，悲剧、喜剧等问题，同时也论及绘画。他不仅从材质上区分"用声音来摹仿"的诗和"用颜色和姿态来制造形象"的画；[①]而且从创作内容、对象上指出了诗画之同："诗人既然和画家与其他造形艺术家一样，是一个摹仿者，那么他必须摹仿下列三种对象之一：过去有的或现在有的事、传说中的或人们相信的事、应当有的事。"[②]亚氏的"三种对象"虽无明确的内涵说明，但无疑告诉人们：诗画表现对象是相同的，不外乎历史、现实、传说、神话及对生活的预想，其主导方面在于人类的社会生活。

文艺复兴时期的艺术巨匠、人文主义的重要代表达·芬奇在《笔记》卷二中说过："在艺术里我们可以说是上帝的孙子。如果诗所处理的是精神哲学，绘画所处理的就是自然哲学；如果诗描述心的活动，绘画就是研究身体的运动对心所生的影响；如果诗借地狱的虚构来使人惊惧，绘画就是展示同样事物在行动中，来使人惊惧。"这里，似是为诗画划出界限，然而达·芬奇所说的"精神哲学"和"自然哲学"并无人类与自然之别，他重视形状、运动而以视觉为第一，认为画高于诗，却并不认为诗画的表现对象有别。

希腊艺术现存的只有部分雕像，绘画仅剩少量的瓶画。罗马绘画以庞贝城壁画的发掘使人得以窥其面目。中世纪艺术处于神权的统治下，对欧洲绘画与诗歌的比较，可从文艺复兴时期开始。

在诗歌领域，首先应注目于被恩格斯称为"中世纪的最后一位诗人，同时又是新

---

① 亚里士多德：《诗学》第一章。

② 亚里士多德：《诗学》第二十五章。

时代的最初一位诗人”的但丁。但丁的代表作《神曲》以中古梦幻文学的形式,写了对地狱、炼狱、天国的游历,虽还留着基督神学的色彩,却深切关怀着人类的命运,展现了人文主义思想的曙光。与但丁同乡又同时的画家乔托,曾在阿雷纳教堂将基督故事画成大量壁画。他的宗教画既具有浓厚的生活气息,又将劳动生活制成《人民生活图景》浮雕。从十四世纪的意大利诗人彼特拉克开始,逐渐摆脱了宗教观念的束缚,诗歌渐入抒情与叙事历史领域。而画家达·芬奇、米开朗琪罗、拉斐尔等人在宗教题材中塑造理想的人的同时,也创作肖像和历史画。在十六世纪的法国,七星诗社的诗人多以诗作歌颂爱情和生活,反对宗教压迫,讽刺教士和法官。十七世纪前期的勒南兄弟,则以贫苦的农民生活入画。稍后的洛兰则擅长于历史风景画。当莎士比亚的诗歌歌颂着爱情、友谊,从城乡生活、法庭和战场中寻找着形象时,尼德兰画家勃鲁盖尔热衷于描绘社会风俗和农村生活。鲁本斯除了宗教题材外,也创作历史、风俗画,也同样画过农村生活。诚然,十七世纪的英国大诗人弥尔顿的杰作《失乐园》、《复乐园》和《力士参孙》都取材于圣经;而同时代的荷兰大画家伦勃朗除宗教画外,又作了大量的历史与现实生活的杰作。前者的诗实关系着资产阶级革命,后者笔下的圣者、使徒则完全来自现实的人间。

从十八世纪的启蒙运动开始,诗画的题材更趋于高度一致。当法国资产阶级革命、欧洲民主运动和民族解放运动高涨,促使浪漫主义诗歌遍及全欧之时,画坛的浪漫主义也形成了巨大势力。歌德据十六世纪民间传说写成诗剧《浮士德》,德拉克洛瓦画出了《但丁和维吉尔在地狱里》;拜伦《唐璜》有《哀希腊》诗,德拉克洛瓦也有《屹立在米索伦基废墟上的希腊》;雪莱笔下有掀起狂涛巨浪的西风,籍里柯则描绘了海洋上挣扎的《梅杜萨之筏》。同样,关注现实、关怀祖国的命运,使诗人与画家都具有高度的现实主义精神。不甚著名的西班牙诗人金塔纳,以《西班牙各省反对法兰西人的武装斗争》诗篇反抗侵略者,同样,大名鼎鼎的戈雅也画有油画《1808 年 5 月 2 日》和《1808 年 5 月 3 日》,以讴歌西班牙反抗拿破仑的侵略;海涅有《西里西亚织工之歌》,歌颂织工是旧制度的掘墓者,他的同胞门采尔以代表作《轧铁工场》表现了对工人的同情;普希金以叙事诗《高加索的俘虏》、《茨冈》同情人民,而画家克拉姆斯柯依有《带马勒的农民》,列宾有《伏尔加河上的纤夫》。

狄德罗在《绘画论》第五章中说得好:

> 维吉尔最美的一句诗,也是摹仿艺术最高的一条原则:“我们为不幸者洒一掬泪,人世的悲欢感动我们的心。”

画家在画室的门上应该大书:“室内有一双眼睛,为不幸人洒同情之泪。”

在欧洲的诗画中,从文艺复兴以来,确是贯注着一致的精神:“人世的悲欢感动我们的心。”

我国先秦时期的学术、文艺与古希腊相类,汉代定儒学于一尊,然已被加上浓重的神学目的论色彩。魏晋六朝佛教极盛,形成了雕塑、绘画的宗教化。唐宋是文艺的鼎盛时期,然而诗之所写却并非画之所画。元代以后,山水与花鸟成为绘画的主要题材。今天,世界对于中国诗歌的认识或只限于唐,而唐诗仍以反映现实、抒发情感为主;对于中国绘画的印象,却只在山水,而中国山水、花鸟画的确是压倒了其他。与欧洲相较,我国诗画确实有不同的表现对象,而这又是在历史长期发展中所形成的。

一　歌食歌事与图画天地

“无论怎样原始的民族,都有宗教与巫术,科学态度与科学……一切原始社会,凡经可靠而胜任的观察者所研究过的,都很显然地具有两种领域:一种是神圣的领域或巫术与宗教的领域,一种是世俗的领域或科学的领域。”①每一个民族的发展进步,其实也正体现在这二者的此消彼长之上。

文学艺术固然是起源于人类的生产劳动,但倘若考察原始人类的歌舞音乐的发展,却不仅只有这一动力与动因。诚如常任侠先生所说:对于劳动成功的庆祝,对于自然的崇拜,对于祖先的祭祀,对于两性的诱惑,促进了早期人类歌舞的发展。②而原始歌舞又与巫术礼仪活动密切相关,《吕氏春秋·古乐》说:“昔葛天氏之乐,三人操牛尾,投足以歌八阕:一曰载民,二曰玄鸟,三曰遂草木,四曰奋五谷,五曰敬天常,六曰达帝功,七曰依地德,八曰总万物之极。”这就是带有巫术礼仪色彩的原始歌舞。从这段话所说的“歌八阕”来看,虽然歌、舞还紧密结合着,但“歌”已分化为以“声”为用的乐和以“义”为用的诗了。

我国留传下来的原始歌谣已经很少。在原始歌谣之后,又有什么创作呢?曾毅的《中国文学史》说:“《八阕》、《网罟》之歌不传,而《皇娥》、《白帝》,说者谓出王嘉伪撰,其事近诬。其可信者,独有《康衢谣》、《击壤歌》、《股肱元首歌》为韵文之最早者。”但无论是日人盐谷温《中国文学概论》,还是郭绍虞先生的《中国文学史纲要初稿》,都辨之出于后人。因此,论我国诗歌还当以《诗经》为最早之作。

诗歌起源于劳动,《诗经》中有不少表现劳动生活的篇章。如《周南·芣苢》、《魏风·十亩之间》都洋溢着劳动的欢愉。清人方玉润在《诗经原始》中对前者有体会入微的分析:“读者试平心静气,涵泳此诗,恍听田家妇女,三三五五,于平原绣野,风和日丽中,群歌互答,余音袅袅,若远若近,忽断忽续,不知其情之何以移,而神之何以旷,则此诗可不必细绎而自得其妙焉。”此外,《甫田》、《大田》、《良耜》、《载芟》等,都涉及农业生产劳动。

我国历来重视农业生产,《论语·宪问》说:“禹稷躬稼而有天下。”夏正的制定,已可看出适合于农业生产的特点。商朝也以农业为主,从卜辞中就可见禾、黍、稷、麦、秜(稻)等多种谷物名称。周人兴起于渭水中游,在漆、沮二水间有优越的自然条件,故尤

① [英]马林诺夫斯基著,李安宅译:《巫术科学宗教与神话》。
② 常任侠:《关于我国音乐舞蹈与戏剧起源的考察》,载《中国古典艺术》,上海出版公司 1954 年版。

重农业。周的史诗《生民》、《公刘》、《绵》等，都涉及农业。《生民》对周人始祖后稷所种稷、黍、麦、瓜、豆、麻有详细描绘。《公刘》记载了公刘率周人迁豳后垦荒、分田、建庐、改进农具的情况。《史记·货殖列传》谓周人"犹有先王之遗风，好稼穑，植五谷"，《周本纪》说文王"遵后稷公刘之业"，"而教化大行"。因而，《诗经》中描写农业生产，确有深远的历史根源。

除农业劳动之外，《诗经》中还写到了狩猎生活。如写劳动者狩猎的有《驺虞》、《还》，写贵族打猎的有《大叔于田》、《驷驖》等。无论是农是猎，目的都在于获取衣食等生活资料，这是生活的大端，对《诗经》首应注目于此。

但是，从事劳动生产并非都是愉快的，著名的《豳风·七月》就充满了感伤情调。全诗八章，详述耕作、狩猎、蚕绩、收获、营邑居、治野庐之苦，依然无衣无褐、食不果腹。从诗中可以看到的是无休止的劳动，受不尽的剥削。如果说《七月》展现的是全景，那么，《魏风·葛屦》就不失为生动的特写，贫女用"掺掺女手"为富妇缝制衣服，得到的却是骄人的"宛然左辟，佩其象揥"，不予理睬。《伐檀》和《硕鼠》，更堪称抒发对剥削、压迫强烈不满的双璧，前者写农奴们将伐下的檀木搬置河边时，看到了剥削者的仓库堆满粮食，院子里挂满了猪獾，对照自己衣不蔽体、食不果腹，禁不住心头的怨愤。诗的主题确如《诗序》所说："《伐檀》，刺贪也。在位贪鄙，无功而受禄。"《硕鼠》则不似《伐檀》之赋体，而用比体。《诗序》说："《硕鼠》，刺重敛也。国人刺其君重敛，蚕食于民，不修其政，贪而畏人若大鼠也。"赋敛极重而政事不修，老百姓之将统治者咒为大老鼠，确是深重的控诉，而以硕鼠拟其"贪而畏人"，又道出了统治者既贪婪又怯懦的本质。"乐土"不可寻，更从反面说明了摆脱剥削、压迫的强烈要求和美好愿望。

《诗经》中又充满了对徭役、战争的厌恶和悲怨之情。《齐风·东方未明》所写的是服役者忙于当差服役，早晚都得不到休息。《小雅·何草不黄》以"匪兕匪虎，率彼旷野"，表明了自己如野牛、老虎一样被驱遣奔走，从事劳役的悲怨。

对于战争，当然不能一概而论。《秦风·无衣》反映了秦民击退犬戎的战争，写得热烈激扬，将慷慨从军、同仇敌忾的精神表现得非常充分。《小雅·采薇》所写的是抗击猃狁的战争，一方面表现了对抵抗外侮的积极态度，赞美了周统治者；另一方面又可见戍边之苦与思家之情，真实地反映了当时深刻的社会矛盾，有高度的典型意义。与之相类而更见沉痛的是《豳风·东山》，这是随周公东征三年幸得还家的战士归途之唱，在对军旅生活的回忆和回家的期盼、猜测中，深刻地传递出忧喜参半、痛定思痛的情怀。

在徭役和战争中的遭遇和情绪，又往往见之于思妇之口。如《卫风·伯兮》，那位怀念为王执殳之丈夫的妇女，其"岂无膏沐，谁适为容"的形象，活画出她的外貌和内心。《王风·君子于役》更为质朴而深刻地抒发了女主人公对行役未归的丈夫的思念之情。

《诗经》中最为大量的还是恋爱、婚姻的题材。朱熹《诗集传序》曾说："凡诗之所谓风者，多出于里巷歌谣之作，所谓男女相与咏歌，各言其情者也。"《诗经》首篇的《关雎》曾被解释为写后妃之德，其实是坦率地将思念之情相陈，同时也表达了与窈窕淑女琴瑟友之的美好愿望。《诗经》中对恋爱、婚姻的描写和抒情，极为丰富、细腻和全面。有的写情人幽会，如“静女其姝，俟我于城隅”[①]，“期我乎桑中，要我乎上宫”[②]；有的写赠物定情，如“投我以木瓜，报之以琼琚”[③]，“伊其相谑，赠之以芍药”[④]；有的写相思之情，如“青青子衿，悠悠我心”[⑤]，“一日不见，如三秋兮”[⑥]；有的表被疏远之痛，如“彼狡童兮，不与我言兮。维子之故，使我不能餐兮”[⑦]；有的抒重逢之乐，如“既见君子，云胡不夷”[⑧]；有的希望邂逅获偶，如“野有蔓草，零露溥兮。有美一人，清扬婉兮。邂逅相遇，适我愿兮”[⑨]；有的害怕父母干预，如“将仲子兮，无逾我里”，“仲可怀也，父母之言，亦可畏也”[⑩]；有的表女子对男子专一的爱，如“穀则异室，死则同穴。谓予不信，有如皦日”[⑪]；有的表男子对女子的矢志不移，如“出其东门，有女如云。虽则如云，匪我思存。缟衣綦巾，聊乐我员”[⑫]。

更值得注意的是弃妇之诗。如《邶风·谷风》对故夫的无情和自己的痴情作了对照，深表其心中的悲怨，第二章后四句尤见沉痛：“谁谓荼苦，其甘如荠。宴尔新昏，如兄如弟。”当然，被弃之痛更深，态度更形决绝的，当推《卫风·氓》，诗中弃妇从自己的痛苦经历中认识到男女的不平等，深沉地告诫女子们“无与士耽”，因为“女之耽兮，不可说(脱)也”。

除以上诸方面内容外，《诗经》中还有不少讽刺统治阶级荒淫无耻的作品。如《鄘风·相鼠》、《齐风·南山》、《陈风·株林》、《邶风·新台》等作都是，《小雅》中此类作品也不少。

总之，《诗经》反映生活面极广，从中可见周代社会的种种状况，而其总体精神则是“男女有所怨恨，相从而歌。饥者歌其食，劳者歌其事”。[⑬]

《风》、《雅》寝声之后，公元前四世纪，在战国时代南方的楚国，又出现了另一座诗歌高峰——《楚辞》。《楚辞》与《诗经》就一个侧面、一个片断、一个角度反映现实不同，它正面表现了社会生活的复杂矛盾和斗争，其中首推《离骚》。

《离骚》表现了屈原为实现统一祖国的理想。全诗围绕着这理想，表现了诗人无比的热情与不懈的斗争精神，同时控诉了谗害他的“党人”对楚国的危害。诗中不仅揭露了楚国上层社会“保厥美以骄傲，日康娱以淫游”、“纵欲而不忍”的世纪末情绪和行为，而且还痛斥了群小“偭规矩而改错，背绳墨以追曲”的欺世盗名、变白为黑；甚至指

①《邶风·静女》。
②《卫风·桑中》。
③《卫风·木瓜》。
④《郑风·溱洧》。
⑤《郑风·子衿》。
⑥《王风·采葛》。
⑦《郑风·狡童》。
⑧《郑风·风雨》。
⑨《郑风·溱洧》。
⑩《郑风·将仲子》。
⑪《王风·大车》。
⑫《郑风·出其东门》。
⑬何休：《春秋公羊传·宣公十五年解诂》。

责楚王一改初衷、反复无常，并表示了死而无悔、全心为国的决心。

《离骚》的后半部分表现了诗人被排斥于政治生活之外，面对未来探索着将行的道路。诗中的“上下求索”当然是浪漫主义的手法，而叩阊阖、游春宫、求宓妃、见佚女、灵氛占卜、巫咸降神、旧乡临睨、仆马悲怀等一系列的神话题材、故事的背后，却真实反映了思想斗争中复杂的矛盾关系。诗的终结以“吾将从彭咸之所居”，更为现实地表示了诗人以选择一死来坚持理想、抗拒黑暗的道路。

总之，《离骚》虽然展开了奇伟瑰丽的想象，运用了大量的神话传说，虚构了奇妙异常的情节，但在纵横古今、大开大合的宏伟画卷中，所表达的仍然是现实的政治生活，是对理想的追求和斗争的精神。

在屈原其他的作品中，同样可以感触到现实生活的脉搏。如《九章》，王逸认为是屈原被放逐江南时，思念君国、忧心罔极而作。《惜诵》作于被谗见疏之后，叙述在政治上遭受打击的始末和自己对待现实的态度。《哀郢》表现了对祖国的危亡充满忧虑。《抽思》叙进谏不纳的忧苦之情。《惜往日》综述生平政治遭遇，痛惜自己的美好理想不得实现，表明自己不得不死的苦衷。即使是祀神的祭歌《九歌》，亦有《国殇》这样的悼念为国捐躯将士的现实主义之作。

汉朝被认为是诗思最为衰竭的一个朝代。然而，乐府诗仍然迸射出现实主义的夺目光芒。

汉乐府民歌继承了《诗经》的现实主义传统，其主要内容也可分为反剥削、压迫，谴责、揭露徭役与战争，以及反映男女爱情与被压迫妇女命运等三类。

自汉武帝长期对外用兵，造成了“府库并虚”的局面，人民生活陷入极端困顿。且看病妇的嘱托：“属累君两三孤子，莫我儿饥且寒”[①]；孤儿的苦楚：“手为错，足下无菲。怆怆履霜，中多蒺藜”、“冬无复襦，夏无单衣。居生不乐，不如早去下从地下黄泉”[②]；流浪者的悲伤：“欲归家无人，欲渡河无船。心思不能言，肠中车轮转”[③]。在忍无可忍、活不可活的情况下，安分守己者也不得不铤而走险，“拔剑东门去”[④]。

战争给人民带来了深重的灾难。乐府民歌中充满了对战争、徭役的揭露和谴责。战争过后，战场荒凉而凄惨：“战城南，死郭北。野死不葬乌可食。”[⑤]即使不死于战场，十五从军，八十归家的老兵，其与乡人对答及回家所见亦令人伤感：“道逢乡里人，‘家中有阿谁？’‘遥望是君家，松柏冢累累。兔从狗窦入，雉从梁上飞。中庭生旅谷，井上生旅葵。’”[⑥]徭役造成了不少流亡者，同样也造成了不少闺中的思念者，“胡地多飚风，树木何修修。离家日趋远，衣带日趋缓。心思不能言，肠中车轮转”[⑦]，就是真切

---

①《妇病行》。

②《孤儿行》。

③《悲歌》。

④《东门行》。

⑤《战城南》。

⑥《十五从军征》。

⑦《古歌》。

的两地思念。

汉武帝“独尊儒术”，封建礼教压迫加重，妇女的命运更为悲惨。如同《诗经》中有《谷风》、《氓》、《中谷有蓷》，汉乐府民歌也有《上山采蘼芜》、《白头吟》、《塘上行》的写弃妇之作，著名的《孔雀东南飞》更以一桩婚姻悲剧控诉了封建礼教的罪恶。在“三从”、“四德”、“七去”压迫下的妇女，也有热烈、大胆的追求，坚决、坦率的态度。“闻君有他心，拉杂摧烧之”，“从今以往，勿复相思”①，确是爱之既深，恨之也极。“山无棱，江水为竭，冬雷震震，夏雨雪，天地合，乃敢与君绝！”②生死不渝之爱何其强烈。《陌上桑》中罗敷拒诱、夸夫，在反抗强暴同时，亦可见对爱情的坚贞。

班固在《汉书·艺文志》中说：“自孝武立乐府而采歌谣，于是有代、赵之讴，秦、楚之风，皆感于哀乐，缘事而发，亦可以观风俗，知薄厚云。”这“感于哀乐，缘事而发”，正是“饥者歌其食，劳者歌其事”精神之延续。总之，从《诗经》，经《楚辞》，而至汉乐府民歌，诗歌都充满着关注现实的精神，诗中所写正是人生百态的真实反映。

我国早期绘画的情况又怎样呢？

绘画的历史早于文学，因而也必然早于诗。我国原始艺术虽无欧洲原始穴居人以狩猎、战斗及野鹿、牦牛等为题材的原始绘画，但从甲骨文的象形字就可知其为原始绘画的演进结果。无论是仰韶文化还是马家窑文化的陶器，前者以动物图形为主，后者以几何图形为主，可能正是图腾崇拜从写实到写意、抽象的演变结果。此后，造型与色彩即转入实用阶段了。

夏朝开始建立君权，史籍中未见关于绘画情况的记载，《左传》有“铸鼎象物”之说。商朝无画迹传世，《尚书》载有“中兴”之主武丁画傅说之像，用为宰相之事。周朝由于农业发达，带来了文化的进步，据《周礼·春官宗伯》载，有“司常掌九旗之物”，即九种旗帜画有不同的装饰图形，此外还有画虎于门，画龙于盾的。从春秋末年齐国官书的《考工记》所载《画缋之事》看，已有“土以黄，其象方，天时变，火以圜，山以章，水以龙，鸟兽蛇”等语，可见此类绘画对象以自然物为主。虽然《孔子家语》载孔子参观周代明堂，见到画有尧舜和桀纣“各有善恶之状”的壁画，还有“周公相成王，抱之，负斧扆，南面以朝诸侯之图”，但周代绘画还是以装饰性为主，以之定“礼仪”、“伦常”，所以此期的绘画对象是以自然物的抽象、变形为主。

当北方的百家争鸣造就了学术繁盛、入于理性时代之时，南方的楚国“信巫鬼，重淫祀”③，还保留着许多神怪传说。王逸《楚辞章句》为屈原《天问》作序云：“屈原放逐，忧心愁悴，彷徨山泽，经历陵陆，嗟号昊旻，仰天叹息。见楚有先王之庙及公卿祠堂，图画天地山川神灵，琦玮僪佹，及古贤圣怪物行事。周流罢倦，休息其下，仰见图画，因书其壁，呵而问之，以渫愤懑，舒泻愁思。”此说之事实虽可怀疑，但王逸为汉人，去楚不远，楚汉文化血缘颇近，楚时的壁画内容或为可信。其合历史与传说为一体，涂人物与

① 《有所思》。

② 《上邪》。

③ 《汉书·地理志》下。

神话于一壁的特点很明显，这种“天人合一”的情况在后汉王延寿的赋中仍可见到。

从现存的三件战国帛画来看，均为楚画，其中 1942 年在长沙东郊子弹库楚墓中出土的一幅，已流传国外，中为随葬的缯书，四角画树木以象征四时、四方，另有三头神像和双角神像等。1949 年发现于长沙陈家大山楚墓的人物夔凤壁画，可见龙凤导引死者升天之意，合于楚人葬俗。1973 年 5 月，长沙子弹库楚墓又发现了一幅帛画，御龙图，画意与人物夔凤图相仿，但夔凤图是夔凤导引死者升天，此画却是死者御龙升天。

秦代绘画所存极少。出土的秦代漆器中有龙、凤、虎、鸟、鱼等，及几何形花纹图样。陕西秦宫遗址发现不少动物瓦当，以鹿为多，此外尚有凤、虎、麟、鸡、雁等形象。

汉代所留下的绘画远较以前丰富，大致可分为庙堂壁画、宫廷画像和民间绘画三类。此外，长沙马王堆汉墓及山东临沂金雀山汉墓的出土帛画，更填补了汉代帛画的空缺。汉代帛画既有合天界（上）、人界（中）、地界（下）为一，较之人物夔凤帛画更为复杂的导引升天图（马王堆“T”形帛画及金雀山帛画均为此题材），也有描写现实生活的作品。当然，更值得注意的是前述三大类。宫廷画像以表功颂德的功臣像为主，还有经史故实的题材，这些均不传。庙堂壁画当时可能不少，但今已不存，从后汉王延寿的《鲁灵光殿赋》可以大致知其内容：“图画天地，品类群生。杂物奇怪，山神海灵。写载其状，托之丹青。千变万化，事各缪形。随色象类，曲得其情。上纪开辟，遂古之初。五龙比翼，人皇九头。伏羲鳞身，女娲蛇躯。鸿荒朴略，厥状睢盱。焕炳可观，黄帝唐虞。轩冕以庸，衣裳有殊……”从赋中可见，此类壁画融神话、传说与历史为一体，并将人类的历史活动与“天地”、“群生”、“杂物”、“山神海灵”置于一起，同样是天人合一的面貌。

留存至今的汉画迹以民间绘画为大宗，除少量的木板画、木简画以外，漆画、墓室壁画，尤其是画像石与画像砖，数量既多，内容也极其丰富。木板画与木简画以描绘人物、人物活动与动物形象为主。漆画除人、仙活动的内容外，还有各种飞禽走兽的形象。至于保存至今的壁画，见于汉墓墓室，其题材除升天、祭奠外，还有表现车骑出行、观赏百戏、日常生活、历史事件等内容。画像石、画像砖则既有伏羲、女娲等传说人物，及风伯、雨师等神话人物，也有刺客、侠士、孝子、节女等诸多人物；有战斗、出行、角抵、百戏，有牛耕、纺织、冶铁、骑马，也有歌舞、田猎、庖厨等生活场面；还有孔子问礼、荆轲刺秦、秋胡戏妻等历史故实与故事。

总之，汉画在春秋、战国的青铜纹饰和帛画基础上有很大发展，也留下了许多宝贵的资料。由于砖、石等材质关系，留传下来的作品以出自民间艺人之手为多，其内容以生产、生活场面为主，也表现了神话、传说、神鬼等。但是，宫廷画工除为功臣绘像外，据《西京杂记》卷二载，画工陈敞、刘白、龚宽等人“并工为牛马飞鸟众势”。据王延寿赋又可推知庙堂壁画的内容。因此，从总体看，汉画内容可用赋中“图画天地，品类群生”八字作概括。而综观汉代以前的绘画，亦与此相同。

若渭汉代以前诗歌的主流是“饥者歌其食，劳者歌其事”，是表现人类的社会生活；那么绘画之“图画天地，品类群生”，是至少将大自然提到与人类生活并重的地位。由此观之，我国前期诗画的表现对象已有不同的侧重。

二 世间与佛界

佛教自东汉末年传入以后，对我国的绘画造成了极大影响，从而也使魏晋南北朝的诗画题材形成了人与佛的分野。

东汉后期，从安帝到灵帝的八十多年中，仅见于记载的农民暴动，就有近百次之多。豪强地主与官商勾结，形成门阀士族地主集团，无情地进行新的土地兼并，农民纷纷破产。在统治阶级上层，外戚和宦官集团互相倾轧，交替掌握政权，政治极为黑暗。豪强地主和知识分子联合起来，以地方实力派身份与中央政府对抗，引起两次"党锢"。黄巾大起义尚未兴起，而巨大的时代风暴已在孕育之中。诗人们关注着现实人生，唱出了被后世称为《古诗十九首》的时代悲歌。其中既有对人生短促的感喟，亦有对生命的留恋、对欲念的追求。

《古诗十九首》（下文简称《十九首》）与乐府民歌都关注人生，而《十九首》在貌似颓废之中，对"食"与"事"有所超越，深入到了对人生本体的探求，并对建安和魏晋诗产生了深刻影响。

建安是"慷慨以任气，磊落以使才"①的时代，但对人生短促、忧伤长存的感喟同样异常激烈。不过，诗人更期盼的是建功立业、澄清海宇，曹操的诗句"老骥伏枥，志在千里。烈士暮年，壮心不已"（《步出夏门行》）可称典型。

西晋统治集团奢侈贪婪、争夺政权的"八王之乱"，"五胡乱华"与十六国割据，北方人民大规模地渡江南徙，祖逖、桓温"北伐"的未能成功，不堪压榨的农民的逃亡与暴动。长期的南北分裂与战乱，使南北朝成为我国历史上最混乱、痛苦的时期。诗坛的主调是绵延不止的死生之嗟，并由此生出三种基本倾向；儒家"入世"思想主导下的功业之叹与政治悲愤，道家"出世"思想浸淫下的游仙、玄言与山水赏会，杨朱"乐世"思想影响下的放情肆志。

从西晋太康年代起，诗歌已渐起妍冶浮艳之风，钟嵘《诗品》评张华就有"犹恨其儿女情多，风云气少"一语，而张作的《情诗》是夫妇赠答之词，并非色情之作。诗之从闺情入于色情，主要在南朝。南朝的君主与朝臣们，都流连声伎，耽酒好色，又留意于诗文，故能使放荡淫靡之作成为诗坛主潮。

除了文人诗以外，南北朝乐府民歌也不应忽视。南朝乐府民歌以《清商曲辞》中的"吴声歌"和"西曲歌"为主，几乎全是情歌。其中不乏色情之作，但更应看到争取恋爱自由和婚姻自主的良好愿望。北朝民歌以"鼓角横吹曲"为主，除亦有情歌外，其反映生活面较南朝民歌要广得多。既有表现北方各民族尚武精神之作，更有反映战争及其带给人民的苦难生活，叙事之作《木兰诗》更是现实主义与浪漫精神相结合的佳篇。

魏晋南北朝的诗歌是一个多元化的格局，由于儒学信仰的崩溃，使诗歌创作出现

---

① 刘勰：《文心雕龙·明诗》。

了众多的题材和风格，其中有些似乎距离现实生活较远，但即使是游仙与谈玄，毕竟还在人世，更不必说山水诗了。然而，在绘画（包括雕塑）领域，却基本上是神的世界，佛教题材占据了压倒优势。

佛教产生于印度，流传至中亚，后入于我国今新疆地区，再传入汉朝。据《三国志·魏志·东夷传》注引《魏略·西戎传》："汉哀帝元寿元年（按：公元前2年），博士弟子景卢受大月氏王使伊存口授《浮屠经》。"这大概是佛教传入我国的较早记录。其后，又有光武帝子刘英"好黄老之微言，尚浮屠之仁祠"[①]，桓帝在"宫中立黄老浮屠之仁祠"[②]等记载。桓、灵时期，安息、大月氏僧人相继到洛阳翻译佛经，但此时的汉译佛经多杂入道家思想，襄楷就认为佛教"此道清虚，贵尚无为"[③]，人们常将浮屠（佛）与老子同祭，认为佛教教义与神仙方术相差不多。

较佛经更早传入我国的是佛像。景卢初受佛经时，《魏书·释老志》说："中土闻之，未之信也。"并未发生什么影响。牟子《理惑论》说："昔孝明皇帝梦见神人（按《后汉书》作金人），身有日光，飞在殿前……遣使者张骞……等十二人，于大月氏写佛经四十二章。"使者从月氏回，带有佛像，明帝命画工画于清凉台及显节陵上，天竺僧人又在保福院画楞严二十五观图，这就是我国佛画之始。到三国时期，佛教逐渐发展，西域僧人东来，中原人士西去，在江南地区开始有传教活动。

西晋时期，由于佛教学说中的般若说与玄学相通，僧侣涉览六经，研习老庄，参予名士玄谈，并迎合士大夫所好，另立新义，沟通玄佛，更使佛学发展。东晋以后的南方几朝，相继出现兼通佛儒玄三学的佛学大师。君主中如宋文帝、梁武帝都推崇佛学，梁武帝萧衍甚至曾舍身同泰寺，信佛之心极其笃诚。范缜虽曾以神灭论反佛，但由于佛教有最高统治者支持，地位非常牢固。

同样，北方的胡族统治者出于以外来神对汉族人民实行精神统治的目的，大力提倡佛教，广造寺院，因果报应的教义大行。北方的政权中，除北魏太武帝曾下令灭佛、周武帝亦曾下令禁佛道二教外，差不多所有的统治者都支持保护佛教。

佛教的兴盛，佛寺的兴建，石窟的开凿，大规模的图绘、雕刻佛像，促使了佛教艺术的发展。印度在佛教的早期只有佛的脚印、法轮等象征性图案，随着贵霜王朝开始重视佛教，以及希腊画像影响到印度绘画，使佛像画渐盛。东汉永平年间，佛像传入我国，两晋、南北朝正当印度笈多王朝之时，印度的佛教美术极其兴盛。随着佛教的弘扬，也促使了我国佛教绘画艺术的发展。

三国时的曹不兴，原以人物画见长，在赤乌四年（241）于建业（今南京）见到佛像，为之摹写，成为我国的佛画之祖。他的弟子卫协，也擅长画佛像，并有"画圣"之誉。顾恺之是晋朝成就最高的画家，除画当朝的谢安、桓温等人物像外，又有《女史箴图》、《洛神赋图》等，此外，若从他的《维摩诘像》连同他二十多岁就在江宁（今南京）瓦棺寺

---

① 范晔：《后汉书·楚王英传》。
② 范晔：《后汉书·襄楷传》。
③ 范晔：《后汉书·襄楷传》。

画壁画来看，可见佛像是他的一个主要创作内客。南朝宋、齐、梁、陈四代近一百七十年，据张彦远《历代名画记》所载，有画家七十余人，绘画题材大体有佛道、肖像、风俗、历史故实、山水、花鸟、走兽等。最著名的画家，如陆探微，虽也画肖像，但更以佛像著名，山水仅粗成而已。张僧繇曾任吴兴太守，长于人物画，也画山水、走兽，但仍以佛画为主。他创作过大批寺院壁画，相传曾在南京一乘寺用色彩晕染的天竺法画凹凸花，成为最早应用外来技法的画家。

从现存的佛教绘画看，主要保存于北方的诸多石窟。佛教传入我国，首站在现在的新疆，龟兹国（今库车、拜城）、高昌国（今吐鲁番）石窟壁画颇多。现存壁画最丰富的克孜尔千佛洞，在拜城东面，库木土喇千佛洞在库车，伯孜克里克千佛洞在吐鲁番。由于最初传入的佛教是小乘教派，所译经典亦为小乘教派的经典，故早期石窟壁画的内容多为佛传和佛本生故事。佛教东传入于甘肃，又留下了敦煌莫高窟、永靖炳灵寺、天水麦积山等重要的石窟壁画。经河西走廊继续东行，石窟艺术传播至北魏都城地区，现存的大同云冈石窟尤以大型石雕佛像著称。北魏孝文帝迁都洛阳后，龙门石窟的雕像更与云冈并称。从魏末到周、齐，石窟造像几遍及黄河南北。在这些重要的佛教艺术石窟中，除克孜尔千佛洞有少量汉魏时期的作品外，大致以北魏时期为最早、最众。而北魏佛画以尸毗王本生、萨埵那太子本生、须大拏太子本生、鹿王本生及五百强盗为多。

所画尸毗王故事，是割肉贸鸽。尸毗王生性慈善，见被饿鹰追逐的小鸽逃至自己怀中求救，尸毗王劝鹰不要吃鸽。鹰说自己如果不吃鲜肉终将饿死。尸毗王就从自己腿上割下与鸽子等重的肉，但割尽股肉和臂肉仍未及鸽子重。尸毗王遂将整个身子投上秤盘，结果大地震动，鹰鸽皆不见，他也就以自己真正的慈心完成了神的考验。

萨埵那太子的故事是舍身饲虎。摩诃国有三位王子同行出游，看见山岩下有七只初生的小虎，围着饿瘦的奄奄一息的母虎。最小的萨埵那太子见小虎挨饿而不忍，决定牺牲自己以救饿虎。他将两位哥哥劝回，自己投身虎口，但饿虎竟无气力吃他。萨埵那太子刺身滴血，又从高岩跳下，坠于虎旁。饿虎舔人血后有了气力，就吃掉了太子。

须大拏太子的故事是乐善好施。须大拏太子心地善良，凡有求乞者必施。竟然将国宝六牙白象也施与婆罗门。国王大怒，将他驱逐出国。须大拏太子带着妻儿入山，遇人乞马就给马，乞车就给车。他与妻子各抱一子行路，又遇人乞衣，将衣服也施舍了。待财物全部施舍完，才来到山中安顿下来。不久，又有人求乞，太子遂将两个孩子舍人为奴。最后得国王出钱赎回，太子夫妇也被接回宫。

鹿王本生的故事是：有一人在林中打猎，误坠入水，被九色鹿王救起，此人长跪以谢。鹿王说，谢可不必，只要你不向人说出我的行踪即可。此人在归途中看到一张布告，悬赏捕捉被摩因光王的王后梦见的九色鹿。此人就报告国王，捉拿九色鹿。鹿王将经过告知国王，国王十分感动，宣布今后任何人不得杀鹿。此人结果口发恶臭，遍身生癞，王后也因恚盛心碎而死。

五百强盗的故事是：五百强盗造反，被官兵擒获，受了剜眼的重刑，他们哀嚎大叫，痛苦万状。佛给他们抹上药，使眼睛得以复明，最后皈依了佛法。

除以上的本生故事以外，佛画的内容还有降魔变、本行变、涅槃变、说法图等。

佛画故事的描绘是要告诉人们：要忍受无法忍受的痛苦，要准备遭遇难以想象的冤屈，要忍耐、克制，要积极行善，要自我牺牲，不要反抗，更不能作恶。这样，在经历大量磨难和长期苦修后，终于能够来世成佛。

总之，魏晋南北朝的绘画已从汉代的人神混杂，发展为以佛画为主体。与诗歌相较，二者的创作主潮确有在世间与在佛界的区别。

三 立足人生与走向自然

在经过了将近四百年的动乱和分裂之后，隋唐实现了国家的统一，文学艺术在此期获得巨大发展，诗与画都产生了一批巨匠，出现了空前的繁荣。

隋朝为期不长。隋诗是南北朝诗向唐诗的过渡。其前期诗人如卢思道、杨素、薛道衡，写过一些较好的边塞诗。而来自南朝的江总、虞世基、虞世南，却将齐梁风气带入诗坛。隋炀帝更带头写宫体诗。这种风气一直影响到唐太宗及其周围的诗人。在上官仪之后，以杜审言为代表的"文章四友"仍难脱宫廷应制之习。武后时期的沈佺期、宋之问因曾受贬谪，写过一些反映宫廷以外生活的好诗。经过王勃、杨炯、卢照邻、骆宾王这"初唐四杰"及稍后陈子昂的振拔、开拓，终于迎来了唐诗全面兴盛的新时期，这就是著名的盛唐时代。

按照一般的划分，唐诗可分为初唐、盛唐、中唐、晚唐四期，现已知的唐诗作者计二千多人。而综观唐诗的内容，又大体可以分为下列几个方面：

第一，继承建安传统，表现出奋智勇、济苍生、安社稷的理想、抱负，向往建功立业，报效国家。

我们不妨循着历史进程，看看诗人们的内心剖白：

杖策谒天子，驱马出关门。请缨系南越，凭轼下东藩。①
宁为百夫长，胜作一书生。②
前不见古人，后不见来者。念天地之悠悠，独怆然而涕下。③
至精无感遇，悲惋填心胸。归来叩寂寞，人愿天岂从？④
少小虽非投笔吏，论功还欲请长缨。⑤
忘身辞凤阙，报国取龙庭。岂学书生辈，窗间老一经。⑥

---

① 魏征：《述怀》。
② 杨炯：《从军行》。
③ 陈子昂：《登幽州台歌》。
④ 张九龄：《感遇》之十一。
⑤ 祖咏：《望蓟门》。
⑥ 王维：《送赵都督赴代州得青字》。

大鹏一日同风起,扶摇直上九万里。①
洗心得真情,洗耳徒买名,谢公终一起,相与济苍生。②
功名万里外,心事一杯中。③
许身一何愚!窃比稷与契。居然成濩落,白首甘契阔。④
致君尧舜上,再使风俗淳。⑤
丈夫贵兼济,岂独善一身。安得万里裘,盖裹周四垠。⑥
欲为圣明除弊事,肯将衰朽惜残年。⑦
少年心事当拏云,谁念幽寒坐呜呃?⑧
岂为妻子计,来去山林藏?平生五色线,愿补舜衣裳。⑨
永忆江湖归白发,欲回天地入扁舟。不知腐鼠成滋味,猜意鹓雏竟未休。⑩
诗旨未能忘救物,世情奈值不容真。⑪

这种表达政治理想、积极有为的思想信念,虽因时代及个人遭际不同而有深浅、轻重之别,但基本上贯穿于整个唐代。

第二,深刻揭露复杂的社会矛盾,关心、同情人民遭受的苦难。

在唐前期,诗人们都充满着为国立功的荣誉感,尤其向往着建立边功,在满怀民族自信心与自豪感的同时,也常常表现出对权贵的蔑视。安史之乱成为由盛而衰的转折点,自此,社会生活中地主阶级与农民的矛盾更为尖锐、激烈,中央政权与地方政权、汉族与少数民族、统治集团内部的革新与守旧等诸多矛盾,更形成了错综复杂的关系。诗人们的青春的激情、美丽的梦幻,开始转变为成熟、深沉,浪漫主义的热烈,逐渐让位于现实主义的冷峻,他们开始用自己的笔去揭露社会矛盾,同时又将满腔同情给予不幸的人民。

在高适的《燕歌行》中,已用"战士军前半死生,美人帐下犹歌舞"表现将士的矛盾和苦乐不均。杜甫的诗歌对穷兵黩武政策、对侵略性和掠夺性战争、对武将的邀功图进从而带给人民无穷的苦难,有更广泛、更深刻的揭露和讽谕,《前出塞》、《遣怀》、《兵车行》是杰出的代表。对于贵妃、权臣,上至皇帝,下至差役,杜甫都无情地揭露他们的腐败和罪恶,《丽人行》、《自京至奉先县咏怀五百字》、《忆昔二首》、《解闷十二首》、《冬

---

① 李白:《上李邕》。
② 李白:《送裴十八图南归嵩山》。
③ 高适:《送李侍御赴安西》。
④ 杜甫:《自京赴奉先县咏怀五百字》。
⑤ 杜甫:《奉赠韦左丞丈二十二韵》。
⑥ 白居易:《新制布裘》。
⑦ 韩愈:《左迁至蓝关示侄孙湘》。
⑧ 李贺:《致酒行》。
⑨ 杜牧:《郡斋独酌》。
⑩ 李商隐:《安定城楼》。
⑪ 杜荀鹤:《自叙》。

狩行》等最可见之。后来的李商隐《马嵬二首》等作，也将矛头指向最高统治者。

杜甫“穷年忧黎元，叹息肠内热”①，对人民怀有深刻的同情，“三吏”、“三别”不必说，即使是《又呈吴郎》、《岁晏行》等作，亦足可见之，“朱门酒肉臭，路有冻死骨”②，“无贵贱不悲，无富贫亦足”③等句最令人惊心动魄。而元结的《悯荒诗》、《贫妇词》、《农臣怨》，顾况的《囝》，张籍的《野老歌》、《征妇怨》，王建的《水夫谣》、《织锦曲》，元稹的《田家词》、《织妇词》，对劳动人民的疾苦多有反映。至如“新乐府”运动的主将白居易，对人民的苦难表现得尤为深广，《杜陵叟》的悯农，《卖炭翁》的苦宫市，《红线毯》的刺进奉，《上阳白发人》的悲宫女等，便是其代表作。

第三，反映边塞的战争、生活和风光。

唐朝与边境地区各少数民族政权的战争从来没有停止过。这些战争性质不同，既有抗御、解除外患之战，也有侵略、征伐之役。由于唐代诗人多不屑于皓首穷经，而是向往着建立边功，不少人多有军营生活的体验，因而边塞诗成为创作之大宗。高适的《燕歌行》歌颂战士为国御敌、英勇善战的精神，描绘战地中兵将生活的天渊之别，同时感慨征戍之苦，对旷夫怨妇深表同情，是边塞诗中的名篇。岑参既以现实主义的笔触写出了战争的悲壮和军中的不平，又以浪漫主义的雄浑气势描绘了北国风光、异域情调。此外，王之涣、王昌龄、王翰、李颀等人的诗作都自具面目，很有光彩。

第四，描绘山水、田园的美好风光与平淡生活。

唐代诗人们虽想积极参政，但有的未能为世所用，有的因参透世情或遭兵乱而退隐山林，有的走上“终南捷径”，有的仗剑远游，爱访名山大川，所以山水田园成为诗歌的重要题材。王维、孟浩然是此类诗歌的代表人物，储光羲、裴迪、祖咏、綦毋潜、常建、刘长卿、韦应物、钱起、郎士元也属此派诗人，大诗人李白，杜甫及刘禹锡、柳宗元、白居易、韩愈、杜牧等，也有山水佳作。

从唐诗以上的四类主要内容看，除山水田园诗外，都与社会生活密切相关。

在经过唐末五代较长时期的分裂之后，北宋王朝建立。与唐诗相比，宋诗的内容较为集中在关注人生和民族斗争两大主题上。

从宋初王禹偁开始，就以杜甫、白居易为榜样，走现实主义的创作道路。经欧阳修、梅尧臣、苏舜钦反对西昆体，“叙人情，状物态”；再经王安石、苏轼，到黄庭坚，从个人政治态度，到生活感受，都有全面的表现。

王禹偁的《感流亡》、《畬田词》，欧阳修的《食糟民》、《答杨子静两长句》，梅尧臣的《田家女》、《汝坟贫女》、《田家》、《陶者》、《织妇》，苏舜钦的《城南感怀呈永叔》、《吴越大旱》，王安石的《河北民》、《感事》、《兼并》、《省兵》，苏轼的《荔枝叹》、《许州西湖》、《秧马歌》，张耒的《和晁应之悯农》等，都从不同角度关怀人民疾苦，谴责赋税、徭役对人民的剥削，反映了广大人民与统治者的深刻矛盾，抒发了政治抱负，甚至表

① 杜甫：《自京至奉先县咏怀五百字》。

② 杜甫：《自京至奉先县咏怀五百字》。

③ 杜甫：《写怀》。

达了政见。

南宋时期，杨万里的《插秧歌》、《竹枝词》、范成大的《催租行》、《后催租行》，陆游的《农家叹》、《秋获歌》等作，仍然贯注着同情农民、关注农事的精神。

宋朝武备较弱，边患无穷，民族矛盾逐渐上升为主要矛盾。靖康之变给汉族人民带来了巨大的灾难，诗坛被爱国精神所主宰。女词人李清照以“生当作人杰，死亦为鬼雄。至今思项羽，不肯过江东”①的诗句讥讽统治者。陈与义的《伤春》、《次韵尹潜感怀》、《感事》等诗，都感怀时事，讥刺强烈，褒贬分明。曾几的《寓居吴兴》、《癸未八月十四日至十六日月色皆佳》也分别愤慨朝臣误国和思念北方失地，充溢着爱国精神。南渡初期的诗人吕本中、刘子翚、王庭珪等，或记动乱，或斥权奸，亦不可忽视。杨万里《初入淮河四绝句》、范成大使金所写七十二绝句中的《州桥》、《双庙》等作，也抒发了深厚的民族感情，爱国主义诗人陆游更以众多的诗篇，表达了反对民族压迫，希望恢复北方失地的强烈愿望。《书愤》、《雪中忽起从戎之兴戏作》、《秋夜将晓出篱门迎凉有感》、《十一月四日风雨大作》、《关山月》、《三月十七日夜醉中作》等诗，都表现出扫胡尘、靖国难、斥和议的坚强决心和勇敢精神，直到绝笔《示儿》，仍不忘北定中原。宋亡前后，文天祥的诸多诗篇或表现决心负起艰难的责任，或抒发国破家亡的悲痛情怀，《金陵驿》、《过零丁洋》、《正气歌》是他的代表作。此外，汪元量的七绝联章《醉歌》、《湖州歌》、《越州歌》，谢翱的《西台哭所思》、《书文山卷后》、《哭广信谢公》，林景熙的《闻家则堂大参归自北寄呈》、《读文山集》等，都表现了宋亡后的悲痛沉郁，可称泣血之作。

宋代另一广义诗歌的词，甚至逾宋诗而上，有“一代之文学”的美誉。宋词最初承晚唐五代的绮艳词风，渐向雍容秀雅发展，继而形成了柳永、苏轼、周邦彦的三个发展阶段。前期除范仲淹写及边塞生活外，以晏殊、欧阳修为代表的文人词，流连光景、感伤时序，以表现闲适生活为主要内容，柳永不仅在形式上发展了慢词的体制，长于铺叙，表现了下层市民的爱情与生活及羁旅行役之思，而且向民间词汲取养料，用俚俗的语言写闺怨。同时的张先也颇多慢词，亦以写情著称。晏殊的幼子晏几道词多感伤之作，常以低回深沉之情追忆往事，尤见对歌女的用情之深。苏轼扩大了词的题材，也提高了词的意格，“以诗为词”，将怀古、登临、悼亡、感旧、送别、宴赏都写入词中，突破了与传统的男欢女爱相关的婉约传统，表现出豪放的风格。秦观的词除写爱情生活外，也涉及漂泊生涯和贬谪况味。贺铸所作题材较广，除爱情、闲愁外，亦有表壮心、言情志之作，甚至写及思妇、商妇。周邦彦可以看成是北宋词坛集大成的人物，他精于格律，语言典丽优美，内容以羁愁与艳情为主，也涉及怀古伤今、羁旅行役等。

巨大的民族灾难同样震撼了词坛，李清照、朱敦儒等南渡词人，分别从闺阁佳人和江湖高士成为流浪者，都写出个人遭际以感怀故国，张元幹、张孝祥词作多涉政事，

---

① 李清照：《夏日绝句》。

陆游、陈亮亦多言抱负、抒政见之词。词坛主将辛弃疾抚时感事，对南北分裂痛心疾首，对主和派颇多讥刺，对自己怀才不遇深感不平，在他被迫隐退之时，他既以自然风光自作抚慰，又写及农民生活，对劳动人民深表关心与同情。与辛弃疾相唱和的词友颇多，形成辛派词人的阵营，爱国主义的主线一直贯穿到宋末的文天祥、刘辰翁所作之中。以姜夔为代表的风雅词派，包括史达祖、吴文英、周密、陈允平、张炎、王沂孙等人，词中也涉国事，但更以个人遭际、湖山清赏和恋情羁怨等为主，相对说来，此派词艺术性较高。

与道学影响下的诗中思理不同，词以其真切深入到感情生活的深层，但无论是宋诗还是宋词，都以表现社会生活为主。

金元以至明清，诗歌大体不出以前的题材范围。就新兴的诗体言，当然首推元散曲。

由于元代是蒙古族建立的政权，汉民族处于蒙古、色目人统治之下，因之元代的社会生活有不少特殊性，元曲的内容也与唐宋诗词有所不同。

元曲的主流是叹世和归隐之作。科举的废除使士失所业，民族歧视，吏治黑暗，传统的价值观念发生很大变化。散曲作家们感慨世道不公、恃强凌弱，不满于是非颠倒、贤愚莫辨，对贪婪竞进之徒颇为鄙嗤，对仕途险恶又有临履之忧，因而以愤世嫉俗的态度揭露不合理的社会现实，使叹世成为时代潮流。既然世浊而不可入，元曲就多鼓吹以归隐田园、寻趣渔樵来逃避现实，翻检曲家所作，"归隐"、"村居"、"恬退"、"闲居"、"隐逸"等题，可谓比比皆是。

当然，散曲中的写景之作也很多，且有诗词所未到的艺术特色，但相对说来，表现人生感喟，反映多方面的社会生活仍是其主导。

隋唐以来的绘画题材又有何消长变化呢？

当南北朝佛教势力几乎广被一切时，许多文艺名家都与佛教有涉，其中也不乏交名僧而游山水者。诗人谢灵运和画家宗炳堪称代表。其实，追溯晋室南迁之初，僧人也多南渡，与名士交游，出入于般若与玄学间，将二者沟通。僧人支遁（道林）在会稽与王羲之、孙绰、谢安等人谈玄习佛，邀游山水，成为时尚。玄学家郭象所说的"圣人虽在庙堂之上，然其心无异于山林之中"①，则为"名教"与"自然"的统一制造了理论依据。

既然众多文士诗人将意趣转向大自然，出现了以山水诗为代表的山水文学，山水画的发展也是势之必然。顾恺之《庐山图》、《雪霁望五老峰图》，戴逵《吴中溪山邑居图》已是独立的山水画。尤其是宗炳，完全杜绝仕进之心，西陟荆巫、南登衡岳，因疾还江陵后，凡所游历，皆图于壁。稍后的王微，也是著名的山水画家。

但是，由于魏晋南北朝时期佛教艺术占据了压倒一切的地位，非但石窟艺术如此，画家亦以佛像为创作之大宗，此期花鸟画才开始兴起，山水画也仅是渐取得独立地位而已。从隋朝以后，这种题材格局发生了变化。

---

① 郭象：《〈逍遥游〉注》。

北周的武帝曾禁断佛教，但隋文帝在统一全国后，于开皇二年(581)“普诏天下，任听出家，仍令计口出钱，营造经像”，使“民间佛经，多于六经数十百倍”。[①]后来隋炀帝又命沙门法果在洛阳撰佛经经目，隋朝佛教再度兴盛。

隋朝一面大建宫室，一面广修佛寺，使传统的绘画和新兴的卷轴都无法与壁画的兴盛相比。仅张彦远《历代名画记》就记录有隋朝绘制壁画的画家数十人，名家展子虔、郑法士、董伯仁、杨契丹等，都在其中。由于长期以来的战争、杀戮结束了，佛教也从希冀来世、信仰轮回逐渐转向了现实人生。随着佛教艺术从石窟雕塑向佛寺壁画转变同时，壁画的内容也发生了变化。展子虔虽在洛阳、长安、江都等地都画过佛教壁画，但相较之下，更以画人物、车马著名。从《贞观公私画录》及《历代名画记》看，录有他作的有《王世充像》、《朱买臣覆水图》、《北齐后主幸晋阳图》、《长安车马人物图》、《弋猎图》等，故题材特点可见。展子虔现存的唯一作品是《游春图》卷轴，此画描写贵族游春情景，以青绿设色，细线勾描，虽然尚未明皴法，但山川、峰岫、郊原、幽谷，既见画中骑游之乐，又给鉴画者以观山川之美。唐彦悰《后画录》称展子虔“尤善楼阁人马，亦长远近山川，咫尺千里”。他改变了过去“人大于山，水不容泛”的画风，是山水画演进、发展过程中的一个重要人物。

隋朝另一位大画家董伯仁，以善于经营台阁画的“位置”见长。郑法士兼擅人物、风景，其人物画“丽组长缨，得威仪之樽节；柔姿绰约，尽幽闲之雅容”[②]。风景画“飞观层楼，间以乔林嘉树；碧潭素濑，糅以杂英芳草；必暧暧然有春台之思”[③]。余如田僧亮的“野服柴车，名为绝笔”[④]，郑法士之弟郑法轮的“舆马之际，难与比肩”，“辟台苑，恣登临，罗绮如春，芳菲似雪”[⑤]等，可见隋画虽仍以宗教画为重要题材，却又以人物、车马、台阁、山水等为新出，为唐画全面走向世俗生活作了准备。

唐代是我国封建社会的鼎盛期，如同唐诗有初、盛、中、晚的四期繁荣，唐画也有前、中、后三阶段的兴盛。代表画家分别为尉迟乙僧、阎立本、李思训父子、吴道子、张萱、王维、卢鸿、郑虔、张璪、曹霸、韩幹、周昉、韦偃、韩滉、戴嵩、李真、王洽、孙位、边鸾等人。至于绘画题材，也较前代远为扩大，张彦远《历代名画记》卷一载：“圣唐至今二百三十年，奇艺者骈罗，耳目相接，开元、天宝，其人最多，何必六法俱全？但取一枝可采。”下有注曰：“谓或人物，或屋宇，或山水，或鞍马，或鬼神，或花鸟，各有所长。”其中不乏兼有众长者。

唐代佛道两教均盛，因而唐画中宗教题材占有很大比重，初唐尉迟乙僧和盛唐吴道子是宗教画的杰出画家。尉迟乙僧主要在长安、洛阳的慈恩寺、光宅寺、大云寺、兴唐寺等大寺院创作壁画，内容有佛像、菩萨、鬼神、外国佛众、净土经变、降魔变等。吴道子是兼工各种题材，且均臻很高成就的大画家，但他的主要精力仍用于宗教画，论

---

① 魏征：《隋书·经籍志》。

② 李嗣真：《续画品录》。

③ 李嗣真：《续画品录》。

④ 李嗣真：《续画品录》。

⑤ 李嗣真：《续画品录》。

者亦以为“道玄以佛道为第一”。在长安、洛阳二地，吴道子作寺观壁画三百余壁，内容有佛、神、鬼、龙、维摩诘本行变、菩萨、高僧、金刚变、西方变、地狱、释天、维摩变等。除壁画外，吴道子还画了不少卷轴，据宋徽宗时《宣和画谱》著录，宫廷中尚有《维摩像》、《五星图》、《摩那龙王像》、《佛会图》等九十余件。

人物画以阎立本最著名，他曾画唐太宗像和《步辇图》，又奉太宗旨画过《秦府十八学士图》、《凌烟阁功臣二十四人图》、《职贡图》等，除唐太宗肖像外，还有《历代帝王图》。阎立本之兄立德也擅绘人物故实。阎氏所画非仅有益于政教，且有记录礼仪风俗的历史价值。

与汉代相似，唐画也描绘了广阔的世俗生活，盛唐以后，变化尤著。吴道子的宗教壁画渐渐让位于张萱、周昉的“绮罗人物”，如贵妇的游春、赏雪、按乐、吹笛、理妆、啜茗、调琴、挥扇。即使周昉也作佛道宗教画，亦已不是金刚怒目，而是水月观音的“菩萨低眉”了。

值得注意的是，山水画和花鸟画非仅在唐代成为独立画种，且名家辈出，极其繁荣。李思训在山水树石之上，又绘出“湍濑潺湲，云霞缥缈”。李思训子李昭道虽笔力不及乃父，却善写云彩山岚之变。李思训年辈长于吴道子，但吴道子主要画宗教画，李思训却一生专攻山水，又得其子继承发扬，故张彦远《历代名画记》有“山水之变，始于吴，成于二李”之说。王维也画历史故实和道释人物，然而主要还是山水画家，《历代名画记》谓其“体涉今古”，能博采众长，后人尤推重其“破墨”山水，明人董其昌更以他长于“水墨渲淡”而定之为“南宗画”之祖。卢鸿也擅长画山水树石，隐居在嵩山，开元年间召为谏议大夫而不就，曾将其隐居地的景物画成《草堂十志图》。郑虔以诗、书、画称“三绝”，工于山水画，多用墨色画山，树枝老硬。张璪善于画山水松石，朱景玄《唐朝名画录》谓其山水画“其近也，若逼人而寒，其远也，若极天之尽”，可见对远近透视的掌握已达很高成就，已非魏晋以降的“其画山水，则群峰之势，若钿饰犀栉，或水不容泛，或人大于山”。[①]张璪是水墨大师，尤以破墨著称。王洽(一作默，又作墨)也是山水画中善画水墨者，曾师事郑虔，善作泼墨，又能醉后为墨戏之作。其余山水画家还不少，可谓一时成风，有许多新的建树。

山水之外，唐画又见花鸟、动物的兴盛。边鸾的禽鸟、蜂蝶和折枝花木，薛稷的鹤，滕昌佑的花鸟、草虫、蜂蝶、蔬果和鹅，刁光胤的湖石、花鸟、猫兔，都很著名。此外，尚有不少画家精于画鹰、犬、猫、鸡和芦荻、水鸟等。画马最以曹霸著名，杜甫曾誉为“一洗万古凡马空”[②]，其入室弟子韩幹画马也有很高成就，韦偃也是画马能手。画牛则有韩滉、戴嵩等人。

从以上综述可见，隋唐绘画已从六朝的以佛画为主发展为诸科并行，且山水、花鸟、牛马等以自然物为对象的绘画，至少已呈与佛道、人物平分秋色之势。

就画迹留存角度言，五代以后作品之多是唐代以前莫能相较的，而且，五代以后，

① 张彦远:《历代名画记》。
② 杜甫:《丹青引》。

山水、花鸟等题材超越了佛道与人物，成为画坛的主角。

唐朝大一统之后，是五代十国的分裂局面，但其间如南唐、西蜀，由于远离中原，受战争破坏较小，经济发达，生活安定，文艺还得到保护繁衍，尤其是词与绘画均有发展。人物、山水、花鸟等都出现了一批颇有成就的画家。前蜀贯休的水墨罗汉、释迦弟子以"梵相"著称，南唐顾闳中的人物画用笔工细，善于描态传神，周文矩擅长纤丽的仕女，兼画林石、楼观、车器。后蜀黄筌写异卉珍禽，南唐徐熙画蔬果草虫、江花水鸟，形成"黄家富贵，徐熙野逸"之别，导宋人两大流派。尤其是唐末入后梁的荆浩写云山之雄伟、古松之挺拔，钩皴得法，笔墨兼到，其学生关仝善写秋山寒林，设色古淡，擅传气势，笔简气壮，形成山水画的"荆、关"一派；南唐董源写江南山水，岚色苍郁，墨气淋漓，与宋初画僧巨然开"董、巨"一派。以上画家，都有独到成就。

宋代是文艺全盛的时代，文学可与唐并肩，绘画实逾于唐。不仅翰林图画院以其巨大规模搜罗人才而推动了绘画繁荣，而且文人画真正兴起，显著影响了我国绘画发展。

宋画的题材大致与唐相同，然又呈此消彼长之势。《宋史·选举志》说："画学之业，曰佛道，曰人物，曰山水，曰鸟兽，曰花竹，曰屋木。"仍将佛道、人物置于前，但诚如郭若虚所说："若论佛道、人物、仕女、牛马，则近不及古。若论山水、林石、花竹、禽鸟，则古不及近。"[①]可见宋代在以自然为对象的画科中已超越唐朝的成就。综观宋代画家，除李公麟的人物画善作白描、造型生动传神、长于表现人物的特殊身份且有一定思想深度外，石恪的鬼戏，苏汉臣的童趣，梁楷的泼墨仙人，龚开的墨鬼钟馗也能独造其诣，张择端的风俗画，李唐的历史画，亦以偏师取胜。余如武宗元、高文进等，虽也以道释画知名，但都宗法吴道子，摹而不能变，难成大家。至如不少画家笔下的渔樵、放牧、田家人物，其实只是山水的附庸了。

北宋山水画家中，首先应提到的是宋初的巨然和稍后的李成、范宽(中立)。巨然画风与董源相近，长于以淡墨轻岚表现江南的山川气象，有"平淡天真"之评。李成长于平远寒林，画法简练，有"惜墨如金"之评。范宽笔法老硬，不取繁饰，能得山之真骨。此三家之外，郭熙水墨明洁，烟岚变幻，亦为独到，与李成并称"李、郭"，同荆关、董巨齐名。余如米芾、米友仁"米氏云山"的"墨戏"，郭忠恕的屋木楼阁，燕文贵的风波樯橹，许道宁的野水渔父，惠崇的寒汀烟渚，王诜的江上云山，赵令穰的烟林凫雁等，都很见特色。

南宋山水画风格与北宋不同，李唐师法李思训，作青绿山水，但他对南宋画院的影响主要在于学习荆浩、范宽，有雄峻苍劲之势。刘松年笔墨精严，有的淡墨轻岚，有的青绿着色。马远取法李唐，却能自出新意，多画"一角"，画水尤出色。夏珪笔力甚劲，而墨气明润，以善画"半边"而与马远并称。除以上李、刘、马、夏合称"南宋四家"外，赵伯驹、赵伯骕兄弟取法李思训父子，画金碧山水，工致周密，着色清丽。还有江参江山

---

① 郭若虚：《图画见闻志序论·论古今优劣》。

平远、湖天清旷的水墨,李迪的山水小景、风雨禽木等,亦各具面目。

宋画的另一大宗是花鸟木石之作。其中黄筌之子黄居寀的禽鸟、花竹、奇石、异卉,逼真而富丽,对画院影响极大。徐熙之孙徐崇嗣的没骨花、草虫、蔬果、禽鱼,则对画院外的画家颇有影响。效法黄氏"富贵"画法的有夏侯延祐、李吉等,继承徐氏"野逸"风格的有赵昌、易元吉等。赵昌尤以写生的折枝著称,易元吉则长于水禽、花石。熙宁年间,崔白、吴元瑜出,一改黄氏院体之风,崔白精于钩勒而设色较淡,以残荷凫雁最为出色,吴元瑜画风更为纵逸。

还值得一提的是文人画家的水墨梅竹木石之作。其中文同的墨竹,苏轼的枯木怪石,扬无咎的墨梅、水仙、松竹,赵孟坚的梅兰竹石,郑思肖的墨兰,金王庭筠的枯木竹石等,各具特色。这些作品对后来形成梅兰竹菊"四君子"题材影响颇大,由于有文学趣味,也使后人多有学习。

元明清三代,沿宋代之变而愈甚,山水成为最主要的绘画题材,竹木花鸟也占据重要地位,人物画远不如前者兴盛,以自然作为绘画的主体已成不可逆转的趋势。

如果说宋画的主力还是画院画,元代则是文人画占据压倒优势。元代施行民族歧视政策,"九儒十丐",知识分子地位低下,又长期不开科举,文人画就形成自抒其情、以笔墨寄兴泄郁的特点。就形式言,水墨写意画勃兴;以题材言,虽陶宗仪《辍耕录》有"画家十三科"的记录,但山水、墨竹、花鸟最居主位。虽然元代统治者推尊道佛而使宗教画复兴,然而多是民间画工所画,文人的人物画转为高逸隐士。

元初最重要的山水画家有赵孟頫、高克恭,前者曾入元拜为翰林学士承旨,后者仕至刑部尚书。成就更高的是黄公望、王蒙、倪瓒、吴镇"元季四家",他们是真正的隐逸之士,卧青山,看白云,对画艺钻研至深,艺术成就也超过前人,且对明清文人山水画影响颇大。此外,曹知白、朱德润、唐棣、陆广、方从义等人亦工山水。擅画墨竹的有李衎衎、柯九思、顾安,长于墨梅的有王冕,元初钱选的花鸟、蔬果,后来王渊的花鸟,任仁发的马,也各有成就。元代虽也有赵孟頫、刘贯道、颜辉、张渥、王振鹏、王绎、刘元等工于人物的画家,然而成就不逮山水、竹木、花鸟。

元代人物画多以渊明把菊、刘伶荷锸、雪夜访戴、伯牙鼓琴、柳阴高士等隐逸高人为题,而明代人物画的题材则要稍广,并出现了唐寅、仇英、丁云鹏、陈洪绶、崔子忠、曾鲸等成就逾于元代的人物画家。但是,诚如万历间谢肇淛在《五杂俎》中所说:"今人画以意趣为宗,不复画人物及故事","至于神像及地狱变相等图,则百无一矣。"言虽为过,题材变更之迹可见一斑。清代宗教画极为衰落,人物画除传统的历史风俗画和渔樵、耕读之外,从高其佩,经"扬州八怪"的金农、李方膺、罗聘,直到清季任颐,都喜画钟馗。此外,禹之鼎、费丹旭的仕女和肖像,黄慎的神仙故事、士夫生活及渔人、樵夫、乞丐,罗聘的鬼趣,罗聘、丁皋的肖像,改琦的仕女,都有很高成就,清末"三任"的人物画更进一层。但是,相较而言,清代的山水、花鸟、墨竹、墨梅,创作既众,成就亦更高。

明代山水画有三大流派。从开国到嘉靖年间,盛行以戴进为首的浙派。嘉靖以后,吴门派的沈周、文征明等处于主导地位;周臣、唐寅、仇英被称为院派,其实与浙派颇多相近处。晚明文人画发达,以董其昌为代表的华亭派兴起,将文人画推至极端。花鸟画仍以水墨写意为主,明初边文进、吕纪作院体工笔花鸟,自林良过渡后,沈周、唐寅、陈淳、徐渭等,都以水墨著称,写水墨“四君子”亦大有人在。

清初山水画深受以董其昌、陈继儒等人为代表的南宗画派影响,从王时敏、王鉴到王翚、王原祁,形成极大势力,影响画坛几近两个世纪,后来学王时敏的称娄东派,学王翚的称虞山派。又有以龚贤为首的“金陵八家”,有查士标、程正揆等学董其昌的华亭派,有仿倪瓒的新安派等。不入宗派而自出面目、成就突出的则有弘仁、髡残、八大山人、石涛等“四僧”,尤以石涛影响巨深,金农等“扬州八怪”亦有独到成就。至于花鸟与水墨梅竹等,先有常州派,后有“扬州八怪”,经十九世纪前半期的消歇,到光宣年间以赵之谦、任伯年、吴昌硕为代表的“海上画派”,使花鸟画再度兴起。

综观明清两代,虽也有杰出的人物画家,但画题多在历史人物故实、士大夫情趣、民情风俗及肖像、仕女等,未能对过去的传统——少涉重大社会生活,作根本性突破。在创作数量和艺术成就上也不及山水、花鸟、木石之类。明清的一流画家中,工人物画者仅唐寅、仇英、陈洪绶、任颐等数人,且唐、仇的山水画足以誉压人物画;而沈周、文征明、董其昌、石涛的山水,徐渭、朱耷、金农、郑燮、吴昌硕的花鸟、竹木,艺术成就显然高于人物画。

在追述我国诗画两领域的发展史之后,可以得出这样的结论:我国的诗歌和绘画,在内容、题材上确有不同的侧重。诗歌一直以人类社会生活作为主要的表现对象,绘画则从自然与人并重,经由一个相当长时期的宗教化,逐渐发展为以自然为主要表现对象。若将我国诗画置于世界,比照西方诗画题材的大体一致,更可见到我国诗画发展中表现对象分流的现象。

儒学与道释
——诗画思想基础的界定

《论语》记载了孔子同他的学生子夏的一段对话，这一对话兼及诗画，虽短短数句，在我国文艺史上却有着异乎寻常的意义。孔子以《诗》授徒，子夏读《卫风·硕人》而向孔子发问，《八佾》记录了师生问答：

> 子夏问曰："巧笑倩兮，美目盼兮，素以为绚兮。"何谓也？子曰：绘事后素。曰：礼后乎？子曰：起予者商也！始可与言《诗》已矣。

子夏（名卜商，字子夏）读《硕人》描写女子美貌之语，欲进而有得，遂问老师"何谓也？"孔子接过"素以为绚"（白底上加上文彩）之语，回答以"绘事后素"（先有白底子后有画）。子夏触类旁通，再问以："礼后乎？"即仁为先，是本质；礼为后，是形式。孔子大为满意，赞赏子夏之言对自己有启发，现在可以谈《诗》了。在师生对答中传道解惑，因诗而道及画，虽语焉不详，却是并提诗画的首次。

孔子关于"绘事后素"的谈话并未对诗画作比较，后汉的唯物主义思想家王充，在他的《论衡·别通篇》中却对文字与造型有优劣之较。他认为图画所画的是古之死人，见死人之面而不能观其言行，而古贤之遗文却粲然载于竹帛，为墙壁之画所不及。王充所论，当然是从思想内容的角度着眼的，其见解曾遭到唐人张彦远的耻笑，殊不知王充是立足于反虚妄、夸饰，而肯定古贤遗文。无独有偶，张衡上疏，论图谶虚妄非圣人之法，虽未道及诗人，也抨击了画工作鬼魅是"诚以实事难形而虚伪不穷"。他们之有相近的见解，是由于重视思想内容。

宋人最爱并提诗画，且将二者互拟，最典型的当推张舜民《画墁集》卷一《跋百之诗画》："诗是无形画，画是有形诗。"然而，诗画并非真的异名同体、异迹同趣。本世纪前期，蔡元培先生在《以美育代宗教说》的讲演中说道："唐以后诗文，遂多以风景人情世事为对象。宋元以后之图画，多写山水花鸟等自然之美。"而这种诗画表现对象之异，正出于二者思想基础的不同。对此，不妨在历史的回顾中作一番论述。

一 儒家倡诗与道佛倡画

诗三百篇采自民间："诏问三代、周、秦轩车使者，逌人使者，以岁八月巡路求代语、童谣、歌戏。"[①]"孟春之月，群居者将散，行人振木铎徇于路以采诗，献之太师，比其

① 刘歆：《与扬雄书》。

音乐，以闻于天子。故曰，王者不窥牖户而知天下。”[①]何休更说：“男年六十，女年五十无子者，官衣食之，使之民间求诗。乡移于邑，邑移于国，国以闻于天子。故曰：王者不出牖户，尽知天下所苦；不下堂而知四方。”[②]这些话可能对采诗制度有所美化，然而《诗》为思妇劳人之语，郁于心而出于外，故可考见政教得失与风俗善恶，因此，孔子非常强调学诗。《论语·季氏》载：

……鲤趋而过庭。曰：“学《诗》乎？”对曰：“未也。”“不学《诗》，无以言。”鲤退而学《诗》。他日，又独立，鲤趋而过庭。曰：“学礼乎？”对曰：“未也。”“不学礼，无以立。”鲤退而学礼。

这里，并提《诗》、礼，可见心中所重。《论语·阳货》又载：

子谓伯鱼曰：女为《周南》、《召南》矣乎？人而不为《周南》、《召南》，其犹正墙面而立也与！

孔子更从为政与外交言辞的角度来说明学诗的重要，《论语·子路》载：

子曰：诵《诗》三百，授之以政，不达；使于四方，不能专对；虽多，亦奚以为？

在春秋以前和春秋时代，可能有献诗陈志且主于讽之举。而在外交场合上，则有赋诗言志，《汉书·艺文志》说：“古者诸侯卿大夫交接邻国，以微言相感，常揖让之时，必称诗以谕其志。盖以别贤不肖而观盛衰焉。”朱自清先生指出：孔子时雅乐败坏，诗乐分家，献诗与赋诗都不行，故“一般只将诗用在言语上；孔门更将它用在修身和致知——教化——上”。[③]前引《论语·季氏》言，知孔子教其子孔鲤，“不学《诗》，无以言”，“不学礼，无以立”。而《论语·泰伯》又说：“子曰：兴于诗，立于礼，成于乐。”可见又将《诗》看作道德修养的初始阶段，修身先要学诗，以诗中情感激发己心，并受到思想教育。在这一基础上进一步学礼，以作为立身行事的准则。最后还要在不断地以音乐陶冶性情之中，改造自己的内心精神世界，使道德终以完成。这就是《诗》的修身作用。《论语·阳货》所说的“多识于鸟兽草木之名”，是说《诗》的致知作用。而“迩之事父，远之事君”，“授之以政”，“使于四方”，则是《诗》的教化作用。

诗三百篇大体成集于公元前六世纪，季札观乐在公元前544年，正当孔子的童年。孔子生活在礼崩乐坏的时代，孟子说：“王者之迹熄而《诗》亡。《诗》亡，然后《春秋》作。”[④]清宋翔风《孟子赵注补正》说：“《孟子》：‘王者之迹熄’，‘迹’当作‘远’。言王

① 班固：《汉书·食货志》。
② 何休：《春秋公羊传注疏》。
③ 朱自清：《诗言志辨·诗言志·教诗明志》。
④ 孟子：《离娄·章句下》。

国无遒人之官，而诗遂亡矣。后人多闻‘迹’，寡闻‘迈’，故改迈为迹。”按许慎《说文》所解：“迈，古之遒人，以木铎记诗。读与‘记’同。”可见孟子是说：采诗遒人的官职废止后，诗亦亡佚，然后才产生《春秋》这部书。

孟子感慨《诗》之亡，也同样倡《诗》。他生当诸国争霸之时，却周游列国，以“仁政”游说诸侯，被视作“迂阔”而不得器重，于是“退而与万章之徒序《诗》、《书》，述仲尼之意，作《孟子》七篇”。[①]孟子论《诗》，提出了“以意逆志”和“知人论世”的方法。《孟子·万章》上篇载，咸丘蒙向孟子提问：《诗经·北山》有句：“普天之下，莫非王土；率土之滨，莫非王臣。”舜当了天子，而他的父亲瞽瞍又不是他的臣民，岂非与此四句相矛盾？孟子说：

是诗也，非是之谓也，劳于王事而不得养父母也。曰：“此莫非王事，我独贤劳也。”故说诗者，不以文害辞，不以辞害志；以意逆志，是为得之。

他认为像咸丘蒙那样只拘泥于个别字句，却不从整首诗意义上掌握，理解，就会以文害辞。他认为“以意逆志”才能得到诗中要谛和作者意图，“意”是对诗歌内容的全面、正确的理解，“志”是诗人所申怀抱，情感与目的。

除“以意逆志”的说法外，孟子就学《诗》又提出了“知人论世”的原则。《孟子·万章下》说：

一乡之善士，斯友一乡之善士；一国之善士，斯友一国之善士；天下之善士，斯友天下之善士。以友天下之善士为未足，又尚论古之人。颂其诗，读其书，不知其人，可乎？是以论其世也，是尚友也。

这段话本指善士应与善士为友，但在论交友过程中，提出了“颂其诗，读其书”与“知其人”、“论其世”的关系，指出要了解古人生活的时代和他的生平、思想，应像对自己朋友那样熟识。这“知人论世”之说，不仅肯定了《诗》的历史价值，而且看到了作诗者志意、情感的价值。

孟子在同公孙丑讨论《小弁》和《凯风》二诗时，曾就诗中之“怨”发表见解。《告子》下篇记曰：

公孙丑问曰：“高子曰：‘《小弁》，小人之诗也。’”孟子曰：“何以言之？”曰：“怨。”曰：“固哉，高叟之为诗也！有人于此，越人关弓而射之，则己谈笑而道之；无他，疏之也。其兄关弓而射之，则己垂涕泣而道之；无他，戚之也。《小弁》之怨，亲亲也，亲亲，仁也。固矣夫，高叟之为诗也！”

---

① 司马迁：《史记·孟轲荀卿列传》。

曰:"《凯风》何以不怨?"曰:"《凯风》,亲之过小者也;《小弁》,亲之过大者也。亲之过大而不怨,是愈疏也;亲之过小而怨,是不可矶也。愈疏,不孝也;不可矶,亦不孝也。孔子曰:'舜其至孝矣,五十而慕。'"

且不论孟子论《小弁》、《凯风》是否真正做到了知人论世,其所说的"亲亲,仁也";"亲之过大而不怨,是愈疏也","愈疏,不孝也";"亲之过小而怨,是不可矶也","不可矶,亦不孝也"等,却是一种道德批评。他从《诗》中所见是德,他之倡诗当然亦是用于进德。

荀子以论音乐最为著称,但他对《诗》也很重视。

他认为,天下之"道"都总汇于圣人。"五经"虽都明道,但《书》言政事,《礼》言行为,《乐》言情性之和,《春秋》言微言大义,而《诗》却是以言志为特征。"言志"既申述怀抱,又抒发感情。他在《荀子·儒效》中指出:《风》之所以不随荒暴之君流荡,是取圣人之儒道以节之也;《小雅》之所以为《小雅》是取圣人之儒道而修饰之也;同样,《大雅》是取儒道以光大之;《颂》之所以为盛德之极,亦是取其而通之。从以上可知,荀子论《诗》,已将"明道"与"宗经"的思想结合起来了。

先秦儒家倡《诗》,汉儒也重《诗》,而墨、道、法家,却不重《诗》,甚至否定《诗》。

墨子从小生产者利益出发,对艺术持否定态度。老子提倡小国寡民,同样否定文艺,主张"圣人为腹不为目"①,"见素抱朴,少私寡欲"②。庄子认为人应无为、无欲、无知,也否定文艺的积极作用,倡"绝圣弃知"、"灭文章,散五采"。③韩非强调"务本",崇尚功用,反对礼乐文章,并以楚人鬻珠、秦伯嫁女的寓言,说明"以文害用"④之理。

庄子在《田子方》中,有"宋元君将画图","有一史后至","解衣般礴,赢","君曰,'可矣,是真画者也'"的论"真画"之言。韩非《外储说左上》亦有"客有为周君画荚者",及画犬马、鬼魅孰为难易之论。西汉的《淮南子》以道家思想为主,书中论及绘画者不少,如"君形者"、"谨毛而失貌",皆为其要,相比之下,却几乎未道及诗。

汉武帝罢黜百家,独尊儒学,从巩固封建统治出发,以董仲舒为代表的儒家学说已不同于前期儒家。孔子被神化,孔子学说被宗教化,修郊祀、改正朔、建封禅、礼百神等宗教礼仪,使儒学带上"神"的色彩。到两汉之际,谶纬流传,封建神学与庸俗经学结合成宗教神学,由于王莽、刘秀的宣扬、推广,成为主导思想。班固整理成书的《白虎通》,更是神学的经学化成为最高权威的"圣谕广训"。这些宗教神学思想在汉赋和乐府诗中有所表现,绘画更可见之。如果说王延寿《鲁灵光殿赋》描写的壁画内容尚是历史、神话的交织,王充《论衡·无形篇》所说的"图仙人之形,体生毛,臂变为翼,行于云",就显为神仙思想的反映了。

汉末开始传入的佛教,成为影响我国绘画的一个决定因素,由于汉译佛经混入道

①《老子》十二章。

②《老子》十九章。

③《庄子·胠箧》。

④ 韩非:《外储说左上》。

家思想,人们理解的佛教教义亦近于神仙方术。佛像传入我国比佛经更早,对佛的崇拜首先是形体的崇拜,所以崇佛者对佛像怀有巨大的热情。汉明帝命画工于清凉台、显节陵画佛像,是我国佛画之始。汉献帝初平四年(193),笮融为徐州牧陶谦督漕运,大起浮屠祠,造铜浮屠像,兼用复免徭役来广招信徒。当北方中国进入十六国时代后,胡族统治者特别提倡佛教,以“戎神”从精神上统治汉人,尤其是孝文帝拓跋宏迁洛后,北方佛教有极大发展,从帝后到臣僚,都热衷于立寺造像。统观南北朝,南朝佛画以梁代最盛,北朝则是北魏武帝之时,虽南北风格有典雅与雄浑之别,但题材则一。

佛界高僧固然重视佛学的哲理探讨,但同样也重视佛教宣传,从而提倡佛画与佛教雕塑,东晋的慧远就是这样的代表人物。慧远在《襄阳丈六金像颂》一文中认为,佛为至精,精极就不可见,但为了使“四辈悦情,道俗齐趣”,就“拟状灵范,启殊津之心;仪形神模,辟百虑之会”。慧远到庐山后开始倡议画佛影,并为之撰写《万佛影铭》,在此铭中说:

……尔乃恩沾九泽之惠,三复无缘之慈,妙寻法身之应,以神不言之化。化不以方,唯其所感;慈不以缘,冥怀自得。譬日月丽天,光影弥辉,群品熙荣,有情同顺……

何以明之?法身之运物也,不物物而兆其端,不图终而会其成。理玄于万化之表,数绝乎无形无名者也。若乃语其荃寄,则道无不在。是故如来或晦先迹以崇基,或显生涂而定体,或独发于莫寻之境,或相待于既有之场。独发类乎形,相待类乎影。推夫冥寄,为有待邪?为无待邪?自我而观,则有间于无间矣。求之法身,原无二统,形影之分,孰际之哉!而今之闻道者,咸摹圣体于旷代之外,不悟灵应之在兹,徒知圆化之非形,而动止方其迹,岂不诬哉!

前面一段中“妙寻法身之应,以神不言之化”二句是核心,实以道出佛影对人的感化、教育作用。后面一段指出,佛之“法身”能“运物”,其虽“无形无名”,又“道无不在”,能无中生有,能无形成有形。“若乃语其荃寄,则道无不在”,“有间于无间”等语,与庄子之论、玄学所言都极近。铭中又写道:

……谈虚写容,拂空传像。相具体微,冲姿自朗。白毫吐曜,昏夜中爽……
……妙尽毫端,远微轻素。托彩虚凝,殆映宵雾。迹以像真,理深其趣……

尽管其中贯注着佛学思想,但也对绘画艺术的特质和产生的美感,作了很生动、具体、贴切的形容,同时对画家的主观能动作用,亦能窥见之。

儒家倡诗较为显见,道、佛倡画似不如前者,儒家倡诗较可洞见诗之儒学思想基础,而体现在作为中国画主流的山水画中的道、佛思想,却要作一番深入的寻绎、探究。

二 人道、人格与无情、无己

儒家多倡诗、论诗,道、佛更为倡画。诗以表现人生为多,主于入世;画以表现自然为多,主于出世,而入世观与出世观,又是两种不同的思想基础,前者为儒家,后者为佛道。

一部中国诗史,充满着儒家思想的折光,数千年来的著名诗人,都或多或少地受着儒家思想的熏陶浸染;数千年来的著名诗篇,绝大多数是不离人生义理之作;而一部诗歌批评史,除皎然、司空图、严羽、王士禛等少数人的理论外,也始终为儒家思想所左右。

儒家的哲学思想和政治思想决定了它对人生的关注,这就使诗歌以反映现实为主流。而儒家思想的核心,在于"仁学"的体系,其中的人道主义和人格精神,对诗歌有巨大的影响。

孔子对于自然的认识是唯心与唯物思想并存的。他一方面宣扬"畏天命"①,但他又说"未能事人,焉能事鬼"②。孔子对上古遗留的迷信习俗虽不一概排除,但更以理性精神关注现实人生,在"子不语怪、力、乱、神"③的背后,就是"所重:民、食、丧、祭"④,这种注重人生而不重鬼神的观念,进而形成以"仁政"为核心的政治哲学思想,影响了后世的儒者,也影响了后世的诗人。

孔子的仁学思想产生在血缘关系的亲子之爱基础上,将奴隶社会中所残存的氏族时代的原始人道主义和博爱精神,作了发扬光大和系统化。《论语》中论及"仁"者极多,作为人道与博爱思想的"仁",其基本含义是什么呢?《论语·颜渊》:"樊迟问仁。子曰:爱人。"这是正面的回答。康有为认为:"盖博爱之谓仁。孔子言仁万殊,而此以爱人言仁,实为仁之本义也。"⑤许慎《说文》释"仁":"仁,从人从二,于义训亲",其从血缘关系的"亲亲",推而及于众而"爱人"。

人道、博爱的思想充满在孔子论"仁"的言论中。

在孔子看来,"仁"不主于自修,而在于及人。《论语·宪问》载:"子思曰:克伐怨欲不行焉,可以为仁矣!子曰:可以为难矣,仁则吾不知也。"克为好胜意,伐为自矜意,怨为忿忌意,欲为贪欲意,能制胜四者诚为不易,所以孔子说"可以为难矣"。但是,若仅能克己自守还不行,还要能推己及人:"夫仁者,己欲立而立人,己欲达而达人。"⑥

然而,孔子生活的时代正是社会秩序激烈变动的时代,他的仁政说无法推行,诚如他的学生子贡所说:"夫子之道至大也,故天下莫能容夫子。"所以他一方面论仁政,

---

①《论语·季氏》。

②《论语·先进》。

③《论语·述而》。

④《论语·尧曰》。

⑤ 康有为:《论语注》,中华书局 1984 年版,第 187 页。

⑥《论语·雍也》。

一面也只能停留在诸如“晋文公谲而不正，齐桓公正而不谲”[1]的历史人物评判之中。而孟子，他所处的时代较之礼崩乐坏的孔子之时，更是杀人盈野的残酷兼并，但他却不停止于感慨、悲叹，而是以完整的“仁政”、“王道”学说周游列国，努力推行自己的政治、经济主张。

孟子认为，“仁政”、“王道”的基础在于性善，这就是“人皆有不忍人之心”。若将仁、义、礼、智四端扩而充之，则为圣人，推而广之，就能行仁政。

孔子对齐桓公和管仲都颇推崇，孟子却明确地贵王贱霸，认为“以力假仁者霸”，“以德行仁者王”。[2]针对“庖有肥肉，厩有肥马，民有饥色，野有饿莩”，“率兽而食人”[3]的现状，他激愤地指斥：“贼仁者谓之贼，贼义者谓之残。残贼之人，谓之一夫。闻诛一夫纣矣，未闻弑君也。”[4]所谓“民为贵，社稷次之，君为轻”[5]，便是他提出的以人道主义为基础的仁政主张。

荀子是兼收诸子的人物，但继承孔孟仍是其主要面。他认为“人之性恶。其善者，伪也”[6]，与孟子的性善论相对立，可是，他在不排斥“霸道”同时，更重“王道”与“仁政”。他所倡仁政，常与孟子同。

儒家的人道主义、博爱思想还体现在反对不义战争之上。孔子说：“为政以德，譬如北辰，居其所而众星拱之。”[7]他认为“晋文公谲而不正”，是因为晋文公伐卫攻楚，挟天子以令诸侯；而“齐桓公正而不谲”，是因为以衣冠会，而不以兵车会。同样，孟子在论天下“定于一”时，也说：“不嗜杀人者能一之。”[8]由于荀子处于战国末期，不能无视历史发展和现实状况而不言军旅战伐，但是，他还是以仁论战：“不杀老弱，不猎禾稼”，“凡诛，非诛其百姓也，诛其乱百姓者也。”[9]儒家反对不义战争，却不反对在“攘夷”正统观念支配下的反侵略的正义战争。

前期儒家的人道主义、博爱精神影响了历代诗人。其人格修养的倡导也成为多数诗人立身行事的准则，对此亦应予以充分注意。

孔子这样论述人格修养：

> 子曰：君子食无求饱，居无求安，敏于事而慎于言，就有道而正焉，可谓好学已矣。[10]
>
> 子赣曰：贫而无谄，富而无骄，何如？子曰：可也。未若贫而乐道，富而好礼

---

①《论语·宪问》。
②《孟子·公孙丑上》。
③《孟子·梁惠王上》
④《孟子·梁惠王下》。
⑤《孟子·尽心下》。
⑥《荀子·性恶》。
⑦《论语·为政》。
⑧《孟子·梁惠王上》。
⑨《荀子·议兵》。
⑩《论语·学而》。

者也。[1]

子曰:富与贵,是人之所欲也,不以其道得之,不居也。贫与贱,是人之所恶也,不以其道得之,不去也。君子去仁,恶乎成名?[2]

子曰:贤哉,回也!一箪食,一瓢饮,在陋巷,人不堪其忧,回也不改其乐。贤哉,回也![3]

子曰:饭疏食饮水,曲肱而枕之,乐亦在其中矣。不义而富且贵,于我如浮云。[4]

子曰:君子坦荡荡,小人长戚戚。[5]

子曰:三军可夺帅也,匹夫不可夺志也。[6]

孟子的仁政说之基础在性善,对道德修养从自觉到完成,他有一个较为完整的描述:“可欲之谓善,有诸己之谓信,充实之谓美,充实而有光辉之谓大,大而化之之谓圣,圣而不可知之之谓神。”[7]而且,更将孔子所倡的无谄、无骄、乐道、好礼、勤事、慎言、甘贫、守贱、坦荡、公心、正身、笃学、忠诚、刚毅等优秀品德,进而提升到理想人格和道德责任的高度。他说:

居天下之广居,立天下之正位,行天下之大道。得志,与民由之;不得志,独行其道。富贵不能淫,贫贱不能移,威武不能屈,此之谓大丈夫。[8]

他将孔子“杀身以成仁”的思想作了进一步发挥,表明了“舍生而取义”的抉择:

生,亦我所欲也,义,亦我所欲也。二者不可得兼,舍生而取义者也。生亦我所欲,所欲有其于生者,故不为苟得也;死亦我所恶,所恶有甚于死者,故患有所不辟也。[9]

他以“仰不愧于天,俯不怍于人”[10]为乐,正表明了由个体人格完善引起的精神愉悦。

孔子所创立的儒家学说,经孟、荀等人的发展,广泛而深入地渗入到人们的思想、观念、思维方式、行为习俗等一切领域,几乎成为中华民族特有的文化心理基础。儒学后来虽经汉、宋直到近代的发展,其母体结构并未有根本性的改变。儒家思想中的人

---

①《论语·学而》。
②《论语·里仁》。
③《论语·雍也》。
④《论语·述而》。
⑤《论语·子罕》。
⑥《孟子·子罕》。
⑦《孟子·尽心下》。
⑧《孟子·滕文公下》。
⑨《孟子·告子上》。
⑩《孟子·尽心上》。

道主义和人格精神，对历代的诗人和诗作都产生了巨大的影响。

作为儒家的对立面与补充的道、佛，是以山水画为主体的中国绘画的思想基础，二者之于画犹如儒学之于诗。

道家学说诞生在战国时期，汉初盛行老学，汉末流行庄学，魏晋玄学大行，佛学全盛于南北朝，唐宋禅宗与士大夫携手，明代再畅于王李之学。由于前期绘画从服从于礼教到服务于宗教，所以道、佛思想真正对绘画发生内在、深入的影响，当在山水画兴起之后。与孔、孟主于入世的人道、人格精神完全不同，山水画所受的主要是老、庄主于出世的影响，尤其是庄子的“无情”、“无已”，更可看作山水画的思想基础。

孔子崇周公、尊周礼，孟子主张恢复井田制，这都是社会激烈变革时期人道、民主思想的体现。而老子，却主张回到“小国寡民”的原始社会，并认为“无知无欲”方是理想人格。

庄子也对伴随社会文明而来的人类恶德不满，同样主张回到“民知其母，不知其父，与麋鹿共处，耕而食，织而衣，无有相害之心”[①]的原始社会之中。当然历史无法倒退，他便以隐居避世作为“全生葆真”之法。在《山木》篇中，庄子讲述了大木以不材得终天年，及不能鸣之雁以不材而被烹的故事，以“周将处乎材与不材之间”的处世哲学自诩。

然而，“似之而非也，故未免乎累”，“物物而不物于物，则胡可得而累邪？”[②]毕竟难以逾越现实的苦难和严酷的死亡，于是庄子的出世观终于超逸现实，以“独与天地精神往来”[③]的方式，以“逍遥游”的幻想，追求与孔孟理想人格完全不同的另一类理想人格——“至人”、“真人”、“神人”。这三种人虽然具有不同层次的思想修养境界，但从不求名位、不求功业到忘却自己的存在，实是逐渐实现了理想人格，达到了精神的绝对自由。若深窥庄子所论，这理想人格和精神自由，又包含着“无情”、“无己”两个重要内容。

庄子在《大宗师》中，以“安时而处顺，哀乐不能人”言为人之道，《天地》篇中又有“不乐寿，不哀夭，不荣通，不丑穷”诸语，《人间世》亦云“哀乐不易施乎前”，这些，都可见庄子对于感情的否定。在《德充符》中，他甚至说：

> 有人之形，无人之情。有人之形，故群于人。无人之情，故是非不得于身。眇乎小哉，所以属于人也。謷乎大哉，独成其天。

《至乐》篇谓庄子妻死，箕踞鼓盆而歌，其答惠子问曰：

---

①《庄子·盗跖》。
②《庄子·山木》。
③《庄子·天下》。

是其始死也，我独何能无慨然？察其始而本无生；非徒无生也，而本无形；非徒无形也，而本无气。杂乎芒芴之间，变而有气；气变而有形；形变而有生；今又变而之死，是相与为春秋冬夏四时行也。人且偃然寝于巨室，而我噭噭然随而哭之，自以为不通乎命。故止也。

《德充符》又记其与惠子所作辩难：

惠子谓庄子曰：人故无情乎？庄子曰：然。惠子曰：人而无情，何以谓之人？庄子曰：道与之貌，天与之形，恶得不谓之人？惠子曰：既谓之人，恶得无情？庄子曰：是非吾所谓情也。吾所谓无情者，言人之不以好恶内伤其身，常因自然而不益生也。

这"无情"其实是不以情伤身，要以理化情。

一方面是对人世、欲念、情感的超脱，另一方面是追求精神自由，"与物有宜"[①]，"与物为春"[②]，移情于大自然。他认为"天地有大美而不言"[③]，钓于濮水，游于濠梁，向往藐姑射之山，都是对人世"无情"而对自然"有情"之证。"山林与！皋壤与！使我欣欣然而乐与！"[④]更是明言其"乐"。

在魏晋时代，社会秩序崩溃，疾疫流行，战祸不断，当对外在的权威深存怀疑并勇于否定之时，内在的人格觉醒与建构成为势之必然。此时，庄学以玄学的新形式出现，晋人一方面谈玄，一方面在纵情山水之中感受到了自然的实现和人格的超越，在山水文学滋生繁衍之后，就是山水画的萌发。可以认为，正是庄学的精神成为山水画的基础，后来更得禅宗的推助，使这一画种发展至顶峰。

与"无情"相关的是"无己"。在《逍遥游》中已有"至人无己"之说，在这里，"无己"与"无功"、"无名"都是理想人格之谓。然而，"无己"更是一种离开现实，全身心进入审美活动的心理状态，即"心斋"和"坐忘"：

若一志，无听之以耳而听之以心，无听之以心而听之以气。听止于耳，心止于符。气也者，虚而待物者也。唯道集虚，虚者，心斋也……[⑤]

堕肢体，黜聪明，离形去知，同于大通，此谓坐忘。[⑥]

前者是弃绝欲念，抛却得失，超越功利之后，求得精神自由，与物同一，也就超越感

①《庄子·大宗师》。
②《庄子·德充符》。
③《庄子·知北游》。
④《庄子·知北游》。
⑤《庄子·人间世》。
⑥《庄子·大宗师》。

官的感受，用心去感知，获得更深的审美理解。后者是忘掉了自身而“离形”，不凭借感觉而“去知”，“用志不分，乃凝于神”[①]，进入到完全的审美状态，得到高度的精神怡悦。庄子的这一思想也同样是我国绘画创作的思想基础。

三　人间事业与林下风流

孔子说过：“吾岂匏瓜也哉？焉能系而不食。”[②]其以始终不渝的入世精神，“知其不可而为之”[③]的顽强态度，去关注人生，推行仁政。孟子不顾其道被视为“迂远而阔于事情”[④]，针对“圣王不作，诸侯放恣，处士横议，杨朱、墨翟之言盈天下”[⑤]而“好辩”不止。这样，前期儒家的执着精神，积极从政的态度，与仁政思想一起，结合成“达则兼济天下”的著名原则。由于儒家思想长期处于“道统”地位，使这一原则成为合“从政”与作诗于一身的诗人之行动准则。

概括起来说，从“仁政”出发，在阶级斗争问题上，儒家反对阶级压迫和阶级剥削（指其积极面），反对不义之战；从“攘夷”出发，在民族斗争问题上，儒家坚持民族主义，赞同反侵略战争。这二者影响了整整一部中国诗歌史，成为贯串始终的主线。同时，孔、颜、孟子的人格理想，也成为中国诗人克己修身的原则与追求。

屈原是我国第一位大诗人。他在兼尊王霸、并重礼法、强调绳墨、用人主张等方面，已不同于孔孟而近于荀子，然而他的思想与孔孟相同者仍然甚多。他在诗中多次称述尧、舜、禹、汤、文、武，对儒家理想圣人充满崇敬；他积极用世，虽饱受打击、屡经放逐，仍坚持节操；他反对强秦侵略，哀郢都之陷，悲将士之亡；他持身修洁，守正不阿。后人说：“《离骚》之文，依托五经以立义”[⑥]，“虽取镕经义，亦自铸伟辞”[⑦]，都看到了儒家思想的影响。

汉代文人诗中，梁鸿《五噫》感慨“民之劬劳”，郦炎、赵壹或言其怀抱，或刺世疾邪；汉乐府民歌悲妇病、悯孤儿、怨徭役、反战伐；建安诗歌之对人民遭受疾苦的深刻同情，对澄清海宇、建功立业的豪情壮志，都是围绕着民、食、丧、战、疾等主题，都关系着国计民生。尤其是建安诗歌的“雅好慷慨，良由世积乱离，风衰俗怨，并志深而笔长，故梗概而多气”[⑧]，闪烁着关注现实人生的光芒，成为后人称道的榜样。

六朝儒学衰退，佛教输入，老、庄再兴，诗先入玄言，后滋山水，继又堕入宫体恶趣。但阮籍的嗟生忧时，左思的愤激不平，鲍照乐府的劲健奔放，庾信暮年的真挚苍凉，都体现出与现实生活息息相关的精神，虽不主于写民生凋敝，却萦于个人穷通出

---

① 《庄子·达生》。

② 《庄子·阳货》。

③ 《论语·宪问》。

④ 司马迁：《史记·孟轲荀卿列传》。

⑤ 《孟子·滕文公下》。

⑥ 刘勰：《楚辞章句序》。

⑦ 刘勰：《文心雕龙·辨骚》。

⑧ 刘勰：《文心雕龙·时序》。

处。至若刘琨之贬斥老庄、玄言,“知聃周之为虚诞,嗣宗之为妄作”[①],正是由于投身民族战争的结果。六朝最伟大的诗人陶渊明,走上了“击壤以自欢”的躬耕自资的道路,似与孔孟积极入世的精神不合,但这正是“有志不获骋”[②]的结果,并不违“天下有道则见,无道则隐”[③]的先师遗训,无悖于“穷则独善其身”的儒家教义。

经陈、隋和唐初的萎靡之后,陈子昂标举“风骨”、“兴寄”而开元、天宝,元和、长庆的唐诗高峰的出现,正是由于以儒家思想为指导的现实主义诗风占据了统治地位。初唐四杰中已有向往军功的边塞诗,到高、岑、王、李,更将建功立业的豪情与体恤士卒之苦,祈望边防巩固的良好愿望结合为一体。陈子昂屡次上书言事,议论益国、利民、刑狱、边事,都在于为国为民谋利,他主张息兵,契丹叛乱之时,又自请从军,儒家兼济天下之志,始终是他的思想主导。李白轻尧舜、笑孔丘,庄子的绝对自由、遗世独立的思想对他影响很深,游侠、策士、隐者、酒徒的气质亦兼见其身。但是,“济苍生”、“安社稷”,系心黎元、兼济天下的儒家思想,仍在他身上起着极大作用。王维一生奉佛,约四十岁后就过着半官半隐的生活,但前期从政生涯中,不满于不合理现象,向往开明政治,也不乏从政热情。即使是像孟浩然这样的隐士,也有“欲济无舟楫,端居耻圣明”[④]之慨,仍有用世之心。

被后人称为“诗圣”的杜甫,一生都以儒者自居,他虽也感慨“纨绔不饿死,儒冠多误身”[⑤],甚至激愤而呼“儒术于我何有哉,孔丘盗跖俱尘埃”[⑥],但直到老年,仍是“腐儒”、“老儒”。杜甫深服“节用爱民”、“民为邦本”,常一针见血地揭露统治阶级的残酷聚敛,他不但“穷年忧黎元”[⑦],且有“己饥己溺”的胸怀,自比稷契,推己及人,甚至甘愿“吾庐独破受冻死亦足”。[⑧]他爱民胜于忠君,批判的矛头直指达官贵人以至皇帝,甚至嫉恶如仇:“必若救疮夷,先应去蟊贼。”[⑨]在怀着永不衰退的政治热情同时,他又甘愿白首契阔,固守“愚”、“拙”。他有着深厚的爱国主义热情,既反对不义战争,又真诚地鼓励人们投身于爱国的战争。

中唐的大诗人白居易,是杜甫道路的继承者。他的思想兼及佛、道,但主导思想还是儒家。他的《秦中吟》十首,《新乐府》五十首,使得权豪切齿、扼腕,正是“养勇期除恶,输忠在灭私”[⑩]的体现。新乐府运动的其他参加者的同情人民、批判现实的作品,亦都根源于儒家所主张的“节用爱民”,“民为邦本”,“亲亲而仁民,仁民而爱物”等思想。

韩愈、柳宗元、刘禹锡、孟郊、李贺、杜牧、李商隐等诗人,都程度不同地关怀现实,

---

① 刘琨:《答卢谌书》。
② 陶渊明:《杂诗》之二。
③《论语·泰伯》。
④ 孟浩然:《临洞庭湖赠张丞相》。
⑤ 杜甫:《奉赠韦左丞丈二十二韵》。
⑥ 杜甫:《醉时歌》。
⑦ 杜甫:《自京赴奉先县咏怀五百字》。
⑧ 杜甫:《茅屋为秋风所破歌》。
⑨ 杜甫:《送韦讽上阆州录事参军》。
⑩ 白居易:《代书诗一百韵寄微之》。

写出不少系心民瘼、针砭时弊的佳作。韩愈以反对佛、道，复兴儒学为己任自不必说；柳宗元的政治思想基本上也是儒家的民本思想；刘禹锡积极从政，对时政勇于讥刺，被贬谪而不屈服；孟郊悯织妇、寒民，刺权贵之骄奢，谴责藩镇兴内战、谋割据；李贺的用世之心和感讽现实；杜牧的忧民爱国，借历史讥讽现实，谴责统治者的荒淫；李商隐的关心国运，屡陈抱负，指斥宦官专权，提出仁政任贤，并以咏史鉴戒现实等，都是儒家思想不同范围、不同程度的表现。至如晚唐现实主义诗人皮日休、聂夷中、杜荀鹤等人，继承了元白新乐府的精神，当然也表现了儒家人道主义情怀。

宋初诗坛有过西昆体的影响，风月花草成一时之尚，但时间不长。宋诗不及唐诗那样深刻讥讽现实，针砭时弊，宋儒的空谈心性，不言事功，亦使宋诗多"言理"之作，然而，国事民生和抵抗外侮仍是宋诗两大主题，与孔孟的"仁政""攘夷"无悖，而且可以概言：自北宋王禹偁、梅尧臣、苏舜钦、欧阳修、王安石、王令、苏轼、张耒、黄庭坚，经明朝刘基、高启、于谦，清朝吴伟业、吴嘉纪、郑燮、龚自珍以至清末黄遵宪等，都围绕着"民生"问题而高唱；自南宋李清照、陈与义、范成大、杨万里、陆游、文天祥、汪元量，经金代元好问，明末陈子龙、夏完淳，清初顾炎武、黄宗羲、王夫之、屈大均，直到清末的秋瑾等，都围绕着"民族"问题而长吟。而"民生"与"民族"，正是儒家所关注的人间事业的两个主要方面。

我们还应看到，孔孟所倡导的人格修养，不仅使从政的诗人们塑造出廉明、公正、勤政、爱民、尊贤、使能、谦逊、受言的诸多好品质；经世致用的态度，舍我其谁的责任感，也促使着社会进步；为民请命、舍身求法、埋头苦干……更成为"民族脊梁"的精神。即使是宋明理学已消失了前期儒学的光芒，宋代以后仍不乏范仲淹的先忧后乐，文天祥的天地正气，顾炎武的"天下兴亡，匹夫有责"，屈大均的"从来天下士，只在布衣中"①。

以孔孟为代表的儒家思想通向于人间事业，而以庄子和禅宗为代表的道佛思想，却向往着幽深清远的林下风流。在杜甫歌唱着战乱的血泪时，王维却画出了山林的恬静；当韦庄困于长安，以"内库烧成锦绣灰，天街踏尽公卿骨"②描述着阶级斗争时，荆浩却隐于太行，就"苔径露水，怪石祥烟"而搬弄着山水笔法，在王安石为"务为有补于世"③而写着《河北民》时，郭熙却为可行、可望、可游、可居的风景写着《林泉高致》……与诗之入世所不同的画之出世，亦具有一支与诗人不同的画家队伍：这就是从最早的山水画家宗炳、王微，到清末出家为僧的虚谷(朱怀仁)，他们多为隐士或僧道。清人唐岱《绘事发微》说："古今画家，无论轩冕岩穴，其人之品质必高。昔李思训为唐宗室，武后朝遂解组遁隐，以笔墨自适。卢鸿一征为谏议大夫不受，隐嵩山作《草堂图》。李成游艺不仕。元吴仲圭不入城市，诛茅为梅花庵，画渔父图，作渔父词，自名烟波钓叟。倪云林造清秘阁独居，每写溪山自怡。黄子久日断炊，犹坦腹豆棚下，悠然自

---

① 屈大均：《鲁连台》。

② 韦庄：《秦妇吟》。

③ 王安石：《上人书》。

适，常画虞山。此皆志节高迈、放达不羁之士，故画入神品。"这些"画入神品"的优秀山水画家，以"隐"为思想主流，其思想基础在于老庄哲学和佛教禅宗。

对唐代的名单还可以作些补充：我国最著名的山水画家之中，以宗炳、王微为最早，二人都是隐士，前者更是知名的佛教徒。王维半官半隐，终生崇佛。王洽（默）多游江湖间。荆浩隐居于太行山洪谷，号洪谷子。巨然是开元寺僧。范宽隐于终南、太华山林麓间。惠崇、仲仁，都是僧人。"元季四家"中的黄公望曾入"全真教"，并卖卜数地；吴镇亦曾卖卜，倪瓒初奉禅宗，后入"全真教"。沈周不应科举。唐寅功名被革后，在游历中以卖画为生。清初弘仁（渐江）、髡残（石溪）、朱耷（八大山人）、石涛（原济）更是著名的"四僧"，其中朱耷又当过道士，在南昌建青云谱道院。龚贤、恽格都以隐居为乐。

道家思想并未在其诞生后不久就能影响绘画，同样，六朝及隋唐的佛像摹写至多仅是教义宣传，它们对山水画产生的深层的思想影响当为"隔代遗传"。

魏晋之时，老庄哲学衍为玄学。西晋唯物主义哲学家裴頠指出，当时"众家扇起，各列其说，上及造化，下被万事，莫不贵无"。[①]"虚无"与"自在"的思想浸淫了这一充满纷争杀戮的时代。何晏《无名论》说："若夫圣人，名无名，誉无誉。"王弼注《老子》，曰："本在无为，母在无名，弃本舍母而适其子，功虽大焉，必有不济。"[②]将"自然"置于"名教"之上："万物以自然为性，故可因而不可为也，可通而不可执也。"[③]嵇康性烈峻切，所言更为直露："六经以抑引为主，人性以从欲为欢。抑引则违其愿，从欲则得自然。然则自然之得，不由抑引之六经；全性之本，不须犯情之礼律。"[④]在《释私论》中进而提出"越名教而任自然"的主张。所以，一方面是不重功业，以追求内在的精神本体为尚；另一方面则将原来关注社会的目光，转而为欣赏自然风光。在摆脱、超越外在的规范、束缚，建构人格本体，确立个体价值的同时；又就庄子的道"无所不在"学说，以泛神论为基础而求得在自然界的真正感悟。

在玄学统治魏晋之时，佛教亦大为流行，并与玄学相互渗透影响。支遁（道林）曾注《逍遥游》，著《逍遥论》，将佛学中的"内心澄静"与玄学的自由无拘相会通。道安对佛教的解释与何晏、王弼的"贵无"学说极为相似。"人之大患，在我有身"，老、庄都教人摒弃欲望，慧远《明报应论》也说："无明为惑网之渊，贪爱为众累之府。""无明掩其照，故情想凝滞于外物，贪爱流其性，故四大结而成形。"劝人不要"私其身"、"恋其生"。慧远还进一步发展了道安的本无学说，以摆脱现实世界，求得精神解脱相号召："反本求宗者，不以生累其神；超落尘封者，不以情累其生。不以情累其生，则生可灭；不以生累其神，则神可冥。冥神绝境，故谓之泥洹（即涅槃）。"[⑤]这样，无论是老庄教人以去知去欲求得从世俗的解脱，还是佛学教人解粘去缚求得人生的解脱，最终都以淡

① 裴頠：《崇有论》。
② 王弼：《老子三十八章注》。
③ 王弼：《老子三十九章注》。
④ 嵇康：《难自然好学论》。
⑤ 慧远：《高僧传》引《法性论》。

泊清静之心通向退隐山林。对人世的“无情”、“无已”,转而为对山水的审美愉悦,正如谢灵运《山居赋》所说:“山居兮清寂,群纷兮自绝。”

山水画兴起于晋宋,是受到了玄学的影响,而作为佛教徒且又是山水画家的宗炳,其绘画思想更可见佛学的折光。山水画之盛于唐,成于宋元,更是得益于禅宗。禅宗的初祖虽是梁代时的菩提达摩,但前此的竺道生已发展了《维摩经》、《法华经》中“人人都有佛性”的思想,提出了“顿悟”说。在禅宗到六祖慧能后,南宗“顿入”说较北宗“渐入”说有更强的生命力,影响更大。被后人称为山水画“南宗”之祖的王维,是南宗禅的信奉者,他曾为慧能写过碑铭。《碑铭》宣扬自性即佛、一念般若即可成佛的观念,都极易被人接受。所以,这种不求功德,不遵戒律,不假外佛,而通过自己顿悟求佛的思想,对于欲出世又不愿真出世,既厌倦斗争、无心进取,又不愿抛弃世间物质享受的文人士夫,具有很大的吸引力。正由于此,唐朝以后禅虽分出多家,基本思想却不变,一宗不灭,施影响于宋明理学,贯串于封建社会的始终。

玄学家郭象说过:“圣人虽在庙堂之上,然其心无异于山林之中”[①],“圣人常游外,以弘内,无心以顺有。故虽终日挥形,而神气无变;俯仰万机而淡然自若”[②]。将“神人”与“圣人”、“名教”与“自然”加以调和。禅宗六祖慧能说:“不生憎爱,亦无取舍,不念利益、成坏等事,安静闲恬,虚融澹泊。”[③]似禁欲而非禁欲,庄子的“无情”、“无已”在此成为一种高雅、适意的生活方式。老庄衍为玄学,玄学又与禅宗相通,而老庄之与禅宗结合,实际上又成为山水画的思想基础。六朝出于政治性退避的遁世,以描绘山水来“畅神”,固根源于老庄的“自在”、“无为”;宋元出于社会性的退避而归隐,以摹写林泉而“快意”[④],仍出自老庄的精神解脱论。在文人画家中,许多人并非隐士和尚,却又以山水之可居、可游高于可行、可望,过着王维式的亦隐亦仕生活,以江湖与魏阙互作补充,将“名教”与“自然”统为一体,既欲成佛作祖又耐不得出家饥寒,这正是玄学与禅宗的混合物。

从宗炳《画山水序》的“应会感神,神超理得”,可见他在以画“畅神”的同时,又在大自然中追寻那玄而又玄的“道”。郭熙所说:“不因静居燕坐,明窗净几,一炷炉香,万虑消沉。则佳句好意亦看不出,幽情美趣亦想不成。即画之主意,亦岂易及乎?”[⑤]可谓无异于禅宗以参究法彻见心性本原为主旨。与庄子“无情”、“无已”更接近的是张彦远所论:“凝神遐想,妙悟自然,物我两忘,离形去智。身固可使如槁木,心固可使如死灰,不亦臻于妙理哉?所谓画之道也。”[⑥]据《宣和画谱》载:范宽“卜居于终南、太华岩隈林麓之间,而览其云烟惨淡、风月阴霁难状之景,默与神遇。一寄于笔端之间,则千岩万壑,恍然如行山阴道中。”黄公望也是“终日只在荒山乱石、丛

---

① 郭象:《逍遥游注》。
② 郭象:《大宗师注》。
③ 释道原:《景德传灯录》卷五《慧能传》。
④ 郭熙:《林泉高致·山水训》。
⑤ 郭熙:《林泉高致·画意》。
⑥ 张彦远:《历代名画记·论画工用搨写》。

木深篆中坐，意态忽忽”。[①]这难道不是“天地与我并生，而万物与我为一”[②]；“独与天地精神往来”[③]的思想体现吗？画道至于此，“无情”、“无己”却又是对大自然山山水水的一往情深了。

① 李日华：《六砚斋笔记》。
②《庄子·齐物论》。
③《庄子·天下》。

言志与畅神
——诗画社会功能的演变

我国诗画在长期的发展演变中，形成了表现对象有所侧重的特点，即诗以表现人生为主，画以摹写自然为主。与之相应，诗画的美感作用和社会功能亦有不同。可以认为，我国诗歌在两千多年的发展中，尽管由于外部的社会、政治、经济诸状况的不同，及诗歌自身发展规律的作用，引起了功能论的变化，然而综观整部诗史，“诗言志”始终起着主导和制约作用。而在绘画领域中，随着发展阶段的不同，艺术表现对象的变化，其功能论亦随之变化、转移，在后期，“畅神”论淹没了传统的教化观。为人生而言志，慕自然而畅神，这就是我国诗画从表现对象到社会功能的区别。

一　兴观群怨与存乎鉴戒

《尚书·尧典》有一段著名的文字：

> 帝曰：夔！命女典乐，教胄子。直而温，宽而栗，刚而无虐，简而无傲。诗言志，歌永言，声依永，律和声，八音克谐，无相夺伦，神人以和。夔曰：於！予击石拊石，百兽率舞。

文中的“诗言志，歌永言，声依永，律和声”和“百兽率舞”，表明诗、乐、舞（图腾舞）三者的紧密关系。《乐记·乐象篇》又有进一步的说明：“诗，言其志也，歌，咏其声也，舞，动其容也。”《汉书·艺文志》在解释诗与歌之别时说：“诵其言谓之诗，咏其声谓之歌。”更进一步说明前者是以“义”为用，后者以“声”为用。对于“志”又怎样理解呢？“帝”以“典乐教胄子”是使“胄子”“直而温（正直而温和），宽而栗（宽弘而庄栗），刚而无虐（刚毅而不苛虐），简而无傲（简易而不傲慢）”，这是作为道德品行的要求提出来的，因而“志”属于道德范畴的概念，诗歌、音乐、舞蹈是实现这个要求的手段。

“诗言志”被称为我国诗论“开山的纲领”[①]，说明我国古代不仅是以诗乐作为道德教育的手段，《汉书·艺文志》在解释诗、歌之别前还有一段话：“《书》曰：‘诗言志，歌永言’，故哀乐之心感而歌咏之声发。”这又表明了我国诗歌从它诞生之时起，就以表现情感为主。《左传·襄公二十九年》所载的吴公子季札观乐，就可见出对各国诗歌表现

---

① 朱自清：《诗言志辨·序》。

情感的理解，而诗歌中所表现的情感，又与国家的政治情况密切相关。如："使工为之歌《周南》、《召南》，曰：'美哉！始基之矣，犹未也，然勤而不怨矣。'为之歌《邶》、《鄘》、《卫》，曰：'美哉，渊乎！忧而不困者也。吾闻卫康叔、武公之德如是，是其《卫风》乎？'为之歌《王》，曰：'美哉！思而不惧，其周之东乎？'为之歌《郑》，曰：'美哉！其细已甚，民弗堪也，是其先亡乎？'为之歌《齐》，曰：'美哉！泱泱乎！大风也哉！表东海者，其大公乎？国未可量也。'为之歌《豳》，曰：'美哉，荡乎！乐而不淫，其周公之东乎？'为之歌《秦》，曰：'此之谓夏声。夫能夏则大，大之至也，其周之旧乎？'为之歌《魏》，曰：'美哉，沨沨乎！大而婉，险而易行，以德辅此，则明主也。'为之歌《唐》，曰：'思深哉！其有陶唐氏之遗民乎？不然，何忧之远也。非令德之后，谁能若是？'为之歌《陈》，曰：'国无主，其能久乎？'"季札正是通过对诗歌、音乐的内容和情感的考察，以风俗而见得失，体现出观乐而知政的精神。

倘若对《诗经》作一考察，可以看到不少篇章实已明言其创作意图：

> 维是褊心，是以为刺。①
> 心之忧矣，我歌且谣。②
> 夫也不良，歌以讯之。讯予不顾，颠倒思予。③
> 家父作诵，以究王讻，式讹尔心，以畜万邦。④
> 为鬼为蜮，则不可得。有靦面目，视人罔极。作此好歌，以极反侧。⑤
> 寺人孟子，作为此诗。凡百君子，敬而听之。⑥
> 山有蕨薇，隰有杞桋。君子作歌，维以告哀。⑦
> 无纵诡随，以谨缱绻。式遏寇虐，无俾正反。王欲玉女，是用大谏。⑧

这八例之中，《魏风》二例分别表自己的讽刺和悲伤。《陈风·墓门》据《诗序》说，是"刺陈佗"，警告因其杀太子而自立为君，引起陈国大乱而发。《节南山》为大夫家父（又作嘉甫）所作，传说是追究周幽王身边的太师尹氏，并明言"以究王讻"，进而揭露周王罪恶。《何人斯》以"为鬼为蜮"斥责对方，"以极反侧"，深究其反复无常，传亦是大夫讽刺其同僚中的小人的。《巷伯》深表对"谮人"的痛恨，以"寺人"（奄官）的身份警告百官，以期引起对谗者的警惕。《四月》之作，据《诗序》说，是："大夫刺幽王也。在位贪残，下国构祸，怨乱并兴焉。"这最后四句是说草木尚得其所，人却不得其所，故以之表达自己的哀伤。《民劳》一诗，《诗序》以为是召穆公刺厉王之作，前面劝其爱护人民，"无

① 《魏风·葛屦》。
② 《魏风·园有桃》。
③ 《陈风·墓门》。
④ 《小雅·节南山》。
⑤ 《小雅·何人斯》。
⑥ 《小雅·巷伯》。
⑦ 《小雅·四月》。
⑧ 《小雅·民劳》。

纵诡随”以下劝其远小人,以防他们结党包围,遏止掠夺暴虐,无使政事颠覆,最后二句表明爱王故为劝谏之心。

以上这些例子虽然不能代表《诗经》中的全部作品,但对风、雅、颂释之以音乐分类而外,对《诗大序》关于诗与政治关系的见解,也应十分重视:

上以风化下,下以风刺上,主文而谲谏,言之者无罪,闻之者足以戒,故曰风。

国史明乎得失之迹,伤人伦之废,哀刑政之苛,吟咏情性,以风其上,达于事变而怀其旧俗者也。故变风发乎情,止乎礼义。

从上引的《葛屦》、《园有桃》,更从未必明言写作意图的《硕鼠》、《伐檀》、《兔爰》、《新台》、《株林》、《载驰》、《墙有茨》等,都可以体会到“下以风刺上,主文而谲谏”,“明乎得失之迹,伤人伦之废,哀刑政之苛,吟咏情性,以风其上”的“风”与“变风”精神。而上引《小雅》、《大雅》的作品及其他有些作品,确也是“言王政之所由废兴”。

由于《诗经》思想内容及表现之情感多与政治相关,总结春秋时代的政治家、思想家、哲学家、教育家和文艺理论家的孔子,就提出了以论《诗》为基础的、系统的美学、文艺思想。

孔子对于《诗经》思想内容有一个总体性的认识,这就是:“子曰:‘《诗三百》,一言以蔽之,曰:思无邪。’”①所谓“无邪”,就是正而不邪。孔子所说的“思无邪”其实正是他重视“中和之美”的思想体现。他曾说:“《关雎》乐而不淫,哀而不伤。”②《论语集解》引孔安国说:“乐不至淫,哀不至伤,言其和也。”可见孔子承认人的感情和欲望,但他要求要有节制,不过分,要符合道德规范。如再结合“温柔敦厚,诗教也”,“其为人也,温柔敦厚而不愚,则深于诗者也”③,更可见孔子对“和”的推崇与重视。

孔子以“无邪”论诗,固因《诗》的内容与“仁”、“礼”相关,而“无邪”本身毕竟属于道德、感情范畴,因而,在以《诗》进德、正情同时,孔子更重视以《诗》干政,亦即重视诗的社会作用。这就是著名的“兴观群怨”说:

子曰:小子何莫学夫诗,诗可以兴,可以观,可以群,可以怨,迩之事父,远之事君,多识于鸟兽草木之名。④

什么是“兴”?《论语集解》引孔安国注,谓是“引譬连类”,朱熹《四书集注》释为“感发意志”,焦循《毛诗补疏序》说得最详切:“夫诗温柔敦厚者也,不质言之而比兴言之,不言理而言情,不务胜人而务感人。”可见“兴”指兴发感动之力。

---

①《论语·为政》。
②《论语·八佾》。
③《礼记正义》卷五十。
④《论语·阳货》。

什么是“观”？郑玄注为“观风俗之盛衰”[①]，朱熹注为“考见得失”[②]，指对社会政治的认识作用。但由于春秋时有“赋诗观志”之举，赋诗者并非都是作诗者，所观之“志”又有作诗人之志与赋诗人之志的区别。因而，“观”既包含了观察诗中所反映的政治得失、风俗盛衰，也包含了作者作诗时的褒贬态度和思想倾向，甚至还更广地包括进借诵诗以表自己的意图和情感。

什么是“群”？《论语集解》引孔安国说，为“群居相切磋”，朱熹《四书集注》注为“和而不流”，佐以诸家注《论语·卫灵公》“君子矜而不争，群而不党”的“群而不党”，则更有“君子乃朋群义聚，而不相阿党为私也”[③]之意。可见“群”为人们互相交往中以诗交流感情，以道义相聚，相互了解，增进团结之意。

什么是“怨”？《论语集解》引孔安国注，为“怨刺上政”，即批评和讽刺黑暗的政治。孔子倡“仁”，讲忠恕之道，认为“恭则不侮，宽则得众，信则人任焉，敏则有功，惠则足以使人”，[④]对“怨”持否定态度，曾说：“在邦无怨，在家无怨。”[⑤]他之肯定《诗》“可以怨”，是由于看到三百篇中有许多怨刺之诗，既然为政之道要“尽知天下所苦”，考见良窳得失，当然可以肯定怨刺上政之作了。

由于孔子看到诗的兴、观、群、怨的美学作用和社会功能，以及“多识于鸟兽草木之名”的认识作用，故而提出了“迩之事父，远之事君”的政治作用。

从《尧典》中的“诗言志”可见诗、乐、舞三者的结合，又见抒情及育德的特点。随着诗之以义为用的逐渐突出而至独立，从献诗陈志，赋诗言志，到教诗明志，“诗”固有从作诗者出发的抒情，有从读诗者着眼的致知和教育作用，但更有“志”的特定内涵——“怀抱”。可以说，诗与政治、教化密切相关。但是，即使不言孔子以“无邪”看待三百篇，不言其中的情诗自是我国狭义的“缘情”文学的源头，以汉儒所说，也有“哀乐之心感而歌咏之声发”，“感于哀乐，缘事而发”，可见“情”在诗中的地位。因此，“诗言志”从战国以后，有了新的引申、发展。

非仅是孔子“述”诗、教诗而不“作”诗，孔子以后相当长一个时期，我国都未留下诗作。直到战国后期，才因《楚辞》的创作，形成先秦诗歌的另一高峰。

周诗与楚辞虽都“言志”，但后者由于“志憾恨而不逞兮，抒中情而属诗”[⑥]，抒情色彩尤浓，尤其关切自身穷通的抒情更多。固然，周诗也见抒情，《大雅》中的《桑柔》“于乎有哀”，《小雅》中的《正月》“心之忧矣，如或结之”，《节南山》亦谓“忧心如惔”，至如国风中的刺政、怨战、恨“王事”、骂“硕鼠”者，感情更强烈，更带普遍性。不过，较之《楚辞》来，则缺乏那种在怨刺政治中关注自己穷通出处的强烈抒情性。随着诗歌作者之从群体变为个人，共性的群体意识也让位于个性的抒情色彩。尤其是，由

---

① 何晏：《论语集解》。
② 朱熹：《四书集注》。
③《论语集解义疏》皇侃语。
④《论语·阳货》。
⑤《论语·颜渊》。
⑥ 庄忌：《哀时命》。

于战国是纵横家极其活跃的时代，他们铺张扬厉、奇诡多变、委折入情、微妙善讽的文风影响了《楚辞》创作。屈原匡济之志受挫，两遭流放，泽畔行吟而心念故国，无可告语而托之文辞。在"离谗忧国"、"作赋以讽"的同时，闵椒兰，伤荃蕙，太息掩涕，哀民多艰，见草木零落，恐美人迟暮，睠顾楚国，系心怀王，冀希君悟，九死未悔，尤见其情之深。

司马迁在《史记·屈原传》中说："屈平疾王听之不聪也，谗谄之蔽明也，邪曲之害公也，方正之不容也，故忧愁幽思而作《离骚》。""屈平正道直行，竭忠尽智以事其君，谗人间之，可谓穷矣。信而见疑，忠而被谤，能无怨乎？屈平之作《离骚》，盖自怨生也。"对屈原的因忧怨而抒情说得深中事理。屈原其他作品也多不违于讽颂，与政教大事息息相关，但由于带着强烈的感情，使"言志"向"缘情"大步前进。其后的宋玉虽"终莫敢直谏"，然而《九辩》中"贫士失职而志不平"，亦见情深意长。

由于《楚辞》有了这样的"抒中情"的变化，故在汉人所成的《诗序》中，就将"情"与"志"结合起来论诗的特征："诗者，志之所之也，在心为志，发言为诗。情动于中而形于言"，"国史明乎得失之迹，伤人伦之废，哀刑政之苛，吟咏情性，以风其上，达于事变而怀其旧俗者也"。这里的"吟咏情性"是对"诗言志"的引申。

汉代辞赋盛而诗衰，然而乐府民歌与文人五言诗亦成相互辉映之势。班固在《汉书·艺文志》中，以"感于哀乐，缘事而发，亦可以观风俗，知薄厚"论乐府诗特点，前者谓其长于抒情、叙事，后者言其有"知政"之效。其实，乐府诗的资以"观风俗，知薄厚"是其客观效果，并无以诗干政的主观意图。这样，与《诗经》"言志"之作不同，却继承了《楚辞》的抒情精神。

东汉五言诗作品不多，却题旨颇杂，汉末郦炎、赵壹所作兼言怀抱与抒其愤激之情。《古诗十九首》被称为"惊心动魄，一字千金"，刘勰《文心雕龙·明诗》谓其"怊怅切情"，更见抒情特质。

"吟咏情性"是汉儒对诗三百的看法，其实正带着汉诗的折光。然而，毕竟没有离异"诗言志"的传统，只是楚汉之作着重发展了诗三百抒情性这一端，《诗大序》为之认可，并将"情"统一于"志"。综观先秦至汉代，"诗言志"纲领的确立，"兴观群怨"的阐发，可谓一以贯之的功能论。

先秦至汉所存画迹无多，对其功能论的阐释亦较少。夏朝建立君权之后，绘画开始成为推行教化的工具，虽然严格说来此时仅有的"铸鼎象物"还不算绘画，但"使民知神奸"的功用，却与教化相关。商朝未留下画迹，从《史记·殷本纪》可知：商初年，宰相伊尹"从汤言素王及九主之事"，《集解》引刘向《别录》，说他还画了"九主"形象来劝戒成汤。又据《尚书》记载，武丁为缓和奴隶的对抗，决定用奴隶傅说做宰相，自称梦见圣人，名叫"说"，画其图像，令百官寻找，终于在奴隶中找到。这些绘画多含警戒劝诱或扶掖之义，实际上是推行教化。周朝对绘画的应用较为广泛。首先，以色彩定"仪礼"、"伦常"，春秋末年齐国官书《考工记》所载《画缋之事》对此详有记载，这种配合五行观念的装饰性色彩、绘画，表明了礼教化的特征。其次，以历史题材的绘画作鉴戒之用,如画圣君尧舜和昏君桀纣,又画周公相成王等。

与绘画及色彩的礼教化相应,孔子也从来就将文艺与制度、典章,以至与政治联系在一起来看待:

颜渊问为邦。子曰:行夏之时,乘殷之辂,服周之冕,乐则《韶》、《舞》。放郑声,远佞人。①

由于"夏后氏尚黑","殷人尚白","周人尚赤",②他也就认为"朱赤者盛色也"③。《论语》载:

子曰:恶紫之夺朱也,恶郑声之乱雅乐也。④

子曰:君子不以绀緅饰,红紫不以为亵服。⑤

他所要维护的是周代之"礼"。《孔子家语》一书虽有人考为伪作,但其中《观周》所载内容,却与孔子思想相合。书中载孔子"观乎明堂",看到"尧舜之容,桀纣之像,而各有善恶之状"及周公相成王,他从"兴废之诫",得出"明镜所以察形,往古者所以知今"的结论。

孔子的"明镜察形"、"往古知今"之论,与其论诗有很大的一致性,都是强调文艺为政治服务。楚画题材以天地、山川、神灵等为主,同时亦有"贤圣"形象。汉代定儒学于一尊,孔子的绘画思想不能不产生影响,现存的大量画像砖、石固然是以表现日常生活场面为多,但如山东嘉祥武氏祠石刻中的圣君、贤相、忠臣、孝子、节女等,正体现出孔子的绘画创作思想。至如《汉书·苏武传》所载汉宣帝"思股肱之美,乃图画其人于麒麟阁,法其形貌,署其官爵姓名",为功臣"表功颂德",当然更是直接服务于政治目的了。

王延寿《鲁灵光殿赋》在叙述了关于壁画的诸多神怪、传说内容之后,又说:"上及三后,淫妃乱主。忠臣孝子,烈士贞女。贤愚成败,靡不载叙。恶以诫世,善以示后。"用"恶以诫世,善以示后"总结前面很是恰当,这依然是孔子"明镜察形","往古知今"论的继续。

对于先秦两汉绘画功能论的总结,还是以魏晋人说得最为详切。曹植《画赞序》曰:

观画者,见三皇五帝,莫不仰戴;见三季暴主,莫不悲惋;见篡臣贼嗣,莫不切齿;见高节妙士,莫不忘食;见忠节死难,莫不抗首;见放臣斥子,莫不叹息;见淫夫

①《论语·卫灵公》。
②《礼记·檀弓》。
③《周易·乾凿度》。
④《论语·阳货》。
⑤《论语·乡党》。

妬妇，莫不侧目；见令妃顺后，莫不嘉贵。是知存乎鉴戒者图画也。

固然，先秦两汉绘画题材颇多，其功效亦多在装饰、实用，但就服务于政治教化而言，“存乎鉴戒”无疑是最准确的总结。正由于这样，陆机比较了诗画的异同，指出：“丹青之兴，比《雅》、《颂》之述作，美大业之馨香。宣物莫大于言，存形莫善于画。”前面认可了诗画的功能一致，后面认为诗画各有“宣物”、“存形”之长。

曹植以绘画“存乎鉴戒”，兼有讽、颂，陆机“比《雅》、《颂》之述作，美大业之馨香”，重在颂而不在讽。合二人所论，再看孔子论画、论诗的精神，可谓并无不同。

二　诗缘情而绮靡与益仁智之善性

经汉末的丧乱之世而至魏晋，随着儒学衰退，文学从被作为教化工具而逐渐进入“自觉”的时代。“诗言志”的传统得到继承，诗人直面现实，自抒襟抱，却又有入世与出世之别。

“入世”是建安诗人的特点。曹操的《薤露》、《蒿里行》、《苦寒行》等作历写当时的重大事件，而《步出夏门行》表其暮年壮心不已，《短歌行》言思贤以求世治，都是申述怀抱之作。曹植早年如三河少年，风流自赏，颇多唱和宴饮之作。曹丕称帝之后，他屡受迫害，《美女篇》的自喻盛年独处，无可施展才具，《白马篇》的自况游侠，《七哀》借闺怨来“讽君”，《杂诗》诸篇的自言漂荡，自伤闲置，自言志愿，自抒愤慨，都是申述襟抱与抒发深情高度结合的作品，得《楚辞》遗风。其余“建安七子”的作品亦多在反映现实中可见襟抱。

“出世”是正始诗人的倾向。此时曹魏政权实已落司马氏父子之手，他们剪除曹氏宗室，排斥异己，屠杀文人，致使“名士减半”。“竹林七贤”希望以寄情山林而全身远祸，然嵇康终不能免。阮籍本有济世之志，处于政治恐怖的时代，佯狂纵酒，韬晦避世，写有著名的《咏怀诗》八十余首。颜延之评曰：“嗣宗身事乱朝，常恐罹谤遇祸。因兹发咏，故每有忧生之嗟。虽志在刺讥，而文多隐避。百代之下，难以情测。”[①]钟嵘则谓其“言在耳目之内，情寄八荒之表”，“厥旨渊放，归趣难求”。[②]即使如此，诗中的忧生惧祸，伤时感事并不难体会。他托言太行失路，自悔当初从仕，然而非仅“愿登太华山，上与松子游”[③]难以实现，即“驱马舍之去，去上西山趾”[④]也不能果行，故虽有避世之念而终不能避世。

太康紧承正始，是被《诗品》称为“勃尔复兴，踵武前王，风流未沫，亦文章之中兴”的时代。左思咏史抒怀，刘琨慷慨悲歌，都继承了建安精神，是“言志”的“入世”之作。以郭璞为代表的《游仙诗》，是避世思想制约下遣闷的产物，也是渴慕老庄精神但终又

① 李善：《文选》注引。

② 钟嵘：《诗品》上。

③ 阮籍：《咏怀》第三十二首。

④ 阮籍：《咏怀》第三首。

不能离世的结果。再就是以张华《轻薄篇》、《情诗》,潘岳《悼亡诗》为代表的写男女感情之作,承东汉秦嘉余风而有发展。

正是太康诗人之一的陆机,后人评价虽毁誉参半,他却在《文赋》中以"诗缘情而绮靡"一语,继《诗大序》中的"吟咏情性",将"诗言志"作了再一次引申。他在汉乐府、《古诗十九首》、建安、正始几个高峰之后,看到诗歌抒情的深化,在《文赋》中以此语将曹丕《典论·论文》中"诗赋欲丽"作进一步发挥。"绮靡",《文选》李善注《文赋》曰:"绮靡,精妙之言。"所以陆机以"绮靡"论诗,是指出了诗歌应追求艺术上的精妙。清人沈德潜说:"《文赋》云'诗缘情而绮靡',殊非诗人之旨。"①其实是误解了语意,陆机所强调的是诗的抒情性和艺术性,是"诗言志"的引申而非背叛。

阮籍虽有避世之念而终未成,郭璞以游仙泄其苦闷也毕竟还在人世,直到陶渊明,才真正以隐居田园、躬耕自给的方式实现了政治性的退避。陶渊明早年虽也"猛志逸四海,骞翮思远翥"②、却由于"日月掷人去,有志不获骋"③,在深感政治黑暗、清平难待之后,终于弃官归隐,退守田园,寄情山水。其所作有《读山海经》中的"金刚怒目"式作品,《饮酒》、《拟古》也多讥刺世道,抒发感慨,而更多的却是"但愿长如此,躬耕非所叹"④的安贫守贱怀抱,和"此中有真意,欲辨已忘言"⑤的人生义理。

东晋以后的宋、齐、梁、陈四朝诗歌中,"才秀人微"的鲍照和"老更成"的庾信等人,在社会性题材的创作上颇有成绩,然而,从总体看来,《诗品》评张华的"风云气少,儿女情多"可移来评此四朝诗。"风云气少"体现为山水诗发达,"儿女情多"进而降为宫体诗。伴随着标志出世观的山水田园诗的蔚为大国,写爱情的狭义"缘情"之作的堕为梁陈宫体,使"诗言志"的传统受到了挑战。

针对齐、梁以来诗歌"绮縠纷披,宫徵靡曼","情灵摇荡"⑥的状况,刘勰不满其轻艳淫侈,主张文学创作应"大明治道","顺美匡恶",⑦肯定了"《风》《雅》之兴,志思蓄愤,而吟咏情性,以讽其上,此为情而造文也"⑧,否定"为文而造情"的形式主义道路。因此,《文心雕龙》以《原道》、《征圣》、《宗经》为总论,又以"征圣"、"宗经"为最基本的主张。所谓"征圣",即"征之周、孔,则文有师矣"。"宗经"则强调儒家经典是"文章奥府"、"群言之祖",作为佛教徒,却强调儒家经典,其原因在于《宗经》所说的"正末归本",对于诗来说,就是要回到"诗言志"的道路。尽管刘勰没有这样明言之,但他强调"风骨",在论文学继承与变化的《通变》中,提出"凭情以会通,负气以适变",即据表达情志的要求推陈出新,和"望今制奇,参古定法",即按当今需要来批判继承,都是这一精神的体现。

---

① 沈德潜:《古诗源》卷七。

② 陶渊明:《杂诗》十二首其四。

③ 陶渊明:《杂诗》十二首其二。

④ 陶渊明:《庚戌岁九月中于西田获早稻》。

⑤ 陶渊明:《饮酒》二十首其五。

⑥ 梁元帝:《金楼子·立言》。

⑦ 刘勰:《文心雕龙·明诗》。

⑧ 刘勰:《文心雕龙·情采》。

此外，钟嵘《诗品》专论五言诗，“思深而意远”“深从文艺溯流别也”，[①]他反对齐梁诗风的侈靡浮弱，提出“气之动物，物之感人，故摇荡性情，形诸舞咏”[②]的物感说，及“嘉会寄诗以亲，离群托诗以怨”[③]的作诗动力论，这也应看成是向“言志”的回拨。钟嵘还特别论述了社会环境对诗人的感召，突出了“群”，尤其是“怨”的作用，由此也可以看到孔子诗论对他的影响。

尤其值得注意的，是裴子野在《雕虫论》中针对南朝诗风“深心主卉木，远致极风云，其兴浮，其志弱。巧而不要，隐而不深”，重申“古者四始六艺，总而为诗，既形四方之风，且彰君子之志。劝美惩恶，王化本焉”。在主张恢复经学的同时，也恢复“诗言志”的传统。

可以认为，自西晋太康以来，晋诗及宋齐梁陈四朝之诗，不像《诗经》、《楚辞》、汉乐府民歌和建安、正始诗歌那样深刻反映现实，密切关注政治和人生，在追求艺术上的“绮靡”同时，分别向玄言、山水、爱情及色情发展。这样虽有题材开拓之功，却也离异了申述怀抱的“言志”，无益于“兴观群怨”。因此，在陆机《文赋》探求创作规律，倡以追求艺术性的同时，挚虞针对太康以来侧重诗歌艺术性而忽略思想内容的倾向，在《文章流别论》中再倡“言志”的精神。他说：“文章者，所以宣上下之象，明人伦之叙，穷理尽性，以究万物之宜者也。”申明：“《书》云：‘诗言志，歌永言’，言其志谓之诗。”并说：“赋者，敷陈之称，古诗之流也。古之作诗者，发乎情，止乎礼义。情之发，因辞而形之；礼义之旨，须事以明之。故有赋焉，所以假象尽辞，敷陈其志。”称道：“古诗之赋，以情义为主。”尽管后来的梁简文帝萧纲在《与湘东王书》中说：“是以握瑜怀玉之士，瞻郑邦而知退；章甫翠履之人，望闽乡而叹息。”对“郑邦”文学不无鼓吹之意。但在其前，有刘勰、钟嵘、裴子野的“正末归本”、“离群托诗以怨”和“彰君子之志”诸说；在其同时，其弟湘东王（即梁元帝）萧绎《金楼子·立言》，也表明其文学观与乃兄异趣：“酌挹道德，宪章前言者，君子所以行也。”因此，即使是被后人所鄙薄的齐梁时代，“诗言志”的古老准则也未被彻底摇撼。

与诗相较，汉代以后的绘画题材发生了较大变化，这就是佛画占据了压倒性优势。但是“诫世示后”、“存乎鉴戒”的绘画仍在继续着：“及吴、魏、晋、宋，世多奇人，皆心目相授，斯道始兴。其于忠臣孝子，贤愚美恶，莫不图之屋壁，以训将来。或想功烈于千年，聆英威于百代。乃心存懿迹，默匠仪形。其余风化幽微，感而逐至。”[④]如“六朝三杰”之一的顾恺之，其著名的《女史箴图》就是据张华所撰《女史箴》创作的，《女史箴》原是用妇德“劬劝”贾后南风，是典型的劝戒之作。

绘画理论中对诸多佛画的社会功能几无论及，然而从其他著作中亦可窥见。东晋名僧慧远在《明报应论》中说过：“无明掩其照，故情想凝滞于外物，贪爱流其性，故四大结而成形。形结则彼我有封，情滞则善恶有主。有封于彼我，则私其身而身不忘，有

① 章学诚：《文史通义·诗话》。
② 钟嵘：《诗品序》。
③ 钟嵘：《诗品序》。
④ 裴孝源：《贞观公私画录序》。

主于善恶，则恋其生而生不绝……是故失得相推，祸福相袭，恶积而天殃自至，罪成则地狱斯罚。”由于祸和福是无明、贪爱所起，最后导致“私其身”、“恋其生”。试想那些割肉贸鸽、舍身饲虎、乐善好施等佛传故事，岂非教人不要“私其身”、“恋其生”？安于当世的苦难，就能得到彼岸的幸福，这岂非是解除人们精神武装，以维持现存不合理制度、秩序的好方法？

刘宋时代的竺道生，对于佛教小乘派所主张的累世修行说有所突破，他在《维摩经注》中说：“夫大乘之悟，本不近舍生死，远更求之也。斯在生死事中，即用其为实悟矣。”认为在生死的现实世界即可体现涅槃，佛性人人都有，见性即可成佛，甚至提出“一阐提人皆得成佛”的学说。“一阐提”为梵语音译，意为贪欲成性、作恶多端的人，对此等人许之能成佛，比之小乘佛教当然有更大吸引力。五百强盗后来皈依佛法的故事，其实已是“一阐提人”成佛的初阶。在昭示的廉价的“平等”中，实有更大的欺骗性，出售廉价的天国门票是要让铤而走险者放下手中武器，这是否比正面劝善的说教更为有用？

曾三次舍身佛寺当差服役的梁武帝萧衍，是一个笃诚的佛教徒。他主张神不灭，并将这一学说与佛性说结合起来。他说：“若与烦恼结俱者，名为无明；若与一切善法俱者，名之为明……故知生灭迁变，酬于往因，善恶交谢，生乎现境。而心为其本，未曾异矣。以其用本不断，故成佛之理皎然，随境迁谢，故生死可尽。”[①]其意在宣扬人之本性不变，是成佛的基础，应当努力进行宗教修养，将非宗教的思想意识“无明”排除，经常保持“明”，就有了成佛的条件。

佛作为“戎神”，与我国根深蒂固，历史悠久的儒、道争夺地盘，引起多次排佛之论。然而，两晋南北朝的统治者多采取保护、提倡佛教的政策。何以这样？这是由于佛教的麻醉人民，就是支持了封建统治。《弘明集》卷一一载何尚之《答宋文帝赞扬佛教事》，宋文帝对何尚之说：“若使率土之滨皆敦此化，则朕坐致太平，夫复何事？”何尚之答道：“夫能行一善则去一恶，一恶既去，则息一刑，一刑息于家，则万刑息于国……即陛下所谓坐致太平者也。”北魏太武帝奉道教，在长安下令禁佛，沙门遭屠，经像被毁。文成帝拓跋濬解除禁令，下诏复佛。其诏书说：

> ……况释迦如来，功济大千，惠流尘境，等生死者叹其达观，览文义者贵其妙明。助王政之禁律，益仁智之善性，排斥群邪，开演正觉，故前代已来，莫不崇尚，亦我国家常所尊事也。[②]

这“助王政之禁律，益仁智之善性”，就是说佛教之教人持戒行善，是有助于王政，这也是佛画功能论的最好说明。而这与人物画的“存乎鉴戒”，裨益于政教，亦可谓殊途同归了。

---

① 萧衍：《立神明成佛义记》。

② 《魏书卷》一一四《释老志》。

三 情志合一与怡悦情性

孔门标举中道，以“温柔敦厚”为诗教，但综观一部中国诗歌史，却难于以“温柔敦厚”、“无邪”言之。从第一个大诗人屈原“露才扬己”[①]以来，无论是发愤抒情，还是以诗干政，抑或表现忧患意识，“狂”“狷”之作较“温柔敦厚”者更多。《论语·子路》记孔子语：“不得中行而与之，必也狂狷乎！狂者进取，狷者有所不为也。”狂、狷虽不合于“中行”，却是真性情，故得孔子的肯定。无论是“进取”的“狂”之入世，还是“有所不为”的“狷”之避世，都是言“怀抱”的“志”，这也正是我国诗歌功能论难以移易的传统。

《诗大序》虽有“吟咏情性”一语，看到“诗者，志之所之”与“情动于中而形于言”的二者统一，即“志”与“情”名二而实一，然而这个“情”是有限制的，这就是“发乎情，止乎礼义”。因为在汉儒看来，诗歌最重要的就是“经夫妇，成孝敬，厚人伦，美教化，移风俗”，“正得失，动天地，感鬼神”[②]的政治与社会作用。

社会生活毕竟是无比丰富的，诗之“情”“志”终难于自限在教化圈子中。即以汉诗言，叙事之作可暂不论，抒情诗之范围，亦可从郭茂倩《乐府诗集》论《杂曲》见之：“《杂曲》者历代有之，或心志之所存，或情思之所感，或宴游欢乐之所发，或忧愁愤怒之所兴，或叙离别悲伤之怀，或言征战行役之苦，或缘于佛老，或出自夷虏，兼收备载，故总谓之《杂曲》。”魏晋以来，诗的题材有所扩大，艺术上亦有进步，但由于“宫体诗”等“郑邦”、“北里”之作，使六朝诗愈变愈为丽靡，令人有每下愈况之叹。隋唐以后，针对齐梁的“缘情”之甚，振衰救弊的目的，就是要使诗歌回到“言志”的轨道上来。

先是隋的李谔、王通批判南朝诗风文风，再申儒家的教化说。然后是唐初魏征借修史而再言政治教化为文学的唯一社会职能。尤其值得注意的是：孔颖达奉诏撰《五经正义》，在《毛诗正义》中再释“诗言志”，也再阐述教化观，他的见解将“情”“志”合一，将班固及《诗大序》的见解推进到一个新层次。他说：

> 诗者，人志意之所适也。虽有所适，犹未发口，蕴藏在心，谓之为志。发见于言，乃名为诗。言作诗者，所以舒心志愤懑，而卒成于歌咏。故《虞书》谓之“诗言志”也。包管万虑，其名曰心；感物而动，乃呼为志。志之所适，外物感焉。言悦豫之志则和乐兴而颂声作，忧愁之志则哀伤起而怨刺生。《艺文志》云：“哀乐之情感，歌咏之声发。”此之谓也。

“舒心志愤懑”，“言悦豫之志”，“忧愁之志”，都兼具“志”“情”二义，这实际上承认了“言志”之作并不排斥“情”，当然，这“情”也并不偏至恋情、私情上。由于经学作此解释，使“诗言志”的新义更具有权威性。

---

① 班固：《离骚序》。

② 《诗大序》。

由于唐初诗风仍带着六朝的惯性，“承陈隋风流，浮靡相矜”[①]，王勃在《上吏部裴侍郎启》中说道：“夫文章之道，自古称雄。圣人以开物成务，君子以立言见志”，“周公孔氏之教，存之而不行于代，天下之文靡不坏矣。”希望重振儒家传统文学观以“激扬正道”。陈子昂更在《修竹篇序》中明言“文章道弊五百年矣”，感慨“汉、魏风骨，晋、宋莫传”，“齐、梁间诗，彩丽竞繁，而兴寄都绝”，企图以“风骨”、“兴寄”为标识去革除积弊，这岂非“诗言志”的回复？唐人中以白居易最重视诗歌的政治教化作用，将“诗言志”推回到《诗大序》的偏狭本义。他说：“为诗意如何？六义互铺陈。风雅比兴外，未尝著空文。”[②]在《寄唐生》一诗中称道“所悲忠与义，悲甚则哭之”，“怜君头半白，其志竟不衰。我亦君之徒，郁郁何所为。不能发声哭，转作乐府诗”。这样的诗是“篇篇无空文，句句必尽规”，“非求宫律高，不务文字奇。惟歌生民病，愿得天子知”。在他论诗总纲的《与元九书》中，提出了“文章合为时而著，歌诗合为事而作”的创作宗旨，反复阐明诗歌“补察时政，泄导人情”的作用。当然，白居易的“志”在于以诗“稽政”：“故惩劝善恶之柄，执于文士褒贬之际焉；补察得失之端，操于诗人美刺之间焉。”“美刺之诗不稽政，则补察之义废矣。”[③]仅将诗视作政教工具，而忽视其余功能，未免过偏，但由于大历后诗坛又多山光水色、风云雪月，缺乏现实主义精神，故其所论的积极意义也是显见的。白居易诗论的这一脉精神，一直贯注到晚唐。皮日休在《七爱诗·白居易太傅》中称颂白居易“天下皆汲汲，乐天独怡然。天下皆闷闷，乐天独舍旃”。又在《文薮序》中说“文贵穷理，理贵原情”，并认为自己各体之作“皆上剥远非，下补近失，非空言也”。

五代文风颓靡艳冶，宋初西昆体也片面追求形式。梅尧臣称述“美刺”传统，以诗论诗：“自下而磨上，是之谓国风；雅章及颂篇，刺美亦道同。”“屈原作《离骚》，自哀其志穷。愤世嫉邪意，寄在草木虫。”肯定了诗骚传统，批判了“烟云写形象，葩卉咏青红”[④]的西昆流弊。道学兴起之后，既有只谈义理、对诗不屑一顾的程颐，也有喜欢作诗、谈诗的邵雍。邵雍以“言志”为诗下定义：“何故谓之诗？诗者言其志。既用言成章，遂道心中事。”[⑤]又在《伊川击壤集序》中以“诗言志”开宗明义，并说：“怀其时则谓之志，感其物则谓之情，发其志则谓之言，扬其情则谓之声。”但他将情志为一又强为分开，认为“情之溺人也甚于水”，以“性”代情，用“明心见性”代替了言志抒情，终于入于唯心主义一路。

南宋初的张戒在《岁寒堂诗话》中，最为明确地推崇儒家的正统文艺思想。他说：“建安、陶、阮以前，诗专以言志；潘、陆以后，诗专以咏物；兼而有之者，李、杜也。”这是对诗史流变中题材、职能演化的追述。他接着说：“言志乃诗人之本意，咏物特诗人之余事。”他并不一概反对咏物之作，而是批评了“潘、陆以后，专意咏物，雕镌刻镂之工日以增，而诗人之本旨扫地尽矣”。由于诗以言志为本，故充分肯定了杜甫诗的思想

① 宋祁，欧阳修，范镇，吕夏卿：《新唐书》卷二〇一。

② 白居易：《读张籍古乐府》。

③ 白居易：《策林》六十八。

④ 梅尧臣：《答韩三子华、韩五持国、韩六玉汝见赠述怀》。

⑤ 邵雍：《论诗吟》。

意义。在他看来，苏轼"以议论作诗"，说理论事过甚，已不属"言志"范围，与黄庭坚"补缀奇字"可等同视之。"坏于苏黄"之论虽嫌过激，但他以"言志"为本，推崇杜甫，批判当时诗坛的不良风气，积极意义不可忽视。朱熹反对《诗序》最力，对传统的政教工具论却依然秉承，他从儒家传统的"有德者必有言"出发，说道："熹闻诗者，志之所之，在心为志，发言为诗，然则诗者，岂复有工拙哉？亦视其志之所向者高下如何耳。"①在诗乐关系中，他所强调的是："是以凡圣贤之言诗，主于声者少，而发其义者多。""得其志而不得其声者有矣，未有不得其志而能通其声者也。""然则志者诗之本，而乐者其末也，末虽亡不害本之存，患学者不能平心和气，从容讽咏，以求之情性之中耳。"②朱熹无视文学的特殊规律，否定了音乐的陶冶作用，当然不对，但他以"志"为诗之本，重视文德，却是正确的看法，尽管道学家的"言志"最后多入于"明道"一路，难以写成刺政的讽谕诗。

金、元诗歌创作不盛，理论建树亦不多，然而无论是金的赵秉文、王若虚、元好问，还是元的郝经、方回等人，都很重视诗的教化作用。杨维桢论诗所说的"诗者，人之情性也，人各有情性，则人各有诗也。"③已逗明代性灵派消息，可他仍不违背"诗言志"的精神："诗得于言，言得于志。人各有志有言以为诗。"④

明初宋濂将政治家的重实用，道学家的重思索，和文学家的重文章并而为一，合义理、事功、文章论文。他又本着这一精神论诗，说："诗之本出于一源……沿及后世，其道愈降，至有儒者诗人之分。自此说一行，仁义道德之辞遂为诗家大禁，而风花烟鸟之章，留连于海内矣，不亦悲乎！"⑤对于"诗人之诗"的否定，其实就是论诗主张"言志"。他又说："诗乃吟咏性情之具，而所谓风、雅、颂者，皆出于吾之一心。"⑥对"情"亦不偏废。作为"前七子"领袖的李梦阳，以"文必秦汉，诗必盛唐"的复古自命，然而他晚年自评其诗时说："予之诗非真也，王子所谓文人学子韵言耳，出之情寡而工之词多者也。"⑦宣称："今真诗乃在民间。"⑧为何自作非真，真者乃在民间呢？因为："夫诗者，人之鉴者也。夫人，动之志必著之言，言斯永，永斯声，声斯律，律和而应，应永而节，言弗睽志，发之以章，而后诗生焉。故诗者非徒言者也。"⑨后七子论诗，渐从追慕唐人格调、从讲法度，转入性灵，并渐见"神韵"胎息，对艺术探索愈形深入，对诗文性情也多所强调。明末的陈子龙，先反阉党，后又抗清，以身殉难，其论诗之旨趣与公安、竟陵派大异，强调与现实的政治斗争相联系，在再申"发愤著书"同时，又说："夫作诗而不足以导扬盛美，刺讥当时，托物联类而见其志，则是《风》不必列十五国，而《雅》不必分大小也。虽工而余不好

① 朱熹：《答杨宋卿》。
② 朱熹：《答陈体仁》。
③ 杨维桢：《李仲虞诗序》。
④ 杨维桢：《张北山和陶集序》。
⑤ 宋濂：《题许先生古诗后启》。
⑥ 宋濂：《答章秀才论诗书》。
⑦ 李梦阳：《诗集自序》，《空同集》卷五十。
⑧ 李梦阳：《诗集自序》，《空同集》卷五十。
⑨ 李梦阳：《林公诗序》，《空同集》卷五十。

也。”[①]针对明人论诗多着眼于艺术，钱谦益论诗一反七子之习，特别强调“志”：“夫诗者言其志之所之也。志之所之，盈于情，奋于气，而击发于境风识浪奔昏交凑之时世。”[②]但由于钱谦益晚节不固，因而真正转变明代诗风的任务就落到清初坚持民族气节的志士黄宗羲、顾炎武身上。

黄宗羲从晚明遗老立场出发，深感家国沦亡之痛，所以特别强调诗中真实感情。他说：“诗以道性情。”[③]这人人皆知的话在他说来并非空泛，因为他强调的是民族正气，真情实感。“盖诗之为道，从性情而出”[④]，这里所说的“性情”，其实是“情志一也”。他又曾对诗下过这样的定义：“诗也者，联属天地万物而畅吾之精神意志者也。”[⑤]这难道不是“言志”的具体化？由“真性情”进而论治乱正变，认为国亡而诗兴，史亡而诗作，则又是切身体验中对“言志”说的一大发展了。顾炎武论文多而论诗少，其论诗精神与黄宗羲相近。清代体系最完整的诗论著作是叶燮的《原诗》，叶燮认为客观的理、事、情与主观的才、胆、识、力是作诗之“本”，然而《原诗·外篇》卷三又说：“《虞书》称‘诗言志’，志也者，训诂为心之所之，在释氏，所谓种子也。志之发端，虽有高卑大小远近之不同，然有是志，而以我所云才识胆力四语充之，则其仰观俯察，遇物触景之会，勃然而兴，旁见侧出，才气心思，溢于笔墨之外。志高则其言洁，志大则其辞弘，志远则其旨永。”可见“志”当为“本”之本。叶燮的弟子沈德潜论诗仍遵循叶氏道路，不过更为强调“诗教”。后来郑燮论大乘法和小乘法，其实正是“言志”与“缘情”、“体物”之别，他论司马相如“大乘也，而入于小乘”，原因在于“以其逞词华而媚合也”；李商隐“小乘也，而归于大乘”，所举诸作“皆有人心世道之忧”[⑥]，正具体说明了这种区别。

清代诗论之各立门户者，先后有王士禛的神韵说、沈德潜的格调说、袁枚的性灵说和翁方纲的肌理说。沈德潜《说诗晬语》说：“诗贵性情，亦须论法。”是在肯定言怀抱、道性情前提下讨论诗法，认为诗“必关系人伦日用”，这是“言志”的另一种说法。即使是王士禛的神韵说离思想性、社会性最远，其《蚕尾文》仍说：“诗以言志，古之作者，如陶靖节、谢康乐、王右丞、杜工部、韦苏州之属，其诗具在，尝试以平生出处考之，莫不各肖其为人。”翁方纲的肌理说侧重讲法度、学问，然而他的《志言集序》以“理”统一了“怀抱”之“志”与“形式”之“言”，可见论“法”而不废“志”“意”的原则。袁枚的性灵说将“志”与私情之“情”统一，发出惊世骇俗之见，他在《再答李少鹤书》中说：“诗人有终身之志，有一日之志，有诗外之志，有事外之志，有偶然兴到，流连光景，即事成诗之志。”甚至说：“谢傅之游山，韩熙载之纵妓，此其本志哉？”《答蕺园论诗书》进而说：“且夫诗者由情生者也，有必不可解之情，而后有必不可朽之诗。情之最先，莫如男女。”这是情志合一论的大胆突破，但他毕竟还主张真实，见出个性，倡导怨刺，是引申了“言

① 陈子龙：《六子诗序》。
② 钱谦益：《爱琴馆评选诗慰序》。
③ 黄宗羲：《马雪航诗序》。
④ 黄宗羲：《陈苇庵年伯诗序》。
⑤ 黄宗羲：《陆鉁俟诗序》。
⑥ 李商隐：《与江宾谷江禹九书》。

志”说，而非背叛。

直到道光年间的刘熙载，仍以“诗者，天地之心”，“诗者，民之性情”，“诗言志”、“思无邪”开其《艺概·诗概》之端，并以“直而宽栗为本”来论诗之贵于言志，反对“乔志”、“溺志”，认为诗人作诗“莫先于内持其志，而外持风化以从之”。即使是被视作“缘情”专业，以婉约为宗的词，在张惠言看来，还是应提高其意格：“盖诗之比兴，变风之义，骚人之歌，则近之矣。”[①]周济更有“诗有史，词亦有史，庶乎自树一帜矣”[②]的说法。直到本世纪初的况周颐，还秉王鹏运之说，以“重、拙、大”论词。

隋唐以后绘画有长足发展，确立这一发展基础的是唐代。唐代宗教画、人物画继承前代之长而更有开拓、进步；山水画蓬勃兴盛，好手如云，杰作频出；动物、花鸟画科的确立，形成承前启后的格局。至若以民间画工为创作主体的许多壁画，除宗教内容外，还描绘众多的世俗生活场景，如耕种、收获、饲牲、屠宰、狩猎、歌舞、宴饮、百戏、比武、战斗等，与前朝绘画内容相比，有了较大变化。

面对着这样众多的题材、画家和杰作，一位全面总结绘画艺术的大理论家张彦远应运而生了。张彦远画论的其他内容可暂置不顾，就其总结绘画的功能而言，可谓是最全面的。他在《历代名画记·叙画之源流》中，开宗明义地说：

> 夫画者：成教化，助人伦，穷神变，测幽微，与六籍同功，四时并运，发于天然，非由述作。

“成教化，助人伦”与《诗序》说法几乎一致。他又说：“故钟鼎刻则识魑魅而知神奸，旂章明则昭轨度而备国制。清庙肃而尊彝陈，广轮度而疆理辨。以忠以孝，尽在于云台；有烈有勋，皆登于麟阁。见善足以戒恶，见恶足以思贤。留乎形容，式昭盛德之事；具其成败，以传既往之踪。记传所以叙其事，不能载其容；赋颂有以咏其美，不能备其象；图画之制所以兼之也。”前面所说，可谓将夏、商、周以造型艺术依礼教而寓象征，汉代以来以忠孝勋烈的人物画推行人伦、教化作了简要追述，后面进而强调“存形”较之文字优越。从张彦远所说可以看到，早期绘画与诗的社会功能很相近，所不同的在于诗是讽多于颂，画则颂多于讽。

“成教化，助人伦”，与《诗序》说法为近，这是就“人”来说；“穷神变，测幽微”，为画所独有，这是就“天”来说，颇有“天人合一”的况味。“神变”、“幽微”似难以知其实指，又何尝不能看作事物的丰富而多彩，既永恒又变化，既明确又未知呢？因而“穷”、“测”又何尝不是以主观努力去作探究之意？如此说来，如果“成教化，助人伦”是明说人物画功能的话，那么，“穷神变，测幽微”二语，实又暗逗出以自然物为表现对象的绘画之功能了。更为明确的说法在《历代名画记》卷六：

---

① 张惠言：《词选序》。

② 周济：《介存斋论词杂著》。

彦远论曰：图画者，所以鉴戒贤愚，怡悦情性。若非穷玄妙于意表，安能合神变乎天机？宗炳、王微皆拟迹巢由，放情林壑，与琴酒而自适，纵烟霞而独往。各有画序，意远迹高，不知画者，难可与论。

这里的“怡悦情性”，是对人物画“鉴戒贤愚”的重要补充。在此，有必要回顾宗炳、王微的画论。

宗炳画迹今已不存，但他留下的《画山水序》却很值得重视。这篇五百余字的文章谈到了透视原理，为历来画家、论家所称道；而以“圣人含道映物，贤者澄怀味像”二语起头，以“仁智之乐”引出山水游赏理论则更见时代色彩。尤其值得注意的是文章结尾：“峰岫峣嶷，云林森渺，圣贤映于绝代，万趣融其神思，余复何为哉？畅神而已，神之所畅，孰有先焉？”“畅神”二字既是他对于游赏山水的真正体会，也是对山水画功能的简要概括。这表明，“存乎鉴戒”的人物画以之敬人，“益仁智之善性”的佛像画以之敬神，而“畅神而已”则标志着第三种题材——山水画的功能与前二者相比，发生了根本转变。

稍后于宗炳的王微留下了《叙画》一文，虽较《画山水序》短，对山水画的功能却说得更详细。文中说：“望秋云，神飞扬。临春风，思浩荡。虽有金石之乐，珪璋之琛，岂能仿佛之哉？”他认为观赏那些表现春秋美景的山水画能使人“神飞扬”、“思浩荡”，享受到的乐趣超过了欣赏音乐和玉器。

宗炳、王微所论，已将重视绘画的社会功能，转到了重视其美感功能。张彦远从宗炳、王微的山水画中得出了“怡悦情性”的结论，以作为人物画“鉴戒贤愚”的重要补充。这既是“畅神”论的引申，又与之近义，同时也可以看作由山水而兼及花鸟竹石之作的功能。自此随着人物画与山水、花鸟画的地位逆转，前者从占据画坛主导地位让位于后者，对绘画功能的认识基本趋于稳定，并沿“畅神”一线发展。

在张彦远之后，唐末五代的荆浩在《笔法记》中借老叟之言说绘画技法，其中老叟所说的“嗜欲者，生之贼也。名贤纵乐琴书图画，代去杂欲”，其实就是“畅神”的延续。

宋代画院中画师云集，他们的一个重要工作就是以画像“存作鉴戒”。北宋仁宗、徽宗及南宋高宗、宁宗、理宗时，都曾有过较大规模的描绘前代帝王美恶之迹，或文武功臣画像的举动。因此，郭若虚《图画见闻志·叙自古规鉴》一仍正统，也说：“盖古人必以圣贤形像、往昔事实，含毫命素，制为图画者，要在指鉴贤愚，发明治乱。”然而，《论气韵非师》一节则谓：“窃观自古奇迹，多是轩冕才贤，岩穴上士，依仁游艺，探赜钩深，高雅之情，一寄于画。”以“寄情”言画，多少流露出异端情绪。南宋赵孟溁《论画品》说：“画谓之无声诗，乃贤哲寄兴。”“寄兴”与“寄情”并无二致。

尤应重视的是郭熙、郭思父子所撰的《林泉高致》，其《山水训》曰：“君子之所以爱夫山水者，其旨安在？丘园养素，所常处也；泉石啸傲，所常乐也；渔樵隐逸，所常适也；猿鹤飞鸣，所常亲也；尘嚣缰锁，此人情所常厌也；烟霞仙圣，此人情所常愿而不得见也。”在他看来，爱山水并非乱世之高蹈，而是圣世之所为。“直以太平盛日，君亲之心两隆，苟洁一身，出处节义斯系，岂仁人高蹈远引，为离世绝俗之行，而必与箕颖埒素，黄绮同芳哉？”那么，山水画起到什么作用呢？他说：“然则林泉之志，烟霞之侣，梦寐在焉，耳目断绝。今得妙手，郁然出之，不下堂筵，坐穷泉壑；猿声鸟啼，依约在耳；山光水色，滉漾夺目。此岂不快人意，实获我心哉？此世之所以贵夫画山水之本意也。”这就是宋人对山水画“畅神”说的最全面之总结。

元画的主体是文人画，如不说其艺术特色，文人画的创作动因就与画院画有很大不同。苏轼在《书朱象先画石》中说：朱象先“能文而不求举，善画而不求售”，引用他所说的“文以达吾心，画以适吾意”，并以阎立本蒙画师之耻而同王献之、阮瞻相对比，肯定了不愿趋奉、保持独立人格的精神。

“适意”二字，可看作“畅神”论在元代特定历史条件下的表现，是文人画功能的新说法。“元季四家”卧青山、对白云，无意于仕进。“华林散清月，寒水淡无波。遐哉栖遁情，身外岂有它？人生行乐耳，富贵特如何？”①他们虽然年龄与境遇不同，但都洁身自好，为人清高，过着“道书摊未读，坐看鸟争林”②，“题诗石壁上，把酒长松间”③的生活。他们的绘画或是“适一时之兴趣”④，或是“聊以自娱耳”⑤，王蒙在跋马和之画卷时也说：“钱塘马和之”，“宦游之暇，以绘事寄情，务脱去铅华艳冶之习”。⑥

元季四家的山水画是“适趣”、“自娱”、“寄情”之作，元代另一创作大宗的墨竹、墨梅又如何呢？李衎《竹谱》说：“竹之为物……散生者有长幼之序，丛生者有父子之亲”，“其可比于全德君子矣”，还带着“比德”说的道学气，还留有仲仁《华光梅谱》所说“梅有高下尊卑之别，有大小贵贱之辨”，“枝有文武，刚柔相合。花有大小，君臣相对。条有父子，长短不同。蕊有夫妻，阴阳相应”的纲常迂腐说教影响。然而，王冕墨梅的“不要人夸好颜色，只留清气满乾坤”，顾安与倪瓒、张绅合作古木竹石，柯九思、王蒙、吴镇所画竹石，都是寓志遣兴之作。明初宋濂对宋人画梅“或俪以山茶，或杂以双禽，皆传五采”不满，说：“夫梅负孤高伟特之操而乃溷之于凡禽俗卉间，可不谓之一厄也哉！”因而他赞赏仲仁、杨补之的墨梅“精神雅逸”、“飘然不群”⑦，并为王冕题诗“冰花个个团如玉，羌笛吹他不下来”。⑧

宋濂《画原》总结了自古至宋的画史，提出“三变”之说：“古之善绘者，或画《诗》，或图《孝经》，或貌《尔雅》，或像《论语》暨《春秋》，或著《易》象，皆附经而行，犹未失其初也。下逮汉、魏、晋、梁之间，《讲学》之有图，《问礼》之有图，《列女仁智》之有图，致使图史并传、助名教而翼群伦，亦有可观者焉。世道日降，人心寖不古若，往往溺志于车马士女之华，怡神于花鸟虫鱼之丽，游情于山林水石之幽，而古之意益衰矣。是故顾、

---

① 倪瓒：《述怀》。
② 黄公望自题《雨岩仙观图》。
③ 倪瓒：《对酒》。
④ 吴镇：《铁网珊瑚》。
⑤ 倪瓒：《清闷阁遗稿》。
⑥ 厉鹗：《南宋画院录补遗》。
⑦ 宋濂：《銮坡集》，《画法要录》二集。
⑧ 宋濂：《潜溪集》。

陆以来,是一变也;阎、吴之后,又一变也;至于关、李、范三家者出,又一变也。”[①]所论止于宋而未及元,但绘画从古之“附经而行”,汉魏晋梁的“助名教而翼群伦”,经由“溺志”之变,降而为“怡神”,“游情”。在他看来,恐怕元画也只是等而下之了。

综观元代大量山水、梅竹、墨花、墨禽之作,汤垕《画鉴》曾有一个较全面的说法,那就是“山水、墨竹、梅兰、枯木、奇石、墨花、墨禽等游戏翰墨”,是“高人胜士寄兴写意者”。夏文彦《图绘宝鉴》又说:“逸品皆高人胜士寄兴寓意者,当求之笔墨之外,方为得法。”从苏轼记朱象先“画以适吾意”一语以来,经适意、自娱、寄情等说,直到“寄兴寓意”,可见与鉴戒说已完全绝缘,而是“畅神”论的进一步发展。

明清是封建社会的末期,虽出现了资本主义的萌芽,却终未能破土而生,然而,宋元以来城市经济发展所造成的庞大市民队伍,在此期愈形壮大,市民文艺占据主流已是势之所趋。从明中叶李贽倡“童心”,反虚伪、矫饰,经三袁的“独抒性灵”,到袁枚的斥宋儒、嘲道学,形成了一股努力挣脱传统羁绊的浪漫主义洪流。清初的民族与社会的苦难,又造成以感伤主义为主导,突出个性,抒发情怀,终于形成文艺对政教传统的离心和背叛。明清绘画正体现出这样的时代精神与色彩。

明代宫廷也设画院,却与宋代极不相同,自永乐帝以后的一百年间,多将“锦衣卫”的官职授予宫廷画家,锦衣卫名声极坏,画家多不愿受官,文人画家更以清高为尚,鄙薄画院。因此除明成祖征画工写真武神像及画受谏图、十思疏图以外,居主导地位的文人画都不以此为尚。明代画家中,无论是固辞锦衣官的郭诩所画的谢安游山、牛背横笛,还是因科场舞弊而被革职的唐寅所画的秋风纨扇、吹箫仕女,抑或宫廷画家吴伟所画的老人对奕、松风高士,漆匠出身的仇英所画的临流诗意、秋原猎骑、蕉阴结夏,直到后期陈洪绶所画的屈子行吟、归去来图等,都或沿元人好画高逸之风,或自寓身世而与政教无涉。总之,明代除寺庙壁画的宗教题材为画工所画外,文人及画院的人物画,可分为三类:昭君出塞、文姬归汉、右军书扇、西园雅集、明皇幸蜀、焦遂醉饮等历史人物故实;春游晚归、古贤诗意、山斋客至、踏雪寻梅、春睡、步月、听琴、闻笛、垂纶等写士夫文人情趣;村童闹学、货郎嬉春、村社丰乐、索绹、卖卜、礼佛等民情风俗。这些人物画的主要创作倾向已与“鉴戒”无涉,却趋于“畅神”。

清代如除去康熙诏画《南巡图》、《万寿图》,雍正令画《雍正平准战图》,乾隆诏画《南巡盛典图》、《平定伊犁受降图》、《呼尔满大捷图》、《伊西洱库尔淖尔之战图》、《黑水解围图》等,是最高统治者以绘画来记录功绩、供奉太平外,其余的人物画也与赞颂、教化、鉴戒毫不相干。历史故实、渔樵、耕读之外,以肖像最为突出,华嵒的《闲听说旧》,姚文瀚的《卖浆图》、朱炎的《群盲图》、改琦的《百子图》,直到苏六朋的《吸毒图》,是较明人更近下层百姓生活的风俗画,从闵贞的《太白醉酒》,到费丹旭的《东轩吟社图》,则为文人生活。

明清两代的山水、花鸟、兰竹等题材,数量与成就都远过于人物画。明人吴宽曾为

① 宋濂:《宋学士全集》。

之感叹:“古图画多圣贤与贞妃烈妇事迹,可以补世道者。后世始流为山水、禽鱼、草木之类,而古意荡然。”[①]清初顾炎武本着文切世务、画写故实的精神,更说道:“古人图画,皆指事为之,使观者可法可戒。上自三代之时,则周明堂之四门墉,有尧舜之容,桀纣之像……自实体难工,空摹易善,于是白描山水之画兴,而古人之意亡矣。”[②]“实体难工,空摹易善”,难道仅仅是艺术技巧问题吗?当然不是!石涛说:“我自发我之肺腑”[③],“笔墨乃性情之事”[④],已将绘画功能从作用于客体的政教,明确地转为主观的性情抒发。当然,这种抒发也有不同:笪重光认为绘画“抒高隐之幽情,发书卷之雅韵”[⑤],出于平和;金农画硬竹“好似老夫多倔强,雪深一尺肯低头”[⑥],却是出于激愤。清后期的张式称“借笔墨以寄吾神”[⑦],以“心画”来总论绘画,戴熙则谓“专写胸中灵和之气”,“写胸中之趣而已”。[⑧]可以认为,这些都是“畅神”说的引申或翻版。尽管宗炳所说“畅神”,是主于绘画的美感功能,说明对感情的调节作用,后又渐随时代、社会之变,入以抒郁寄恨之意,但无论如何,距曹植、陆机所说的功能论已是极其遥远了。

以一直活到民国初年的松年的《颐园论画》来总结对绘画功能论的认识,恐怕是最恰当的了。他说:“古人左图右史,本为触目惊心,非徒玩好,实有益于身心之作。或传忠孝节义,或传懿行嘉言,莫非足资观感者,断非后人图绘淫冶美丽以娱目者比也。”这里所说的今不如古,是在于失去古画的教化功能。但他在后面讲到为贵显者作画时“直是受折磨,何尝有陶情适性之乐耶”,却是无意中背离正统而顺应了潮流。可见,随着历史的推进,思想的发展,题材重心的倒转,绘画的功能也是不可逆转的改变了。

石涛说:“笔墨乃性情之事。”袁枚说:“诗者,各人之性情。”二人似将诗画功能等同在“性情”之上了。但我们应看到,即使到袁枚的大胆之论,“诗言志”的传统经三次引申而仍然屹立着、坚持着;而绘画经礼教化、宗教化,终至“畅神”,到“性情”却在发展、演变。综观整个诗画史,从发展的眼光说,“言志”与“畅神”确可看作二者不同的功能论。

---

① 吴宽:《匏翁论画》。

② 顾炎武:《日知录》卷二十一《画》。

③ 石涛:《苦瓜和尚画语录·变化第三》。

④ 石涛:《题画跋》。

⑤ 笪重光:《画筌》。

⑥ 金农:《画竹题记》。

⑦ 张式:《画谭》。

⑧ 戴熙:《习苦斋画絮》。

虚与实
——诗画主体风格的确立

诗和画被称为姊妹艺术，从宋代开始就有不少人强调二者体异而貌同，以致误认为二者从主体风格到批评标准都相同。其实，“诗画一律”是一句相当含混的话，至少可以说：我国古代诗画的主体风格并不一律，极而言之又简而言之，可用“实”与“虚”二字来加以概括。我们不妨从诗画的流变和批评史中，考察诗画大家的地位变化，看看究竟谁是诗坛、画苑的“首席小提琴”？并从而一窥诗画的不同风格规范、批评标准，进而探究它们的成因。

一　诗人的冠冕与画家的表率

绘画早于诗歌，但诗人的出现却早于画家，由于隋唐以前画迹遗存既少，且二者发展不均衡，故自唐朝论述为宜。唐朝是我国文艺史，尤其是诗画史上的黄金时代，评判诗和画又往往首先着眼于盛唐，我们这一考察就从盛唐开始。

当唐太宗被拥戴为“天可汗”，“贞观之治”换来了唐王朝的全面繁荣。数百年来的纷争和分裂结束了，南北交汇和中外交流，使唐代文化出现了全面兴盛。到唐玄宗李隆基的开元时期，文学和艺术都臻于鼎盛。在无所顾忌、无所束缚、自由开明、热烈欢快的时代、社会氛围中，人们对现实充满热情，对未来更多憧憬，这是开放的国家，这是外向的心灵！难以遏止的感情，渴望迸发的力量，与从“秦王破阵”到“羯鼓催春”的音乐表现力凝聚在一起，使飞动、迅疾的美成为时代精神的体现，被称为“三绝”的李白歌诗、张旭草书、裴旻剑舞就踞于时代的峰巅。

这就是不仅限于诗歌领域的“盛唐之音”，它代表了一个时代的艺术精神！稍放宽一些讲，诗中李白、王维、孟浩然、李颀、王昌龄、高适、岑参、杜甫、刘长卿，画中吴道子、张萱、李思训、王维、张璪、郑虔、曹霸、韩幹，都活动于盛唐时期。盛唐诗坛以谁为冠呢？李白歌诗为“三绝”之一，魏颢《李翰林集序》称其“名动京师”，“宾客贺公奇白风骨，呼为谪仙子，由是朝廷作歌数百篇”。李阳冰《草堂集序》说：“自三代已来，《风》、《骚》之后，驰驱屈、宋，鞭挞扬、马，千载独步，唯公一人。”李白自应执牛耳。至若画坛，有一则材料颇能说明问题：据张彦远《历代名画记》卷二《论名价品第》所载，杨子华、董伯仁、展子虔、郑法士、孙尚子、阎立本、吴道子，所画“屏风一片，值金二万”。这中间杨子华是北齐人，董、展、郑、孙是隋代人，阎立本是初唐人，唯吴道子是盛唐人物。朱景玄《唐朝名画录》将其列为“神品上”，可见唐人将吴道子看作画坛之冠。

然而，虽统言“盛唐”，却应注意到天宝年间的变化。开元之时，李白居诗坛之首，至天宝时期，杜甫诗名渐起，王维地位更高。刘昫《唐书》本传云：代宗时，王维之弟王缙为宰相，“代宗好文，常谓缙曰：卿之伯氏，天宝中诗名冠代……”再说绘画，人物画自以吴道子为冠，至于山水画，张彦远《历代名画记》虽说吴道子“曾事逍遥公韦嗣立为小吏，因写蜀道山水，始创山水之体，自为一家”，但天宝年间，玄宗宣令他在大同殿壁画嘉陵江山水，认为与开元时期同画于大同殿壁的李思训青绿山水“皆极其妙”。同时，刘昫《唐书》王维本传也称王维“书画特臻其妙”，“如山水平远，云峰石色，绝迹天机，非绘者之所及也”。可以认为，综观开元、天宝，无论诗界、画界（山水），基本是各自形成鼎立的形势。

奇怪的是，随着岁月的推移，除短暂的几度外，“诗佛”王维的名字不能与“诗仙”李白、“诗圣”杜甫比肩；而居“神品上”的吴道子亦被后代文人画家视为“画工”，余下王维、李思训被看作山水画南北宗的创始者，成“双峰并峙”之势。进而言之，“诗仙”李白还是低于“诗圣”杜甫，而“北秀”李思训亦不及“南能”王维。

诗画大家之从“鼎足”变为”双峰”，继而又再分高下，是诗画批评史上的一个逆转现象。

先说诗。

欲正确判断时尚和诗人所负时誉，必须看唐人自选的诗集。

芮挺章编定于天宝三载的《国秀集》，是收录同代人诗的第一部大型诗集。此集计诗人八十八人，选诗二百二十首，非但不选杜甫，亦无李白，以卢僎为最多，王维、孟浩然、崔颢居次。明人胡应麟《诗薮》外编卷三曾推测此集不收李杜的原因：“总之，当时议论未定，如庄生道术不及仲尼，尊与？贬与？未可测也。”其后，殷璠选录开元二年至天宝十二载（714—753）期间二十四人，二百三十四首诗，成《河岳英灵集》。殷璠在此书《集论》中说“文质半取，风骚两挟，言气骨则建安为传，论宫商则太康不逮”，似是重气骨、兴寄，不重形式、声律，所选以王昌龄为最多（十六首），王维、常建居次（十五首），李白与崔国辅居李颀（十四首）之后，为十三首。从评语看，殷璠最赞赏王维的“词秀调雅，意新理惬”，“一句一字，皆出常境”，孟浩然的“文彩芊茸，经纬绵密，半遵雅调，全削凡体”和储光羲的“格高调逸，趣远情深”。对常建、綦毋潜、王湾、祖咏等王、孟同调者，亦评价不低，至于李白仅言“率皆纵逸”，“奇之又奇”。

从以上两种选本看，天宝年间，确是时风偏好王维一派。杜甫之未见只字似并不足怪，因为他的创作高峰尚在此后，奇怪的是中唐以后唐诗选本中的杜诗遭遇。

宪宗朝，令狐楚奉命纂进《御览诗》，只选代宗、德宗及元和初作品，杜甫当然在外。高仲武的《中兴间气集》专选肃宗、代宗朝作品，正是杜甫的创作丰收期，却不收杜诗一首。其后，姚合编选《极玄集》，起于王维，终于戴叔伦，所选多为五言山水诗，李杜均不入选。从《中兴间气集》可看到“前有沈、宋，后有钱、郎”的风气，《极玄集》所选为大历诗人，却以王维、祖咏领衔，时之所好不难窥见。

从以上中唐的诗集看，大历年间王维一派的声誉较天宝时更逾于李白，而杜甫的作品，只是到晚唐韦庄编选《又玄集》时才第一次载入。安史乱后，正是唐代种种社会矛盾达于极峰之时，杜甫“诗史”却是如此际遇，盛唐时“济苍生”、“安社稷”的人生主题，竟被空濛淡远的自然风光所掩。

白居易担起了重振现实主义诗风之责，他提出“歌诗合为事而作”，重申“六义”，阐明诗歌“补察时政”，“泄导人情”的作用。尽管他低估了屈原、陶渊明，却称道“诗之豪者”的李白、杜甫，相较之下，对杜甫更为推崇。元稹更谓“诗人以来，未有如子美者”，将杜甫推上了最高座次。

元白所论及新乐府运动的兴起，使流连光景、忘情世事的诗作失去了优势，王维与杜甫的地位渐渐倒转，但由于元白对李杜的评价不够全面、恰当，为此，韩愈提出了李杜并尊论，《调张籍》推许“李杜文章在，光焰万丈长”。其后，杜牧又说：“李杜泛浩浩，韩柳摩苍苍。近者四君子，与古争强梁。”[①]李商隐则曰：“李杜操持事略齐，三才万象共端倪。”[②]终唐之世，李杜越王维而并称。

入宋以后，李杜的均势平衡被打破。王安石选四家诗，以杜甫为首，李白置于韩愈、欧阳修之下，《冷斋夜话》记其语，谓李白“其识污下”，“十句九句言妇人、酒耳”。《苕溪渔隐丛话》进而记之更全，谓王安石认为“白之歌诗豪放飘逸，人固莫及，然其格止于此而已，不知变也。至于甫则悲欢穷泰，发敛抑扬，疾徐纵横，无施不可……此甫所以光掩前人，而后来无继者也”。终宋之世，尽管不少论家对李杜不作轩轾，其中如严羽《沧浪诗话》，尤有洞见内里之见。但是，非仅创作上有以杜为“祖”的江西诗派，评论上也多以杜甫为优，甚至颇有极端之论。如：

> 杜子美之于诗，实积众家之长，适其时而已……孔子之谓集大成。呜呼，杜氏、韩氏，亦集诗文之大成者欤！[③]
>
> 杜甫诗，唐朝以来一人而已，岂白所能望耶！[④]
>
> 独唐杜工部，如周公制作，后世莫能拟议。[⑤]

陆游虽称之为“天未丧斯文，杜老乃独出”[⑥]，却并未揄扬过甚，而有的论家则许之为风、骚以来的第一人：

> 风骚而下，唐而上，一人而已。[⑦]
>
> 一从屈原《离骚》赋，便至杜甫短长吟。[⑧]

---

① 杜牧：《冬至日寄小侄阿宜诗》，《樊川文集》卷一。

② 李商隐：《漫成五章》其二，《李义山文集》卷六。

③ 秦观：《淮海集》卷二十二。

④ 葛立方：《韵语阳秋》卷一。

⑤ 敖陶孙：《臞翁诗评》《诗人玉屑》卷二。

⑥ 陆游：《宋都曹屡寄诗且督和答作此示之》，《剑南诗稿》卷七九。

⑦ 孙仅：《读杜工部诗集序》，《草堂诗笺·传序碑铭》。

⑧ 叶适：《对读文选杜诗成四绝句》之一。

自宋人将杜甫抬至诗坛的周公、孔子地位之后，向这一说法挑战的意见无多。金人元好问就说过："窃尝谓子美之妙，释氏所谓学至于无学者耳。"[①]

宋诗以思理筋骨见胜，意境风神则逊于唐诗，元人作诗已力洗宋调，转向唐音。到明初，以盛唐为宗、李杜为主成为风气。明代最早的诗人贝琼就说过："诗盛于唐，尚矣！盛唐之诗称李太白、杜少陵而止。"[②]但是，并称李杜似乎只是一个习惯说法，实际上还是以杜甫地位为最高。如宋濂在《答章秀才论诗书》中，不但沿袭元稹对杜甫的评价，并进而称之为"真所谓集大成者"，李白虽"其格极高"，却仍逊于杜，至于王维，在指出"运词清雅"同时，又言其"萎弱少风骨"。高启诗风近于李白，却宣称："自汉、魏、晋，唐而降，杜甫氏之外，诸作者各以所长名家，而不能相兼也。"[③]"前七子"领袖李梦阳明确宣称："作诗必须学杜，诗至杜子美，如至圆不能加规，至方不能加矩矣。"[④]

在宗唐学杜的风气笼罩下，李开先曾指出"尚李、杜者，失之豪放"，"弘治以后，及北人豪放之失也"[⑤]，指出"学诗者初则恐其不古，久则恐其不淡"[⑥]，倡导"诗宜悠远而有余味"[⑦]。当认识到前七子一味拟杜的弊病后，后七子的诗论发生了某些转变。谢榛指出："今之学子美者，处富有而言穷愁，遇承平而言干戈，不老曰老，无病曰病，此摹拟太甚，殊非性情之真也。"[⑧]倡以"自然妙者为上，精工者次之"。[⑨]为此，王世贞就抬出了王维，称之"由工入微，不犯痕迹，所以为佳"[⑩]，其论诗仍以格调为中心，但又要求达于佳境，于是就称道李白、杜甫、王维"真是三分鼎足，他皆莫及也"。[⑪]然而，后七子虽有变前七子之宗尚，杜甫的地位毕竟难于动摇，所以后七子的后继者屠隆就说："唐人惟杜少陵兼雅俗之质，无所不有"，"景与意会，情缘事起，随地布语，不执一涂"，"乃其所以擅场当时，称雄一代者，则多得之悲壮瑰丽，沈郁顿挫。"[⑫]王世懋则曰："小诗欲作王、韦，长篇欲作老杜。"[⑬]

前后七子之后，公安三袁出，以"变古"与"复古"相抗，"独抒性灵，不拘格套"，但格局不大，有鄙俚轻率之病。其后，竟陵派尚幽深孤峭，有凄声寒魄、噍音促节之弊。此二派均未奉杜。明末成就最高的诗人是陈子龙，他指出了前后七子功不可掩，崇尚不可非，但摹拟多而天然少，认为"诗贵沈壮，又须神明"，指出唐诗中"高达夫雄而不英，

① 元好问：《杜诗学引》，《遗山先生文集》卷三十六。
② 贝琼：《清江集》卷一。
③ 高启：《独庵集序》。
④ 何良俊：《四友斋丛说》引顾璘所述李梦阳语。
⑤ 李开先：《海岱诗集序》，《李开先集·闲居集》之五。
⑥ 李开先：《市井艳词又序》，《闲居集》之六。
⑦ 李开先：《西野春游词序》，《闲居集》之六。
⑧ 谢榛：《四溟诗话》卷二。
⑨ 谢榛：《四溟诗话》卷四。
⑩ 王世贞：《艺苑卮言》卷四。
⑪ 王世贞：《读书后》卷三。
⑫ 屠隆：《与友人书论诗文》，《由拳集》卷二十三。
⑬ 王世懋：《艺圃撷余》。

李颀英而不雄，王右丞则英中之雄，王龙标则雄中之英，而子美独兼之”。[①]再奉杜甫为作诗之极则。

清初民族矛盾极其尖锐，钱谦益率先降清，但其论诗却主真情、倡诗史而奉杜，以至遭顾炎武斥责。顾炎武在倡导明道救世的功利文学观同时，痛诋王维：“古来以文辞欺人者，莫若谢灵运，次则王维。”[②]黄宗羲倡“诗以道性情”。[③]归庄着眼于建安多难、天宝多乱而并称建安七子和杜甫。[④]王夫之与顾、黄同为坚持民族气节的进步思想家，但他之论诗不重在作诗的立意，而偏于读诗的方法，故对诗中情、景关系极有新见，已肇神韵说之端，但仍倡诗应“以意为主”，并说“李、杜所以称大家者，无意之诗，十不得一二也”。[⑤]叶燮论诗，不主摹仿，不主复古，明确尊奉杜甫：“变化而不失其正，千古诗人，惟杜甫为能”；“杜甫，诗之神者也”[⑥]；“统百代而论诗，自三百篇而后，惟杜甫之诗，其力能与天地相终始，与三百篇等”[⑦]。

康熙时期，王士禛标举“神韵”说，主冲和淡远之诗，曾说：“陶如佛语，韦如菩萨语，王右丞如祖师语也。”[⑧]其《唐贤三昧集》录四十二人，所收诗为隽永超诣者，不录李杜。由于王士禛是当时诗坛盟主，使神韵派一度蔚成风气，但先后遭赵执信、袁枚等人反对，乾嘉后不闻继响。赵执信《谈龙录》对王士禛颇多微词、刺语，对神韵说不满，指出：“诗人贵知学，尤贵知道，东坡论少陵诗外尚有事在是也。”沈德潜衍其师叶燮之绪，重在格调，他选《唐诗别裁集》，目的在“神韵”而外，“使人知唐诗中有‘鲸鱼碧海’、‘巨刃摩天’之观”[⑨]，在并称开、宝以来“李太白之秾丽，王摩诘、孟浩然之自得”同时，特别指出“杜少陵独开生面，寓纵横颠倒于整密中，故应超然拔萃”，[⑩]重树杜甫为表率。此后，袁枚以“性灵”反神韵，翁方纲倡“肌理”欲救神韵，然二人均不贬杜。袁枚说：“文学韩，诗学杜，犹之游山者必登岱，观水者必观海也。”[⑪]翁方纲则曰：“盛唐之杜甫，诗教之绳矩也”[⑫]与袁枚、蒋士铨并称“乾嘉三家”的赵翼在《论诗绝句》中写道：“李杜诗篇万古传，至今已觉不新鲜。江山代有才人出，各领风骚数百年。”他主创新，不复古，却仍称颂杜甫：“杜诗久循诵，今始识神功，不创前未有，焉传后无穷。”[⑬]此后，除龚自珍本于浪漫主义创作法而推重李白，明言“颇觉少陵诗吻薄，但言朝扣富儿门”[⑭]外，

---

① 李雯：《属玉堂集序》。
② 顾炎武：《日知录》卷十九《文辞欺人》。
③ 黄宗羲：《马雪航诗序》。
④ 归庄：《吴余常诗稿序》，《归庄集》卷三。
⑤ 王夫之：《夕堂永日绪论内编》。
⑥ 叶燮：《原诗》内篇上。
⑦ 叶燮：《原诗》内篇下。
⑧ 王士禛：《分甘余话》。
⑨ 沈德潜：《重订唐诗别裁集序》。
⑩ 沈德潜：《唐诗别裁集·凡例》。
⑪ 袁枚：《与稚存论诗书》，《小仓山房文集》卷三十一。
⑫ 翁方纲：《神韵论》上，《复初斋文集》卷八。
⑬ 赵翼：《读杜诗》，《瓯北集》卷三十九。
⑭ 龚自珍：《己亥杂诗》，《龚自珍全集》第十辑。

道、咸之际，何绍基、郑珍、莫友芝等人，都重学养功力，主张取径杜、韩、苏、黄，刘熙载《艺概》对杜甫有极高赞誉。可以说，乾、嘉以后，除龚自珍外，宗杜之风一直延袭到清末"同光体"诗人，即使是龚自珍，仍称道"唐大家若李、杜、韩及昌谷、玉溪"等，"皆诗与人为一，人外无诗，诗外无人，其面目也完"。[①]

再看画。

如果说，自中唐以后，杜甫取代了王维在诗坛上的地位，宋以后除个别的短暂时期外已成不可逆转之势的话，那末也是唐代地位最高的吴道子画，从五代开始变化，宋代文人创作的兴起，使王维画升至最高地位，除有几度院体画占据优势外，经元以迄明清，终难以撼之。

吴道子入宫前以创作寺观壁画为主，当他誉满两京时，被李隆基召入禁中，由民间画工成为宫廷画师。他的宗教人物画成就被时人推重自不待言，即以山水画来说，他之前有李思训，他同时有李昭道、王维、王宰、郑虔等人，却仍被认为"古今独步"，"山水之变，始于吴，成于二李"。[②]被后人尊为南宗之祖的王维，当时被看成"踪似吴生"，仍未出其右。"画手看前辈，吴生远擅场"[③]，终唐之世，吴道子的首席画家的地位可谓确立无疑。张彦远曾对谢赫的"六法"作过解释，他将吴道子画视作气韵生动的典范，并说吴画"可谓六法俱全，万象必尽"。[④]朱景玄也说："近代画者，但工一物，以擅其名，斯即幸矣。惟吴道子天纵其能，独步当世，可齐踪于陆、顾。"[⑤]列于"神品上"唯吴一人，就不足怪了。

评画标准随着画坛情况而变。中唐以后，曾遍于两京寺观、压倒一切的宗教壁画渐形衰落，人物、山水、花鸟、牛马等逐渐成为独立画种，张萱、周昉的仕女，韩幹、戴嵩的牛马都有很高成就，山水、花鸟更有突出发展。由唐至宋，这种发展变化更见明显，诚如北宋郭若虚《图画见闻志》所说："若论佛道、人物、仕女、牛马，则近不及古。若论山水、林石、花竹、禽鱼，则古不及近。"在这一变更过程中，由唐入梁的荆浩的理论很值得重视。

荆浩不仅是杰出的山水画家，也是重要的理论家，他继承了谢赫关于人物画所提出的"六法"，为山水画拟定了"六要"，即：气、韵、思、景、笔、墨。以"六要"衡之，他说："吴道子笔胜于象，骨气自高，树不言图，亦恨无墨。"[⑥]在张彦远眼中"六法俱全，万象必尽"、"穷极变化"的吴道子画，荆浩却有"无墨"之评，这无疑是很大变化。明人莫是龙《画说》云："但有轮廓而无皴法，即谓之无笔；有皴法而无轻重、向背、明晦，即谓之无墨。"吴道子曾学书于贺知章和张旭，学书不成转而学画，他的画却得力于书，画人物以运动感强烈的"莼菜描"见长，有"吴带当风"之评。吴道子技艺娴熟，记忆出众，画嘉陵山水以"一日之迹"著称，当然是只有线描，而难于以轻重、向背、明晦的"墨"相求

① 龚自珍：《书汤海秋诗集后》。
② 张彦远：《历代名画记》。
③ 杜甫：《冬日洛城北谒玄元皇帝庙》。
④ 张彦远：《历代名画记》。
⑤ 朱景玄：《唐朝名画录》序。
⑥ 荆浩：《笔法记》。

了。荆浩从自己的创作实践中已敏锐地感觉到“笔”只能表其“气”,“墨”才能得其“韵”,吴道子重笔而不重墨,虽有以形写神、以笔见气之长,却乏以墨见韵之致,于是就把目光转向了王维、张璪。他在《笔法记》中说:“王右丞笔墨宛丽,气韵高清,巧象写成,亦动真思。”比之吴道子的有笔无墨、有气乏韵,高下自不待言。荆浩所树立的评画标准和抑吴扬王的说法,在绘画批评史上是一个质变点。人们在研究山水画南北宗论时,常只注意到董其昌、莫是龙,言文人画而上溯到苏轼、文同,而容易忽略荆浩。其实,荆浩分言气、韵、笔、墨,推尊王维,已成后世推崇南宗画的滥觞。

宋人的评画标准较之唐代有显著变化。若谓唐画重形神,崇尚外美,宋画则追求意趣,崇尚内美,前者“动”,而后者“静”,如吴道子的以气势见长的画风渐失去令人企慕的地位。这种变化,当始于黄休复评“四格”次序的变动。盛唐张怀瓘在《画断》中首次提出神、妙、能的标准以比较画的优劣,后来朱景玄又在《唐朝名画录序》中加入“不拘常法”的“逸品”,是为“四格”。黄休复在《益州名画录》中将唐代居于末位的逸格提至首位,并进而解释道:“画之逸格,最难其俦。拙规矩于方圆,鄙精研于彩绘。笔简形具,得之自然,莫可楷模,出于意表。”将不拘常法、不重设色、精炼含蓄、别具情趣作为最高的画品。清人笪重光《画筌》说:“气势雄远,方号大家,神韵幽闲,斯称逸品。”宋人之尚“逸”,正是从唐的“气势雄远”转为“神韵幽闲”。

邵博《闻见后录》曰:“本朝画山水之学,为古今第一。”言此学当首推郭若虚《图画见闻志》。郭氏论山水画,以李成、关仝、范宽“三家鼎峙,百代标程”,认为“王维、李思训、荆浩之伦,岂能方驾”?[①]但他又说:“窃观自古奇迹,多是轩冕才贤,岩穴上士,依仁游艺,探赜钩深,高雅之情,一寄于画。”[②]对文人画理论发生了影响。到苏轼,更推崇思想、人格、性情,更重绘画的文学趣味,从而明确地将王维置于吴道子之上。他对借竹石以寓情的文同颇有赞叹:“与可之文,其德之糟粕。与可之诗,其文之毫末。诗不能尽,溢而为书,变而为画,皆诗之余。”[③]他虽说过:“君子之于学,百工之于技,自三代历汉至唐而备矣。故诗至于杜子美,文至于韩退之,书至于颜鲁公,画至于吴道子,而古今之变,天下之能事毕矣。”[④]但他又说:“吴生虽妙绝,犹以画工论。摩诘得之于象外,有如仙翮谢笼樊。吾观二子皆神俊,又于维也敛衽无间言。”[⑤]并进而指出王维“诗中有画,画中有诗”的特点。王维的山水画有“笔迹劲爽”、“重深”、“雄浑”诸评,但被其山水诗风所同化,故宋人极尚之。著名画家米芾自称“不使一笔入吴生”[⑥],使吴道子明确失去画坛第一把交椅的地位。邓椿说:“画者,文之极也。”[⑦]对文学的强调,当然更贬抑“画工”,随着文人画的发展。“踪似吴生”的王维终逾“吴

① 郭若虚:《图画见闻志·论三家山水》。
② 郭若虚:《图画见闻志·论气韵非师》。
③ 苏轼:《文与可画墨竹屏风赞》。
④ 苏轼:《东坡题跋》卷五《书吴道子画后》。
⑤ 苏轼:《凤翔八观》之一《王维吴道子画》。
⑥ 米芾:《画史》。
⑦ 邓椿:《画继·论远》。

生”本人而上了。

经过南宋院体画的曲折，元代文人画家继承北宋传统，在山水画上有很大发展。经钱选之倡“士气”，赵孟頫倡“古意”，黄公望标榜“士人家风”，发展至明代，终于出现山水画“南北宗”说，并从董源上溯王维，王维又超过李思训，使之在山水画中的首席地位得以确立无疑。

明朝前期，宫廷画院的画风行之甚久，在以沈周、文征明等吴派画家兴起后，文人画才压倒以戴进为代表的浙派院体画风。至嘉靖年间，何良俊明确将“笔力神韵兼备”的荆、关、董、巨等人列为“正派”。[①]其后，王世贞比较了几位山水大家，深刻指出：“二李辈虽精工，微伤板细。右丞始能发景外之趣，而犹未尽。至关仝、董源、巨然辈，方以真趣出之，气概雄远，墨晕神奇。”[②]这段话另配以他所说的“吴、李以前画家，实而近俗；荆、关以后画家，雅而太虚”[③]，可见他于唐代非但不取吴，亦不尊二李，他们都有“实而近俗”之病，只有“能发景外之趣”的王维，才称得上唐代第一人，只是王维的后继者关、董、巨等人，才称得最高作手。王世贞赞赏雄远神奇与真趣盎然的作品，与其后“南北宗”论者有异，但合何、王所论，其主要面已开“南北宗”说之先。

首倡山水画南北宗论的是莫是龙，但以董其昌影响最大。在王世贞以为“始能发景外之趣，而犹未尽”的王维，被董其昌作为董、巨之祖。他曾说：“余未尝得睹其真迹，但以想心取之。”[④]这种“以想心取之”的结果，就是主观地以“士夫气”认可王维的画风为“正传”，王维成了“唐代一人而已”。[⑤]他并说：

> 自右丞始用皴法，用渲染法，若王右军一变钟体，凤翥鸾翔，似奇反正。右丞以后，作者各出意造……此于书家欧、虞、褚、薛，各得右军之一体耳。[⑥]

自此，被认为是“虚和萧散”[⑦]，“裁构高秀，出韵幽谈”[⑧]的王维画风成为文人画的最高标准，南北宗说亦几成定论，不为牢笼者，可谓鲜有。

清初四王自是追随董其昌而崇尚“南宗”，即如石涛这样富有创造性的宗匠，曾明确发问：“今问南北宗，我宗耶？宗我耶？”自豪地宣称“我自用我法”。这样“搜尽奇峰打草稿”[⑨]的著名画家，在“师造化”同时，仍认为“笔墨乃性情之事”[⑩]，还可以看到倡“士气”、“逸气”的南宗影响。“自右丞、洪谷以来，北苑、南宫相承，入元而倪、黄辈出，

---

① 何良俊：《四友斋画论》。

② 王世贞：《艺苑卮言》。

③ 王世贞：《艺苑卮言》。

④ 董其昌：《画眼》。

⑤ 董其昌：《画眼》。

⑥ 董其昌：《画眼》。

⑦ 陈继儒：《偃曝余谈》。

⑧ 沈颢：《画麈》。

⑨ 石涛：《苦瓜和尚画语录》。

⑩ 石涛：《题画跋》。

风流豪荡,倾动一时,而画法亦大明于天下。”[①]恽南田这段话很有代表性。清二百余年中,所倡多为画中表性情、见幽隐、发雅韵、抒意趣,因而讲究的是怡情养性,立品求意,宁取拙致而不尚工巧,多写荒寒高简而不取富贵绚烂,求机趣而不拘理法,倡书卷气而避工匠味,而这些自然都出自南宗之祖的王维。连“欲振起北宗”的戴熙,都无悖于绘画“写胸中之趣而已”。[②]

清代画坛并非都在董其昌势力影响下,如清初四僧、金陵八家,乾隆年间的扬州八怪,直至晚清的海上画派,都很富创新精神。但处于正统地位的却始终是南宗画派,此风一直延续到近、现代。著名画家黄宾虹在一九五三年还说:“吴道子有笔无墨,阎立本不识张僧繇画,李思训金碧楼台,画重外美,丹青炫耀,古法已失。王维、王宰、张璪、郑虔于诗与书法悟得其传,五代及宋,如荆、关、董、巨,始备六法。”[③]因此,南宗画风确是最得后世推崇,王维在画界的地位,也确是毋庸置疑。

总之,无论是诗坛还是画苑,这两界的权威随着历史进程而地位逆转,综观千余年的诗画批评史,可以肯定地说:杜甫和王维分别是诗画领域的冠冕和表率。

二　写实与写意

诗中杜甫与画中王维,分别作为这两个领域的典范,当然表明了人们认为诗画应有不同的主体风格。对二者的基本区别应该怎样概括呢？较确切地说,当在写实与写意的不同。换言之,以杜甫的诗风来衡诗,正在于“实”;以王维的画风来观画,却在于“虚”。这样,“实”与“虚”同时也分别成为诗画批评的不同标准。

看杜诗之“实”。

刘熙载《艺概》卷二云:“杜诗高、大、深俱不可及。吐弃到人所不能吐弃,为高;涵茹到人所不能涵茹,为大;曲折到人所不能曲折,为深。”可谓地负海涵,无所不包,何以能用“实”字来概括呢？约之当有三端。

第一,善陈时事,千汇万状的写实精神。

孟棨《本事诗·高逸第三》说:“杜逢禄山之难,流离陇蜀,毕陈于诗,推见至隐,殆无遗事,故当时号为诗史。”其实,非但是流离陇蜀之时,凡他所经历的玄、肃、代宗三朝,从重大社会事件之巨,到里巷民情之微,都入于他挟带情韵而行的诗篇。非仅“《述怀》、《北征》诸篇,穷极笔力,如太史公纪传”,[④]而且“在山林则山林,在廊庙则廊庙,遇巧则巧,遇拙则拙,遇奇则奇,遇俗则俗,或放或收,或新或旧,一切物,一切事,一切意,无非诗者”。[⑤]以这种“善陈时事”,“至千言不少衰”的写实精神来创作,杜甫留下了

---

① 恽格:《南田画跋》。

② 戴熙:《习苦斋画絮》。

③ 黄宾虹:《黄宾虹画语录》。

④ 叶梦得:《石林诗话》卷上。

⑤ 张戒:《岁寒堂诗话》。

“浑涵汪茫，千汇万状，兼古今而有之”①的大量现实主义诗篇。这些被称为“诗史”的现实主义篇章，堪补史笔之不足，正是：“代宗朝时，有与国史不相似者。史不言河北多事，子美日日忧之；史不言朝廷轻儒，诗中每每见之。可见史家只载得一时事迹，诗家直显出一时气运。”②

由于杜甫怀着关心时世、窃比稷契的志向，始终以己饥己溺之心来推己及人，所以面对国变频仍、海宇昏昧的局面，他不像李白那样使气纵酒，不像王维那样遁入山林，而是上悯国乱，下痛民穷，苍生之忧、社稷之难始终系之于心，因而，“凡出处去就，动息劳佚，悲欢忧乐，忠愤感激，好贤恶恶，一见于诗，读之可以知其世”③。在反映现实的同时，充满着极为真实可感的激情。这种激情自然大别于王维俱入禅理、空灵远寂的山林隐逸之作，亦与李白“语用兵则先登陷阵不以为难，语游侠则白昼杀人不以为非”的“骏发豪放，华而不实”④相异。他的作品中流露出极为真实的感情，如《丽人行》、《兵车行》已预感到天下将乱而充满隐忧，《前出塞》隐含着对当局黩武穷兵的谴责，《自京赴奉先县咏怀五百字》在揭露阶级对立、贫富悬殊的同时，充满对人民的同情，《哀江头》、《哀王孙》显为亡国之痛，而“三吏”、“三别”则为黎民戍役之悲，在长达七百字的《北征》和后来的《洗兵马》中，表现的是对复国太平的热望……杜甫在叙事中言情，往往情、事难分，酝酿交融；或愈拶愈紧，愈转愈深，或淋漓尽致，一气奔迸，在他的现实主义诗篇中洋溢着的都是真情实感。因此，善陈时事、千汇万状的写实精神，遂在作品中表现为“绪密而思深”（王安石语）的特点。

这种由写实精神形成的特点，“他人不足，甫乃厌余”⑤，无论入于古体、近体，或是一空依傍、随意立题的乐府，都成为一种沾丐后人的典范。即以近体诗言，七律之兴本于初唐应制，在沈、宋时已臻完妙，陈子昂、李白意在追摹汉魏风骨，以七律为壮夫不为，王维、岑参等人则将这种高堂华屋之体推之于边塞广漠和华渭山川，造就了高亢英爽而兼擅情韵之风。杜甫在七律的园苑中辟径自行，将君国之忧、沉沦之感、古今之慨，打并入锦江天地、夔府巫峡，巨至高山大川，微至花鸟虫鱼，成就了巨刃摩天、金鸡擘海，飞沉起伏、雄浑磅礴，含精深华妙与朴郁苍凉于一体的杰出篇章。正是“杜公七律，含天地之元气，包古今之正变，不可以律缚，亦不可以盛唐限者”⑥，当然成了万代不祧之祖。同样，杜甫的五律也为后人所称道。但历代论家颇有以杜甫之“实”衡诗，而责其绝句为外道者，绝句以含蓄绵邈为正宗，杜甫的绝句被认为是断锦裂缯，情韵不逮。即便如此，还是有人为之辩解：“杜老七绝，欲与诸家分道扬镳，故尔别开异径。独其情怀，最得诗人雅趣。”⑦因而可以说：在历代诗人和诗论家心目中，杜甫以其写实精

---

① 宋祁：《新唐书·杜甫传赞》。
② 浦起龙：《读杜心解》卷首《读杜提纲》。
③ 胡宗愈：《成都新刻草堂先生诗碑序》。
④ 苏辙：《苏栾城集》，转引自王琦注《李太白全集》卷三十四《附录·丛说》。
⑤ 宋祁：《新唐书·杜甫传》。
⑥ 姚鼐：《五七言今体诗钞序目》。
⑦ 李重华：《贞一斋诗说》。

神成为诗坛楷模，杜甫诗风亦是标准的诗风。

第二，意辞相济、华实相兼的写实手法。

唐初之世，“诗人承陈隋风流，浮靡相矜”[①]，经“四杰”起而振之后，陈子昂在《与东方左史虬修竹篇叙》中倡导“风骨”和“兴寄”，揭起了以复古求革新的旗帜。

李白也是汉魏风骨的企慕者，他摒弃齐梁的浮艳，倡导“清水出芙蓉，天然去雕饰”。[②]他尽管有“清新庾开府，俊逸鲍参军”[③]的一面，但更以作品的风骨胜，这点尤体现在“意”上，“壮浪纵恣，摆去拘束”[④]可谓以“意”见长的准确评语。

杜甫与陈、李不同，他对文学遗产取积极继承的态度，他在《偶题》诗中说：“骚人嗟不见，汉道盛于斯。前辈飞腾入，余波绮丽为。后贤兼旧制，历代各清规。”对于前代，他力亲风雅，窃攀屈宋，推尊汉魏，不废齐梁，熟知二谢，颇学阴何，别裁伪体，转益多师。对于当代，他于李白、高适、岑参，王维、孟浩然、元结、孟云卿都有赞誉和取法之处，因而达到了“大而化”的程度：“上薄风骚，下该沈、宋，古傍苏、李，气夺曹、刘，掩颜、谢之孤高，杂徐、庾之流丽，尽得古今之体势，而兼人人所独专矣。”[⑤]

由于杜甫“不薄今人爱古人”，而又能推陈出新，所以他的诗以“法”胜，而不是李白的以“意”胜，正是：“少陵诗法如孙、吴，李白诗法如李广，少陵如节制之师。”[⑥]这种如孙、吴行兵布阵的谨严诗法，可简言为意辞相济、华实相兼一语。

李白常以刺世讽谕之诗见“风骨”，他或用《古风》为题，或沿用乐府旧题，虽骋才而达意，却未脱六朝曹（植）、刘（桢）、沈（约）、鲍（照）之习。杜甫则不然，他发扬了汉乐府“缘事而发”的精神，空诸依傍，以即事名篇的方式创造了乐府新题。这种即事名篇的创造，使形式与内容得以高度统一，使诗意落在实处，所以郑燮曾深有感慨地说：“作诗非难，命题为难。题高则诗高，题矮则诗矮，不可不慎也。少陵诗高绝千古，自不必言，即其命题，已早据百尺楼上矣。”[⑦]杜甫还视内容的宽狭、主题的大小、感情的轻重来选择诗体诗题，因而，既无辞不逮意之篇，亦无辞过于理之作。尤其在渲染环境以表情达意之时，常不以己意之好恶褒贬掩盖了文辞，而是以辞见意，化意为辞，写之愈详，真情愈透。非止此，杜诗还能于长篇见其纵，于短篇见其收，慷慨淋漓与含蓄隽永并存，真正做到了意辞相济。

“感人心者，莫先乎情，莫始乎言，莫切乎声，莫深乎义。诗者：根情，苗言，华声，实义。”[⑧]对诗歌之“华”的声律也不应忽视，因之，杜甫诗在写实精神的主导下，又注重声律和诗义的华实相兼。杜甫对拘限声病、丧于雅正的诗风不满，但对好古遗近、去文尚质的习尚亦不苟同，他师法古近，博采众长，正是：“千古看齐梁诗，莫如杜老。晓得他

---

① 宋祁，欧阳修，范镇，吕夏卿：《新唐书》卷二〇一。

② 李白：《经离乱后，天恩流夜郎，忆旧游书赠江夏韦太守良宰》。

③ 杜甫：《春日忆李白》。

④ 元稹：《唐故工部员外郎杜君墓志铭并序》。

⑤ 元稹：《唐故工部员外郎杜君墓志铭并序》。

⑥ 严羽：《沧浪诗话》。

⑦ 郑燮：《范县署中寄舍弟墨第五书》，《郑板桥集》。

⑧ 白居易：《与元九书》。

好处，又晓得他短处。他人都是望影架子话。”[①]他倡之以“思飘云物外，律中鬼神惊”[②]，追求“晚节渐于诗律细”[③]，将纵送激射之意纳于疾徐缓急之声，使严正的主题、深厚的感情、磅礴的气势、精工的语汇、华妙的声音和森严的格律熔铸一炉，成为浑化无痕、臻于神妙的整体。

“不知用意则浅近，不知用法则板俗。”[④]杜甫以其意辞相济、华实相兼之法成为后世师表，决非偶然。胡应麟《诗薮》颇有深见地论道：

> 李杜两家，其才本无优劣，但工部体裁明灭，有法可寻；青莲兴会标举，非学可至。又唐人特长近体，青莲缺焉，故诗流习杜者众也。

李白与杜甫风格迥异可不论，即以白居易言，他虽曾为杜甫力争地位，在创作上亦继承了杜甫的写实精神，并创“根情、苗言、华声、实义”之说，然而其诗作却被司空图讥为“力勍而气孱，乃都市豪估”[⑤]，原因就在于实而过平，缺少锤炼，无曲折跌宕之致。苏辙云：“如白乐天诗词甚工，然拙于纪事，寸步不移，犹恐失之，此所以望老杜之藩垣而不及也。”[⑥]这就深中白诗“不知用法则板俗”之病。

第三，纵横恣肆、沉郁顿挫的写实风格。

“沉郁顿挫，随时敏捷”，这是杜甫在《进鵰赋表》中的“夫子自道”，而“沉郁顿挫”四字正是历来公认的杜诗风格。

什么是“沉郁顿挫”呢？“沉则不浮，郁则不薄。顾沉郁未易强求，不根柢于风骚，乌能沉郁？”[⑦]“沉郁”是深沉郁积，厚重不薄，“顿挫”是抑扬曲折，富于变化。只有“根柢于风骚”，对朝政有讽谏，对时弊有针砭，无论穷通否泰，都不易其忧国忧民之衷，正由于此，胸中才有忠愤，诗中才有风骨，才能见其沉郁。杜甫虽能即物深致，无细不摄，但又善于取舍，收纵得宜。其为诗往往起句惊人，灵动不羁，结句潇洒横逸，有余不尽；结构既谨严又活泼，句法多变，字法多创。“至于境逢险绝，情触缤纷，纬缅相纠，榛楚结塞，他人搁指告却，少陵盘礴解衣。”[⑧]缒幽凿险、履险如夷之力，更难以为人所到，这就是“顿挫”之所在。

这样，杜诗就以其深刻的思想，浓郁的感情和波澜老成、曲折变化的结构，铿锵抑扬、摇曳生姿的语言，构成根、苗、华、实的高度统一。所以陈廷焯《白雨斋词话》赞美道：“杜陵之诗，包括万有，空诸依傍，纵横博大，千变万化之中极沉郁顿挫，忠厚和平，此子美所以横绝古今，无与为敌也。”

---

① 冯班：《钝吟杂录》卷四。
② 杜甫：《敬赠郭谏议十韵》。
③ 杜甫：《遣闷戏呈路十九曹长》。
④ 方东树：《昭昧詹言》。
⑤ 司空图：《与王驾评诗书》。
⑥ 胡仔：《苕溪渔隐丛话》前集卷十三载。
⑦ 陈廷焯：《白雨斋词话》。
⑧ 王嗣奭：《杜诗笺选》旧序。

除沉郁顿挫外，杜诗“发敛抑扬，疾徐纵横，无施不可”（王安石语）的特点又可称之为纵横恣肆。宋人孙仅对此作了很好的形容：“其复邈高耸，则若凿太虚而嗷万籁；其驰骤怪骇，则若仗天策而骑箕尾；其首截峻整，则若俨钩陈而界云汉。枢机日月，开阖雷电，昂昂然神其谋，挺其勇，握其正，以高视天壤，趋入作者之域，所谓真粹气中人也。”[1]这种纵横恣肆的特点与沉郁顿挫相结合，就成为杜诗的写实风格，并被目为绳矩，奉为圭臬，成为诗风的典范。

中唐诗僧皎然在《诗式》中曾以“气高而不怒”、“力劲而不露”、“情多而不暗”、“才赡而不疏”和“至险而不僻、至奇而不差、至丽而自然、至苦而无迹、至近而意远、至放而不迂”的要求衡诗，以“真于情性，尚于作用，不顾词彩，而风流自然”，“成篇之后，观其气貌，有似等闲，不思而得”的自然天趣作为诗的最高审美标准，这些自与杜甫着力甚重的诗风不合。他所说的“但见情性，不睹文字，盖诗道之极”实已逗神韵消息，亦为大历诗风所本，所以，此时之追踪王孟，以钱郎为鹄的，认杜甫为别调，可谓适不足怪。

自元、白确立了杜甫的地位以来，杜甫的写实诗风亦为人所企求。杜甫为诗固然有“下笔如有神”，“老去诗篇浑漫与”之处，但因求“毫发无遗憾”，“语不惊人死不休”，在“请公放笔为直干”[2]之时，又“意匠惨淡经营中”[3]，甚至以“十日画一水，五日画一石，能事不受相促迫”[4]为尚。因而，那些缺乏杜甫的胸襟抱负和艺术修养的诗人，往往以“二句三年得，一吟双泪流”[5]，“吟安一个字，拈断数茎须”[6]的苦吟精神，堕入艰深、幽涩、险僻、怪异的境地。郊寒岛瘦不必说，即以韩愈言，也仅是硬语盘空，变雄奇为排奡，而未得沉郁顿挫。

由于看到了学杜的弊病，晚唐司空图倡“韵味”以求矫正，他崇尚“味外之旨”、“韵外之致”、“象外之象”、“景外之景”[7]，并以“超以象外，得其环中”[8]，“不著一字，尽得风流”[9]为创作极诣，较之皎然又进了一大步。然而，司空图虽偏爱冲淡、典雅的风格，却并不排斥豪放飘逸、元气淋漓之作，不以纵横恣肆、沉郁顿挫为非，亦谓“宏肆于李杜，极矣”！[10]宋代严羽《沧浪诗话》论诗主于透彻玲珑、不可凑泊，为王士禛神韵说所祖，但他仍以“沉着痛快”高于“优游不迫”。他说：“诗之极致有一：曰入神。诗而入神，至矣，尽矣，蔑以加矣！惟李、杜得之。他人得之盖寡也。”[11]即使是王士禛不喜杜甫，对其沉郁顿挫、纵横恣肆亦不敢显攻之。

杜甫以其善陈时事、千汇万状的写实精神，意辞相济、华实相兼的写实手法和纵横

① 孙仅：《读杜工部诗集序》，见《草堂诗笺·传序碑铭》。
② 杜甫：《戏为韦偃双松图歌》。
③ 杜甫：《丹青引》。
④ 杜甫：《戏题王宰画山水图歌》。
⑤ 贾岛：《题诗后》。
⑥ 卢廷让：《苦吟》。
⑦ 司空图：《与李生论诗书》和《与极浦书》。
⑧ 司空图：《诗品·雄浑》。
⑨ 司空图：《诗品·含蓄》。
⑩ 司空图：《与王驾评诗书》。
⑪ 严羽：《沧浪诗话·诗辨》。

恣肆、沉郁顿挫的写实风格，造就了“精粗巨细，巧拙新陈，险易浅深、浓淡肥瘦，靡不毕具”[①]的众多篇章，成就了一个集大成的诗人，杜甫的诗风也自然成为高山景行，为后世所仰止行止了。

再看王画之“虚”。

与实实在在留传下来的杜甫诗不同，相传属于王维的山水画今仅有《雪溪图》摹本，此外如《辋川图》为摹本石刻，《江山雪霁图》的两个摹本分别在美国和日本，《江干雪意图》或为托名之作。从这些有限的作品看，王维画亦属板细一类，与其诗《辋川集》颇不相类，历代文人画家所认可的王维画风，实际上已不是王维真迹的体现，因而谈王维画风，实际上只能“虚”以谈“虚”。王维画风的“虚”，表现为写意重于写实。

第一，发之情思，契之绡楮的写意精神。

王逸注《楚辞·天问》已有“楚有先王之庙及公卿祠堂，图画天地山川”之说，而实际上，山水画始兴于东晋。比之建安时代的积极入世精神来，东晋士人多以退避、恬淡为多，他们感到名教与自然难以协调，趋于追求山林野趣。晋室南迁后，江南风光不仅陶冶了画家的性情，且给他们提供了取法自然的崭新对象，山水田园诗的逐渐孕育、繁殖，至陶、谢之时，终于蔚为大宗，对绘画也产生了影响。在宗炳、王微笔下，不仅产生了一批真正的山水画，而且有了“畅神”说。到了唐代，张彦远《历代名画记》在“鉴戒贤愚“之外，又以“怡悦情性”为绘画功能，并说：“宗炳、王微皆拟迹巢由，放情林壑，与琴酒而俱适，纵烟霞而独往。”王维自己几乎未曾道及作画动机，仅《偶然作六首》之六有四句“宿世谬词客，前身应画师。不能舍余习，偶被世人知”略可窥见，而从这组诗看，显见其退隐之意。张祜《题王右丞山水障子诗》其一写道：“料得昔人意，平生诗思残。”其二对王维画中“诗思”言之颇详：“右丞今已殁，遗画世间稀。咫尺江湖尽，寻常鸥鸟飞。山光全在掌，云气欲生衣。以此常为玩，平生沧海机。”张祜所味出的“沧海机”又岂非王维自己所有？放情林壑，吟赏烟霞，他的山水画与山水诗并无二致。皎然《观王右丞维沧洲图歌》也说：“沧洲误是真，萋萋忽盈视。便有春渚情，褰裳掇芳芷。飒然风至草不动，始悟丹青得如此。丹青变化不可寻，翻空作有移人心……披图拥褐临水时，翛然不异沧浪叟。”王维画之“移人心”者，正是“沧浪叟”的“春渚情”。

“怡悦情性”之说到宋代发展得更为完善，郭若虚《图画见闻志》和郭熙、郭思父子的《林泉高致》，都有详细论述。郭若虚认为“轩冕才贤，岩穴上士”，“高雅之情，一寄于画”，故从扬雄所说的“言，心声也，书，心画也”，引申出“夫画，犹书也”之论。在他看来，绘画是“得之天机，出于灵府”，“发之于情思，契之于绡楮”，成了发抒主观情感、思绪之具。因此，“意”成了画的灵魂。

传为王维所作的《山水论》和《山水诀》虽不可信，却表现出王维画学思想的“写意”

① 胡震亨：《唐音癸签》卷六。

精神，并成为我国山水画的主导思想。《山水论》一开始就突出了“意”和“远”二字：

凡画山水，意在笔先。丈山尺树，寸马分人。远人无目，远树无枝。远山无石，隐隐如眉。远水无波，高与云齐。

《山水诀》说：

手亲笔砚之余，有时游戏三昧。岁月遥永，颇探幽微。

倡“意”、“远”、“游戏三昧”，山水就不是写实之作，而是以“意”为之。如《山水诀》所说：

村庄著数树以成林，枝须抱体；山崖合一水而瀑泻，泉不乱流。渡口只宜寂寂，人行须是疏疏。泛舟楫之桥梁，且宜高耸；著渔人之钓艇，低乃无妨。悬崖险峻之间，好安怪木；峭壁巉岩之处，莫可通途。

据《宣和画谱》，当时御府藏王维画颇多（按，或非王维真迹），山水画有山庄、山居、栈阁、剑阁、雪山、唤渡、雪冈、雪渡、村墟、早行、蜀道、山谷行旅、山居农作、雪江胜赏、雪江诗意、雪冈渡关、雪川羁旅、雪景待渡、群峰雪霁等题。仅以爱写雪景言，就可见其高洁之情，《封氏闻见记》云：“玄宗时，王维特妙山水。幽深之致，近古未有。”荆浩《画山水录》亦有”气韵高清”之评。

由于王维画将归隐之“意”“契之绡楮”，故所表情思常为后人叹赏。如黄庭坚诗《题摩诘画》：

丹青王右辖，诗句妙九州。物外尝独往，人间无所求。袖手南山雨，辋川桑柘秋。胸中有佳处，泾渭看同流。

又如元代黄公望诗《题王维秋林晚岫》：

秋风荏苒泛晴光，处处村村带夕阳。一段深情谁得似，故知辋口味应长。

元代吴镇诗《辋川图诗》：

画里诗仍好，萦回自一川。湖晴岚气爽，浪静柳阴圆。赋咏成珠玉，经营起雾烟。当年满朝士，若个在林泉。

第二，默契神会，得意忘象的写意手法。

陆机说："存形莫善于画。"比之诗来，画应该写实多于写意，客观胜于主观，亦即再现重于表现。但从顾恺之倡"迁想妙得"以后，中国画的写意性逐渐滋生了。此后，谢赫以"六法"论画，将"气韵生动"置于首位，以"骨法用笔"统领其余技巧，自此"六法"被奉为万古不移的训示，可见这种重在表现事物活力精神及其本质的原则，已为人所接受。宗炳《画山水序》将形似视作首要的要求，将"以形写形""以色貌色"作为达于形似之途，但在强调山水肖形同时，指出"应目会心"为理，懂得"应会感神"，王微《叙画》亦云"神明降之"，都很重视画家情思的主观能动作用。唐人张璪以著名的"外师造化，中得心源"一语，发展了南陈姚最的"心师造化"论，这样，比起"六法"来，更可看成是从主客结合原则明确宣称绘画为表现艺术了。

荆浩在解释"六要"的"韵"和"墨"时，就重神似、重写意又推进一层。其《笔法记》解释"韵"："韵者，隐迹立形，备遗不俗。"应该说，"备遗不俗"并非主要点，诚如范温所说："书画之不俗，譬如人之不为恶。自不为恶至于圣贤，其间等级固多，则不俗之去韵也远矣。"[①]这样一来，"隐迹立形"就成了"韵"的主要含义。作为一个有经验的画家，荆浩深知"韵"的技法途径，这就是"墨"。在他看来，吴道子有笔无墨，虽神完气足，力健有余，但韵殊不逮。在朱景玄《唐朝名画录》中，王维列"妙品上"，与李昭道同一登第，非但低于唯一的"神品上"吴道子，亦低于"神品下"的李思训，但他的画在"云水飞动"、"怪生笔端"这些以"气"见长之处以外，还有"标格特出"、"意出尘外"[②]这些为吴道子所乏之"韵"。加以他能作破墨山水，非但以水墨丰富了李思训的设色，且以破墨发展了皴法，或干湿相破，或浓淡相破，尤其是焦墨破润，更显出层次效果，大大发展了仅靠线条勾取轮廓，略作渲染的手法。在后世文人画家看来，王维不仅因其画中有诗，意余于象，还因其擅长墨法，故能取吴道子"首席"地位而代之。

宋代欧阳修论诗称述梅尧臣的"含不尽之意，见于言外"[③]，《盘车图》诗论画，则以"忘形得意"为原则。苏轼除强调神似之外，还以"谁言一点红，解寄无边春"[④]来赞美"意余于象"的有"韵"之作，进而又益之以"观士人画，如阅天下马，取其意气所到"[⑤]，表明了重"意"的观点。以欧、苏所论，再加以沈括等人从王维晚年的心无挂碍、随缘任化，就其《袁安卧雪图》的雪中芭蕉，为之抹上"得心应手，意到便成"、"造理入神"、"迥得天意"[⑥]的种种主观色彩，实际上就是以王维为榜样，树立了文人画的趣味标准，也开了标榜舍形求意的写意手法的先声。郭若虚《图画见闻志》认为绘画"本自心源，想成形迹"，求气韵"必在生知"，靠的是"默契神会"，到黄伯思，终于提出了更为简约的

---

① 钱锺书：《管锥编》，生活·读书·新知三联书店 2007 年版，第 1362 页。

② 朱景玄：《唐朝名画录》。

③ 欧阳修：《六一诗话》。

④ 苏轼：《书鄢陵王主簿所画折枝二首》。

⑤ 苏轼：《跋汉杰画山》。

⑥ 沈括：《梦溪笔谈》。

“得意忘象”[①]的著名观点。

“默契神会”、“得意忘象”的理论成于宋代，却源于魏晋玄学，在绘画实践上，则留待元代的“尚意”和“变实为虚”来体现。黄公望追求“韵”，以“逸墨撇脱”的“士人家风”[②]为归。他在看到王维《秋林晚岫》一画时，认为“右丞胸中伎俩，未易测识。而千奇万变，时露于指腕间。无穷播弄，岂非千载一人哉”？遂“置之案头，临摹数过，终未能得其仿佛”[③]，可见对王维之敬重。最以“逸品”著称的倪瓒，所画“天真淡简，一木一石，自有千岩万壑之趣”[④]，实际上就是《宣和画谱》所说“精而造疏，简而意足”的体现，诚如《画谱》所说，这种简而意足的作品，“唯得笔墨之外者知之”。倪瓒原来师法董源，参以荆、关，但未入后者的雄实，较前者更简率，与他借物写情、得意忘象的创作思想有关。在他善作芟除、风格疏宕的画幅中，由空灵之气可体味到淡泊情怀，观赏中亦有“使人意远”之感。

从吴道子以雄放矫变的线条著称的以笔见气，到王维破墨渲晕的以墨见韵，直到倪瓒笔简意足的意余于象，山水画默契神会、得意忘象的写意手法在发展。明清两代，一方面是写意、求趣的理论更形发展，另一方面，真正的文人山水画形成了舍华求朴、舍巧求拙、舍工求率，纯任天真，不假修饰的风气。

第三，萧索荒寒、古淡天然的写意风格。

唐代崇尚雄放的画风，吴道子成为“神品上”的唯一画家，不仅因为画人物“虬须云鬓，数尺飞动，毛根出肉，力健有余”[⑤]，而且画山水也“怪石崩滩，若可扪酌”。[⑥]后于吴道子的张璪，作画情景也颇类吴道子：“若流电激空，惊飚戾天”，“毫飞墨喷，捽掌如裂。”[⑦]但诚如李杜高岑之外还有王孟韦柳一样，从朱景玄《唐朝名画录》可知，与王维同列于“妙品上”的八人中，除雄放风格外，还有韦偃的“思高格逸”和王宰的“出于象外”。

王维画的风格，见于《唐朝名画录》的，有谓其《辋川图》“山谷郁盘，云飞水动，意出尘外，怪生笔端”，《历代名画记》则有“笔力雄壮”、“笔迹劲爽”等语。然而，诚如黄伯思《又跋辋川图后》所说，王维固然“运笔劲峻”，同时又“赋象简远”，加以距之不到百年的张祜已说其“遗画世间稀”，因而后人多以其诗风看其画风。

荆浩论画讲究“墨”和“韵”，虽压低了吴道子，却并不贬抑张璪，他自己和有出蓝之誉的学生关仝的画风，都偏于雄壮奇伟。直至范宽写关陕风光，仍是“峰峦浑厚，势壮雄强”[⑧]的风格。李成徙于青州，善写烟云，“气象萧疏，烟林清旷”，[⑨]在荆、关、范三家

① 黄伯思：《东观余录》。

② 黄公望：《写山水诀》。

③ 赵殿成：《王右丞集笺注》附录三。

④ 恽格：《南田画跋》。

⑤ 张彦远：《历代名画记》。

⑥ 张彦远：《历代名画记》。

⑦ 符载：《观张员外画松石序》。

⑧ 郭若虚：《图画见闻志》。

⑨ 郭若虚：《图画见闻志》。

外另具面目，在北宋人心目中，“凡称山水者，必以成为古今第一”。[1]然而，这四家均以北国风光入画，仍过于雄实，于是，沈括就以擅画江南风景的董源、巨然置于四家之上。在沈括心目中，董巨之作在于善画烟岚远景，在“如睹异境”的“杳然深远”之中，具有一种“幽情远思”[2]，所以为胜。米芾本着同气相求之好，不赞关、范，虽曰李成“秀润不凡”，却仍是“多巧少真意”，只有董源的“峰峦出没，云雾显晦，不装巧趣，皆得天真”，才称得上“近世神品，格高无与比也”，“雾景横披全幅，山骨隐显，林梢出没”，才算得上“意趣高古”，而“巨然师董源”，“骨气清润，布景得天真多”，“老年平淡趣高”[3]，故而董巨二人出于荆关李范之上。

董巨的画风并不同于王维，米友仁甚至认为王维画“皆如刻画，不足学也”。但是，王维除善作雪景外，亦长于云烟，苏轼就说过：“唐人王摩诘、李思训之流，画山水峰麓，自成变态，虽萧然有出尘之姿，然颇以云物间之，作浮云杳霭，与孤鸿落照，灭没江天之外。”[4]这就无疑与董巨相同。王维“惟以云山为墨戏”，在画家心目中，“山水中当著意生云”，“令如气蒸，冉冉欲堕，乃可称生动之韵”[5]，所以明朝的南宗画论者就以王维为董巨之祖。董其昌“画中九友”的王时敏、王鉴都以画中董、巨拟为书中钟、王，“清初四王”的代表王原祁更在董巨之前置予“右丞发其蕴”，还是以王维画风为典范。

这里应注意一个现象：陈继儒等人论“南北宗”时，将荆关李范董巨都列入王维之传，而“四王”却抑荆关李范而扬董巨二家，其根源当出自欧阳修所说的“萧条淡泊，此难画之意”，“闲和严静，趣远之心难形”。[6]加以苏轼追求“物我两亡，身心皆空”，[7]从王维后期诗的纯任自然、冲淡平和、潇洒淡泊的风格中找到了印证，其以文艺全才的身份推崇王维画风，影响自不待言了。米氏父子的“米家山水”，在运笔草草的烟云掩映中，多少可以窥见萧索荒寒的风格，南宋画精工细致，但常写风雨、秋暝、寒江，仍是这种基调的立意。

由遒劲雄奇而至萧索荒寒，被目为文人画的标志，同时，又以古雅、平淡、避“作气”而倡“士气”，形成了古淡天然的风格。元明清三代颇多萧索荒寒之作，画家与论家所尚也多在此。他们说：

> 绘事必以微茫惨淡为妙境……以荒寒索画、不可谓非善鉴也。[8]
>
> 寂寞无可奈何之境，最宜入想。[9]

---

①《宣和画谱》。
② 沈括：《梦溪笔谈》。
③ 米芾：《画史》。
④ 苏轼：《跋汉杰画山》。
⑤ 莫是龙：《画说》。
⑥ 欧阳修：《鉴画》。
⑦ 苏轼：《黄州安国杂记》。
⑧ 李日华：《六砚斋笔记》。
⑨ 恽格：《南田画跋》。

位置高简、气味荒寒，运笔浑化，此画中最高品也。[①]

陈继儒在写意笔墨上提出了“古淡天然”[②]的要求，又以李思训的“板细无士气”为不可取，在他看来，正如禅宗的南宗出于慧能，山水画的宗风正出于王维的“虚和萧散”。[③]清人华翼纶亦倡“取荒率之景，以写苍茫之思”[④]，明遗民的弘仁、朱耷，所作山水画都有萧索荒寒、古淡天然况味。这种似率而工的写意风格极难达到，石涛曾深有体会地说过：“倪高士画，如浪沙溪石，随转随立，出乎自然，而一段空灵、清润之气，冷冷逼人。后世徒摹其枯索寒险处，此画之所以无远神也。”[⑤]

所以，后世文人画所认可的王维风格已非王维所自有，而数百年山水画所追求的写意风格也证明了“萧条淡泊，此难画之意”。

总之，诗界与画界的分别以杜甫和王维为冠，说明了我国诗画有着不同的主体风格，概括而言，就是评诗取实，评画取虚。

三　辞达而已与大象无形

诗与画为什么以“实”与“虚”作为主体风格、批评标准呢？除前面所述，二者有儒学与道释的不同思想基础外，还由于分别受这不同思想的制约，形成了不同的美学根源。

儒学与道释的哲学观、政治观造成了诗画的内容、思想、功能的歧异。不仅如此，由于美学基础不同，还导致了在思与笔、意与形关系上的不同侧重，使诗画在表现形式上有虚实之别。儒家的美学思想是通过“人为”而求“尽美”、“充实”、“全”、“粹”，道释则以“虚无为本”、“唯道集虚”、“随缘任运”而返于自然。前者的基本点在于“实”，后者的基本点在于“虚”。

孔子曾说过：“予欲无言。”为什么呢？因为“天何言哉！四时行焉，百物生焉。天何言哉！”[⑥]在他看来，天是完美无缺的，人之“言”无法及之。但是，孔子在赞扬“天道”的同时，并不排斥“人为”，他在齐闻《韶》，三月不知肉味，就是因为他认为《韶》是完美无缺的。“子谓《韶》，尽美也，又尽善矣；谓《武》，尽美也，未尽善也。”[⑦]可见孔子对文艺思想内容的要求是“尽善”，对艺术的要求是“尽美”，强调美与善的高度统一。他赞美郑国的政令和外交辞令“裨谌草创之，世叔讨论之，行人子羽修饰之，东里子产润色之”[⑧]，就是“尽善尽美”思想使之然。他说过“情欲信，辞欲巧”[⑨]，“言以足志，文以

---

① 王昱：《东庄论画》。
② 陈继儒：《妮古录》。
③ 陈继儒：《偃曝余谈》。
④ 华翼伦：《画说》。
⑤ 石涛：《大涤子题画诗跋》卷一。
⑥《论语·阳货》。
⑦《论语·八佾》。
⑧《论语·宪问》。
⑨《论语·表记》。

足言”,“言之无文,行而不远”[①],这一内容与形式相统一的思想,又凝成“辞,达而已矣”[②]一语。继承孔子思想的孟子、荀子,美学观与孔子一脉相承。孟子说:“充实之谓美,充实而有光辉之谓大。”[③]而他所谓“我善养吾浩然之气”,“浩然之气”是“至大至刚”,“塞乎天地之间”,“无是,馁也”[④],则可见“充实”的特点。荀子思想与孔、孟不尽相同,其狭隘酷烈之处颇近法家,但其美学观亦与上述看法近之。他在《劝学》中说过:“君子知夫不全不粹之不足以为美也,故诵数以贯之,思索以通之,为其人以处之,除其害以持养之。”可见他以“全”“粹”为美,认为懂得不全不粹的不足对这个人来讲就是一种美德,所以要得到“全”和“粹”就要通过学习、思考、亲身实践,克服错误等途径,这无疑是一种唯物主义的观点。

从以上所引可见,前期儒家美学观的基本点在于通过积极的“人为”,以求达于“尽美”、“充实”、“全”、“粹”之“实”。而正是这一思想由于得儒学正统地位之助,遂对历代的诗作和诗论产生了决定性的、属于主流的影响。

在汉代辞赋流行,文胜于质的风气盛行之下,扬雄提出了“诗人之赋丽以则”[⑤]的看法,欲使意辞相当,同于儒家教义。对于“君子尚辞乎”的提问,他答之曰:“君子事之为尚。事胜辞则伉,辞胜事则赋,事辞称则经,足言足容,德之藻矣。”[⑥]在说明“君子”贵事实而贱虚辞的前提下,既不同意事胜于辞,又不同意辞胜于事,认为应该做到事辞相称,文足以言之又足以用之,就非空言而是道德之藻饰了。王充是东汉著名的唯物主义思想家,与尚谶纬之学的汉儒并非一个营垒,然而他的思想与前期儒家有一致之处。他针对辞赋夸饰过甚的情况,在《论衡·超奇》中发表了这样的见解:“有根株于下,有荣叶于上,有实核于内,有皮壳于外。文墨辞说,士之荣叶皮壳也。实诚在胸臆,文墨著竹帛,外内表里,自相副称,意奋而笔纵,故文见而实露也。”实与孔子“文质彬彬,然后君子”[⑦]的观点相呼应。

魏晋之后,儒学衰退,但对诗的思笔、意辞关系的看法,仍沿孔子文质相称和“辞达”之见,并有一定发展,渐趋完善。陆机《文赋》以“诗缘情而绮靡”提出了与“言志”的不同概念,并有“其会意也尚巧,其遣言也贵妍”之说,但同时又主张“要辞达而理举”,以言辞相称为归的。齐、梁时代的沈约,在《宋书·谢灵运传论》对曹氏父子“咸蓄盛藻,甫乃以情纬文,以文被质”非常推崇。刘勰更在玄学“言不尽意”论甚为流行时,论述了想象、感情、语言三者在创作中的相互关系,“神居胸臆,而志气统其关键;物沿耳目,而辞令管其枢机。”[⑧]他认为“情动而言形,理发而辞见”[⑨],既是“文附于质”,又是“质待

---

①《论语·襄公二十五年》引。

②《论语·卫灵公》。

③《论语·尽心》下。

④《论语·公孙丑》上。

⑤《法言·吾子》。

⑥《法言·吾子》。

⑦《论语·雍也》。

⑧ 刘勰:《文心雕龙·神思》。

⑨ 刘勰:《文心雕龙·体性》。

于文"[①],全面地阐明了情与言、理与辞、文与质的辩证关系。其《文心雕龙》体大思精,除《神思》篇较为集中地阐述以上三者关系外,如《物色》的"情以物迁,辞以情发",《诠赋》的"物以情观,故词必巧丽"等,都是很精湛的见解,《征圣》亦谓"志足而言文,情信而辞巧",足可见刘勰的思想在全书的一以贯之。另一位批评家钟嵘因"理过其辞"而反对"淡乎寡味"的玄言诗,以"指事造形,穷情写物,最为详切"来肯定"有滋味者",在评论诗人时,肯定了"句无虚语,语无虚字"。[②]萧统《文选序》也为文学作品立下了"事出于沉思,义归乎藻翰"的定义。从以上六朝诗论的主潮看,并未因玄、佛势力之盛而入于"虚"。

唐代以后,随着创作的兴盛,理论也更丰富,但论诗之主于意辞兼济可谓主流。陈子昂《修竹篇序》赞东方虬的诗"骨气端翔,音情顿挫",李白《古风》称道"文质相炳焕,众星罗秋旻",杜甫《戏为六绝句》以"龙文虎脊皆君驭,历块过都见尔曹",来赞美初唐"四杰"的奇丽词采经得起时间考验。他们趣尚与倡导有所不同,但都不以质废文。殷璠在《河岳英灵集序》中表明了"文质半取,风骚两挟"的选诗标准;韩愈《送孟东野序》则从内容上强调了"凡物不得其平则鸣","其歌也有思,其哭也有怀"的真情实感;杜牧《答庄充书》就意、气、辞三者有形象的比喻;"凡为文以意为主,以气为辅,以辞彩章句为之兵卫。"虽有主次之分,但并不偏废。杜甫诗以意辞相济、华实相兼而成为诗坛表率,而他所说的"法自儒家有"[③],可谓是自道根源。

自宋代起,士大夫兴起普遍的禅悦之风,然而诗论并未堕入虚无寂灭。欧阳修《系辞说》对魏晋玄学中的著名论题"书不尽言,言不尽意"提出质疑:"圣人之意所以存者,得非书乎?然则书不尽言之烦而尽其要,言不尽意之委曲而尽其理。谓'书不尽言,言不尽意'者,非深明之论也。"道学家中不乏用"文以载道"说来贬低甚至反对文学者,如二程就有"学诗妨事,作文害道"之说。但其中亦有喜于论诗者,且对诗的意辞关系不乏正确见解,如邵雍《论诗吟》就写道:"何故谓之诗?诗者言其志。既用言成章,遂道心中事。不止炼其辞,抑亦炼其意。炼辞得奇句,炼意得余味。"苏轼论诗受佛老思想影响颇深,然而他对孔子的"辞达"说,却发表了很深刻的见解。"夫言止于达意,即疑若不文,是大不然。求物之妙,如系风捕影,能使是物了然于心者,盖千万人而不一遇也,而况能使了然于口与手者乎?是之谓辞达。辞至于能达,则文不可胜用矣。"[④]以"了然"于心、于口、于手才算"达",可知"达"之非易。宋、金、元、明、清五朝诗论繁富,难以一一罗列,其中虽然各有新说,各有见解,然而若概言之,可谓多以兼备文质、意辞相济作为论诗的主要艺术标准。仅以"辞达"言,就有不少新见解。如方孝孺说:"夫所谓达者,如决江河而注之海,不劳余力,顺流直趋,终焉万里;势之所触,裂山转石,襄陵荡壑,鼓之如雷霆,蒸之如烟云,登之如太空,攒之如绮縠,回旋曲折,抑扬喷伏,

① 刘勰:《文心雕龙·情采》。
② 钟嵘:《诗品序》。
③ 杜甫:《偶题》。
④ 苏轼:《答谢民师书》。

而不见艰难辛苦之态；必至于极而后止，此其所以为达也，而岂易哉！”[①]潘德舆甚至将“辞，达而已矣”称为“千古文章之大法”，又说：“盖达者，理义必求，人事物状，深微谁见，而辞能阐之，斯谓之达。达则天地万物之性情可见矣。”[②]

“了然”固需“实”，取“势”亦要“实”，“能阐之”主于“实”，可见“辞达”必落在“实”处上。

诚然，如同“达则兼济天下，穷则独善其身”一样，儒道（禅）互补的精神仍贯穿于诗歌领域，唐宋两代，佛道思想对诗论颇有影响。王维、皎然、司空图，甚至王昌龄、刘禹锡，都着眼于诗的意、象、旨、境关系，或多或少倡“象外之旨”，求意余于辞，审美方法与佛道思想有相当关系。宋代更是直接以禅论诗，至严羽而臻其极，影响及于明清，甚至形成统治清初诗坛的神韵派。可是，由于“诗言志”传统的牢固，儒家重教化、主功利的艺术观影响极深，因之诗歌批评的艺术标准就难出儒家审美观的制约，所以，“尽善尽美”、“充实”、“全”、“粹”的审美理想，就表现在对文质相称、意辞相济、华实相兼的首肯，表现为“辞达”。

诗以言志、抒情为主，如直写情志，则因其“虚”而乏味，因此，诗人常用以景言情而使其“实”之。韩愈《荆潭唱和诗序》曾说：“欢愉之辞难工，而愁苦之言易好。”这“易好”往往就借助以景言情来虚以实之，诚如罗大经《鹤林玉露》卷七所说：“诗家有以山喻愁者，杜少陵云‘忧端如山来，澒洞不可掇’，赵嘏云‘夕阳楼上山重叠，未抵闲愁一倍多’是也。有以水喻愁者，李颀云‘请量东海水，看取浅深愁’，李后主云‘问君能有几多愁？恰似一江春水向东流’，秦少游云‘落红万点愁如海’是也，贺方回云‘试问闲愁知几许，一川烟草，满城风絮，梅子黄时雨。’盖以三者比之愁多也，尤为新奇，兼兴中有比，意味更长。”这类例子甚多，罗大经所举仅是极小部分。

体物亦是诗之一端，又为诗中不可或缺的部分，我国诗歌仅作情语者极少见，而作景语者却颇多。谢榛《四溟诗话》卷一对述事、写景的虚实关系，颇有辩证的看法。文中说：“写景述事，宜实而不泥乎实。有实用而害于诗者，有虚用而无害于诗者。此诗之权衡也。”但他又说：“律诗重在对偶，妙在虚实。子美多用实字，高适多用虚字。惟虚字极难，不善学者失之。实字多，则意简而句健；虚字多，则意繁而句弱。”这是就具体的技巧言。就一般情况言，写景述事也应主于实，清人许印芳说得好：“盖诗文所以足贵者，贵其善写情状。天地人物，各有情状……诗文题目所在，四者凑合；情状不同，移步换形，中有真意。文人笔端有口，就能现前真景，抒写成篇，即是绝妙好词，所患词不达意耳。”因而他认为司空图、严羽等人所论，使“初学之士，无高情远识，往往以皮毛之见，窥测古人，沿袭摹拟，尽落空套”，而“诗道之衰，常坐此病”。[③]直到近代，王国维在《人间词话》中还论“隔”与“不隔”，以五代北宋词为“不隔”，南宋姜夔以下者“隔”，这固然表明了他偏嗜“秀”而排斥“隐”，但同时也应看到“隔”者之病正在于“虚”而乏

① 方孝孺：《与舒君书》，《逊志斋集》卷十一。
② 潘德舆：《养一斋诗话》。
③ 司空图：《与李生论诗书跋》，《诗法萃编》卷六下。

“实”，使情状难明，景物不真。朱光潜先生认为写情的诗要隐，写景的诗要显，这“显”当然是基于“实”。同为“体物”，画借助于视觉形象，却不必求实，诗借助语言文字，却不尚为虚，其不同如此。正因为这样，潘德舆《养一斋诗话》卷三在肯定“汉、魏以性情时事为诗”时，又言之以“质实而有余味”，这可谓对数千年诗论的一个精当概括。而刘熙载《艺概》卷二所云“诗质要如铜墙铁壁，气要如天风海涛”，不妨可看作对“实”的形象说明。

叶燮论诗，要求诗人写出“不可名言之理，不可施见之事，不可迳达之情”，要做到“正不伤庸，奇不伤怪，丽不伤浮，博不伤僻”的“辞达”。在他的心目中，“变化而不失其正，千古诗人，惟杜甫为能”，就是因为杜甫“凡欢愉幽愁，离合今昔之感，一一触类而起，因遇得题，因题达情，因情敷句”①，无论是以实写实，还是以虚写实，都出于实而入于实。叶燮的看法，允为全面而正确之论，“老杜所题诗，往往亲到其处，益知其工”②，这是杜诗“实”之坚证。杜诗正以其“实”，有别于李白浪漫主义的飘逸和王维入于禅理的淡远，“千古诗人推杜甫”，当不过誉。

老庄、玄学与佛学的美学观并非没有差别，但玄学为衍老庄之学，佛学的禅宗又与玄学关系密切，相通之处多，三者可视作一家，以别于儒学。

老子倡导“处无为之事，行不言之教”，在社会思想的“绝圣弃智”同时，又言“绝学无忧”，在“道法自然”的思想指导下，“自然”就是他的美学理想。他认为“五色令人目盲，五音令人耳聋，五味令人口爽”，在“天下万物生于有，有生于无”的认识论基础上，他以“大音希声，大象无形”为最高的艺术境界。③庄子继承了老子的思想，在“有”“无”关系上亦言，“万物出乎无有，有不能以有为有，必出乎无有。”他对老子所讲的“道”作了这样的解释。“夫道有情有信，无为无形。可传而不可受，可得而不可见。”人对于道的认识不能全，“道隐于小成”，某一具体事物之“全”反而构成了全道的亏损，因而，他将老子“大音希声，大象无形”的思想作了进一步的发挥：“有成与亏，故昭氏之鼓琴也；无成与亏，故昭氏之不鼓琴也。”只有不要鼓琴，才能得到最自然、最丰富的音乐。基于“道”与“有”、“无”关系的认识，庄子将老子“绝圣弃智”和“五色令人目盲，五音令人耳聋”的思想作了进一步发挥：“擢乱六律，铄绝竽瑟，塞瞽旷之耳，而天下始人含其聪矣。灭文章，散五采，胶离朱之目，而天下始人含其明矣。”由于反对人为，庄子以“无以人灭天”的思想来看待一切文艺，因而，他以“言之所不能论，意之所不能察”求之于文学，以“听之不闻其声，视之不见其形”求之于音乐，以“解衣般礴”求之于绘画。这一切当然都归之于虚无。④

西汉《淮南子》继承了道家的自然天道观，并进而有所阐发。此书《原道训》曰：“夫无形者，物之大祖也。无音者，声之大宗也。”“无形而有形生焉，无声而五音鸣焉”，“是

---

① 杜甫：《原诗》。
② 范温：《潜溪诗眼》。
③《老子》。
④《老子》。

故有生于无,实出于虚”。《说林训》曰:“视于无形,则得其所见矣。听于无声,则得其所闻矣。”从这些话中,显见“无”高于“有”,“虚”高于“实”的思想。

魏晋玄学延袭了老庄学说而又有发展,其中对文艺影响最大的当为王弼“言不尽意”之说。王弼鄙视汉代的“象数之学”,以“寄言出意”作理论依据,抛弃了阴阳五行的旧说传统,应是一个进步。但是,他的《周易略例·明象章》在论述象以出意、言以明象,推断出“象生于意,而存象焉,则所存者,乃非其象也。言生于象,而存言焉,则所存者乃非其言也”的结论之后,进一步认为“立象以尽意,而象可忘也;重画以尽情,而画可忘也”,就显而走向荒谬了。虽然如此,因为当时玄风之盛,使之仍有很大影响。后来由于东晋清淡与佛学的合流,佛学也从玄学中有所汲取,僧肇的“象外之谈”就显见“言”、“象”、“意”学说的影响。

魏晋玄学中的另一重要课题,是从人物识鉴的征神见貌所引出的形神之论。其中最为系统的当推嵇康《养生论》,文中说:“……君子知形恃神以立,神须形以存,悟生理之易失,知一过之害生。故修性以保神,安心以全生。”提出了“形神相亲,表里俱济”的养生目标。晋人之品藻人物,对“神”极为重视。东晋慧远沿袭玄学此说,站在佛学立场上,提出了“形尽神不灭”之说。他指出“神”是“精极而为灵者也”,其“感物而动,假数而行”,却不会随物灭数尽而灭而尽。

得意忘象、求之象外的思想和形恃神立、形灭神存的观念,对魏晋南北朝的绘画艺术产生了深远影响,并一直影响到后世。曹不兴、卫协、戴逵、顾恺之、陆探微、张僧繇都是佛画艺术家,其中的顾恺之不仅画名最高,而且又是此期主要的画论家,他所说的“以形写神”、“传神写照”显然得之于玄佛二说。稍后的山水画家宗炳的《画山水序》更直接受到了慧远的影响,序中“神本亡端,栖形感类,理入影迹”等语,直接来自慧远《明佛论》的“夫钟律感应,尤心玄会,况夫灵圣,以神理为类乎”和《佛影铭》序中的“或独发于莫寻之境,或相待于既有之场。独发类乎形,相待类乎影”;“神道无方,触象而寄”。同样,南齐谢赫《古画品录》论“六法”之一的“气韵生动”,也受到了形神论的启发,他论张墨、荀勖画时所说的“若拘以体物,则未见精粹;若取之象外,方厌膏腴,可谓微妙也”,则可见受益于“象外之谈”。直到唐朝朱景玄《唐朝名画录》所说“有象因之以立,无形因之以生”,亦是“象外”思想的体现。

作为造型艺术,写“神”,表“气韵”,得“象外之意”,均并非易事,因而张彦远这位唐代最著名的画论家,遂以其《历代名画记》作了深刻阐述,此书《论画六法》说:“夫象物必在于形似,形似须全其骨气。骨气形似,皆本于立意而归乎用笔。”《论画体》则说:“所以不患不了,而患于了。”这“本于立意而归乎用笔”的看法,与论诗的“辞达”相似,然而“骨气”之“神”,有较诗之“辞达”为难,而“不患不了”则有入实为虚况味了。张彦远的画学思想受益于庄学之处颇多。如《论顾陆张吴用笔》云:“守其神,专其一。合造化之功,假吴生之笔,向所谓意存笔先,画尽意在也……与乎庖丁发硎,郢匠运斤。效颦者徒劳捧心,代斲者必伤其手。意旨乱矣,外物役焉,岂能左手划圆,右手划方乎……守其神,专其一,是真画也……运思挥毫,意不在于画,故得于画矣。不滞于手，不凝于心，不知然而然……”很自然地会令人想起庄子所述的庖丁解牛，郢匠运斤的寓言故事，及蕴含其中的“技进乎道”思想。此外，符载《观张员外画松石序》所说的“遗去机巧，意冥玄化，而物在灵府，不在耳目。故得于心，应于手”；白居易《白香山集》卷二十六《记画》的“张氏子得天之和，心之术，积为行，发为艺”，“故其措一意，状一物，往往运思，中与神会，仿佛焉若驱和役灵于其间者”，亦是庄子“以天合天”、“离形去知”等思想的体现。

宋代以后，山水画成为画坛的最大题材，真正在绘画领域实践了适意于自然，钟情于山水的庄学、玄学精神，体现了禅僧结庐于深山幽谷的生活意趣。在山水画成为创作大宗之后，沿袭前代影响于绘画的重象外，重传神的庄、玄、佛思想，又掺入了禅宗的自然、简约，遂从求“逸”和重“意”两端进一步发展，使绘画呈现出由实变虚的总貌。

“逸”作为画中一品，是朱景玄《唐朝名画录》于“神”、“妙”、“能”三品之外所另立者，定义为“不拘常法”。宋初黄休复在《益州名画录》将“逸”格置于神、妙、能三者之上．并定义为：“拙规矩于方圆，鄙精研于彩绘，笔简形具，得之自然，莫可楷模，出于意表。”“拙规矩于方圆”，这是“不拘常法”；“鄙精研于彩绘”，这是不作精细之笔，不重色彩；“笔简形具”，道出了“逸”的本质：简炼；“得之自然”，这是“逸”的另一要义，不是追琢而成，而是自然而得。黄休复将孙位许之为“逸格一人”，并对其有“性情疏野，襟抱超然”；“禅僧道士，常与往还”；“情高格逸”等评述之语，可知其画品之“逸”与其性情、襟抱、思想根源都有关系。清黄钺《二十四画品》中有《澹逸》一品，谓之“白云在空，好风不收。瑶琴罢挥，寒漪细流。偶尔坐对，啸歌悠悠”；“于诗为陶，于时为秋”，这正是“性情疏野，襟抱超然”的形象写照。至于“笔简形具”，画论家亦颇多论述。倪瓒最以逸品著称，画风天真幽淡，其自称“逸笔草草”，“聊写胸中逸气”。笪重光《画筌》下了这样一个定义：“气势雄远，方号大家。神韵幽闲，斯称逸品。”他又说：“真境现时，岂关多笔？”“率易之内，转见便娟。”“似有似无，本于意中融变。即令朱黄杂沓，或工或诞，多于象外追维。”“当知一笔之难，一点两点工，终防多点之拙。”吴历《墨井画跋》更直接论倪瓒：“云林生画石，从大李将军勾砍中来，画树谓之减笔。”一生追求逸品，深得元人幽隽淡雅之致的恽南田，对“逸”体会最深，《南田画跋》屡言其简易：

香山翁曰，须知千树万树，无一笔是树，千山万山，无一笔是山，千笔万笔，无一笔是笔，有处恰是无，无处恰是有，所以为逸。

画以简贵为尚，简之入微、则洗尽尘滓、强存孤迥，烟鬟翠黛，敛容而退矣。

云林画天真澹简，一木一石、自有千岩万壑之趣。今人遂以一木一石求云林，几失云林矣。

由于崇尚逸品，惟求简易，他们推尊文人画，贬抑行家画，认为“行家位置稠密不虚，情韵特减”[①]，甚至热衷于抽象笔墨，使之虚而无实。《坛经》记慧能言：“虚空能含日月星辰、大地山河，一切草木、恶人善人、恶法善法、天堂地狱，尽在空中。”恽雨田所说，与此不无关系。而南宗禅“只要单刀直入，不要广参”[②]的方法论，亦给浸染禅宗的文人画家以启示。所以求“逸”的结果必然因所重在“象外”而入于“虚”。

宋人论画之重“意”当始于欧阳修，他关于绘画并没有很多意见，却颇有影响。在《盘车图》诗中，他提出了“忘形得意”的画学思想，遥接玄学的“得意忘象”和佛学的“形恃神立”，启发了不少论家。沈括《梦溪笔谈》认为欧阳修此诗“真为识画”，并发表了“书画之妙，当以神会，难可以形器求”的见解。苏轼的看法，更为系统深入，《净因院画记》说出了自然景物“虽无常形而有常理”的特点；《书鄢陵王主薄所画折枝》更有“论画以形似，见与儿童邻”的惊世之见；《又跋汉杰画山》树立了“取其意气所到”的“士人画”审美标准；《传神记》对人物画的传神技巧极有心得。总之，苏轼论画重在“意”、“神”，而非仅重形似。出于苏门的黄庭坚、晁补之，论画也有新见。黄《题摹燕郭尚父图》以“凡书画当观韵”为原则，这“韵”的主要意义就是“神”。晁《跋李遵易画鱼图》则云“遗物以观物”，“大小惟意，而不在形。巧拙系神，而不以手”。所论更全面、周密。即使是以形似为尚、以院体为正的《宣和画谱》，也肯定了“词人墨卿”，因“人品甚高”，“不专于形似，而独得于象外”的作品。经南宋、金、元到明、清时期，重“意”传神之论愈形丰富，在创作实践中，亦深知表“意”之难。仅举一例，就足以说明问题，如《书画鉴影》记祝允明语：

> 绘事不难于写形而难于得意，得其意而点出之，则万物之理，挽于尺素间矣，不甚难哉！或曰：“草木无情，岂有意耶？”不知天地间，物物有一种生意，造化之妙，勃如荡如，不可形容也。

物有“生意”，自有其“神”，画家“得其意而点出之”，则如诗人“了然于心”，又“了然于口与手”。既然苏轼说“辞至于达，则文不可胜用”，那末画家之能“得意”，当然亦臻绝胜之境了。

“神似”、“气韵”应是事物的本质特征和生生活力，“意”则是将客观的事物的本质特征、生生活力，化为主观的把握、理解，并形诸笔墨。得山水之“意”更难于人物，在庄子关于“道无所不在”和佛家万物都具佛性的思想影响下，山水画家对所画对象也往往采取一种近于泛神论的立场，常在自然界中感受生命的灵动。这样，技巧并非首位，郭熙曾曰：“庄子说，画史解衣盘礴，此真得画家之法。”[③]因而，从荆浩的“亡有所为，任运成象”[④]，经郭若虚的“默契神会”[⑤]，宋迪的“神领意造”[⑥]，至元季，终于有倪瓒的“逸

---

① 沈颢：《画麈》。
② 延寿：《宗镜录》卷四一。
③ 郭熙：《林泉高致·画意》。
④ 荆浩：《笔法记》。
⑤ 郭若虚：《图画见闻志》。
⑥ 沈括：《梦溪笔谈》记宋语。

笔草草”、“不求形似”和吴镇的“墨戏之作”。在笔墨技术上,将“书画同理”化为以书法入画,在立意上又往往有所象征、寄托,随着明清文人画占压倒优势,画家的心绪、意兴更被置于首位。因此,从唐代的形神并重、意法并举,经北宋文人画的重神轻形,南宋的虚实并到,直到明清以弃实就虚、得意忘象为最高旨趣。

求“逸”与尚“意”,在“山水之胜,得之目,寓诸心,而形于笔墨之间者,无非兴而已矣”[①]的思想指导下,二者终于密不可分,且同归于佛学。诚如李日华《紫桃轩杂缀》所说:

> ……如写一石一树,必有草草点染取态处。写长景必有意到笔不到,为神气所吞处,是非有心于忽,盖不得不忽也。其于佛法相宗所云极迥色、极略色之谓也。

“逸”之简易与“意到”、“神气”高度统一。然而,若以为顾恺之可以用添画三毫为裴楷传神,倪瓒疏疏几笔的寒林古木可得地老天荒之意,惟虚而无实,就会本末倒置、“但得三毛”。

沈颢《画麈》说:“一墨大千,一点尘劫,是心所现,是佛所说。”充满惮味的南宗画的理论和实践,愈至后期愈以庄子“解衣般礴”式的绘画,接近老子的“大象无形”,这实际上是由佛返道的回归。这一回归,可以一字言之:“虚”。南宗画派“虚”之过甚,其创造力、生命力当然也难以为继了。

---

① 沈周:《书画汇考》。

有声画与无声诗
——诗画美学特征的融合

诗与画有姊妹艺术之称，但是，对二者的高下之争及美学特征的辨析，却是欧洲的古老而又长新的论题。

在古希腊时代的西蒙尼底斯（前556—前496）就曾说过："画是无声诗，诗为有声画。"这一说法虽似二者互文，却是从听觉来立论对照的。五百年后，罗马诗人与批评家贺拉斯（前65—8）在《诗艺》365节中又将诗画作了比较："诗歌就象图画：有的要近看才看出它的美，有的要远看；有的放在暗处看最好，有的应放在明处看，不怕鉴赏家锐敏的挑剔；有的只能看一遍，有的百看不厌。"此处讲鉴赏画的种种看法易于理解，但用在论诗则有些隔膜，且不管后面所说如何，"诗歌就象图画"（按：此句通常译作"诗如画"）却是立足于找二者的共同点，立论是从视觉出发的。

欧洲绘画长期以来立足于追求造型的忠实性，除摹仿说的影响之外，其主要原因之一还在于：欧洲成熟的绘画艺术产生在成熟的雕刻艺术之后。

在色诺芬（前430—355）《回忆录》中可以看到：从他的老师苏格拉底同雕刻家克莱伦的对话可知，当时人像雕刻已不仅能精确表现人体构造和各种姿势，而且能表现情感和心理活动。由噶伦《医书》卷一第九章可知，由于古希腊毕达哥拉斯派崇尚"数的原则"，认为"美是和谐与比例"，因而认为"身体美确实在于各部分之间的比例对称"。雕刻家遂以比例、和谐的原则，要求自己忠实地摹仿自然，尤其是再现人体美。

欧洲绘画不仅在古希腊、罗马时代是以雕像为基础的（如庞贝城遗迹的壁画类于雕像），文艺复兴时代的意大利绘画同样如此，达·芬奇《画论》就说过："圆描（雕塑式描绘法）是绘画的主体与灵魂。"可以认为，文艺复兴时代的杰出绘画是产生于古希腊雕塑的基础上的。

由于欧洲绘画产生在雕塑的基础上，形象、生动、逼真，而视觉形象较之听觉更具直接性、可感性，因而，终又导致诗画比较优劣论的产生，且多以绘画为优。

罗马时期的希腊批评家斐罗斯屈拉塔斯（约170—245）说："有两种摹仿"，"一种是绘画，用心和手来图绘万物；另一种则只是用心来创造形象"，"称得上绘画的那一种，由于它能够用心和手来图绘万物，所以是更为完备的一种摹仿"。①在经历了中世纪漫长的神学统治时期之后，文艺复兴的巨匠达·芬奇以人文主义思想反对经院哲学，反对封建压迫，表现出对人和自然的尊重。在阐述诗画之别时，他认为视觉应重于听觉，因而扬画而抑诗："你如果把绘画叫做'哑巴诗'，画家也就可以把诗人的艺术叫

---

① 斐罗斯屈拉塔斯：《狄阿那的阿波洛尼阿斯的生平》第二卷第二十二章。

做‘瞎子画’。”“毫无疑问,绘画在效用和美方面都远远胜过诗,在所产生的快感方面也是如此。”①

十八世纪德国狂飚突进运动的先躯赫尔德(1744—1803)指出了不同文艺部类的不同手段、方式、中介:“绘画、音乐和文学都是表情的、摹仿的,但是在摹仿的手段上却有所不同;绘画是通过形象与色彩来表情,音乐是借动作和音调来表情——绘画和音乐是借自然的手段,文学则借人为的和有意的手段。”他进而比较道:“文学的对象是(在于表达)前面两种艺术(按:指绘画与音乐)的对象。第一点是,这些对象只要借自然的手段就可以摹仿。在这里不难看出,文学是要比绘画逊色了;因为所得出来的一切结果是,语言不能代替色彩,口也不能代替一支画笔。”②

当然,由于更为推崇想象的作用,也有人认为诗高于画,这是由于浪漫主义运动兴起所致,已不同于文艺复兴时代的崇尚自然、感觉。但总的说来,在欧洲可谓扬画派占据了优势。

欧洲人毕竟是长于思辨的。除比较诗画的长短优劣外,他们还对二者的区别、联系,不乏较深入的分析。亚里斯多德在《诗学》中已谈到诗画的区别:“有一些人用颜色和姿态来制造形象,摹仿许多事物,而另一些人则用声音来摹仿。”十八世纪初,法国批评家杜波斯(1670—1741)在《诗画评论和随感》中论道:“诗人掌握时间推移,这是有利条件,可以描写人物的活动和性格,特别是性格上的新陈代谢或以瑜掩瑕等的变化和发展。并且在一段时间里,伴随新的激情而来的新的冲动,继续赋予诗人以深深打动读者的能力。但是,如果就某一瞬间所能造成的印象而论,那么诗和画相比是有逊色的,因为画家所用的符号比诗人所用的更接近自然或对象,看上去更像原物,更富于感染力。”但是,直到著名的莱辛的《拉奥孔》才真正说明了诗画的区别。

莱辛指出:“绘画用空间中的形体和颜色”,“诗用在时间中发出的声音”,“因此,物体和它们的可见的属性是绘画所特有的题材”,“动作是诗所特有的题材”;“绘画也能摹仿动作,但是只能用暗示的方式通过物体来摹仿”,“诗也能描绘物体,但是也只能用暗示的方式通过动作来描绘”。莱辛不仅看到了诗画在形式、对象、媒介、材质上的区别,而且还论述了空间艺术可以寓动于静,时间艺术可以化静为动,二者能各自突破自己的界限而互相补充。

我国古代对于诗画的认识与欧洲有诸多不同。就前面引述的角度而言,其突出者至少有两点。

其一,我国古代在天道、自然、人际观上,更多的是强调和谐、统一,而非对立、抗争,因而对诗画关系的看法,更多着眼于求同,看二者的相互渗透、融合。

其二,欧洲绘画以人物活动、社会生活为主要题材,风景画肇始于十七世纪的荷兰,直到十九世纪三十年代,才真正成为画坛一派。而我国以山水画为代表的风景画,要比欧洲早一千多年,因而对诗画的相辅相成、互相推助看到的较多。

---

① 达·芬奇:《笔记》卷二。

② 赫尔德:《批评之林》第十九节。

在山水诗已出现第一个创作高峰的东晋、刘宋时代，山水画才兴起。在山水诗已臻绝境的盛唐，山水画也仅是初成而已。只是到了宋代，山水诗得唐之余风，山水画则超迈唐人，达到很高成就之时，才出现了将诗画互比、互拟之论。苏轼称道王维“诗中有画”、“画中有诗”，又从诗画互通，进而认为“诗画本一律，天工与清新”。[①]张舜民更直接地互作比况：“诗是无形画，画是有形诗。”[②]甚至还有与西蒙尼底斯“无声诗”、“有声画”完全一致的说法；“终朝诵公有声画，却来看此无声诗。”[③]这一说法的出现，标志着宋人对诗画美学特征的融合，对时间艺术与空间艺术的渗透，已有一定程度的认识。下面，不妨展开我们的论述。

一 有声画与无声诗的特定含义

尽管在古希腊时代已有“无声诗”、“有声画”之说，但与我国所说的同一名词有着完全不同的含义。其间，非仅有诗画表现对象各以人与自然为主体的区别，更有历史文化背景的巨大差异。

丹纳《艺术哲学》以种族、环境、时代三大因素，论述艺术的发生与发展，构成了严密而完整的理论体系。他认为，希腊温暖的气候、明净的空气、灿烂的阳光、良好的地理环境，造就了希腊人欢乐、活泼的本性。他说：“这种气质使人把人生看做行乐。最严肃的思想与制度，在希腊人手中也变成愉快的东西”，“希腊人心目中的天国，便是阳光普照之下的永远不散的筵席”，“宗教仪式无非是一顿快乐的酒席”。[④]正由于古希腊人没有罪感情绪，因而也没有忏悔意识、宗教迷狂；有的却是对人自身的肯定，他们心目中的神带有人的情感和欲望，奥林匹斯山与人世间并无绝对的界限。再加以参战需要强壮的体魄，因此，“在他们眼中，理想的人物不是善于思索的头脑或者感觉敏锐的心灵，而是血统好，发育好，比例匀称，身手矫健，擅长各种运动的裸体”。[⑤]以上就是古希腊艺术以人为中心，以人体雕塑为主体的主要原因。在这样的背景下，“有声画”、“无声诗”之说，只是从“声”的角度看待艺术形象，并不涉及表现对象的具体范畴。

我国自商朝的盘庚迁都之后，畜牧经济渐转为农业经济。当时的宗教尚未脱离巫术阶段，殷人既祭拜祖先，又敬神尚鬼，还信奉山、河类的自然神。而此时的艺术也就用于祭祀祈祷仪式，表现为巫觋的以歌舞媚神。

西周社会是从农业生产发展过来的，其农业发达的程度远过于商。生产力的发达带来了物质的繁荣，也促使了思想文化的进步。祭祀的形式虽得沿袭并有发展，但较之商代，已大不相同：“殷人尊神，率民以事神，先鬼而后礼……周人尊礼尚施，事鬼敬

① 苏轼：《书鄢陵王主簿所画折枝二首》。
② 张舜民：《画墁集》卷一《跋百之诗画》。
③ 钱鍪：《次袁尚书巫山诗》，《宋诗纪事》卷五九引《全蜀艺文志》所载。
④ 丹纳：《艺术哲学》。
⑤ 丹纳：《艺术哲学》。

神而远之。"[①]宗教礼仪已从媚神悦鬼的巫术,进而为血缘宗法的庄严之举。一方面是家庭作为农业生产的基本单位和社会生活的基础,是以亲属血缘作为联结的纽带;另一方面是统治阶级以制"礼"之举来确定尊卑,协调关系:"周人制度之大异于商者,一曰立子立嫡之制。由是而生宗法及丧服之制,并由是而有封建子弟之制,君天子臣诸侯之制。二曰庙数之制。三曰同姓不婚之制。此数者皆周之所以纲纪天下。"[②]

产生在农业基础上的周文化,宗教情绪退而人伦礼仪进,协调人际关系成为一大特点。因此,倚着这一基础而生的孔子哲学,主要是立足于社会的政治哲学。但是,尽管周人已具"事鬼敬神而远之"的理性精神,却由于农业生产十分注重人与自然,环境的协调,使"天人合一"思想萌生得早,并不是直到董仲舒之时才有,并不是汉儒的发明。

由于一方面是定刑法,一方面重"德治",使"礼"与"乐"起了相辅相成的作用。《乐记》云:"乐者为同,礼者为异;同则相亲,异则相敬","礼节民心,乐和民声"。这样一来,人际间关系的和谐及推衍至天人间关系的和谐,成为周代哲学和文学的两大本题:"人道"与"天道"。而且,这两者并不是平行、并列的关系,人毕竟处于本体和中心的位置。正因为这样,心理的情感原则成为哲学与政治学的基础,美学也是立足于人,而非客观世界的对象物,着眼于审美关系与功能,使言志明道、养气知言、传神写意等,逐渐成为主要的美学概念、范畴。同时,对于自然界也不是对立、抗衡、逾越、征服,无限的追求,强烈的移情,而是相安而得,求取和谐,主客相融,境从于心。

我国最古老的诗歌多是社会性的题材和抒情性的题材,单独展现自然界之美的几不可见。就《诗经》而言,其中的景物描写多数是作为"比兴"形式出现的,这些景物不是通过自身生动、具体、周详的描绘,来展现自然界的美,而是作为人的感情寄寓和表现,使主客得以谐协,物与心相适应。即如涉及景物较多的《蒹葭》、《采薇》,也是这样,所不同的,是除"比兴"外,更多"情景交融"况味。

无论是儒是道,都倾心于自然,他们都将对自然的情感通向于审美,而非人格神的崇拜。但是,儒家在着眼于客体世界同时,仍带着主观心态的辐射,在山水中看到人格的力量,这就是著名的"比德说"。《论语·子罕》所说的"岁寒,然后知松柏之后凋也",即是一例,这是一种主观象喻性向客观世界的移注。又如"智者乐山,仁者乐水"之说,也是认为自然物本身形象表现出具有与人的美德相类似的特征。《诗经》中对山水草木的描写,虽不带上人的意志品质特点,但"比兴"与"比德",在"比"字上是可以发现共同点的。

到春秋后期,诗衰落了,《孟子·离娄》下云:"王者之迹熄而《诗》亡。《诗》亡然后《春秋》作。"当北中国成为战国之世,战车与刀枪声代替了诗乐的弦诵后,代表中华文化的,则是出现于独处南方的楚国之《楚辞》。《楚辞》与《诗经》有许多不同,其中之一就是对客观世界的描述增多了,朱熹在《楚辞集注》中说"《诗》之兴多而比赋少,《辞》

---

① 《礼记·表记》。

② 王国维:《殷商制度论》,《观堂集林》卷十,河北教育出版社 2003 年版。

则兴少而比赋多”，正抓住了这一特点。由于前人解释比兴多与“政教”相关，因而，只有赋才是接近单纯的描写。造成《诗经》与《楚辞》这种区别的，还在于气候、地理的原因。由于楚国地处江淮荆湘地区，湿热多雨，草木繁茂，山高水深，奇禽异兽，这样的自然环境一方面造成了“楚地信巫鬼而重淫祀”[①]的特点，另一方面由于对大自然中神魔力量的恐惧、崇敬，也使得诗人难以从容地由内到外地“比德”，而是由外至内地被震慑，从而怀着巨大兴趣去描绘琦玮诡谲的景象。

秦统一了中国，但二世而亡，入汉之后，经高、惠，文、景四代，到汉武帝时，达到了物质文明的极高水准。《史记·平准书》说：“京师之钱累巨万，贯朽而不可校。太仓之粟陈陈相因，充溢露积于外。”由于完成了学术思想的统一，对外大规模的政治、军事扩展增强了民族自信心，文化艺术的中外大交流改变了人们的观念，丰富了人们的精神生活，开阔了人们的眼界。因而，汉代文学以巨大的兴趣去表现人对于物质世界和自然力量的征服，汉赋就是这一时代精神与主题的最好体现。刘熙载《艺概·赋概》这样总结道：

> 赋起于情事杂沓，诗不能驭，故为赋以铺陈之，斯于千态万状、层见迭出者，吐无不畅，畅无或竭。

“情事杂沓”、“铺陈”、“吐无不畅”、“畅无或竭”，这些都是作为韵文新形式的赋的特点。正由于赋对客观世界怀着浓厚兴趣，倾心描写，遂使人们对外部世界的观察渐趋精微，对文字的驾驭能力有了提高，促使大量描写性的诗歌出现，汉诗中如《羽林郎》、《陌上桑》、《孔雀东南飞》等，都可以看到汉赋铺陈、描写的影响。

魏晋之时，诗一度因受玄学影响而入于“理”，但是，由于庄子反对人的异化而倡导回归自然，则是玄学的深层基础。随着晋室南渡，士人们更在江南的美景中发现了前所未见的山水世界，在《世说新语》中留下了诸多记载：

> 王司州至吴兴印渚中看。叹曰：“非唯使人情开涤，亦觉日月清朗。”
>
> 王子敬云：“从山阴道上行，山川自相映发，使人应接不暇，若秋冬之际，尤难为怀。”
>
> 顾长康从会稽还。人问山川之美，顾云：“千岩竞秀，万壑争流，草木蒙笼其上，若云兴霞蔚。”
>
> 郭景纯诗云：“林无静树，川无停流。”阮孚云：“泓峥萧瑟，实不可言。每读此文，辄觉神超形越。”

正是兰亭周围的崇山峻岭、茂林修竹、清流激湍、天朗气清、惠风和畅，引起了王羲之

---

① 班固：《汉书·地理志》。

“仰观宇宙之大,俯察品类之盛”以后的死生之慨。此后,渐次出现了陶、谢的田园、山水诗,在齐、梁时代,更成为诗中一大题材。

经南朝陈、隋而至于唐,南北统一,东西交流,政治开明,国力强盛。文人对从政怀有热情,对建立边功寄予厚望,促使了边塞诗的诞生。而广为游历,以求诗文得山川之助,或以隐求仕,走终南捷径,则又使山水田园诗更形发展。宋代庄园经济的兴盛,使山林与庙堂形成相辅相成之势,使山水诗仍在宋诗的园苑中占据主要一席。只是到了唐代,山水诗才从六朝的境余于意发展为此时的情景交融,意境相浑。而宋代的山水诗,也不是通常的宋诗之以才学、议论、文字为之,其雄奇、清新、优美、略带理趣,可谓又辟一独到之境界。

“书画同源”之说虽早已有之,但实际上造型艺术要早于文字,因而画也早于诗。夏、商之前,绘画用于陶器装饰,衣服染制,是处于实用美术阶段。商朝已有较完整的绘画,史载伊尹绘九主形象以劝戒成汤。周朝讲究仪礼、伦常,绘画常是依礼教而寓象征之意,成为推行教化的工具。

秦朝实行愚民政策,除建筑、工艺外,几乎无文艺可言。汉代绘画有较大发展,神怪祥瑞的内容表现出“天人合一”的特点,但无论是帛画、壁画、漆画、砖石刻像,都还是以经史故实、风俗、现状为多。东汉时期,佛教传入我国,开始有佛画的出现。汉末三国,正当乱世,魏晋时期,兵祸连绵,加以上层杀伐,厌世清谈之风极盛。与诗坛的玄言、游仙之作几乎同步,佛画也呈渐盛之势。佛教初入之时,尚要依附于玄学才能生存,但后来由于在与玄学沟通过程中吸收其精义,丰富了自己,且又带上中国色彩而易于为人接受,终又因教义精微而逐渐取代了玄学的地位。在东晋一百多年间,建寺院一千七百多座,仅建康(今南京市)一地,从东晋初到梁武帝之时,寺院几增十倍。北朝也一样,佛教虽因北魏的“灭法”而遭受很大打击,但不久就得以复苏。既兴寺院,又凿石窟,雕佛像,画壁画,孝文帝时,达到鼎盛。迁都洛阳后,全国佛寺多达三万多所,佛画自然也达到创作的高潮。这一时期,出现了许多兼工人物与佛画的大画家,曹不兴、顾恺之、陆探微、张僧繇即其中代表。

自汉至南北朝,绘画完成了从礼教化向宗教化的转变,与此同时,值得注意的是:山水画作为独立画种的出现。从文献记载看,战国以前就曾有绘制山水之举。杜预注《左传》,称“禹之世”“图画山川奇异”;王逸注《楚辞》的《天问》,也说“楚有先王之庙及公卿祠堂,图天地山川”。但是,此类并非真正的山水画,即使是汉魏壁画,山水也仅能作为人物画的背景出现。真正独立的山水画,始于东晋的顾恺之,他曾画过《庐山图》,据有记载的画名看,涉及山水的还有《雪霁望五老峰图》、《荡舟图》、《水府图》等,但由于连摹本都未得流传,故无法得知其真相。因此,一般都认为真正的山水画当见于南北朝时期,大致与山水诗崛起之时相当。

山水画之兴于此时,决非偶然,它与山水诗的同期兴盛,实有着共同的原因。

首先,是由于道家思想的流行。先秦道家的代表人物老子和庄子,都是与统治者不合作、取“出世”态度的人物,非“朝”即“野”,二者难以调和。汉末动乱,魏晋倾轧,为了在风云变幻之中全身活命，士大夫多行“朝隐”之法。而玄学的“身在庙堂，心在山林”的“名教”与“自然”合一的思想，又为朝隐提供了理论根据。谈玄与游山水合一，对山水游赏既久，人之于诗画是势之必然。

其次，是庄园经济的兴盛。晋室南迁之后，士族领袖王、谢等大户都聚集在会稽一带，竞相开辟田园，兼并农户，占夺佃客。史载东晋“权门并兼，强弱相凌，百姓流离，不得保其产业”。[①]除会稽郡“封锢山泽”，建立别墅、屯封外，邻近各郡，也多有大地主的产业。谢玄在始宁（今浙江上虞）建立一处田庄，到其孙谢灵运时，已是“田连冈而盈畴，岭枕水而通阡”，从他的《山居赋》中可知，这种庄园生活已无须市场，完全可以自给。这种庄园经济不但提供了“朝隐”的条件，又使庄园主能得以朝夕亲近自然、山水。

最后，是美学思想发展的结果。汉代的美学思想受制于神学目的论，但从东汉张衡等人起，已离其桎梏，从山水之中发现其本身的美，在他的笔下已非人化的“比德”，显得自然而清秀。而这正与他“履老庄之常足”[②]的思想有关，因而借山水来逍遥、娱情。建安虽是“雅好慷慨”的时代，但诗中不乏幽思、逸情，这与通脱、潇洒的建安文风有关。到了魏晋南北朝时期，始于张衡的寻求山水之美的审美思想有较大发展，表现自然美成为一股抒情思潮。这样一来，必然促使了山水诗与山水画的发展。

南北朝山水画作品颇多，但由于梁元帝时，侯景之乱造成内府古今图画数百卷被焚，西魏于谨陷江陵也烧毁大量名画，以至精品无存。

经隋而入唐之后，绘画更为成熟。唐代是一个兼容并包、齐头并进的时代，表现在绘画领域，则是人物、山水、花鸟、鞍马、石窟与墓室壁画的全面繁荣，并行不悖，都达到很高的创作水平。以山水画来说，魏晋之迹是“群峰之势，若钿饰犀栉，或水不容泛，若人大于山”[③]，但至唐代，吴道子所画已有“纵以怪石崩滩，若可扪酌”[④]的逼真感，李思训父子与王维更值得注意。

经五代之乱而至宋，山水画更形发展。郭若虚《图画见闻志叙论·论古今优劣》曰：“若论佛道人物，士女牛马，则近不及古，若论山水林石，花竹禽鱼，则古不及近。”其《论三家山水》进而论道：“画山水惟营丘李成，长安关仝，华原范宽，智妙入神，才高出类，三家鼎峙百代，标程前古。虽有传世可见者，如王维、李思训、荆浩之伦，岂能方驾？”宋代山水画之所以取得较高成就，也有较复杂的背景与原因。唐代天宝之后，统治阶级已不似前期那样，热衷于图绘功臣画像和寺观佛道壁画，故文人借物写心而山水画渐盛。经五代之乱而入宋，从政热情消减，隐居避处则兴致悠然，且士林中流行禅悦之风，山水画之盛可谓势之必然。加以技法的积累和进步，终于能逾唐而呈现很高成就。

正由于山水诗与山水画经唐至宋而入于鼎盛时期，诗画虽是不同门类，但互较之

---

① 沈约：《宋书》卷二《武帝纪》中。

② 张衡：《东京赋》。

③ 张彦远：《历代名画记·论画山水树石》。

④ 张彦远：《历代名画记·论画山水树石》。

中又可互拟，此时二者的可比性的基础已牢牢建立，故宋代特多诗画相拟之论。[①]而经过以上这番考察，可以不难看出：宋人的“有声画”、“无声诗”之说，及后人之沿奉其论，是有着特定含义的，这就是指以山水为主而兼及花鸟静物的诗和画。[②]

二 诗的空间感与画的时间性

按照莱辛《拉奥孔》的科学解释，诗是时间艺术（用时间中发出的声音），画是空间艺术（用空间中的形体和颜色）。而“有声画”与“无声诗”的说法，其实已看到了二者的互相汲取，互为补充。这种互补和融合，首先就表现为时间艺术的空间感和空间艺术的时间性。

先看诗。“诗言志”被称为诗论的开山，历来对此诠释既多，讼争亦众，终有后来“情志一也”之说。即使依古代经生所见，诗是主于言王政废兴之大事，但都离不了抒情，因而可以说抒情是诗的第一义。

以沈德潜《古诗源》所收《古逸》第一首《击壤歌》言：“日出而作，日入而息。凿井而饮，耕田而食。帝力于我何有哉。”表面看来，前四句是叙事，最后一句才是抒情，但实际上正如沈氏所说，这是表现“帝尧之世，天下太和，百姓无事”的自得，可见清心寡欲，安静平和的心情。又如伯夷、叔齐耻食周粟所作的《采薇歌》：“登彼西山兮，采其薇兮。以暴易暴兮，不知其非兮。神农虞夏，忽焉没兮，吾适安归矣！吁嗟徂兮，命之衰矣。”全歌表其对武王伐纣的不理解和无以安身、命之将衰的感情。《古逸》中亦间有写景之句，但难有独立性，都是为抒情服务的。（以上不涉对写作期的考证）

《诗经》中的作品，景物描绘多了，但如前面所说，多用作比兴，是为抒情服务的。刘勰《文心雕龙·比兴》云：“比者，附也。兴者，起也。附理者，切类以指事。起情者，依微以拟议。起情，故兴体以立。附理，故比例以生。”李仲蒙云：“索物以托情，谓之比，情附物也。触物以起情，谓之兴，物动情也。”[③]后者之以比兴紧紧关合“情”字，自不必说；前者虽有情、理之分，其实还是以情为中心的。不妨随便拈出一例，如《葛覃》：“葛之覃兮，施于中谷，维叶萋萋。黄鸟于飞，集于灌木，其鸣喈喈。葛之覃兮，施于中谷，维叶莫莫。是刈是濩，为絺为绤，服之无斁。言告师氏，言告言归。薄污我私，薄瀚我衣。害澣，害否？归宁父母。”全诗三节，前两节基本上都是景物描写，第三节则点出“归宁”之意。尽管古人对葛藤、黄鸟的含义解释不同，但都不将它们看作单纯的景物描写。当然，似朱熹《诗集传》从后妃之德来理解，不免过于牵强，但葛藤之长岂无与父母情长相拟之意？黄鸟鸣聚岂又无亲人团圆之意？诚然，《诗经》中也有如同《斯干》的描写建筑之句：“如跂斯翼，如矢斯棘，如鸟斯革，如翚斯飞。”但多数作品不是通过形象描绘的自身表达情感，而是靠读者以自己的生活经验去体验，以联想去补充，探得“索物”

---

① 钱锺书：《中国诗与中国画》。

② 钱锺书：《中国诗与中国画》。

③ 王应麟：《困学纪闻》引。

所“托”、“触物”所“起”之情。

到《楚辞》，写景多了，如《湘夫人》中“嫋嫋兮秋风，洞庭波兮木叶下”与“荒忽兮远望，观流水兮潺湲”等句，固有期待爱人之意而见情景交融，更是将洞庭湖的寥廓清秋表现得准确而美妙，是独立写景以抒情的佳句。余如《涉江》、《山鬼》等，都有较长篇幅的写景笔墨。可以说，《楚辞》中的写景，是主观抒情向客观描写转移的体现。

汉赋善于铺采摛文，但一者由于“天人合一”造成神怪、灵异气氛。二者由于是宫廷文学，使其不具“怨思抑扬”的魅力。东汉抒情小赋从服务于帝王转为自我抒情，将大赋的广为铺排变为借景抒情，建安时代曹氏兄弟的一些小赋作品与后来的山水诗已有些接近。

西晋太康时代，人们已建立起“情因物感”、“睹物兴情”的观点，自然景色逐渐入于诗并成为诗中主要内容。而“游仙诗”的创作早已蔚成风气，实际上成了山水诗的早期形态。到晋宋之际，山水诗大量诞生，陶渊明、谢灵运、鲍照、谢庄、谢朓……不断出现优秀的山水诗人。山水诗的出现和发展，使诗歌在传统的侧重于抒情同时，也向描写上着力。这样，势必使之从侧重于由内至外的情感抒发，转为由外至内的感觉体验，而侧重感觉，则正是绘画的主要特征。列宁说过：“不通过感觉，我们就不能知道实物的任何形式，也不能知道运动的任何形式。”①绘画是诉诸视觉的，在视、听、味、嗅、触诸觉中，视觉最为重要，绘画要求在对象物的把握上有准确的视象感觉，若无很好的感觉，绘画创作的先决条件也就不存在了。因此，诗之重于景物描写，使之向绘画靠近了。

以陶渊明的诗为例。如《归园田居》的“暧暧远人村，依依墟里烟。狗吠深巷中，鸡鸣桑树巅”，就体现出长于感觉的特点。前两句写远景，远村的迷濛昏昧，炊烟的轻柔，都表现得形象而准确。后两句写近景，鸡狗发声，一吠深巷，一鸣树巅，画面由静而动，且动静相宜，也得之体会深微。又如《饮酒》第五首的“山气日夕佳，飞鸟相与还”，将夕阳下的暮霭纷萦和鸟雀寻巢之美，也作了极其准确而美妙的传递。

如果说陶诗是在平淡之中得自然景色的真趣，谢灵运则更见体物之细微。如《邻里相送至方山》中的“析析就衰林，皎皎明秋月”，前者写风吹木声，后者写秋夜月色，对秋夜景物既有准确入微的把握，又能作辞符于意的表达。又如《登池上楼》的名句“池塘生春草，园柳变鸣禽”，非仅自然清新，而且得自然界春天变化之真髓。又如《从斤竹涧越岭溪行》，其中“𬞟萍泛沉深，菰蒲冒清浅”二句，对水生植物观察极细，写来可谓无色中见色，无态中有态。

陶、谢之后，更见发展。如鲍照《发后渚》的“凉埃晦平皋，飞潮隐修樾。孤光独徘徊，空烟视升灭”，第一句写仲秋的冷冷尘埃使水边的平地变得晦暗，第二句写疾迅的潮水遮蔽了长长的树荫，第三句写日影孤悬，第四句写远处的空烟升灭。在描写开阔的景象之中，能兼顾众景而都得其要，且层次分明，有主有辅。至若谢朓，其名句如《晚

① 中共中央马克思恩格斯列宁斯大林著作编译局编译：《列宁全集》第十四卷，人民出版社 1985 年版，第319 页。

登三山还望京邑》的"余霞散成绮,澄江静如练。喧鸟覆春洲,杂英满芳甸",可谓既擅描画,又得生机,远近相兼,动静相宜。其"天际识归舟,云中辨江树",更将宏观入于微观,尤见功力。

经过六朝诗人的努力,诗对于自然景物的感受力和表现力大大提高,这样就使得时间艺术的诗歌能更好地认识和表现空间。到了唐宋时期,更从境余于意发展为意境相融,凭藉空间描绘而更好地抒情,也使这一时间艺术更具兴发感动的持续力量,甚至常读常新,造就了时间上的永恒价值。如张若虚的《春江花月夜》,其中的"春江潮水连海平,海上明月共潮生。滟滟随波千万里,何处春江无月明。江流宛转绕芳甸,月照花林皆似霰。空里流霜不觉飞,汀上白沙看不见。江天一色无纤尘,皎皎空中孤月轮",将对春、江,花、月、夜这五个字的感觉,表现得臻于绝境极致,难怪人谓之"以孤篇压倒全唐",也难怪闻一多先生在《唐诗杂论》中,以诗人的敏感称道它"神秘而又亲切的,如梦境的晤谈,有的是强烈的宇宙意识"了。张若虚既如此,盛唐诗人虽未必有这种全局性的"宇宙意识",但在感受和表现自然美上,则又进一层。

诗之注重描写,既要凭藉正确敏锐的感觉,又要将感觉加以很好地表达,而且,这种环境描写并非单纯的描写,而是要在这时间艺术中,将空间作为感情的载体,以求更好的抒情。试看那些"有意无境"之作,如《公无渡河》、《华山畿》等,当然不如有"境"(空间描写)之作。如王维《辋川绝句》中的《鹿柴》:"空山不见人,但闻人语响。返景入深林,复照青苔上。"《辛夷坞》:"木末芙蓉花,山中发红萼。涧户寂无人,纷纷开且落。"即使未明写其意,但冷漠、孤寂而又静中有动,常谢常新,又岂非作者禅心、禅意的外化?李白的《长相思》中"络纬秋啼金井阑,微霜凄凄簟色寒",以秋夜、秋虫、秋霜、秋席,写思妇怀念久戍不归的丈夫,当然较之浅言直说、仅言其情要好。又如《峨眉山月歌》是李白辞亲远游所作,四句中仅末句显见抒情况味,但山月、江水,月影之恋流水,实与"思君"相应,可见李白对故土和故人的留恋。如杜甫《蜀相》的前四句:"蜀相祠堂何处寻,锦官城外柏森森。映阶碧草自春色,隔叶黄鹂空好音。""柏森森"已现肃穆之情,使人敬仰,然而碧草自春色,黄鹂空好音,一见祠宇荒凉之象,二则不管人事代谢沧桑,碧草黄鹂都不晓得怀念诸葛亮这样的人物,从而引出自己的凭吊仰慕之情,其写景对抒情的作用实是不难体会。这就更不必说《秋兴》所展示的"玉露凋伤枫树林,巫山巫峡气萧森。江间波浪兼天涌,塞上风云接地阴"的画面中,充溢着去国怀乡、忧国忧民之情了。

总之,诗中的环境描写,在经过长期的发展之后,已非游离于外的纯粹描写,它已具有感情载体的意义,不管是"物移我情"(情因物感),还是"移情于物",对抒情所起的作用是不可低估的。读者在阅读过程中,通过表象联想,也唤起了感情上的理解和共鸣。

再看画。我国的绘画与诗歌不同,从奴隶社会之后,绘画就进入到礼教化阶段,从东汉到隋唐,则处于宗教化阶段。无论是推行教化的"诫世示后",还是宣扬宗教的"因果报应”，都是服务于统治者，虽然民间画工的创作也是不可忽视的，但毕竟不据主流。绘画的功利性之远过于诗，其创作也就谈不上什么感情（真诚的宗教情绪除外），也不见得是客观的描摹，因此，我们的着眼点主要应放在真正反映生活、表现自然界的绘画上。

我国绘画虽然历来都有表现世俗生活的作品，但汉画不乏人神混杂的内容，魏晋则见二者分流，可视作转变期，真正以现实生活和自然界诸物作为主要创作对象的，只是在唐代。然而，在此之前，也有特拔众上的以画抒情之论，这就是刘宋时期的宗炳、王微的山水画论。

宗炳虽被数度举荐，均不就，宋高祖辟其为主簿，亦不就。人问其故，答曰：“栖丘饮谷，三十余年。”虽屡经征辟，终无意为官。《宋书》本传称其：“好山水，爱远游，西陟荆巫，南登衡岳。因结宇衡山、欲怀尚平之志。有疾还江陵，叹曰：老疾俱至，名山恐难遍睹，唯当澄怀观道，卧以游之。凡所游履，皆图之于室。”他在《画山水序》中开头就写道：“圣人含道应物，贤者澄怀味像。”以圣人陪衬贤者，而突出贤者澄清情怀，澡雪精神，以玩味无可见之“道”所显现的山水之“像”，从而与道相通。而人之精神通之于山水，就能体会到“山水以形媚道而仁者乐”。人和山水之间就是这样一个交互过程。因而“画象布色，构兹云岭”的作画，就是“应目会心”之举，“于是闲居理气，拂觞鸣琴，披图幽对，坐究四荒”，以“虚静”之心才能进入庄子所说的“心斋”、“坐忘”状态，“峰岫峣嶷，云林森渺”，这是神与物游之所感。因而，真正摒除功利实用之心，才能进入纯粹的审美观照，得到“畅神”的结果，超越时间（圣贤映于绝代）和超越空间（万趣融其神思）。

王微与宗炳并称，但年辈稍晚，死时尚不足三十岁。他在《报何偃书》中说：“卿少陶玄风，淹雅修畅，自是正始中人。”而张彦远《历代名画记》中也说他“尝居一屋，读书玩古不出十余年”，只是死后才被宋世祖追赠秘书监。他的《叙画》的精神近于宗炳，但所论较实，较宗炳易于理解。他说：“于是乎以一管之笔，拟太虚之体；以判躯之状，画寸眸之明。”谓由目之所见而画出山水，其实是以画笔拟出太虚之灵的显现。正是由于山水画是“道”的具象，故有“望秋云神飞扬，临春风思浩荡”之乐。

宗炳与王微之所论，无异乎空谷足音，对于后世山水画之体现庄禅精神，则既有玄风浸沐下的即时性，又具有难得的超前意识。二人所论的可贵之处在于：既突破了陈陈相因的功能论（鉴戒说），又不同于一般的技法论，而是在自觉的论“道”之中，不自觉地推出了“情”。

官方所论的诗画功能论早就是“书不同文”（“言志”与“鉴戒”）而“车同轨”（政教中心）了，而宗炳、王微立足于审美愉悦的“畅神”之说，虽与历来论诗者所倡不同，但在主“情”上无异。这样，诗画的轨迹在“情”上交汇了，“有声画”与“无声诗”就各自向对方汲取，以丰富自己，发展自己。

六朝真迹难见，现存最早的山水画是隋朝展子虔的《游春图》，且此画本不是真正的山水画，故应主要着眼于唐宋而论之。

唐非仅是诗的黄金时代，也是画的全盛时期。以山水论，虽未逮宋元，但工于此者，有吴道子、王维、李思训、张璪、郑虔、王墨、毕宏、王宰、卢鸿等人。以流派言，又大体可分为四派，即李思训父子工巧、重彩的青绿山水，吴道子重视线描而不重设色的"疏体"，王维兼工众体而又倡"水墨为最上"，张璪等人既重墨法又见清润的画风。由于唐画所传无几，我们还是侧重于画论的探讨。

唐代画论家首推张彦远，他论感情在绘画中的作用之言并不太多，而是对"意"非常重视。他论顾恺之的用笔是"意存笔先，画尽意在"，认为吴道子"笔不周而意周"，看到了立意的重要。

唐代画家中，张璪颇值得重视，在唐人心目中，他的画名高于王维。符载见过张璪作画，并作有《观张员外画松石序》一文，文中说张璪作画之前"箕坐鼓气，神机始发"，作画时"若流电激空，惊飚戾天，毫飞墨喷，捽掌如裂"，可见怀有强烈的感情。正是这样的感情驱动创作，所以能够"得于心，应于手，孤姿绝状，触毫而出，气交冲漠，与神为徒"。同样也是山水画家的毕宏，看他用秃笔作画，手摸绢素，问他何以有此本领，他回答道："外师造化，中得心源"，毕宏为之搁笔。这八个字较之姚最的"心师造化"，多了"中得心源"四字，而这"中得心源"较之张彦远所说的"发于天然"，则显见对主观能动作用的强调，而非止于对客观对象作刻意的忠实描摹。"心源"自然是包括了想象、感情诸因素，如用符载所说作注脚，可见激情在绘画中起着何等重要作用了。

山水画到北宋时有较大发展，郭若虚将唐宋相较，有精到之见，对此，前已有引述。值得注意的是，郭若虚在《图画见闻志·论气韵非师》一节中，提出了"气韵""必在生知"的观点，并明显强调感情的作用。

其实，在郭氏之前，欧阳修已将天下之乐分为"山林者之乐"与"富贵者之乐"。他在《浮槎山水记》中说："夫穷天下之物，无不得其欲者，富贵者之乐也。至于荫长松，藉丰草，听山溜之潺湲，饮石泉之滴沥，此山林者之乐也。"而这"山林者之乐"，正是"贫贱之士有以自足而高世"者。郭若虚所说的"轩冕才贤，岩穴上士"，从身份言是调和了"富贵者"与"山林者"，但"高雅之情"却又是"无不得其欲者"所无。此外，早期理学家邵雍则有"以物观物"与"以我观物"之说，指出前者为"性"，后者为"情"，他虽有"性公而明，情偏而暗"[①]的说法，认为"情之溺人也甚于水"[②]，企图将人导入以性制情、以理灭欲之路，但他之看到文艺创作有主情与不主情，动情与不动情之别，仍有一定合理性。而郭若虚的寄情说，与"溺人"之论唱反调，在当时是颇足珍贵的。

苏轼论画之见颇多，除强调创作激情（如论文同画竹）外，很注重诗画的结合。论王维诗中有画、画中有诗，已尽为人知。此外，他在《跋蒲传正燕公山水》中说："画以人物为神，花竹禽鱼为妙，宫室器用为巧，山水为胜。而山水以清雄奇富，变态无穷为难。

---

① 邵雍：《皇极经世全书解·观物外篇十》。
② 邵雍：《伊川击壤集序》。

燕公之笔，浑然天成，粲然日新，已离画工之度数，而得诗人之清丽也。”“山水为胜”“得诗人之清丽”，联系评王维之语，可见苏轼特别强调山水画向诗靠拢。而这种靠拢，就是要求有主观之“情”、“意”，使以“境”见长的画因“意”而呈现意境，换言之，就是绘画要学习诗的抒发情感，长于想象，在空间艺术中体现出时间艺术的特点。而邓椿等人都强调画家的文学修养，提出“画者，文之极也”，可谓并非偶然。

宋代画论中，郭熙的《林泉高致》令人刮目相看，因为他怀着真挚的感情，移之于山水，真是将山水看作“道是无情也有情”，从而极为强调画家的情感和想象的作用。《林泉高致·山水训》云：

> 真山水之云气，四时不同：春融怡，夏蓊郁，秋疏薄，冬黯淡。尽见其大象，而不为斩刻之形，则云气之态度活矣。真山水之烟岚，四时不同：春山澹冶而如笑，夏山苍翠而如滴，秋山明净而如妆，冬山惨淡而如睡。画见其大意，而不刻画之迹，则烟岚之景象正矣。

文中还谈到了主客相融、物我合一：

> 春山烟云连绵，人欣欣，夏山嘉木繁阴，人坦坦，秋山明净摇落，人肃肃，冬山昏霾翳塞，人寂寂。

从郭熙所论中，可以体会出这样的思想：山水所展示的是空间的美，但是，它又因季节的变化、参入时间因素而呈现不同的面目，人若对山水怀着真正的相亲相近之情，就能从山容水态的时空合一体中，感受到不同的情感。如果画家能这样看待山水，也就能在山水画的空间展示中，体会和表现时间，从而更好地抒情。直到清末王国维《人间词话》，还可以看到这一思想的回应：“诗人必有轻视外物之意，故能以奴仆命风月。又必有重视外物之意，故能与花鸟共忧乐。”后者为“观”，前者为“写”，只有能“共忧乐”之观，才能“命风月”以写，亦如郭熙所说“看此画令人生此意”，“看此画令人起此心”。

感情成了诗画轨迹的交汇点，也成了诗画动人的共振点，尽管这两个领域对人的感情导向不同（诗多通向社会，激愤，崇高；画则通向自然，宁静，愉悦），但正是在这一交汇点和共振点上看到互补互济的可能。如果说“画难画之景，以诗凑成，吟难吟之诗，以画补足”[①]，还仅着眼于浅层，那么我们可以这样总结这种互补关系。诗从主观抒情向客观描写发展，向画的长于感觉接近，从而更好地从诗中认识和表现空间，从而更好地抒情；画从客观描摹向寄寓情感发展，向诗的长于想象接近，从而更好地从画中体会和表现时间，从而也更好地抒情。

---

① 吴龙翰：《野趣有声画》。

三　诗的收空于时与画的寓时于空

诗是时间艺术，画是空间艺术，但我国古代的诗画却常都具有时空合一的特点，这是由于诗画发展中各向对方汲取，融合对方的特点所致。下面，当分析诗如何摄空间于时间和画如何入时间于空间。

诗虽然以抒情为第一义，但由于礼乐与"诗教"的导向于"观"、"群"，从社会出发而又回到社会，所以注重功利，讲求实效，使诗在立足实地的同时又多为短制。从古代歌谣到《诗经》是如此，兼及卜辞、铭文，也是如此。当然，除此之外，我国文学不主于摹仿，而是主于表现，也是一个重要原因。

既是表现，就不是"全息"的反映，而是应该重视概括。《周易·系辞》下已讲到："其称名也小，其取类也大，其旨远，其辞文，其言曲而中，其事肆而隐。"这里虽是就《易经》的说理方法而言，但又接近文艺创作的特点。古歌谣与《诗经》与此关系颇深。

然而，我国古代诗歌似乎也有一个变异期，即战国末年到汉末，这就是从《离骚》到《孔雀东南飞》的时期。尽管淮南王刘安也称《离骚》"其文约，其辞微"，"其称文小而其指极大，举类迩而见义远"，颇类前引《周易·系辞》之语，但所说是指《离骚》的比兴之义，而非形象建构。而之所以有这样一个变异期，是由于前受纵横家文风影响，后受汉赋影响。

章炳麟在《国故论衡·辨诗》中曾说："七国之际，行人胥附，折冲于尊俎间。其说恢张谲宇，紬绎无穷……鱼豢称鲁连、邹阳之徒，援譬引类，以解缔结，诚文辩之隽也。"屈原"博闻强志"、"娴于辞令"、"出则接遇宾客，应对诸侯"[①]，又曾两度使齐，《离骚》作为政治家的文学作品，受"恢张谲宇，紬绎无穷"、"援譬引类"的影响，是毋庸置疑的。章氏在上文中又说："武帝以后，宗室削弱，藩臣无邦交之礼，纵横既黜，然后退为赋家。"可见纵横家文风不仅影响了《楚辞》，同样也影响了汉赋，而汉赋的特点自然也影响了汉诗。

如果说《离骚》等《楚辞》作品还是主于抒情，那么无论是汉赋还是汉诗，却都侧重于描写。由于诗由表现情感和再现印象这两大部分组成，在侧重于描写之后，就由先秦时代的重在情感发抒，转变为汉代的颇重再现印象。

汉赋"不歌而诵"，汉诗可入乐而歌，都是用"时间中发出的声音"，但它们追求描述客体美的特征，又使之很注重"空间中的形体和颜色"。为了描写事物，要曲尽情态，又要多角度观察，这样就形成了"以时观空"的特点。一方面从先秦诗那里汲取语言，但由于"诗言持，赋言铺，持约而铺博"[②]，于是，另一方面则又在广博的铺排中，向绘画学习描绘(语言的描绘虽不同于画笔，但"再现印象"的美学品格具有一致性)，两相结合，形成了独特的风貌。司马相如在论及作赋的体会时说："合綦组以成文，列锦绣而

---

① 司马迁：《史记·屈原传》。

② 刘熙载：《艺概·赋概》。

为质,一经一纬,一宫一商,此赋之迹也。赋家之心,苞括宇宙,总览人物,斯乃得之于内,不可得而传。”[①]作者在“苞括宇宙,总览人物”时,以时间的延长,来“合綦组以成文,列锦绣而为质”,表现出空间的广阔,从而使本属时间艺术的赋,带上了空间艺术的特征。在把时间换成空间的过程中,突破了时间对空间的限制,将时间的延长、移动,化为空间的拓展,造成了“总众类而不厌其繁”[②],司马相如的《子虚》、《上林》二赋最足以成为代表。

随着汉大赋向抒情小赋的转变,“体物”终又将主位还给了“抒情”,进入魏晋之后,“文的自觉”使人们对文学艺术的特点逐渐有所认识。陆机《文赋》中的“笼天地于形内,挫万物于笔端”,已朦胧逗出艺术概括的消息。张华在谈及左思作品时,也归纳出“读之者尽而有余,久而更新”[③]的特点。但是,真正系统阐述艺术概括的理论家则是刘勰。刘勰对汉赋痛下针砭,并从思想性、从立意上不满于辞赋之用“比”,而是推崇“兴”:“观夫兴之托谕,婉而成章,称名也小,取类也大。”[④]这样就回复到《周易》的说法,也必然从立意走向表达,提出他的艺术概括的见解。《文心雕龙·物色》最足以见出他的这些见解:

> 是以诗人感物,联类不穷,流连万象之际,沈吟视听之区,写气图貌,既随物以宛转;属采附声,亦与心而徘徊。故灼灼状桃花之鲜,依依尽杨柳之貌,杲杲为出日之容,瀌瀌拟雨雪之状,喈喈逐黄鸟之声,喓喓学草虫之韵。皎日嘒星,一言穷理;参差沃若,两字穷形。并以少总多,情貌无遗矣。

“以少总多”是刘勰对诗经艺术表达原则的概括,也是他认可的榜样。

汉代辞赋与六朝诗歌多非“以少总多”之作,随着律绝形式的成熟,唐诗才进于此境。而唐末的司空图,则进而提出“万取一收”的创作原则,较“以少总多”又深入了一步。司空图《诗品·含蓄》云:

> 不著一字,尽得风流。语不涉己,若不堪忧。是有真宰,与之沉浮。如渌满酒,花时返秋。悠悠空尘,忽忽海沤。浅深聚散,万取一收。

“万取一收”四字是经多少诗人的创作,经多少诗论家的探索,才总结出来的!孙联奎《诗品臆说》曾这样解释“万取一收”:“万取,取一于万,即‘不著一字’;一收,收万于一,即‘尽得风流’。”较之“以少总多”的只从诗人创作的方面立论,“万取”为观察并撷取的过程,“一收”为创作和表达的过程,所以更为全面。司空图其实是以很形象的语言阐释了一个道理:诗的境界是诗人从世界复杂的万千景象中选取材料,综合、锻冶

① 司马相如:《西京杂记》。
② 程廷祚:《骚赋论》中。
③《晋书·左思传》。
④ 刘勰:《文心雕龙·比兴》。

而成,虽是一境,却可以概括千景万象,“万”集中表现为“一”,“一”代表了“万”。

宋以后,对“万取一收”的思想继有阐发者,可谓代不乏人,宋有梅尧臣、苏轼、杨万里、姜夔、严羽,明代所论更多,至清初王士禛,则以“神韵”说总其成(但又走上“过犹不及”一路)。

我们且从创作实践来考察一下:诗在其创作过程中是如何“万取一收”,在创作结果上是如何表现出“以一驭万”的。试看王维《终南山》:

太乙近天都,连山接海隅。白云回望合,青霭入看无。分野中峰变,阴晴众壑殊。欲投人处宿,隔水问樵夫。

当中四句是直接写山的。“白云”二句形容山高:四处有白云缭绕,远处是青青的薄雾,接近之后却又看不见了。“分野”二句形容山大:一峰之隔便属于不同的分野,同一时间内各山谷间的阴晴也不相同。绵延八百里,分隔渭水与汉水的秦岭,仅用二十个字就形容了它的高与大。如果用汉赋的写法,不知可以铺排多长?这种以少胜多、以一驭万的写法,在王维作品中并非孤例,如《汉江临泛》的“江流天地外,山色有无中。都邑浮前浦,波澜动远空”亦近之。

又如李白的《早发白帝城》,所写为经由三峡之感受。在郦道元《水经注》中,已是抓住了三峡的特点,出以既见特色又极精炼的笔墨。到了李白笔下,既不写山高、峡深,又不写巫山神女,然而《水经注·江水》中的“有时朝发白帝,暮到江陵,其间千二百里,虽乘奔御风,不以疾也”及“每至晴初霜旦,林寒涧肃,常有高猿长啸,属引凄异,空谷传响,哀久不绝”的两个特点,却都现于诗中。李白于三峡的万山千林、急流飞瀑及两岸风物中,只取起迄的白帝、江陵、猿声、万山而已,读来均知是三峡而非他地,确是“万取一收”而又“以一驭万”。

“以一驭万”造就了新的时空关系,原以汉赋和长诗为代表的、凭藉时间吟咏之延长以展示空间之广阔的作品,变而为以昭示典型物象来统摄空间,将广阔的空间收入短暂的时间(短诗)之中,前引王维《终南山》和李白《早发白帝城》都足以证之。

“以一驭万”不仅是简单地使诗回到时间艺术的本位,将热衷于空间铺排拉回“以时收空”,而且,还造就出非常态时间与空间的时空合一体。如王维《送韦评事》。

欲逐将军取右贤,沙场走马向居延。遥知汉使萧关外,愁见孤城落日边。

这是送友人韦评事出塞之作。首句写韦评事追随将军出征,次句写此行的目的地,第三句则写韦评事出萧关之外,第四句是他对孤城落日而生愁。这是盛唐送别诗常见的主题:建功与思家的矛盾和朋友间相送又相念之情。但在时间上,则今明合一,在空间上,亦跨此地彼地,三四句虽是拟想之事,却在诗中极其自然。这样地逾越时间与空间的限制,却又巧妙地造就合理的时空合一体,是“以一驭万”创造“收空于时”的又一种

类型。相似的例子甚多,如白居易的《邯郸至除夜思家》:

邯郸驿里逢冬至,抱膝灯前影伴身。想得家中夜深坐,还应说着远行人。

李商隐《夜雨寄北》:

君问归期未有期,巴山夜雨涨秋池。何当共剪西窗烛,却话巴山夜雨时。

"以一驭万"不仅是写山容水态或亲朋情谊,在收空于时中见物象之精髓或情谊之深切,而且在表现社会、历史性题材中,更见"言有尽而意无穷"。如李白《苏台览古》:

旧苑荒台杨柳新,菱歌清唱不胜春。只今惟有西江月,曾照吴王宫里人。

李益《隋宫燕》:

燕语如伤旧国春,宫花欲落旋成尘。自从一闭风光后,几度飞来不见人。

前者之月,后者之燕,都是一端以驭万象,在两度的收空于时形成的古今对照中,表其兴亡之感。

下面再看绘画的情况。

我国古代的绘画,本来也是以"全"为尚的,王延寿《鲁灵光殿赋》谓殿中壁画"图画天地,品类群生","千变万化,事各缪形",古帝王及其他人物也"靡不载叙",汉代壁画及画像砖、石也沿袭这一精神。

从现存的石窟壁画看,求"全"的审美思想确是处于主导地位。石窟壁画多为经变、本生故事画,属于佛教艺术。由于佛教故事多有较完整的情节,难以作"瞬间"的表现,因而在时空处理上出现了一些新的形式。如新疆伊循的密兰的一处方形寺院中,留有须大拏本生故事壁画。须大拏太子被逐和赎回的情节较复杂,故用连环画的形式来表达,以表现其较长的时间流程,及相应的空间变化。但在敦煌莫高窟魏窟所画的《降魔变》中,却采取了另一种方法。《降魔变》以释迦佛居中,魔王波旬站立在旁,波旬带来三个魔女和众多魔众,魔女用美色惑佛,魔众用武力相胁,但释迦不为所动,终于大地震动,波旬昏倒,魔众狼狈逃散,魔女顿成丑妪。这种把不同时间内发生的事,组织在一个画面上的画法,不同于前者的连环画方式,它为打破空间艺术对时间的限制,遂将时间换成空间来处理,表现为"以时观空"的特点。

以"全"为尚在空间本身的处理上,则为"以体观面":将目力不及者依然给以展现,即将看不见的作为"体"的部分,化作"面"来处理;或将发生在同一空间的情节展而为平面，通过依次排列来展现全部内容。如魏窟中的《狩猎图》，画家的视点随猎人与猎物在猎区内运动，将立体空间内发生的一切处理成平面所见。

“以时观空”与“以体观面”表现在山水画中，则是将人的视线范围之外的景物收入画面，而这种画面往往是长卷形式（如《长江万里图》），随着目光推移，时间流逝，渐次展现广阔的空间。

唐代莫高窟壁画中的经变画很多，其中《西方净土变》竟达百壁以上，都表现为场面宏伟、开阔，富于变化。而由于时代精神、气象与国力的影响，山水画也表现出求大、求全的审美意识。如李隆基命吴道子和李思训画嘉陵江风光于大同殿壁，李思训竟然“累月方毕”。此时的山水画实际上还处于奠基阶段，未能像故事画那样通过“以时观空”来融合时空，因此还以写实作为基本手段。连后人屡屡称誉的荆浩，在隐居太行山时就“写松万本”，他的画属于宋人所称的“全景山水”，实际上还未根本改变六朝的“卧对其间可至数百里”的精神。

从五代到北宋，山水画可以归纳为三大流派，即荆（浩）关（仝）、李（成）郭（熙）、董（源）巨（然）。荆、关多画太行山，李、郭画黄河流域，董、巨画江南山水，他们的画都表现出师法对象的地区地理特征。《圣朝名画评》说：“李成之笔，近视如千里之远；范宽之笔，远望不离坐外。”这是由于李成多画青州风景，范宽则画关陕一带，是与当地的山川之势相一致的。直到清代的笪重光，还在《画筌》中说：“人不厌拙，只贵神清；景不嫌奇，必求境实。董巨峰峦，多属金陵一带；倪黄树石，得之吴越诸方。米家墨法，出润州城南；郭氏图形，在太行山右。摩诘之辋川，关荆之桃源，华原冒雪，营邱寒林。江寺图于睎古，鹊华貌于吴兴。从来笔墨之探奇，必系山川之写照。”

然而，随着观察、实践的深入，也逐步引起了观念的改变。尤其是由于宋代庄园经济之盛，山水的“可行、可望、可游、可居”的“四可”之中，后二者为之增多，朝夕相伴，终有许多发现。如郭熙《林泉高致·山水训》说：“山近看如此，远数里看又如此，远十数里看又如此，每远每异，所谓山形步步移也。山正面如此，侧面又如此，背面又如此，每看每异，所谓山形面面看也。如此是一山而兼数十百山之形状，可得不悉乎？山春夏看如此，秋冬看又如此，所谓四时之景不同也。山朝看如此，暮看又如此，阴晴看又如此，所谓朝暮之变态不同也。”由于空间上有移步换形之变，时间上有四季和阴晴朝暮之异，因而，画家们遂将刻意写真的态度，逐渐转换为既求真实、又能概括的灵活做法，近对山水而直面观察的方式开始变化。还是郭熙所说：“山水大物也，人之看者须远而观之，方见得一障山川之形势气象。”这虽是说观画之法，又何尝不通之于观真山水？至于观真山水，他说：“真山水之川谷，远望之以取其势，近看之以取其质。”“真山水之风雨，远望可得，而近者玩习不能究错纵起止之势。真山水之阴晴，远望可尽，而近者拘狭不能得明晦隐见之迹。”郭熙以“远”相号召的思想，也渐为画家们所理解、认可，而评论画家优劣，“远”也成为一个标准。如沈括《梦溪笔谈》卷十七说：“江南中主时，有北苑使董源善画，尤工秋岚远景，多写江南真山，不为奇峭之笔。其后建业僧巨然祖述源法，皆臻妙理。大体源及巨然画笔，皆宜远观，其用笔甚草草，近视之几不类物象，远观则景物粲然。幽情远思，如睹异境。如源画《落照图》，近视无功，远观村落杳然深远，悉是晚景，远峰之顶，宛有返照之色，此妙处也。”郭、沈二人大致同时，所见亦同。而后人之推重董、巨，也是与二人善画“峰峦出没，云雾显晦，不装巧趣”的江南平远景色有关，即以画树而言，范宽、李唐之树多似鹿角，而董、巨则用介字点和胡椒点，却得其苍茫错落、蔚然深秀之致，这就是“远”之所得。

由于倡“远”，唐代所好的“铺舒为宏图而无余”，转变为宋代的“消缩为小景而不少”，而其“消缩为小景”，并非如宗炳所说的“今张绢素以远映，则昆阆之形，可围于方寸之内。竖划三寸，当千仞之高；横墨数尺，体百里之迥”的透视法，而是取沈括所说的“以大观小”法。

沈括《梦溪笔谈》在赞扬了董巨之“远”后，又针对较为忠实于对象物的李成画风表示异议。他说：“又李成画山上亭馆及楼塔之类，皆仰画飞檐，其说以为自下望上，如人平地望屋檐间见其榱桷。此论非也。大都山水之法，盖以大观小，如人观假山耳。若同真山之法，以下望上，只合见一重山，岂可重重悉见？兼不应见其溪谷间事。又如屋舍亦不应见其中庭及后巷中事。若人在东立，则山西便合是远景；人在西立，则山东却合是远景，似此如何成画？李君盖不知以大观小之法，其间折高折远，自有妙理，岂在掀屋角也！”

沈括对“仰画飞檐”的不屑，正说明了对焦点透视法的异议，而“折高折远，自有妙理”又怎样具体体现“以大观小”呢？这就是郭熙《林泉高致·山水训》所说的“三远”法：

> 山有三远。自山下而仰山巅谓之高远，自山前而窥山后谓之深远，自近山而望远山谓之平远。高远之色清明，深远之色重晦，平远之色有明有晦。高远之势突兀，深远之意重叠，平远之意冲融而缥缥缈缈。其人物之在三远也，高远者明瞭，深远者细碎，平远者冲淡。明瞭者不短，细碎者不长，冲淡者不大。此三远也。

这种“自山下而仰山巅”的“高远”，“自山前而窥山后”的“深远”，“自近山而望远山”的“平远”，虽各有不同，但既非西洋画的立于一个固定点，而见景物灭于一点的焦点透视，亦非国画长卷“以时观空”的横向平移，而是以并非真正视觉所见的心灵之眼去审视。这样，视线就不是直线，可不为物所障，而是流动、转折、由低转高，由高转深，由深而转向更远。诚如沈括所说“若同真山之法，以下望上，只合见一重山，岂可重重悉见？”无论是作画还是看画，空间感觉当随着“仰”、“窥”、“望”时的时间流程而呈现出节奏化。董其昌说：“远山一起一伏则有势，疏林或高或下则有情。”①沈颢说：“层峦叠嶂，如歌行长篇，远山疏麓，如五七言绝。”②都从山水画的节奏中体现出它近于诗歌

① 董其昌：《画禅室随笔》。

② 沈颢：《画麈》。

的特点。这也就是说：山水画不仅是表现出山水空间的空间艺术，而且具有体现出心灵节奏而近于诗歌的时间艺术特点，同样也是时空合一体。

“以大观小”，用“三远法”造就的寓时于空，并非仅仅表现为画面的简炼、概括，不必像长卷那样以时间推移来拓展空间；也不仅仅是在画面上体现出诸如“春山烟云连绵”，“夏山嘉木繁阴”，“秋山明净摇落”，“冬山昏霾翳塞”的四季景色，在空间中表现时间特征；而是将原应以多视点所得之多层次景色，变而为平面的节奏化的空间，空间渗透着时间意味，离异其本来的几何学特点，而趋向于音乐境界，画家的空间立场是在时间中徘徊移动，这就是“以大观小”造成的特有的时空关系。

诗的收空于时，画的寓时于空，使得中国诗画的时空意识趋于一致。“目既往还，心亦吐纳”，分之为画家与诗人之所各司，合之为画家与诗人所共求，而“以一驭万”和“以大观小”所造成的时空合一，正是中国文艺之所特有。

四　诗的空间假借与画的时间凝缩

亚里斯多德被马克思称为“古代最伟大的思想家”，被恩格斯称为古代“最博学的人”，而亚氏《诗学》的理论要义，正在于将一切艺术都视作摹仿，并为欧洲艺术起了定向作用。他虽在《心灵论》中第一次探讨了想象，论定：“想象和判断是不同的思想方式。”但所说是哲学的想象。真正将想象推之于艺术领域的是罗马的斐罗斯屈拉塔斯，他在《狄阿那的阿波洛尼阿斯的生平》第六卷第十九章中，就古希腊雕刻家菲狄亚斯和伯拉克西特列斯创造的神像，记录了一世纪希腊哲学家阿波洛尼阿斯对此发表的谈话，斩钉截铁地肯定了想象在其中的作用：“是想象塑造了这些作品。它比摹仿是更为巧妙的一位艺术家。摹仿仅能塑造它们看到过的东西，而想象还能塑造它们没有看到过的东西，并把这没有看到过的东西作为现实的标准。”自此，西方理论家中不少人都将想象看成是文艺创作的特殊规律。但是，由于欧洲的诗画在古希腊时代就分别与戏剧、雕塑关系密切，较之中国商周时代的诗画与乐舞、青铜器纹饰的关系来，更显得“真”而“实”。因此，中国诗画创作对想象更为重视。

陆机《文赋》说：

> 精骛八极，心游万仞。
> 浮天渊以安流，濯下泉而潜浸。
> 观古今于须臾，抚四海于一瞬。

刘勰《文心雕龙·神思》更论道：

> 文之思也，其神远矣。故寂然凝虑，思接千载；悄然动容，视通万里；吟咏之间，吐纳珠玉之声；眉睫之前，卷舒风云之色。

从二人所说可以看到:“思接千载”,“观古今于须臾”, 这是时间的超越和集中;“视通万里”,“抚四海于一瞬”,这是空间的超越和集中。

诗作为时间艺术,它所表现出的时间的超越和集中,可谓比比皆是;同样,画作为空间艺术,它所表现出的空间的超越和集中,也并不罕见。我们尤应重视的是:在“表现”的总体精神影响下,中国诗虽注意环境描绘,却常非实写,中国画的创作亦不必坐对山川写生,却多为饱览对象之后凭记忆作画,实际创作时间较西洋画短得多。也就是说:中国诗作为时间艺术的“有声画”,其意象经营不必是眼前实见,可以是假借的空间;中国画作为空间艺术的“无声诗”,其形象创造不必靠长期实写,可以是较短的时间。亦即可以简言之。“空间假借”与“时间凝缩”分别是中国诗画创作中的显著特点。

先看诗的空间假借。

第一,“一枝”与“数枝”、“十里”与“千里”。

据魏庆之《诗人玉屑》卷六载:唐僧齐己将自己的诗拿给郑谷看。其中《早梅》一首,有“前村深雪里,昨夜数枝开”二句。郑谷说:“‘数枝’,非早也,未若‘一枝’。”齐己为之深服,士林亦称郑谷为“一字师”。郑谷并未亲至其地,但因以“深雪”与“一枝”相映,才能真见梅花之“早”,故以“一”易“数”,这样才能透出“早梅”得早春之先的精神,故不必泥于事实。

与此相对照的,却是一个广阔得多的空间,即杜牧的《江南春》。对这首诗,杨慎与后来的何文焕有一场隔代的文字争讼。杨慎《升庵诗话》卷八载:“唐诗绝句,今本多误字,试举一二。如杜牧之《江南春》云‘十里莺啼绿映红’,今本误作‘千里’,若依俗本,‘千里莺啼’,谁人听得?‘千里绿映红’,谁人见得?若作‘十里’,则莺啼绿红之景,村郭楼台,僧寺酒旗,皆在其中矣。”而何文焕《历代诗话考察》则说:“‘千里莺啼绿映红,水村山郭酒旗风。南朝四百八十寺,多少楼台烟雨中。’此杜牧《江南春》诗也。升庵谓‘千’应作‘十’,盖千里已听不着、看不见矣,何所云‘莺啼绿映红’耶?余谓即作‘十’里,亦未必尽听得着、看得见。题云《江南春》,江西方广千里,千里之中莺啼而绿映焉,水村山郭无处无酒旗,四百八十寺楼台多在烟雨中也。此诗之意,意既广,不得专指一处,故总而命曰《江南春》,诗家善立题者也。”

如果说,在同一则的“唐诗绝句误字”中,杨慎辨“秋尽江南草木凋”为“草未凋”,谓“俗人减一画坏了”是深中事理的话,那么他所说的“十里莺啼,俗人添一撇坏了”,则可谓未明诗理了。相较之下,何文焕所说的“不得专指一处”,却是看到了江南春天的共性,其识见较杨慎通达得多。

与“十里”、“千里”相近,且引起更多人争论的是杜甫《古柏行》一诗。杜诗中前四句是:“孔明庙前有老柏,柯如青铜根如石。苍皮溜雨四十围,黛色参天二千尺。”注重科学性的宋人沈括在《梦溪笔谈》中说:“四十围乃是径七尺,无乃太细长乎?”同朝黄朝英则说:“古制以围三径一,四十围即百二十尺,即径四十尺矣……武侯庙柏当从古制以定,则径四十围,其长二千尺宜矣,岂得以太细讥之乎?”[①]但他虽以“古制”证以非“太细”,却忘了是否“太高”、“太粗”了。相较之下,还是范温最有识见,他在《诗眼》中认为这二句是“激昂之语”,“不如此则不见柏之大也。”“激昂之语”本来就是“事不必实”,过于拘泥事实是大可不必的。[②]

以上数例,在诗史和诗论史上都颇著名,它们的共同特点是:虽非实事而情义可思。

第二,“只取兴会神到”。

诗作为时间艺术,可以不受空间限制,短短几句中,经行千里万里而不觉其谬。

除著名的李白《早发白帝城》为人所尽知外,陈子昂《度荆门望楚》也见船行之快:“遥遥去巫峡,望望下章台。巴国山川尽,荆门烟雾开。”四句中将辞川入鄂写得何等简捷!显得更轻松,更悄然不觉的是韩翃的《送客水路归陕》:“相风竿影晓来斜,渭水东流去不赊。枕上未醒秦地酒,舟前已见陕人家。”至如李颀的《送魏万之京》则又具面目,诗中既写了行程,又写了设想:“朝闻游子唱离歌,昨夜微霜初渡河。鸿雁不堪愁里听,云山况是客中过。关城树色催寒近,御苑砧声向晚多。莫见长安行乐处,空令岁月易蹉跎。”虽不似《早发白帝城》那样迅捷,但缓缓道来,同样是“视通万里”。若似刘长卿的《穆陵关北逢人归渔阳》:“逢君穆陵路,匹马向桑乾。楚国苍山古,幽州白日寒。”分别对举湖北、河北,穆陵、幽州,而读来不会遭“缩地”之讥诋,正因为人们认可了诗的“抚四海于一瞬”的特点。

但是,并非所有的人对此都信服不疑的。赵执信《谈龙录》第十三则云:

山阳阎百诗(若璩),学者也。《唐贤三昧集》初出,百诗谓余曰:“是多舛错,或校者之失,然亦足为选者累。如王右丞诗:‘东南御亭上,莫使有风尘。’‘御’讹‘卸’,江淮无‘卸亭’也。孟襄阳诗:‘行侣时相问,涔阳何处边’?‘涔’误‘浔’,涔阳近湘水,‘浔阳’则辽绝矣。祖咏诗:‘西还不遑宿,中夜渡京水。’‘京’误‘泾’,京水正当圃田之西,‘泾水’则已入关矣。”余深韪其言。

阎若璩是“一事不知,以为深耻”,精于考据的专家,其说自无不确。但《唐贤三昧集》的编选者王士禛又是怎样看的呢?《谈龙录》紧接着说道:“寓书阮翁,阮翁后书《池北偶谈》,内一条云:诗家惟论兴会;道里远近,不必尽合,如孟诗‘暝帆何处泊?遥指落星湾’,落星湾在南康云云……”

“惟论兴会”是王士禛的看法,诗人之见与学者之见可谓大不相同。我们不妨看看王士禛本人在《渔洋诗话》中所说:

香炉峰在东林寺东南,下即白乐天草堂故址,峰不甚高。而江文通《从冠军建平王登香炉峰》诗云:“日落长沙渚,层阴万里生。”长沙去庐山二千余里,香炉峰

① 胡仔:《苕溪渔隐丛话》前集卷八。
② 胡仔:《苕溪渔隐丛话》前集卷八。

何缘见之？孟浩然《下赣石》诗“暝帆何处泊，遥指落星湾。”落星湾在南康府，去赣亦千余里，顺流乘风，即非一日可达。

他为之总结道：

古人诗只取兴会超妙，不似后人章句，但作记里鼓也。

在《池北偶谈》中，他论及王维诗，曾说：

“九江枫树几回青，一片扬州五湖白。”下连用兰陵镇、富春郭、石头城诸地名，皆寥远不相属。大抵古人诗画只取兴会神到，若刻舟缘木求之，失其指矣。

王维原诗是《同崔傅答贤弟》，诗中涉及地名的有这样几句：“洛阳才子姑苏客，桂苑殊非故乡陌。九江枫树几回青，一片扬州五湖白。扬州时有下江兵，兰陵钲前吹笛声。夜火人归富春郭，秋风鹤唳石头城。”诗中写到的诸地，确是“寥远不相属”，因而读诗不能过于拘泥，“若刻舟缘木求之，失其指矣”。这就是渔洋教人之法。而“只取兴会神到”的结果，则必然走入空间假借一路。

第三，遇兴遣词、借景立言。

钱锺书先生《管锥编·毛诗正义》第二十三则，就《诗经》中的《淇奥》、《溱洧》分别写到的竹及芍药，引后人所著，证以二地并无此二物之产。他指出：“窃谓诗文风景物色，有得之当时目验者，有出于一时兴到者。”论及唐宋，则李白《登金陵凤凰台》的“三山半落青天外，二水中分白鹭洲”，欧阳修《醉翁亭记》的“环滁皆山”，都与实际的地理情况不合，是“一时兴到”的显例。

张继的《枫桥夜泊》是唐诗中名篇，然而仔细推敲，人们找出了不少疑虑：一是月落时乌鸦并不啼叫，二是枫性恶湿，多生山中而不傍水，三是寒山寺是否半夜鸣钟？对此，也打了多少个朝代的笔墨官司，至今仍有人旧题新作，发起或参加讨论。对此，应怎样看待其事实与优劣呢？明人胡应麟在引韦应物《滁州西涧》时，批驳了“宋人谓滁州西涧，春潮绝不能至”，提出了“诗人遇兴遣词”的原则。他又说：

又张继“夜半钟声到客船”，谈者纷纷，皆为昔人愚弄。诗流借景立言，惟在声律之调，兴象之合，区区事实，彼岂暇计？无论夜半是非，即钟声闻否，未可知也。[①]

“遇兴遣词”、“借景立言”应用得非常广泛。不仅是抒发闲情、愁绪、旅思的作品中可以见到，在传统的“言志”之作中更可见到。如李白《行路难》的“欲渡黄河冰塞川，将

---

① 胡应麟：《诗薮》外编卷四。

登太行雪满山。闲来垂钓碧溪上,忽复乘舟梦日边”,以前二句的路途被阻,后二的吕尚、伊尹得遇贤主,表自己希望未灭,而“黄河”、“太行”、“碧溪”均为遇兴所遣之词。如果说李白诗中所写之地尚可见之为未到,另一些作品则须作考辨了。如杨炯《从军行》的颔联“牙璋辞凤阙,铁骑绕龙城”,上句才辞京都,下句已围敌城,我们不能认为这是省略了写路程,以完成时空的大超越,而只能是“借景立言”。即使是陈子昂《送魏大从军》的“怅别三河道,言追六郡雄。雁山横代北,狐塞接云中”,一方面以汉代赵充国一类的六郡名将许之魏大,同时在怅别三河(河东、河内、河南)这晋豫边地时,又遥接雁门山、飞狐塞这代北、冀北之地,确是“遇兴遣词”、“借景立言”,以业绩期许朋友。

“枕上片时春梦中,行尽江南数千里”①,以上数例,虽非春梦,却是片时千里,非假借何以得此?至于并非直接言志,而是别有寄托的作品,其“遇兴遣词”、“借景立言”又是另一种形式。如陶渊明《拟古九首》中的“迢迢百尺楼,登高望四荒。暮作归云宅,朝为飞鸟堂”,这四句是为了表现“古时功名士,慷慨争此场。一旦百岁后,相与还北邙”的感慨,因而这“百尺楼”就显为借景了,同样,如张九龄《感遇》中的“鱼游乐深池,鸟栖欲高枝”,也是一种借景,诚如陈沆《诗比兴笺》所说:“君子小人,取舍异趋”,“鱼游鸟趋,各适高深之乐”。

第四,寻味前言、吟讽古制。

博学的杨慎曾发现唐诗中不乏相同或相近的句子。他曾对举下列诗句:

忽见陌头杨柳色,悔教夫婿觅封侯。(王昌龄)
自怨愁容长照镜,悔教征戍觅封侯。(李颀)

游人一听头堪白,苏武争禁十九年。(杜牧)
停骖一顾犹魂断,苏武争消十九年。(胡曾)

绿浪东南西北水,红阑三百九十桥。(白居易)
春城三百九十桥,夹岸朱楼隔柳条。(刘禹锡)

无情有恨何人见,露压烟笼千万枝。(李贺)
无情有恨何人见,月晓风清欲堕时。(皮日休)

从中得出了“唐人诗句,不厌雷同,绝句尤多”的结论。②

其实,诗歌非仅语言的运用具有延续性,在意象组合上也有历代相沿成习的现象,诚如托名王昌龄的《诗格》所说,在创作中“寻味前言,吟讽古制,感而生思”,造成了空间假借。

① 岑参:《春梦》。
② 杨慎:《升庵诗话》卷八。

宋人许顗《彦周诗话》云："'燕燕于飞，差池其羽。之子于归，远送于野。瞻望弗及，泣涕如雨！'此真可泣鬼神矣。张子野长短句云：'眼力不知人，远上溪桥去'，东坡《送子由诗》云：'登高回首坡陇隔，惟见乌帽出复没。'皆远绍其意。"这种"远绍其意"的构思相同或相似，常得之于"寻味前言，吟讽古制"之中。钱锺书先生在《管锥编》中就《诗·燕燕》这六句及许顗所论，又益以数例：辛弃疾《鹧鸪天》的"情知已被山遮断，频倚阑干不自由"，唐邵谒《望行人》的"登楼恐不高，及高君已远"，梁朱超道《别席中兵》的"扁舟已入浪，孤帆渐逼天，停车对空渚，长望转依然"，王维《观别者》的"车徒望不见，时见起行尘"等。在相当多的情况下，这些所写的情景都是从前人作品现成的思路、形象上得到启发，遂"感而生思"，诗中的山、楼、舟、车、天、尘，并非就是实有之物，而可能是"前言"、"古制"的假借。这样，回过头来再看杨慎所说的"唐人诗句，不厌雷同"，则可能是有意，也可能是无意的了。

有政治寄托的作品，常有"前言"、"古制"的假借，写日常见闻，感受的作品，也同样如此。前者如张九龄《感遇》第七首的"江南有丹橘，经冬犹绿林。岂伊地气暖？自有岁寒心"，前二句得之于屈原《橘颂》和古诗《橘柚垂华实》，后二句则出于《论语·子罕》"岁寒然后知松柏之后凋也"，且更直接地是从刘桢《赠从弟三首》其二的"岂不罹凝寒？松柏有本性"寻味、吟讽而来。《感遇》第十首的"汉上有游女，求思安可得"，则是《诗·周南·汉广》中的"汉有游女，不可求思"之变。后者如写及边塞战争的诗，其国名、地名多非实指，如唐诗中的匈奴、龙城、燕然、楼兰、狼山等。自《诗·采薇》的"昔我往矣，杨柳依依"以来，写柳多关别离，而《古诗十九首》中的"青青河畔草，郁郁园中柳"又引起思妇之叹。在唐诗中，征人、游子与思妇之叹，成为沿袭不已的题材，杨柳也成为常用的意象。如谓王昌龄《闺怨》的"忽见陌头杨柳色"，杨柳尚为实见者，那么贾至《春思》中的"草色青青柳色黄"与"桃花历乱李花香"并列，可能其中"柳色"就是顺手拈来，以表其"春日偏能惹恨长"之意了。至如张仲素《春闺思》的"袅袅城边柳，青青陌上桑，提笼忘采叶，昨夜梦渔阳"，"梦渔阳"是由于"觅封侯"，而"城边柳"作为"陌上桑"的陪衬，则更见并非实有了。

再看画的时间凝缩。

诗较之于画，表现的范围要广得多。莱辛在《拉奥孔》中说："诗的意象是精神性的，这些意象可以最大量地，丰富多彩地并存在一起而不至互相掩盖，互相损害，而实物本身或实物的自然符号却因为受到空间和时间的局限而不能做到这一点。"较之于西洋画，我国绘画的散点透视、三远法及长卷形式等，可以使空间艺术突破时间的限制，并形成二者的结合。但绘画毕竟不像诗歌那样自由，对于中国诗画的时间艺术与空间艺术的融合，由诗的空间假借，可以进而谈谈与之相应的画的时间凝缩。

诚然，杜甫论画所重是"意匠惨淡经营中"①，以"十日画一水，五日画一石""能事不受相促逼"②为尚，这大概与他讲究法度，且"颇学阴何苦用心"，"新诗改罢自长吟"，

① 杜甫：《丹青引》。

② 杜甫：《戏题王宰画山水图歌》。

以求“语不惊人死不休”的创作态度有关。但正如文学创作中既有覃思，也有骏发一样，画中也有这种区别。画嘉陵江三百里山水，吴道子一日而就，李思训累月方毕就是一个显例。山水画在自身发展过程中，也像辞赋、诗歌中对自然的描写由繁趋简一样，也由“铺舒为宏图而无余”演变为“消缩为小景而不少”。而且，随着“尚意”而导致写意超过写实，并随之由实地描摹转为记忆作画，讲究经营位置和笔墨意味，空间艺术的时间凝缩的特点愈加显著。

第一，物在灵府，不在耳目。

以古希腊、罗马的雕刻，文艺复兴时期意大利绘画为代表的欧洲美术，尽管彼此间也有不同，如希腊追求理想的美，罗马追求真实的美，群星灿烂的文艺复兴巨匠更追求充实、完善的美，但与我国绘画相较，最显著的共同点在于其写实性。古希腊从“模仿自然”出发，以追求和谐、秩序、比例、平衡为理想，最终在人体美中找到了这种理想，于是，以神殿建筑表现神的境界，以人体雕刻表现理想的美，成为古希腊艺术不可分的两部分。而罗马的艺术，则是希腊精神的延续，从庞贝城遗迹的壁画可见，它是完全建立在雕刻的基础之上的，如同将雕刻移于墙上。文艺复兴时代，意大利画家都推崇希腊雕刻，在以希腊雕像作为人体造型的范本同时，还出于求“真”而盗尸，从事解剖尸体，使解剖学与透视学成为画家的必修课程。

我国绘画在经由了礼教化和宗教化的阶段后，转以自然为表现主体，虽“道法自然”，却从来都不以形似为最高追求。从早期的“随色象类，曲得其情”，就重视“心”与“境”的关系，到后来则更强调“因心造境”、“得意忘象”，因而，我国绘画具有“超以象外，得其环中”的特点。当然，中国绘画历来强调师古人不如师造化，以行万里路为尚，但这是通过观察而积学贮宝，以丰富表象的伫存与记忆，而非坐对山水写实。

就对象、创作和主观能动性的关系言，张璪的“外师造化，中得心源”最具普遍意义。“外师造化”是境入于心，“中得心源”是因心造境，二者构成了完美的辩证关系。

张璪不仅留下了这八个字，而且符载在《观张员外画松石序》中，对他的绘画有详细记载：“是时座客声闻士凡二十四人，在其左右，皆岑立注视而观之。员外居中，箕坐鼓气，神机始发。其骇人也，若流电激空，惊飚戾天。摧挫斡掣，㧑霍瞥列。毫飞墨喷，捽掌如裂，离合惝恍，忽生怪状。及其终也，则松鳞皴，石巉岩，水湛湛，云窈眇。投笔而起，为之四顾，若雷雨之澄霁，见万物之情性。”在描述完这一迅捷的作画过程后，他继而得出了这样一个结论：

> 观夫张公之艺非画也，真道也。当其有事，已知遗去机巧，意冥玄化，而物在灵府，不在耳目。故得于心，应于手，孤姿绝状，触毫而出，气交冲漠，与神为徒。若忖短长于隘度，算妍蚩于陋目，凝觚舐墨，依违良久，乃绘物之赘疣也，宁置于齿牙间哉？①

① 俞剑华：《中国画论类编》，人民美术出版社 1986 年版。

他认为张璪作画“遗去机巧，意冥造化”，已如同庖丁解牛一样，“以神遇而不以目视，官知止而神欲行”，达到了得心应手、功到自成的境界。到达这一境界，已有“外师造化”的大量积累及极其纯熟的技巧，一但发之于“中得心源”，即臻善境。

“物在灵府”，可见对象已成“胸中之竹”，“不在耳目”，故不必对“眼中之竹”写实。固然，古代的画家虽未必都能似张璪那样，能达到极其熟练的地步，但从古至今，中国画家都不以对象模写为能事，似赵昌的“写生逼真”画法者极少，非仅是吴道子自称“臣无粉本，并记在心”，后来的画家也沿袭记忆作画一路。虽造诣修养不同，但“物在灵府，不在耳目”几乎是画家的共同追求，较之欧洲绘画，更显见为中国画家的共性。吴道子、张璪、王洽等唐代画家最可见“速发”的时间凝缩，即使如黄公望《富春山居图》“经营七年而成”①，但七年时间主要是“云游在外”，进行长期的观察，绝不同于列宾所画的《一八三五年普希金在涅瓦河上》，变换普希金形象达百次之多，历时二十年之久。

第二，积好在心，久则化之。

为什么能做到“物在灵府”呢？这无非得之于长期观察，深入了解。宋人董逌在《广川画跋》中，对宋代著名山水画家李成有所记述，他认为李成“于山林泉石”，“积好在心，久则化之”，当他“磊落奇蟠于胸中”之后，“他日忽见群山横于前者”，就触发了创作契机，“漫然放乎外而不可收也”。从董逌所记看来，李成的“积好在心，久则化之”，已不同于荆浩在《笔法记》中自叙在太行山洪谷对古松的写实，“遍而赏之，明日携笔复就写之，凡数万本，方如其真。”这是在长期、深入观察的基础上，对表现对象极为了解、熟悉，在掌握了山水形象的规律后，丘壑成于胸中，一旦“忽见群山横于前者”，激发起创作热情，就能在笔下凝成形象。

从后来著名山水画家的创作实践看，固然是将“师造化”放在首位，如郑伦达从黄公望的《层岩迭嶂轴》中看出“绝似虞山剑门奇险景”，②笪重光也说：“从来笔墨之探奇，必系山川之写照。”③但画家们所走的毕竟是“积好在心，久则化之”一路，而非机械摹写。董其昌说得好：

> 读万卷书，行万里路，胸中脱去尘浊，自然丘壑内营，成立鄞鄂，随手写出，皆为山水传神。④

“丘壑内营”正是中国画的特点，“行万里路”在于陶冶性灵、情操，通过仔细观察，使山川入于心中，才能发其神秀，穷其奥妙，夺其造化。中国画毕竟不是对表现对象的刻意

① 王原祁：《麓台题画稿》。
② 郑伦达：《虞山画志》。
③ 笪重光：《画筌》。
④ 董其昌：《画禅室随笔》。

模仿,唐岱《绘事发微》曾分论四品:“余谓欲到能品者,莫如勤依格法,多自作画。欲到妙品者,莫如多临摹古人,多读绘事之书。欲到神品者,莫如多游多见。而逸品者,亦须多游,寓目最多,用笔反少。取其幽僻境界,意象浓粹者,间一寓之于画,心溯手追,熟后自臻化境。”神、逸二品的创造,都必须凭藉生活积累,深刻了解对象,但欲求品位最高的“逸品”,“寓目最多,用笔反少”,“心溯手追,熟后自臻化境”,这又岂非“积好在心,久则化之”的结果?

积之既久,发之必速,中国画的时间凝缩是不难理解的。

第三,意在笔先,为画中要诀。

中国画非常强调“意”,张彦远在《历代名画记》中论“六法”时说:“骨气,形似,皆本于立意,而归乎用笔。”宋韩拙《山水纯全集》也说:“凡未操笔,当凝神著思,豫在目前,所以意在笔先,然后以格法推之,可谓得之于心,应之于手也。”清王原祁《雨窗漫笔》更称:“意在笔先,为画中要诀。”而“意在笔先”与“物在灵府”一样,都是对主观创造意识的强调。

石涛《苦瓜和尚画语录》有《尊受》一章,论述更为全面、合理。他说“受与识,先受而后识也”,摆正了认识过程中实践与认识的位置。他又说“古今至明之士,藉其识而发其所受”,可见在创作这一逆向过程中,同样应是逆向的“藉其识而发其所受”,明显地强调“识”对于“发”其“受”的主导作用。具体说来,这“识”就应化为画中的立意,只在有了明确的、好的立意后,才能“画受墨,墨受笔,笔受腕,腕受心”,而非枝枝叶叶,谨步恭行,从而进入得心应手的创作过程。

在“积好在心,久则化之”,伫存了丰富的记忆表象之后,就形成了“意在笔先”的状态。但这“意”要凭藉“笔”表达出来,还需适当的触发。“忽见群山横于前”是一种无意的触发,“养兴”则是常用的有意触发之途。清孔衍栻曾自道经验:“余作画,每取古人佳句,借其触动,易于落想,然后层层画去。”[①]王昱言之更详:“未作画前,全在养兴,或睹云泉,或观花鸟,或散步清吟,或焚香啜茗,俟胸中有得,技痒兴发,即伸纸舒毫,兴尽斯止。”[②]大致说来,唐人倡气势豪放之作,故吴道子观裴旻舞剑,受其触动,援毫图壁,飒然风起,“有若神助”,王洽常借醉而“以头髻取墨,抵于绢素”,成其“墨戏”。而宋代以后,则渐渐由动趋静,多从养兴中进入虚静的创作状态。但动也罢,静也罢,定气势、分间架、布疏密、运笔墨,往往都是一气呵成,思如泉涌,“千岩万壑,奋袂可成”。总之,是“速发”而非慢成,根本原因,除技法纯熟之外,更在于“意在笔先”。

第四,以情造景,顷刻可成。

孔衍栻尝云:“每见画家先用炭画,取可改救。然已先自拘滞,如何笔力有雄壮之气?余不论大小幅,以情造景,顷刻可成。”[③]绘画首在立意,只有意在笔先,才会有传神的笔墨和雄壮之气。孔氏自谓“以情造景,顷刻可成”,就道出了情、意驱动创作,可致

① 孔衍栻:《石村画诀》。

② 王昱:《东庄论画》。

③ 孔衍栻:《石村画诀》。

下笔有神的道理。方薰曾对杜甫"十日一石"、"五日一水"之说为之辨析。"笔墨之妙，画者意中之妙也。故古人作画，意在笔先，杜少陵谓'十日一石，五日一水'者，非用笔十日五日而成一石一水也。在画时意象经营，先具胸中丘壑，落笔自然神速。"[①]他又说："古人用笔，妙有虚实。所谓画法，即在虚实之间。虚实使笔，生动有机，机趣所之，生发不穷。"[②]这里的"所谓画法，即在虚实之间"一语大可与"以情造景"相佐证。在"积好在心，久则化之"的基础上，心中有了"意"，"先具胸中丘壑"，一旦感兴来时，就可进入"以情造景"的创作过程，表现为"落笔自然神速"的创作状态。

"以情造景"非仅是山水画的创作准则，人物画也不例外。宋陈造认为，对人物观察的"默识"，同样要注重"情"："使人伟衣冠，肃瞻眂，巍坐屏息，仰而视，俯而起草，毫发不差，若镜中写影，未必不木偶也。着眼于颠沛造次、应对进退、颦颏适悦、舒急倨敬之顷，熟想而默识，一得佳思，亟运笔墨，兔起鹘落，则神王而气完矣。"[③]元王绎进一步发挥："彼方叫啸谈话之间，本真性情发现，我则静而求之，默识于心，闭目如在眼前，放笔如在笔底。"[④]

既然最难表现的人物都可凭藉"默识"而作深刻观察，对彼情的掌握，又适触己情之引发，作画"兔起鹘落"，得气旺神完的效果，那么山水静物之类当然就更不是直面对象的机械模写，而是在长期观察、深刻了解基础上的"先具胸中丘壑，落笔自然神速"。

苏轼在《王维吴道子画》一诗中，赞赏吴道子的"雄放"，"当其下手风雨快，笔所未到气已吞"。他在《文与可画筼筜谷偃竹记》中再申"熟"而"速"之意："竹之始生，一寸之萌耳，而节叶具焉。自蜩蝮蛇蚹，以至于剑拔十寻者，生而有之也。今画者乃节节而为之，叶叶而累之，岂复有竹乎？故人画竹必先得成竹于胸中，执笔熟视，乃见其所欲画者，急起从之，振笔直遂，以追其所见，如兔起鹘落，少纵即逝矣。"这段话记录了文同所授的画竹法，其实，非仅是竹，在中国画创作中可谓具有普遍意义。"成竹在胸"的熟而意成；"急起从之，振笔直遂，以追其所见"的灵感触发和创作欲之激起；"兔起鹘落，少纵即逝"的速发，都是极形象的论述。

当然，较之诗的空间假借，画的时间凝缩只是创作过程，而非意象营造之法，但作为中国画的一个特点，也是不容忽略的。

---

① 方薰：《山静居画论》。

② 方薰：《山静居画论》。

③ 陈造：《江湖长翁集·论写神》。

④ 王绎：《写象秘诀》。

言意之辨与形神之鉴
——诗画形象营造的趋同

诗与画在形象营造上具有一个共同特点。这就是导源于庄学、发展于玄学的言意之辨与形神之鉴，造就了诗歌与绘画创作的共同原则，在佛学充分渗入文艺领域之后，于唐宋时期而大成。于是，诗以简约、含蓄为尚，以意余于象为特点，画不以形似为归的，而倡导神似为上。我国古代虽是“重实际而黜玄想”（鲁迅语），但恰好是庄学、玄学、禅宗这些“玄想”，对我国诗画的艺术发展起了决定性的影响。

一 从得意忘言到析词尚简

老、庄、易、玄的“言意之辨”对诗的艺术表达产生了很大影响。《左传》襄公二十五年记录了孔子的一段话：

> 仲尼曰：《志》有之；“言以足志，文以足言。”不言，谁知其志？言之无文，行而不远。

这是孔子重视“人为”的一个重要思想。但“以虚无为本”（司马谈语）的老子，在强调人要顺应自然规律同时，却反对人的主观能动性，因而他希望能有顺应自然的文艺，而不要人为的文艺，以“大音希声，大象无形”相标榜。后来王弼在注“大音希声”时说：“听之不闻名曰希，不可得而闻之音也。有声则有分，有分则不宫而商矣。分则不能统众，故有声音，非大音也。”有具体、部分就不能有整体，从而就伤其自然。老子又说：“信言不美，美言不信”①，“大巧若拙，大辩若讷”②。在他看来，人为的声音和节奏破坏了自然本来的音乐，人为的语言、文字创作的诗和文章，人为的线条、色彩创作的绘画，也同样破坏了自然美。这样一来，非仅是崇尚自然，而且不表现要比表现好，就成了顺理成章的结论。

庄子继承和发展了老子的思想，他的哲学、美学思想很丰富，与本论题相关的，则是他对言意关系的看法。他在《秋水》中说：

> 可以言论者，物之粗也。可以意致者，物之精也。言之所不能论，意之所不能察致者，不期精粗焉。

---

①《老子》八十一章。

②《老子》四十五章。

他认为,语言所能表达的只是事物的粗糙处,是其外部,而意所能破解、领会的才是事物的精微之处,而言无法表达、意亦无法领会的,则是事物的深刻妙理,是不能期待以精、粗的。郭象这样解释:"夫言意者,有也,而所言所意者,无也。故求之于言意之表,而入乎无言无意之域,而后至焉。"这一思想对后来的诗论、诗作有颇大影响。

庄子在《天道》篇中又说:

世之所贵道者书也,书不过语,语有贵也。语之所贵者意也,意有所随。意之所随者,不可以言传也,而世因贵言传书。世虽贵之,我犹不足贵也,为其贵非其贵也。故视而可见者,形与色也,听而可闻者,名与声也。悲夫,世人以形色名声为足以得彼之情。夫形色名声,果不足以得彼之情,则知者不言,言者不知,而世岂识之哉!

在此,他认为"道"是不可用形色名声来描述形容和判断规定的。

在《外物》篇中,他进一步说:

筌者所以在鱼,得鱼而忘筌;蹄者所以在兔,得兔而忘蹄;言者所以在意,得意而忘言。

得鱼后可以不要筌(捉鱼之具),得兔后可以不要蹄(捉兔之具),得其意则可以忘其言。"得意忘言"是领悟到最高境界时的最佳状态,"能言"之时则这种状态已过,进入到了诉诸理智的阶段。而"得意忘言"一语则是关于言意关系的最彻底的说法。

《周易·系辞上》在"言"、"意"之外,又加入了"象",它这样论述三者的关系:

子曰:书不尽言,言不尽意。然则,圣人之意,其不可见乎?子曰:圣人立象以尽意,设卦以尽情伪,系辞焉以尽其言,变而通之以尽利,鼓之舞之以尽神……

在这段话中,包含了"言"所不能尽之"意","象"却可尽的意思。且不管"象"是否真正能尽"意",我们应注意的是这样一个思想:即尽"意"者不只有"言",还有"象"。《系辞上》说:"见乃谓之象。"可见"象"是感性的,而且,"象也者,像也"[①],又应是事物的具体反映,因而,这里的"象"虽非艺术形象,却与艺术形象相通。至于"意",决非简单的概念,为领会"象"中之"意",就要"观其象而玩其辞",对其理解要"神而明之,存乎其人"[②],这就与艺术欣赏也有相通之处了。而将言、意、象三者的关系移之于诗歌领域,岂非与语言、思想、意象的关系相通?

---

①《周易·系辞下》。

②《周易·系辞上》。

老、庄思想在《淮南子》一书中得以延续，并有进一步的发挥。但是，真正将庄子“言意之表”思想发挥尽致的是魏晋玄学时代，在这一时代，“言意之辨”成为一大论题。

较之两汉的“天人合一”和谶纬迷信的神学目的论来，魏晋的“人的主题”和“文的自觉”无疑是一大进步，而两汉儒学的宗主地位被魏晋玄学所取代，也是历史的必然。汤用彤先生曾论其变化之踪迹缘由：

> 夫历史变迁，常具继续性。文化学术虽异代不同，然其因革推移，悉由渐进。魏晋教化，导源东汉。王弼为玄宗之始，然其立义实取汉代儒学阴阳家之精神，并杂以校练名理之学说，探求汉学蕴摄之原理，扩清其虚妄，而折衷于老氏。于是汉代经学衰，而魏晋玄学起。①

对玄学的治学眼光和方法，汤先生论述道：

> 夫玄学者，谓玄远之学。学贵玄远，则略于具体事物而究心抽象原理。论天道则不拘于构成质料，而进探本体存在。论人事则轻忽有形之粗迹，而专期神理之妙用。夫具体之迹象，可道者也，有言有名者也。抽象之本体，无名绝言而以意会者也。迹象本体之分，由于言意之辨。依言意之辨，普遍推之，而使之为一切论理之准量，则实为玄学家所发现之新眼光新方法。②

“言意之辨”成为“一切论理之准量”，可见其地位之重要。依汤用彤先生所说，“言意之辨”当起于汉魏间的名学，而名理之学又源于评论人物，进而从名学的原则变为玄学家的方法论：“魏晋名家之用，本为品评人物，然辨名实之理，则引起言不尽意之说，而归宗于无名无形。夫综核名实，本属名家，而其推及无名，则通于道家。而且言意之别，名家者流因识鉴人伦而加以援用，玄学中人则因精研本末体用而更有所悟。王弼为玄宗之始，深于体用之辨，故上采言不尽意之义，加以变通，而主得意忘言。于是名学之原则遂变而为玄学家首要之方法。”③

王弼以《庄子·外物篇》的筌蹄之说，作《周易略例·明象章》，为之进一步新解，从而奠定了汉代经学转为魏晋玄学的基础。

汉人解《易》重象数，他们将卦、爻辞所代表的事物看成是固定不变的。王弼认为汉儒相沿成习的解释爻象的方法过于刻板、机械，故在《周易略例·明象章》中提出了新的方法论：“夫象者，出意者也；言者，名象者也。尽意莫若象，尽象莫若言。”从中可见他的认识论是：象以达意，言以明象。但若止步于此，就不是王弼了。

---

① 汤用彤：《汤用彤学术论文集》，中华书局1983年版。

② 汤用彤：《汤用彤学术论文集》，中华书局1983年版。

③ 汤用彤：《汤用彤学术论文集》，中华书局1983年版。

他又说：

> 意以象尽，象以言著。故言者所以明象，得象而忘言，象者所以存意，得意而忘象。

他认为，言代表象，象代表意，二者均为得“意”之工具，解《易》不应滞于言，而应忘言忘象，体会其中蕴含的意义。较之汉儒机械的方法论来，这无疑是一大进步，但他之过于强调“忘”，则开始走向谬误了。他以机械、拘泥为错，当然是正确的，但他又进而滑向另一端，以错反错：

> 存言者，非得象者也；存象者，非得意者也。象生于意，而存象焉，则所存者乃非其象也；言生于象，而存言焉，则所存者乃非其言也。

过于执其言则未真得其象，过于执其象则未真得其意，事物内涵之丰富，形态和实质的发展，都证明了停滞的目光和方法的错误，但只强调事物未被认识及认识不全的部分，而否定已被认识和认识得正确的部分，同样是错误的。非仅止于此，王弼又进一步推论：

> 然则，忘象者乃得意者也；忘言者乃得象者也。得意在忘象，得象在忘言。故立象以尽意，而象可忘也；重画以尽情，而画可忘也。

只有忘象才能得意，只有忘言才能得象。如果说前面的错误似于建三层楼可不必凭藉一、二层的基础，如今则认为有了一、二层反而建不成第三层了。这当然是很荒谬的。

王弼所论从正确走向谬误，他的每一层推论都使错误发了一次酵，以至最终发生了质变。然而，他的认识论的基础：“所存者乃非其象”，“所存者乃非其言”，仍具有相当的合理性，因为现象确实比语言丰富得多，概念也难以尽赅其应有的外延。正因为这样，“言意之辨”的“言不尽意”说能产生极大影响。

《世说新语·文学篇》有一段很有意思的话：

> 褚季野语孙安国云：“北人学问渊综广博。”孙答曰：“南人学问清通简要。”支道林闻之曰：“圣贤固所忘言，自中人以还，北人看书如显处视月，南人学问如牖中窥日。”

“显处”为广，“牖中”为约，“日”指明，“月”为暗。汉代经学为“北”，魏晋玄学为“南”，重南轻北则归于忘言得意。

我们再考察从陆机到刘勰的创作思想之变化。

老、庄的“大音希声”说、言意之表论，是在《诗三百》之后才产生的。代表楚文化的《楚辞》除在荒唐谬悠、琦玮深宏上，与庄子散文有共同之处外，是难以找到老、庄的上述影响的。汉代定儒学为一尊，文学上是赋的时代。因而讨论本论题，当从魏晋开始。

汤用彤先生认为，王弼论《易》的新解，魏晋人士用之极广，大致可归纳为四方面：一是用于经籍的解释；二是契合于玄学之宗旨；三是会通儒道二家之学；四是影响于名士之立身行事。[①]

魏晋玄学对文学、对诗歌有没有影响呢？

毫无疑问，一个时代的学术思想必然会影响这一时代的文学思想，玄言诗的兴起岂非几与玄学同步？但是，从方法论说，“言不尽意”对诗歌艺术表现的影响，却不止慢了一个节拍，所以汤先生只归纳了四个方面。

《周易》的“立象尽意”说，虽是就占筮言，但与形象思维这一特殊的艺术创作规律有关。由于世间万事万物无比丰富复杂，要反映客观或表现主观都非易事，因而孔子有“辞，达而已矣”之说。然而，“辞达”又岂是易事？苏轼在《答谢民师书》中说及从“识”到“达”有从客观到主观的三个环节：观物——了然于心——了然于口与手。“了然于心”尚且“千万人而不一遇”，何况“了然于口与手”？因为即使“了然于心”，也常处于“口不能言”的状态。于是，在“文的自觉”时代，陆机《文赋·序》开始较深入地探讨“辞达”的途径，并体会至深地说：

> 余每观才士之所作，窃有以得其用心。夫其放言遣辞，良多变矣。妍蚩好恶，可得而言。每自属文，尤见其情。恒患意不称物，文不逮意，盖非知之难，能之难也。（加点句为引者所加）

陆机少王弼三十余岁，但“莫不贵无”正是笼罩魏晋二代的风气，他的“恒患意不称物，文不逮意”，竟然自觉不自觉地同王弼“得意忘象”、“得意忘言”对着干了。要越过“能之难”的障碍，就要仔细观察，“巧构形似之言”，因而“笼天地于形内，挫万物于笔端”[②]就不仅是汉赋作风，也是六朝诗侧重于描写的一种说法了。

挚虞在《文章流别论》中说：“古诗之赋，以情义为主，以事类为佐。今之赋，以事形为本，以义正为助。情义为主，则言省而文有例矣；事形为本，则言富而辞无常矣。”此虽言赋，但亦通之于诗中之“赋”——描写。“假象尽辞”，“事形为本，则言富而辞无常”，这也可以看成是六朝诗风的概括。

建安诗以“风骨”见称，黄初承其余绪。但即以曹植言，其《美女篇》之旨是“子建志在辅君匡济，策功垂名，乃不克遂。虽授爵封，而其心犹为不仕，故托处女以寓怨慕之情焉”（刘履说）。然而诗中竟用十句之多写其装饰、体态。西晋时，陆机最负盛名，但被

① 汤用彤：《魏晋玄学论稿·言意之辨》，载《汤用彤学术论文集》，中华书局1983年版。

② 陆机：《文赋》。

评为“但工涂泽”，“意欲逞博”，“遂开出排偶一家”。[①]潘岳也是才名盖世，但后人却认为“所嫌笔端繁冗，不能裁节，有逊乐府古诗含蕴不尽之妙”。[②]宋之谢灵运，为山水诗大家，但钟嵘评其“故尚巧似”，“颇以繁富为累”。[③]梁代诗风“转拘声韵，弥尚丽靡”，[④]简文帝、庾肩吾、徐摛等人的宫体诗反映的是病态的放荡、色情，陈、隋相继，沿袭百年。相较之下，何逊、阴铿的山水诗较为可读。何逊诗在“实为精巧，多形似之言”[⑤]同时，又能“经营匠心，惟取神会”，“状景必幽，吐情能尽”，[⑥]已渐得近体诗风气之先，以至后来杜甫“颇学阴何苦用心”，从中采为己句者不少。阴铿“寻常景物，亦必摇曳出之，务使穷态极妍，不肯直率”，但又“无齐、梁晦涩之习，而琢句抽思，务极新隽”。[⑦]阴、何之作已启唐音，到庾信，先是绮艳，后是清新、老成，“为梁之冠绝，启唐之先鞭”，[⑧]刘熙载甚至认为“庾子山《燕歌行》开唐初七古，《乌夜啼》开唐七律。其他体为唐五绝、五律、五排所本者，尤不可胜举”。[⑨]

玄学较之于经学，有南学约而北学广之别，但文学发展的南北不同则不在此。李延寿《北史·文苑传序》说：

> 江左宫商发越，贵于清绮；河朔词义贞刚，重乎气质。气质则理胜其词，清绮则文过其意。

刘师培《南北文学不同论》进一步说，南朝“慧业文人，咸崇文藻”，“句争一字之奇，文采片言之贵”。可以认为，南北文学与学术的精神是恰恰相反的。

诚然，综观六朝，也有如陶渊明这样的大诗人，前此的阮籍、左思，后此的鲍照、谢朓，也是优秀的诗人，但更多的诗人诗作并不以兴寄、风骨、自然、简约为尚。从某种角度讲，诗之不以六朝为高峰，确与其“假象尽辞”而入于“彩丽竞繁“有关。

诗歌创作的实践受制于创作思想，同时也反映了创作思想。对陆机《文赋序》所说的“恒患意不称物，文不逮意”，唐大圆《文赋注》这样解释：“所构之意，不能与物相称，则患在心粗；或意虽善构，苦无词藻以达之，则又患在学俭。欲救此二患，则一在养心，使由粗以细；一在勤学，使由俭而博。”陆机本人虽也说过“立片言而居要，乃一篇之警策”，“要辞达而理举，故无取乎冗长”，但他毕竟又以“虽离方而遯员，期穷形而尽相”相号召，赞赏“炳若缛绣，悽若繁弦”。由于“由粗以细”，“由俭而博”，以“细”、“博”去称物、足意，遂走入“繁”之一路。“情必极貌以写物，辞必穷力而追新。此近世

① 沈德潜：《古诗源》卷七。
② 陈祚明：《采菽堂古诗选》卷十一。
③ 钟嵘：《诗品》上。
④ 姚思廉：《梁书·庾肩吾传》。
⑤ 颜之推：《颜氏家训·文章篇》。
⑥ 陈祚明：《采菽堂古诗选》卷二十六。
⑦ 陈祚明：《采菽堂古诗选》卷二十六。
⑧ 杨慎：《升庵诗话》。
⑨ 刘熙载：《艺概·诗概》。

之所竞也”[①],六朝诗的这种风貌实导源于陆机,除其他原因不论,对“言意之辨”的认识可谓主因之一。后来的沈约,也极其赞赏“相如巧为形似之言”,“二祖、陈王,咸蓄盛藻”,“潘、陆特秀”,“缛旨星稠,繁文绮合”。[②]萧统虽能独识陶诗价值,却仍难出六朝重繁缛藻饰之见。

与陆机文学思想不同,且产生更大影响的,已是齐梁时的刘勰、钟嵘。刘勰也看到了言难达意的缺憾,他说:“方其搦翰,气倍辞前,暨乎篇成,半折心始。何则?意翻空而易奇,言征实而难巧也。是以意授于思,言授于意,密则无际,疏则千里。”[③]他尤其看到事物的微妙处更难表达。“至于思表纤旨,文外曲致,言所不追,笔固知止。至精而后阐其妙,至变而后通其数,伊挚不能言鼎,轮扁不能语斤,其微矣乎!”[④]因而他对当时“体物为妙,功在密附”的创作风气并不赞同,而是以诗、骚为榜样,说:“且诗骚所标,并据要害。”“莫不因方以借巧,即势以会奇,善于适要,则虽旧弥新矣。”他认为“物色虽繁,而析辞尚简”,“物色尽而情有余者,晓会通也”。“目既往还,心亦吐纳”。[⑤]他不以穷形尽相为号召,却推崇”吐纳”、“析辞尚简”的原则。钟嵘所论虽不及刘勰那样系统、深刻,但他在《诗品序》中释诗之“三义”时说:“文已尽而意有余,兴也”,亦与刘勰所见相近。

二 不立文字与简约、含蓄

魏晋玄学的言意之辨并未对诗歌的艺术表现发生直接影响,从陆机到刘勰的转变,也有着复杂的背景和原因,但是,从刘勰所倡的“善于适要”、“析辞尚简”,到唐代皎然“取境”说的出现,以及唐诗才真正实现了“适要”、“尚简”的原则,我们不能不看到在这一变化中佛学所起的作用。而由唐至宋,更是诗与禅结合的时代。

佛学传入中国之时,正是儒学衰退、玄风独振之日,为使佛学得以落脚、生根、弘扬,向玄学靠拢以至结合是势之必然。不仅是慧远以玄学的“无”解释佛学的“空”,僧肇讲学的方法也明显带有“言意之辨”的色彩。据《高僧传》载,僧肇在《涅槃无名论》中说:

> 夫涅槃之为道也,寂寥虚旷,不可以形名得,微妙无相,不可以有心知……岂曰无辩?辩之所不能言也。经曰:真解脱者离于言数。

竺道生对于佛教徒忽略宗教立场而拘守佛经字句,更以筌鱼之喻、意象之说阐明道理:

---

① 刘勰:《文心雕龙·明诗》。
② 沈约:《宋书·谢灵运传论》。
③ 刘勰:《文心雕龙·神思》。
④ 刘勰:《文心雕龙·神思》。
⑤ 刘勰:《文心雕龙·物色》。

夫象以尽意，得意则象忘。言以诠理，入理则言息。自经典东流，译人重阻，多守滞文，鲜见圆义。若忘筌取鱼，始可与言道矣。①

梁武帝萧衍的弃道归佛，并亲自登坛讲论佛理，使佛教之盛达到顶点。于是梁代撰《弘明集》与《高僧传》的慧皎，对言意之辨有了更深刻的论述：

是以圣人资灵妙以应物，体冥寂以通神，借微言以津道，托形象以传真。故曰：兵者，不祥之器，不获已而用之，言者，不真之物，不获已而陈之……将令乘蹄以得兔，藉指以知月。知月则废指，得兔则忘蹄。经云：依义莫依语。此之谓也。②

我们再回过头来看理论家与诗人这一头。

刘勰年轻时曾入定林寺依名僧僧祐，相处十余年，深受佛理熏陶。在萧统死后，奉敕与沙门慧震于定林寺撰经，经成后，弃官为僧，法名慧地。在《文心雕龙》中，儒家思想虽居于主导地位，但浸染佛学多年，岂能不留下印记?

若说齐梁时代的刘勰只是一个孤证，那么唐诗的艺术表现与佛学的关系则可以找到鲜明的轨迹了。

隋、唐都是佛教极为兴盛的时代。隋文帝统一全国后，被北周一度禁断的佛教迅速复兴。唐朝由于丝绸之路再度辟通，佛经大量传入，且天台、法相、华严、净土等宗派并兴或代兴，尤其是禅宗，深入于士夫文人之中，产生了极其深远的影响。

在梁朝时，南天竺菩提达摩渡海到了广州，应邀至金陵与梁武帝问答，但因机缘不契，遂北上洛阳，入嵩山少林寺，以《楞伽经》四卷为基础，简化了禅定修养法。经慧可、僧璨、道信、弘忍之传，到慧能、神秀，终于建立了正式的禅宗。后来，以慧能为代表的南宗压倒了神秀的北宗，几占垄断地位。

大诗人王维一生奉佛，从大荐福寺道光禅师受教十年，并为慧能的大弟子神会撰《六祖能禅师碑铭》。柳宗元“自幼好佛，求其道积三十年”③，曾称“儒以礼行，觉以律兴”④，将儒释等观，甚至认为“法之至莫尚乎般若，经之大莫极乎《涅槃》”⑤，他也曾为慧能写过《曹溪大鉴禅师碑》，在柳州与禅僧交往频繁。刘禹锡与禅僧广为结交，在连州时写过很多赠僧诗，他也持儒佛结合的观点，说过：“突奥于《中庸》，启键关于内典，会而归之，犹初心也。不知予者诮予困而后援佛，谓道有二焉。”⑥他为释门写过颇多碑、铭、记，其中有《曹溪第六祖大鉴禅师第二碑》、《牛头山第一祖融大师新塔记》等。

---

① 竺道生：《高僧传》卷七。

② 竺道生：《高僧传·义解论》。

③ 柳宗元：《送巽上人序》。

④ 柳宗元：《南岳大明寺律和尚碑》。

⑤ 柳宗元：《送琛上人南游序》。

⑥ 刘禹锡：《赠别君素上人》小引。

中唐大诗人白居易也奉佛,他曾称:"我闻浮图教,中有解脱门。"[1]虽入道深于入佛,但佛教的影响是毋庸置疑的。

唐代的诗歌理论大体可以分成两派。一是从陈子昂的"风骨"、"兴寄"说,经白居易"为时而著,为事而作"的风雅美刺论,直到皮日休的"美以观功,刺以戒政"的侧重于思想、功能的一派。一是以皎然、司空图等人为代表,且有系统著作,侧重于艺术的一派。前者体现了儒家思想,后者则得益于佛家思想。

唐代佛教宗派虽多,但兴衰情况大异。玄奘所创的法相宗及稍后的华严宗,虽先后得到唐太宗与武则天的礼遇,但因教义烦琐,前者很快衰落,后者则渐行于日本。净土宗中的阿弥陀净土影响极大,但主要流行于民间下层人士。天台宗又称法华宗,融汇了北方禅学和南方义学,在隋唐有很大影响。但相较而言,禅宗所带的老庄、玄学色彩最浓,是佛学中国化的产物,由宗教领域而推之于人生哲学,对文人士夫影响最大。

皎然本名谢清昼,又称昼,是谢灵运的十世孙,一生居吴兴东溪草堂,与颜真卿、韦应物等相唱和,是大历、贞元时代的著名诗僧。他在《诗式·文宗章旨》中说:

> 康乐公早岁能文,性颖神澈,及通内典,心地更精,故所作诗,发皆造极,得非空王之道助邪?

这不仅可以看成是他为自己的祖上谢灵运寻找诗学根源,也可以看作是自道渊源。谢灵运精研佛学,曾整理《大般涅槃经》为南本。在竺道生"校阅真俗,研思因果,乃言善不受报,顿悟成佛"[2],而遭法勗、僧维、慧驎、法纲等人反对时,谢灵运从会通儒释两家的角度肯定顿悟说,他与反对者的辨难曾收入《辩宗论》,尽管他的诗尚未达到极其凝炼、含蓄,但无疑已与玄言诗有质的区别,是当时公认的第一流山水诗人。禅宗的南宗是主张"顿悟"说的,皎然生活的时代,南宗已取得垄断地位,他所在的吴兴,亦距法融所创"牛头禅"的金陵不远,故皎然的佛学思想可推知。他在《诗式·序》中说;"世事喧喧,非禅者之意","岂若孤松片云,禅坐相对,无言而道合,至静而性同哉"? 并言及为他编录点窜《诗式》的李公洪"精于佛理"。其祖"通内典","得空王之道助",自己所著更见禅意、禅思,故《诗式》受禅的影响是显然的。

皎然《诗式》涉及诗体、诗德论,但更以艺术论著称。他在《文章宗旨》中提出"不顾词彩,而风流自然",在《重意诗例》中以"但见情性,不睹文字,盖诗道之极也"相标榜。为达到这样的标准,他提出了"取境"说,认为好诗应"假象见意","采奇于象外","情在言外","旨冥句中"。他以"取象曰比,取义曰兴"来解释"比兴",以有否比兴看作是否有文外之旨,象外之意、言外之情的标准。

与皎然诗论相同,且有进一步发展的是刘禹锡。刘禹锡童年时曾到吴兴陪侍皎然

---

① 白居易:《自觉》二首其二。

② 竺道生:《高僧传》卷七。

及另一诗僧灵澈,多得指点,后与衡山、牛头山等禅僧多有交往,故其诗论得于禅理者甚多。他在《董氏武陵集纪》中说:

> 片言可以明百意,坐驰可以役万景,工于诗者能之……诗者其文章之蕴邪?义得而言丧,故微而难能,境生于象外,故精而寡和。

"义得言丧","境生象外",较皎然所论更可见导源于"言意之辨"的印痕,亦可见从"言意之辨"中终于发展出意余于象的要求。

司空图是唐人中这一派理论的总结者。他在《与李生论诗书》中崇尚"韵味",以"近而不浮,远而不尽"为尚,标举"韵外之致",味要妙在"咸酸之外",不要因"浅涸"而意尽。在《与极浦书》中,则以戴容州"诗家之景,如蓝田日暖,良玉生烟,可望而不可置于眉睫之前"发端,倡以"象外之象,景外之景"。在《二十四诗品》中,更以比物取象的方法,列品而言风格和创作经验,其中的"超以象外,得其环中"(《雄浑》);"不著一字,尽得风流"(《含蓄》);"遇之自天,泠然希音"(《实境》);"远引若至,临之已非"(《超诣》)等,都本于前述精神而又有发挥。

南宗禅发展至晚唐,以南岳怀让和青原行思两系最为兴盛,至五代间又演为五宗,经北宋而至南宋,各宗相继衰微,但临济宗又开黄龙、杨歧两派,故有"五宗七家"之称。从哲学思想言,两宋理学,陆象山、王阳明的"心学",直到近代谭嗣同等人,都受到了禅宗的影响。

相较之下,宋代的诗僧、画僧远比唐朝多,而宋代的士大夫与禅僧的交往也远较唐朝频繁、密切。欧阳修曾写过《本论》,指出佛法之害,提倡修习礼义,最终仍拜倒佛门前,并自号"六一居士"。王安石是政治、文学革新家,但"欲明圣学而杂于禅"。[1]苏轼早年辟佛,但后来非仅从政治上认为"宰官行世间法,沙门行出世间法,世间即出世间,等无有二"[2],而且与禅僧广为交游,诗画之外,还与之大掉机锋,《续传灯录》、《五灯会元》等多有记载。黄庭坚更是从禅僧处多所承教,由于他受学于黄龙派祖心、死心等禅师,故被列入黄龙一脉。诗人中受禅宗影响的远不止这四人,无论北宋、南宋,都可以开具长长的名单。

由于禅僧工于诗作,诗人多交释子,诗与禅的相互渗透与结合,大体完成于宋代。一方面是禅僧以诗为偈颂,另一方面则是禅意、禅思、禅理、禅法全面影响了诗论和诗作。且不说诸多的以禅论诗、以禅衡诗,给宋代诗论赋以新意和新法,也不说翻案、活参等禅法对诗法的影响,仅就言意之辨的角度言,宋代也出现了不少新东西。

传说佛祖释迦牟尼说法于灵山时,曾拈花示众,其中只有迦叶尊者默然领会,微微一笑。早期禅宗尊奉的《楞伽经》曾说"有佛国土,直视不瞬,口无言语,名为说法",但仍以眉目、笑咳来表达佛法。由于禅宗是玄学化的佛学,遂由"言不尽意"发展到"不

① 黄宗羲:《宋元学案》卷九八,中国书店1990年版。
② 苏轼:《南华长老题名记》,《苏东坡后集》卷二。

立文字”，当然，禅宗众多的灯录说明“不立文字”并非果真如此，但值得注意的是禅宗的机锋对诗作的影响。虽然自盛唐时代的马祖道一和石头和尚希迁起，已有机锋之兴，但到宋代，才真正成为传授禅宗的方法，而机锋应对也成为诗人之常习。机锋以比喻、隐语等方式启发人的悟性，诗人常习此道，也善以含蓄、精炼入于诗，示象以少，得意以多，由启发悟性到积极联想，继承并发展了唐诗。

在宋代诗论中，由“言意之辨”生出的“言不尽意”思想，所见者甚多。其中较著名的有：

> 必能状难写之景，如在目前，含不尽之意，见于言外，斯为至矣。①
>
> 予尝论书，以谓钟、王之迹，萧散简远，妙在笔画之外……至于诗亦然。②
>
> 唐诗多佳句，其琢句法，有比物以意而不言物，谓之象外句。如无可上人诗曰：“听雨寒更尽，开门落叶声”，是落叶比雨声也。又曰：“微阳下乔木，远烧入秋山”，是微阳比远烧也。③
>
> “北邙不种田，唯种松与柏。松柏未生处，留待市朝客。”又《贫女》诗：“照水欲梳妆，摇摇波不定。不敢怨春风，自无台上镜。”二诗格高，而又含不尽之意见于言外。④
>
> 东坡云“言有尽而意无穷”者，天下之至言也……句中有余味，篇中有余意，善之善者也。⑤

严羽《沧浪诗话》更是宋代此派理论的总结。其论诗曰：

> 所谓不涉理路，不落言筌者，上也……盛唐诗人惟在兴趣，羚羊挂角，无迹可求。故其妙处莹彻玲珑，不可凑泊，如空中之音，相中之色，水中之月，镜中之象，言有尽而意无穷。

后来，经金、元、明诗论家的发展，到清代，从王夫之到王士禛，终于将导源于“言不尽意”的思想，发展成神韵诗派。

下面再考察具体的创作状况。

禅宗的思维与传授方式有丰富的内涵，从其汲取“言意之辨”思想，且对诗歌发生影响的角度言，简约与含蓄二端最为重要。

诚如西汉经学发展至魏晋玄学表现为由博返约，禅宗从北宗到南宗也是这样一个过程。钱锺书先生说：“南宗禅把‘念经’、‘功课’全鄙弃为无聊多事，要把‘学问’简

---

① 欧阳修：《六一诗话》引梅尧臣语。
② 苏轼：《书黄子思诗集后》。
③ 蔡居厚：《诗史》，哈佛燕京学社本《宋诗话辑佚》。
④ 吴可：《藏海诗话》。
⑤ 姜夔：《白石道人诗说》。

至于无可再简、约至于不能更约，说什么‘微妙法门，不立文字，教外别传’，‘经诵三千部，曹溪一句亡’，‘广学知解，被知解境风之所漂溺’（《五灯会元》卷一释迦牟尼章次、卷二惠能章次、卷三怀海章次）。”[①]“南宗禅提倡‘单刀直入’（《五灯会元》卷一一守廓章次、旻德章次）而不搬弄十八般武器，嘲笑‘博览古今’的‘百会’为‘一尚不会’（同书卷七洛京南院和尚章次），所谓：‘只要单刀直入，不要广参’（《宗镜录》卷四一）。”[②]正抓住了南宗禅的特点。

佛祖拈花、迦叶微笑的故事是禅僧的创造，而拈花、微笑之举正是传道与悟道的含蓄。由于禅宗的“悟道”是梵我合一的直观感受，难以通过语言、思辨把握与表达。诚如惠明在向慧能求法而大悟后所说。“惠明虽在黄梅，实未省本来面目。今蒙指示，如人饮水，冷暖自知。”[③]《五灯会元》中记录了南岳怀让禅师与六祖慧能的对话：“祖问：‘甚么处来？’曰：‘嵩山来。’祖曰：‘甚么物恁么来？’师无语。遂经八载，忽然有省。乃白祖曰：‘某甲有个会处。’祖曰：‘作么生？’师曰：‘说似一物即不中。’”[④]正因为“说似一物即不中”，故此只能以曲折、含蓄的语言与动作来表现。

诗中的简约是如何体现出来的呢？

刘禹锡所说的“境生于象外”，其“境”应是“物境”。是“全体”，而“象”则是“物象”，是“局部”，从局部体现全体，就是“境生于象外”。由于示象少，故有待读者以想象加以补充，探其余蕴。虽然在唐代以前，诗中已不乏简约之例，但只是在绝、律定型，禅影响了诗之后，才成为诗人的自觉追求和审美趣尚。

大体说来，“简约”主要有两种类型。

第一是以少概多。即诗中所示物象应具有典型性、代表性、概括性，故能由局部见全体。

钱锺书先生曾以王维的《杂诗》第二首，与初唐王绩的《在京思故园见乡人问》作对照，说明王维“用减”而不“为繁”、“削多成一”的手法。[⑤]王维诗仅四句：“君自故乡来，应知故乡事，来日绮窗前，寒梅著花未？”所问仅绮窗寒梅，但这绮窗寒梅之问非仅可见诗人的高洁雅韵，而且深具余蕴，较之王绩所问及的池台、旧园、新树、柳行、茅斋、渠水、石苔、院果、林花的欲尽而难尽，更诱人遐想，更增人乡情。

可与王维思故园、问乡人相对应的是贺知章《回乡偶书》第二首：

离别家乡岁月多，近来人事半消磨。惟有门前镜湖水，春风不改旧时波。

别久回乡，人事沧桑而山河永恒的对比感受极强，作者可以组织很多物象以发感慨，如“树犹如此，人何以堪”？青山不老、古屋生苔等，但作者只写镜湖之水。镜湖波光

---

① 钱锺书：《中国诗与中国画》。
② 钱锺书：《中国诗与中国画》。
③ 钱锺书：《坛经·行由品第一》。
④ 钱锺书：《五灯会元》卷三《南岳怀让禅师》。
⑤ 钱锺书：《中国诗与中国画》。

不改已足见山河永恒,而"春风"一语又透露出作者并非迟暮而是豁达的性格。

王维《终南山》诗的"白云回望合,青霭入看无。分野中峰变,阴晴众壑殊"仅二十字就将绵延八百里,分隔渭水与汉水的秦岭作了描绘,且又气势非凡。又如王昌龄《出塞》的首句:"秦时明月汉时关",物象仅明月、关塞,由秦、汉的互文足意,以见时岁漫长,其象外之境还可以联想到敌楼、刁斗、帐篷、驿路、朔风、大雪等,但感慨将帅无人之旨,借关、月以见,其实已足。

宋人对简约的认识又怎样呢?胡仔《苕溪渔隐丛话》前集卷三十四引《王直方诗话》说。王安石作内相时,翰苑中有石榴一丛,枝叶甚茂,但只发一花,王安石就题了"浓绿万枝红一点,动人春色不须多"之句。对这"一点红"和"动人春色"的关系,苏轼有进一步的发挥和概括,这就是《书鄢陵王主簿所画折枝》中的"谁知一点红,解寄无边春"。窥"一点红"之象而见"无边春"全境,正在于有典型性、代表性。这与唐人诗"山僧不解数甲子,一叶落知天下秋"同理,都在于合时间与物态为一,是报春与报秋的典型物候。

由于禅宗"不立文字",即使在非用语言、文字不可时也极其简约,应答时以机锋触人,使之顿悟本心,这样的表达方式可以使听者的主观想象得到最充分的调动,而不会拘限在语言的规定性中,在与禅僧的交往中,诗人自然受到了影响,遂使诗禅相通。在王维,还只是诗有禅语,诗有禅意,其"削多成一"也可谓禅法。到刘禹锡,除前引得之于禅宗的《董氏武陵集纪》外,还有直接沟通诗、禅之论:"梵言沙门,犹华言去欲也。能离欲,则方寸地虚,虚而万景入,入必有所泄,乃形乎词,词妙而深者,必依于声律。故自近古而降,释子以诗闻于世者相踵焉。因定而得境,故翛然以清;由慧而遣词,故粹然以丽。"[①]所言包涵其广,其中"虚丽万景入、"一语与本论题最近。后来苏轼进一步发挥了这一思想:"欲令诗语妙,无厌空且静,静故了群动,空固纳万境。"[②]到严羽所论,更是将禅自觉地通之于诗,有更全面的说法。

"虚而万景入","空故纳万境",试观刘禹锡《金陵五题》、《故洛城古墙》等诗,苏轼《题西林壁》、《东坡》等诗,岂非较斗滥夸多更见余味无穷?中晚唐绝句的绵邈深长,宋人小诗的长于理趣,都遵循以少概多的原则,都或多或少受到了禅宗的影响。

第二是以小见大。刘勰在《文心雕龙·比兴》中全面、形象地阐述了以小见大原理:

> 观夫兴之托谕,婉而成章,称名也小,取类也大。《关雎》有别,故后妃方德;尸鸠贞一,故夫人象义。义取其贞,无从于夷禽;德贵其别,不嫌于鸷鸟。

六朝诗不重比兴而极貌写物,穷力追新,走上缀辞尤繁一路。到齐梁时代,已摆脱晋宋写景与说理相分之习,渐臻情景交融之境。花鸟虫鱼、蝶舞莺歌、夏萤春燕、秋蝉冬雪都入之于诗,而对物象声色之美浸染日久,审美趋于深细,表达入于精微,在写境

---

① 刘禹锡:《秋日过鸿举法师寺院,便送归江陵》并引。

② 苏轼:《送参寥师》。

与构思上为唐诗奠定了基础。入唐之后，由于国力之强，时代精神之变，“盛唐气象”渐生。六朝之“小”与盛唐之“大”结合成“以小见大”原则，既是回归，更是进步，且溢出比兴之域而并见于赋。王夫之《姜斋诗话》卷下云：

有大景，有小景，有大景中小景。“柳叶开时任好风”，“花覆千官淑景移”，及“风正一帆悬”，“青霭入看无”，皆以小景传大景之神。

这几例大体都出自盛唐诗。第一例见于杜审言《大酺》“梅花落地疑残雪，柳叶开时任好风”，以春风吹开柳叶，由这一小景透露了春天气息，而可想见大好春光。第二例见于杜甫《紫宸殿退朝口号》“香飘合殿春风转，花覆千官淑景移”，写千官退朝立在宫中花下，日影慢慢移动，通过这一景象写出千官退朝的大场面。虽已是安史乱中的乾元元年所作，但唐帝国威仪尚在。第三例出于王湾《次北固山下》“潮平两岸阔，风正一帆悬”，镇江北固山下江面极宽，气象雄伟，此句写出了船在江中畅行无阻之状，透露出水天空阔的大江景象。第四例出于王维《终南山》“白云回望合，青霭入看无”，由于青霭是极淡的云气，远可见而近不可察，只有极大的山区才能见之，故此句足状终南山之大。

禅宗“不立文字”，其实只是就教义本身不立文字，禅僧喜用比喻、隐语、谜语，将旁敲侧击与直了见性结合起来，就少不了以形象昭示来代替理论思辨，借助于即小见大的方法。如“落叶满空山，何处寻行迹”，“空山无人，水流花开”，“万古长风，一朝风月”，被禅宗拟作禅的三境界，即：寻禅之本体而未得，似悟而未悟，终在瞬间得到永恒之悟。后来王国维在《人间词话》中所说的古今之成大事业，大学问者，所必经过的三种境界，即受到了禅宗的启发，无疑是前述三境界的翻版。又如马祖的门下大珠以“青青翠竹，总是法身，郁郁黄花，无非般若”，来拟“触目而真”的禅境，临济宗以“是处有芳草，满城无故人”的偈语，表达对于主客观关系的理解，都是著名的例子。

禅宗的以小见大的说道、传道方式无疑影响了诗作。诗毕竟要留下迹象，“便恐一语为尘，连忙下一语扫之”[①]，只能是禅而不是诗，因而，除以少概多之外，诗从禅中所得当为以小见大。试看从韦应物的“水性本云静，石中固无声；如何两相激，雷转空山惊”[②]，到苏轼的“若言琴上有琴声，放在匣中何不鸣？若言声在指头上，何不于君指上听”[③]，非仅是《楞严经》“虽有妙音，若无妙指，终不能发”的禅理入于诗，而且能引发“汝与众生亦复如是”的更广、更深的联想。

以上所言是“简约”，大体说来，“含蓄”也有两种类型。

第一是以景见情。

我国很早就懂得“情因物感”的道理，在“感面生思”，写成诗后，诗中之景物就常

---

① 祝世禄：《环碧斋小言》。

② 韦应物：《听嘉陵江水声寄深上人》。

③ 苏轼：《琴诗》。

是情之浸染或寓托。随着汉末动乱，儒家大一统的结束，和魏晋时统治阶级的内部倾轧、颠覆，士大夫以行“朝隐”来全身远祸，自此，由于越名教而任自然，谈玄与游山水合一，玄言诗与山水诗代兴。刘宋时期，山水诗的大家谢灵运和山水画的大家宗炳，都是佛教史上的著名人物，但谢诗毕竟是写景与情、理相分，宗画则未留真迹。然而，宗炳所说的“山水以形媚道”，“以应目会心为理”，“神本亡端，栖形感类”，[①]却是很重要的思想。后来禅宗也将从大自然中得到的审美愉悦，通向于悟道。翠竹黄花之喻已为人所尽知，“白云山头月，太平松下影，良夜无狂风，都成一片境”，此偈之诗境通之于禅境，竟使得偈人“于宗门方彻渊奥”，[②]则又是一例。唐宋习禅之士夫诗人既多，禅宗的这一思想，方法必然也影响了诗人，于是较之“比物以意而不言物”更进一步，而入于以景见理、以景见情之境。

王维的“行到水穷处，坐看云起时”；“松风吹解带，山月照弹琴”，未写其情而情可味，“返景入深林，复照青苔上”；“涧户寂无人，纷纷开且落”，未写其理而禅意可思。静观默照之中，依然是宗炳澄怀观道精神的延续。当然，诗禅之间毕竟难以直通，禅语入诗已落下乘，禅意入诗则为人所称道，但更多的则是诗受益于禅宗的上述方法。

司空图在《与李生论诗书》中，曾以“近而不浮，远而不尽，然后可以言韵外之味”作为诗的艺术趣尚和标准，并示之以己作。其“骅骝思故第，鹦鹉失佳人”虽未明言丧乱之痛，但前句见主人已非，后句见佳人已去，言外之意颇多。其“孤萤出荒池，落叶穿破屋”，非是经荒乱、败落的寂寥又是什么？颇有意思的是，谢榛《四溟诗话》卷一曾对司空曙、韦应物、白居易的诗句作过对照：

> 韦苏州曰：“窗里人将老，门前树已秋。”白乐天曰：“树初黄叶日，人欲白头时。”司空曙曰：“雨中黄叶树，灯下白头人。”三诗同一机杼，司空为优，善状目前之景，无限凄感，见乎言表。

这三者都是一句写树，一句写人，同样表达“木犹如此，人何以堪”，但其高下何在呢？韦诗的“将老”、“已秋”已接近于感情揭示。白诗的“初”、“欲”，以时态催生感情，但并未达物象的最大限度。而司空曙诗全是实词并列，物象已满，却全无感情痕迹，然而树既黄叶，又在雨中，人已头白，况在灯下，则更增凄然之感，言情最少却蕴情最深，“无限凄感，见乎言表”，都是得之于象外，谢榛可谓善评。此时禅宗翻案法尚未行，且司空曙年辈略长于韦应物，较白居易更长，三诗意象之似可能出于偶然，而非“翻案”。但三人都好佛，均与释子交往，司空之优，是否由于“心归尘俗外，道胜有无间”[③]，较韦、白更臻善境呢？韦应物历来被视之入王孟一派，若偶然不及，自可不论。但大诗人如白居易，既遭司空图“力勍而气孱，乃都市豪估”[④]之讥，自己又对刘禹锡《金陵五题》

① 宗炳：《画山水序》。
② 司空曙：《雪堂和尚拾遗录》。
③ 司空曙：《深上人见访忆李端》。
④ 司空图：《与王驾评诗书》。

“叹赏良久”，感慨“吾知后之诗人不复措词矣”，[①]确是“乐天深赏梦得诗之处，即乐天自觉其所作逊于刘诗之处”。[②]而白诗之逊于刘诗之处，正是逊于禅悟，对于司空曙，同样如此。

当然，唐宋诗人中，善于以景见情者极多，不尽与禅宗有关，但禅宗表达的含蓄，即物明理的方式，对诗的渗透可谓催化出一代风气。王士禛就非仅只看到与禅宗关系最密切的东坡、山谷，他说：

> 予谓不唯坡、谷，唐人如王摩诘、孟浩然、刘眘虚、常建、王昌龄诸人之诗，皆可语禅。[③]

他非仅称道王维、裴迪辋川绝句“字字入禅”，而且说：

> 太白“却下水精帘，玲珑望秋月”；常建“松际露微月，清光犹为君”，浩然“樵子暗相失，草虫闲不闻”；刘眘虚“时有落花至，远随流水香”，妙谛微言，与世尊拈花，迦叶微笑，等无差别。[④]

他所赏的“妙谛微言”，正在于以景现情的含蓄。

第二是象外见意。

《华严经·十通品》第二八云：“能于一切离文字法中生出文字，与法与义，随顺无违，虽有言说，而无所著。”《楞伽经》在“口无言语，名为说法”同时，以“直尔示相”，“但动眉目”等来表达佛法。禅宗的不立文字，是因为文字著了迹象，但是，“以无言之言，诠言绝之理”[⑤]，毕竟要示之以象，能否悟道，就要看对于象外之意的领会了。王维对所说的“色空无得，不物物也；默语无际，不言言也”[⑥]，是领会颇深的，故其诗入禅，多象外之意。禅宗由于立足于“自性即佛”、“自开宝藏”，故侧重于学禅者的自悟，以启发本心。将禅法的直觉体验移之于诗，就会从诗中看出“不着一字，尽得风流”。

绘画中有“笔未到而意到”之说，王夫之不从禅宗入手，却以绘画之“势”论诗。他说：

> 论画者曰：“咫尺有万里之势。”一“势”字宜着眼。若不论势，则缩万里于咫尺，直是《广舆记》前一天下图耳。五言绝句，以此为落想时第一义，唯盛唐人能得其妙。如“君家住何处？妾住在横塘。停船暂借问，或恐是同乡”，墨气所射，四表

---

① 刘禹锡：《金陵五题·引》。
② 陈寅恪：《白乐天与刘梦得之诗》，《元白诗笺证稿》附论（戊）。
③ 王士禛：《居易录》。
④ 王士禛：《蚕尾续文》。
⑤ 释澄观：《华严经疏钞悬谈》。
⑥ 王维：《谒璿上人·序》。

无穷，无字处皆其意也。[①]

“无字处皆其意”一语极好，因为这短短二十个字，确实能诱发读者的许多言外之想。

“无字处”的“象外之意”可以是单向性的联想。如王昌龄《长信秋词》第三首：

金井梧桐秋叶黄，珠帘不卷夜来霜。熏笼玉枕无颜色，卧听南宫秋漏长。

全诗无一字写情，但秋叶已黄，秋霜正飞，秋夜难眠，虽所用熏枕玉笼颇足珍贵，却卧听未央宫漏声而不能成眠，其言外之情可知：这是失宠嫔妃的寂寞和悲哀。

“无字处”的“象外之意”也可以是多向性的联想，如刘方平《夜月》：

更深月色半人家，北斗阑干南斗斜。今夜偏知春气暖，虫声新透绿窗纱。

从入夜看到斗转星移，可见失眠已久，闻虫声而感节候之变，更难成眠。思家？怀人？叹老？嗟卑？思建功业？自悲身世？概不可知又概都可入。

象外见意者还有反言若正、重言若轻等情况。

“我谓为有，如来说无；我适谓无，如来复为我说有”[②]，禅语善“翻案”，诗中则有反言若正的言外之意。如韩翃《寒食》诗，表面看似是颂扬皇恩及于臣下，其实是借汉之“五侯”讽刺唐代宗朝宦官执政，反言若正，明褒暗抑。

重言若轻者如吴融《华清宫》，以雪之“落旋干”，“无人知道外边寒”等轻淡之语，深刻揭露唐玄宗及其臣下不知人民痛苦和国事安危。

诚然，众多的诗例毕竟难以找到与禅宗的直接联系，似王维的充满禅意，苏、黄的善为禅语，并不太多，但禅宗的思维与表达方式无疑影响了唐宋诗，象外见意之作多在唐宋，可谓并非偶然。

简炼、含蓄虽不是始于唐，继于宋，但“言意之辨”的古老命题只是在禅宗大兴之后，才由禅通之于诗，完成于唐宋，却是毋庸置疑的事实。至明清时期，持论或高，但毕竟已不是诗的时代了。

从庄子的“言意之表”，经玄学的“言意之辨”，到禅宗的“不立文字”，终于使诗歌艺术在诗歌的黄金时代得到成熟，这正是始于哲学，又经宗教而终于美学的过程。

三　从重道轻物到气韵生动

老、庄、玄、佛的形神论对绘画亦有极大影响。

---

① 王夫之：《姜斋诗话》卷下。

②《金刚仙论》卷三。

老子将“道”看作宇宙万物的本源，他认为“道”是客观存在的“无象之象”。其“大音希声，大象无形”的说法，又是最好的比喻和说明。他曾这样论述“有”与“无”的关系：

> 三十辐共一毂，当其无，有车之用；埏埴以为器，当其无，有器之用；凿户牖以为室，当其无，有室之用。故有之以为利，无之以为用。[①]

文中以车轮、器皿、居室为喻，形象地说明了车毂中的空隙处，器皿中的空隙处和居室中的空间的作用，以见“无”对于“有”的重要性。这一思想之强调“无”，与前所说的“无象”、“无形”结合起来，就肇启了与“有形”相对应的思想。到庄子的著作中，遂出现了“形”与“神”这一对概念。

庄子继承和发展了老子的思想，他也极为重视“道”。庄子哲学的中心是“自然之道”，在他看来，“道”既是所有事物的本源，又是宇宙万物发展的规律。因而，他重道而轻物，认为“道”形而上，为高，物形而下，为低，如果过于为物所累就不能得到“道”，如果精神能与“道”相合，则达到自然之境而得逍遥，“独与天地精神往来而不敖倪于万物”[②]。

这种重“道”轻“物”的思想，通之于对人物的评价和认识，就表现为重神而不重形。庄子在《德充符》中讲述了一个寓言。卫国的哀骀它“以恶（丑）骇天下”，然而“丈夫与之处者，思而不能去也。妇人见之，请于父母曰：‘与为人妻，宁为夫子妾’者，十数而未止也”。鲁哀公与他相处数月后就想请他当宰相。庄子借孔子的话来说明他之所以得到尊崇和爱慕的原因：“非爱其形也，爱使其形者也。”据成玄英疏，这里的“使其形者”就是精神。《德充符》中还列举了“闉跂支离无脤”、“瓮㼜大瘿”者（即腰弯曲以及于脚趾，形体残缺没有嘴唇，和身上长着像盆、瓮般巨瘤的人物）去当说客，分得卫灵公和齐桓公的赏识，以致反观那些形体健全者似乎十分矮小可怜。

庄子肯定了“德有所长而形有所忘”，“形骸之外”的美高于“形骸之内”的美，而且在描述审美感受的心理机制时，特别强调“神”对于“形”的独立性。《人间世》将感受与把握自然无为之美的心理状态称为“心斋”：

> 唯道集虚，虚者，心斋也……夫徇耳目内通而外于心知，鬼神将来舍，而况人乎？

而进入到高度审美愉悦状态时，则是《大宗师》所称的“坐忘”：

> 堕肢体，黜聪明，离形去知，同于大道，此谓坐忘。

---

①《老子》第十一章。

②《庄子·天下》。

而“堕肢体”的离形,“黜聪明”的去知,正是精神“同于大道”之时,在这样的主客观高度统一的审美状态中,“神”对于“形”岂非有很强的独立性?

庄子在《养生主》中还有一个著名的薪火之喻,表现出他的形亡而神存的思想。他说:“指穷于非薪,火传也,不知其尽也。”对此,王先谦这样注释:“形虽往而神常存。”以致成为齐梁时代关于神灭论大辩论时的立论之据。

在西汉前期淮南王刘安主编的《淮南子》中,对形神关系的论述又有进一步发展。书中的《原道训》曰:

> 今人之所以眭然能视,䁖然能听,形体能抗,而百节可屈伸,察能分白黑;视美丑,而知能别同异,明是非者,何也?气为之充,而神为之使也。

说明了神对于形的主宰和主导作用。尤其值得注意的是:《淮南子》中还将形神关系的理论运用到了绘画领域。其《说山训》曰:

> 画西施之面,美而不可说;规孟贲之目,大而不可畏:君形者亡焉。

所谓“君形者”即神,无神则不美,难令人起爱慕之情或畏惧之心。

进入魏晋玄学时代之后,形神之鉴成为与言意之辨并行的认识论与方法论。

言意之辨与形神之鉴原来是密不可分的。汤用彤先生曾深刻论述二者关系及二者与玄学、名学的关系、源流。他说:“由此言之,则玄学统系之建立,有赖于言意之辨。但详溯其源,则言意之辨实亦起于汉魏间之名学。名理之学源于评论人物。《抱朴子·清鉴篇》曰:‘区别臧否,瞻形得神,存乎其人,不可力为。自非明并日月,听闻无音者,愿加清澄,以渐进用,不可顿任。’盖人物伪似者多,辨别极难。而质美者未必优于事功,志大者而又尝识不足。前者乃才性之名理,后者为志识之名理,凡此俱甚玄微,难于辨析。而况形貌取人必失于皮相。圣人识鉴要在瞻外形而得其神理,视之而会于无形,听之而闻于无音,然后评量人物,百无一失。此自‘存乎其人,不可力为’;可以意会,不能言宣(此谓言不尽意)。故言意之辨盖起于识鉴。”①

在《言意之辨》中,汤先生又说:

> 概括论之,汉人朴茂,晋人超脱。朴茂者尚实际。故汉代观人之方,根本为相法,由外貌差别推知其体内五行之不同。汉末魏初犹颇存此风(如刘劭《人物志》),其后识鉴乃渐重神气,而入于虚无难言之域。②

---

① 汤用彤:《汤用彤学术论文集》,中华书局 1983 年版。

② 汤用彤:《汤用彤学术论文集》,中华书局 1983 年版。

这种“汉代相人以筋骨，魏晋识鉴在神明”[1]的情况，直接启发了人物画对传神的重视。顾恺之虽是当时最有成就的人物画家，但深感传神并非易事，而“顾氏之画理，盖亦得意忘形学说之表现也”。[2]

形神之鉴与言意之辨有极为密切的关系。“汉世以察举取士，而天下重名节。月旦品题，乃为士人之专尚。然言貌取人，多名实相乖，由之乃忽略‘论形之例’而竟为‘精神之谈’(《抱朴子·清鉴篇》)，其时玄风适盛，乃益期神游，轻忽人事，而理论上言意之辨，大有助于实用上神形之别。”[3]

在《世说新语》中，留下了诸多的人物鉴赏、品藻的重神之论。如《赏誉》篇：

> 裴令公目夏侯太初，肃肃如入廊庙中，不修敬而人自敬。一曰如入宗庙，琅琅但见礼乐器。见钟士季如观武库，但睹矛戟。见傅兰硕，汪廧靡所不有。见山巨源，如登山临下，幽然深远。
>
> 王平子目太尉：“阿兄形似道而神锋太俊。”太尉答曰：“诚不如卿落落穆穆。”
>
> 王公目太尉，岩岩清峙，壁立千仞。
>
> 世目李元礼，谡谡如劲松下风。
>
> 王戎曰：“太尉神姿高彻，如瑶林琼树，自然是风尘外物。”

这些评论都体现出推重风神而忘其形骸的精神。

魏晋由于人物识鉴所重在神，因而对人物的精神之鉴提出了许多新概念、新标准，以“神”为核心的构词在《世说新语》中可见到极多，如神色、神气、神情、神隽、神姿、神明、神貌、神清、神颖等。与“神”相关的，还有风、气、骨、韵等。如联系《世说新语》中人物品评的具体说法，可见“神”主要指人的精神，“风”主要指人的风姿，“骨”主要指人的骨相(由骨格显示出的气概风度)，“韵”主要指人的韵致。而这几个概念亦由人物的识鉴、品评之域渐入于文艺批评。

南北朝时期，由于佛学的流行，对形神关系的认识又成了一个众所关注、广为探讨的问题。

东晋的慧远在《沙门不敬王者论》中，论形尽而神不灭之理：“夫神者何邪？极精而为灵者也。极精则非卦象之所图，故圣人以妙物而为言，虽有上智，犹不能定其体状，穷其幽致……火之传于薪，犹神之传于形；火之传异薪，犹神之传异形。前薪非后薪，则知指穷之术妙；前形非后形，则悟情数之感深。惑者见形朽于一生，便以为神情俱丧，犹睹火穷于一木，谓终期都尽耳。”[4]到齐梁之际，范缜著《神灭论》，如此阐述形神关系：“形者神之质，神者形之用……神之于质，犹利之于刃；形之于用，犹刃之于利。利之名非刃也，刃之名非利也。然而舍利无刃，舍刃无利，未闻刃没而利存，岂容形亡

---

① 汤用彤：《汤用彤学术论文集》，中华书局1983年版。

② 汤用彤：《汤用彤学术论文集》，中华书局1983年版。

③ 汤用彤：《汤用彤学术论文集》，中华书局1983年版。

④ 僧祐：《弘明集》卷五。

而神在也？”他非但以形“质”神“用”的观点，指出了精神对形体的依赖关系，而且以“神即形”、“形即神”的“形神相即”一元论，来反对“形神相异”的二元论。竟陵王萧子良“集僧难之，而不能屈”。[①]

梁武帝萧衍以皇帝而兼佛教徒的身份，亲自写了神不灭圣谕，对范缜发动大规模围攻，说神灭论“违经背亲，言语可息”，令臣下写驳难《神灭论》的文章七十五篇。对范缜的围攻当然是错误的，但这场关于形神关系的辩论也具有一定的积极意义，非但在哲学上促进了对问题探讨的深入，而且对于书法、绘画的重视神彩、神似有很大助益。

“形神之鉴”深刻影响了我国的绘画理论。

由于魏晋的人物识鉴以“神”为核心，及围绕着“神”的“风”、“骨”、“气”、“韵”等概念入于文艺批评之域，建筑在先秦儒学、两汉经学基础上的教化中心论被突破了阵地。曹丕《典论·论文》高倡“文以气为主”。卫夫人《笔阵图》这样论书法之道：“善笔力者多骨，不善笔力者多肉。多骨微肉者谓之筋书，多肉微骨者谓之墨猪。多力丰筋者圣，无力无筋者病。”南齐王僧虔《书法钩玄》则有更接近于形神论之言：“书之妙道，神彩为上，形质次之。”刘勰《文心雕龙·体性》说：“气以实志，志以定言，吐纳英华，莫非情性。”《风骨》篇云：“故辞之待骨，如体之树骸；情之含风，犹形之包气。”可见，在诗、文、书法领域，所倡与所尚的气、骨、风等，都包含着以“神”为核心的意义。

当然，由“形神之鉴”所生的重神似思想，更多地见于绘画的理论和实践。

绘画作为造型艺术，原来是主于形的。《韩非子·外储说》所云画“犬马最难”，“鬼魅最易”，就是立足于“形”：“夫犬马，人所知也，旦暮罄于前，不可类之，故难。鬼魅无形者，不罄于前，故易之也。”陆机《演连珠》也有“存形莫善于画”之说。

顾恺之生当重视人物识鉴、并善于辨别神气的时代，故此极为重视人物画的传神，在实践上和理论上都有重要建树。现存的《魏晋胜流画赞》是他对魏晋著名画家的作品的评论，从中可见他关于重“神”的创作思想。在评论《小列女》时，他说：“刻削为容仪，不尽生气。”因“刻削”而“不尽生气”，难以传神。评《壮士》时说：“有奔腾大势，恨不尽激扬之态。”可见此画在表现神态时尚有欠缺。评《列士》时说：“然蔺生恨急烈，不似英贤之概。”评《嵇轻车诗》则云：“作啸人似人啸，然容悴不似中散。”前者当指蔺相如，后者为嵇康，一“急烈”，一“容悴”，都与性格、仪容不尽合，故未能真正表现出人物的精神实质。他所称道的是《伏羲神农》的“虽不似今人，有奇骨而兼美好，神属冥芒，居然有得一之想”和《东王公》的“如小吴神灵，居然为神灵之器，不似世中生人也”。因为伏羲、神农虽是传说中的人物，但他们都是给中华民族引来文明曙光的人物，故“神属冥芒，居然有得一之想”，正是表现出深远的神情和治世之想；而东王公的“神灵之器”，正是异于“世之生人”的精神表现。《魏晋胜流画赞》虽属片断之语，但贯串其中的主要创作思想就是重“神”。

---

① 姚思廉：《梁书》卷四十八《范缜传》。

在创作设计的文字稿《画云台山记》中，顾恺之一仍其传神的思想。他对画中的天师和弟子拟作这样的表现："画天师瘦形而神气远，据涧指桃，回面谓弟子。弟子中有二人临下到（疑为倒）身大怖，流汗失色。作王良（按：乃王长之误）穆然答问而超（按：乃赵之误）升神爽精诣，俯眄桃树。"可见是准备如何着力表现人物的精神气度和个性特征。

由于"征神见貌，情发于目"，顾恺之极其重视绘画中的以目传神。据《世说新语·巧艺》载："顾长康画人，或数年不点目精。人问其故。顾曰：'四体妍蚩本无关于妙处，传神写照正在阿堵中。'""顾长康好写起人形，欲图殷荆州。殷曰：'我形恶，不烦耳。'顾曰：'明府正为眼尔！但点明童子，飞白拂其上，使如轻云之蔽日。'"从前一例的对答中，可见顾恺之出于对眼睛传神的重要而慎为点睛之举，后一例则是为殷仲堪画肖像时对其眼疾的处理，即在点睛基础上，淡扫飞白，以成轻云蔽日之状，既传神，又美化。

正由于人为万物之灵长，传神最难，因此顾恺之在《魏晋胜流画赞》中，开首就作比较。"凡画：人最难，次山水，次狗马，台榭一定器耳，难成而易好。"也难怪他所画的维摩诘像"有清羸示病之容，隐几忘言之状"，"陆（探微）、张（僧繇）皆效之，终不及矣"，[①]以致张怀瓘评这三位最著名的人物画家时，可以有涉及本质之论："象人之美，张得其肉，陆得其骨，顾得其神，神妙亡方，以顾为最。"[②]

顾恺之之后，论画而重神似者，首推南齐谢赫。谢有《古画品录》，虽然他所定画家的品位不尽恰当，尤其是将顾恺之列为第三品，招致后来的李嗣真、姚最、张怀瓘等人的不满，但他在《古画品录序》中提出的"六法"，却是已成体系的理论。尤其是"六法"之首的"气韵生动"，实为传神论的一大发展。历来对"六法"虽多援据，但由于不究文理，以致破句失读，世代相承，直到钱锺书先生的《管锥编》，才指出错讹。其实，所谓"六法"，在谢赫是以后二字释前二字，因此，所谓的"气韵"，就是"生动"。从其所评看，谓卫协"虽不说（一作该）备形妙（一作似），颇得壮气"，张墨、荀勗"风范气候（一作韵），极妙参神，但取精灵，遗其骨法"，陆绥"体韵遒举，风彩飘然"，晋明帝"虽略于形色，颇得神气"，丁光"非不精谨，乏于生气"，都可体现出"气韵，生动是也"的思想。因而钱锺书先生说："'气韵'匪他，即图中人物栩栩如活之状耳。"[③]"赫取风鉴真人之语，推以目画中之人貌以至物象，犹恐读者不解，从而说明曰：'生动是也。'"[④]总之，谢赫拈出"气韵"一词以论画，是形神之鉴在绘画领域的具体运用，是对顾恺之传神论的发展。

南陈的姚最在《续画品》中称道顾恺之"有若神明"，而称张僧繇"小乏神气"。他认为谢赫的画"意在切似"，"至于气韵精灵，未穷生动之致"。唐代李嗣真对谢赫的评顾恺之，姚最的评张僧繇都不满，认为顾、陆、张应"同居上品"。而这场孰为优劣的争论，直到张怀瓘的肉、骨、神之说出来后，才告结束，且能被后人接受。"顾得其神"之高于

---

① 张彦远：《历代名画记》。
② 张彦远：《历代名画记》。
③ 钱锺书：《管锥编》第四册第一八九则，中华书局1979年版。
④ 钱锺书：《管锥编》第四册第一八九则，中华书局1979年版。

“张得其肉,陆得其骨”,则可见传神为最高标准。

从南齐的谢赫,经南陈的姚最,到唐代的李嗣真、张怀瓘,尽管对顾恺之画的品位评价不同,但在诸多品评中都可见重“神”的思想。谢赫一面称道“壮气”、“神气”、“生气”,一面又批评“纤细过度,翻更失真”(评刘顼)。姚最《续画品》亦谓梁元帝“特尽神妙”。李嗣真《续画品录》称郑法士“气韵标举”,“风格道俊”,赞赏董伯仁、展子虔“皆穷生动之意”,“各有奔飞之状”。张怀瓘《画断》谓顾恺之“其神气飘然在烟霄之上”,陆探微所作“秀骨清像,似觉生动”,吴道子“下笔有神”。

唐代的两位大诗人杜甫和白居易都作有题画诗,无论所写及的是人物、山水、动物、植物,都重在对表现对象的传神。如杜甫《丹青引》赞美曹霸所画“褒公鄂公毛发动,英姿飒爽来酣战”,即言笔下人物的生动有神,诗中将曹霸画马的“斯须九重真龙出,一洗万古凡马空”,与其弟子相较:“弟子韩幹早入室,亦能画马穷殊相。幹惟画肉不画骨,忍使骅骝气凋丧。”就是赞扬前者有神,后者乏气。《画鹰》的“攫身思狡兔,侧目似愁胡”;《画鹘行》的“高堂见生鹘,飒爽动秋骨”;“写此神俊姿,充君眼中物”;《观李固请司马弟山水图》第三首的“高浪垂翻屋,崩崖欲压床”,都是言所画鹰、鹘、山水的逼真传神。同样,白居易《画竹歌》称道“萧郎”所画竹“婵娟不失筠粉态,萧飒尽得风烟情。举头忽看不似画,低耳静听疑有声”,即是赞其生气、神似。在《画记》中他说道:“画无常工,以似为工;学无常师,以真为师。故其措一意,状一物,往往运思中与神会。”并进一步提出了“形真而圆,神和而全”,全面地从形、神两方面来要求绘画。

唐代最主要的画论家是张彦远,他的画论已形成了较完整的体系。对于形、神关系,他有全面而辩证的看法。他虽然很重视形似,但《历代名画记叙论·论画六法》一再以“气韵”来强调传神:“以气韵求其画,则形似在其间矣。”“至于鬼神人物,有生动之可状,须神韵而后全。若气韵不周,空陈形似;笔力未遒,空善赋彩;谓非妙也。”

非但是六朝的绘画以人物为主,即使是唐代的山水、禽兽、花卉等题材进入全面繁盛的时代,张彦远《历代名画记叙论·论画六法》也只是强调人物画的传神、气韵,而认为“至于台阁树石,车舆器物,无生动之可拟,无气韵之可侔,直要位置向背而已”。但由唐入五代的荆浩,则通过自己画山水松树的创作实践,将气韵、骨气等重在“神”的概念,推之于人物以外的山水画领域。荆浩在《笔法记》中提出“画有六要”:“一曰气,二曰韵,三曰思,四曰景,五曰笔,六曰墨”。其中“气”、“韵”二则是:“气者,心随笔运,取象不惑”,“韵者,隐迹立形,备仪不俗”,前者所云为创作主体的精神状态,后者则有重神似而非形似之意。他还提出了“无形之病”的概念:“无形之病,气韵俱泯,物象全乖,笔墨虽行,类同死物,以斯格拙,不可删修。”并区分“似”与“真”之别:“似者,得其形遗其气,真者,气质俱盛”,当然以传神的“真”者为高。

入宋之后,重神似及传神之论又有较大发展。影响较大者有以下数家。

一是欧阳修。他在《盘车图》一诗中这样写道:“古画画意不画形,梅诗咏物无隐情,忘形得意知者寡,不若见诗如见画。”这里以画针砭诗,是对宋诗而发,而诗中所说的“意”,则相当于“神”。

二是郭若虚。他在《图画见闻志》中特别推崇“气韵生动”，对人物画的“取悦于众目”不满，而称道古画士所画金童玉女等“貌虽端严，神必清古”，通过韩幹与周昉同画郭子仪之婿赵纵像，以赵夫人所评“前画者空得赵郎状貌，后画者兼得赵郎情性笑言之姿耳”，来肯定周昉的传神技巧。

三是沈括。他的《梦溪笔谈》曾论及绘画，曰：“书画之妙，当以神会，难可以形器求也。”以是否合“理”传神或“造理入神”为标准来评判高下。

四是苏轼。其有诗曰：“论画以形似，见与儿童邻”，表明了对止于形似的鄙薄。他在《净因院画记》中说：“常形之失，人皆知之；常理之不当，虽晓画者有不知。”“常理”之与“常形”对举，含有重“神”之意。《传神记》论人物画要“欲得其人之天”，“得其意思所在”，《跋宋汉杰画山》进而谓“观士人画，如阅天下马，取其意气所到”，这里“天”、“意思”、“意气”虽用语不同，但都含有以“神”为中心之意。

五是邓椿。他在《画继杂说》中云：“画之为用大矣！盈天地之间者，万物悉皆含毫运思，曲尽其态，而所以能曲尽者止一法耳。一者何也？曰：‘传神而已矣。’”

其余如黄伯思以相马喻“得意忘象”之作。“故九方皋之相马，略其玄黄，取其驵秀，惟真赏者独知之。”[①]陈郁《藏一话腴》在列举古人中外貌特征的相似者之后说：“盖写其形，必传其神，传其神，必写其心。”“倘秉笔而无胸次，无识鉴，不察其人，不观其形，彼目大舜而性项羽，心阳虎而貌仲尼，违其人远矣。”这些都是宋人中重要的传神之论。

元代以后，山水、花鸟、兰竹等题材压倒了人物画，成为创作之大宗，传神论亦为之转移，且有很大发展，并愈形丰富。下面，择其要者观之。

元代的水墨山水较前有很大发展，在理论上则多神似之倡。赵孟頫倡“古意”、“士气”，正是针对南宋院体画风而发，包含有重“神”之意。黄公望的“逸墨撇脱”，吴镇的“墨戏”，倪瓒的“逸笔草草，不求形似”等，都是山水、竹石等作传神的表现。尤其值得注意的是汤垕《画鉴》所论：“若山水、墨竹、梅、兰、枯木、竹石、墨花、墨禽等游艺翰墨，高人胜士寄兴写意者，慎不可以形似求之。先观天真，后观笔意，相对忘笔墨之迹，方为得趣。”“看画如看美人，其风神骨相，有肌体之外者。”在山水等类题材中弃形似的标准，而以“天真”、“笔意”求之，可谓是在人物、牛马等类作品之外，明确树立起重神似的标准。

明代画论在发展中更见演变。气韵与意趣成为经常道及的概念，有些关合形神之论者颇有创见。王世贞《艺苑卮言》认为人物画与山水画对形、神应有不同侧重：“人物以形模为先，气韵超乎其表；山水以气韵为主，形模寓乎其中，乃为合作。”而高濂与李日华之见更值得注意。高濂《燕闲清赏笺》说：“余所论画以天趣、人趣、物趣取之。天趣者神是也，人趣者生是也，物趣者形似是也。夫神在形似之外，而形在神气之中。”以“求神似于形似之外，取生意于形似之中”相号召。李日华《六砚斋笔记》则曰：“凡状物

①《东观余录》。

者,得其形,不若得其势;得其势,不若得其韵,得其韵,不若得其性。”谓“韵”为“生动之趣”,“性”为“物自然之天”,这较之一般所讲的“神”,有更深的内涵,且包含着庄子的思想。

清代画论除气韵、意趣外,更重性情抒发,且在元、明二代的基础上,更推重士气、逸气、笔墨之类,在形神关系的理论问题上,也多与此结合。因此,这里只择石涛与郑燮二家而言。石涛《画语录》主张“搜尽奇峰打草稿”,但又说“我自发我之肺腑”,表明了主客观统一的思想,“山川脱胎于予”,“予脱胎于山川”,“山川与予神遇而迹化”,亦同一意义,其结果是造成了“不似之似”,可谓形神俱备了。郑燮曾自道:“板桥画竹,不特为竹写神,亦为竹写生。瘦劲孤高,是其神也,豪迈凌云,是其生也。”[①]但他又以“虽无真相”却有“真魂”的作品为高,可见对神似更为重视。

从以上的梳理可知。起于魏晋时代人物品评的“形神之鉴”,肇启了顾恺之在绘画理论和实践中对传神的重视;经南朝而至唐代,传神思想已被画家和画论家普遍接受;至宋,见解愈见精辟,且将其从用在人物画领域,进而推之于山水、静物;元明清三代,传神之论更形发展、演变,而至主观意兴甚至强于客观摹写,从而造就了中国古代绘画显著的民族特点。

四 以形写神与传神之道

形神之鉴入于绘画,在实践和理论上都起了极大影响。对形、神的关系,顾恺之首倡“以形写神”的原则。《历代名画记》卷五记录了他的一段话:

> 人有长短,今既定远近以瞩其对,则不可改易阔促,错置高下也。凡生人亡有手揖眼视而前亡所对者,以形写神而空其实对,荃生之用乖,传神之趋失矣。空而实对则大失,对而不正则小失,不可不察也。一象之明昧,不若悟对之通神也。

“空而实对则大失,对而不正则小失”,可见“形”的忠实性是何等重要,因而,“以形写神”正是他所遵奉的创作信条。人物的外貌特征之“形”甚多,最能表其神者为目,所以“传神写照正在阿堵中”,可见顾氏深知“心灵的窗户”的重要性,而“写神”之“形”正是最见特征者。顾恺之既反对“大失”,也反对“小失”,但他并不认为刻板写实才能传神。《世说新语·巧艺》曾载他为裴楷画像事。“顾长康画裴叔则,颊上益三毛。人问其故,顾曰:‘裴楷隽朗有识具,正此是其识具。看画者寻之,定觉益三毛如有神明,殊胜未安时。”“如有神明”,益三毛而“殊胜未安时”,说明顾恺之深知为求神似甚至变其形似的原理。除了人物本身之“形”外,相应的环境也是表现人的性格、精神的外部之“形”。又据《世说新语·巧艺》载,顾恺之曾为谢鲲画像,将谢画在岩石中,人问何以如此?顾曰:

① 郑燮:《郑板桥集·补遗》。

“谢云:‘一丘一壑,自谓过之。’此子宜置丘壑中。”因为谢是乱世中的隐士,要画出其神,置丘壑中则是最好的环境辅佐。

“以形写神”是一个创作原则和要求,就画家本身的体验言,顾恺之又总结出九个字的理论,即“神仪在心,而手称其目”。[①]这里说,画家应掌握被画人的“神仪”,即既有仪表,又见精神,将此入于心中,然后才能做到手之所写称目之所见,顺利地画出来。由于有“在心”的中间环节,因而就决非单纯的反映论,而有一个心炼、加工的问题,而后来的画论家也恰恰是在这上面屡有发挥。

谢赫拈出“气韵”一辞,以作人物画品评的标准,姚最继有“神明”、“神气”之说,都是对“神”的进一步深化与具体化,但就创作原则言,对“以形写神”并无系统之见,只是在品评之中偶见思想的火花。

真正能从理论上说明形神关系的,是唐代最著名的画论家张彦远。他在《历代名画记叙论·论画六法》中说:

> 古之画,或能移其形似而尚其骨气,以形似之外求其画,此难可与俗人道也。今之画纵得形似,而气韵不生,以气韵求其画,则形似在其间矣……夫象物必在于形似,形似须全其骨气。骨气形似,皆本于立意而归乎用笔。

从以上所论可知,张彦远对于形神关系的看法不仅具有辩证观点,而且较之“以形写神”论有了进一步发展,“移其形似而尚其骨气”,“以气韵求其画,则形似在其间”,较之“以形写神”论来,更见对“神”的主导作用的强调,而同谢赫《古画品录》评张墨、荀勗所说的“若拘以体物,则未见精粹;若取之象外,方厌膏腴”相比,则显得更为实在和可解。他不但以“气韵”求形神兼备,而且并不摒弃形似,后面所论足见其持论并无偏颇,尤其是“骨气形似,皆本于立意而归乎用笔”,涉及形神、立意、用笔的关系及技巧问题,与张九龄“意得神传,笔精形似”[②]的说法极为一致。

张彦远在上文中还对人物画的创作历史作了纵向比较:“上古之画,迹简意淡而雅正,顾陆之流是也。中古之画,细密精致而臻丽,展郑之流是也。近代之画,焕烂而求备;今人之画,错乱而无旨,众工之迹是也。”“今之画人,粗善写貌,得其形似,则无其气韵;具其彩色,则失其笔法。岂曰画也!呜呼!今之人斯艺不至也。”这里,固然可看到张彦远所接受的传统文化中的尊古意识和对画工创作的偏见,但毋庸讳言,唐代庞大的画工队伍和既多又滥的绘画,是确难与前代经删汰而流传的名家画迹相比,“粗善写貌,得其形似,则无其气韵;具其彩色,则失其笔法”的批评也是很中肯的。

起于人物品评的形神之鉴影响了人物画的重神似,随着晋宋的山水赏会之风渐盛,与玄、佛二学对自然界所取立场相结合,尤其是禅宗风靡之后,传神之论推之于山水静物的绘画领域,随之成为最主要的批评标准。

---

① 顾恺之:《历代名画记》卷五。

② 张九龄:《宋使君写真图赞并序》。

老子的“绝圣弃知”、回归原始的思想，使他构建出“人老死不相往来”的理想社会。庄子反对“人为物役”，也主张回到自然，回到远古，他的许多话中，都充满了对大自然的热爱。在玄学盛行的时代，王弼虽倡“贵无”之说，但又有“五情同，故不能无哀乐以应物”[①]之论，郭象更谓：“圣人虽在庙堂之上，然其心无异于山林之中。”[②]《世说新语·言语》所载的诸多赞赏山水之美的言辞，正是“五情应物”见诸山水的反映。佛教自传入我国之后，由于佛学中的般若说与玄学相通，发展很快，到释道安，已兼通内（佛）外（儒玄）之学，集般若、禅法大成。他的弟子释慧远入庐山布教，由于兼精大小乘和般若、禅法，影响极大，诗人陶渊明与之交往，名士宗炳更承教座下。慧远之入庐山，达摩之居嵩山，智顗之至天台，实导后世“天下名山僧占多”之风。禅宗兴盛之后，僧人更多居深山幽谷，禅宗对大自然所取的亲近立场和泛神论态度，使其教义常借自然景象来表达：“问：‘如何是不迁义？’师曰：‘山高不碍白云飞。’……问：‘如何是色空？’师曰：‘拾取落花生旧枝。’问：‘如何是一尘？’师曰：‘满目是青山。’”[③]“问：‘如何是塔中人？’师曰：‘萎花风扫去，香水雨飘来。’问：‘随缘不变者，忽遇知音时如何？’师曰：‘披莎侧立千峰外，引水浇蔬五老前。’……问：‘祖师心印，请师拂拭。’师曰：‘祖月凌空圆圣智，何山松桧不青青。’”[④]由于唐宋两代的士夫文人与禅僧广为交往，禅意、禅思影响了他们的诗篇画幅，“时逢林内鸟，相共唱山歌。瑞草连溪谷，老松枕嵯峨。可观无事客，憩歇在岩阿”[⑤]的生活方式也导致了他们将山水的“可行”、“可望”变为“可游”、“可居”。这样一来，画家们在山水中有了新的发现，“神”遂从人与动物，移之于山水竹石。邓椿在《画继杂说》中在称道“传神”为“能曲尽者止一法”之后，又说：“世徒知人之有神，而不知物之有神，此若虚深鄙众工，谓虽曰画而非画者，盖止能传其形不能传其神也。”其实，在山水画领域中，传神论同样在逐渐发展。

曾受学于慧远的宗炳是第一个真正的山水画家。他在《画山水序》中说：“夫以应目会心为理者，类之成巧，则目亦同应，心亦俱会，感会通神，神超理得，虽复虚求幽岩，何以加焉！又神本亡端，栖形感类，理入影迹，诚能妙写，亦诚尽矣。”其所说固不无神秘主义气氛，文中几次提到“神”，前面的“感会通神”和“神超理得”，可看作进入最佳创作状态后，获得了事物的真谛；而后面的“神本亡端，栖形感类，理入影迹，诚能妙写，亦诚尽矣”，则是说只有心与目在“应会”过程中，去领会“栖形感类”的“神”，通过“妙写”而得以传递出来。

然而，对山水画的传神、神似理论，直到荆浩才有比较切合实际的论述。荆浩的“六要”中，对形神关系的见解，主要表现在对第四要的“景”的解说中：“似者，得其形遗其气；真者，气质俱盛。”他又说：“景者，制度时因，搜妙创真。”“制度时因”是说要根据季节、环境的变化来绘画，“搜妙创真”则有以典型化手段来传神的况味了。至若“真

① 王弼：《王弼集校释》。

② 郭象：《逍遥游注》。

③《五灯会元》。

④《五灯会元》。

⑤ 寒山子：《寒山栖隐处》。

者，气质俱盛”的解释，则是以兼备形神为“真”的标志。这里，可将形似之“似”视为初级阶段，而将具有神气的“真”视作高级阶段。

如果说五代的欧阳炯是兼重形神的话，入宋以后，则明显转为崇尚传神了。欧阳炯说：“六法之内，惟形似、气韵二者为先。有气韵而无形似，则质胜于文；有形似而无气韵，则华而不实。”[①]大致说来，北宋宫廷画院与此近，而且重形似，文人画则推重传神。主要的理论家是欧阳修和苏轼，经诸多的文人画作者在创作实践上的努力，完成了向神似的转化。

欧阳修首先对韩非所说的“画鬼魅易，画犬马难”发难。他说：“善言画者，多云鬼神易为工，以谓画以形似为难。鬼神，人不见也，然至其阴威惨淡、变化超腾而穷奇极怪，使人见辄惊绝，及徐而定视，则千状万态，笔简而意足，是不亦为难哉！”[②]这里的“阴威惨淡、变化超腾而穷奇极怪”，所指的是传神而产生的感染力，而“笔简而意足”，则指其以简略笔墨传神的技法。他又说：

> 萧条淡泊，此难画之意。画者得之，览者未必识也。故飞走迟速，意浅之物易见，而闲和严静，趣远之心难形。若乃高下向背，远近重复，此画工之艺尔，非精鉴者之事也。[③]

他将“高下向背，远近重复”的“经营位置”，看作“画工之艺”，且认为非仅是造型，即以有动作形态的“飞走迟速”言，仍属“意浅之物”，属“易见”者。他认为，画难在达意，“萧条淡泊”、“闲和严静”属“趣远之心”，是“难形”的，而且“画者得之，览者未必识”，这里所说的是“意”比“形”难，“意”当由“神”得之。他在《盘车图诗》中所写的“古画画意不画形”和“忘形得意知者寡”，其“意”也同于前说之“意”，都可认为是意境，而要得其意境，光写形当然不够，必须还要传神。

作为文艺全才与巨星的苏轼，同他的老师欧阳修一样，也倡导传神之论。他有一篇专论人物画的《传神记》，以“凡人意思各有所在，或在眉目，或在鼻口”来补充顾恺之的“点睛”说。他将马的神骏之气拟作文人画应表之精粹，尤其是《书鄢陵王主簿所画折枝二首》既有公允之论，又为矫枉而不得不发过正之见。诗云：

> 论画以形似，见与儿童邻。赋诗必此诗，定非知诗人。诗画本一律，天工与清新。边鸾雀写生，赵昌花传神。何如此两幅，疏淡含精匀。谁言一点红，解寄无边春。

这首诗包含着很精辟的见解，但其前四句，因被误解而屡有争议。其实，苏轼是针对瑾丽工细、力求形似的院体画而发的。他先立论点：只以形似作为画的标准是很幼稚的，

---

① 欧阳炯：《益州名画录·蜀八卦殿壁画奇异记》。

② 欧阳修：《欧阳文忠公文集》卷七十三《题薛公期画》。

③ 欧阳修：《欧阳文忠公文集》卷一百三十《鉴画》。

同样，写诗只泥定诗题而无句外之意，也不是真正理解诗歌的人。后面他举了两个画例：唐代边鸾所画雀情态如生，赵昌的花朵更传花之神韵。但又说，边鸾雀与赵昌花都不如王主簿的疏淡而含精匀。第二首的"瘦竹如幽人，幽花如处女。低昂枝上雀，摇荡花间雨。双翎决将起，众叶纷自举。可怜采花蜂，清蜜寄两股"，都是说王主簿所画之物栩栩如生，得物之真魂，传物之精神。后来，他的学生晁以道写过一首和诗，诗中说："画写物外形，要物形不改；诗传画中意，贵有画中态。"后人认为晁说正确而苏说过偏，其实，晁诗是受苏诗启发而得，所说固然不至于偏颇，但苏轼针对院画作风而发此论，应该说是很有积极意义的。

两宋的画家、画师、画派、画题虽众，但以苏轼为代表，从文同、经杨无咎直到郑思肖，多以水墨梅竹、木石、兰草抒情寄兴，形成了文人画传统，"有以淡墨挥扫，整整斜斜，不专于形似，而独得于象外者"①。非独对转变北宋院画之风起了作用，而且为后代的文人画占居主流、以神似为尚，也奠定了基础。因而，苏轼的功绩和影响都是显见的。

随着对唐代最为大宗的寺观佛道壁画的创作热情的消减，宋画实现了题材向山水、竹石、花鸟的重点转移，文人画派的兴起和确立，更使传神论前进了一大步。以后数代，虽画院画曾数度显示出势力，但元明清绘画的主流，却确是文人画堪为代表。神似居于形似之上，在画论和创作中求得了一致，并有了很大发展，韵致、情感、意趣、笔墨，渐从神似中派生出来，取代形似而占居主位。在这几代众多的画家和画论家中，徐渭是极有代表性的一位，非常值得注目。

徐渭兼工书画，亦擅诗文戏曲，富于革新精神。他以水墨大写意作花卉，草书自成风格，以之追求个性解放。他所题画梅诗这样写道："从来不见梅花谱，信手拈来自有神，不信试看千万树，东风吹着便成春。"强调的正是无法中有法的"神"。他的另一题画诗中所说"不求形似求生韵，根拨皆吾五指栽"，则是更为明确以道。最典型者当是在评夏珪画时所说的"令人舍形而悦影"，这"舍形悦影"之说，可谓论述形神关系所发的最彻底之论。清代虽所说众多，愈形丰富，但其实质则难出其右了。

从晋顾恺之的"以形写神"，经宋黄伯思的"得意忘象"，到明徐渭的"舍形悦影"，大体可以看作我国绘画处理形神关系的三大阶段，这一历史进程是值得研究、总结的。

从晋代以来，我国绘画就重视传神之道。

绘画怎样才能传神呢？还是应当从顾恺之、谢赫说起。就总体精神而言，顾的"迁想妙得"和谢的"气韵生动"，是颇具概括性的。

"迁想妙得"是顾氏对绘画表现对象而发的，他所排列的难易次序是：人物、山水、狗马、台榭，原因是"台榭一定器耳，难成而易好，不待迁想妙得也"。可见，"迁想妙得"是对有生命的前三者而言，故其实质为传神之论。"迁想妙得"这四个字包含着两个过

①《宣和画谱·墨竹叙论》。

程、两层意义："迁想"是指画家在创作前通过观察对象物，再深入一步探求和推测其思想感情（人）和精神气概（人、山水、狗马），"妙得"是指画家在逐步掌握了对象的思想、精神，气势之后，经过提炼而获得的艺术构思。

如果说"迁想妙得"是对创作的准备及过程而言，那么"气韵生动"则是言作品完成后所表现出之"神"了。

从顾恺之、谢赫，直到张彦远，所论都是人物画的传神，后世关于人物画的传神及其技巧，亦颇多专论。顾、谢之世，山水画领域虽乏陶渊明、谢灵运之辈，但宗炳、王微之论仍不能忽视。宗炳《画山水序》所说的"应目会心"，"感会通神，神超理得"，可作为"迁想"的注脚，而"栖形感类"，"理入影迹，诚能妙写"，则可作为"妙得"的说明。王微《叙画》说得更为具体，他说绘山水画"非以案城域，辨方州，标镇阜，划浸流"，而因"本乎形者，融灵而动变者心也。灵无所见，故所托不动，目有所极，故所见不周"，心与形的关系既如此，目之所见有限，故当以心作如此"迁想"："于是乎以一管之笔，拟太虚之体，以判躯之状，画寸眸之明。"有此"迁想"，则"横变纵化而动生焉，前矩后方而灵出焉"。

当然，宗、王之论神秘主义色彩甚浓，在总结以山水画为重心的传神之道时，我们不妨主要着眼于唐代之后，现条缕其重要精神于下：

第一，外师造化，中得心源。

南陈的姚最在《续画品录》中，曾提出了"心师造化"论，"师造化"，即以造化为师，向对象物学习，深入了解它。其实，早于姚最的宗炳在《画山水序》中已用"身所盘桓，目所绸缪，以形写形，以色貌色"十六个字，触及了"师造化"的具体内容。但姚最则明确以"师造化"说明写实的重要，这可谓将侧重于创作主体的"迁想妙得"，引向了侧重于创作客体，故其意义不可低估。

但是，仅靠"心师造化"是难以传神的，经长期的探讨、实践，到唐人张璪，终有"外师造化，中得心源"之说。"外师造化"是向客观事物学习，忠实于创作对象，"中得心源"则是对获得的艺术表象，进一步在头脑中加工。这样，就兼得顾、姚二说的精髓，既重客体，又重主体，只有将两个环节都贯串起来，才是创作活动的完整过程，倘非"外师造化"，则失形似的基础，若无"中得心源"的主观加工，传神则难以做到。

姚最说："岂可曾未涉川，遽云越海；俄睹鱼鳖，谓察蛟龙。凡厥等曹，未足与言画矣。"[①]深入观察、广作了解是第一等要事。吴道子曾至四川，写蜀道山水，天宝中又因明皇思蜀道与嘉陵江水，"遂假吴生驿驷，令往写生"[②]，因而能在大同殿壁一日之内画嘉陵江三百余里风光。王维晚年长期隐居于蓝田别墅，故所画《辋川图》"山谷郁郁盘盘，云水飞动"[③]。荆浩隐居于太行山洪谷，关仝留连于秦岭、华山，李成避居青州营丘，范宽久住终南林麓间，他们都是"师造化"的著名画家。即如米芾、米友仁的"墨

① 姚最：《续画品序》。
② 朱景玄：《唐朝名画录》。
③ 朱景玄：《唐朝名画录》。

戏”，也是产生在饱看镇江三山烟雨和大江波涛的基础上，这就难怪赵孟頫有诗云：“久知图画非儿戏，到处云山是吾师”了。[①]尤其是“元四家”。黄公望“探阅虞山朝暮之变幻，四时阴雾之气运，得之于心而形于画”。[②]其居富春江时，又充分领略了江山钓滩之胜，《富春山居图》作于年近八十之时，此前，他“云游在外”，仔细观察，画七年而成，“绝无求工求奇之意，而工处奇处斐亹于笔墨之外，几百年来，神彩焕然”。[③]王蒙曾卧青山而望白云近三十年，因而绘画能“万壑在胸”。倪瓒筑“清閟阁”，面对太湖和松江三泖。吴镇中年杜门隐居，也是超然物外，以山水为友。直到清初王原祁走上拟古道路，以“师古人之迹”代替了“师古人之心”，但正当他为“求出蓝之道终不可得”而深感苦恼时，却因“驱车过洛阳，渡伊洛，四周山色崚嶒，巨石俯瞰河流，曲折迤逦者数里，方知大痴《浮峦暖翠》、《天地石壁》二图之妙”[④]，而感豁然开朗。他在南游之后更说道：

余忆戊寅冬，从豫章归，溪山回抱，村墟历落，颇似梅道人笔，刻意摹仿，未能梦见。十余年来，心神间有合处，方信古人得力以天地为师也。[⑤]

这是拟古者的最好反省，也是“师造化”的有力反证。而反拟古最力的石涛，其名言之一正是“搜尽奇峰打草稿”。

但是，只满足于“师造化”，并不就能臻传神之境，“草稿”而非“定稿”，正此谓也。这里，还有“中得心源”的加工、改造环节和摄取、表现神理的过程。朱景玄《唐朝名画录》曰：

画者，圣也。盖以穷天地之不至，显日月之不照。挥纤毫之笔，则万类由心；展方寸之能，而千里在掌。至于移神定质，轻墨落素，有象因之以立，无形因之以生。

这便是从“得心源”的角度论述了画的创作。

对于以“外师造化，中得心源”二语著称的张璪，符载观其绘画而深有体会：“观夫张公之艺，非画也，真道也。当其有事，已知遗去机巧，意冥造化，而物在灵府，不在耳目。故得于心，应于手，孤姿绝状，触毫而出，气交冲漠，与神为徒。”[⑥]这正是张璪本人对“中得心源”的实践表现。

宋代郭若虚在《图画见闻志》中，将扬雄所说的“言，心声也，书，心画也”引申为“夫画，犹书也”，认为画应“本自心源，想成形迹”，“得之天机，出于灵府”，对“心源”更

---

① 赵孟頫：《松雪斋集》。

② 夏文彦：《图绘宝鉴》。

③ 王原祁：《麓台题画稿》。

④ 王原祁：《麓台题画稿》。

⑤ 王原祁：《麓台题画稿》。

⑥ 符载：《观张员外画松石序》。

为强调。米友仁更进而有“画之为说，亦心画也”[①]之论。董逌《广川画跋》称“要不期于所以似者贵也”，要做到“不期于所以似”，就应“以天合天”，“求于造化之先，凡赋形出象，发于生意，得之自然，待其见于胸中者”，是对“心源”较具体的论述。

元明清三代，对“造化”与“心源”二者关系的论述愈形深入，并在“心”与“手”的话题上另有开拓。如清人布颜图《画学心法问答》曰：“盖山川之存于外者，形也，熟于心者，神也，神熟于心，此心炼之也。”他又说：“心者手之率，手者心之用，心之所熟，使手为之，敢不应手？故练笔者，非徒手练也，心使练之也。”这样的论述，可谓既全面又深刻，这也可看作是顾恺之“神仪在心，手称其目”的一个详细阐释和说明了。

至此可见，“师造化”与“法心源”是传神这一问题的两个侧面，缺一不可。但是，这只是一个原理、一项原则，进一步说，传神必须通过具体的途径。

第二，删拨大要，搜妙创真。

与宗炳、王微所论不同，荆浩《笔法记》是较早的论述山水画的一部系统著作。其中这样解释“六要”：“气者，心随笔运，取象不惑；韵者，隐迹立形，备遗不俗；思者，删拨大要，凝想形物；景者，制度时因，搜妙创真；笔者，虽依法则，运转变通，不质不形，如飞如动；墨者，高低晕淡，品物浅深，文采自然，似非因笔。”这“六要”中，“气”、“韵”所释为思想与形象关系，“笔”、“墨”所释为具体技巧，相较而言，创作主体之“思”和创作客体之“景”及二者关系，对传神之道更显得切近和重要。荆浩释“思”的“凝想形物”，是指落笔前对表现对象的专心致志的思考，而释“景”的“制度时因”，则是指应据季节、时间的变化来描绘自然物。因而，经筛选而得的“删拨大要”和“搜妙创真”，以“思”和“景”关合传神，则不失为此中一道。

对人物画的不顾四体妍蚩，而着力于眼睛的描绘，其实就是删拨大要的传神写照，而裴楷的颊上添毫也不失为搜妙创真之举。但施之于山水画领域又如何呢？我们不妨看看传为王维所作的《山水诀》和《山水论》。《山水论》说：由于“远人无目，远树无枝。远山无石，隐隐如眉；远水无波，高与云齐”，故“观者先看气象，后辨清浊，定宾主之朝揖，列群峰之威仪，多则乱，少则慢，不多不少，要分远近”，这岂非以“删拨大要”显山水之本质、精神和气象？《山水诀》说：“村庄着数树以成林，枝须抱体；山崖合一水而瀑泻，泉不乱流。渡口只宜寂寂，人行须是疏疏。”这岂非创造典型环境的“搜妙创真”？《山水论》对四时之景“搜妙创真”的安排有极好设想：“春景则雾锁烟笼，长烟引素，水如蓝染，山色渐青。夏景则古木蔽天，绿水无波。穿云瀑布，近水幽亭。秋景则天如水色，簇簇幽林，雁鸿秋水，芦岛沙汀。冬景则借地为雪，樵者负薪，渔舟倚岸，水浅沙平。”诚然，这样的表现方式沿用不息，会形成表现程式，以致外国人或外行人看宋元山水画似乎都是一副面孔，但山水画毕竟又像世上无一片相同的绿叶，因为“搜妙”的原则、方法可以相同，但“创真”的结果却不相同。

诚如《山水论》的结尾所说：“山藉树而为衣，树藉山而为骨。树不可繁，要见山之

① 米友仁：《元晖画跋》。

秀丽;山不可乱,须显树之精神。”“删拨大要”、“搜妙创真”的结果,正是为了显物之精神,见景之秀丽,求得真正的神似。其实质正如“一点红”和“无边春”的关系,在以少见多同时,还体现了表达事物本质的特点,且见其生气、活力。宋代以后,所论更见发展,并导致了南宗画的以简约为尚,形成创作传统。

第三,先定位置,次讲笔墨。

谢赫《古画品录》提出的“六法”,曾得郭若虚“六法精论,万古不移”的赞誉。“六法”以“气韵”为统帅,其余五则是技巧问题,相较之下,“骨法,用笔是也”和“经营,位置是也”与传神的关系较密切。

绘画的构图极其重要,顾恺之以人物画为主,但画谢鲲谓宜置身岩石中,画张道陵用跳涧取桃来考验弟子之诚,景物要“画绝险之势”,都说明了对环境、构图的重视,这就是所谓的“临见妙裁”。谢赫论绘画的位置、构图,以“经营”二字言之,可见此事须大费斟酌。

为了传神,就不应刻板地作客观描摹,这里必有剪裁、芟除、权衡主次与轻重之举。应突出什么?表现什么?由于传神当表现其精粹处,因此经营位置确实十分重要。《山水诀》云:“初铺水际,忌为浮泛之山;次布路岐,莫作连绵之道。主峰最宜高耸,客山须是奔趋。回抱处僧舍可安,水陆边人家可置。”《山水论》曰:“山腰掩抱,寺舍可安,断岸坂堤,小桥可置。有路处则林木,岸绝处则古渡,水断处则烟树,水阔处则征帆,林密处则居舍。”这说明,在公元八世纪,山水画家就懂得了如何经营位置。清布颜图在《画学心法问答》中说:“问布置之法,曰:所谓布置者,布置山川也。”“今之学者必须意在笔先,铺成大地,创造山川。其远近高卑,曲折深浅,皆令各得其势而不背,则格制定矣。”只有经过这样的“布置”,才能传山水之精神。

“骨法,用笔是也”,可见是指笔力,卫夫人《笔阵图》已有“善笔力者多骨”之说。“骨”与“气”相辅相成,正是生气、活力的表现,精神之所在。杜甫认为韩幹画马不逮其师曹霸,正在于“韩幹画肉不画骨,忍使骅骝气凋丧”。“曹衣出水”与“吴带当风”虽有凝重与飘逸之别,但都应是有力而非柔弱的。中国画是线的艺术,以毛笔为工具,笔力确实重要。张彦远《历代名画记》曾论及:“顾恺之之迹,紧劲联绵,循环超忽,调格逸易,风趋电疾,意存笔先,画尽意在,所以全神气也。”可见笔力对传神的重要。

荆浩《笔法记》的“六要”,其中的“五曰笔,六曰墨”除再次讲到用笔外,又增加了“墨”。他将“笔”释为“虽依法则,运转变通,不质不形,如飞如动”,一是用笔有法且又可变通,二是“如飞如动”的笔迹最好,因为这样正可以表现出对象的生命力。至于“墨”,则是“高低晕淡,品物浅深,文彩自然,似非因笔”,这是由于“随类赋彩,自古有能,如水墨晕章,兴我唐代”,是因时代造就的新技法而提出的。因唐代水墨画之兴,他遂表明了以墨代彩的意向,后人对此不断研究,使之更为完善。

郭若虚《图画见闻志叙论》曾专论用笔的“三病”,刘道醇《宋朝名画评》中的“六长”论,亦与笔墨有关,这些都是对笔墨理论的发展。

在历代画论中,对位置及笔墨问题均有不少创见,而清人王昱的“先定位置,次讲笔墨”，则带有一定的总结意义。他的《东庄论画》说：

> 作画先定位置，次讲笔墨。何谓位置？阴阳向背，纵横起伏，开合锁结，回抱勾托，过接映带，须跌宕欹侧，舒卷自如。何谓笔墨？轻重疾徐，浓淡燥湿，浅深疏密，流利活泼，眼光到处，触手成趣。学者深明乎此，下笔时自然无美不臻。
>
> 气骨古雅，神韵秀逸，使笔无痕，用墨精彩，布局变化，设色高华。明此六者，觉昔人千言万语尽在是矣。非坐破蒲团，静参默悟，腕底岂能融会斯旨！

总之，王昱所论虽重在技巧，但“位置”、“笔墨”岂非“迁想妙得”、“以形写神”在技法上的体现？难道不是主于“心源”以求传神？

第四，画道之中，水墨最上。

《山水诀》的开头即言：“夫画道之中，水墨最为上。肇自然之性，成造化之功。”从我国绘画史看，无论人物、山水、花鸟，都是先有设色，后有水墨，如宗炳《画山水序》就有“画象布色，构兹云岭”之说。水墨山水画出现在盛唐，王维、张璪最善，余如韦偃、陈恪、卢鸿、张志和等人亦长于此道。张彦远《历代名画记》对水墨极为推崇，他说：

> 草木敷荣，不待丹碌之采；云雪飘飏，不待铅粉而白。山不待空青而翠，凤不待五色而綷。是故运墨而五色具，谓之得意。意在五色，则物象乖矣。夫画物特忌形貌彩章，历历具足，甚谨甚细，而外露巧密。所以不患不了，而患于了。

“运墨而五色具，谓之得意，意在五色，则物象乖矣”，这是说以墨代色更能得物之“意”，前一“意”即“神”，后一“意”则画家主观之意，若意在五色，反而“物象乖”，难摄其神了。“甚谨甚细”会入“谨毛失貌”一途，“不患不了，而患于了”是深明辩证法之论。张彦远之以水墨最能传神，足证“画道之中，水墨最为上”不是孤立的声音。

南北朝时期，画风受佛教影响，从印度传来的彩色技法及晕染凹凸阴影，引起人们模仿的兴趣，如张僧繇就曾于寺门画凹凸花，但最终未被广大画家接受。“一阴一阳之谓道”是我国古人的宇宙观，黑、白至今仍被称为“极色”，正是一阴一阳的体现。从自然色彩中抽象出来的墨色，更具事物的神韵，而画家以绘画为抒情之举，借物写心，寄寓情怀，创造意境，本不拘于真实，水墨在简炼、捷达同时，具有特殊效果。超越物障，不为物使，以物抒情，物我合一，以水墨作画是最好的途径。“既知其了，亦何必了？”不妨以一墨当七彩，用墨代色，其干、湿、浓、淡、枯、润的丰富手段，确有色彩难到之处，在灵活矫动之中又见主次分明，确能体现出事物的灵魂和生命。

当然，绘画是视觉艺术，水墨对于自然色彩的超脱，不失为传神的一种创造，却毕竟是自然的失落，“水墨最上”之论实难以让所有人都接受。

第五，不似之似，不象之象。

中国画侧重传神的创作原则，使绘画艺术并不走向造型的忠实性，而是导致了“不似之似”,“不象之象”的产生。

在人物画家中,颇有以变形传人物精神的作手。五代时的贯休,其名作为十六帧水墨罗汉,庞眉大目、朵颐隆鼻,夸张而怪骇,却又比端庄肃穆、慈眉善眼者更见个性,更为传神。明代陈洪绶所画人物,也是在形体的夸张、怪诞同时,善于发掘和表现人物的内心情感。

对于山水、静物,不妨可以看看荆浩的“似”与“真”之说。荆浩《笔法记》云:“似者,得其形,遗其气,真者,气质俱盛。”他又说:“予既好写云林山水,须明物象之源。”作为最善于观松与画松者,他认为“松之生也,枉而不曲”,“倒挂未坠于地下,分层似叠于林间”,但是“有画如飞龙蟠虬,狂生枝叶者,非松之气韵也”。因而要传松树之神,必须离形得似。

经宋而入元之后,汤垕《画鉴》提出了观画的“六法”,即“先观气韵,次观笔意、骨法、位置、傅染,然后形似。”竟将形似置于末位。他还说:“看画如看美人,其风神骨相,有肌体之外者。今人看古迹,必先求形似,次及傅染,次及事实,殊非鉴赏之法也。”

然而,以形似为末终非正鹄。相较之下,有些明清画论家的说法更为可取。

如王绂《书画传习录》所认可的“兴到则神超理得,景物逼肖;兴尽则得意忘象,矜慎不传”的“不似之似”,可作为一种代表意见。查礼《题画梅》所说的“不象之象”也不失为一种代表意见,“画梅要不象,象则失之刻;要不到,到则失之描。不象之象有神,不到之到有意。”虽所说为梅,亦可通之于山水及其他。“不象之象有神”,这正是表明传神与形似关系的最明确的语言。直到本世纪,齐白石仍有“在似与不似之间”之说。

诗情与画意
——诗画艺术表现的互补

唐人殷璠在其所选《河岳英灵集》中，曾以“在泉为珠，著壁成绘”来评王维的诗，可以认为他已看到王维诗具有音乐美与绘画美的特点。“著壁成绘”四字，点出了王维诗中的画意。但真正说出了王维在诗画艺术上相通而兼互补的特点，则是苏轼在《书摩诘蓝田烟雨图》所言：“味摩诘之诗，诗中有画；观摩诘之画，画中有诗。”此未经人道之语一经道出，即为人所叹服，在平凡之中自有不凡的眼光，后人的一直沿用或引申发挥，可谓适不足怪。

“诗中有画”与“画中有诗”，不仅道出了王维诗画创作的特点，也为后世立下创作的准则和品评前人的标准，即诗歌创作要有“画意”，绘画创作要有“诗情”。下面，不妨看看二者如何在各自的对方实现自己，及二者如何在两个领域互为补充的？

一　诗中有画与画中有诗

先就诗歌领域看何为“画意”，亦即何谓“诗中有画”。不妨先从导致苏轼上述名言产生的王维诗作一考察。王维此诗名《山中》：

荆溪（一作蓝田）白石出，天寒（一作玉川）红叶稀。山路元无雨，空翠湿人衣。

这“诗中之画”主要体现在前二句：荆溪因秋日水浅而白石露出，但因尚未至深秋，红叶尚稀。碧水、白石、红叶，色彩鲜丽又清幽诱人。最后一句状山色之浓翠而似欲流欲滴，故有湿衣之感，由于并非作用于视觉，故此后人评论时也说“画不出”。王维“诗中有画”的作品颇多，不妨再看其中“画意”：

漠漠水田飞白鹭，阴阴夏木啭黄鹂。（《积雨辋川庄作》）

水田的明亮与夏木的绿暗对比，是未示之以色而可见色彩映照的画面。“飞白鹭”与“啭黄鹂”，一静一动，更为水田、夏木增色，显其生机。

郭门临渡头，村树连溪口。白水明田外，碧峰出山后。（《新晴晚望》）

如果说前二句以标明景物、环境位置见其大概，后二句就更以色彩对比和远近景的搭配，显示出画面的深浅层次。

日落江湖白，潮来天地青。（《送邢桂州》）

在开阔的画面中传递了对光和色的独特感受。

声喧乱石中，色静深松里。（《青溪》）
泉声咽危石，日色冷青松。（《过香积寺》）

二者相似，都是非高光、强光情景下，对色的感受退居其次，而以声音使画面有了动感。

渡头余落日，墟里上孤烟。（《辋川闲居赠裴秀才迪》）
大漠孤烟直，长河落日圆。（《使至塞上》）

同样都写落日和孤烟，前者因“渡头”、“墟”，得人烟而见温馨；后者“大漠”、“长河”，广阔、无人而见壮丽。前者呈动态，“余”与“上”摄下了日落前的画幅，使人留恋，后者呈静态，“大漠”、“长河”与“烟”、“日”相映衬，使人赞叹。前者主要以曲线构图，画面近于朦胧；后者以平面、直线、圆、弧线（长河）构图，画面明丽。

暮云空碛时驱马，秋日平原好射雕。（《塞上作》）
草枯鹰眼疾，雪尽马蹄轻。（《观猎》）

同是写打猎，前者着眼全景，后者着眼细部，一似远镜头，一似特写。“暮云空碛”正是“秋日平原”的物候特征，“草枯”、“雪尽”却是冬天所特有；至若描绘动作的“驱马”、“射雕”，同“眼疾”、“蹄轻”，亦有写意与工笔之不同，有经意与不经意之别。

王维既有《终南山》、《汉江临泛》这样善写开阔、雄浑景象的诗篇，也有《辋川集》中善写小景的诗篇。

从王维诗中所见，“诗中有画”或“画意”是对自然外境的形、色、光线、层次等的描写，以展示境界。

在苏轼“诗中有画，画中有诗”的说法之前，理学家邵雍已有了一首比较诗与画的诗，道出了二者的区别。这是《伊川击壤集》卷十八的《诗画吟》：

画笔善状物，长于运丹青；丹青入巧思，万物无遁形。诗画善状物，长于运丹诚；丹诚入秀句，万物无遁情。

诗虽有拼凑痕迹，但并非随便写来，说画“无遁形”，可以认为邵雍已道出了画是造型艺术，说诗“无遁情”，可以认为他以抒情作为诗的本质，“形”和“情”是诗画的区别。

“形”与“情”分别作为绘画与诗歌的主要表现者，但仅从诗歌角度言，与“情”并称或构成词语的，却是“景”而不是“形”。其实，“景”即“形”，只是我国诗论习惯于称“情景”罢了。“情”和“景”是文学中的两个基本构成因素，王国维《文学小言》这样论述：

> 文学中有二原质焉：曰景，曰情。前者以描写自然及人生之事实为主，后者则从吾人对此种事实之精神的态度言。

当然，王国维这里所讲的景，其实是广义的，即相当于今天所说的“艺术形象”，他指出了文学是主观思想感情与客观生活形象的统一，这当然不错。我国古典诗歌以抒情为大宗，叙事与说理之作退居其次，因而这个“景”也可以理解为狭义的。前面已大体讲过我国诗歌史上景物描写的发展过程，相对说来，汉魏以前情过于景，可谓“意余于境”，六朝受辞赋、骈文描写影响，诗作景过于情，可谓“境余于意”，唐诗之成为黄金时代，与情景交融，“意与境浑”密切相关。

后来的诗论家对于诗歌的情景关系，虽有“情为主，景为宾”之说，但深知这个“宾”不可或缺。明人谢榛《四溟诗话》卷三云：

> 作诗本乎情景，孤不自成，两不相背。景乃诗之媒，情乃诗之胚，合而为诗。以数言而统万形，元气浑成，其浩无涯矣。

清初王夫之《姜斋诗话》有更深入一步的论述：

> 关情者景，自与情相为珀芥也。情景虽有在心在物之分，而景生情，情生景，哀乐之触，荣悴之迎，互藏其宅。

他认为情景关系应像琥珀与芥子的关系，互相吸引，在心者与在物者相发相生，你中有我，我中有你。王夫之大概是不许独以情语作诗的，他又说：

> 不能作景语，又何能作情语邪？古人绝唱句多景语，如“高台多悲风”，“蝴蝶飞南园”，“池塘生春草”，“亭皋木叶下”，“芙蓉露下落”，皆是也，而情寓其中矣。以写景之心理言情，则身心中独喻之微，轻安拈出。

当然，不写景而只言情的也有好诗，但这只是个别，一般说来好诗应是情景交融的。而以景见情之作，“身心中独喻之微，轻安拈出”，却有更高的境界。

在明了诗歌的情景关系，尤其是写景的重要性之后，可以对“诗中有画”、“画意”作出几点归纳了。

第一，“诗中有画”就是要重视提供视境（“着壁成绘”），造就出意境的鲜明性。

诗中要有景物描写，而且这种描写应该自然、生动、鲜明，如果所呈现的形象没有鲜明的视境，就会造成感触、理解的隔膜和距离。钟嵘是我国诗论家中较早就“情应物感”作深入探讨的一位，他在《诗品序》中说：“气之动物，物之感人，故摇荡性情，形诸舞咏。”既然是因物起情，“物”在诗中的地位可知。他又指出：“至乎吟咏情性，亦何贵于用事？”“‘高台多悲风’，亦惟所见，‘清晨登陇首’，羌无故实，‘明月照积雪’，讵出经、史。”于是得出了“观古今胜语，多非补假，皆由直寻”的结论。“补假”之借用拼凑难得鲜明的视境，“直寻”者画意顿现。

本世纪初，王国维在《人间词话》中反“隐”倡“秀”，提出“隔”与“不隔”之说：

> 问“隔”与“不隔”之别，曰，陶、谢之诗不隔，延年则稍隔矣。东坡之诗不隔，山谷则稍隔矣。“池塘生春草”，“空梁落燕泥”等二句，妙处唯在不隔。词亦如是。即以一人一词论，如欧阳公《少年游》（咏春草）上半阕云：“阑干十二独凭春，晴碧远连云。千里万里，二月三月（按，此二句原倒置），行色苦愁人。”语语都在目前，便是不隔。至云“谢家池上，江淹浦畔”，则隔矣。

这里说得很明确，“语语都在目前”，虽是文字，但创造的视境鲜明、清晰，直接可感。至如“谢家池”、“江淹浦”之用典，看似有景，实是无景，意象之营造与感受，都造成了隔膜。

重视视境的鲜明性，才能使读者获得鲜明的感觉表象，激发积极的联想，从而在阅读、欣赏中获得清晰的意境。苏轼所说的“味摩诘之诗，诗中有画；观摩诘之画，画中有诗”，虽特指王维自己的诗画相通，具有一致性，但由于王维诗中写景的直观、具体、鲜明，亦可推而广之，及于其他。只有诗中具备直观、具体、鲜明的写景笔墨，才能使人“味”出诗中之画；反之，喜作“补假”，多用代字，搬弄套语、掉运典故等，只见矜心作意，而乏自然之趣，也就难称“画意”了。

较之唐人来，宋诗艰而宋文易，王世贞读苏轼诗就有有学无才之感，但相较而言，黄庭坚诗更入于拗峭难明。“丈夫见客，大踏步便出去，若女子便有许多妆裹。此坡、谷之别也。”[①]故王国维亦云：“东坡之诗不隔，山谷则稍隔矣。”东坡写景名篇不说，如《腊日游孤山访惠勤惠思二僧》之开头“天欲雪，云满湖，楼台明灭山有无。水清出石鱼可数，林深无人鸟相呼”，就平易，清晰地描绘了一幅冬日西湖风景图。反观黄庭坚《登快阁》、《雨中登岳阳楼望君山》等作的写景，确称自然、鲜明，而《武昌松风阁》的“风鸣娲皇五十弦，洗耳不须菩萨泉”；《夏日梦伯兄寄江南》的“河天月晕鱼分子，槲叶风微鹿

---

① 滕成惠：《人间词话新注》，吉林文史出版社 2007 年版。

养茸”，就较为费解，晦涩而画意难出。方东树《昭昧詹言》说：“叙述情景，须得画意，为最上乘。”这是对我国古典诗歌创作的值得重视的艺术见解。

第二，“诗中有画”原是苏轼对王维绝句而言，后来者承此说虽并非仅限于绝句，但仍特指短制。因而“画意”是指以精炼的文字传视境之神韵、情趣。

辞赋、乐府、歌行、古体，都不乏写景文字，有的甚至篇幅不小，但人们并不称道其“画意”。言“画意”还应从苏轼《凤翔八观·王维吴道子画》一诗说起，诗中云：“何处访吴画？普门与开元。开元有东塔，摩诘留手痕。吾观画品中，莫如二子尊。”然而“二子尊”是否还可以分个高低呢？诗中又说：“道子实雄放，浩如海波翻。当其下手风雨快，笔所未到气已吞。”“摩诘本诗老，佩芷袭芳荪。今观此壁画，亦若其诗清且敦。”这里亦仅是以“雄放”、“清敦”言二人风格之别，未作轩轾。然此诗最后写道：“吴生虽妙绝，犹以画工论。摩诘得之于象外，有如仙翮谢笼樊。吾观二子皆神俊，又于维也敛衽无间言。”明显表现出扬王抑吴之见。“清且敦”是清奇、清幽、清新与敦厚，所重在“清”，而“清”正是王维诗画的共性。除“清”以外，苏轼尤其称道“摩诘得之于象外，有如仙翮谢笼樊”，后句说明前句，“得之于象外”就是传递韵致，以少见多所提供的。他在《欧阳少师令赋所蓄石屏》一诗中，以大半篇幅写了屏风上的水墨画痕迹，关键在于“古来画师非俗士，摹写物象略与诗人同”这两句，认为诗画能在“摹写物象”上相会通。至于如何相同呢？在《书鄢陵王主簿所画折枝二首》中，苏轼又有“谁言一点红，解寄无边春”一语，这就是示象以少，得意以多，以笔墨之精炼传递了视境的神韵。

“得之于象外”，“一点红寄无边春”的绘画原理通之于诗，就不在于着意铺排，作穷形尽相的描写，而是以简约的笔墨昭示不尽的意蕴。这里可以作一比较，如前述初唐王绩《在京思故园见乡人问》，此诗很可能受到魏晋乐府诗的影响，广作铺排，写了一连串的问题。“衰宗多弟侄，若个赏池台？旧园今在否？新树也应栽。柳行疏密布？茅斋宽窄裁？经移何处竹？别种几株梅？渠当无绝水？石计总生苔？院果谁先熟？林花那后开？”殷殷而问，可见思乡情切。对其所念所问，可以画成连环故事画，但作为诗，就很难称道其画意了。相反，王维《杂诗》第二首“君自故乡来，应知故乡事；来日绮窗前，寒梅着花未”？尽管思路、手法相同，却是前二句叙事，作忖度口吻，后二句仅以绮窗寒梅抒发思乡之情，而这绮窗、寒梅，既见清意，又得余情，正是诗中画意。又如陈子昂《感遇》其二：“兰若生春夏，芊蔚何青青。幽独空林色，朱蕤冒紫茎。迟迟白日晚，嫋嫋秋风生。岁华尽摇落，芳意竟何成！”王维《辋川集》中的《辛夷坞》：“木末芙蓉花，山中发红萼。涧户寂无人，纷纷开且落。”二者都继承了屈原《离骚》美人芳草的传统，托物以寓意、明志，都反映了政治上失意，不能及时有为的苦闷。相较而言，前者的春兰、杜若，既有“芊蔚何青青”，“朱蕤冒紫茎”的美好形态，又有从幽独到摇落的自盛而衰，加以迟迟白日、嫋嫋秋风以写时岁变化，可谓描绘之笔甚多。而后者仅“木末”（树杪）言其开花部位，“芙蓉花”言辛夷花“色与芙蓉乱”，不作细部形态描写，只以“红萼”二字作正面描写，用笔甚简。对于不为世用的苦闷，前者“岁华尽摇落，芳意竟何成”！“尽”、“竟”二字显见沉痛。而后者“纷纷开且落”却是化浓为淡，变显为隐。由托意返观描写之笔，王维诗更见清幽，更为传神，抒情隐约而更耐探究，所以也更具画意。

第三，诗中的“画意”恐怕还有一个含义，那就是虽可入画却难以画出的东西，人之于画为画所拙，人之于诗却为诗之所长、所胜，因而非“形”所能尽，而出之以“意”。

且不言“意态由来画不成”①，“真态生香谁画得”②，人物画的难画之处，古人是深有体会的。即使以自然风景为对象，也难于做到事事皆能入画。宋人杨湜《古今词话》载：

> 东坡守钱塘，刘巨济赴处州，道过钱塘，东坡留饮于中和堂，僧仲殊与焉。时堂之屏有西湖图，东坡遽索笺管作《减字木兰花》曰：“凭谁妙笔，横扫素缣三百尺。天下应无，此是钱塘湖上图。”以后叠属巨济，辞逊再三，遂以属仲殊，继曰：“一般奇绝，云淡天高秋夜月。费尽丹青，只这些儿画不成。”东坡大称赏之。

妙笔虽能横扫素缣三百尺，画成钱塘湖上图，却难传“云淡天高秋夜月”之意，“只这些儿画不成”，这一体会大获东坡之心，故“大称赏之”。

“丹青入巧思，万物无遁形”，画之所长在于“形”，所短在于“意态”。试看唐诗，如孟浩然《夏日南亭怀辛大》的“荷风送香气，竹露滴清响”。《与诸子登岘山》的“水落鱼梁浅，天寒梦泽深”；王维《鹿柴》的“返景入深林，复照青苔上”；《鸟鸣涧》的“月出惊山鸟，时鸣春涧中”，其中的荷、竹、水、天、深林、青苔、月、鸟虽可画，但送香、滴露、水落、天寒、返景、复照、鸟惊、鸣涧却很难达意。更不必说“泉声咽危石，日色冷青松”的“咽”、“冷”，“声喧乱石中，色静深松里”的“喧”、“静”等意蕴了。

这些拙于画者，往往善表于诗。如范仲淹《野色》一诗：

> 非烟亦非雾，幂幂映楼台。白鸟忽点破，夕阳还照开。肯随芳草歇，疑逐远帆来。谁会山公意，登高醉始回。

掩映楼台的非烟非雾的夕岚暮霭在中国画中还不难表达，但“白鸟忽点破，夕阳还照开”二句，善以动态传神，画中实难表现。宋人吴子良又拈出一例，他的《荆溪林下偶谈》卷二“行色野色诗”云：“司马池(司马光之父)诗云：‘冷于陂水淡于秋，远陌初穷见渡头。赖得丹青无画处，画成应遣一生愁。’前辈称之。此诗惟第一句最有味，范文正公《野色》诗(略)第二联亦岂下于池诗乎？”其实，司马池诗中的首句与范仲淹诗的三四句，虽都善于“状难写之景如在目前”，但“冷于陂水淡于秋”更无“形”之依托，更是“丹青无画处”，可是在诗中却是最好的“画意”。

可画但又难画，为造型艺术之所短，却为语言艺术之所长，这些诗中“画意”有什

---

① 王安石：《明妃曲》。

② 苏轼：《四时词·冬词》。

么类型呢?

一是动态的或包含着时间进程的景物。如:

日气含残雨,云阴送晚雷。(杜审言《夏日过郑七山斋》)
淑气催黄鸟,晴光转绿蘋。(杜审言《和晋陵陆丞早春游望》)
野旷天低树,江清月近人。(孟浩然《宿建德江》)
时有落花至,远随流水香。(刘眘虚《阙题》)
嫩竹含新粉,红莲落故衣。(王维《山居即事》)
白云回望合,青霭入看无。(王维《终南山》)
飒飒秋雨中,浅浅石溜泻。(王维《栾家濑》)
众鸟高飞尽,孤云独去闲。(李白《独坐敬亭山》)
百丈牵江色,孤舟泛日斜。(杜甫《祠南夕望》)
青山忽已暝,鸟雀绕舍鸣。(韦应物《幽居》)
茅亭宿花影,药院滋苔纹。(常建《宿王昌龄隐居》)
帘虚日薄花竹静,时有乳鸠相对鸣。(苏舜钦《初晴游沧浪亭》)
云乱水光浮紫翠,天含山气入青红。(曾巩《甘露寺多景楼》)
一水护田将绿绕,两山排闼送青来。(王安石《书湖阴先生壁》)
目高山蝉抱叶响,人静翠羽穿林飞。(苏轼《寿星院寒碧轩》)

二是虽为视觉所见,更为他觉所感的景物,或与兼表情感变化有关的景物。如:

秋声万户竹,寒色五陵松。(李颀《望秦川》)
人烟寒桔柚,秋色老梧桐。(李白《秋登宣城谢朓北楼》)
山光悦鸟性,潭影空人心。(常建《题破山寺后禅院》)
随风潜入夜,润物细无声。(杜甫《春夜喜雨》)
漠漠帆来重,冥冥鸟去迟。(韦应物《赋得暮雨送李胄》)
石泉远逾响,山鸟时一喧。(柳宗元《中夜起望西园值月上》)
万树苍烟三峡暗,满川明月一猿哀。(欧阳修《黄溪夜泊》)

以上所说即是对诗中“画意”的几点理解。

那么什么是画中的“诗情”呢?这似较“画意”还要深、广些。画中的“诗情”,大体上可从以下几方面理解:

第一,将情感贯注于创作过程中,在画中有感情、思想的喻托。

绘画作为造型艺术,用尼采的理论作解释,应该是不动情的,而诗歌近于音乐,则是动情的。尼采认为,艺术的发展与日神及酒神的二元性分不开。他着眼于希腊艺术,认为主要有两种精神:日神如梦,高踞奥林匹斯山上,俯瞰宇宙人生,冷静地将它作为梦境、意象去赏玩;酒神如醉,在狂歌醉舞中,狂热地去感受生命的欢愉。舞蹈、音乐(诗歌)体现了酒神精神,绘画、雕刻体现了日神精神。

我国绘画,在其前期完成了从实用向礼教转化,又由礼教向宗教转化之后,画论也多从功能论转向技法论。从宗炳、王微起,始有山水画的畅神论,到郭熙发挥到极致。"畅神"及其沿袭者,主要是从山水审美产生的愉悦之情来说的,在画中应体现出大自然所给予作者的欢愉、欣慰。这种欢愉、欣慰是从山、林、云、烟、木、石、水、泉等景物所得,因而若谓画中应有诗情,应是陶渊明那样的欣愉、恬淡、平和,是王维那样的幽远、清寂。

然而我国诗歌虽以"言志"为纲,却又"情志合一","情"历来是诗的生命。屈原《惜诵》讲"发愤以抒情",对后世影响很大,李白的"哀怨起骚人",韩愈的"凡物不得其平则鸣",使这种情感成为诗中的重要一端。既然"物不得其平则鸣",画家就可以借物而鸣,"有山川草木,纵横纸上,虫鱼鸟兽,飞动毫端"①,在绘画中表现为以物寓意、抒情的"诗情"。而这种"诗情",在北宋前期随着诗画艺术的密切结合,也开始得到有意识的、真正的表现。

这里特别要提到的是文同、苏轼。文同兼擅诗画,诗中写景常联系绘画,如《晚雪湖上寄景孺》:"独坐水轩人不到,满林如挂《暝禽图》。"他生平爱竹,《此君庵》诗写道:"班班堕箨开新�,粉光璀璨香氛氲,我常爱君此默坐,胜见无限寻常人。"《咏竹》诗赞美竹"心虚异众草,节劲逾凡木",又说竹"得志遂茂而不骄,不得志瘁瘠而不辱。群居不倚,独立不惧"。如此爱竹,实逾于王子猷"何可一日无此君"?文同爱竹而善画竹,以此写君子之风。竹应劲直,但文同却画纡竹,苏轼曾记其事,谓这两株纡竹"其一未脱箨(笋壳)为蝎所伤,其一困于嵌崮",其遭遇与文同的生活经历和思想感情相近,将其所画刻石以长期保存,"且以想见亡友之风节,其屈而不挠者盖此也"。至于苏轼自己,也画了《枯木竹石图》,对其中意义,米芾曾分析道:"子瞻作枯木,枝干虬屈无端,石皴亦怪怪奇奇无端,如其胸中盘郁也。"②

以物寄情的观点逐渐成为文人画的潮流,清人恽南田的"摄情说"可以看作其总结。他说:

> 笔墨本无情,不可使运笔墨者无情。作画在摄情,不可使鉴画者不生情。

他认为山水树石都能表达志意,寄托情感。

> 清如水碧,洁如霜露。轻贱世俗,独立高步。此仲长子昌言也。余谓画亦当时作此想。
>
> 群必求同,同群必相叫,相叫必于荒天古木。此画中所谓意也。
>
> 余画树喜作乔阿古干,爱其昂霄之姿,含霜傲风,挺立不惧,可以况君子。

---

① 陈人杰:《沁园春》。

② 米芾:《画史》,引自《中国画论类编》第七编,人民美术出版社 1986 年版。

雪霁后，写得天寒木落，石齿出轮，以赠赏音，聊志我辈浩荡坚洁。[①]

他发展了郭熙的“四季”说，这样写道：“春山如笑，夏山如怒，秋山如妆，冬山如睡。四山之意，山不能言，人能言之。”[②]作为入清的遗民，他将“摄情说”应用于山水画：“写此云山绵邈，代致相思，笔端丝丝，皆清泪也。”[③]明显流露出异族统治之下的山河易主的悲凉。清初的八大山人，后来的扬州八怪，笔下之画也是“怨”、“悲”、“怒”皆有，画中的物象多为感情寄寓。

这里还有这样一桩公案。苏轼《文与可画筼筜谷偃竹记》认为画竹“节节而为之，叶叶而累之，岂复有竹乎”？米芾《画史》记其所画：“子瞻作墨竹，从地一直起至顶。余问何不逐节分？曰：‘竹生时何尝逐节生？’”但是石涛就很不以为然，他说：“画竹可以不节，尚有何法可拘？翻风滴露，正当得其生韵耳。”又云：“坡公画竹不作节，此达观之解。其实天下之不可废者莫如节。风霜凌厉，苍翠俨然，披对长吟，请为坡公下一转语。”[④]其实，苏轼重在触处天机，且放情自高，故信意落笔，自然超妙，而石涛作为明遗民，不屈新朝，以抱节自励，故有上说，仍以喻托为归。

总之，以上所说即画中有“情”、有“我”，应作为“画中有诗”的一种特殊情感寄托来理解。

第二，画中的“诗情”，还应体现为像诗那样留下想象的余地，留下感情继续延伸的余地。

作为视觉艺术，直接可感是其所长，但如果笔尽意尽，一览无余，那当然不是高手之作。要具备“诗情”，就应该像诗那样给人以形象之外的感受，留下供想象得以驰骋的空间。

前引苏轼《凤翔八观》比较吴道子、王维画，值得注意的是写王维的数句：“摩诘本诗老，佩芷袭芳荪”；“祇园弟子尽鹤骨，心如死灰不复温。门前两丛竹，雪节贯霜根。交柯乱叶动无数，一一皆可寻其源”；“摩诘得之于象外，有如仙翮谢笼樊”。“诗老”自与“画工”不同，“佩芷袭芳荪”，当有芳香袭人。“祇园”二句谓王维画有写心传神之妙。即使是两丛竹，也令人想象出根之傲霜，节之凌雪，这种傲霜雪、抗严寒的精神，使所画竹子充满生气，而“交柯”、“乱叶”形容以“动无数”，更见生气倍增。观画之后，有“得之于象外”之感，从中味其托意、旨趣，对即景抒情深有体会。这种想象的余地，感情延续的空间，就是画中“诗情”得以产生的基础。后人曾说：“道元虽画圣，与文人气息不通；摩诘非画圣，与文人气息通，此中极有区别。”[⑤]这“文人气息”与“诗老”等无二致，画家当具诗心。能使画产生诗情。宋人邓椿《画继》说：“画之六法，难以兼全，独唐吴道子，本朝李伯时，始能兼之耳。然吴笔豪放，不限长壁大轴，出奇无穷。伯时痛自裁损，只于

① 恽南田：《南田论画》，引自《历代论画名著汇编》，文物出版社 1982 年版。

② 恽南田：《南田论画》，引自《历代论画名著汇编》，文物出版社 1982 年版。

③ 恽南田：《南田论画》，引自《历代论画名著汇编》，文物出版社 1982 年版。

④ 陈撰：《玉几山房画外录》卷上引。

⑤ 王文诰：《苏文忠公诗编注集成》卷四。

澄心纸上，运奇布巧，未见其大手笔，非不能也，盖实矫之，恐其或近众工之事。”李公麟“痛自裁损”，恐近于“画工”，很清楚地表现出宋人追求诗情的文人画意识。

画要写实，但如太实，就难以给人留下想象余地。诗歌创作要凭藉想象，对于绘画，有识见的画家也极为强调想象，顾恺之讲“迁想妙得”，就是对想象作用的肯定。求“画中有诗”或曰“诗情”，其中的想象就很重要，即使画家自己发挥想象不太困难，但留给观赏者以想象就很难了。嵇康《赠秀才入军》第十四首的“目送归鸿，手挥五弦，俯仰自得，游心太玄”，顾恺之深有体会地说：“画‘手挥五弦’易，‘目送归鸿’难。”除“目送”属连续性动作而非表现“瞬间”这一原因以外，还在于难以给观赏者留下想象余地。

这种留下想象余地的“诗情”，对于呈现动态、有情节的绘画来说，是不应昭示结尾。正如黄庭坚所说：“凡书画当观韵。往时李伯时为余作李广夺胡儿马，挟儿南驰，取胡儿弓引满，以拟追骑。观箭锋所直，发之，人马皆应弦也。伯时笑曰：‘使俗子为之，当作中箭追骑矣。’余因此深悟画格。”[①]这与莱辛《拉奥孔》所说描绘“最富于生发性时刻”相近。又如唐志契《绘事微言》录有这样的材料：“政和中，徽宗立图画博士院。每召名工，必摘唐人诗句试之。尝以‘竹锁桥边卖酒家’为题，众皆向‘酒家’上着工夫，惟李唐但于桥头竹外挂一酒帘，上喜其得‘锁’字意。又试‘踏花归去马蹄香’，众皆画马画花，有一人但画数蝴蝶飞逐马后，上亦喜之。”此二者之能夺魁，在于不作正面、全局的表现，而是不求其“尽”，给观众留下想象的余地，从而也最能表现依以立题的诗情。宋徽宗逸乐荒政，文艺才能与鉴赏力却堪称一流，上述之事即可见一斑。

至于山水静物，更诚如董其昌所说：“诗以山川为境，山川亦以诗为境。”这“山川亦以诗为境”则是“人化的自然”况味，实是山水画亦以诗为境。这种“以诗为境”不应是刻板的摹写，而应像恽南田《题洁庵图》所说：“谛视斯境，一草一树，一丘一壑，皆洁庵（唐洁庵）灵想之所独辟，总非人间所有。其意象在六合之表，荣落在四时之外。”“灵想之所独辟，总非人间所有”，使画家追求“不似之似”，这种模糊性而非精确性，大概正近于诗的重在想象。试看诗中的描写，如“逶迤南川水，明灭青林端”[②]，“野竹分青霭，飞泉挂碧峰”[③]，“秋山起暮钟，楚雨连沧海”[④]，南川水如何在青林端明灭？野竹如何分青霭？楚雨如何连沧海？这些景物描写的“画意”很美，但并非精确的描写，而正因其模糊才为美，才有想象的余地，读来能有表象联想中的再创造。宋人林逋《孤山寺端上人房写望》写道：“底处凭阑思眇然？孤山塔后阁西偏。阴沉画轴林间寺，零落棋枰葑上田。”这三、四句的写景，既明确又不确定，却更诱人想象，诗中“画意”如此，画中“诗情”也应如此。

谢榛《四溟诗话》说：“凡作诗不宜逼真，如朝行远望，青山佳色，隐然可爱，其烟霭变幻，难于名状，及登临非复奇观，惟片石数树而已。”“不宜逼真”，不仅适用于诗，也适用于画，其与“隔”不同，是因远望而得朦胧，而非“隔”之晦涩。有“诗”的画，正如沈

① 黄庭坚：《豫章黄先生文集》卷二十七《题摹燕郭尚父图》。
② 王维：《辋川集·北垞》。
③ 李白：《访戴天山道士不遇》。
④ 韦应物：《淮上即事寄广陵亲故》。

括《梦溪笔谈》评董源、巨然画:“其用笔甚草草,近视之几不类物象,远观则景物粲然。幽情远思,如睹异境。”因而画家之求诗情,常是由工入写,以提供想象的余地。

第三,与想象相关的,是以非写实性的画面让观众“以神会”,探求其意蕴与情感。

除鬼神之类题材外,画应该是纪实的,但由于想象的作用,“精骛八极,心游万仞”的“神游”,文字的诗具有连属天地、缀串古今的特点,因而画中的“诗情”往往也由于“神思”而导致非纪实性。程正揆《青溪遗稿》卷二四《题画》记载同董其昌的谈话:“‘洞庭湖西秋月辉,潇湘江北早鸿飞’,华亭爱诵此语,曰:‘说得出,画不就。’予曰:‘画也画得就,只不象诗。’华亭大笑。然耶否耶?”文字可以自由驱遣,洞庭月与潇湘鸿同在诗中,连属自由又很自然,但出现在画中却是“画得就,只不象诗”。然而,若翻阅唐志契《绘事微言》,可以看到以诗句立作画题的也有类似情况,如:“蜀栈暖云生野树,匡庐晴照落江波”;“吴苑疏钟沉晚树,楚江归棹逐寒潮”;“霜多秦水迥.云尽汉水孤”。如果照样因题作画,只是置洞庭、潇湘、蜀栈、匡庐、吴、楚、秦、汉于不顾,不作纪实性描绘,而令观众目注而心营,发挥其想象,此中的诗情就可以渐渐味出了。

非记实性的画面,可以起到以奇破常的作用,诚如惠洪《冷斋夜话》记苏轼论诗语:“诗以奇趣为宗,反常合道为趣。”《夜话》又说:“诗者,妙观逸想之所寓也,岂可限于绳墨哉!”接着说了诗画相通的道理:“如王维作画雪中芭蕉,法眼观之,知其神情寄寓于物,俗论则讥以为不知寒暑。”其实,略早于惠洪的沈括,在《梦溪笔谈》中已讲过类似的话:“书画之妙,当以神会,难可以形器求也。世之观画者,多能指摘其间形象位置,彩色瑕疵而已,至于奥理冥造者,罕见其人。如彦远评画,言王维画物,多不问四时。如画花往往以桃、杏、芙蓉、莲花同画一景。予家所藏摩诘画《袁安卧雪图》,有雪中芭蕉,此乃得心应手,意到便成,故造理入神,迥得天意,此难可与俗人论也。”如果撇开芭蕉所表现的“虚空”观念,如“雪山童子,不顾芭蕉之身”[①],“身如芭蕉,心如莲花,百节疏通,万窍玲珑”[②],大概正是这种非写实的,甚至有违于常理的作品,较之写实的更能激发想象,被称为“以神会”,从中体味出“兴会神到”的诗情吧!

另一类非纪实而“以神会”的作品,主要给观众资以想象。如沈括《梦溪笔谈》记宋迪授陈用之画山水之法:“汝当先求一败墙,张绢素讫,倚之败墙之上,朝夕观之,观之既久,隔素见败墙之上,高平曲折,皆成山水之象。心存目想,高者为山,下者为水,坎者为谷,缺者为涧,显者为近,晦者为远。神领意造,恍然见其有人禽草木飞动往来之象,了然在目,则随意命笔,默以神会,自然境皆天就,不类人为,是为活笔。”如此作画者之以“活笔”求“天趣”,观画者也只能凭想象以会意,不过于坐实,则有利于激发诗情。此外,又如《图画见闻志》记宋代著名山水画家郭忠恕,有次乘醉在大幅素绢的一角画“远山数峰”,别处都是空白,这样,人们就可以从示象的“数峰”中想象其未示象的山峰雄姿,用虚者激发“以神会”的积极联想,这也可以看作诗情之所在。

第四,画中“诗情”的另一表现,可以从节奏上体验。

---

① 王维:《大唐大安国寺故大德净觉禅师碑铭序》。

② 苏轼:《东坡题跋》卷一《书赠邵道士》。

节奏是诗的一个主要特征,感情的起伏、波动,造就了诗的节奏、韵律的变化。同样,我国绘画中的"诗情"又常是通过节奏体现出来的。

西洋画所重在于块面,中国画却以线描为特征。由于线条的灵动矫变,加以毛笔和墨的挥洒随意,最适于感情发抒而体现节奏。而以颜料厚涂为特点,以硬而扁的笔造就的块面、笔触,能最恰切地表现出光线造成的色彩感、立体感。因而,西洋画颇多客观,中国画颇多主观。

主要由线,再辅之以点的画法,加以隐去作者立足点,对物象作俯视(以大观小)而非透视的立场,使画中的远近虚实、上下左右、明暗变化,呈现出独特的气韵和节奏。画面的或密或疏,或平缓或险峻,高低错落,远近相宜,由画面的结构可以唤起观赏者产生张弛变化的节奏感。从这种节奏感中,可以体味出其中的感情变化。董其昌《画禅室随笔》云:"远山一起一伏则有势,疏林或高或下则有情,此画诀也。"就是就节奏言感情的极好之论。

倪云林的断岸疏林、古木修篁,呈现的是清旷平和、闲雅淡远的诗情,但也可以品出一种天荒地老、远遁人世的隐逸之情。在痛感异族统治之苦的恽南田看来,"元人幽亭秀木,自在化工之外,一种灵气。惟其品若天际冥鸿,故出笔便如哀弦急管,声情并集,非大地欢乐场中,可得而拟议者也"。[①]他所体会到的诗情是"哀"。至于石涛,其奇峭险怪、狂放不羁,确是:有时若豁然长啸,有时若戚然悲鸣,他的画如笔墨凝成的交响乐,感情节奏十分显见,表现出或狂放、或悲戚的诗情,可用"愤"字概言其基调。石涛自己说:

> 山川万物之具体。有反有正,有偏有侧,有聚有散,有近有远,有内有外,有虚有实,有断有连,有层次,有剥落,有丰致,有飘缈。此生活之大端也。[②]

他认为先是"山川脱胎于予",再是"予脱胎于山川",而"山川与予神遇而迹化"[③],山川的节奏又岂非自己情感的节奏?

清人黄钺仿司空图《二十四诗品》而撰《二十四画品》,其中《澹逸》的"偶尔坐对,啸歌悠悠";"望之心移,即之消忧";《超脱》的"意趣高妙,纵其性灵";《淋漓》的"兴尽则返,贪则神疲";《性灵》的"耳目既饫,心手有喜";《明净》的"目送心艳,神留于幽";《健拔》的"轩然而来,凭虚长啸"等语,都涉及感情。而作为风格的高古、苍润、沉雄、冲和、澹逸、朴拙、奇辟、纵横、淋漓、荒寒、圆浑、幽邃、明净、健拔、简洁、精勤、隽爽、空灵、韶秀等,都伴随着诗情,这种种诗情的造就,与笔墨及笔墨所受之情感不无关系。

以线条所构成的画面变化体现感情节奏,从而也表现诗情,正是中国画的特点。

情感、想象、写意(非纪实)、节奏等,最终综合表现出中国画特有的意境美。这种

---

① 恽南田:《南田论画》,引自《中国论画名著汇编》,文物出版社 1982 年版。
② 石涛:《苦瓜和尚画语录》,引自《中国论画名著汇编》,文物出版社 1982 年版。
③ 石涛:《苦瓜和尚画语录》,引自《中国论画名著汇编》,文物出版社 1982 年版。

意境美不是直接的视觉作用产生的，而是经品赏、涵泳其中，逐渐体验而出，其之呈现正像刘熙载《艺概·诗概》所说："山之精神写不出，以烟霞写之；春之精神写不出，以草树写之。故诗无气象，则精神亦无所寓矣。"画面如"烟霞"、"草树"，意境则如"山之精神"，"春之精神"。"丘壑求天地所有，笔墨求天地所无"①，这正是"画中有诗"，是诗情所在的意境。

在我国，诗情融入了绘画，画意进入了诗歌，二者的互补或融合，应是文艺的进步，也应是诗人、画家为之努力的。欧洲人严分诗画领域，后期印象派领袖保罗·塞尚曾宣称："'诗'，人们或者可以放在头脑里，但永远不该企图把诗送入画中，如果人们不愿堕落到文学里去的话。"中国人倡导诗中有画、画中有诗，成为中国文艺的民族性特征。

然而，人们也并非都以"诗中有画、画中有诗"为至理名言，甚至还有颇为极端的说法。如明末清初的张岱在《琅嬛文集·与包严介》中说："弟独谓诗中有画，画中有诗，因摩诘一身兼此二妙，故连合言之。若以有诗句之画作画，画不能佳，以有画意之诗为诗，诗必不妙。"他举李白《静夜思》的"举头望明月，低头思故乡"；王维《山中》的"山路原无雨，空翠湿人衣"；《过香积寺》的"咽"、"冷"二字，说明此类难以画出，这固然不错，因为造型艺术确实有不如语言艺术之处。但这些并不足以说明"以有诗句之画作画，画不能佳，以有画意之诗为诗，诗必不妙"。至若他又说的"故诗以空灵才为妙诗，可以入画之诗，尚是眼中金银屑也"，"有诗之画，未免板实，而胸中丘壑，反不若匠心训手之为不可及也"，也过于偏颇。诗以空灵为妙，但一味空灵则入于神韵派家数，可以入画之诗并非就是不好。认为"有诗之画，未免板实"，则可见理解不准确，移易了概念，有诗之画正在空灵，何以说是板实呢？

相较而言，清代诗论家叶燮对诗画关系的认识更为正确、全面。他说：

> 吾尝谓凡艺之类多端，而能尽天地万事万物之情状者，莫如画。彼其山水云霞、林木鸟兽、城郭宫室，以及人士男女、老少妍媸、器具服玩，甚至状貌之忧离欢乐，凡遇于目，感于心，传之于手而为象，惟画则然，大可笼万有，小可析毫末，而为有形者所不能遁。吾又以谓尽天地万事万物之情状者，又莫如诗。彼其山水云霞、人士男女、忧离欢乐等类而外，更有雷鸣风动、鸟啼虫吟、歌哭言笑，凡触于目、入于耳、会于心，宣之于口而为言，惟诗则然，其笼万有，析毫末，而为有情者所不能遁。昔人评王维之画，曰"画中有诗"，又评王维之诗，曰"诗中有画"。由是言之，则画与诗初无二道也。然吾以为何不云：摩诘之诗即画，摩诘之画即诗，又何必论其中之有无哉？故画者，天地无声之诗：诗者，天地无色之画。②
>
> 画者，形也，形依情则深；诗者，情也，情附形则显。是理也，宁独画与诗哉？推

---

① 潘正伟：《帆影楼书画记》卷五引查士标所引昔人语。

② 叶燮：《已畦文集》卷八《赤霞楼诗集序》。

而极之，天地间无一物一事之不然者矣。[①]

前一段话的核心在于以画为"有形者所不能遁"，主于"形"，以诗为"有情者所不能遁"。主于"情"，是邵雍《诗画吟》的发展和充实。但叶燮并非仅做邵雍诗意的发酵、膨胀工作，而是进一步指出，"形依情则深"，"情依形则显"。如用这两句话解释"诗情"、"画意"对各自领域的补充，大概是最恰当，也是较公正的看法。

二　创造画意与表现诗情

兼擅诗画的文艺家大概知道如何恰当地表现自己的长处，不仅是一流大家的王维自谦而又自负地说"当代谬词客，前身应画师"[②]，连唐寅也能这样《题画》："红树中间飞白云，黄茅槛底界斜曛。此中大有逍遥处，难说与君画与君。"但是，善于两栖作战的大家毕竟少，杜甫题画诗很多，精于鉴赏，很有见解，却并不会画，黄庭坚也颇能鉴画，却只长于书法，而不入画界。文人画家固然有一支不小的队伍，但第一职业还是"文人"，正如张飞虽是书法家，但主要还是大将军。因而，在艺文两界，更多的是诗人和画家的相互学习、互作补充。

下面谈谈对于诗情与画意如何实现的理解。

先说画意。

从唐诗看，"画意"似有几种类型，又可以三人为代表。

一是王维。王维诗中有《终南山》、《汉江临泛》那样以尺幅写千里、表现雄伟气势的作品，但相对说来，更以写景小诗见长。其作品，除前面已列举者以外，不管是人在境中的"深林人不知，明月来相照"（《竹里馆》）；"行到水穷处，坐看云起时"（《终南别业》）；"倚杖柴门外，临风听暮蝉"（《辋川闲居赠裴秀才迪》）等，还是人在境外的"仄径荫宫槐，幽阴多绿苔"（《宫槐陌》）；"朱实山下开，清香寒更发"（《山茱萸》）；"檀栾映空曲，青翠漾涟漪"（《斤竹岭》）等，都呈现出静谧、清幽的色彩，其"画意"并非着意于形、色，而是一种悠远的韵致，微妙的风神。

一是李贺。李贺诗中有着独特的形象，如"九山静绿泪花红"（《湘妃》）；"绿粉扫天愁雾湿"（《梁台古意》）；"金铺缀日杂红光"（《荣华乐》）；"椒花坠红湿云间"（《巫山高》）；"鬼灯如漆点松花"（《南田山中行》），都显见瑰诡、险怪的特点，即使如小诗《昌谷北园新笋》"斫取青光写楚辞，腻香春粉黑离离。无情有恨何人见？露压烟啼千万枝"，都对形态、色彩极尽渲染、形容能事。可以认为李贺诗的"画意"是凄艳、浓烈，以天花乱坠般的意象给人以强烈的印象。

一是杜甫。"少陵翰墨无形画"，杜诗的画意是人所公认的。如方熏《山静居论画》云："读老杜入峡诸诗，奇思百出，便是吴生、王宰蜀中山水图。自来题画诗，亦惟此老，

① 叶燮：《已畦文集》卷八《赤霞楼诗集序》。

② 王维：《偶然作六首》，"当代"又作"宿世"。

使笔如画，人谓摩诘诗中有画，未免一丘一壑耳。”大致说来，杜诗的“画意”有壮美与优美二种，且并无主次之别。壮美者如“造化钟神秀，阴阳割昏晓”（《望岳》）；“星垂平野阔，月涌大江流”（《旅夜书怀》），“吴楚东南坼，乾坤日夜浮”（《登岳阳楼》）；“锦江春色来天地，玉垒浮云变古今”（《登楼》）；“含风翠壁孤云细，背日丹枫万木稠”（《涪城县香积寺官阁》）；“江间波浪兼天涌，塞上风云接地阴”（《秋兴》），“无边落木萧萧下，不尽长江滚滚来”（《登高》）。优美者如“细雨鱼儿出，微风燕子斜”（《水槛遣心》之一），“杨柳枝枝弱，枇杷对对香”（《田舍》）；“云掩初弦月，香传小树花”（《遣意》之二）；“穿花蛱蝶深深见，点水蜻蜓款款飞”（《曲江》二首）；“风含翠篠娟娟净，雨裛红蕖冉冉香”（《狂夫》）；“糁径杨花铺白毡，点溪荷叶叠青钱”（《绝句漫兴》之七）。无论是壮美或优美，都生动、鲜明，描绘准确，兼备形神。

当然，其他诗人的作品也颇多画意，李白的清新、自然，岑参的雄浑、奇峭，韩愈的险怪、浑浩，柳宗元的清澄、峻洁，杜牧的明丽、俊爽等，也各具特点，但难于与王维、杜甫、李贺方驾。

前述三种类型中，李贺诗的“画意”浪漫气息太重，形象太奇特，色彩太浓烈，与西方注重光线、色彩变化的印象画派暗合，与我国传统画法不符，因而，依美学类型划分，杜甫的壮美、优美，王维的古雅，是得到认可的“画意”。当然，后来的文人画派画家更为推崇王维，杜诗的画意被入于“北宗”，那又另当别论了。

“画意”既有以上的类型划分，要实现诗中画意更非易事。宋人石曼卿诗名不低，但其《红梅》诗中的“认桃无绿叶，辨杏有青枝”，被苏轼讥为“陋语”、“村学中体”。乔吉是散曲名家，他的“莺莺燕燕春春，花花柳柳真真”被诋为“丑态百出”。大家尚不免于此，可见“画意”并非描写而已。如何求得诗中画意呢？恐怕可沿以下的从入之径。

第一，由入而出。

王国维《人间词话》说：“诗人对宇宙人生，须入乎其内，又须出乎其外。入乎其内，故能写之。出乎其外，故能观之。入乎其内，故有生气。出乎其外，故有高致。”这段话见地很高，道出了诗人修养的根本途径。对于对象物根本就不熟悉，不了解，当然就不能描写，也就无从生出“画意”。苏轼极钦佩陶渊明的诗，说他写景之作“才意高远，造语精到如此，如大匠运斤，无斧凿痕”。为什么陶诗能臻此境呢？苏轼接着又说：“陶靖节云：‘平畴交远风，良苗亦怀新。’非古之偶耕植杖者，不能道此语，非余之世农，亦不能识此语之妙也。”①前面说陶渊明出于实践，故能写之，后面说自己有生活体验，故能识之。诗人如果没有深入的观察，能发现事物的美和特征，能写出画意来吗？当然不能。王夫之《姜斋诗话》说：“身之所历，目之所见，是铁门限。即极写大景，如‘阴晴众壑殊’，‘乾坤日夜浮’，亦必不逾此限。非按舆地图便可云‘平野入青徐’也，抑登楼所得见者耳。”因而不“入”则未为有见，诗中何以能有画意？伴随着“入”的观察、领会，才能有精确、细致的描写。杜甫在草堂生活期间，与鸥鸟花木为伴，所以才有诗中那些精致

① 颜中其：《苏轼论文艺·评陶诗二则》，北京出版社 1985 年版。

的画意,若不到夔州,也难以写出三峡的雄奇苍莽。

亭院一角、池石半边的“小境”,可以“入”而不“出”,若山水的“大境”,如果不“出乎其外”就不能“观”之。王维写辋川,虽多风景小幅,而非远眺终南,却仍然留有一定的距离。至于范围较大的山水,就要保持一定的距离了。郭熙《林泉高致》说:“真山水之川谷,远望之以取其势,近看之以取其质。”对诗人来说,远望以取势更为重要,入之太深,无非树石,只有出而观之,才能从高低、远近、上下、错落、浓淡、曲折等变化中取其要者,写出“青山佳色,隐然可爱,其烟霭变幻,难以名状”的画意来,成为雄奇开阔或悠远静谧的“高致”。

第二,变实为虚。

视境应该明晰,视象却不能太显,间隔、朦胧是诗美,也应是诗中画意的一种。李东阳《麓堂诗话》说:“‘乐意相关禽对语,生香不断树交花。’论者以为至妙。予不能辩,但恨其意象太著耳。”“隔”不好,“意象太著”也不好,那末怎样才算好?怎样才能得诗中画意呢?看来“变实为虚”不失为一条好的途径。

柳宗元的《渔翁》诗,有情有景,是唐诗中的名篇,苏轼评此诗时说:“柳子厚诗:‘渔翁夜傍西岩宿,晓汲清湘燃楚竹。烟消日出不见人,欸乃一声山水绿。回看天际下中流,岩上无心云相逐。’诗以奇趣为宗,反常合道为趣。熟味之,此诗有奇趣。然其尾两句,虽不必亦可。”①苏轼认为,此诗有奇特的情趣,但由于结尾两句太实,似成赘语。相较而言,钱起的《省试湘灵鼓瑟》虽是试帖诗,立意也不如柳诗,然而其结句的“曲终人不见,江上数峰青”,给人以似真如幻之感,发人遐想,令人思恋,在缥缈而去的虚化之中,画意伴着诗情而生。

欧阳修《田家》诗中有“林外鸣鸠春雨歇,屋头初日杏花繁”二句,堪称田家好景,可以成为很好的画题,然而由于透明之甚,堪称不错的画面,却未必是很好的画意。相较之下,他的《梦中作》“夜凉吹笛千山月,路暗迷人百种花。棋罢不知人换世,酒阑无奈客思家”,更值得称道。在此诗中,月下之笛,暗路之花本来就是朦胧意象,加以是梦中所见,更化实为虚,而感慨人世沧桑与思家怀人之情又从山、月、花中流露,作为“画意”更佳,更能资人联想。由此可以想到范晞文《对床夜语》卷二所说:“‘四虚’序云:‘不以虚为虚,而以实为虚,化景物为情思,从首至尾,自然如行云流水,此其难也……’姑举其所选一二云:‘岭猿同旦暮,江柳共风烟’;又‘猿声知后夜,花发见流年’,若猿、若柳、若花、若旦暮、若风烟、若夜、若年,皆景物也,化而虚之者一字耳……”其中的“同”、“共”、“知”、“见”,真如催化剂一样,化景为情,变画面为画意。

第三,以动写静。

诗中之境要表现画意,其对象虽多为静物,但多具有生命,因而要见出画意就应见出其中生意,这样一来,“以动写静”就成为实现诗中画意的一条途径。

试看祖咏《终南望余雪》:“终南阴岭秀,积雪浮云端。林表明霁色,城中增暮寒。”

---

① 韩中其:《苏轼论文艺·评柳诗三则》,北京出版社 1985 年版。

其中“浮“、“明”、“增”三字都是动词,因具动态而使景色顿现生气。若改为“积雪在云端”,“林表呈霁色”,“城中觉暮寒”,尤其前二句的写景便成色大减,生意顿消。又如王湾《次北固山下》的中间四句:“潮平两岸失,风正一帆悬。海日生残夜,江春入旧年。”“平”、“失”、”正”、“悬”、“生”、“入”等字之用,也是同理。李白《望天门山》“天门中断楚江开,碧水东流至此回。两岸青山相对出,孤帆一片日边来”,之所以被人称道,是由于在动静相较之中以动写静,静者动之,动者更为生动。庾肩吾《咏长信宫中草》的“全由履迹少,并欲上阶生”,被王维《书事》点化为“坐看苍苔色,欲上人衣来”;庾信《奉和赵王隐士》的“野鸟繁弦啭,山花焰火燃”,被杜甫《绝句二首》演为“江碧鸟逾白,山青花欲燃”,都在于深知化静为动更得物之精神。苔色之欲上人衣,山花之盛若火燃,都难以在画中表现,但却是极好的诗中画意。

更有进一步的,是将静态的山拟作人物。如王禹偁《村行》中的“数峰无语立斜阳”,使山峰带上了心灵、生命,斜阳之下,数峰之“无语”难以画出,然而此意见于诗中,却远较从正面所写的“数峰毕静”为好。[①]至若词中长调,因得博喻之展衍,更显得淋漓尽致。如辛弃疾《沁园春》:“叠嶂西驰,万马回旋,众山欲东。正惊湍直下,跳珠倒溅;小桥横截,缺月初弓。”先以万马回旋写山势陡转,再写流水、小桥,都极见生气。然后集中笔墨写山:“争先见面重重,看爽气朝来三数峰。似谢家子弟,衣冠磊落;相如庭户,车骑雍容。我觉其间,雄深雅健,如对文章太史公。”虽稍觉繁复,却在极尽形容之中,传山之精神、姿态。

前面说过,动态者难以作画,为造型艺术所短,然而由于较之静者更见生命力,从而作为语言艺术之诗,写动态的感觉更可激发人的积极联想,诗中画意就更为充分、鲜明。

黄庭坚说过;“天下清景,不择贤愚而与之,然吾特疑端为我辈设。”[②]作为“我辈”之诗人,其异于常人者除较强的审美感受能力和文字表达能力外,更主要的还在于超越功利的营求,真正使自己的身心与自然熨贴。《荀子·正名》说:“心忧恐,则口衔刍豢而不知其味,耳听钟鼓而不知其声,目视黼黻而不知其状。”同样,争名于朝,争利于市,当然也无心于大自然之美。黄宗羲在《景州诗集序》》中说:“诗人萃天地之清气,以月露风云花鸟为其性情,其景与意不可分也。月露风云花鸟之在天地间,俄顷灭没,而诗人能结之不散。常人未尝不有月露风云花鸟之咏,非其性情,极雕绘而不能亲也。”这段话是前引黄庭坚语的最好阐发,“性情”是最根本的,其重要性远过于技巧。只有因性情于自然,才能究山水之微妙,真正创造诗中的画意。“非其性情,极雕绘而不能亲”,以为掌握技巧就可以不要诗外之功夫,显然只能列入“常人”之辈。

宋人张怀瓘为韩拙《山水纯全集》写了一篇后序,虽是对画家而言,于诗人同样也有启迪。序中说:

① 钱锺书:《宋诗选注》,人民文学出版社 1958 年版,第 9 页。

② 惠洪:《冷斋夜话》卷三引。

故人之于画，造于理者，能尽物之妙，昧乎理则失物之真，何哉？盖天性之机也……故昧于理者，心为绪使，性为物迁，汩于尘坌，扰于利役，徒为笔墨之所使耳，安得语天地之真哉！是以山水之妙，多专于闲隐逸幽之流，名卿高蹈之士，悟空识性，明了烛物，得其趣者之所作也。况山水之乐，林泉之兴，岂庸鲁浅隶、阛阓鄙夫、惑于饕餮者之所为哉！宜其画之于山水，诚未可以易言也。①

世之推崇王维诗中之画意，根本原因就在于他是“高人王右丞”。

下面再说诗情。

求画中“诗情”，亦似有三种类型：画中有诗，以诗求画，以诗补画。

“画中有诗”是苏轼对王维的发现，王维本人虽未明确意识到这一点，但由于兼精二艺，很自然地将诗情贯注于绘画之中。一经苏轼标举，后人多有追求。由于南宋院体画居于主导地位，元初赵孟頫就倡以“古意”，《铁网珊瑚》记其语：“李唐山水，落笔老苍，所恨乏古意耳。”《历代论画名著汇编》又录其语：“作画贵有古意。若无古意，虽工无益。今人但知用笔纤细，傅色浓艳，便自为能手。殊不知古意既亏，百病横生，岂可观也？吾所作画，似乎简率，然识者知其近古，故以为佳。”他尽管未对“古意”作出解释，然而追摹唐人、北宋，文学趣味必在其内，“诗情”实为重要因素。后来的文人画作者更是主动追求“画中有诗”，以王维为宗主，排斥画院画与画工画。

以诗求画，此类极多。文人画家有之，宫廷画家也有之。宋徽宗尤喜以诗立题，命画家作画。唐志契《绘事微言》卷二以诗句立下不少画题，不妨作些摘录。

春景：潮头望入桃花去，一片春帆带雨来。
　　斜桥曲径带流水，白石疏篱绿荫浓。
　　春水断桥人唤渡，柳荫撑出小舟来。
　　断桥荒藓合，空院落花深。
夏景：出云高树明残日，过雨苍苔泫细泉。
　　数株古树云连屋，一个横桥水满湖。
　　舍下烟萝通古寺，湖中云雨到前轩。
　　野水连村暗，云山隔岸青。
秋景：门开红叶林间寺，泉浸青山石上池。
　　鸦翻枫叶夕阳动，鹭立芦花秋水明。
　　柴门流水依然在，一路寒山万木中。
　　晴山疏雨后，秋树断云中。
冬景：雪意未成云着地，秋声不断雁连天。

---

① 俞剑华：《中国画论类编》，人民美术出版社1986年版。

玉腰螮蝀垂天阔，银色楼台夹岸迷。
万壑水澄知月白，千林霜重见松高。
雪深山路窄，风紧雁行斜。

以诗求画不失为激发想象的好办法，如此以诗求画，也必使画中能见诗情。石涛曾深有体会地说："凡写四时之景，风味不同，阴晴各异，审时度候为之。古人寄景于诗……予拈诗意为画意，未有景不随时者。满目云山随时而发，以此哦之，可知画即诗中意，诗非画里禅乎？"①

以诗补画始于苏轼、米芾等人，更是元人强调绘画的文学性，使诗、书、画密切结合的结果，后来的画上题诗几成定例。又由于不尚真实，讲求气韵、神趣，又多寄兴之作，故题诗或能补画意，有破题、点睛作用。如王冕画墨梅图，用淡墨染成花瓣，画中题诗是："吾家洗砚池头树，个个花开淡墨痕。不要人夸好颜色，只流清气满乾坤！"以画寄意，以诗明志，此份诗情经诗点明而现。又如沈周自题《芭蕉图》："惯见闲亭碧玉丛，春风吹过即秋风。老夫却把荣枯事，却寄萧萧数叶中。"亦表其勘破世幻、随缘任运的情怀。由于画中的诗情应见于画之意境，题诗毕竟不是画中有诗，其所起作用多在使画中所蕴诗情得以生发、明朗。

以上所讲三种仅是类型，要真正实现画中诗情，大致也有以下几条途径：

第一，从"物化"到"化物"。

其实，这是"出入"说的换一种说法。"物化"即"入"，"化物"即"出"。

何谓"物化"？这就是文艺创作者全身心投入对象物，而与客体合一的境界。"物化"概念最早是庄子提出来的，《庄子·达生》讲了尧时代工匠倕的故事："工倕旋而盖规矩，指与物化，而不以心稽，故其灵台一而不桎。忘足，屦之适也，忘腰，带之适也。知忘是非，心之适也。不知变，不外从，事会之适也。始乎适而未尝不适者，忘适之适也。""物与指化，而不与心稽"一语，成玄英注为"手随物化，因物施巧，心不稽留也"。也就是说他在制器之时，全身心关注于物，无任何杂念，就能因物而施巧，自己也好像变成了物。

苏轼对庄子素有研究，其绘画思想中也有取之"物化"说者。他很赞赏文同所画竹，对文同的创作，他有这样一首诗："与可画竹时，见竹不见人。岂独不见人，嗒然遗其身。其身与竹化，无穷出清新。庄周世无有，谁知此疑神。"②对于文同创作时将全部精神集中于对象物，苏轼确有很深的理解。

韩幹画马极为有名，他是曹霸的入室弟子，但并不完全师承曹霸，唐明皇叫他看御府中所藏骏马图，他却说："不必观也，陛下厩马万匹，皆臣之师。"据说他画马时，人家进入他的书斋，只见他"身着马形"，好像自己也化成了马。罗大经《鹤林玉露》载："曾云巢无疑，工画草虫，年迈愈精。余尝问其有所传乎？无疑笑曰：'是岂有法可传哉？

① 石涛：《苦瓜和尚画语录·四时》，引自《历代论画名著汇编》，文物出版社1982年版。
② 苏轼：《书晁补之所藏与可画竹三首》。

某自少时取草虫，笼而观之，穷昼夜不厌。又恐其神之不完也，复就草地观之，于是始得其天。方其落笔之际，不知我之为草虫耶？草虫之为我耶？此与造化生物之机缄，盖无以异。岂有可传之法哉？”只有这样入于“物化”的状态，才能“十年格物而一朝物格”[①]，达到出神入化的境地。

《世说新语》载：“简文入华林园，顾谓左右曰：‘会心处不必在远。翳然林木，便自有濠濮间想也，觉鸟兽禽鱼，自来亲人。”一定要摒去俗念，用全身心拥抱大自然，才能充分发现山水的美，发现其中的诗情。汤垕《画鉴》说：“山水之为物，禀造化之秀，阴阳晦冥，晴雨寒暑，朝昏昼夜，随形改步，有无穷之趣。自非胸中丘壑汪汪洋洋如万顷波，未易摹写。”这山水的“无穷之趣”就是诗情。郭熙《林泉高致》以山水能移人之情：“春山烟云连绵，人欣欣；夏山嘉木繁阴，人坦坦；秋山明净摇落，人肃肃；冬山昏霾翳塞，人寂寂。”人对山能怀深情而写，就能产生诗情，令赏画者也生情，其又说：“见青烟白道而思行，见平川落照而思望，见幽人山客而思居，见岩扃泉石而思游。看此画令人起此心，如将真即其处，此画之意外妙也。”作为元季山水画四大家之首的黄公望，对于山水可谓真正达到“物化”的程度，明人李日华记其事：“陈郡丞尝谓余言：‘黄子久终日只在荒山乱石、丛木深篠中坐，意态忽忽，人不测其为何？又每往泖中通海处看急流轰浪，虽风雨骤至、水怪悲诧而不顾。”[②]只有如此深入观察，忘却自我，加以澡雪世念，胸中清澄无物，才能使主观精神与天地秀气凑泊，与造化争神奇，令笔下生诗情。

若无江山之助，难以画出真画，石涛说：“山川脱胎于予也，予脱胎于山川也，搜尽奇峰打草稿也。”深入自然，又非复制自然，“格物”而使“山川脱胎于予”，以山川写自我，使画臻于“神完”，不是浅薄，而是深沉，不是显露，而是含蓄，表达自己的挚爱，画出自己的意境，可资人联想，可启人神思，这才是真正的诗情。只有“物化”才能“化物”，若一味“师古”，或以索句来索画，终难以产生真正的诗情。

第二，由工入写。

“画中有诗”其实是文人画的旗帜和标识，画院画和画工画，是文人所不屑，以难以诗意相求的。画工画且不论，为何画院画也难见诗意呢？因为既然服务于帝王，总难脱富贵气，甚至甜俗气，难得真正的高雅，更少野逸之气，至于寄托情感、节操、志趣之类就更难以做到了。

院体画多工笔，作为造型艺术，从工笔入手当是入门的正途，正如学书先学楷书，再习行草一样。但应看到，工笔主要是解决“形”的问题，而诗之“情”本于立意，更靠“神”来传递。因而求画中的诗情当以立意为基础。

我国画论历来重视立意。张彦远《历代名画记》论画的“六法”就说过：“夫象物必在形似，形似须全其骨气，骨气、形似，皆本于立意，而归乎用笔。”前面曾引赵孟頫《清河书画舫》语，即：“作画贵有古意，若无古意，虽工无益。”这种“古意”，后世各有各的

---

① 金圣叹：《水浒传·序三》。

② 沈子丞：《历代论画名著汇编》，文物出版社 1982 年版。

看法，但王原祁对赵孟頫本人的画风有一个极好说明："然妙处不在工，而在逸。"[①]也可以说，画中的"诗情"正在"逸"，"逸"为脱俗、超迈之意，宗白华《美学散步·论中西画法的渊源与基础》释为"自由的超脱的心灵节奏"，对于这种"逸气"，工笔难以相求，写意却往往得之，而写意，"必须有意到笔不到处，方称逸品"。[②]韩拙《山水纯全集》云："意趣具于笔前，故画成神足，庄重严律，不求工巧，而自多妙处。"日本人大村西崖从技法上总结了文人画的三个特点。一是用线，舍弃阴影，二是水墨画，三是重气韵，虽说得不够准确、全面，但与重写意基本相符。

徐渭在其题画诗中说："不求形似求生韵，根拔皆吾五指栽。"如果一笔不拘，刻意形似，反伤真趣。倪瓒、石涛、八大山人之受推崇，正在于重立意，以写意见长，一直到近人齐白石，都求"不似之似"。徐渭善作墨花，"乱而不乱"，"无法中有法"，是大写意的佳作，而正是在狂放之中见逸气，流露出诗情。如他的《葡萄图》自题诗："半生落魄已成翁，独立书斋啸晚风。笔底明珠无处卖，闲抛闲掷野藤中。"如画得明润工整，就无此诗情，而此诗也正是此画的点题之笔。八大山人的鱼、鸭、鸟都是"白眼向人"的写意之作，确能让人品出反清的、不向权贵低头的诗意，人题其诗的"长借墨花寄幽兴，至今叶叶向南吹"，则是从其写意画中体会出的民族主义的诗情。

苏轼《跋蒲传正燕公山水》云："画以人物为神，花竹禽鱼为妙，宫室器用为巧，山水为胜。而山水以清雄奇富、变态无穷为难。燕公之笔，浑然天成，烂然日新，已离画工之度数，而得诗人之清丽也。""山水为胜"，可谓最具诗意，离画工之度数，得诗人之清丽，更是苏轼之所倡。宋迪善为平远山水，仅从其"八景"之立题看，就可见诗意无穷：平沙落雁、远浦帆归、山市晴岚、江天暮雪、洞庭秋月、潇湘夜雨、烟寺晚钟、渔村落照。宋迪张绢素于败墙，以得天趣、活笔，又是平远之景，当然重在写意。元代以后，文人山水画更向"逸"之一路发展，不求工细，崇尚意趣，诗情亦相伴而生，明人沈颢《画麈》甚至将山水画直接看作诗："层峦迭翠如歌行长篇，远山疏麓如五七言绝，愈简愈入深永。"

第三，拟容取心，别构灵奇。

"拟容取心"是《文心雕龙·比兴》中的说法。所谓"拟容"是对物象的描绘，不限于外表，而重在表现其精神，所谓"取心"指作者借物而所寓之心。这里借这一说法不仅指借物寄意，而且是在侧重"拟容"的基础上，说明有诗情的画应"别构一种灵奇"。

画中的诗情常出之于"寄意"。《文心雕龙·物色》论情与物的关系："是以诗人感物，联类不穷，流连万象之际，沈吟视听之区；写气图貌，既随物以宛转；属采附声，亦与心而徘徊。"创作过程中主客的结合，确有"容"与"心"的关系，"拟容取心"与"比兴"至为密切。诗中的比兴历来被称道，通之于画，则是有所寄托，其中托意（如君子之风）则是诗情。

在"拟容"的基础上，绘画中的诗情常以"别构灵奇"来表现。方士庶《天慵庵随笔》曰："山川草木，造化自然，此实境也。因心造境，以手运心，此虚境也。虚而为实，是在

① 俞剑华：《中国绘画史》，东南大学出版社 2009 年版。

② 查礼：《题画梅》，引自《中国画论类编》，人民美术出版社 1986 年版。

笔墨有无间,故古人笔墨具此山苍树秀,水活石润,于天地之外,别构一种灵奇。"这种“别构灵奇”的“人化自然”常是诗情之所在。

韩拙《山水纯全集》就郭熙《林泉高致》提出的山之“三远”:高远、深远、平远,又进而论另“三远”:“有山根边岸水波亘望而遥,谓之阔远。有野霞暝暝,野水隔而仿佛不见者,谓之迷远。景物至绝而微茫缥缈者,谓之幽远。”明李日华《紫桃轩杂缀》又论“画有三次第”:“一曰身之所容。凡置身处,非邃密,即旷朗,水边林下,多景所凑处是也。二曰目之所瞩。或奇胜,或渺迷,泉落云生,帆移鸟去是也。三曰意之所游。目力虽穷,而情脉不断处是也。”无论是郭熙的“三远”、韩拙的“三远”,还是李日华的“三次第”,都表现出一种追求无限的精神。在这种追求中,“情脉不断”,感情与诗情依然空中荡漾,不断延伸。而主观地“经营位置”,“别构一种灵奇”,虽与透视法不合,却有“江流天地外,山色有无中”;[①]“寒树依微远天外,夕阳明灭乱流中”[②]的无穷诗情。

此外,如以书法入画,“石如飞白木如籀,写竹还应八法通。若也有人能会此,须知书画本来同”[③],也可以看成是“别构灵奇”,使画中生出诗情。从中国文字来说,最早起于象形,后来的构字虽以形声、会意等法多了,但不少书论家尚不离观物取象说。如李阳冰《上李大人论古篆书》云:“于天地山川,得方圆流峙之形;于日月星辰,得经纬昭回之度;予衣冠文物,得揖让周旋之礼;于鬓眉口鼻,得喜怒惨舒之分;于虫鱼鸟兽,得屈伸飞动之理;于骨角齿牙,得摆拉咀嚼之势。随手万变,任心所成,通三才之气象,备万物之情状。”所说虽非书法直接取形于物,然其理相通。另外有些看法,则从形、势着眼,如张怀瓘《六体书论》说:“真书如立,行书如行,草书如走。”或有从物形中受到启发,王羲之爱鹅而书法长进是一例,《东坡题跋》卷四中又有一例,其《跋文与可论草书》曾记文同自己所说的:“见道上斗蛇,遂得其法。”诚然,绘画象形,写字并不象形,但就运笔而言,亦可相通,因而张彦远说工画者多善书。钱锺书《管锥篇》第1124页引用了大量这方面的言论,如郭若虚《图画见闻志》卷一:“画衣纹林石,用笔全类于书”,又卷四:“唐希雅始学李后主‘金错刀’书,遂缘兴入画,故所为竹木,乃颤掣之笔”;董其昌《容台集·别集》卷四:“古人作画,常以草隶奇字之法为之”;郎瑛《七修类稿》卷二四:“《韵语阳秋》尝谓:‘陆探微作一笔画,实得张伯英草书诀,张僧繇点曳斫拂,实得卫夫人《笔阵图》诀,吴道子又受笔法于张长史’;赵子昂诗谓:‘石如飞白木如籀,写竹应知八法通’;王孟端亦谓:‘画竹法:干如篆,枝如草,叶如真,节如隶’。”直到近代的黄宾虹也说:“赵孟頫谓‘石如飞白木如籀’,颇有道理。精通书法者,常以书法用于画法上。昌硕先生深悟此理。我画树枝,常以小篆之法为之。”[④]其实,关于画竹,元人柯九思比赵孟頫讲得更详细,《中国画论类编》录《书画谱》语:“写竹干用篆法,枝用草书法,写叶用八分法,或用鲁公撇笔法,木石用折钗股、屋漏痕之遗意。”清代金农、近代吴昌硕都是晚年学画,因精于书法,成就极快。

---

① 王维:《汉江临泛》。

② 韦应物:《自巩洛舟行入黄河郎事寄府县僚友》。

③ 赵孟頫:《郁逢庆书画题跋记》。

④ 黄宾虹:《黄宾虹画语录》。

以书法入画，形成了一定程式化的精妙笔墨，稍离形而抽象，比之刻板写实来，可供品味想象的成分自然要为之增多，这无疑可以增加画中的诗情。

如果以书法入画表现为“笔”，那末中国画中另一要素“墨”也可以造就画中的诗情，同属于“别构灵奇”一类。

画家需要深入生活，细微观察，行万里路，以山川为师，这当然是创作的正道。但也有借助外界偶然生成的形象来触发艺术想象力，从中接受启示，创造出画中形象，在真与假之间体现出诗情。此类创作除前引宋迪张绢素于败墙，隔素见败墙之上高平曲折皆成山水之象，随后命笔之例以外，宋人郭忠恕还有另一创作法。宋王得臣《麈史》记郭忠恕绘事，谓其“侨寓安陆，郡守求其画，莫能得。因以缣属所馆之寺僧，俟其饮酣请之。乃令浓为墨汁，悉以泼渍其上，亟携就涧水涤之，徐以笔随其浓淡为山水之形势”。这类创作，基于客观的暗示，积极调动表象联想，由被动转为主动，是很特殊的作画法。作画者如此，观画者也能从中驰骋想象，以见出诗情。当然，此类创作只能偶一为之，更多的则是以墨法求墨趣，以造就诗情。石涛《苦瓜和尚画语录·絪缊章》曰：

> 笔与墨会，是为絪缊；絪缊不分，是为混沌。辟混沌者，舍一画而谁耶？画于山则灵之，画于水则动之，画于林则生之，画于人则逸之。得笔墨之会，解絪缊之分，作辟混沌手，传诸古今，自成一家，是皆智得之也……在于墨海中立定精神，笔锋下决出生活，尺幅上换去毛骨，混沌里放出光明。

石涛这段话非常玄妙，未免费解。“絪缊”原指天地间阴阳二气交互作用的状态。《易·系辞》下：“天地絪缊，万物化醇。”《疏》：“絪缊，相附著之义。言天地无心，自然得一，唯二气絪缊，共相共和，万物感之，变化而精醇也。”石涛所说：“絪缊”，义系于此。然而，“絪缊”又可释为云烟弥漫、光色混和之貌，若义在乎此，就极见墨法的重要。得此“笔与墨会”的“絪缊”，使山灵、水动、林生、人逸，诗情亦随之而生。近人黄宾虹将墨法总结为：浓墨法、破墨法，积墨法、淡墨法、泼墨法、焦墨法、宿墨法。并谓：“作一幅画，均可巧妙运用。倘能极其自然，即得上乘之奥秘，可谓之法备。”[①]这种种不同的墨法，由略具抽象的形象摄取物之神髓，并表现高下远近等节奏变化，归根结底，仍在于以资想象而见意境、诗情。由于这些都属具体技法，可不论，仅谈“泼墨”。

顾名思义，“泼墨”即墨出如泼，不拘章法，甚至不择工具，但必须用于易吸水的纸上，才能见到“墨趣”。朱景玄《唐朝名画录》说王墨“凡欲画图障，先饮醺酣之后，即以墨泼”，“或挥或扫，或淡或浓，随其形状，为山为石，为云为水，应手随意，倏若造化。图出云雾，染成风雨，宛若成神巧，俯视不见其墨污之迹。”甚至风颠酒醉之后，往往“以头髻取墨，抵于绢素”。以“泼墨”为之的“墨戏”非深具功力者不能为之。米芾善草书，由于下手快，所以也善“墨戏”。这种偶然而成而非专心为之的作品，可谓画中的一个

① 黄宾虹：《黄宾虹画语录》。

特殊种类，下手很快，激情充沛，由笔墨品味，另有一种情趣。泼墨产生的艺术效果如何呢？不妨以诗观之。宋潘阆《九华山》："将齐华岳犹多六，若并巫山又欠三。好是雨余江上望，白云堆里泼浓蓝。"前二句以华山为三峰，巫山十二峰与"九华"相较，毫无诗味可言。后二句写了看山的最好时间和地点，以"泼"字的画中所见，移之于实望中所得，可知绘画中的泼墨留给诗人的印象，反过来以画拟山，表现山景又极有效果，也由此可知泼墨产生诗情并非虚语。

当然，就一般欣赏者而论，张择端《清明上河图》之类的风俗画可能更易于接受，而写意性的、有诗情之作常难以引起一般人的兴趣，这大概是由于画中的"诗情"是文人画家所倡吧！

画中的"诗情"其实就是画家对于对象物的美有了真实感受后，所创造出的如诗的意境。除上述的技法之外，其基础更在于画家对表现对象的真切感受，在此基础上还应结合人格与文学的修养，表现出自我的精神和性情。

"诗情"不是凭空产生的。宗炳"眷恋庐、衡，契阔荆、巫"，才能面对着"峰岫峣嶷，云林森渺"，感到"万趣融其神思"，从而进入"身所盘桓，目所绸缪，以形写形，以色貌色"的创作状态。王微也是"望秋云，神飞扬，临春风，思浩荡"，面对着"绿林扬风，白水激涧"，激起"画之情"。陈代姚最《续画品序》说："岂可曾未涉川，遽云越海；俄睹鱼鳖，谓察蛟龙。凡厥等曹，未足与言画矣。"未见真山真水，岂能向壁虚构？荆浩在太行山写松"凡数万本，方如其真"。宋人董逌《广川画跋·书李成画后》谓李成"于山林泉石，岩栖而谷隐，层峦叠嶂，嵚欹崒嵂，盖其生而好也，积好在心，久则化之，凝念不释，殆与物忘，则磊落奇特蟠于胸中，不得遁而藏也"。这是说他对于山水的"积好在心，久则化之"。"盖心术之变化，有时出则托于画以寄其放，故云烟风雨，雷霆变怪，亦随以至"。"心术""托于画"则近于诗情了。直到清人王昱《东庄论画》亦云："运笔古秀，着墨飞动，望之元气淋漓，恍对岚容川色，是为真笔墨。须知此种神韵，全从朝暮四时、风晴雨雪、云烟变灭间贯想得来。"画中神韵、诗情来自真山水，凭之于"贯想"，"造化"毕竟重于古人。

画中"诗情"应产生于人格修养和文学修养的基础上。《铁网珊瑚》记宋人赵孟溁语："画谓之无声诗，乃贤哲寄兴，有神品，有能品。神者才识清高，挥毫自逸，生而知之者也。能者源流传授，下笔有法，学而知之者也。""生而知之者"当然没有，出于人格修养则近之，"学而知之者"，除绘画技法之外，也不应忽略文学修养。石涛《苦瓜和尚画语录·远尘章》说得很深刻：

> 人为物蔽则与尘交，人为物使则心受劳。劳心于刻画而自毁，蔽尘于笔墨而自拘，以局隘人也，但损无益，终不快其心也。我则物随物蔽，尘随尘交，则心不劳，心不劳则有画矣。

劳心、蔽尘则不能真画，同样也难见诗情。清张庚更对元代著名画家作了比较："大痴为人坦易而洒落，故其画平淡而冲濡，在诸家最醇。梅花道人孤高而清介，故其画危耸而英俊。倪云林则一味绝俗，故其画萧远峭逸，刊尽雕华。若王叔明，未免贪荣附热，故其画近于躁。赵文敏大节不惜，故书画皆妩媚而带俗气。”[①]尽管评人未必都准确，但“德成而上，艺成而下”[②]的结论却无疑是正确的，所言黄公望之平淡冲濡，吴镇之危耸英俊，倪瓒之萧远峭逸，不仅是画之风格，也是画中诗情。

“点画清真，画法原通于书法。风神超逸，绘心复合于文心。”[③]除书画相通、应注重书法修养外，“绘心”之合于“文心”，当然更应重视文学修养。宋人邓椿《画继》甚至有“画者，文之极也”之说，他举杜甫题咏、韩愈作记、欧阳修、三苏、两晁，直到李公麟，以证“然则画者岂独艺之云乎”？郭熙《林泉高致》更自道其经验：“‘诗是无形画，画是有形诗’，哲人多谈此言，吾人所师。余因暇日阅晋唐古今诗什，其中佳句，有道尽人腹中之事，有装出目前之景。”并“因记先子尝所诵道古人清篇秀句，有发于佳思而可画者”。文学修养对于画中诗情的产生，无疑是极重要的基础。

我国古代画家多倡“借物写心”，画中见出自我，就是其中诗情。倪瓒以“逸笔草草”之作“聊以自娱”；吴镇也说：“墨戏之作，盖士大夫词翰之余，适一时之兴趣。”明清时代，借物写心，以画幅见诗情已成普遍习尚。当然，真情发露，且其情高洁才能成其为诗情，邪、甜、俗、赖是难入此列的。清金农《冬心画跋》的《画竹题记》说得极好：“众毁不如独赏……予于画竹亦然。不趋时流，不干名誉，新篁一枝，出之灵府。清风满林，惟许白练雀飞来相对也。”“老而无能，诗亦懒作，五七字句，谀人而已，可勿录也。然平生高岸之气尚在，尝于画竹满幅时，一寓己意。林下清风，惠贶不浅，观之者不从尘坌中求我，则得之矣。”画之至于此，更摒去诗之浮伪，以物明志，才是真正的诗情。

---

① 张庚：《浦山论画》。

② 张庚：《浦山论画》。

③ 笪重光：《画筌》。

南宗画与神韵诗
——诗画后期创作的相通

尽管在唐代已有了王维“词客”与“画师”互作补充的创作实践，在宋代更有苏轼“诗中有画”、“画中有诗”的理论揭示，宋元以来，诗画结合更成为创作潮流，但是，真正在诗画领域标举创作宗派、树立门户，且在理论上较系统地沟通二者，却是明末、清初之时。这就是董其昌等人在明季标榜山水画的南宗为正传，和清康熙时期王士禛主盟诗坛时提倡神韵诗。在禅宗的南宗发生、发展、演变了千年之后，董其昌等人综观山水画的演化、流变史，以之与禅宗历史相拟，将南宗画定为正统。王士禛生活在文网甚严的康熙朝，不能直面现实，又不愿粉饰太平，只得寄情于山水，从南宗画受到启发而倡神韵，使之成为诗坛的“一代正宗”。

除先秦不论，中国古代社会有三大转折，其起点分别为魏晋、中唐、明中叶。几乎与这三大转折完全吻合，画论与诗论的相互作用，在这些转折点上留下了鲜明的痕迹。一面是诗对画的积极影响，由诗情对画意的补充而使绘画日趋文学化；另一面则是画论对诗论的浸染熏陶，这就是肇自顾恺之的“以形写神”和谢赫的“六法”，使诗自中唐以后追求“韵味”，发展到清初的标举“神韵”。魏晋时代的玄学分别以“言意之辨”和“形神之鉴”影响了诗与画，但二者界限俨然，即使是齐梁时代，钟嵘的“神与物游”与谢赫的“气韵生动”尚是了不相涉。在中唐时期，诗人、画家与禅宗接近者愈多，在后于第二个转折点的唐末，司空图的“韵味”与荆浩的“隐迹立形”不自觉地靠拢了。自此，经宋代之后的长期演进、发展，在第三个转折点的明中叶以后，禅悦之风再盛，南宗画论因之而生，并较为直接地促使神韵诗论的出现。

至此，禅宗的历史行程已近于结束，绘画的发展虽然尚有清代的余辉闪耀，而山水清音之至神韵诗，确是最后一个高峰了。禅宗之关合诗画，至此基本可以打上句号。

一　禅宗向诗歌的渗透

禅宗的初祖菩提达磨（摩）大师原是南天竺国香至王第三子，从学于般若多罗，学成而问：“我既得法，当往何国而作佛事？愿垂开示。”般若多罗告之以“待吾灭后六十七载，当往震旦”，并说：“汝至时，南方勿住。彼唯好有为功业，不见佛理，汝纵到彼，亦不可久留。”又以一偈相赠：“路行跨水复逢羊，独自栖栖暗渡江。日下可怜双象马，二株嫩桂久昌昌。”[①]后来，菩提达磨果真漂洋过海来到中国，在梁普通七年丙午九月二

①《五灯会元》卷一。

十一日到广州(羊城),广州刺史萧昂具主礼迎接,表闻武帝。十月一日到金陵,得梁武帝接见,并有这样一番对答:“帝问曰:‘朕即位已来,造寺写经,度僧不可胜纪,有何功德?祖曰:‘并无功德。’帝曰:‘何以无功德?’祖曰:‘此但人天小果,有漏之因,如影随形,虽有非实。’帝曰:‘如何是真功德?’祖曰:‘净智妙圆,体自空寂,如是功德,不以世求。’帝又问:‘如何是圣谛第一义?’祖曰:‘廓然无圣。’帝曰:‘对朕者谁?’祖曰:‘不识。’”①梁武帝如此好佛却“不见佛理”,达磨遂北上洛阳,寓止于嵩山少林寺,面壁而坐。越九年,欲返天竺,传袈裟给慧可,以为法信,又留下偈语:“吾本来兹土,传法救迷情。一花开五叶,结果自然成。”这样,来自天竺的禅宗就在华夏大地扎下了根。尽管般若多罗的预言是出于后人的编造,达摩与梁武帝的对答也不无加工,折苇渡江、面壁九年的故事亦属虚构,死葬熊耳山却又与魏使宋云相遇于葱岭,携只履而翩翩西归,启圹唯空棺只履的编造当然更是荒唐,然而,比起汉代从西域传来的印度佛教,禅宗确实更是真正的“舶来品”。经达摩和他的弟子们的努力,印度禅学逐渐演化为中国禅宗,对中国士大夫的行事、思想产生了深刻影响,并以其特殊的思维方式渗透进诗的领域。

达摩将禅宗秘旨传给二祖慧可(北齐),再经三祖僧璨(隋),入唐又传四祖道信、五祖弘忍,到六祖慧能,终于出现了禅宗的全盛期,得到士夫文人的赞赏和欢迎。

禅宗对于佛学中的宇宙论并无认识,其创新和贡献在于修行方法。达摩首倡“理入”和“行入”,由“壁观”而“理入”,由“四行”而“入道”。据说,“壁观”是使心如壁立,不偏不倚,《唐高僧传》卷一六记道宣语:“凝住壁观,无自无他,凡圣第一,坚住不移,不随他教,与道冥符,寂然无为,名理入也。”“四行”即报怨行、随缘行、无所求行、称法行,以“甘心受之,都无怨怼”;“得失随缘,心无增减”和放弃要求、愿望的“无所求”,按佛教教义行动的“称法”去行动。相较而言,这样的修行方法是较为简易的。但自达摩到弘忍,禅宗尚未真正成立,影响也极为有限。

禅宗之成为显学,当从六祖慧能开始。从《坛经》可知,禅宗的修行“先立无念为宗,无相为体,无住为本”。这“三无”其实只是“无念”而已,对于“无念”的解释颇见歧义。慧能的思想之所以产生巨大影响,在于“顿悟成佛”的主张。慧能父早亡,自幼在岭南新州以打柴为生,送柴于客店,闻客诵《金刚经》,一听即悟,就辞亲前往黄梅冯墓山礼拜五祖弘忍。在与弘忍对答时,就因“人即有南北,佛性即无南北”等语而见“根性”,在他被遣至碓房八个多月后,出现了弘忍令门人呈偈以付衣法一事。上座神秀三更时秉烛于壁上作偈:

身是菩提树,心如明镜台。时时勤拂拭,莫使有尘埃。

五祖见后,谓其“只到门前,尚未得入”。神秀“去数门,作不得”。慧能于碓房闻童

---

①《五灯会元》卷一。

子诵此偈,知未见性,但自已不识字,就请人代书作二偈。

菩提本无树,明镜亦非台。佛性常清净,何处有尘埃!
心是菩提树,身为明镜台。明镜本清净,何处染尘埃!

弘忍见后,将衣钵传给了他。神秀与慧能偈语的区别就在于"渐"和"顿"。

"顿悟成佛"原是南北朝时期道生的主张,至慧能的南宗,将此说发挥到登峰造极地步。《坛经》云:"世人性本自净,万法在自性……自性常清净,日月常明,只为云覆盖,上明下暗,不能了见日月星辰,忽遇惠风吹散卷尽云雾,万象森罗,一时皆现。"又说:"故知不悟,即是佛是众生;一念若悟,即众生是佛。故知一切万法,尽在自身中,何不从于自心顿现真如本性。"按照如此修行方法,确实比那些穷年累月地背诵经卷,孜孜矻矻地钻研教义,举行不完的宗教仪式,当然要简捷方便得多。《坛经》不主外修,而倡直寻本性。"般若之智,亦无大小,为一切众生,自有迷心,外修觅佛,未悟本性,即是小根人。闻其顿教,不假外修,但于自心,令自本性常起正见,烦恼尘劳众生,当时尽悟,犹如大海,纳于众流,小水大水,合为一体,即是见性。"由于"外修觅佛,未悟本性",所以慧能反对坐禅、念经,《坛经》中又说:"若欲修行,在家亦得,不由在寺。在寺不修,如西方心恶之人;在家若修,如东方人修善。"这样一来,比起神秀北宗的"时时勤拂拭,莫使染尘埃",当然有充分的自由度,也有更大的吸引力。

唐代佛教极盛,对于士夫文人来说,通过苦行、布施、坐禅,而获得彼岸世界的幸福,当然不是可取之路。而禅宗的并非严格的宗教信仰,并非痛苦的宗教修行,无异于以一种超脱现实烦恼的心境,介入于世俗中见高雅的生活方式。这样,就为他们"出世"的那一侧面留下了一块可供回旋的土地。在安史乱以后,唐王朝由盛转衰,时代精神遂从积极进取、昂扬向上转为消极退避、压抑低沉,士夫文人与释门交往更为频繁。禅宗的"五家"之出,真正应了"一花开五叶,结果自然成"的偈语,压倒了其他宗派,取得了佛教的垄断地位,也为禅宗与士夫文人的广泛交往提供了基础。

孟浩然入高僧义公禅房,有诗云:"夕阳连雨足,空翠落庭阴。看取莲花净,方知不染心。"[①]在赞美、企慕中还留着距离。王维《谒璿上人》序中已有"神交"一语,《饭覆釜山僧》更谓"已悟寂为乐,此生闲有余",禅寺"竹外峰偏曙,藤阴水更凉"[②]的景色当然更是诱人。他在"下映芙蓉之池"、"中秀菩提之树"[③]的禅寺内,所得感受是"眼界今无染,心空安可迷"。[④]他道及僧人、寺院的诗不少,其他文体中涉及此类者亦不少,《王右丞集》卷十七的《表》,卷十九的《序》,卷二十的《文赞》,卷二十四、二十五的《碑铭》都有此类内容。当然,王维并非只奉南宗禅,但他确实与南宗有颇深的渊源,他不仅为六祖慧能写过碑铭,而且在《大荐福寺大德道光禅师塔铭》中可知,道光禅师"遇五台宝

① 孟浩然:《题义公禅房》。
② 王维:《过福禅师兰若》。
③ 王维:《青龙寺昙壁上人兄院集·并序》。
④ 王维:《青龙寺昙壁上人兄院集·并序》。

鉴禅师”，得以“密授顿教，得解知见”，王维则于道光“十年座下，俯伏受教”。诚如《空同子》所云：“王维诗，高者似禅，卑者似僧”，[1]或得禅意，或作禅语，然而禅宗对其影响是毋庸置疑的。

中唐时代，更出现了谢灵运十世孙的著名诗僧皎然，他一生居吴兴东溪草堂，有“江东名僧”之号，韦应物、顾况等诗人常与唱和，连自称“不信佛法”的颜真卿也常与交往。皎然诗学与禅学颇有关系，其诗论、诗作也必然影响了同时的诗人。中唐另一诗僧灵澈上人是皎然诗学的继承者，权德舆《送灵澈上人庐山回归沃洲序》说：“昔庐山远公、钟山约公皆以文章广心地，用赞后学，俾学者乘理以诣，因言而悟，得非元津之一派乎？吴兴长老昼公（按：皎然）掇六义之清英，首冠方外，入其室者，有沃州灵澈上人。”此序又说：“上人心冥空无而迹寄文字，故语甚夷易，如不出常境，而诸生思虑，终不可至……故睹其容览其词者，知其心不待境静而静。”这种“其心不待境静而静”的诗风，也影响了与他交游的诗人。刘长卿《送灵澈上人》：“苍苍竹林寺，杳杳钟声晚。荷笠带夕阳，青山独归远。”就是清寂、闲淡的静心、静境。

刘禹锡《澈上人文集纪》曾开列了诗僧的名单：“世之言诗僧多出江左，灵一导其源，护国袭之；清江扬其波，法振沿之。如云弦孤韵瞥入人耳，非大乐之音。独吴兴昼公能备众体，昼公后，澈公承之。”诚如此文所说，不但是“释子工为诗尚矣”，而且僧人与文人颇尚交游，灵澈得皎然书荐包佶，包佶又致书李纾，“是时以文章风韵主盟于世者曰包、李，以是上人之名由二公而扬”，灵澈得名之后，“以文章接才子，以禅理说高人，风仪甚雅，谈笑多味”。中唐以后，随着禅宗地位的上升，诗人多于禅林觅趣，与禅僧关系更深。从刘禹锡的文集中可见，他不仅应道琳之请为慧能撰《大唐曹溪第六祖大鉴禅师第二碑》，“且思所以辩六祖置衣不传之旨”，作《佛衣铭》。他又为创立“牛头禅”的法融写过《牛头山第一祖融大师新塔记》，为神会的弟子乘广撰《袁州萍乡县杨歧山故广禅师碑》，与禅宗的关系可见。刘禹锡的集子中，诗《送僧二十四首》单列为一卷，其与僧人交游之广可窥一斑。

刘禹锡的好友柳宗元到柳州之后，与禅僧颇多交往，除为慧能写过《曹溪大鉴禅师碑》外，还撰写了不少著名南方禅僧的碑铭。从《高僧传》、《佛祖历代通载》、《唐摭言》等书中可知，唐代不少贵人、文士，都与禅僧有密切交往，甚至执弟子礼，或曾有过随僧洗钵、斋粥的生活。即使是力排佛、老二家，“独喟然引圣，争四海之惑”，有“拨乱反正”之功的韩愈，也在《送高闲上人序》中说，“今闲师浮屠氏，一死生，解外胶。是其为心必泊然无所起，其于世必淡然无所嗜。”虽排佛而能知佛。与韩愈介于师友之间的李翱，也坚决反对佛教，然而其学说却是入禅于儒，《复性书》即为代表。

唐代是禅宗真正形成并开始兴盛的时代，由于以怡然自适，顺应自然的生活情趣，破除严格戒律、不假外修的从入方式，一反繁琐、严格的早期佛教，使心向佛门的士夫文人倾心不已，形成禅悦之风。禅理通于诗理，禅风影响诗风，使唐人诗歌呈

---

① 赵殿成：《王右丞集笺注》卷末“附录二”。

现出部分作品有诗禅结合的初态，创作理论上亦可见之。但是，此期毕竟是或沉迷于禅宗的“菩提只向心觅”，“西方只在眼前”；或倾心于禅宗的既超脱现实，又不离世俗的生活方式；或折服于禅僧的风仪谈笑和语言应对，故除王维等少数诗人外，禅宗渗入于诗并不太深，至于绘画，直接描绘佛像虽极为兴盛，山水画与禅理、禅趣尚毫不相干。

从七祖神会之后，禅宗单传的历史结束，南宗有真正发展的是南岳、青原二系。其中南岳一系又渐分、再传，形成沩仰宗、临济宗；青原一系则成曹洞宗、云门宗、法眼宗。五宗传至南宋，临济宗中又开黄龙、杨歧二派，与前五宗合称“五宗七家”。在理论上，五宗七家都未出“顿悟”、“自性”之外，他们都否认语言阐释禅理的作用，故在表达方式上颇有发展，在接引学者上各有形式，形成不同门风。文益在《宗门十规论》中指出各派特点：“曹洞则敲唱为用，临济则互换为机，韶阳则函盖截流，沩仰则方圆默契。”他本人属法眼宗，未及此派，论者认为“一切现成”为其宗眼。直到元代中峰明本《广录》卷十一，还认为五宗“并非宗旨不同，特大同而小异”，大同在“少室（达摩）之一灯”，小异在“语言机境之偶异”。南宗禅发展至此，“沩仰之谨严，曹洞之细密，临济之痛快，云门之高古，法眼之简明”，确已非六祖时期可比，其对学人文士的吸引力也随之增加。

尤其值得指出的是，经唐五代而入宋，禅僧已与唐代多出山区素族者不同，他们都有很高的文化素养，其中不乏诗人、画家。禅僧以诗人、画家的身份进行创作，必然使禅宗向这两个领域渗透。同时，士大夫之悦禅，也必然给诗画创作带来影响。且不说诗僧如宋初九僧、北宋中后期道潜、仲殊，惠洪等人，画僧如巨然、慧崇等人，他们与诗人、画家有密切交往，即使在士夫文人与禅僧的机锋应对中，也可以看到浓厚的文学趣味，不少偈颂本身就是诗。不妨从《五灯会元》中看看此类触着而得的作品。卷十二载，英公夏竦与上蓝溥禅师应对“家底”，夏竦作偈：

休认风前第一机，太虚何处著思惟。山僧若要通消息，万里无云月上时。

卷十六载，清献公赵抃，求教于佛慧，“慧未尝容措一词”，后至青州，一日闻雷而契悟作偈：

默坐公堂虚隐几，心源不动湛如水。一声霹雳顶门开，唤起从前自家底。

卷十七载，黄庭坚谒云岩死心新禅师，死心见之，张目而问：“新长老死学士死，烧作两堆灰，向甚么处相见？”黄庭坚无语可对，直到“左官黔南，道力愈胜”之时，才“于无思念中顿明死心所问”，作书相报。晦堂禅师曾得黄“乞指径捷处”，对黄有所诲，晦堂死后，黄庭坚吊之以偈：

海风吹落楞伽山，四海禅徒著眼看。一把柳丝收不得，和烟搭在玉栏干。

此卷又载，苏轼宿东林，“与照觉论无情话，有省”，黎明献偈：

溪声便是广长舌，山色岂非清净身？夜来八万四千偈，他日如何举似人。

卷十八载，苏轼之弟苏辙，元丰三年左迁瑞州，访与其父有契的顺禅师，“公咨以心法，顺示搐鼻因缘。已而有省”，苏辙作偈：

中年闻道觉前非，邂逅相逢老顺师。搐鼻径参真面目，掉头不受别钳锤。枯藤破衲公何事，白酒青盐我是谁？惭愧东轩残月上，一杯甘露滑如饴。

苏辙所得在随遇而安，更有问道而悟出处处皆佛者，卷二十载，刘彦修出知永嘉，问道于大慧禅师，大慧曰：“僧问赵州：狗子还有佛性也无？赵州道：无。但恁么看。”刘彦修后来“乃于柏树子上发明”，作一颂：

赵州柏树太无端，境上追寻也大难。处处绿杨堪系马，家家门底透长安。

《五灯会元》中常有居士与禅僧棒喝对答的记载，可见士夫文人对禅宗的这一套已研习颇深(可见卷十九与卷二十所载)。

由于宋代僧人与文人有如此密切的交往，宋诗受禅宗的影响远比唐诗要深。除了禅宗在应对方法上影响了宋诗，使宋诗常多翻案之作，或以“活法”将“死蛇”弄活、夺胎换骨之外，宋诗受禅宗的影响有两大端，即以禅入诗和以禅喻诗。

先看以禅入诗。以禅入诗并非宋人的专利。唐人如王维的“行到水穷处，坐看云起时”，“松风吹解带，山月照弹琴”；韦应物的“经声在深竹，高斋空掩扉”；常建的“山光悦鸟性，潭影空人心”，都极富禅趣。然而宋诗中的禅意远较唐诗为多。苏轼、黄庭坚以外，以禅入诗者不在少数，如朱熹，是理学家，叶适，重视功利，被后人认为有唯物主义思想，但二人诗中都极有禅趣。朱熹《春晴》诗：“不如抛却去寻春”，陆九渊闻而色喜，曰：“元晦至此有觉矣。”《春日偶作》的“谁识乾坤造化心”，《观书有感》的“昨夜江边春水生”，《春日》的“等闲识得东风面，万紫千红总是春”，皆可窥其道学渐进的心得。又如著名的《观书有感》的另一首：“半亩方塘一鉴开，天光云影共徘徊。问渠那得清如许？为有源头活水来。”也极有理趣。其《水口行舟》：“昨夜扁舟雨一蓑，满江风浪夜如何？今朝试卷孤篷看，依旧青山绿树多。”实可窥见以“心定”自励的意味。吴子良《林下偶谈》卷四析叶适诗：“‘花传春色枝枝到，雨递秋声点点分’，此份量不同，周匝无际也。‘江当阔处水新涨，春到极头花倍添’，此地位已到，功力倍进也。‘万卉有情风暖后，一筇无伴月明边’，此惠和夷清气象也。‘包容花竹春留巷，谢遣荷蒲雪满涯’，此阳舒阴惨规模也。"均非谬托知己之言。

朱熹曾在《语类》卷十八中说:"释氏云:'一月普现一切月,一切水月一月摄',这是那释氏也窥见得这些道理。"此处所引二语,出于南禅永嘉玄觉的《永嘉证道歌》,朱熹以此说明"理一分殊"的道理。宋人诗中,仅于此道就颇多充满禅味之作。《五灯会元》卷六有僧本如偈:"处处逢归路,头头达故乡。本来成现事,何必待思量。"实是《坛经》"菩提只向心觅","西方只在眼前"之意,而"分殊"之诗,较著名者则有《宋诗纪事》卷九〇夏元鼎诗:"崆峒访道至湘湖,万卷诗书看转愚。踏破铁鞋无觅处,得来全不费功夫。"《鹤林玉露》卷一八又有某尼悟道诗:"尽日寻春不见春,芒鞋踏破陇头云。归来拈把梅花嗅,春在枝头已十分。"当然,诚如有些论者(如沈德潜、纪昀)所说,诗宜参禅味,不宜作禅语,宋诗中的"禅语"远逾于唐诗。

再看以禅喻诗。以禅喻诗最著名的是严羽《沧浪诗话》,然而早在此前,已有不少著名的有关论述,大体说来,以禅喻诗可分两类,即将学诗与学禅相拟,论诗与论禅相拟。

较早将学诗与学禅相拟的是苏轼,他在《夜直玉堂携李之仪端叔诗百余首,读至夜半,书其后》云:"暂借好诗消永夜,每逢佳处辄参禅。"苏轼以此种态度读李之仪诗,大概与李之仪诗富有禅味有关,因为李作《赠祥瑛上人》诗,就有"得句如得仙,悟笔如悟禅"二语。范温《潜溪诗眼》论柳宗元诗云:"识文章当如禅家有悟门。夫法门百千差别,要须自一转语悟入。如古人文章直须先悟得一处,乃可通于他处。"苏轼论诗颇有通于禅家悟门之处,如《诗颂》曰:"冲口出常言,法度去前轨,人言非妙处,妙处在于是。"这种崇尚自然的观点,正得之于南宗之尚自然。《送参寥师》的"欲令诗语妙,无厌空且静。静故了群动,空故纳万境"。更以学诗与禅悟相通。后来的清人刘熙载在《艺概》中说:"东坡诗善于空诸所有,又善于无中生有,机括实自禅悟中得来。"就洞见了苏轼之诗学得之于禅学。对宋诗中另一代表人物的黄庭坚,楼钥《攻媿集·书张式子诗集后》曾评之曰:"山谷晚年诗皆是悟门。"

自苏轼以禅悟论诗之后,继轨者颇多。韩驹、吴可及南宋杨万里为其中代表。韩驹《赠赵伯鱼诗》:

> 学诗当如初学禅,未悟且遍参诸方。一朝悟罢正法眼,信手拈出皆成章。

吴可《学诗诗》更著名:

> 学诗浑似学参禅,竹榻蒲团不计年。直待自家都了得,等闲拈出便超然。
> 学诗浑似学参禅,头上安头不足传。跳出少陵窠臼外,丈夫志气本冲天。
> 学诗浑似学参禅,自古圆成有几联?春草池塘一句子,惊天动地至今传。

诗中虽不废渐修,但更重"自家了得"的顿悟,与韩驹"一朝悟罢"相同,反对头上安头,要跳出少陵窠臼，则是南宗“学我者死”之意。龚相《学诗诗》为和吴可作，赵蕃也有《学诗诗》，又作进一步引申。杨万里论诗之诗颇有以参禅相拟者，如《读唐人及半山诗》的“半山便遣能参透，犹有唐人是一关”；《答徐子材谈绝句》的“《国风》此去无多子，关捩挑来自等闲”，不仅有禅人话头，且以学禅通于学诗，颇有心得。此外，如葛天民《寄杨诚斋》：“参禅学诗无两法，死蛇解弄活泼泼。”则是南宗反对“参死句”，倡“活法”之见。戴复古《论诗十绝》：“欲参诗律似参禅，妙趣不由文字传”。正是南宗“不立文字”之意。

以论诗与论禅相拟，以定诗之高下，明其取法正途，当推严羽《沧浪诗话》。严羽在《诗话》中所说的“不涉理路，不落言筌”，“羚羊挂角，无迹可求”，其实也是南宗禅不重文字之意，以“禅道惟在妙悟”与“诗道”相通，亦不无可取。严羽所论不同于他人之处在于将诗之“三等”与禅之“三等”相拟，《沧浪诗话·诗辨》说：

> 夫学诗者以识为主。入门须正，立志须高；以汉、魏、晋、盛唐为师，不作开元、天宝以下人物。
>
> 禅家者流，乘有大小，宗有南北，道有邪正；具正法眼者，是谓第一义。若声闻辟支果，皆非正也。论诗如论禅：汉、魏、晋等作与盛唐之诗，则第一义也。大历以还之诗，则已落第二义矣。晚唐之诗，则声闻、辟支果也。学汉、魏、晋与盛唐诗者，临济下也。学大历以还者，曹洞下也。
>
> ……且借禅以为喻，推原汉、魏以来，而截然谓当以盛唐为法……

尽管严氏对禅宗所知不深，以致颇多错误，如声闻辟支属小乘，严氏将其作为小乘之下，以喻晚唐诗，实为一错。又临济、曹洞并出南宗，二者虽机用不同，却难分高下，严氏将二者分属南、北，并判定优劣，又是一错。即便如此，他倡“入门须正”，推尊盛唐，将诗禅相拟，在宋人诗论中确是自出一门，亦有其理。

元朝僧人的地位很高，然而由于在蒙古族统治之下，士大夫的处境发生了很大变化，在生活方式上追求隐居者不少，钻研禅宗哲理者不多。禅宗的再盛，当在明中叶之后了。

这一过程当始于王守仁。在理学禁锢了人们的思想，士夫文人都深感压抑之时，面对着种种危机，王守仁迎合喜新厌旧的时代心理，以陆九渊心学和禅宗为基础，建立起王氏心学。其宇宙观可概言为“心外无理”、“心外无物”。《传习录·上》云：“知是心之本体，心自然会知，见父自然知孝，见兄自然知弟，见孺子入井自然知恻隐，此便是良知，不假外求。”“身之主宰便是心，心之所发便是意，意之本体便是知，意之所在便是物。”《传习录·下》又有如此记载：“先生游南镇，一友指岩中花树问曰：‘天下无心外之物，如此花树在深山中自开自落，于我心亦何相关？’先生曰：‘你未看此花时，此花与汝心同归于寂；你来看此花时，则此花颜色一时明白起来，便知此花不在你的心外。”这种“心外无理”、“心外无物”，岂非禅宗“只向心觅”的话头？其“致良知”的儒家说教,其实与禅宗的“直指本心”并无多大差别。他虽然不同意禅宗的社会政治观点,认为佛的逃世主义不能治天下,但他又说:“夫禅之学与圣人之学,皆求尽其心也,亦相去毫厘耳。”①

王守仁的弟子承其学,且更近于禅,诚如黄宗羲《明儒学案》卷三十二所说:“泰州、龙溪时时不满其师说,益启瞿昙之秘而归之师,盖跻阳明而为禅矣。”此“泰州”即王艮,“龙溪”即王畿。王艮在回答如何将失去的良知找回的提问时说:“尔心见在,更何求乎?”他在《与俞纯夫》中说:“只心有所向,便是欲。有所见便是妄。既无所向,又无所见,便是无极而太极。良知一点分分明明,亭亭当当。”这种神秘的精神境界岂非禅宗教人的不要“心动”?泰州学派传人韩贞《答友》诗:“此真真处口难陈”,“才说思通也落尘”,“不识不知登道岸,无声无臭会心神”。《自在吟》其四:“人人天地性,个个圣贤心。原不少些子,何须向外寻。”与禅宗所说等无二致。王畿更是直接以禅宗语明理,《答南明汪子问》曰:“所思所虑,一出于自然,而未尝有别思别虑,我何容心焉?譬之日月之明,自然往来,而万物毕照,日月何容心焉……惠能曰:‘不思善,不思恶,却又不断百思想。’此上乘之学,不二法门也。”《趋庭谩语》又说:“一念明定,便是缉熙之学。一念者,无念也,即念而离念也。故君子之学,以无念为宗。”王畿认为儒、道、佛并无差别,他在《三教堂记》中说:“老氏曰虚,圣人之学亦曰虚;佛氏曰寂,圣人之学亦曰寂,孰从而辨之?世之儒者不揣其本,类以二氏为异端,亦未为通论也。”这就把他老师所划定的道学与禅学之界彻底消除了。

王氏心学的流行成为中介,嘉靖以后,禅宗又极度兴盛。士夫文人不是从心学中接受“天理”之说,而是以“良知”即在“本心”,去挣脱伦理纲常对个性的束缚,学习了南宗的呵佛骂祖,掀起了“狂禅”之风。一方面是李贽从王守仁的“良知”发展出“童心”说,将“绝假纯真”的“童心”等同于禅宗的“清净心”;又将“佛性”拉回到现实生活中,《焚书》卷一《答周西岩》说:“天下宁有人外之佛,佛外之人乎?”“佛无益于事,成佛何为乎?”他甚至落发为僧。另一方面则是达观、德清等著名禅师也加入了批判程朱理学的行列,宣称朱熹的理论只有五百年寿数,已到了寿终正寝之时。

李贽和达观禅师作为异端的领袖,号称“两大教主”,王元翰《凝翠集·与野愚和尚书》开列了僧俗两界精于禅宗者的名单:“善知识,则有达观、朗目、憨山、月川、雪浪、隐庵、清虚、愚庵诸公;宰官,则有黄慎轩、李卓吾、袁中郎、袁小修、王性海、段幻然、陶石篑、蔡五岳、陶不退、蔡承植诸君。声气相求,函盖相合。”在“我心即佛”的影响下,李贽的“童心”说,袁宏道的“性灵”说,汤显祖的“师讲性,某讲情”,都给传统的文学观念以巨大冲击。

明代的这股禅悦之风掀起了一场异端运动,使封建卫道者借助皇帝的力量攻击“狂禅”,李贽被迫害致死,达观禅师也遭同样命运,憨山德清也因私造寺院罪被发配雷州。紫柏真可(达观)、憨山德清是天台、贤首二宗的“明末四大家”的人物,尚遭此厄

① 王阳明:《阳明全书·重修山阴县学记》。

运，可见统治者们对“狂禅”之风的破坏力是何等重视了。即使异端领袖人物或死或放，士夫悦禅的兴趣并未衰减，禅宗对诗歌的影响也并未消歇，钟惺《答同年尹孔昭》云：“兄怪我文字大有机锋，谓尽之一字有道者所不居，真是当头一棒。然兄书终篇机锋二字，兄自反何如？我辈文字到极无烟火处，便是机锋，自知之而无可奈何，亦是一业，何时与兄参之？”即可见之一斑。

明人以禅入诗者可举王守仁例。其《咏良知示诸生》：

> 无声无臭独知时，此是乾坤万有基。抛却自家无尽藏，沿门持钵效贫儿。

又《次栾子仁韵送别》：

> 悟到鸢鱼飞跃处，工夫原不在陈编。正须闭口林间坐，莫道青山不解言。

前者近于禅语，后者却有禅意。以禅论诗者可举钟惺和谭元春，纳兰性德《渌水亭杂识》卷四就称钟惺“妙解《楞严》，知有根性”，《诗归》中颇多禅语。如《古诗归》卷二评《伯牙水仙操·序》，钟评有“禅机”、“伯牙大悟头，立地成佛，毕竟从精神寂寞来。将字妙，顿、渐二义俱有”等语，谭评有“大指点”“七字悟头”等语。《唐诗归》中亦不乏以禅说诗之例，评王维、王昌龄、柳宗元等人诗时都可见。

到了王士禛，虽以“神韵”论诗著称，但其以禅义言诗，实较明人更有心得。如《蚕尾续文》中的《昼溪堂诗序》云：

> 严沧浪以禅喻诗，余深契其说，而五言尤为近之。如王、裴《辋川绝句》字字入禅。他如“雨中山果落，灯下草虫鸣”，“明月松间照，清泉石上流”，以及太白“却下水精帘，玲珑望秋月”，常建“松际露微月，清光犹为君”，浩然“樵子暗相失，草虫寒不闻”，刘昚虚“时有落花至，远随流水香”。妙谛微言，与世尊拈花，迦叶微笑，等无差别。通其解者，可语上乘。

尽管直到晚清的龚自珍，还可以看到禅对于诗的影响，但从艺术角度言，王士禛“神韵”的灵光、佛光，已是禅宗向诗歌渗透的返照之回光了。

二　南宗禅与南宗画

上面谈了禅宗向诗歌的渗透，禅宗对绘画的影响似无诗歌之有清晰的轨迹，然而这种影响无疑是存在的。第一个将禅与画相拟者已颇难考，尽管中唐于邵《题郑华原壁画松竹》已说到：“美华原之墨妙，能入室而思禅”，但真正系统地以禅论画已是明代之事了。

以禅喻诗肇端于宋，以禅论画发轫于明，莫是龙、董其昌、陈继儒，沈灏等人创山水画南北宗论，滋蔓晚明及有清一代，几成不易之论，本世纪以来虽有人认为此说实属臆造，却难遏赞同者之势。作为画派来说，南北宗的传承关系和艺术风格，当然不尽以莫、董诸人所说为是，倘以文人画和行家画来区分南北，也不当为非。特别是以禅之南北宗拟画之山水画，并非没有道理，南宗禅与南宗画确实有共通之处。

山水画的南北宗说为莫是龙首创，其《画说》云：

禅家有南北二宗，唐时始分，画之南北二宗，亦唐时分也，但其人非南北耳。北宗则李思训父子着色山，流传而为宋之赵幹、赵伯驹、伯骕，以至马、夏辈。南宗则王摩诘始用渲淡，一变钩斫之法，其传为张璪、荆、关、郭忠恕、董、巨、米家父子，以至元之四大家。亦如六祖之后，马驹、云门、临济儿孙之盛，而北宗微矣。要之摩诘所谓云峰石迹，迥出天机，笔意纵横，参乎造化者。

其后，董其昌《画旨》说：

文人之画自王右丞始，其后董源、巨然、李成、范宽为嫡子。李龙眠、王晋卿、米南宫及虎儿，皆从董、巨得来，直至元四大家黄子久、王叔明、倪元镇、吴仲圭皆其正传。吾朝文、沈则又远接衣钵。若马、夏及李唐、刘松年，又是大李将军之派，非吾曹当学也。

董氏另有一则，与莫是龙所说全同。又有陈继儒所说亦相近，其《清河书画舫》云：

山水画自唐始变，盖有两宗，李思训、王维是也。李之传为宋王诜、郭熙、张择端、赵伯驹、伯骕，以及于李唐、刘松年、马远、夏珪皆李派。王之传为荆浩、关仝、李成、李公麟、范宽、董源、巨然，以及于燕肃、赵令穰，元四大家皆王派。李派板细无士气。王派虚和萧散，此又慧能之禅，非神秀所及也。至郑虔、卢鸿一、张志和、郭忠恕、大小米、马和之、高克恭、倪瓒辈，又如方外不食烟火人，另具一骨相者。

沈颢《画麈》亦言《分宗》：

禅与画俱有南北宗，分亦同时，气运复相敌也。南则王摩诘裁构淳秀，出韵幽淡，为文人开山。若荆、关、宏、躁、董、巨、二米、子久、叔明、松雪、梅叟、迂翁，以至明之沈，文，慧灯无尽。北则李思训风骨奇峭，挥扫躁硬，为行家建幢。若赵幹、伯驹、伯骕、马远、夏珪，以至戴文进、吴小仙、张平山辈，日就狐禅，衣钵尘土。

四人所列南、北宗画家的具体归属不同，但共同点亦极其显见：山水画南北宗之分始于唐，与禅宗的分宗同时；南宗画之祖是王维，北宗是李思训，南宗画一如南宗禅，为正宗，相传不息，北宗画亦如北宗禅，渐见衰微。

由于四人分南北的着眼点不同：莫是龙以“着色”为北宗，“渲淡”为南宗，陈继儒以“虚和萧散”、“板细无士气”的风格来区别南北宗，董其昌以文人画作为南宗的标识，沈颢所论最全面，兼以“裁构淳秀，出韵幽淡”的“文人画”与“风骨奇峭，挥扫躁硬”的“行家画”来区分南北。而所论又有不合史实之处：如着色山水之始，当早于李思训，水墨山水，唐代本以张璪最负盛名；王维画并不如其《辋川集》那样“虚和萧散”，列于王派的荆、关、李、范等人写北方山水，风格以雄奇峻伟为主要特征，亦难以“虚和萧散”言之，而李唐、刘松年、马远、夏珪的基本风格为峭劲和明润，“板细”之说亦不确。因而，南北宗之说尽管流行不衰，却不乏反对者。如清人张庚《浦山论画》说：“画分南北始于唐世，然未有以地别为派者。”近人夏敬观《忍古楼画说》亦云：“余考宋、元以前论画书，未见有‘南、北宗’之说。夫南、北画派诚有别，然必剿袭禅宗之名以名之，而‘南’、‘北’字均无取义，盖非通人所为。李思训父子为唐宗室，王维太原祁人，均北人也。只张璪唐人，余皆宋人，安见唐时已分南北乎？”今人启功先生亦不同意南北宗论。

“南人”、“北人”之说，本可不究，因为莫是龙就说过“但其人非南北耳”，至若“剿袭禅宗之名以名之”，实有辨析之必要。

且不管“南北宗”之说最先由谁提出，而董其昌作为书画界的一代宗主，影响自在三人之上，此说也与董氏的名字联系在一起。据《居士传》卷四十四载，董其昌“为诸生时，参紫柏老人，与密藏师激扬大事，遂博观大乘经，力究竹篦子话”。万历年间，以董其昌为首的一批有名的江南文人，常聚于京师龙华寺，与著名的憨山禅师一起谈禅。由此可见，董其昌在禅学上颇有根底。在山水画发展到董其昌的时代，禅悦之风再度兴起，画家看到了两界相会通之处，尽管他们未详作论列，但以董其昌辈作此论，决非孟浪之言，后人的附和，也并非全无主见。那么，南宗禅与南宗画究竟有什么共同之处呢？

先看二者的几个表面相似点。

第一，禅宗在盛唐分宗，山水画亦在唐时分派。

前面说过，禅宗到五祖弘忍时，都是代代单传，自慧能呈偈，得弘忍讲授《金刚经》，并授袈裟以后，实际上已伏下分宗之势。弘忍在世时，禅法传播很广，“四方请益，月以千计”，据《楞伽师资记》所载，弘忍临死前向玄赜许之能传法的有十人，连同玄赜共十一人，上座神秀被尊为第一。弘忍死后，神秀向外传法，“就者成都，学来如市”，其学说主要流行于嵩洛，南达于湖北。慧能回到岭南后过了十六年平民生活。弘忍去世后，他到南海（广州）法性寺听印宗讲《涅槃经》，据说因“幡动”、“风动”之争，发表“人心自动”之见，引起印宗注意，与之交谈后，极为佩服，反执弟子礼，慧能正式出家受戒，开东山法门。次年，慧能回到韶州，在曹溪宝林寺传授禅法，先后达三十余年，影响遍于岭南。因此，禅宗的北宗和南宗首先决定于地域，河南的神秀为北宗，广东的慧能为南宗。

唐初绘画，承六朝余绪，风格冶艳工细，拘守陈法。逮至开元，随唐室中兴，国力雄强，画风变为遒劲雄放，其代表就是吴道子。吴道子虽也画山水，但主要是人物画家，山水画的主要画家当推李思训、李昭道父子。二李之画，为青绿山水，设色金碧辉映，笔力遒劲、画风工巧。王维居蓝田辋川，襟怀淡泊，心空无碍，擅平远景，不衣文采，创水墨渲淡之法，与二李的青绿殊途。与王维同时的卢鸿、郑虔，或工书画，或兼擅诗书画；都具备文人的文艺修养，二人都画水墨，风格近于王维。此外，又有张璪、王墨的山水树石，王洽泼墨的山石云烟。以文人水墨为标识的一派实际已形成，而二李的宫廷味较重的青绿渐见衰微。唐时分宗虽是后人认识，而非当时分派，然而却不无道理。

第二，禅宗南北宗和山水画南北宗的地位相似。

禅宗自达摩以来，一直以嵩、洛为传播中心，神秀继承弘忍地位，号称“两京法王，三帝国师”，得到武则天、唐中宗优待，处于正统地位。慧能在曹溪讲学，地处南方一隅，不受朝廷重视，此派与平民杂处，也不与统治者合作。神秀之后，其弟子普寂居于嵩山，由于达摩和佛佗扇多均在此地住过，普寂居此，自然成了北方禅的领导。普寂准备竖立碑铭，决定自达摩以来的禅宗传承，欲定神秀为六祖，自己为七祖。此时，慧能弟子神会来到北方，在滑台（今河南滑县）大云寺论定达摩一宗的法统，树立南宗法门。又在洛阳弘扬南宗，指出达摩一宗的正统法嗣是慧能而非神秀，对北宗批评提出“传承是傍，法门是渐”的两大纲领，以之定是非。由于仅慧能一人得弘忍亲传，“内传法契以印证心”，“外传袈裟以定宗旨”，故慧能是真传，北宗所传是傍支。

南北宗正统地位之争并未就此结束，神会还一度被逐出京城，回到荆襄。直到安史乱后，神会替郭子仪筹集军饷，为唐室立了功劳，才得以回到洛阳荷泽寺，在北方奠定了南宗禅的地位，神会本人所传即荷泽宗。自此，“曹溪顿旨，沉废于荆吴；嵩岳渐门，盛行于秦洛”[①]的情况发生了逆转，神秀门庭寂寞，慧能宗风独尊于天下。慧能被定为六祖，神会为七祖，南宗遂从岭南一方普及到各地。

与北宗禅地位相似，李思训的青绿山水很得玄宗欣赏，他本人又是唐宗室，玄宗曾命之作蜀道图于大同殿壁，累月方毕，玄宗有“夜闻水声”之赞，其所作实有服务于宫廷的性质。被列入北宗的赵幹、郭熙、张择端、刘松年、马远、夏珪、戴进等人，都是宫廷、画院画家，赵伯驹、赵伯骕兄弟颇类李思训，非仅是皇家宗室，赵伯驹还曾官浙东兵马钤辖，二人都擅金碧山水。而王维、张璪、荆浩、关仝、董源、巨然、郭忠恕、范宽、李公麟、米芾、米友仁、元四家、沈周、文征明等人，虽或有官职，或为僧道、隐士，但基本上都可列入文人画家。

宫廷画与文人画相较，虽然前者能得到帝王支持、扶植，也有足够的影响，然而，由于文人画有“人品”、“学问”、“才情”、“思想”四要素，[②]多主观情思的发抒，少功利之

---

① 宗密：《神会略传》。

② 陈衡恪：《文人画之价值》。

求,且因“人品高尚,文学丰富,诗意优长,书法超逸”①,形成了这样的对照:“北宗多作气,南宗多士气。士气易于得,作气易于俗。”②这样,南宗画也犹如南宗禅,虽无帝王扶植,却胜过了北宗。

第三,禅宗南北宗与山水画南北宗的兴衰历史亦颇为相似。

前面说过,山水画的分派与禅宗的分宗,虽前者隐而后者显,但都在唐代。再考察李思训宫廷味的青绿山水与王维一派的文人水墨画地位的倒转,亦颇类禅宗南北宗的历史发展。还可以进一步说,从南宋以迄明季的绘画史,亦类于南宗禅的历史。

自唐德宗令皇太子留集禅师定禅门宗旨,以神会为七祖后,神会所创荷泽宗在北方取代了北宗的地位,此后,北宗禅虽与唐室共始终,而势力已非南宗之敌了。与此同时,慧能的嗣法弟子中,以南岳怀让和青原行思二支法系特别繁盛,到唐末五代分为五家,其中临济、曹洞二宗甚至流传到南宋之后,至于南宗禅的延续和影响,已如前述,确是直到明清。

我国的山水画,自唐王维之后,经张璪、王洽等人,及五代荆浩、关仝、董源、巨然,至北宋文人画派,均以水墨渲淡处于画坛主导。宋室南渡后,赵伯驌、赵伯驹、刘松年等家崇尚李思训青绿山水,绘画纤细工整,北宗占据上风,李唐、马远、夏珪虽画风较雄峻或清峭,亦有取法文人画之处,但仍属北宗。入元之后,钱选、赵孟頫分有“士气”、“古意”之倡,作品渐脱南宋院体风味,龚开、高克恭效法董、巨、二米,水墨一派又渐占上风,至黄、吴、倪、王等元季四大家一出,文人画风又据主流。明代画坛在嘉靖前盛行浙、院二派,又是北宗居统治地位,嘉靖之后,吴派独盛,其中以沈周为集大成者,他取法董、巨,中年崇尚黄公望,晚年醉心吴镇,兼得古人之长。沈周传文征明,文征明师法宋、元,苍润温雅,名重正德、嘉靖间,门下学生众多。沈、文之后,陈淳、徐渭并称“青藤、白阳”,文嘉、钱穀均擅山水,张宏、邵弥亦取法元人,均出吴门,董其昌、陈继儒更与沈、文并称吴派四大家。此外,赵左立苏松派,沈士充创云间派,顾正谊立华亭派,实为吴派支流。“苏松”、“云间”均导源宋旭,除宋旭外,均为松江人,故总称“松江派”,又以董其昌为首。

若将五代、宋、元画史置而不论,明代自吴派取浙、院地位而代之,明季画坛流派纷呈的情况极似南宗禅在唐末、五代时的五宗之分。莫是龙认为,至元之四大家,“亦如六祖之后,马驹、云门、临济儿孙之盛,而北宗微矣”,似将南北宗画派之下限定到元季。董其昌则说:“吾朝文沈,则又远接衣钵”,将历史作了延续,虽未言及自己,但我们倘以董氏继武沈、文,将松江诸派拟为南宗禅五家,可见以南宗画拟南宗禅并非无稽之谈、无所取义了。

深入而言,南宗画与南宗禅非仅有外部相似之处,而且南宗禅的教义对南宗画的立意也不无影响。

第一,南宗禅的不假外佛、“自开宝藏”,与南宗画的重主观发抒。

---

① 俞剑华:《国画研究》。

② 黄宾虹:《画法要旨》。

在门阀士族处于统治地位的六朝时期，人们为求摆脱现实世界的苦难，源于《维摩经》、《法华经》"人人都有佛性"的思想蔓衍滋生，鸠摩罗什的高足竺道生提出了涅槃佛性说和顿悟成佛说，更为后世禅宗所祖。

竺道生将"人人都有佛性"明确释为"一切众生莫不是佛，亦皆泥洹"，[①]甚至推衍为"一阐提人皆得成佛"。"一阐提"为梵语音译，即贪欲成性、作恶多端的人，以此等人"皆得成佛"，是保守的佛教徒不能容忍的。由于南北朝门阀士族地主阶级专政，庶族地主难以占据政治上的重要地位，这一口号不能得到普遍认同，直到唐代门阀士族地主失势，人人皆能成佛的学说才得到公认。

《坛经·疑问品》记录了慧能的重要思想：

菩提只向心觅，何劳向外求玄？所说依此修行，西方只在眼前。

"只向心觅"就是因为自身有佛性。王维《能禅师碑铭》又记慧能语："大身过于十方，本觉超越三世。""大身过于十方"，以一心为法身，此心广大无边，"本觉超越三世"，般若之智是先天自有的。因而《碑铭》又说："举手举足，皆是道场，是心是性，同归性海。"慧能主张体会佛经精神，不要念经，不要坐禅，不要修行，不要布施，这种用参究法彻见心性本源的具体修禅法，就被形象地喻为"商人告倦，自息化城，穷子无疑，自开宝藏"。此二喻均出《法华经》，前者出《化城品》：化城在于息脚，息脚之后还是为了达到最终目的地；后者出《譬喻品》：使穷子消失疑惑后，即可自开宝藏。

南宗禅所承道生"人人都有佛性"的思想，本来就是玄学化的佛学，而魏晋玄学的源头自然是在老庄。《老子》三十七章有"道常无为而无不为"之说，庄子则在《齐物论》中演为主观精神与"道"合一："天地与我并生，而万物与我为一。"《知北游》又谓"道""无所不在"。"道""无所不在"与"人人都有佛性"，结合在禅宗的教义中就成了"真如"。因此，"青青翠竹尽是法身，郁郁黄花无非般若"，万物都具佛性的泛神论与"一切般若智，皆从自性而生，不从外入"[②]的主观唯心主义极其巧妙而圆满地结合在一起。

这种从自身求佛性和从自然感悟佛性的主观唯心主义和泛神论的结合，确实影响了南宗画的立意。

在玄学未消、佛学正盛的南北朝时期，作为文人画滥觞的宗炳、王微，其山水画理论都带有神秘的色彩。宗炳《画山水序》所说的"应会感神"，"神本亡端，栖形感类，理入影迹，诚能妙写，亦诚尽矣"，就有泛神论意味，并有变客观为主观的色彩，序中"畅神而已"四字更明确道出了绘画抒发主观情思之意。王微《叙画》有"岂独运诸指掌，亦以神明降之，此画之情也"数语，若以"灵感"或"情思"解释"神明"也是不够的。

被奉为南宗画之祖的王维，又是慧能南宗禅的信奉、弘扬者。在他的山水诗中，我

---

① 竺道生：《法华疏》。

② 《坛经·般若品》。

们不仅可以感受到心空无欲、纯任自然的恬淡、宁静，而且笔下的山川风月也确是充满禅味的“人化的自然”。在诗中（如《鸟鸣涧》）兴会神到，表心造理，让桂花与春天同在。而他“风致標格特出”[①]的绘画，也多主观情思发抒，不求形器，除雪中芭蕉之类人所熟知的例子外，人物画也有类似精神。如相传他所作的《渡水罗汉图》，罗汉画得如同凡人，“涉川之际，谨重如彭祖之观井”，难道不能看成是禅宗“自性即佛”的具体体现？

荆、关、董、巨、李、范等人，在山水画的技巧上各有造诣，但他们多立足于客观立场，对山水作整体性描绘，是难以见到主观情思发抒的。倒是南宋的马远、夏珪的“一角”、“半边”，却有“半壁江山”的寄寓。

山水画到了元代，才真正在理论和实践上体现了南宗禅不假外佛、自开宝藏的精神，以笔墨抒情寄意；而南宗禅的泛神论精神又促使画家对山水自然采取从亲近到结合的立场。黄公望的终日坐在荒山乱石、丛木深篆中，比之郭熙以山水“可行、可望、可游、可居”，当然更贴近大自然。即使不像黄公望那样，吴镇也不入城市，诛茅为梅花庵，倪瓒则营造清闷阁独居，以写溪山自怡，都是全身心地感受着自然、生命的灵动。另外，“有韵语无声诗，借以送日，故伸毫构景，无非拈出自家面目”，[②]所以，无论是黄公望的“逸笔撇脱”，还是倪瓒的“聊以写胸中逸气”，抑或吴镇的“墨戏之作”，都是以山水画抒发主观情思为立意，正是：“盖缘山河大地，器类群生，皆自性现其间，卷舒取舍，如太虚片云，寒潭雁迹而已。”[③]直到一代宗匠的石涛，也以“代山川而言”，“借笔墨以写天地万物而陶泳乎我”[④]来看待山水画，仍以绘画精神在于主观发抒。

沈周说过：“山水之胜，得之目，寓诸心，而形于笔墨之间者，无非兴而已矣。”[⑤]这实际上就是“畅神论”的回归。明清南宗画占据压倒优势，主观写意精神成为灵魂，可以说与南宗禅不假外佛、自开宝藏的侧重主观十分相似；同时，绘画毕竟不能离开自然客体，南宗画家对自然的态度亦与南宗禅的泛神论相似。对南宗画的主与客、心与境、虚与实的关系，清人方士庶《天慵庵随笔》总结得极好：

> 山川草木，造化自然，此实境也；因心造境，以手运心，此虚境也。虚而为实，在笔墨有无间。故古人笔墨具此山苍树秀，水活石润，于天地之外，别构一种灵奇。或率意挥洒，亦皆炼金成液，弃滓存精，曲尽蹈虚揖影之妙。

第二，南宗禅的“随缘任运”、纯任本然，与南宗画的倡自然天趣。

达摩所提出的宗教修养方法有“众生无我，苦乐随缘”一语，他又说过“安心无为，

---

① 朱景玄：《唐朝名画录》。

② 沈颢：《画麈》。

③ 沈颢：《画麈》。

④ 石涛：《苦瓜和尚画语录》。

⑤ 沈周：《书画汇考》。

形随运转”。到了慧能，则云“佛言随所住处恒安乐”，[①]倡导“但行直心，不着法相”，这种随缘任运（“随缘消旧业，任运着衣裳”）的态度，以之指导宗教修养，就倡导行所无事，纯任本然。南宗禅信奉者对“经又不看，禅又不学，毕竟作个什么。”的回答是“总教伊成佛作祖去”。[②]他们认为，和尚修道的“用功”竟是“饥来吃饭，困来即眠”，而这种饥饭困眠的“用功”，与常人的相异处在于“他吃饭时不肯吃饭，百种须索；睡时不肯睡，千般计较，所以不同也”。[③]由此可见，无念无碍而纯任本然正是禅人特色。

老子的“无为自化，清静自在”[④]和庄子“坐忘”的精神解脱论，老子“道法自然”[⑤]和庄子的“天地与我并生，而万物与我为一”[⑥]等思想，与南宗禅的随缘任运、纯任本然的态度有相通之处。而这种无为、自在、任其本然的不重人为，则又与南宗画的求天趣、避作气相似。

张彦远《历代名画记叙论·论顾陆张吴用笔》推举吴道子“古今独步，前不见顾、陆，后无来者”，并论吴道子的画道是“守其神，专其一。合造化之功，假吴生之笔，向所谓意存笔先，画尽意在也”，着眼于积极的人为。但他《论画工用搨写》又将“画之道”表述为充满禅味的语言。同时，他将绘画分为五个等级：“自然者为上品之上，神者为上品之中，妙者为上品之下，精者为中品之上，谨而细者，为中品之中。”以“自然”为最高。画家对摹写对象的认识则是“不患不了，而患于了”。这些认识，与南宗禅的精神似无多大乖谬。

宋人黄修复《益州名画录》变动“四格”次序，将“逸”格置于“神”、“妙”、“能”之上，就在于“逸”“得之自然，莫可楷模”。“自然”的概念，到宋迪，则演而为“天趣”一语，米芾评画，最重“天真”，而董逌《广川画跋》以为“无心于画”、“以天合天”，才能“发于生意，得之自然”。“元四家”之一的吴镇对文同的墨竹非常钦佩，原因就在于“出于自然”，汤垕《画鉴》论山水、竹石等画，认为要“先观天真，后观笔意”，都表现出对“自然”观念的继承和发展。明人之中，高濂《燕闲清赏笺》以“天趣”、“物趣”、“人趣”兼备为好画，屠隆《画笺》进而以重“天趣”甚于“物趣”，李日华《紫桃轩杂缀》认为绘画应画出“天成之致”，唐志契《绘事微言》则说画山水“最要得山水之真性情”。到了清代，求“天趣”与画家主观心绪意兴的“逸气”、“士气”结合，形成一股洪流。然而，一枝独秀的南宗画至于此，由于主观远胜于客观，所追求的“天趣”、“自然”也走到了反面，似乎是“人趣”和“造作”（变形、夸张等）之味更多了。

神秀禅风朴素、谨细，他在弘忍门下学法时，真正做到了“时时勤拂拭，莫使惹尘埃”，这种作风与北宗画亦有相通处。宋徽宗对画院要求就很严格、谨细，尚法度，求精谨，画家不能随心放逸。南宋刘松年，马远、夏珪等院派画家，都有笔墨精严遒劲，设色

①《坛经·疑同品》。
②《古尊宿语录》卷四。
③《景德传灯录·慧海传》。
④《史记·老庄申韩列传》。
⑤《老子》二十五章。
⑥《齐物论》。

清妍明润的特点。明代戴进、吴伟等浙派及宫廷画家亦以精谨秀劲见长，李开先甚至极其推重浙派戴进的院体画，而贬抑沈、文的吴门文人画。但是，崇南宗画者正以宋院体画失之“作”，而宁取元画之“野”，认为浙派的精谨、雄劲不及吴门的淡逸、隽永。总之，乱头粗服还不失自然、天趣，而经营工肖却未免“匠”、“作”。

“自然”、“天趣”从何而来呢？明李日华《竹嬾论画》云：“乃知点墨落纸，大非细事，必须胸中廓然无一物，然后烟云秀色，与天地生生之气，自然凑泊，笔下幻出奇诡。若是营营世念，澡雪未尽，即日对丘壑，日摹妙迹，到头只与髹采圬墁之工，争巧拙于毫厘也。”以这种虚静的精神状态进入创作，与南宗禅摒弃“百种须索”、“千般计较”而吃饭、睡觉之“用功”是十分相似的。

南宗禅不仅在教义上影响了南宗画的立意，其方法论无疑也对南宗画有深刻影响。

第一，南宗禅的“不立文字”、空诸所有，与南宗画的轻形似。

隋唐的各种佛教宗派，由于有寺院经济作基础，成为世袭僧侣贵族，他们的佛学，重在经院式的烦琐钻研。禅宗之祖达摩推崇《楞伽经》，二祖慧可的门徒携此经作头陀行，他们不拘守经文的字句，“贵领宗得意”，“忘言、忘念，无得正视”，[①]遥接竺道生所说的“象以尽意，得意则象忘。言以诠理，入理则言息……若忘筌取鱼，始可与言道矣”，[②]表现出与经院式佛学的很大区别。南宗禅的开创者六祖慧能，在从学于弘忍时，就是不识字的行者，他倡导不念经、不坐禅，说“道由心悟，岂在坐也？”“无所从来，亦无所去。无生无灭，是如来清净禅。”[③]所以南宗禅的“微妙法门”是“不立文字，教外别传。”[④]

南宗禅的“不立文字”，渗透于绘画领域，就是不重形似。在唐人，先有重传神之论。裴孝源《贞观公私画史》认为绘画应“随物成形”，但若如陈善见、王知慎之流，“固未及于风神，尚汲汲于形似”，就未见高明。张彦远《历代名画记》进而提出：“以气韵求其画，则形似在其间矣。”入宋以后，推崇文人画的论者，进一步发展了不重形似之论。欧阳修《盘车图诗》提出“古画画意不画形”，沈括《梦溪笔谈》提出了“书画之妙，当以神会，难以形器求”的原则，苏轼《跋宋汉杰画山》又云：“观士人画，如阅天下马，取其意气所到。”陈与义《墨梅诗》也无独有偶地写道：“意足不求颜色似，前身相马九方皋。”这种重“神”、“意”之见，与南宗禅的“不立文字”确有相通之处。

宋代的院体画尽管体现的是审物精细不苟、崇尚法度的精神，但重神似、轻形似，甚至“最以形似为末节”[⑤]，则是画坛的主导精神，这实际上就是南宗画的精神。

将南宗画的重实质、重神似与禅宗直接联系起来的，在明清人的画论中更可见到。李日华说：

---

①《续高僧传》。

②《高僧传》卷七。

③《坛经·宣召品》。

④《五灯会元》卷一。

⑤汤垕：《画鉴》。

古人绘事,如佛说法,纵口极谈,所拈往劫因果,奇诡出没,超然意表,而总不越实际理地,所以人天悚听,无非议者。绘事不必求奇,不必循格,要在胸中实有吐出便是矣。[①]

……迨苏玉局、米南宫辈,以才豪挥霍,备翰墨为戏具,故于酒边谈次率意为之,而无不妙,然亦是天机变幻,终非画手。譬之散僧入圣,噉肉醉酒,吐秽悉成金色。若他人效之,则破戒比丘而已。[②]

沈颢所体会的山水之“神”,“山于春如庆,于夏如竞,于秋如病,于冬如定”,[③]颇得禅家妙悟神髓,在方法上亦与禅家用比喻、隐语有共同处。石涛《苦瓜和尚画语录》更将画与禅连起来讲,其《四时章》云:

予拈诗意以为画意,未有景不随时者。满目云山,随时而变,以此哦之,可知画即诗中意,诗非画里禅乎?

布颜图《画学心法问答》不仅学习了临济宗“四照用”,有“境能夺人”、“笔能夺境”、“笔境兼夺”诸语,且对“所谓画禅者何也?”之问回答道:“禅者传也,道道相传也。僧家有衣钵而画家亦有衣钵。”他虽难以言传“画禅”之理,仍答曰:“若其玄因妙旨,为汝具说,虽穷诘不能尽述,必欲知之,汝当于吾自叙内入窈窅数语中,思之求之,则知画之所以称禅矣。”

神秀曾说过:“我之道法总会归体用两字”,[④]他从体用互即而非体用相生(有体才有用)方面体会学禅之理,以体用相即而观“动”、“静”,就是由静而观动,由动而观静,桥不动而水动,可见北宗的唯心主义还顾及客观立场,修禅讲动定一律。南宗禅之看动静则全然否定外在事物之存在、变化,慧能所说的“不是风动,不是幡动,仁者心动”,就是显著的例子。慧能、神秀的著名二偈,“本无树”,“亦非台”与“菩提树”、“明镜台”,同样可见纯粹主观与顾及客观的区别。

北宗禅的体用互即与北宗行家画的师造化、重形似有相通之处,北宗画对待自我与物象的关系,与“敛心入定,如蛇行入筒”[⑤]的譬喻颇为相像。而南宗禅“心生则种种法生,心灭则种种法灭”[⑥]的统统归于自我一心和“真如”难以言传语达的思想,则与南宗画的“法心源”,“最以形似为末节”、“山水之要,宁空无实”[⑦]有一致之处。

南宗禅“不立文字”,推崇“活法”,画论家则曰:“画家应妙悟形影无定法,真假无

① 李晔:《紫桃轩缀》。
② 李晔:《恬致堂集·书画谱》。
③ 沈颢:《画麈·辨景》。
④ 神秀:《楞伽师资记》。
⑤《智论》。
⑥《古尊宿语录》卷三。
⑦ 钱杜:《松壶画忆》。

滞趣。”[①]当然,并非所有论者都将“得意忘象”、“不似之似”奉为不二法门,清人李修易《小蓬莱阁画鉴》析“士人作画,必推尊南宗”之由时指出:“北宗一举手即有法律,稍觉疏忽,不免遗讥,故重南宗者,非轻北宗也,正畏其难耳。”所说不无道理。

他进而论道:“佛者苦梵网之密,逃而为禅。仙者苦金丹之难,逃而为玄。儒者苦经传之博,逃而为心学。画者苦门户之繁,逃而为逸品。”此说尖刻之至,却实为洞见内里之见。莫是龙、董其昌所列为南宗画派的人物,直到明代的沈周、文征明,其实并未真以形似为末节。倒是董其昌本人,对形象过于“脱略”,对笔墨趣味过于强调,其笔下的山川自然未免缺乏真实感。

第二,南宗禅“直了见性,不言阶渐”的“顿”教,与南宗画的“根于性”。

禅宗之南北,根本区别在于“顿”、“渐”二字,“法即一种,见有迟疾,见迟即渐,见疾即顿”。神秀所教禅法是“凝心入定,住心看净,起心外照,摄心内证”,属于渐悟,要坐下来逐渐看到净心(佛性)。而慧能的弟子神会对这种“渐悟”提出批评,说从达摩以来的六代大师都说“直了见性,不言阶渐”。《坛经》记慧能所说:

> 世人性本自净,万法在自性。思量一切恶事,即行于恶;思量一切善事,便修于善行。
>
> 汝若不得自悟,当起般若观照,刹那间,妄念俱灭,即是自真正善知识,一悟即至佛地。

可以说,《坛经》的中心思想就是“顿”,即一超直入如来地,其宗旨亦在指示人们彻见本来所具的心性,真智发露,内外明彻,甚至“放下屠刀,立地成佛”。

南北宗禅的“顿”、“渐”与南北宗画是否有相通之处呢?

董其昌《画旨》曾说:“以境之奇怪论,则画不如山水,以笔墨之精妙论,则山水决不如画。东坡有诗曰:‘论画以形似,见与儿童邻。作诗必此诗,定非知诗人。’余曰:‘此元画也。’晁以道诗云:‘画写物外形,要物形不改。诗传画外意,贵有画中态。’余曰:‘此宋画也。’”此处“宋画”当指宋代院体画,“元画”当指元代文人画,前者为北宗,后者为南宗。北宗主形,求画似山水,南宗尚神,欲画之笔墨妙于山水。邓椿《画继》说:“画院盖一时所尚,专以形似。”宋徽宗赵佶对画史所画荔枝孔雀图未作首肯,是因为孔雀升藤墩先举右足,而赵佶明确指出:“孔雀升高,必先举左。”这种审物精细的精神基本上也贯穿于后代院派画,李开先虽以浙派戴进等画家笔法“六要兼备”,实际上都无悖于北宗主形似、尚精谨的精神。

李修易《小蓬莱阁画鉴》具体论列了南宗画“较便”之处:“如山无险境,树无节疤,皴无斧劈,人无眉目”,“枝尖而不劲,水平而不波,云渍而不钩,屋朴而不华”,与北宗画有明显不同。文征明对画风圆转流利、精工妍丽的仇英甚为推服,董其昌对其亦无

---

① 王鉴:《染香庵跋画》。

贬辞，但他的《画禅室随笔》又说：

行年五十，方知此一派画，殊不可习。譬之禅定，积劫方成菩萨，非如董、巨、米三家，可一超直入如来地也。

这段话可谓作了极好的比拟：北宗画谨细精工，与北宗禅"积劫方成菩萨"的"渐悟"相似，而南宗画的隽逸自然则近于南宗禅"一超直入如来地"的"顿悟"。恽南田画跋认为南宗画"法行于荒落草率，意行于欲赴未赴"，其实也是"一超直入"。

清朝乾、嘉年间的方薰，对南北宗画与南北宗禅的关系，作了最为简捷、精确的概括。他的《山静居论画》曰：

画分南北两宗，亦本禅宗南顿北渐之义。顿者根于性，渐者成于行也。

他在引用黄庭坚所说的"参禅而知无功之功，学道而知至道不烦。于是观画，悉知巧拙工俗，造微入妙"和"如虫蚀木，偶尔成文，吾观古人妙处，类多如此"之后认为，这是"为行家说法"。在方薰看来，行家画(北宗)"知工于笔墨，而不知化其笔墨"，这"工于笔墨"，就是"成于行"。至于"根于性"，当为郭若虚所说的"得之天机，出于灵府"，主观心绪意兴的抒发，"逸气"、"士气"的摅写，应压倒技法。对南宗禅机的"顿入"和画道"根于性"的联系，清人王昱似乎尤有会心。其《东庄论画》说：

绝处逢生，禅机妙用，六法亦然。到得绝处，不用着忙，不用做作，心游目想，忽有妙会，信手拈来，头头是道。

除以上所论外，南宗禅的"单刀直入"，崇尚简约，临济宗的当头棒喝，机锋峻烈，云门宗"截断中流"的"一字关"，法眼宗的当机觌面、转凡入圣，都是崇尚简约精神的不同表现形式。这种精神与南宗画以削减迹象来增加意蕴颇为相似，"山不必多，以简为贵"①，"至明而绘事一变，山水花鸟皆从简易"②，正所谓"只有一株梧叶，不知多少秋声，二语颇有名理"③。明清人的许多见解，都可见到崇尚简约的特点。

文艺史上的宗派分属，尽管有些是出自后人所论，并不非常严格，但一经标举，竟使从者甚众，甚至蔚成风气，相沿不息，这本身就说明有一定的合理性。对流传三百年之久的山水画南北宗说，不妨作如是观，对南宗禅与南宗画的关系，也不妨说其有，而不必说其无。

---

① 董其昌：《画禅室随笔》。
② 邹一桂：《小山画谱》。
③ 戴熙：《赐砚斋题画偶录》。

三　南宗画与神韵诗

肇端于王维的南宗画，经荆浩、董源、巨然、二米、元四家，直到明的吴门、华亭，终于在脱略形似、追求韵味上做到画、论相合了。高濂《燕闲清赏笺》所说的“求神似于形似之外，取生意于形似之中”不再是空论，而是可用大量作品来佐证的。北宗行家画因密而难见情韵，南宗则是“清空二字，画家三昧尽矣”。[①]范温《潜溪诗眼》说：“有余意之谓韵”。钱锺书先生进一步解释道：“留有余地，耐人玩味，俾由其所写之景物而冥观未写之景物，据其所道之情事而默识来道之情事。取之象外，得于言表，‘韵’之谓也。”[②]可见，南宗画体现出重“神”以外，对“韵”也非常重视。诗画相通，诗中的神韵论已是呼之欲出了。

在明中叶以后的诗坛，尤其是“后七子”的诗论中，不少说法都实已逗“神韵”消息。如谢榛说唐诗“婉而有味，浑而无迹”，说宋诗“涉于理路，殊无思致”；[③]王世贞认为“法极无迹，人能之至，境与天会，未易求也”，[④]都可看作神韵说的先声。

南宗画对神似和韵味的追求，启发了王士禛，他对南宗画非常赞赏，认为画理可通之于诗理。他在《芝廛集序》中说：

> 芝廛先生刻其诗若干卷，既成，自江南寓书命给事君属予为序。予抗尘走俗，且多幽忧之疾，久之，未有以报也。一日，秋雨中，给事自携所作杂画八帧过予，因极论画理，久之，大略以为画家自董、巨以来，谓之南宗，亦如禅教之有南宗云。得其传者：元人四家，而倪黄为之冠。明二百七十年，擅名者唐、沈诸人称具体，而董尚书为之冠，非是则旁门魔外而已。又曰：凡为画者，始贵能入，继贵能出，要以沈着痛快为极致。予难之曰：吾子于元推云林，于明推文敏，彼二家者，画家所谓逸品也，所云沈着痛快者安在？给事笑曰：否，否，见以为古澹闲远，而中实沈着痛快，此非流俗所能知也。
>
> 予闻给事之论，嗒然而思，涣然而兴，谓之曰：子之论画也至矣。虽然，非独画也，古今风骚流别之道，固不越此。请因子言而引伸之可乎？唐宋以还，自右丞以逮华原、营丘、洪谷、河阳之流，其诗之陶、谢、沈、宋、射洪、李、杜乎？董、巨，其开元之王、孟、高、岑乎？降而倪、黄四家，以逮近世董尚书，其大历、元和乎？非是则旁出，其诗家之有嫡子正宗乎？入之出之，其诗家之舍筏登岸乎？沈着痛快，非惟李、杜、昌黎有之，乃陶、谢、王、孟而下莫不有之。子之论，论画也；而通于诗，诗也而几于道矣。子之家先生，方属予论次其诗，请即以此言为之序，不亦可乎？

---

① 王昱：《东庄论画》。

② 钱锺书：《管锥编》。

③ 谢榛：《四溟诗话》卷一。

④ 王世贞：《艺苑卮言》卷一。

在这篇序文中，他从南宗画“古澹闲远，而中实沈着痛快”引出了神韵诗的相同特点。而王氏论诗，实又对司空图、严羽有所继承。司空图《二十四诗品》所列诸体毕备，不主一格，他在《题柳柳州集后序》中，推崇韩愈诗“驱驾气势，若掀雷揭电，奔腾于天地之间”；《与李生论诗书》则云：“王右丞、韦苏州澄澹精致，格在其中，岂妨于道举哉？”严羽《沧浪诗话·诗辩》也将诗之体格分为“优游不迫”和“沉着痛快”。

但是，诚如司空图之重视“韵味”而偏好“澄澹”，严羽强调“兴趣”而更爱“优游不迫”一样，王士禛虽也标举“沈着痛快”，但主要还是崇尚“古澹闲远”。王士禛从纠正七子之推崇唐诗专尚格调而流为肤廓出发，且为针砭宋诗的流弊，对“清利流为空疏，新灵寖以佶屈”的情况，“于是以大音希声，药淫哇锢习”[①]而揭橥神韵。唐诗是情趣、意象均衡契合，情景交融，因而以情韵见长；宋诗是情趣（性理）压倒意象，理过于辞，故以思理见胜。而明代的复古派“诗必盛唐”，仅从格调上学，制造的是假古董，因此神韵诗之学唐就要另具一面目，示形以意象过于情趣，探神则是风神淡远，情韵悠长。

“神韵”的释义是否仅从“尚神似”、“有余味”来说就够了呢？既然它与南宗画有关系，不妨对二者的共性作一番较详尽的探究。

第一，借物写心与抒发情性。

我国绘画最早是重在对客观事物作形状描绘的，韩非论绘画对象的难易就是立足于外形。随着绘画的发展，已渐有人不仅仅满足于对事物的外形描绘，而是逐渐重视“情因物感”的主观情思了。汉代王延寿在《鲁灵光殿赋》中有“写载其状，托之丹青”和“随色象类，曲得其情”之说，由“状”而“情”，这是很值得注意的。南朝时宗炳、王微的山水画论，是从重客观走向重主观的转变关捩，他们以“畅神”来突出绘画的抒发主观情思。

唐代张彦远以“成教化，助人伦”和“怡悦情性”分言人物画和山水画的功能后，随着中唐以来整个文艺、美学思潮的变化，人们从对外在功业的追求，转变为对内在思绪的省察，情性意兴成为画家所侧重表现的东西。一方面，人物画从吴道子的长安、洛阳寺院、道观的佛道像，变为北宋李公麟的世俗人物画，从重在表现所绘人物的神、气，转为重在通过所绘人物寄寓自己的感情。另一方面，山水画亦从荆浩的重在绘画本身的“六要”，变为郭熙的重在作画的“岂不快人意，实获我心哉”，再经苏轼、文同和米家父子的提倡和实践，转为更重主观的“借物写心”。

苏轼在地方官任上虽政绩昭著，但既得咎于元丰，又受挫于元祐，一生遭受打击、贬斥，文学创作之外，常以“余事”的绘画寄托感情，他喜画古木怪石，诚如黄庭坚所说，是“胸中原自有丘壑，故作老木蟠风霜”。同样，与苏轼“竹石风流各一时”的文同，亦以竹比德、言志、抒情，在他死后，苏轼每见画竹，则有“想见亡友风节”之叹。宋代山水画有很大发展，邵博《闻见后录》甚至自诩为：“本朝画山水之学，为古今第一。”北宋

① 俞兆晟：《渔洋诗话序》记王语。

前期山水画尚着意于表现山水的外形和气韵，到二米的“米家山水”才算实践了“发之于情思，契之于绡楮”[①]，他们“信笔作之”的水墨缊缊之作，体现了小米“画之为说，亦心画也”[②]的观点。

“唐人尚巧，北宋尚法，南宋尚体，元人尚意。”[③]由于蒙古贵族把持政权，元代的气节之士多隐居山林，以绘画来抒愁寄恨，“尚意”与“借物写心”基本上成为一个意思。王冕善画墨梅，“不要人夸好颜色，只留清气满乾坤”，梅花实是自己人品、情怀的写照。汤垕在《画鉴》中说：“画梅谓之写梅，画竹谓之写竹，画兰谓之写兰”，突出“写”字，文学意味更浓，更重情志、意兴的发抒，梅兰竹菊“四君子”成为文人画的传统题材，是与“元人尚意”分不开的。元代汉族知识分子的政治性退避，变成了社会性退避，放浪山水成为普遍习尚，固然，画出岫云不像傲霜花那样具有直接的象征性，但山水画“元四家”中最以“逸品”著称的倪瓒，就说过自己的画“不求形似，聊以自娱”。这“聊以自娱”与“写心”的关系如何呢？还是明人所作解释具有理论色彩。文征明说；“古之高人逸士，往往喜弄笔作山水以自娱。然多写雪景，盖欲假此以寄其岁寒明洁之意耳。”[④]且这种物我陶熔的性情，又从侧重于客观对象的寓意，发展为侧重于主观情思的“摄情”。元人黄公望《写山水诀》云：“松树不见根，喻君子在野，杂树喻小人峥嵘之意。”这与郑思肖画露根兰之有较明确的寓意相似，还限于个体、局部。明人沈颢将借物写心阐释得最有普遍意义，他在《画麈》中说：“盖缘山河大地，器类群生，皆自性现其间。”又说道：“故伸毫构景，无非拈出自家面目。”清代的金农，最可见“拈出自家面目”的特色，他的《画竹题记》云，所画竹“大似玉川子在扬州羁旅所见，萧郎空宅中数竿也。予亦客居此土，如玉川子之无依，宜乎此君苍苍凉凉，丧其天真，而无好面目也”。其为汪巢林所作硬竹一幅，更云：“好似老夫多倔强，雪深一尺肯低头？”直到较晚的张式，也在《画谭》中表明“借笔墨以寄吾神”的特点。戴熙《习苦斋画絮》虽云“欲振起北宗”，但仍说“画当形为心役，不当心为形役”，要“专写胸中灵和之气”。华翼纶《画说》也说：“自写吾胸中之丘壑”，“写吾苍茫之思”。

绘画从侧重于客观的造型，发展为南宗画的重在主观抒情，且成为压倒画院画、画工画的主流。与此同时，诗亦从注重外在教化、功利和主观情志抒发相结合，逐渐发展出抒发性情的一支。

在《诗经》、《楚辞》和汉魏乐府时代，诗都兼有反映社会生活和表达情志的作用，对读诗者说，又能致知和感发志意。总而言之，魏晋以前的诗，所言情志是以入世为主要倾向的。魏晋以还，儒学衰退，佛、老方炽，纵酒谈玄、隐居出世成为一时风尚，晋宋之际，山水田园诗渐居主流。经数百年发展，山水诗从谢灵运的“骋目”，逐渐成为唐代王、孟、韦、柳的“游心”。此派诗虽未及盛唐时济苍生、安社稷之作的地位，亦未逮中唐时“补察时政”、“泄导人情”的新乐府，然而，大历时推尊王维、祖咏、钱起、郎士元，在

① 郭若虚：《图画见闻志》。

② 米友仁：《元晖画跋》。

③ 张泰阶：《宝绘录》。

④《历代论画名著汇编》。

唐末崎岖兵乱之时，又有司空图的“承平遗风”。宋代一致推尊杜甫，苏轼对杜固然有“格力天纵，奄有汉、魏、晋、宋以来风流，后之作者，殆难复措手”①之评，同时也对萧散简远之作表示追慕。南宋的民族矛盾使诗坛激射出现实主义光芒。经元、明两代的衰落，清诗复呈中兴之势，一方面是顾炎武、黄宗羲等人的现实主义作品，另一方面则是王士禛标榜神韵而成为钱谦益之后的诗坛盟主。

王士禛的神韵说并非弹指即现，他曾自道渊源：“余于古人论诗，最喜钟嵘《诗品》、严羽《诗话》、徐祯卿《谈艺录》。”②钟嵘的“吟咏情性”，皎然的“真于情性”，严羽的“唯在兴趣”，杨维祯的“诗者，人之情性也”，徐祯卿的“诗者乃精神之浮英”，对王士禛不可能没有影响。

赵执信《谈龙录》说：“阮翁酷不喜少陵，特不敢显攻之，每举杨大年‘村夫子’之目以语客。又薄乐天，而深恶罗昭谏。”杜甫、白居易诗重在反映现实，罗隐的部分作品亦然，王士禛不喜这三家，从反面说明了他之论诗不重客观而重在主观。而他的重主观，即重在抒发情性。他的门人张云章说：“云章尝见向之为诗者，人尽曰我师盛唐，而规摹声响，汩丧性灵已甚。自有先生之诗，唐人之真面目乃出。”③那么“唐人之真面目”是什么呢？王士禛在回答学生关于唐宋诗区别时说：“唐诗主情，故多蕴藉；宋诗主气，故多径露。”④在解释他所服膺的司空图“不著一字，尽得风流”二句时，他说：“此性情之说也。”⑤在解释神韵之以清远为尚时，又先言“诗以达性”。⑥因而，其在《渔洋诗话》中，指出云门禅师所说的“汝等不记己语，反记吾语，异日稗贩我耶”是“得诗家三昧”。这“诗家三昧”其实就是表现自己的个性，抒发自己的情性。而且，从他所推许的王、孟诸作看，这“情性”是将陈事、讽谏、怨谲都排除在外，因此对于多少与这些内容、情感相关的雄浑、沉着、劲健、豪放、悲慨的风格都不取，而以冲淡、清奇、自然为“品之最上”。⑦至如王士禛本人的诗，其“情性”也多是自然景物所触发出的浅浅哀愁或淡泊情怀。如：

吴头楚尾路如何？烟雨秋深暗白波。晚趁寒潮渡江去，满林黄叶雁声多。（《江上》）

江乡春事最堪怜，寒食清明欲禁烟。残月晓风仙掌路，何人为吊柳屯田？（《真州绝句》）

翠羽明珰尚俨然，湖云祠树碧于烟。行人系缆月初堕，门外野风开白莲。（《再过露筋祠》）

---

① 苏轼：《书唐代六家书后一首》。

② 王士禛：《渔洋诗话》。

③ 张云章：《蚕尾诗集序》。

④ 王士禛：《师友诗传续录》。

⑤ 王士禛：《师友诗传录》。

⑥ 王士禛：《池北偶谈》。

⑦ 王士禛：《鬲津草堂诗集序》。

这就是以入画的诗笔，通过“太虚片云，寒潭雁迹”来现其自性，因此，南宗画的借物写心与神韵诗的抒发情性是材质、径路不同而旨归相当。这类诗作，在读者看来似是雅致过于情性，其实这正是渔洋不涉世事、不问民瘼、“自是君身有仙骨”的情性。

总之，南宗画所写之“心”与渔洋的“情性”有不同的内容，但重于主观情思而非客观现实则是共同点。与此相关，神韵诗的抒发情性并非直抒，亦是“借物”为之，因而这又牵涉到南宗画与神韵诗的又一特点。

第二，形似为末与意在言外。

元人汤垕《画鉴》说：“今人着画多取形似，不知古人最以形似为末节。”所论虽与画史不尽相符，但“最以形似为末节”却是南宗画的一个主要特点。

作为南宗画之祖的王维，绘画虽未脱板细之风，但其以辋川绝句为代表的诗却是语约意丰、言外传神的。以语言形式表现出来的诗，当然不是他在为慧能所写碑铭中所说的“五蕴本空，六尘非有”，但尽量以削减迹象来求得丰富意蕴，却为他所独擅。入宋以后，禅宗流行不息，欧阳修辟佛，却以“忘形得意”论画，显见为受益于佛老。苏轼在宦海浮沉中，深深濡染了佛老思想，随之影响了他的文艺观。他的诗善于以变济穷，与禅学的“无中生有”有关，他的变实为虚，即是“空诸所有”。因而，“论画以形似，见与儿童邻”“谁言一点红，解寄无边春”，已将神似和以少见多置于绘画首位了。

入元以后，赵孟頫倡“古意”，钱选言“士气”，倪瓒谈“逸笔”，都重形似以外之“神”。画家的人品学识被置于首位，“书画同理”成为以书法入画，省略了绘画的笔墨，却增加了题诗、题款以“足意”的笔墨，加以立意多有寓托，终于由形神并重发展为脱略形似而重神似，甚至真正“最以形似为末节”。明清两代的画论对此多有论及：

> 画虽状形，主乎意。意不足，谓之非形可也。①
>
> 兴到则神超理得，景物逼肖；兴尽则得意忘象，矜慎不传。②
>
> 画花，赵昌意在似，徐熙意不在似。非高于画者，不能以似不似第其高远。盖意不在似者，太史公之于文，杜陵老子之于诗也。③
>
> 画不在形似，而在笔墨之妙。④
>
> 画家应妙悟形影无定法，真假无滞趣。⑤

与南宗画“以形似为末节”相似，神韵诗具有“意在言外”的特点。

刘勰曾经将诗文分成“隐”“秀”两种类型，称之为“隐”的，当有“文外曲致”，以辞约义丰的“重旨”、“复意”见长，“义生文外”、“秘响傍通”、“伏采潜发”，都是有余意的意思。在宋、明诗论中，固不乏对高格响调的追慕，对含蓄的诗风、蕴藉的情调，亦大有

---

① 王履：《华山图序》。

② 王绂：《书画传习录》。

③ 屠隆：《画笺》。

④ 王时敏：《西庐画跋》。

⑤ 王鉴：《染香庵画跋》。

企求之人。尤其是不从遭际、情性出发，仅从形式上求“独拔”、“卓绝”，则易于流为肤浅、空廓，这样，就必然会出现补偏救弊者。王士禛看到明前后七子虽宗唐人，但径路不准的流弊，又看到公安派以宋诗矫七子之弊却流为生硬、浅率，因而他之宗唐而倡神韵，除情性之外，尤重诗之含蓄蕴藉、意在言外。他曾自叙在读盛唐诸诗时，对严羽、司空图之言“别有会心”，这就是严羽的“言有尽而意无穷”和司空图的“味在酸咸之外”，从而拈出“神韵”二字而从上述意义上宗唐。

含蓄蕴藉、意在言外的特点，司空图在《二十四诗品》中曾表之为著名的“不著一字，尽得风流”，王士禛则谓“予最喜”这八个字。

他又说：

> 或问“不著一字，尽得风流”之说，答曰：太白诗：“牛渚西江夜，青天无片云。登高望秋月，空忆谢将军。余亦能高咏，斯人不可闻。明朝挂帆去，枫叶落纷纷。”襄阳诗：“挂席几千里，名山都未逢。泊舟浔阳郭，始见香炉峰。尝读远公传，永怀尘外踪。东林不可见，日暮但闻钟。”诗至此，色相俱空，政如羚羊挂角，无迹可求，画家所谓逸品是也。①

他认为李白诗中的感叹世无知音，和孟浩然诗中的出尘之想，都未留下激切的感情印记，不是意辞相济地传情达意，而是“色相俱空”。其实，若真是“羚羊挂角，无迹可求”，人们将难以感触诗中意旨，二诗的特点只是不作直言而曲言之，不显言情志而融于景，非浓言而淡言之罢了。李白诗借晋镇西将军谢尚舟行牛渚，闻袁宏月夜吟诗，与之定交，感叹自己难寻知己。孟浩然诗则通过庐山东林寺闻钟，而有怀东晋高僧慧远，遗世出尘之意淡淡流出。大音希声，所造平淡，这就是“不著一字，尽得风流”。因此渔洋之以画中逸品拟神韵诗，“神韵”就非仅有“喻妙于微，游物之表”的特点，而且是“意居笔先，妙在画外，如音栖弦，如烟成霭”，②通过音而知弦，由轻淡的“霭”见稍浓的“烟”。《香祖笔记》引王楙《野客丛书》所说“《史记》如郭忠恕画，天外数峰，略有笔墨，然而使人见而心服者，在笔墨之外也”，谓此语得诗文三昧，这“三昧”就是意在言外。

然而，意在言外又非仅是含蓄，与南宗画崇尚神似相关，神韵之在“有余意”之“韵”前又冠以“神”，又可知神韵诗具有一种特殊的风神韵致。王士禛自己说过：“格谓品格，韵谓风神。”③由于神韵之含蓄蕴藉，意在言外，故以不尽之言尽不可尽之意，必然形成绵邈的风神韵致。这种风神韵致并不同于王维入于禅理、幽冷空寂的风貌，而颇近陆龟蒙的清逸绵邈。以王士禛自作言，大体有两类：一类是触物兴怀的感受，一类是充满画意而能传神的吟咏。前者如过汉武帝的李夫人葬处英陵所写诗：“长门买赋草萋萋，冤魂云阳杜宇啼。唯有佳人解倾国，英陵长傍茂陵西。”由所见兴感，追怀历史

① 王士禛：《分甘余话》。

② 黄钺：《二十四画品》的《简洁》、《气韵》。

③ 王士禛：《师友诗传续录》。

紧扣环境气氛，意蕴丰富而风神逸远，虽情感过于意象，却又在以景结情中予以淡化，呈绵邈之姿。后者如过秦淮所作《杂诗》之一："十里清淮水蔚蓝，板桥斜日柳毵毵。栖鸦流水空萧瑟，不见题诗纪阿男。"以秦淮风景依旧映衬佳人已去的落寞惘然，而淮水、板桥、斜日、垂柳、栖鸦，在淡雅的南宗水墨画氛围中化景为情，韵致清逸。又如《再过露筋祠》，拟陆龟蒙咏白莲句，湖云笼罩，祠树如烟，明月初堕，野风轻拂，白莲正开，在淡远朦胧的清幽气氛中，映衬出白莲高洁的风神，且与翠羽明珰的女神相佐相衬，画意诗情互作补充，水乳难分，余味无穷。

神韵诗以化景为情之笔来增其意蕴，淡其情思，因而诗中写景咏物之句不重刻划而重风神。王士禛在《渔洋诗话》中说：

> 余论古今雪诗，惟羊孚一赞；及陶渊明"倾耳无希声，在目皓已洁"，及祖咏"终南阴岭秀"一篇，右丞"洒空深巷静，积素广庭间"，韦左司"门对寒流雪满山"句最佳。若柳子厚"千山鸟飞绝"已不免俗。降而郑谷之"乱飘僧舍，密洒歌楼"益俗下欲呕。韩退之"银杯、缟带"亦成笑柄。世人訹于盛名，不敢议耳。

从所判高下看，对神韵的理解就不会像"忽自有之"，"不可得而传"那样不可知，那样流为空寂了。无论是陶诗的"倾耳无希声，在目皓已洁"；祖咏的"林表明霁色，城中增暮寒"，还是王维、韦应物所作，都能传递雪的高洁本质，而柳宗元的"千山"、"万径"着力太重，诗美稍减了，至若"乱飘"、"密洒"则全失雪之风神，韩愈"银杯"、"缟带"仅从色、貌着眼，粘皮滞骨，亦未见逸气风神。神韵诗之写景咏物正是不主于描形绘状，巧构形似，而是传其气象，寓其精神。至此，也就不难理解神韵之意在言外与传神的关系了。

第三，虚静得雅韵与伫兴成天然。

南宗画的艺术风格因时代、题材、画家而有不同，难以似论述神韵诗那样赅括，若作概略的美学分类，大致可属于王国维所说的"古雅"一类。王国维认为，艺术可分为优美、宏壮两类，除此之外，还有"无以名之，名之曰古雅"的第三类。[①]如果说，唐代吴道子的画"气韵雄壮，几不容于缣素，笔迹磊落，遂恣意于壁墙"[②]，可代表盛唐画风的宏壮，那么从中唐起，就逐渐转为优美，仕女、花鸟题材渐盛即其明证。以山水言，也从张璪的毫飞墨喷，变为南宋刘松年的工细妍丽和马远的严整精润。元代之后，又从优美变为古雅，清人王原祁《麓台画跋》说："元之四家，化浑厚为潇洒，变劲健为和柔"，就是古雅的概貌。古雅并非古板，恽南田在其画跋中说："元人幽秀之笔，如燕舞花飞，揣摸不得。又如美人横波微盼，光彩四射。"因而，古雅而兼有韵致，故不妨将"古雅"更为"雅韵"。

以"元四家"为代表的南宗画家，多超然物外，出入佛道，寄情山水。由于情怀幽

---

① 王国维：《古雅之在美学上之位置》。

② 张彦远：《历代名画记》。

寂，所作也多冷落荒寒之境，正所谓“春林远岫云林画，意态萧然物外情”。[①]恽南田对“元四家”颇多研习，他深有体会地说：“痴翁画，林壑、位置、云烟、渲晕，皆可学而至。笔墨之外，别有一种荒率苍莽之气，则非学而至也。”“迂老幽淡之笔，余研思之久，而犹未得也。”又说：“云林通乎南宫，此真寂寞之境，再着一点便俗。”[②]到以董其昌为代表的华亭派，虽因时代、仕历的原因而与元画的寂寞荒率不同，但简淡潇洒的画风中仍可见雅韵。

南宗画的雅韵表现为风格的恬静平淡或萧索荒寒。这既非吴道子式的“当其下手风雨快，笔所未到气已吞”，不能以雄放所致，亦非李思训于大同殿壁画嘉陵风光“累月方毕”，以雕琢可到，而是藉凝心澄怀的虚静状态自然而得。如明人吴宽《书画鉴影》曾这样论及与吴、李同时的王维：“以余论之，右丞胸次洒脱，中无障碍，如冰壶澄澈，水镜渊渟，洞鉴肌理，细观毫发，故落笔无尘俗之气，孰谓画诗非合辙也？”“胸次洒脱，中无障碍”正是一种虚静的精神状态。郭熙《林泉高致》深有体会地说过：“凡落笔之日，必明窗净几，焚香左右，精笔妙墨，盥水涤砚，如见大宾。必神闲意定，然后为之。”李日华《紫桃轩杂缀》也说，“必须胸中廓然无一物”，然后烟云秀色“自然凑泊”，若“营营世念，澡雪未尽”，必然难得高致雅韵。

由上可见，如过于郁勃，会力劲有余，世念未除，名利在心，则难免甜俗；只有澡雪精神，胸次洒脱，进入虚静状态，才能运笔浑化，返璞归真，既非力胜于韵，亦非刻划鬃采，能表现出平淡天然的风貌。

正如画风有豪纵与雅韵之别一样，诗风亦有雄浑与冲淡之分。司空图列诗为二十四品，所嗜及自作偏于有韵味，以自然、清奇、飘逸诸品为归。严羽说“入神”为“诗之极致”，且以李、杜为“入神”，实际上倾向于优游不迫。王士禛所倡神韵本是“古淡闲远而中实沈著痛快”，即内蕴沈著痛快、雄浑豪壮，外见古淡闲远、韵味风神，而实际上重在“韵”而非重在“神”，未得李杜神髓，却落入王孟家数。因此神韵诗就风格而言，当是天然入妙、平淡清远。王士禛在为田雯所写的《鬲津草堂诗集序》中说：

> 昔司空表圣作《诗品》凡二十四，有谓冲淡者曰：“遇之匪深，即之愈稀”；有谓自然者曰：“俯拾即是，不取诸邻”；有谓清奇者曰：“神出古异，淡不可收。”是三者品之最上，而子益之诗有之，视世之滔滔不返者不可同日而语矣。

他以冲淡、自然、清奇的“最上”三品许之于田雯，实际上就树立了“神韵”的风格标准。翁方纲说：“先生于唐贤独推右丞、少伯诸家得三昧之旨，盖专以冲和淡远为主，不欲以雄鸷奥博为宗。”[③]这种崇尚天然入妙、平淡清远风格的思想，除受司空图、严羽等人论诗的影响外，从《芝廛集序》中，还可看到推许倪云林、董文敏“逸品”的渊源所自。如

---

① 黄公望题倪瓒《春林远岫》诗。

② 恽南田：《南田画跋》。

③ 翁方纲：《七言诗三昧举隅》。

前所说，南宗画启发、影响了神韵诗，因此在风格上亦颇为相类，他推许的陶、王、孟、韦的作品，静穆恬淡，自然天成，与水墨南宗画同一韵味。《香祖笔记》中所载渔洋自作亦可证之：

> 萧条秋雨夕，苍茫楚江晦。时见一舟行，濛濛水云外。
> 雨后明月来，照见下山路。人语隔溪烟，借问停舟处。

这类作品中诗情与画意结合，有近而不浮、远而不尽之致。

王士禛既给人昭示了“神韵”的境界，他又怎样示人以径路的呢？《渔洋诗话》有这样一段话：

> 洪昇昉思问诗法于施愚山，先述余夙昔言诗大指。愚山曰：子师言诗，如华严楼阁，弹指即现，又如仙人五城十二楼，缥缈俱在天际；余即不然，譬作室者，瓴甓木石，一一须就平地筑起。洪曰：此禅宗顿渐二义也。

王士禛之“法”有如海市蜃楼，如何由“顿”门而“一超直入如来地”呢？这确是难入之门，难学之法。他有些话讲的尽管玄虚，不过有时对积劫而成的“渐”和一超直入的“顿”，却有很好的说明，并示人以从入之径：

> 夫诗之道，有根柢焉，有兴会焉，二者率不可得兼。镜中之像，水中之月，相中之色；羚羊挂角，无迹可求，此兴会也。本之风雅，以导其源；泝之楚骚、汉魏乐府诗，以达其流；博之九经、三史、诸子以穷其变；此根柢也。根柢原于学问，兴会发于性情，于斯二者兼之，又斡以风骨，润以丹青，谐以金石，故能衔华佩实，大放厥词，自成一家。①

在这段话里，王士禛谈了为诗的“根柢”与“兴会”，并指出“根柢原于学问，兴会发于性情”，兼有二者，不忘风骨，且润以色，谐以声，才能成为好诗。但实际上，渔洋宗唐并不从气象雄浑、高格响调上追摹，同时，对学宋的矜才使气、卖弄学问亦力纠之，因此，从补偏救弊出发，他之所倡所行并非如上述那样全面、持平，而是突出“兴会发于性情”，以此同药七子、公安的不同之病。

“兴会发于性情”，要获得天然入妙，平淡清远的神韵，自不会“如华严楼阁，弹指即现”。这一方面要“充其识见”，“扩其眼界”②，且以学问为根柢。同时，在情因物感之时，作诗“须其自来，不以力构”③，要“伫兴而就”④，兴来之时，灵感显现，“当其触物兴

① 王士禛：《渔洋文》。
② 王士禛：《师友诗传录》。
③ 王士禛：《带经堂诗话》引萧子显语。
④ 王士禛：《带经堂诗话》引萧子显语。

怀,情来神会,机括跃如,如兔起鹘落,稍纵则逝矣。有先一刻后一刻不能之妙”①,但不能以“力构”求骏发,“一著力便失自然,此诗之不可强作也”②。同样,若伫兴未到,根柢不足而以覃思入于苦吟,则只能到险涩之境。因此,王士禛说自己少时扬州诸作“皆一时伫兴之言,知味外味者,当自得之”③。至此,我们就可以不仅将“优游不迫”理解为一种“大概”,实又可看成是获得神韵的创作态度和方法了。

司空图曾说:“然直致所得,以格自奇。”④这“直致”不是学问,而是感兴,但倘无根柢,则难成蓝田良玉。良玉成后,自然日暖生烟,“象外之象”、“味外之旨”、“韵外之致”亦出,因而又可以说伫兴得自然,神韵诗即如初写《黄庭》,恰到好处。由此而看,神韵诗伫兴而成之时,正是实感触发引起真性显露,且以诗句凝成终古,正是“舍阀登岸,禅家以为悟境,诗家以为化境,诗禅一致,等无差别”⑤,恰如南宗禅的“顿人”。而充识见、扩眼界与伫兴又岂非北宗的“渐修”?若这样理解,神韵就虽如镜花水月但又终非镜花水月了。

到了山水画已高度成熟的晚明,画家从禅宗史的参照系发现了山水画的运行轨迹,出现了南北宗论,自此南宗画成为正鹄。而南宗画又给予盛期早过的诗坛以启迪,使神韵诗成为“一代正宗”。但是,这只是诗画在各自轨迹上运行的相交,而非相合,诗画的价值观和批评标准并未就此成为一致。

南宗画虽被作为标准的画风,但并非无人持异议,如清人宋荦在《论画绝句》后补充写道:“近世画家专尚南宗,而置华原、营丘、洪谷、河阳诸大家,是特乐其秀润,惮其雄奇,余未敢以为定论也。不思史中迁固,文中韩柳,诗中甫愈,近日之空同大复,不皆北宗乎?”⑥至若神韵诗,虽在康熙时地位极高,但王士禛生前已遭赵执信抨击,身后犹被袁枚评骘,乾嘉之后彻底消落了。神韵诗自有其长,但终易流入空寂,湮没性灵,难以容纳大题材,诚如袁枚所说,是以一羊一象“显渡河挂角之小神通”,而乏“天魔乱舞,花雨弥空,虽造八万四千宝塔不为多”⑦的壮阔雄奇,以小神通自限,自然难成大气候了!

然而,经数千年的发展,到明末清初这一封建社会已临近尾声的时刻,作为宗教、哲学的禅宗和文学、艺术两大主力的诗、画,终于交汇在一起,发出了特有的光芒。这虽然不是我国诗画史上最辉煌的一页,却仍然不失为这部交响乐的最后一个优秀乐章。

---

① 王士禛:《师友诗传录》录张实居语。
② 王士禛:《师友诗传录》录张实居语。
③ 王士禛:《香祖笔记》。
④ 司空图:《与李生论诗书》。
⑤ 王士禛:《香祖笔记》。
⑥《历代论画名著汇编》
⑦ 袁枚:《随园诗话》卷八。

后 记

我从少年时代起，就爱上了写诗和画画。先写新诗，再习旧体，新旧并作，持续有年，一直敝帚自珍，秘不示人。绘画则是素描、水彩、水粉、油画都略曾染指，却从未接触宣纸和国画。从高中到大学，既以相当多的精力投入田径运动，向跳高运动健将冲击，又经历了从物理系转读中文系的折腾，对于诗、画就无暇顾及了。正当我就读中文系一年，自我感觉良好，准备重新接触诗、画时，却被社会主义教育运动的浪潮裹挟，在安徽农村搞了三期"四清"。一九六六年五月回校，不再写诗。毕业后，曾在军垦农场劳动一年半，写过"献忠辞"，也画过革命题材的宣传画，其中一幅半创作半模仿的作品，还曾刊于南京军区机关报。一九七〇年，锻炼期满，到甘肃永登工作，写过三句半、对口词、天津快板，也画过"样板戏"布景，但是，自知今生欲成为诗人、画家的愿望，只能像门前的庄浪河流返乌鞘岭一样不可能实现了。

一九七八年，我考上了研究生，就读词曲专业，为珍惜重新获得的学习机会，不敢旁骛诗、画。毕业后，留校任教，已年近"不惑"，失去了青年时代的激情、灵感和企盼，却多了几分理性的思索。自感对新诗已非常隔膜，对旧体则又手、眼不称，更无意于舞弄画笔，而对于传统诗画理论的兴趣却是日增。终于，在读到钱锺书先生《旧文四篇》之后，为其中的《中国诗与中国画》、《读〈拉奥孔〉》所深深折服，遂有了对中国古代诗画作一全面比较研究的念头。诗论原已有较多接触，重点就转向了画论。一九八四年，《古代文学理论研究》第九辑刊出了我写的首篇诗画比较论文《诗画与虚实》。此后，又陆续写成并刊出几篇。在完成了几个集体项目后，我写成了中国古代诗画比较研究的初稿，并在一九八七年上半年为中文系本科生开设了这门选修课，听者甚众，并连续几年保持着较高的选修率。

在持续的文化热中，我终于起了将讲稿写成专著之念，并开始与出版社联系。业师万云骏教授将我引荐给著名史学家陈旭麓教授，得到陈先生的热情鼓励与支持，并向有关出版社推荐。没想到竟然数年中一直未能落实出版。

当读到清样时，我实在难以压抑对出版社的感激之情。拙著在争取出版的过程中，曾得到过郭豫适、齐森华、朱碧莲、丁季华诸位先生的关心和帮助，朱大刚先生通读过全稿，并提过宝贵意见，在此一并表示感谢。写作之中，曾参阅了钱锺书先生的《管锥编》、周振甫先生的《诗词例话》、李泽厚先生与刘纲纪先生的《中国美学史》、张少康先生的《中国古代文学创作论》、林东海先生的《诗法举隅》、王伯敏先生的《中国绘画史》等著作，特此说明。

徐中玉教授在百忙中为本书欣然作序，多有鼓励，我将永远铭记着师长们的鞭策和奖掖。尽管自己根柢浅薄，对中国诗画艺术思想史这一课题，我还准备下工夫继续下去。只是终于难圆青少年时代的诗人梦、画家梦了。

《有声画与无声诗》终得面世,最遗憾的就是再也不能向陈旭麓先生敬呈并求赐教了。适读余秋雨教授的《文化苦旅》,其中《家住龙华》一篇,对陈先生表示了深挚的悼念之情,读来难以令人平抑心中的悲痛和追怀。中国知识分子的文化苦旅应该结束了,我们将笑迎新的旅程!

邓乔彬

一九九二年十月

比较诗学论文

诗画与虚实
——论我国诗画批评标准的成因

诗和画作为不同门类的文艺形式，是既有区别又有联系的。“宜物莫大于言，存形莫善于画”[①]，是着眼于二者的区别；“诗是无形画，画是有形诗”[②]，是着眼于二者的联系。正如欧洲文艺复兴时期的巨匠达·芬奇所说：“你如果把绘画叫做‘哑巴诗’，画家也可以把诗人的艺术叫做‘瞎子画’。”[③]我国亦有以“有声画”称诗，以“无声诗”称画的现象。莱辛《拉奥孔》指出了诗和画有时间艺术与空间艺术的不同，我国古代文论对此探讨甚少，却有“诗画一律”之说的长期流行，不仅易使人模糊二者的界限，亦易令人无视诗画艺术的不同批评标准。为此，钱锺书先生在《中国诗与中国画》一文中列举了大量事实，作了深刻分析，令人信服地指出：“中国传统文艺批评对诗和画有不同的标准；评画时赏识王士禛所谓‘虚’以及相联系的风格，而评诗时却赏识‘实’以及相联系的风格。”[④]而且，钱先生还希望这一问题能得到“真正的、不是装模做样的解释”。[⑤]看来，不仅要分清泾渭，辨别淄渑，更要溯其源流，为此，想就这一问题略抒浅见，以期得到钱先生及其他专家的指教。

一

评诗取实，评画取虚的原因首先在于诗画表现对象和艺术功能不同。画的历史虽远比诗来得悠久，但在魏晋以前，二者都是以人为表现主体，功能亦是一致的。从诗论的开山“诗言志”起，诗就是用来表达人的志意的，而诗人之志受到阶级地位的制约，同时又是客观事物入于内心所引起、所产生的理想、意念和感情，因而，在诗人自己“言志”的同时，他人就可以通过所言之“志”来不同程度地认识社会，所以在古代有诗人的“作诗言志”、“献诗陈志”，亦有统治者的“采诗观志”、“赋诗言志”。孔门教育的“教诗明志”，在于孔子看到诗因反映社会生活而具有致知作用，亦在于诗所表达的志意具有感发和教育作用，而诗之讽颂美刺又与政治教化不分，所以，他就有这一名言：“小子何莫学夫诗？诗可以兴，可以观，可以群，可以怨。迩之事父，远之事君；多识于鸟兽草木之名。”[⑥]。兴、观、群、怨，事父、事君都不出修齐治平的目的，因此

① 俞剑华：《中国画论类编》。
② 张舜民：《画墁集》卷一《跋百之诗画》。
③ 达·芬奇：《笔记》卷二，引自《西方文论选》。
④ 钱锺书：《中国诗与中国画》，见《旧文四篇》。
⑤ 钱锺书：《中国诗与中国画》，见《旧文四篇》。
⑥《论语·阳货》。

反过来再看在“诗言志”这一命题中，“志”确是专指“怀抱”一义了。[①]由于“诗言志”实是自言怀抱，通过讽颂美刺而有裨益于政事，故此“言志”的本义原跟“载道”差不多，两者并不冲突。[②]

然而，“诗言志”并非只是为了作用于客体的政治教化，它毕竟又带着作者的主观感情，《诗经》如此，《楚辞》亦复如此，如《离骚》之作，“上称帝喾，下道齐桓，中述汤武，以刺世事”，[③]虽不违于讽颂，但已是“信而见疑，忠而被谤”，“盖自怨生”之作，带有强烈的感情，“言志”向“缘情”靠拢了。“介眇志之所惑兮，窃赋诗之所明。”(《九章·悲回风》)，楚辞中以一己穷通出处为题的作品，已启汉代苏李诗、十九首之端，其后，无论是“慷慨以任气，磊落以使才”的建安，还是“嵇志清峻，阮旨遥深”的正始(均见《文心雕龙·明诗》)，都可以看到“言志”和“缘情”的统一，因此，唐初孔颖达在《诗大序正义》中说道：“诗者，人志意之所之适也。虽有所适，犹未发口，蕴藏在心，谓之为志。发见于言，乃名为诗。言作诗者，所以舒心志愤懑，而卒成于歌咏。故《虞书》谓之‘诗言志’也。包管万虑，其名曰心；感物而动，乃呼为志。志之所适，外物感焉。”并进而有“在己为情，情动为志，情、志一也”(《左传昭公二十五年正义》)的更为明确的说法。

同化了“缘情”的“言志”，以魏晋为转机，开始有入世和出世之别。面对朝政更迭的频繁，政治斗争的残酷，阮籍曾写道：“繁华有憔悴，堂上生荆杞。驱马舍之去，去上西山趾。一身不自保，何况恋妻子！”(《咏怀》其三)但是，他虽纵酒谈玄，不问世事，以之避祸，却终未能出世。而这种政治性退避的出世，作为山水诗的出现，则是在陶谢的时代。伴随着标志出世观的山水田园诗之蔚为大国，“诗缘情而绮靡”(陆机《文赋》)的那部分写爱情的狭义的“缘情”之作，则逐渐堕为写变态心理的梁陈宫体。所以，六朝诗尽管不乏积极进取之作，但山水田园、风花雪月使“诗言志”的传统受到了挑战，直到唐初，犹是“诗人承陈隋风流，浮靡相矜”(《新唐书》二〇一)。继初唐“四杰”振起诗风之后，陈子昂《与东方左史虬修竹篇叙》倡导“风骨”和“兴寄”，以复古而求革新，随后，出现了开元、天宝年间唐诗繁荣的第一个高峰。当杜甫的诗风在大历、贞元不闻继响之后，白居易重申“六义”，阐明诗歌“补察时政”、“泄导人情”的作用，出现了元和、长庆“新乐府”的第二个高峰，影响直达于晚唐。宋初诗坛曾有过西昆体的影响，风月花草成为一时之尚，但影响时间不长，其后，苏梅、苏黄、二陈、杨范、陆游，直至宋末诗人，都主要以国事民生为诗歌内容，金元明清基本上亦复如此。诚如朱自清先生所说：“‘诗言志’的传统经两次引申、扩展以后，始终屹立着……这中间就是文坛革命家也往往不敢背弃这个传统”，直到清代袁枚“才将‘诗言志’的意义又扩展了一步……他所谓‘言志’、‘言情’只是一个意义了”(《诗言志辨·作诗言志》)。

诗以“言志”为传统，魏晋之后，“志”虽有入世和出世之别，但入世之志又远过于出世之志；虽有“缘情”的同化、转义，有“体物”的一争地位，但“言志”毕竟是主流。所

① 闻一多：《歌与诗》：“志有三个意义：一是记忆；二是记录；三是怀抱。”

② 朱自清：《诗言志辨·序》。

③ 司马迁：《史记·屈原传》。

以，诗是以人生、以社会为主要表现对象的，因而，言诗的功能，起于孔子的“兴、观、群、怨”，“事父事君”，《诗大序》又有“上以风化下，下以风刺上”和“经夫妇，成孝敬，厚人伦，美教化，移风俗”之说，而后世论诗，虽或有发展，但多不出于此。

在魏晋以前，画虽以“存形”来“状物”，因材质而与诗的以“宣物”来“言志”、“缘情”，有形式上的不同，但仍是以人物、以社会生活为主要表现对象的。当然，由于技术上的原因，绘画比诗歌晚熟得多，画论亦比诗论晚出，但从前人所论来看，对人物画的作用、功能的理解，与诗亦大致相同。如曹植说：“观画者，见三皇五帝，莫不仰戴；见三季暴主，莫不悲惋；见篡臣贼嗣，莫不切齿；见高节妙士，莫不忘食；见忠节死难，莫不抗首；见放臣逐子，莫不叹息；见淫夫妒妇，莫不侧目；见命妃顺后，莫不嘉贵。是知存乎鉴戒者，图画也。”（《画赞序》）陆机亦有“丹青之兴，比《雅》、《颂》之述作，美大业之馨香”（张彦远《历代名画记》引）的说法。曹植之以绘画“存乎鉴戒”，兼有讽、颂，陆机将画拟之《雅》、《颂》，重在颂而不在讽。合二人所论而揆之于孔子和《诗大序》所言，可谓并无离异之处。至唐代，张彦远有了更为全面的论述：“夫画者：成教化，助人伦，穷神变，测幽微，与六籍同功，四时并运。发于天然，非由述作……以忠以孝，尽在于云台，有烈有勋，皆登于麟阁，见善足以戒恶，见恶足以思贤。留乎形容，式昭盛德之事，具其成败，以传既往之踪，记传所以叙其事，不能载其形，赋颂所以咏其美，不能备其象，图画之制所以兼之也。”（《历代名画记·叙画之源流》）从绘画之具有视觉直接性以较文字为优，详明地阐述了“成教化，助人伦”的功能。

但是，画与诗毕竟不同。诗之写人，是社会现实中的人（《楚辞》和游仙诗例外），画之绘人，却颇多神话中人物，颇多人、神混杂的内容。“古人图画，无非劝戒”（米芾《画史》），汉画多在于示后诫世，佛教兴盛之后，宗教画代礼教画而兴，其实，无论前者后者，都寓“神”于人的形象中，较之现实的诗，已有虚幻之味。在宗教画兴盛千年之后，起于六朝，盛于唐代的山水画，终于在宋代占据了优势，入元以迄明清，更成为不可逆转的局面，在人物画走向世俗同时，山水木石之作的兴盛，远过于前者，可以说：从数量看，我国绘画是以自然为主要表现对象的。因而，与诗的以入世为主不同，绘画是以出世为主要思想倾向的，所以其功能就难于以“成教化、助人伦”来说明了。于是，在宗炳、王微，就有“畅神”之论。宗炳延袭孔子“仁者乐山”“智者乐水”的说法，论道：“夫圣人以神法道，而贤者通，山水以形媚道，而仁者乐，不亦几乎？”“峰岫峣嶷，云林森渺，圣贤映于绝代，万趣融其神思，余复何为哉？畅神而已。”（《画山水序》）王微将这种“畅神”之乐作了更具体的形容：“望秋云，神飞扬，临春风，思浩荡。虽有金石之乐，珪璋之琛，岂能仿佛之哉？”（《叙画》）在张彦远《历代名画记》中虽另有“怡悦情性”之说，但实际上仍出于“畅神”。

“畅神”之论实是对山水画作用、功能的最好说明。王维之所以为“南宗”山水画之祖，就是由于他晚年从官场中退避，礼佛隐居，于辋川别墅中绝迹尘俗，襟怀淡泊，不向朝市逐名利，而以摹写山水“畅神”。荆浩生当乱世，隐居于太行山洪谷，其《笔法记》云：“嗜欲者，生之贼也，名贤纵乐琴书图画，代去杂欲”，可见仍是以画山水而“畅神”

去欲。这种“畅神”之论,至宋代郭熙作《林泉高致》,有了极为详尽的说明:“君子之所以爱山水者,其旨安在?丘园养素,所常处也,泉石啸傲,所常乐也,渔樵隐逸,所常适也,猿鹤飞鸣,所常观也,尘嚣缰锁,此人情所常愿而不得见也。”“不下堂筵,坐穷泉壑,猿声鸟啼,依约在耳,山光水色,滉漾夺目。此岂不快人意?实获我心哉!此世之所以贵夫画山水之本意也”。依郭熙所见,这种”出世”而图山水之乐,并不是乱世所为,而是盛世之举:“直以太平盛日,君亲之心两隆,苟洁一身出处,节义斯系,岂仁人高蹈远引,为离世绝俗之行,而必与箕颍埒素黄绮同芳哉?”(以上均出于《林泉高致·山水训》)且不说是乱世的退避,还是盛世的高蹈,山水画与“出世”是紧相联系的。至此,我们可以综合上述而再重复一遍:诗以人生为表现主体,主于“言志”、“缘情”,以“入世”为主要倾向;画以自然为表现主体,主于“体物”、“畅神”,以“出世”为主要倾向。

“属词之工,言志为最“(李商隐《献侍郎钜鹿公启》),“言志乃诗人之本意,咏物特诗人之余事”(张戒《岁寒堂诗话》)。言志之作,必是“诗人感而有思,思而积,积而满,满而作”(《春秋左氏传》),“以其弸中而彪外”(扬雄《法言·君子》)[①],作为真情实感的表达,胸襟性情的流露,诗当然是“实”的。所以,清人潘德舆带有总结性地说:“谓诗有别趣,非关理也,此禅宗之余唾,非风雅之正传。”他还深有体会而言道:“吾学诗数十年,近始悟诗境全贵质实二字。”(《养一斋诗话》)这既是对严羽“别趣”之说而发,亦是对王士禛“神韵”之论而言,更是对诗本于言志而归于“质实”的认识。冯班针对严羽论诗“不涉理路,不落言筌”的尚“虚”理论,驳之曰:“至于诗者,言也,言之不足故长言之,长言之不足故咏歌之,但其言微,不与常言同耳,安得有不落言筌者乎?诗者,讽刺之言也,凭理而发,怨悱者不乱,好色者不淫,故曰‘思无邪’,但其理玄,或在文外,与寻常文笔言理者不同,安得不涉理路乎……沧浪只是‘兴趣’言诗,便知此公未得向上关捩子。”(《钝吟杂录》卷五)当然,司空图、严羽、王士禛等人确实都看到了诗的形象思维特点,较之“明道”“载道”论者更能把握文学艺术的美学特征,但由于诗之以言志为本,终然形象可能大于思想,但总不能以“虚”流为空泛,所以,“诗境全贵质实”是确实把握了评诗多以“实”论之取之的特点。

评画何以以“虚”取之呢?这正是由于画之主于“体物”、“畅神”。明人吴宽说:“古图画多圣贤与贞妃烈妇事迹,可以补世道者。后世始流为山水、禽鸟、草木之类,而古意荡然。”(《匏翁论画》)山水、禽鸟、草木之类以自然为表现主体的画为何“古意荡然”呢?因为它们已无益于教化,复无补于世道了。由于以自然为表现主体的绘画,无复合于主教化、补世道的目的,随之其批评标准也就不同于诗了。所谓畅神,实际上就是情性的抒发,是“轩冕才贤,岩穴上士,依仁游艺,探赜钩深,高雅之情,一寄于画”,所以绘画是“发之于情思,契之于绡楮”(均见郭若虚《图画见闻志》)之举。正因为这样,绘画就往往不拘于实景的摹仿,而追求“造景”的情趣,所以中国画有“意存笔先,画尽意在”(张彦远《历代名画记》)的特点,以求“天趣”、“活笔”为最高归旨。如宋迪就曾有这

① 李轨注:“弸,满也;彪,文也。积行内满,文辞外发。”

样的作画法:“先求一败墙,张绢素讫,倚之败墙之上,朝夕观之。观之既久,隔素见败墙之上,高平曲折,皆成山水之象,心存目想,高者为山,下者为水,坎者如谷,缺者如涧,显者为近,晦者为远,神领意造,恍然见其有人禽草木飞动往来之象,了然在目,则随意命笔,默以神会。”(见沈括《梦溪笔谈》)当然,多数画家未必如此,但他们多认为“意存笔先”有“意到笔不到”的特点,如明人屠隆就说过:“意趣具于笔前,故画成神足,庄重严律,不求工巧,而自多妙处。”(《画笺》)这种笔不到之“意”、“神”、“妙处”,往往只能意会,难以言传,而具有“虚”的特点。

自明季莫是龙、董其昌等人倡山水画“南北宗”论以来,溯源于唐代、以王维为“祖”的“南宗画”处于统治地位,南宗画风追求神、韵、意、趣的统一,标榜“逸气”,在技法上往往欲以最简笔墨求深远的艺术效果,以“实景清而空景现,真境逼而神境生”“无画处皆成妙境”(笪重光《画筌》)为最高境界,所以方士庶说:“山川草木,造化自然,此实境也;因心造境,以手运心,此虚境也。虚而为实,在笔墨有无间。故古人笔墨具此山苍树秀,水活石润,于天地之外别构一种灵奇。或率意挥洒,亦皆炼金成液,弃滓存精,曲尽蹈虚揖影之妙。”(《天慵庵随笔》)以“蹈虚揖影之妙”来因心而造“虚境”,论画评画也就必然以“虚”取之了,正如“诗境全贵质实二字”一样,画论家亦谓“清空二字,画家三昧尽矣”(王昱《东庄论画》)。

文字的诗与形象的画,理应是前者虚、后者实的。但诗主于教化,出于无邪,必须落在实处;画主于畅神,为求意趣,就离实而蹈虚。所以,诗是象外求意以虚中见实,画则是得意忘象而弃实就虚。

二

诗之象外求意、虚中求实,画之得意忘象、弃实就虚,是由于对象与功能之别,但其实质,则在于二者的思想基础不同。

前面说过,诗以表现人生为多,主于入世,画以表现自然为多,主于出世,而入世观和出世观,又是两种不同的思想基础,前者为儒家,后者为佛道。一部诗史,充满着儒家思想或其折光,数千年来的著名诗人,都或多或少地受着儒家思想的熏陶浸染,数千年来的著名诗篇,绝大多数是不离人生义理之作,而一部诗歌批评史,除皎然、司空图、严羽、王士禛等少数奉佛者的理论以外,也始终为儒家思想所左右。

儒家的哲学思想和政治思想决定了它对于人生的关注，而这一点亦使诗歌以反映现实为主流,从而具有“实”的基本特征。

孔子对于自然的认识是唯心与唯物思想并存的。他一方面宣扬“畏天命”(《论语·季氏》，以下只注篇名);“不知命，无以为君子也”(《尧曰》),“生死有命，富贵在天”(《颜渊》);“道之将行也与,命也,道之将废也与,命也！”(《宪问》)但他又说过:“未能事人,焉能事鬼”(《先进》);“敬鬼神而远之,可谓知矣”(《雍也》)。孔子对上古遗留的迷信习俗虽不一概排斥,但更以理性精神关注人生,“子不语怪、力、乱、神”(《述而》)

的背后，就是“子所重民、食、丧、祭”(《尧曰》)，“子之所慎，斋、战、疾”(《述而》)。这种注重人生而不重鬼神的观念，进而形成以“仁政”为核心的政治思想，并影响了后世儒者。从孔子的“节用而爱人，使民以时”(《学而》)，“已欲立而立人，已欲达而达人”(《雍也》)，发展到孟子的“仁者以其所爱，及其所不爱”(《孟子·尽心下》，以下只注篇名)，“民为贵，社稷次之，君为轻”(同上)，这种思想已较为全面、深刻。

再者，从仁政出发，儒家都反对杀戮，反对不义战争。孔子将“去兵”置于“去食”之前(见《颜渊》)，告诫季康子“子为政，焉用杀！”(《颜渊》)以“桓公九合诸侯，不以兵革，管仲之力也”赞扬行霸的管仲“如其仁！如其仁！”(《宪问》)孟子谴责“率土地而食人肉，罪不容于死”(《离娄上》)。然而又非止于此，儒家反对不义战争，却不反对在“攘夷”正统观念支配下的正义战争。孔子曾说：“管仲相桓公，霸诸侯，一匡天下，民到于今受其赐。微管仲，吾其被发左衽矣。”(《宪问》)

而且，由于孔子“鸟兽不可与同群”，“天下有道，丘不与易也”(《长沮桀溺耦而耕章》)的始终不渝的入世精神，“知其不可而为之”(《宪问》)的顽强态度，以及孟子不顾其道被视为“迂远而阔于事情”(《史记·孟轲荀卿列传》)，而“好辩”不止，使儒家的执着精神，积极从政的态度，与仁政思想一起，结合成“达则兼济天下”的著名原则。这一原则又由于儒家思想的“道统”地位，而成为合“从政”与作诗于一身的诗人的行动准则。

概括起来说，从“仁政”出发，在阶级斗争问题上，儒家反对阶级压迫和阶级剥削(指其积极面)，反对不义战争；从“攘夷”出发，在民族斗争问题上，儒家坚持民族主义，赞同反侵略战争。这二者影响了整整一部中国诗歌史，成为贯串始终的主线。

从诗经的“饥者歌其食，劳者歌其事”(何休《春秋公羊传·宣公十五年解诂》)，到《离骚》的“长太息以掩涕兮，哀民生之多艰”，从汉乐府的“感于哀乐，缘事而发”(班固《汉书·艺文志》)，到建安的“慷慨以任气，磊落以使才”(刘勰《文心雕龙·明诗》)，都是围绕着食、丧、祭、斋、战、疾的主题，都有关于国计民生。即以六朝来说，由于儒学衰退，佛教输入，玄老为宗，诗先入玄言，后滋山水，继又堕入宫体恶趣，但阮籍的嗟生忧时，左思的愤激不平，鲍照乐府的劲健奔放，庾信暮年的真挚苍凉，都体现出与现实生活息息相关的精神，虽不主于写民生凋蔽，却萦于个人穷通出处。甚至陶渊明“击壤以自欢”的躬耕自资，亦是“有志不获骋”(《杂诗》之二)的结果，仍不悖于“穷则独善其身”的儒家教义。至若刘琨之贬斥庄老、玄言，“知聃周之为虚诞，嗣宗之为妄作“(《答卢谌书》)，正是由于投身民族战争的结果。经陈、隋和唐初的萎靡之后，陈子昂标举”风骨”、“兴寄”，而开元、天宝，元和、长庆的唐诗高峰的出现，正是由于以儒家思想为指导的现实主义诗风占据了统治地位。高、岑、王、李的边塞之唱，李白的古风、乐府，都充溢着安社稷、济苍生的建功立业思想，更不必说“穷年忧黎元，叹息肠内热”的杜甫，和“唯歌生民病，愿得天子知”的白居易，以及元结、张籍、王建、元稹、刘禹锡和晚唐现实主义诗派了。自北宋王禹偁、梅尧臣、苏舜钦，王安石、王令、张耒，经明的刘基、高启、于谦，清的吴伟业、吴嘉纪、郑燮、龚自珍以至清末的黄遵宪等，都围绕着民生问题而高唱;自南宋的李清照、陈与义、范成大、陆游、文天祥、汪元量,经金代元好问,明末陈子龙、夏完淳,清初顾炎武、王夫之、屈大均,直至清末的秋瑾等人,都围绕着民族问题而长吟。即便是具有不同程度的浪漫主义诗人,如韩愈、李贺、李商隐、杜牧、苏轼等人,都有为数不少的写民生疾苦的篇章。

由于历代诗歌创作和理论都受到儒家思想的制约和影响,因而作为诗歌评判主要标准的"风骨"和"兴寄"都有特定的政治内容。为后人所称道的"建安风骨"的形成,是在于"良由世积乱离,风衰俗怨,并志深而笔长,故梗概而多气也"(《文心雕龙·时序》),是反映现实,发愤而作的结果。而"风骨"之谓,"是以怊怅述情,必始乎风,沈吟铺辞,莫先于骨","故练于骨者,析辞必精;深乎风者,述情必显。捶字坚而难移,结响凝而不滞,此风骨之力也。"(《文心雕龙·风骨》)可知"风骨"于艺术上的要求在于以"述情必显"产生艺术感染力,以"坚而难移"的"捶字","凝而不滞"的"结响",达到"析词必精"的艺术表现力。基于这样的要求,诗当然是取"显"、"坚"、"凝"之"实",而不取"隐"、"散"、"飘"之"虚"了。至若"兴寄",虽然与"直陈时事"的杜甫"诗史"的赋体不同,但其与比兴密切相关,亦同样以"实"为贵。"比者,附也;兴者,起也。附理者切类以指事,起情者依微以拟议。起情故兴体以立,附理故比例以生。"(《文心雕龙·比兴》)诗虽以意境为审美范畴,但意境之与比兴相关,就在于它是外境的物"类",与内心的"情"、"理"的有机结合体。而且尽管"依微以拟议"的兴义较"虚",但其"触物以起情,节取以托意",仍要通过"婉而成章","称名也小,取类也大"的"托谕"(《文心雕龙·比兴》)途径。兴之"隐"而"曲"尚且要通过物之"类",更何况"显"而"直","切类以指事"的比了。因之,比兴都是要通过景与物来触发、表现志意和感情,并使主观的志意和感情通过客观对象的"实"化、"物"化,而成为艺术形象,这种艺术形象是主观情感、理念与客观物象互相融合渗透的结合体,所以"义"虽有别指,但依"象"之实而仍落在实处。"兴寄"之为"寄",常取"环譬以托讽"的"兴"之曲,而不取"畜愤以斥言"的"比"之直(均见《文心雕龙·比兴》),但并不以"虚"为归旨,总要落到或歌民生,或刺政事的实际上。诚如白居易所说:"风雪花草之物,《三百篇》中岂舍之乎?顾所用何如耳。设如'北风其凉',假风以刺威虐也;'雨雪霏霏',因雪以愍征役也;'棠棣之华',感华以讽兄弟也,'采采芣苢',美草以乐有子也。皆兴发于此而义归于彼。反是者可乎哉?然则'余霞散成绮,澄江净如练','离花先委露,别叶乍辞风'之什,丽则丽矣,吾不知其所讽焉。故仆所谓嘲风雪,弄花草而已。于时六义尽去矣。"(《与元九书》)因此,"兴发于此而义归于彼"正可见"兴寄"之诗当求"义"之"实"处,更不必说"六义"中运用得最多的"赋"了。

绘画之起,早于文字,远古之迹难见,但以夏商尊彝之所饰图案言,已有依礼教而寓象征之意,"故钟鼎刻,则识魑魅而知神奸,旂章明,则昭轨度而备国制,清庙肃而尊彝陈,广轮度而疆理辨"(张彦远《历代名画记·叙画之源流》)。汉代以前的绘画都入于礼教,佛教传入后,遂有佛画之兴,降至魏晋,儒学大衰,绘画多取道释人物,以代经史故实,绘画宗教化已成时风众势,北魏与梁尤擅佛画。在人物以佛画为主,出实入虚之时,隐于山林者又开了山水画一宗,将意趣转向大自然。画至于唐,与诗同盛,玄宗时,吴道子、李思训、王维等大家并起,佛道、山水、仕女,花鸟、牛马成了绘画的大题材,经五代、北宋而降及元、明、清,山水花鸟一枝独秀,人物画虽创作不息,但远不如前者兴盛,因而,诗与画就形成了写人生为主和写自然为主的题材分野。

在杜甫歌唱着战乱的血泪时,王维却画出了山林的恬静,当韦庄困于长安,以"内库烧成锦绣灰,天街踏尽公卿骨"(《秦妇吟》)描述着阶级斗争时,荆浩却隐于太行,就"苔径露水,怪石祥烟"而搬弄着山水笔法,在王安石为"务为有补于世"(《上人书》)而写着《河北民》时,郭熙却为可行、可望、可游、可居的风景写着《林泉高致》;就不必说遁迹山林的元季四家和王冕等人,亦不必说清初八大、石涛等遗民隐士了。因而,与诗之入世所不同的画之出世,亦具有一支与诗人不同的画家队伍:这就是从第一批专职山水画家的宗炳、王微,到清末出家为僧的虚谷(朱怀仁),他们多为隐士或僧道。清人唐岱说:"古今画家,无论轩冕岩穴,其人之品质必高。昔李思训为唐宗室,武后朝遂解组遁隐,以笔墨自适。卢鸿一征为谏议大夫不受,隐嵩山作《草堂图》。李成游艺不仕。元吴仲圭不入城市,诛茅为梅花庵,画渔父图,作渔父词,自名烟波钓叟。倪云林造清秘阁独居,每写溪山自怡。黄子久日断炊,犹坦腹豆棚下,悠然自适,常画虞山。此皆志节高迈、放达不羁之士,故画入神品。"(《绘事发微》)这些"画入神品"的优秀画家,以"隐"为思想主流,我们亦可以找到与此相应的思想根源,可以这样说:我国山水花鸟画的思想基础是老庄哲学和佛教禅宗。

与儒家积极有为的入世精神,"知其不可而为之"的执着态度不同,老子倡导"无为",提出了"小国寡民"的社会理想:"为无为,则无不治"(《老子》三章),"道法自然"(二十五章),"道常无为而无不为"(三十七章);"小国寡民,使有什伯之器而不用,使民重死而不远徙……邻国相望,鸡犬之声相闻,民至老死,不相往来"(八十章)。可见,老子哲学的本质在于"无为自化,清静自在"(《史记·老庄申韩列传》)。老子的"无为"思想,发展至庄子,则有"知其不可奈何而安之若命,德之至也"(《庄子·人间世》,以下仅标篇名),和"死生、存亡、穷达、富贵、贤不肖、毁誉、饥渴、寒暑、是事之变,命之行也"(《德充符》)之论;老子的"自在"思想在庄子则演而为精神解脱论:"堕肢体,黜聪明,离形去知,同于大通,此谓坐忘"(《大宗师》),和主观与"道"合一思想:"天地与我并生,而万物与我为一"(《齐物论》)。

魏晋之时,老庄哲学衍为玄学。西晋唯物主义哲学家裴頠指出,当时"众家扇起,各列其说,上及造化,下被万事,莫不贵无"(《崇有论》)。"虚无"与"自在"的思想浸淫了这一充满纷争杀戮的时代。王弼注《老子》,曰:"本在无为,毋在无名,弃本舍母而适其子,功虽大焉,必有不济。"(《老子》三十八章注)以不重功业,追求内在精神本体为尚,所以,人们在将对客观世界的关注转向对主观本体的追求同时,也将关注社会的目光转为欣赏自然。与此同时,庄子的道是"无所不在"的学说,从"在蝼蚁"、"在稊稗"、"在瓦甓"、"在屎溺"(《知北游》)的颇类戏谑,转为在自然界中以泛神论为基础而求得真正感悟。

在玄学和道教弥漫于魏晋之时，佛教亦大为流行，并与玄学相互渗透影响。在东晋道安、慧远的佛学般若说中，可以明显地看到玄、佛的结合，道安对佛教的解释与何晏、王弼的贵无学说极其相似，慧远则进一步发展了道安的本无学说，以摆脱现实世界，求得精神解脱相号召："反本求宗者，不以生累其神，超落尘封者，不以情累其生。不以情累其生，则生可灭；不以生累其神，则神可冥。冥神绝境，故谓之泥洹（即涅槃）。"（《高僧传》中引《法性论》）佛学至竺道生，发展了《维摩经》、《法华经》中"人人都有佛性"的思想，提出了"顿悟"说，这一学说终于渐成为后来影响巨大的禅宗，禅宗中的南宗以"顿人"区别于北宗的"渐人"，影响更大。

山水画兴起于六朝，不可能不受到居于统治地位的玄学的影响。至于山水画"南宗"之祖的王维，则更是南宗禅的信奉者。王维曾为南宗六祖慧能写过碑铭，《碑铭》中宣扬"定无所入，慧无所依"，不以打坐为限，以坐卧住行都是"定"；"举手举足，皆是道场，是心是性，同归性海"的宣扬自性即佛，一念般若即可成佛的观念，都极易被人接受。所以，这种不求功德，不遵戒律，不假外佛，而通过自己顿悟求佛的思想，对于欲出世又不愿真出世，既厌倦斗争、无心进取，又不愿抛弃世间物质享受的文人们，具有很大的吸引力。正由于此，南宗禅以后虽分出多家，但基本教义不变，一宗不灭，直达宋元，影响了宋明理学，贯串于封建社会的始终。

玄学家郭象曾说过："圣人虽在庙堂之上，然其心无异于山林之中"（《逍遥游注》），"圣人常游外，以弘内，无心以顺有。故虽终日挥形，而神气无变；俯仰万机而淡然自若。"（《大宗师注》）将"神人"与"圣人"，"名教"与"自然"加以调和，确与禅宗有相通之处，而老庄与禅宗的结合，又实际上成为山水画的思想基础。六朝出于政治性退避的遁世，以描绘山水来"畅神"，其思想基础固在老庄的"自在"、"无为"；宋元出于社会性的退避而归隐，以摹写林泉而"快意"（见郭熙《林泉高致·山水训》），其思想基础仍在老庄的精神解脱论。在文人画家中，许多人并非隐士和尚，却又以山水之可居可游高于可行可望，从而过着王维式的亦隐亦仕生活，以江湖与魏阙互作补充，将"名教"与"自然"统为一体，既欲成佛作祖又耐不得出家饥寒，这些，正是玄学与禅宗思想的混合物。从宗炳的"应会感神，神超理得"，"神本亡端，栖形感类，理入影迹，诚能妙写，亦诚尽矣"（《画山水序》），我们可以看到的是：他的"畅神"是在大自然中追寻那玄而又玄的"道"。郭熙所论的"不因静居燕坐，明窗净几，一炷炉香，万虑消沉，则佳句好意亦看不出，幽情美趣亦想不成，即画之主意，亦岂易及乎？"（《林泉高致·画意》）可谓无异于禅宗以参究法彻见心性本源为主旨。从张彦远所说的"凝神遐想，妙悟自然，物我两忘，离形去智，身固可使如槁木，心固可使如死灰，不亦臻于妙理哉？所谓画之道也。"（《历代名画记·论画体工用搨写》）到黄公望所行的"终日只在荒山乱石、丛木深篆中坐，意态忽忽"，"又每往泖中通海处看急流轰浪，虽风雨骤至，水怪悲诧而不顾"（李日华《六砚斋笔记》），我们看到的难道不是庄子"天地与我并生，而万物与我为一"（《齐物论》），"独与天地精神往来"（《庄子·天下》）的思想体现吗？"画之道，所谓宇宙在乎手者，眼前无非生机"（董其昌《画禅室随笔》），面对着山水的实体，画家常感悟着

"道",因而,老子"人皆取实,己独取虚"(《庄子·天下》)的思想成了画道之本。"须知千树万树,无一笔是树,千山万山,无一笔是山,千笔万笔,无一笔是笔。有处恰是无,无处恰是有"(恽格《南田画跋》)这种充满禅味的理论,显然是庄子"唯道集虚"(《人间世》)思想的回复。即使是元、清两朝不甘沦于异族统治的画家,其作品或写愁寄恨,或摅衷表意,但由于上述思想的影响,亦常使一纸画迹化为虚幻笔墨而入于"虚"。

三

不仅是儒家与道释的哲学观、政治观影响了诗、画的内容、思想,使之形成实与虚之别。由于美学思想的歧异,还导致了在意与笔、形与神等关系上的不同侧重,使诗画进一步在形式上表现出虚实之别。

儒家的美学思想是通过"人为"而求"尽美"、"充实"、"全"、"粹",道释则以"虚无为本"、"唯道集虚"、"随缘任运"("随缘消旧业,任运着衣裳")而返于自然。前者基本点在于"实",后者基本点在于"虚"。

孔子曾说过:"予欲无言。"为什么呢?因为"天何言哉!四时行焉,百物生焉。天何言哉!"(《阳货》)在他看来,天是完美无缺的,人之"言"无法及之。但是,孔子在赞扬"天道"的同时,并不排斥"人为",他在齐闻《韶》,三月不知肉味,就是因为他认为《韶》是完美无缺的:"子谓《韶》,尽美也,又尽善矣;谓《武》,尽美也,未尽善也。"(《八佾》)可见孔子对文艺思想内容的要求是"尽善",对艺术的要求是"尽美",强调美与善的高度统一。他赞美郑国的政令和外交辞令"裨谌草创之,世叔讨论之,行人子羽修饰之,东里子产润色之。"(《宪问》)就是由于"尽善尽美"思想使之然。他说过"情欲信,辞欲巧"(《礼记·表记》),"言以足志,文以足言","言之无文,行而不远"(《左传·襄公二十五年》),这一内容与形式相统一的思想,又凝成"辞,达而已矣"(《卫灵公》)一语。继承孔子思想的孟子、荀子,美学观与孔子一脉相承。孟子说:"充实之谓美,充实而有光辉之谓大。"(《尽心下》)而他所谓"我善养吾浩然之气","浩然之气"是"至大至刚","塞乎天地之间","无是,馁也"(《公孙丑·上篇》),则可见"充实"的特点。荀子说过:"君子知夫不全不粹之不足以为美也,故诵数以贯之,思索以通之,为其人以处之,除其害以持养之。"(《劝学》)可见他以"全"、"粹"为美,而懂得不全不粹的不足对这个人来讲就是一种美德,所以要得到"全"和"粹",就要通过学习、思考、亲身实践,克服错误等途径。从以上所引可见,儒家美学观的基本点在于通过积极的"人为",求达于"尽美"、"充实"、"全"、"粹"之"实",它对历代诗作和诗论产生了决定性的主流影响。

在汉代文赋流行文胜于质的风气下,扬雄认为"诗人之赋丽以则"(《法言·吾子》),欲使意辞相当,同于儒家教义。王充针对辞赋夸饰过甚的情况,有"实诚在胸臆,文墨著竹帛,外内表里,自相副称"(《论衡·超奇》)之论,实与孔子"文质彬彬,然后君子"(《雍也》)相呼应。陆机认为"诗缘情而绮靡",有"其会意也尚巧,其遣言也贵妍"之说,但仍主张"要辞达而理举"的意辞相称(均见《文赋》)。沈约赞扬了曹氏父子"以情纬文,以文被质"(《宋书·谢灵运传论》)。刘勰更在玄学"言不尽意"论甚为流行时,论述了想象、感情、语言三者在创作中的相互关系:"神居胸臆,而志气统其关键;物沿耳目,而辞令管其枢机。"(《文心雕龙·神思》)他认为"情动而言形,理发而辞见"(《体性》),既是"文附于质",又是"质待于文"(《情采》),全面地阐明了情与言、理与辞、文与质的辩证关系。钟嵘因"理过其辞"而反对"淡乎寡味"的玄言诗,以"指事造形,穷情写物,最为详切"(均见《诗品序》)来求之于诗。唐代以后,随着创作的兴盛,理论也更为丰富,但论诗之主意辞兼济可谓主流。陈子昂赞东方虬的诗"骨气端翔,音情顿挫"(《修竹篇序》);李白称道:"文质相炳焕,众星罗秋旻"(《古风》其一),殷璠以"文质半取,风骚两挟"(《河岳英灵集序》)的标准选诗;杜牧就意、气、辞三者有形象的比喻:"凡为文以意为主,以气为辅,以辞彩章句为兵卫。"(《答庄充书》)虽有主次之分,但并不偏废。杜甫诗以意辞相济、华实相兼而成为诗坛表率,而他所说的"法自儒家有"(《偶题》),可谓是自道根源。宋代道学家尽管用"文以载道"之说来贬低甚至反对文学,但对诗之意辞二端的关系并不乏正确见解,如邵雍就写道:"何故谓之诗?诗者言其志。既用言成章,遂道心中事。不止炼其辞,抑亦炼其意。炼辞得奇句,炼意得余味。"(《论诗吟》)南宋之后,尽管以禅论诗蔚成风气,但纵观宋、金、元、明、清的诗论,可谓多以兼备文质、意辞相济作为论诗的主要艺术标准。

对孔子"辞,达而已矣"一语的理解,论者也往往提出了很高的要求。如苏轼说过:"夫言止于达意,即疑若不文,是大不然。求物之妙,如系风捕影,能使是物了然于心者,盖千万人而不一遇也,而况能使了然于口与手者乎?是之谓辞达。辞至于能达,则文不可胜用矣。"(《答谢民师书》)以"了然"于心、于口、于手才算"达",可谓"达"之非易。方孝孺更说:"夫所谓达者,如决江河而注之海,不劳余力,顺流直趋,终焉万里;势之所触,裂山转石,襄陵荡壑,鼓之如雷霆,蒸之如烟云,登之如太空,攒之如绮縠,回旋曲折,抑扬喷伏,而不见艰难辛苦之态,必至于极而后止,此其所以为达也,而岂易哉!"(《与舒君书》,《逊志斋集》卷十一)潘德舆甚至将"辞,达而已矣"称为"千古文章之大法",又说:"盖达者,理义心求,人事物状,深微谁见,而辞能阐之,斯谓之达。达则天地万物之性情可见矣。"(《养一斋诗话》)

"了然"固需"实",取"势"亦要"实","能阐之"主于"实",可见"辞达"必落在"实"处上。

诚然,如同"达则兼济天下,穷则独善其身"一样,儒道互补的精神仍贯串于诗歌领域,唐宋两代,佛道思想对诗论颇有影响。王维、皎然、司空图,甚至王昌龄、刘禹锡,都着眼于诗的意、象、旨、境的关系,或多或少倡"象外之旨",求意余于辞,其审美方法与佛道思想有相当关系,而宋代以禅论诗至严羽则更臻其极,影响及于明清,甚至形成统治清初诗坛的神韵派。可是,由于"诗言志"传统的牢固,儒家重教化、主功利的艺术观影响极深,因之诗歌批评的艺术标准就难出于儒家审美观的制约,所以,"尽善尽美"、"充实"、"全、粹"的审美理想,就表现在对意辞相济、华实相兼、文质相称的首肯,表现为"辞达","辞达"不止于"言志"、"缘情",于体物亦然。诚如许印芳所说:"盖诗文所以足贵者，贵其善写情状。天地人物，各有情状……诗文题目所在，四者凑合；情状不同，移步换形，中有真意。文人笔端有口，就能现前真景，抒写成篇，即是绝妙好词，所患词不达意耳。”因而他认为司空图、严羽等人所论，使“初学之士，无高情远识，往往以皮毛之见，窥测古人，沿袭摹拟，尽落空套”，而“诗道之衰，常坐此病”(《与李生论诗书跋》，《诗法萃编》卷六下)同是“体物”，画虚而诗实，其不同如此。正因为这样，潘德舆“质实为贵”之说可谓是对数千年诗论的恰当概括，而刘熙载所云“诗质要如铜墙铁壁，气要如天风海涛”(《艺概》卷二)，则是对“实”的形象说明。叶燮论诗，从客观的理、事、情和主观的才、胆、识、力两方面的结合着眼，他要求诗人要写出“不可名言之理，不可施见之事，不可迳达之情”，要做到“正不伤庸。奇不伤怪，丽不伤浮，博不伤僻”的“辞达”，在他的心目中，“变化而不失其正，千古诗人，惟杜甫为能”，就是因为杜甫“凡欢愉幽愁、离合今昔之感，一一触类而起，因遇得题，因题达情，因情敷句”(均见《原诗》)，无论以实写实，还是以虚写实，都是出于实而入于实。叶燮的看法，允为全面而准确之论，“老杜所题诗，往往亲到其处，益知其工”(范温《潜溪诗眼》)，杜诗正以其“实”，有别于李白浪漫主义的飘逸和王维入于禅理的淡远，“千古诗人推杜甫”，当不过誉。

老庄、玄学与儒学的美学观尽管彼此间有些差别，但相通之处多，又可视为一家，以别于儒家。

老子倡导“处无为之事，行不言之教”(第二章)，在社会思想的“绝圣弃智”(第十九章)同时，亦言“绝学无忧”(第二十章)，在“道法自然”(二十五章)的思想指导下，“自然”就是他的美学理想。他认为“五色令人目盲，五音令人耳聋，五味令人口爽”(第十二章)，在“天下万物生于有，有生于无”(第四十章)的认识论基础上，他以“大音希声，大象无形”(四十一章)为最高的艺术境界。庄子继承了老子的思想，在“有”“无”关系上亦言：“万物出乎无有，有不能以有为有，必出乎无有。”(《庚桑楚》)他对老子所讲的“道”作了这样的解释：“夫道有情有信，无为无形。可传而不可受，可得而不可见。”(《大宗师》)人对于道的认识不能全，“道隐于小成”(《齐物论》)，某一具体事物之“全”反而造成了全道的亏损，因而，他把老子“大音希声，大象无形”的思想作了进一步的发挥：“有成与亏，故昭氏之鼓琴也；无成与亏，故昭氏之不鼓琴也。”(《齐物论》)只有不要鼓琴，才能得到最自然而丰富的音乐。基于“道”与“有”“无”关系的认识，庄子以“无成与亏”为美学理想，将老子“绝圣弃智”和“五色令人目盲，五音令人耳聋”的思想作了进一步发挥：“擢乱六律，铄绝竽瑟，塞瞽旷之耳，而天下始人含其聪矣。灭文章，散五采，胶离朱之目，而天下始人含其明矣。”(《胠箧》)由于反对人为，庄子以“无以人灭天”(《秋水》)的思想来看待一切文艺，因而，他以“言之所不能论，意之所不能察”(《秋水》)求之于文学，以“听之不闻其声，视之不见其形”(《齐物论》)求之于音乐，以“解衣般礴”(见《田子方》)求之于绘画。这一切当然都归之于虚无。

魏晋玄学延袭了老庄学说而又有发展，其中对文艺影响最大的当为王弼“言不尽意”之说。他说：“夫象者，出意者也；言者，明象者也。尽意莫若象，尽象莫若言。言生于象，故可寻言以观象；象生于意，故可寻象以观意。意以象尽，象以言著……象生于意，而存象焉，则所存者，乃非其象也。言生于象，而存言焉，则所存者乃非其言也……立象以尽意，而象可忘也；重画以尽情，而画可忘也。”（《周易略例·明象章》）这一言意之辨的著名理论不仅可见玄学论者的认识论和方法论，更对文艺理论与创作产生了很大影响。在南朝佛教广泛流行之后，外来的佛学与土生土长的玄学结合成玄学味极重的佛学。僧肇否定了名实的关系；竺道生针对佛教徒拘于佛经字句而忽略宗教立场，发表了“寄言出意”的理论：“夫象以尽意，得意则象忘。言以诠理，入理则言息……若忘筌取鱼，始可与言道矣。”（《高僧传》卷七）其论事方法与王弼的言、意、象之辨极似，至于用语，亦与王弼的“得鱼忘筌”、“得兔忘蹄”毫无二致。

伴随着六朝绘画艺术的发展，绘画理论亦受到了老庄、玄学和佛学的影响。魏晋玄学的言意之辨与佛学结合后，明显地影响了唐宋以至明清的诗论，与之相应，玄学中的形神之鉴尤其在造型艺术的绘画中影响了画论。

品评人物之风流行于汉末，但更盛于魏晋，一部《世说新语》就留下了众多的人物评语，但随着象与意、言与意之辨，品评标准也发生了变化，这就是“汉代相人以筋骨，魏晋识鉴在神明”（汤用彤《魏晋玄学论稿·言意之辨》）。这种“识鉴在神明”的思想影响了擅长于人物画的顾恺之，出现了“以形写神”的人物画创作论，其后，谢赫又有“气韵生动”之说。作为造型艺术，写“神”、表“气韵”并非易事，因而张彦远就此从立意和用笔两方面作了较详细的阐述：“夫象物必在于形似，形似须全其骨气，骨气形似皆本于立意而归乎用笔。”（《历代名画记·论画六法》）这“本于立意而归乎用笔”的看法，与论诗的“辞达”是相似的，但以传神和气韵推之于山水画后，随入宋后的画论渐变，画风亦变。尤其是欧阳修在《盘车图》诗中拈出“忘形得意”一语，遥接玄学的言意之辨和佛家“得意忘象”之说以后，苏轼更以“论画以形似，见与儿童邻。赋诗必此诗，定知非诗人。诗画本一律，天工与清新”（《书鄢陵王主簿所画折枝》）的见解，开了重神似轻形似之风，而苏轼本人的枯木怪石，米家父子的烟云山水，则在绘画实践上补充了理论。尽管画院画家在宋徽宗赵佶亲自主持画院时，以尚法度重形似为标准，南宋的主导画风亦不同于北宋文人画，但入元以迄明清，文人画又占优势，画家和画论家将人品、气质、修养、胸襟看成决定因素，在技术上将“书画同理”化为以书法入画，在立意上往往有所象征、寄托，在表现上常以最简的笔墨求最大的效果，因此，从形神并重、虚实并到入于重神轻形和弃实就虚一路，甚至发展到以“得意忘象”为最高旨趣。

“神似”和“气韵”本应指事物的本质特征和生之活力，求之于山水确实难于人物，在庄子道无所不在和佛家万物都具佛性的理论影响下，山水画家对所画对象也往往采取一种接近泛神论的立场，常在自然界中感受生命的悸动。在绘画技巧上，郭熙曾曰：“庄子说，画史解衣盘礴，此真得画家之法。”（《林泉高致·画意》）因而，从荆浩的“亡有所为，任运成象”（《笔法记》），经郭若虚的“默契神会”（《图画见闻志》），宋迪的“神领意造”至于元季，终于有倪瓒的“逸笔草草”、“不求形似”，和吴镇的“墨戏”之作。对于意兴和笔墨趣味的追求，使绘画更离乎形似，“山水之胜，得之目，寓诸心，而形于笔墨之间者，无非兴而已矣。”（沈周《书画汇考》）随着明清文人画占压倒优势，画家的心绪、感情、托意更被置于首位，甚至可以无视历史真实而曲意辩解：“今人看画多取形似，不知古人最以形似为末节。”（汤垕《画鉴》）在他们看来，北宗画的雄放画风所以不足取，是由于“行家位置稠密不虚，情韵特减”（沈颢《画麈》），随着求“情韵”而伴随的以形似为末技，画家们热衷于抽象笔墨，以惟求意趣为旨。既然顾恺之可以用添画三毫为裴楷传神，倪瓒疏疏几笔的寒林古木可以味出地老天荒，南宗画家们也有颇多人误解或曲解了形神关系，形成了本末倒置现象，甚至以“但得三毛”而入于惟“虚”无实一路。

“一墨大千，一点尘劫，是心所现，是佛所说。”（沈颢《画麈》）充满禅味的南宗文人画的理论和实践，愈至后期愈以庄子“解衣般礴”式的绘画，接近老子的“大象无形”，这实际上又是由佛返道的回归。这种回归，可以一字言之：“虚”。

总之，我国诗画的主要表现对象有人生与自然的不同，其思想基础又有儒家与佛道的歧异，因而，又造成了诗重意辞相济而为实、画主舍形求神而为虚的现象。深入分析、研究这一现象及其原因，对于我国文艺史与哲学、思想史关系的认识，将是一个颇有意义的课题。

（原载《古代文学理论研究》第九辑，上海古籍出版社 1984 年 4 月版）

从荷马史诗与西周史诗谈中西文学

中西文学长河平行流动已经数千年，作一番探源式的比较，对中西文学的始祖——荷马史诗和西周史诗进行解剖，从它们身上认识中西文学以至文化的相异点，将会是不无意义的。

公元前十二世纪末到公元前八世纪，正值希腊踏进文明门槛的“英雄时代”，在这一时代的后期，产生了著名的“荷马史诗”。差不多与此相等，正是本国的西周时期，周民族发祥与创业的历史，亦以史诗的形式保留在《诗经》的《大雅》里。“荷马史诗”即《伊利亚特》和《奥德赛》，相传是盲诗人荷马在公元前九至八世纪据流传于小亚细亚的史诗短歌综合编成。后被行吟诗人吟唱，流入宫廷，被写成文字，到公元前三至二世纪由历亚山大学者编订，二者都被分为二十四卷。我国的夏、商两代，没有史诗作品流传下来，但西周史诗是众口相传而得以保存下来的最古老的史诗。计有五篇：《生民》、《公刘》、《绵》、《皇矣》、《大明》，亦如整部《诗经》一样，这五首史诗可能也经过周王朝太师和乐官的编订，编订时间较荷马史诗为早，但篇幅短小得多。

《伊利亚特》和《奥德赛》都取材于特洛亚战争，是既独立又关联的姊妹篇。特洛亚位于小亚细亚西北海岸，是很富饶的城市，公元前十二世纪，被希腊半岛上的部落联合进攻所毁，这就是著名的“特洛亚战争”。

《伊里亚特》写的是不和女神厄里斯以“不和的金苹果”引起雅典娜、赫拉和瓯弗洛狄忒三位女神的争吵，在不和女神的挑唆下，特洛亚王子帕里斯抢走斯巴达王的妻子海伦和财物，斯巴达王联合希腊各部落攻打特洛亚，众神各助一方，战争先后进行了十年之久，最后，特洛亚被俄底修斯所设“木马计”所攻陷。史诗集中写了战争第十年最后几十天的事件。九年来，战争未分胜负，到了第十年，由于遭受瘟疫的威胁，希腊联军发生了内讧。联军统帅阿伽门农夺取了希腊英雄、联军重要首领阿喀琉斯的女俘，使阿喀琉斯怒而拒战，希腊军队连遭败绩，特洛亚英雄赫克托耳率兵将希腊人赶至海滨。阿伽门农向阿喀琉斯赔罪，但阿喀琉斯仍然拒绝参战。在极其紧迫的形势前，阿喀琉斯的好友帕特洛克罗斯在劝其出战而被拒的情况下，借其甲胄和战车上阵，被赫克托耳杀死。好友之死使阿喀琉斯极其悲痛，他释嫌而上阵，杀死赫克托耳，为友复仇，并将赫克托耳的尸首拽在战车后泄恨。特洛亚老王跪求归还赫克托耳王子之尸，阿喀琉斯在恻隐之心驱使下，交还尸首，最后，特洛亚全城致哀，礼葬赫克托耳。

《奥德赛》所写的是希腊英雄俄底修斯在特洛亚战争结束后的还乡遭遇。俄底修斯在战后带领部下渡海还乡，在海上漂流十年，历尽艰险，还没有到家。在离家参战近二十年来。家里被闹得不亦乐乎：青年贵族们垂涎于他的财产和妻子，不但向他妻子求婚，还住在他家，挥霍他家的资产。史诗写了俄底修斯在海上漂流第十年时，来到了斯刻里亚岛，受到了国王的款待，他向国王叙述了离开特洛亚九年多来的遭遇和冒险,同伴们散失和死亡,自己只身幸免于难的经过。国王听完他的叙述后送他回家。他装成乞丐,杀死了求婚者和背叛的奴隶,最终与妻子珀涅罗团圆。

《生民》等五首史诗记载了周人发祥和创业的历史。诚如陆侃如、冯沅君《中国诗史》所说:"《生民》是一篇很生动的后稷传","《公刘》,是一篇公刘传","《绵》是一篇古公亶父传","《皇矣》是一篇文王传","《大明》是一篇武王传","把这几篇合起来,可成一部虽不很长而亦极堪注意的'周的史诗'"。《生民》歌咏了周始祖后稷诞生、成长的灵迹,叙述了他发明农业的功德,而终以在农业上的贡献而成为氏族的领袖。《公刘》和《绵》则记载了周人的两次大规模东迁。后稷始创农业之后,周人定居于邰(今陕西武功附近),但由于戎狄侵扰,并为获得广阔、肥沃的可耕地,他们曾沿黄河两次大规模东迁。第一次由后稷的裔孙公刘率领,从邰迁至豳(今陕西郇邑附近),第二次由公刘的裔孙、文王的祖父古公亶父率领,从豳迁至岐山。第一次东迁写入了《公刘》,第二次则写入了《绵》。前者写了起程准备、定居营建、观察地形、营造居室、治理田亩等,塑造了一个深受拥护的领袖形象。后者写了迁岐、授田、筑室、驱夷等,诗中备写创业的艰辛和自豪。《皇矣》和《大明》分别歌颂周文王伐崇、密二国,和周武王在牧野与商会战获胜。确实,这五诗时间跨度虽长,但贯串其中绵延不绝的就是周人创业的精神,五诗相联,就可以看出周人建国历史的概貌。

分别作为欧洲和中国最古老的史诗,《伊利亚特》、《奥德赛》同《生民》等五首西周作品,虽时间相去不远,但地域却非止万里之遥,将二者作比较,是否过于生硬、勉强呢?作为中西文学的源头,应该说我们还是可以找到它们的"小同",如:这两组史诗都经过口头流传、流入宫廷,再经文人或乐官整订,由于是人类童年时的作品,都带有天真的幻想,有迷人的神话色彩,尽管篇幅长短悬殊,但史诗中的主要人物和主要事件都明确而突出。但是,我们更可以看到的是其间的"大异",而正是这些相异点,决定了、体现了中西文学的差异,使这两条文学长河平行流动而不相交,也正是这些相异点,构成了中西比较文学进行平行研究的最初的、基本的内涵。

荷马史诗和西周史诗有什么不同呢?

第一,荷马史诗文学性多而史实性少,西周史诗史实性多而文学性少。

作为史诗,应同时具备文学性和史学性,但倘若对照比较荷马史诗和西周史诗,则可以看到二者的区别正在于史实性和文学性的多少。

亚里斯多德在《诗学》第九章中曾说过:

> 历史家与诗人的差别不在于一用散文,一用"韵文",希罗多德的著作可以改写为"韵文",但仍是一种历史,有没有韵律都是一样,两者的差别在于一叙述已发生的事,一描述可能发生的事。

且不管亚氏的具体所指及分析,"已发生的事"和"可能发生的事"是可以给人以启发的。作为历史，对“已发生的事”应作实录，作为史诗，则对“可能发生的事”可驰骋想象和幻想。早在刘勰《文心雕龙·神思》中，已有“意翻空而易奇，言征实而难巧”二语，这可谓对想象在为文中作用的最好概括。西方文论家对此更为重视，如别林斯基就说过：“幻想是起主要作用的力量，创作过程只有通过幻想而完成。”(《〈杰尔查文的作品〉第二篇》)荷马史诗正以幻想、虚构见长，西周史诗却以写实成分为多。

《伊利亚特》和《奥德赛》所写的是希腊半岛的部落战争和航海冒险，但却笼罩着浓厚的神话色彩，以至于在德国考古学家施里曼对特洛亚古城进行发掘、考古之前，人们普遍认为史诗所写纯为神话。纵然马克思在《路易士·亨·摩尔根〈古代社会〉一书摘要》，恩格斯在《家庭、私有制和国家的起源》中，都曾例举《伊利亚特》《奥德赛》所写到的种种事物，来论述古希腊的社会和历史。但这两部史诗的神话成分既多，色彩也是很浓烈的。如史诗所写到的特洛亚战争的起因，是在于神的挑拨，在战争过程中，众神各自成为希腊联军和特洛亚的后台，希腊英雄阿喀琉斯除脚踵外，浑身刀枪不入，而且他的甲胄还是火神所造的。至于《奥德赛》所写的俄底修斯的海上遇险，则更近于神话：比常人身体大几十倍的独眼巨人库克罗普斯吞吃了俄底修斯的伙伴，到了食椰枣者的国土后，吃了椰枣就不愿回乡；风神的口袋被打开后，各路大风将人吹走；妖岛上的女巫会将人变成猪，另一妖岛上的女妖会先以歌声迷人，再将人杀死；女妖斯库拉长着六个头十二只脚，另一女妖卡利布狄斯则能藏匿大漩涡之下，水手们因宰食了太阳神岛上的神牛，就被宙斯用雷霆击沉船只，死于非命。反观西周史诗，除《生民》中姜嫄的履神迹而受孕，后稷被弃后牛羊为之喂乳，飞鸟为之覆翼外，其余四篇都是纪实之作。如《生民》第五、第六章详写后稷所种的庄稼和他对农业的贡献；《公刘》则详细记述了公刘率领周人从邰迁豳的经过。从起程准备，至豳后相土安民，直到营建、宴饮、开垦(《绵》的内容亦大体相似)；《皇矣》、《大明》除以“天命”装点君王外，也是战争的纪实。

荷马史诗与西周史诗这种幻想与写实的不同，其实可以追溯到更早的神话阶段。尽管“任何神话都是用想象和借助想象以征服自然力，支配自然力，把自然力加以形象化”(马克思《〈政治经济学〉批判导言》)，但希腊神话比单纯表现人对自然斗争、解释自然地理现象的中国神话(如共工触不周山、女娲补天、后羿射日、鲧禹治水等)要丰富得多。希腊神话是名符其实的“神话”，神的家族极为庞大，谱系非常复杂，即以英雄传说言，也不似中国的较为单一，而是以不同的家族为中心，形成许多系统。荷马史诗从希腊神话这一“显示出永久的魅力”的艺术土壤上成长起来，当然具有浓郁的神话色彩。意大利历史哲学家维柯在《新科学》中曾说，“原始人仿佛是些人类的儿童”，他认为原始人和儿童都长于想象，而诗的基本特点是想象，因此，“在世界的儿童期，人们按照本性都是崇高的诗人”。马克思也说过：“希腊人是正常的儿童，他们的艺术对我们所产生的魅力，同这种艺术在其中生长的那个不发达的社会阶段并不矛盾。”(同前)同样承认人类儿童期以善于想象而能创造富有魅力的作品。荷马史诗产生在神的时代与英雄时代的交接期，自是神话色彩掩盖了史实，而这则在某种程度上促使了从神话到宗教的演变,导致了后来基督教文化的诞生。即使经过中古英雄和骑士文学的过渡,冲破神学的禁锢而进入文艺复兴阶段,文学真正进入到人的时代后,许多著名作家仍以高度的艺术想象力驱使庞大的神话系统奔赴腕下,从但丁《神曲》中对地狱、炼狱、天堂的游历,到歌德《浮士德》的人与魔鬼上天入地的神游,这些名著都可谓堪为佐证。

中国神话重在解释自然,改造自然,所以流传中渐次演变为传说,鲁迅说:“迨神话演进,则为中枢者渐近于人性,凡所叙述,今谓之传说。传说之所道,或为神性之人,成为古英雄”(《中国小说史略》)。尽管我国先民的社会也如同世界各国一样,经历过巫术、宗教阶段,但到西周,已渐入于理性:“殷人尊神,率民以事神,先鬼而后礼……周人尊礼尚施,事鬼敬神而远之。”(《礼记·表记》)中国神话中已具备的重视现实功利的胚胎,至此已发育成熟,因而西周史诗之所以写实远过于神话,可谓适不足怪了。重视现实功利和崇尚理性主义精神,到了孔子时代,终于形成了儒学路线,“这条路线的基本特征是:怀疑论或无神论的世界观和对现实生活积极进取的人生观。”(李泽厚《美的历程》)而由于儒学对于历代封建王朝所处的“道统”地位,由于孔子对塑造中国文化——心理结构的影响,“不语怪力乱神”使除《楚辞》以外的中国文学极少带有神话色彩。尽管两千年来在大量的旧小说和笔记中不乏神鬼怪异故事,但多为迷信故事,缺乏真正的艺术想象力,虽然也出现过《西游记》这样的佳作,但这已是外来佛教影响下的产物了。至此,我们又可以回过头来说:尽管西周的五首史诗仅是《诗经》的一个零头,但作为记述性文学,它之史实性多而文学性少,是足以代表我国这一大类文学的特点的。而且,从它身上也可以看到我国文学所具有的显著的历史规定性,即文学从未被宗教全盘统治,而是一直以理性文学为主流的。同时,由于这一类文学的“言征实而难巧”,显得文学性少,这就可以帮助我们理解,为什么亚里斯多德在公元前四世纪就可以进行详细的文艺分类学研究?而我国非仅先秦时代文史哲不分(诗又当别论),就连《史记》,直到今天仍有属史、属文之争,直到亚氏六个世纪之后,才有文章分类学的出现,而且,明代徐师曾《文体明辨》虽所分达一百二十七种之多,但直到近代章炳麟,还在《国故论衡》中探讨文学的义界。

那么,我国“意翻空而易奇”的那部分作品何在呢?它们多属于以“表现”为特征的抒情之作,而这,却正是我国文学的主流,《诗经》中的大部,已表明了这一特点,比兴即是想象的显著证明,进到《楚辞》则更甚了。史诗非我国所长(少数民族除外),而史书却极丰富。欧洲文学是从希腊史诗、悲剧发展过来的,纯文学色彩浓,富于情节性,无论是后世的长诗、戏剧还是小说,都是如此,可谓是渊源有自。回到本题,可以概括地说,荷马史诗求美,西周史诗求真。二者的继续发展,则是欧洲文学由神变为人,由英雄变为凡人,以“再现”为特征而求真;中国文学进而以事功、人伦、情感为主体,以“表现”为特征而求“善”。从这上面说,则是离源头甚远了。

第二,从荷马史诗中可以看到以战争去征服,因而崇尚英雄主义,从西周史诗中可以看到以农业求自足,故而推尊勤劳精神。

荷马史诗虽然具有强烈的神话色彩，但实际上反映的正是荷马时代的部落战争，恩斯思说过：

在荷马的诗中，我们可以看到希腊的各部落在大多数场合已联合成为一些小民族……各个小民族，为了占有最好的土他，也为了掠夺战利品，进行着不断的战争，以俘虏充作奴隶，已成为公认的制度。（《家庭、私有制和国家的起源》）

这种战争之被歌颂和传扬，正是由于“财富被当作最高福利而受到赞美和崇敬”，所以“古代氏族制度被滥用来替暴力掠夺财富的行为辩护”（同上）。氏族贵族们以战争来达到增加财富的目的，因而歌颂战争，歌颂英雄主义精神，就成为荷马史诗的主题，在《伊利亚特》中我们可以看到：老英雄涅斯托耳鼓励阿喀琉斯出战，所号召的就是通过掠夺战争可以得到财富，而阿喀琉斯同统帅阿伽门农的不和，起因正在于争夺一个女俘，阿伽门农通过战争的胜利，使自己的篷帐里装满财宝和女子，阿喀琉斯每打下一个城堡，就可得到财物和奴隶，除一部分瓜分给其他首领外，都归个人所有。荷马时代在生产上正属铜器向铁器过渡的时代，而在社会形态上，则处于奴隶社会的生成期，氏族组织开始瓦解，此时部落间的战争“已经开始蜕变为在陆上和海上为攫夺家畜、奴隶和财宝而不断进行的抢劫，变为一种正常的营生”（同上）。掠夺战争不仅促进了军事的发展，而且也促使了手工工艺的发展，商品交换的出现也催生出商业的萌芽。

荷马史诗中的战争、征服、英雄主义，也可以说是欧洲各民族史诗的共同主题。虽然罗马诗人维吉尔的史诗《伊尼德》以所谓责任与爱情冲突作为主题，但歌颂罗马的光荣仍无异于英雄主义的颂歌。在中世纪诸多的史诗作品中，都表现了战争，无论是神话色彩浓厚的英雄与神、妖的战斗，还是写实成分为主的民族战争画卷，都是对英雄主义的歌颂。写渡海到丹麦，消灭巨妖和巨妖母亲的盎格鲁·撒克逊人的《贝奥武甫》，以父子战斗为题的日耳曼英雄颂诗《希尔德布兰特之歌》，写争夺三宝的芬兰的《卡列瓦拉》，写法兰克在西班牙与阿拉伯人作战的法国的《罗兰之歌》，写熙德战胜摩尔人的西班牙的《熙德》，写部落血仇与权力之争的德国的《尼伯龙根之歌》……都是战争的题材，英雄主义的颂歌。被欧洲批评史家认为是比较文学理论的先驱——伏尔泰的《论史诗》曾这样论述史诗的界说：

就史诗本身来看，它是一种用诗体写成的关于英雄冒险事迹的叙述。不管诗中的情节是简单的或复杂的，是在一个月或一年内或是在更长时间内完成的，不管事件发生的场所象《伊利亚特》一样是固定于一地，或是象《奥德赛》一样，主人公航经七海……——这都完全没有关系。它们仍然是史诗，是英雄诗，除非谁能找到一个更能适合于其特点的新名称。

虽然欧洲各民族在长期历史演进中,有侵略与反侵略之别,但真正体现出欧洲精神的,正是与英雄主义、冒险精神相伴的征服和扩张。可以说,荷马史诗中即已体现出的这种可称之为海洋文化的特点,正是欧洲的特点,好奇、冒险、航海,工业、商业、军事,推进、征服、占领,是孪生姊妹,又是三位一体,从罗马的强大帝国,到西班牙的无敌舰队,再到英国的海上霸权,难道不是荷马史诗精神的延伸?不是爱琴海克里特文化的继续?

中国的夏、商二代,并未留下史诗作品,五首西周史诗,可谓此期的硕果仅存。从这五首诗中,我们看到的是重视农业生产的倾向。虽然《皇矣》、《大明》也分别颂扬了文王、武王所指挥的战争。但这些战争并不属于掠夺战争(尤其是武王伐纣,更代表了奴隶、平民对压榨、暴政的反抗)。周人也不是尚武的民族,而是尤重农业生产。其实,早在夏代,农业已极受重视,《论语·宪问》说:"禹稷躬稼而有天下。"夏正的制定,亦可见出适合于农业生产的特点。商朝也以农业为主要生产部门,现从卜辞中常见的谷物,就有禾、黍、稷、麦、秜(稻)等多种。虽然史载夏君少康之子杼曾经"征于东海",《诗·商颂·殷武》说:"奋伐荆楚,深入其阻,裒荆之旅",南征至江汉,但主要是为巩固统治。由于夏、商政权都以农业经济为基础,战争亦与希腊以工商业为基础的掠夺战争有所不同。商朝后期曾对东南沿海进行掠夺财物和奴隶的战争,但诚如《左传》所说:"纣克东夷而殒其身。"这种战争正导致了政权的灭亡。周人兴起于渭水中游,在漆水和沮水之间有优越的自然条件,因而历来重视农业。周人的始祖后稷长于种植,古书上说帝尧曾举之为农师。《生民》中对后稷所种的稷、黍、麦、瓜、豆、麻有详细描绘。《公刘》主要记叙的就是公刘率领周人迁豳后开垦田畴,分配土地,营建庐合,并"取厉取锻",以改进农耕工具的情况。公刘九传而至古公亶父,他又率众去豳而迁周原(岐山),《绵》写到"周原朊朊堇荼如饴",表示出对土地肥美的无比喜悦,而"迺左迺右,迺疆迺理,迺宣迺亩",则是对划疆分地,挖沟修塍的详细记载。《书·无逸》说,"文王卑服,即康功田功",非常关心农业生产。《诗经》内的《七月》、《南山》、《大田》、《丰年》等许多诗篇,都可见到有关的农事记载,《诗序》称《七月》是周公"陈后稷先公风化之所由,致王业之艰难",虽未必为周公之陈王业,《诗序》之说实可见后人对周统治者代代相传之重视农业的认可。《史记·周本纪》说文王"遵后稷公刘之业,则古公王季之法,而教化大行",可见农业经济的发展确实是助长了社会进步。

在中国这个多民族国家形成、发展过程中。确实进行过汉民族内部的众多的战争,和汉族与兄弟民族间的众多的战争,可以说,一部二十四史充满了战争的记载。问题是:非仅《诗经》中可见周人对战争的普遍怨恨,如从最早的《破斧》、《东山》到《采薇》、《伯兮》、《陟岵》、《击鼓》、《君子于役》等,都厌战、怀乡、怀人,或在痛定思痛中庆幸生还,似《无衣》这样同仇敌忾、士气奋发之作,可谓仅见。而且在历代诗歌中,对战争题材的态度,可谓《诗经》的延伸,除少数颂扬反侵略战争的作品外,大都是怨战、厌战之作,即使是有争议的唐代边塞诗,也常是颂战与反战并列。像欧洲那样普遍歌唱战争中的英雄主义精神,在我国难以觅到。

重视农业生产，必然推尊勤劳的美德，《生民》、《公刘》、《绵》等三诗，除颂扬他们的首领的灵迹、功德、智慧、毅力和领导才干外，尤其赞美他们勤劳的美德，同时也歌颂了群众的劳动。从劳动的喜悦中又可看出对生活的满足心理。周代重视农业的传统为后来各朝所继承，而历代的思想家、政治家，也建立起以农为本、以食为天、重农轻商、强本抑末的牢固观念，虽然历史上不乏“三年清知府，十万雪花银”的例子，但长期以来以重义轻利为传统观念，赃贪与清廉之界可谓泾渭分明。由于发祥于渭水、黄河流域的农业经济，以勤劳、俭朴精神形成了人民较稳定的自给自足心理，因而建立在农业经济基础之上的大河文化传统，虽有不少优点，但又以保守性、封闭性为特征。论至此，我们又可以推而广之：荷马史诗与西周史诗分别体现的海洋文化和大河文化特点，又表现出中西文化的一个主要区别，那就是开放性与封闭性的不同。

第三，荷马史诗表现了人与自然的对立，向命运的抗争，西周史诗表现了人与自然的相安，对命运的满足。

自然环境是人类赖以生存的条件，很早以来，先民们就注意到自己与自然的关系，而众多的神话往往正是对自然的曲折的认识，因而神话中的神多带有自然的属性。长期以来，中西的自然观有显著不同，殊不知，这种不同非仅肇端于各自的神话传说，更在荷马史诗和西周史诗中有诸多表现。

如果说，《伊利亚特》歌颂的是征服、扩张的英雄主义，那么《奥德赛》歌颂的就是对抗自然力，并进而与命运作坚强斗争的英雄主义。我们知道，古希腊的手工业、商业都很发达，科学水平很高，航海业发展得很早，随着扩张、侵略，开发殖民地，作为海洋国家的希腊尤其重视航海。《奥德赛》中，英雄俄底修斯航经七海，漂流十年，大海就成了自然力的代表，同时也是决定命运的力量。尽管在《奥德赛》中写了众多的神、妖力量，其实，那都是海上风暴、雷霆、巨浪及种种可以置人于死的力量化身。比起大海来，人的力量是渺小的，但俄底修斯之所以是英雄，就是因为他能凭借刚毅的意志，过人的勇敢和无穷的智慧，终于征服了大海，同时也战胜了厄运。而且，当他历尽艰险，回到家乡，杀死了霸占他的财产的求婚者，与妻子团圆之后，他却并未安于逸乐，却听从了神的意志，准备再度离家，表现出进取不息、奋斗到底的精神。

从《奥德赛》中已表现出的人与自然相对立的精神，对于欧洲文学有很大的影响，且不说中世纪欧洲史诗中所涉及的自然、景物，即以文艺复兴运动以后的一些作品看，如莎士比亚《李尔王》中的暴风雨之夜，席勒《潜士歌》中海浪和漩涡，雪莱笔下的西风……尽管欧洲有湖畔诗派，但人与自然的关系常常并不和谐，因此，歌德在阅读了中国文学作品后表现出明显的新鲜感，他说：“在他们那里，一切都是平易而朴质的……自然外境总是和人物形象相联系。你总是听见金鱼在池子里的戏水声，鸟在枝头不断啼鸣，白天总是那么晴朗，夜色总是那么皎洁”（《歌德和爱克曼的谈话》，1827年 1 月 31 日），这种感受正是在谙熟欧洲文学的基础上，乍遇中国文学而得到的。

《奥德赛》中虽有大量的神妖，但俄底修斯以智慧和勇敢战胜他们，实际上已表现出人本主义思想，而这种战胜自然力、努力与命运搏斗的精神，可谓在欧洲文学中一再出现，表现出永恒性。因而，后世的希求摆脱蒙昧，探索新路，克服内外矛盾，努力制服困难，以不怕险阻的精神去追求无限，最终能得到"智慧的最后断案"的"浮士德精神"，并非偶然诞生的。因为在荷马史诗中，已能看到了它的最初表现。

在西周史诗中，可以看到先民努力耕作，向自然界索取生活资料，而大自然对于人类的劳动也慈爱地给予报偿。《生民》中的牛羊腓字、鸟覆翼之，可见神灵的庇佑，而后稷勤于农耕之后，庄稼也长得"实方实苞，实种实衷。实发实秀，实坚实好。"上天对于人则是"诞降嘉种，维秬维秠，维穈维芑。"从《公刘》中的迁豳，《绵》中的迁周原，都表现出对自然环境的愉悦之情。后来的先秦哲学中，虽然儒道有别，但无论是孔子还是庄子，都怀着对自然界的愉悦之情。孔子的"智者乐山，仁者乐水"(《论语·雍也》)，就是认为自然界具有与人的美德相类的特点。《尚书大传》卷六这样记载他之所以"乐山"："夫山，草木生焉，鸟兽蕃焉。财用殖焉，生财用而无私为，四方皆伐焉，每与私予焉。出云雨通乎天地之间，阴阳和合，雨露之泽，万物以成，百姓以飨。此仁者之乐于山者也。"《韩诗外传》卷三又这样记载他之所以"乐水"："夫水者，缘理而行，不遗小闲，似有智者，蹈深不疑，似有勇者，障防而清，似知命者，历险致远，卒成不毁，似有德者。天地以成，群物以生，国家以宁，万事以平，品物以正。此智者所以乐于水也。"虽然孔子以人格看待山水，故以"君子比德"，但倘若自然的本体无此基于审美愉悦的象喻性，这种"比德"亦难以成立了。庄子对于自然界所取的是泛神论立场，他常说："天地有大美而不言"(《知北游》)。"天无私覆，地无私载，天地岂私贫我哉？"(《大宗师》)他常赞颂自然界的"大美"，这种从自然审美中所得到的"大美"，是主体的人格、精神的延伸、扩展，在审美愉悦之中伴着赞美和惊叹，反观欧洲美学家所说的"崇高"，虽与"大美"相近，但那是在高山、大海、风暴、巨潮及种种自然伟观、伟力面前，由恐怖、错愕、压迫感、痛感，转而再意识到自身力量的结果，与我国的从"大美"到"阳刚"不同。魏晋以后，人们对自然尤为关注，郭象说过："圣人虽在庙堂之上，然其心无异于山林之中"(《逍遥游注》)，将"名教"与"自然"相调和，诗人、画家对自然界采取了更为亲近的立场："若乃春风春鸟，秋月秋蝉，夏云暑雨，冬月祁寒。斯四候之感诸诗者也。"(钟嵘《诗品序》)"望秋云，神飞扬，临春风，思浩荡。"(王微《叙画》)此类论述，后代更多。

在与自然相安而处之中，从西周史诗可以就一个阶段的追求后看出明显的满足感。而这种满足感又常常上升为宗教情绪，为求得永恒的满足，这种情绪又诉之于行动：祭祀，在《生民》中，就有祭祀活动描绘。前面说过，荷马史诗尽管常写到神妖，但却有着人本主义思想，可见后来基督教文化，虽不无源于希腊神话的因素，但更是人本主义的异化。而西周史诗虽以写实为主，但仍可见祭神之举，然而，由于周人的宗教情绪建立在自然基础之上，终于"敬鬼神而远之"，趋于淡化，在《公刘》和《绵》中，已不复见了，在《诗经》的众多作品中所出现的祭祀场面，多是将对神的敬畏、服从变成了人伦礼仪。魏晋以后，虽有游仙诗的产生，但那是中世纪诗人对现实深感苦闷所致，同佛教渐入、道教流行有关，这正是对现实消失了满足感，而希求在非现实中得到满足，可是,在中华民族的情感—心态历史上,在文学史上,这只是小小的交流,“知足常乐”却近于具有永恒意义。

我们祖先这种善与自然相安而处的精神和对命运的满足感,同西方确有很大区别。作为儒学的对立面和补充的老庄思想,更能代表我国的天道自然观(因为儒家“入世”,故代表社会政治观),那种向往无穷、无限之心,终又回归于自我和有限。老、庄和后来的禅宗的共同点,都是在于静观寂照之中,以心灵去熨贴宇宙、自然,求得统一而非对立。宗白华先生曾这样比较中西之别:

> 中国人与西洋人同爱无尽空间(中国人爱称太虚太空无穷无涯),但此中有很大的精神意境上的不同。西洋人站在固定地点,由固定角度透视深空,他的视线失落于无穷,驰于无极。他对这无尽空间的态度是追寻的、控制的、冒险的、探索的。近代无线电、飞机都是表现这控制无限空间的欲望。而结果是傍徨不安,欲海难填。中国人对于这无尽空间的态度却是如古诗所说的:“高山仰止,景行行止,虽不能至,心向往之。”人生在世,如泛扁舟,俯仰天地,容与中流,灵屿瑶岛,极目悠悠。(《美学散步》第94页)

这虽然所谈是中西绘画的空间意识,但又何尝不是对中西人与自然关系的宏观概括?

除以上三点外,荷马史诗与西周史诗还有其余不同点,限于篇幅,难以尽述了。这里想简单地提一下的是:鸿篇巨制与短小精悍是二者在形式上显著不同。我国虽也有“充实之谓美”(《孟子·尽心下》)的说法,且讲求实效,注重事功,使自卜辞、铭文、《诗经》以来,文学多为短制,虽云“盖文章,经国之大业,不朽之盛事”(曹丕《典论·论文》),但文人多热心从政,只是退而作诗为文,难有真正的为文学献身的精神。而荷马史诗行吟既久,整理后流布更广,其体制也影响了西欧文学,但丁《神曲》,歌德《浮士德》,拜伦《唐璜》等都是巨著,有人认为这与由宗教信仰而产生的为文学殉道的精神有关,怕也是不无道理。

(原载《华东师范大学学报》(哲学社会科学版)1986年第6期)

荷马史诗与西周史诗

公元前十二世纪末到公元前八世纪，正值希腊踏进文明门限的“英雄时代”，在这一时代的后期，产生了著名的《荷马史诗》。差不多与这一时代相等，正是中国的西周时期，周民族发祥与创业的历史，亦以史诗的形式保留在《诗经·大雅》里。《荷马史诗》相传是盲诗人荷马据流传于小亚细亚的史诗短歌综合编成的，后入于宫廷，写成文字，到公元前三至二世纪由亚历山大学者编订，《伊利亚特》和《奥德赛》都被分为二十四卷。西周史诗是众口相传得以保存下来的，计有五篇：《生民》、《公刘》、《绵》、《皇矣》、《大明》，篇幅都比较短小。

《伊利亚特》和《奥德赛》都取材于特洛亚战争。特洛亚位于小亚细亚西北海岸，是个很富饶的城市，公元前十二世纪初，被希腊半岛上的部落联合进攻所毁。以前认为史诗所写全是神话，但在十九世纪的考古发掘中，证实了这次战争，同时也证实了史诗取材的史实根据。《伊利亚特》和《奥德赛》是姊妹篇，两者既独立又关联。《伊利亚特》写了不和女神厄里斯以“不和的金苹果”引起三位女神的争吵，在女神的挑唆下，特洛亚王子帕里斯抢走斯巴达王的妻子海沦和财物，斯巴达王联合希腊各部落攻打特洛亚，众神各助一方，战争进行了十年之久，最后，特洛亚被“木马计”所攻陷。史诗集中写了战争第十年最后几十天的事件，全诗共一万五千多行，约三十万字。《奥德赛》写了希腊英雄俄底修斯在特洛亚战争结束后，带领部下渡海还乡，在海上漂流了十年还没到家，家中被许多向他妻子求婚的青年贵族闹得不亦乐乎。史诗写了第十年当俄底修斯漂流到斯刻里亚岛时，受到国王的款待，他向国王追叙了离开特洛亚十年来的遭遇和冒险，国王听完故事后送他回家，使他最终得以和妻子团圆。故事时间约四十天，全诗共有一万二千多行。

《生民》等五首史诗记载了周人发祥和创业的历史。《生民》歌咏了周始祖后稷诞生、成长的灵迹，叙述了他发明农业的功德。他的诞生是由于母亲姜嫄的履迹感孕，生后被弃而不死，牛羊为之喂乳，鸟儿为之覆翼，长大之后善种瓜、豆、禾、麻，终以发明农业而成为氏族领袖。《公刘》和《绵》记载了周人大规模的两次东迁。后稷始创农业，周人定居于邰（今陕西武功附近），但由于戎狄侵扰并为获得广阔肥沃的可耕地，他们沿黄河向东大迁移。第一次由远祖公刘率领，从邰迁至豳（今陕西郇邑附近），第二次由周文王的祖父古公亶父率领，从豳迁至岐山。第一次东迁写入了《公刘》，第二次则写入了《绵》。前者写了起程准备、定居营建、观测地形、营造居室、治理田亩等，塑造了一个深受拥护的领袖形象。后者写了迁岐、授田、筑室、驱夷，诗中备写创业的艰辛和自豪。《皇矣》和《大明》分别歌颂周文王伐崇、密二国，和周武王在牧野与商会战获胜。这五诗相联，就可以看出周人创业、建国历史的大概。

分别作为欧洲和中国最古老的史诗,《伊利亚特》、《奥德赛》和《生民》等五首西周史诗,虽时间相去不远,但地域却非止万里之遥,将两者扯在一起比较,是否过于生硬、勉强呢? 应该说,作为文学的源头,我们可以着眼其间的“小同”:如这两组史诗都经过口头流传、进入宫廷、文人整订的阶段;由于是人类童年时的作品,都带有天真的幻想,披着神话的外衣,尽管篇幅长短悬殊,但史诗中的主要人物和主要事件都是明确、突出的。但是,我们更可看到的是其间的“大异”,而正是这些相异点,决定了中西文学长河在此后近三千年间的平行流动,体现出中西文学以至文化的不同。因而,作一番探源式的比较,解剖中西文学的“始祖鸟”,将会是不无意义的。

作为史诗,应同时具备历史的真实性和文学的艺术性,但倘比较荷马史诗和西周史诗,可以认为,前者艺术性多而真实性少,后者却恰相反。《伊利亚特》和《奥德赛》反映的是希腊半岛的部落战争和航海冒险,但却笼罩着浓厚的神话色彩,以至于在德国考古学家施里曼对特洛亚古城进行发掘、考古之前,人们普遍认为史诗所写的纯为神话。特洛亚战争的起因,在于神的挑拨,战争中,众神各自成为希腊联军和特洛亚的后台;希腊英雄阿喀琉斯除脚踵外,浑身刀枪不入,他的甲胄是火神所造。至于《奥德赛》所写的俄底修斯的海上遇险,则更有神话色彩:比常人的身体大几十倍的独眼巨人库克罗普斯吞吃了俄底修斯的伙伴,到了食椰枣者的国土后,吃了椰枣就不愿回乡,风神的口袋被打开后,各路大风将人吹走,妖岛上的女巫会将人变成猪,另一妖岛上的女妖会先以歌声迷人,再将人杀死,女妖斯库拉长着六个头十二只脚,另一女妖卡利布狄斯则能藏身大旋涡之下;水手们因宰食了太阳神岛上的神牛,就被宙斯用雷霆击沉了船,死于非命。反观西周史诗,除《生民》中姜嫄的受孕、后稷被弃后牛羊喂奶,飞鸟覆翼外,其余四篇都为纪实之作。如《生民》第五、六章详写后稷所种的庄稼和他对农业的贡献;《公刘》则详细记述了公刘率领周人从邰迁豳的经过,从起程准备,至豳后相土安民,直到营建、宴饮、开垦(《绵》的内容亦大体相似);《皇矣》、《大明》除以“天命”装点君王外,也是战争的记实。

其实,从史诗往上推,作为文学源头的神话,希腊神话就要比中国神话丰富、庞杂得多。中国神话如共工触不周山,女娲补天、后羿射日、鲧禹治水等,其实质多是表现人对自然斗争、解释自然地理现象。而希腊神话,则是名符其实的“神”话,神的家族极为庞大,谱系非常复杂,即以英雄传说言,也不似中国的较为单一,而是以不同的家族为中心形成许多系统。而从这一人类艺术“不可企及的规范”的艺术土壤上成长起来的荷马史诗,确是承前而启后,使西方文艺从幼年起就表现出善于想象的特点。而这种善于想象,甚至神话色彩掩盖了史实的特点,则又导致了后来基督教文化的诞生,即使是文艺复兴冲破神学的禁锢,但著名作家的高度艺术想象力仍然驱使庞大的神话系统奔赴腕下,从但丁《神曲》中对地狱、炼狱、天堂的游历,到歌德《浮士德》的上天入地,从远古直到近代,从神鬼到人,这些著名的例子确是堪为佐证。中国文学从神话时代起,就是注重改造自然、解释自然的,因而,重视现实功利成为一个很大特点,西周史诗之所以写实远过于神话,就在于对现实功利的重视。这种精神的进一步发展,就成为儒家“不语怪力乱神”的理性精神，而这一精神对于功利目的的重视，使我国文学具有显著的历史规定性：即文学从未被宗教全盘统治。概括地讲，荷马史诗求美，西周史诗求真。

荷马史诗虽然具有浓烈的神话色彩，但实际上反映的正是荷马时代的部落战争，这种战争之被歌颂和传扬，正是由于“财富被当作最高福利而受到赞美和崇敬，古代氏族制度被滥用来替暴力掠夺财富的行为辩护”。氏族贵族以战争来达到增加财富的目的，因而歌颂战争，歌颂英雄主义精神，就成为荷马史诗的主题。老英雄涅斯托耳鼓励阿喀琉斯出战，所号召的就是掠夺战争可以得到财富；而阿喀琉斯同统帅阿伽门农的不和，起因正在于争夺一个女俘，阿伽门农则通过战争的胜利，使自己的篷帐里装满财宝和女子，阿喀琉斯每打下一个城堡，就可掠得财物和奴隶，除一部分分给其他首领外，都归个人所有。荷马时代在生产上正属铜器向铁器过渡的时代，而在社会形态上，则处于奴隶社会的生成期，氏族组织开始瓦解，此时，部落间的战争。已经开始蜕变为在陆上和海上为攫夺家畜、奴隶和财宝而不断进行的抢劫，变为一种正常的营生。掠夺战争不仅促使了军事的发展，而且也促使了手工工艺的发展，商品交换的出现也催生出商业的萌芽。可以说，荷马史诗中对战争和英雄主义的歌颂，就是对扩张、征服的歌颂，除阶级根源之外，也可以说是表现出了地域性和民族性的特点。从而形成了古希腊荷马时代的海洋文化特点。

中国的夏、商两代，并未留下许多史诗作品，五首西周史诗，可谓硕果仅存。从这五首诗中，可以看出崇尚农业生产的烦向，尽管《皇矣》、《大明》也分别颂扬了文王、武王所指挥的战争，但这些战争并不属于掠夺战争（尤其是武王伐纣，更代表了奴隶、平民对压榨、暴政的反抗）。周人始祖后稷长于种植，古书上说帝尧曾举之为农师，《生民》中对后稷所种的稷、黍、麦、瓜、豆、麻有详细描绘；《公刘》主要记叙的就是迁豳后开垦田畴、分配土地、营建庐舍，并“取厉取锻”，以改进农耕工具。公刘九传而至古公亶父，去豳而迁周原（岐山），《绵》写到“周原朊朊，堇荼如饴”，则表示出对土地肥美的喜悦，而“乃左乃右，乃疆乃理，乃宣乃亩”，则是对划疆分地、挖沟修塍的详细记载。《书·无逸》说“文王卑服，即康功田功”，十分重视农业，《诗经》内的《七月》、《南山》、《大田》、《丰年》等都可见农事记载。《诗序》称《七月》是周公“陈后稷先公风化之所由，致王业之艰难”，都可见周人对农业的重视。而这种发祥于渭河、黄河流域的农业文化、大河流域文化，形成了较稳定的自给自足心理，而建立在农业经济基础之上的大河文化传统，则以保守性、封闭性为特征。论至此，我们就可以清楚地看到荷马史诗和西周史诗分别体现的海洋文化和大河文化特点，实际上就是中西文化的主要区别点：开放性和封闭性的不同。

荷马史诗中，如果说《伊利亚持》歌颂的是征服、扩张的英雄主义，那么《奥德赛》歌颂的就是对抗自然力、敢于与命运斗争的英雄主义，不绝的追求、探索、向往，以征服自然，则衍化为后来的“浮士德精神”。而西周史诗所体现的却是人类与自然相安而处的精神，与农业经济相伴，这种精神逐渐成为后来道释“回归自然”的思想。

在《奥德赛》中，作为自然力的代表是大海，比之大海，人是那样渺小，但人凭藉着刚毅的意志和勇敢的精神，终于征服了大海。而英雄俄底修斯历尽艰险，回到家乡，杀死霸占他财产的求婚者，与妻子团圆之后，并未安于逸乐，却听从神的意志，准备再度离家，表现出进取不息，奋勇到底的精神。对立、冲突在西方文学中表现出永恒性，因而，摆脱蒙昧，探索新路，克服内外矛盾，制服困难，不怕险阻，最终得到"智慧的最后断案"的浮士德精神，并不是偶然诞生的，其渊源所自，当在希腊神话和史诗中。

在西周史诗中，先民努力耕作，向自然界要生活资料，而大自然在人类面前也是慈爱的，《生民》中的中牛羊腓字、鸟覆翼之且不必说，后稷勤于农耕，而庄稼也是"实方实苞，实种实褎。实发实秀，实坚实好。"上天对于人是"诞降嘉种；维秬维秠，维穈维芑。"而《公刘》中的迁豳，《绵》中的迁周原，都表现出对自然环境的愉悦，我们祖先这种善与自然相安而处的精神，同西方的对立、冲突、冒险、探索不同，对于宇宙、大自然，中国人不是表现出无穷的求知和占有欲，意志与现实处于永恒的冲突中，而是既向往无穷和无限，却又回归于自我和有限，主客观能趋于统一，老、庄思想和后来的禅宗思想的实质和共同点，都是在于静观寂照中，用心灵的节奏去熨贴宇宙、自然，求得同一而非对立。情景交融之成为后来创作的极诣，其根源也当在于此。而这种特点能给歌德留下"自然外景总是和人物形象相联系"的印象(《歌德和爱克曼的谈话》1827年1月31日)，正说明了给予西方人的新鲜感。

除以上三点外，荷马史诗的鸿篇巨制与西周史诗的短小精悍则是形式上的显著不同。中国虽也有"充实之谓美"(《孟子·尽心下》)的说法，但讲求实效、注重事功，使之难有为文学的献身精神，因而，文学多为短制。而荷马史诗的体制影响了西欧文学，《神曲》、《浮士德》、《唐璜》等，都是巨著，有人认为这与由宗教信仰而产生的为文学而殉道的精神有关，怕也是不无道理的。

（原载《比较文学三百篇》，上海文艺出版社 1990 年 5 月版）

酒中有深味

——陶渊明《饮酒》和莪默·伽亚谟《鲁拜集》

无论中外，诗与酒都似一对形影不离的亲姐妹。以酒为题的诗可谓浩如烟海，但是，以酒作为主题的诗集却不多见。我国诗人中，李白虽同被称为“诗仙”与“酒仙”，却未见写酒的组诗，因而我们会很自然地想到陶渊明的《饮酒》二十首。与之相近的外国诗歌，当推波斯诗人莪默·伽亚谟的《鲁拜集》。

陶渊明是第一流的大诗人，苏轼甚至推尊至“自曹、刘、鲍、谢、李、杜诸人，皆莫及”的地位，其生平又能以一传入《晋书》、《宋书》、《南史》三史，在历史上罕见。但是，由于钟嵘称他为“古今隐逸诗人之宗”，他一直被看作“田园诗人”，历代评论家也多肯定他的不染尘俗，淡泊功名，甚至认为他不问世事、躬耕自资之余，诗中“篇篇有酒”。

莪默·伽亚谟是波斯中世纪的著名科学家和诗人，生活在十一世纪中叶到十二世纪初，较陶渊明要晚七百年左右。他不愿求官，只求终身研究学问，虽因研究天文学和历法的需要到过宫廷，其实对宫廷的环境亦很反感，思想亦近于陶渊明。他从中年开始写诗，存有《鲁拜集》(“鲁拜”原意为“四行诗”，是波斯常用的一种诗体，近于我国的绝句)，通行本为英国诗人爱德华·费慈吉拉德（1809—1883）所编译的第四版(101首)。《鲁拜集》虽非篇篇有酒，但酒是一个重要题材，作者在抨击宗教，讽刺中世纪禁欲主义之后，对酒作了热烈赞颂。

陶渊明生活在思想文化处于大变动的魏晋后期，此时，魏晋玄学正风靡和浸淫了整个时代，而以道安和慧远为代表的般若学——玄学化的佛学也形成了很大影响。陶渊明所生活的江州浔阳，更是传统的经学和“显学”的相斗之地，土生的道教和外来的佛教相抗衡的地区。他的上司、交好和亲朋中，既有经学家，也有玄学派，既有道教徒，也有如慧远那样的高僧。

处于唯心主义思想包围中的陶渊明，有着自己的独立思考精神和定见，他作了《形影神》一诗，在诗中序言对“营营以惜生”，表示“斯甚惑焉”。诗中感慨人生速逝：“适见在世中，奄去靡归期”，和身名同尽：“身没名亦尽，念之五情热”，肯定了“老少同一死，贤愚无复数”的规律，从而认为不如以酒消忧。可以说，《形影神》诗对慧远的“形尽神不灭论”和道教的学仙、腾化、长生说，作了很形象的唯物主义的批判。而《饮酒》二十首则进一步表达了上述思想，认为惜生而伤生有违于自然，既然反对佛道迷信，服膺自然，就要行乐，喝酒。在这组诗的第一首，作者开宗明义地宣称“衰荣无定在，彼此更共之”，“寒暑有代谢，人道每如兹”，因而对人生应取达观态度。第十五首从贫宅的有鸟无人，感叹“宇宙一何悠，人生少至百。岁月相催逼，鬓边早已白。”因而认为当丢弃穷达之念。第三首则更进而从人生速逝想到不能顾恋声名而贱身不饮，从而对

“有酒不肯饮”的人为之劝戒:“所以贵我身,岂不在一生。一生复能几,倏如流电惊。”在第七首中则又对自己泡菊饮酒,遗世而得生之真意的隐居生活引以为豪。

慧远在《明报应论》中说:“无明为惑网之渊,贪爱为众累之府。”认为“无明”(愚昧)和“贪爱”会引起祸害,因此劝人不要“私其身”、“恋其生”,这样一来,世俗的是非和苦难都可以不必计较,生活的欲念亦不必追求,现存的一切都将变得和谐而美好了。陶渊明在《饮酒》中认为这是大谬不然的,他不无愤激地写道:“积善云有报,夷叔在西山。善恶苟不应,何事空立言?”(第2首)对“天道无亲,常与善人”之类的格言表示极大的鄙嗤。第十一首更对“颜生称为仁,荣公言有道,屡空不获年,长饥至于老。”感到痛惜,颜回以仁者见称,却时常空乏,二十九岁而发尽白,早死,荣启期有德行,年九十而贫甚,以索为带,长饥至老,作者为之感叹:“虽留身后名,一生亦枯槁,死去何所知,称心固为好。”诗中虽未明言应当“私其身”和“恋其生”,但对生前枯槁而仅留身后名的否定,难道不是对慧远所说教的不计当世苦难的否定?

波斯诗人莪默·伽亚谟既是哲学家,又是数学家和天文学家。他生活的塞尔柱帝国在马立克·夏当政时,曾达到极盛,而马立克·夏的宰相就是莪默·伽亚谟的学友尼让牟·莫尔克。年轻时,他们师从当时的最大哲人野芒·茂华克,与另一学友霍山·奔·沙博一起立下过将来均分幸福、不能独享的誓言。尼让牟·莫尔克当了宰相后,莪默·伽亚谟却不要官职,只求得到清静之地安居,开展科学研究。霍山·奔·沙博嫌所得官职卑微,居于山林,成为暗杀党首领,并杀死了宰相尼让牟·莫尔克。莪默·伽亚漠的后半生失去庇护,又身经动乱、兵祸,晚年受到宗教迫害,甚至靠给人算命维持生计。他的学识、经历虽与陶渊明不同,但秉性及后期遭遇亦颇相似。

波斯是历史悠久的文明古国,中古时期进入封建制,此时,伊斯兰教占据统治地位,即使是世俗的封建文化,也被笼罩在宗教的阴影之下。莪默·伽亚谟虽然有半生能得到宰相的庇护,并因其数学才能引起苏丹的重视,进入宫廷,得到资助,完成了历法改革。但科学家的求实精神使他洞明了宗教的虚伪,而现实中的压迫和剥削,社会的骚乱不宁,历史上的阿拉伯人入侵的创伤,都促使他对现实作真正的思索,在持续创作的诗歌中表现出对神学的异端思想。伊斯兰教与佛、道教义尽管不同,但其欺骗性则是共同的,列宁说过:“对于工作一生而贫困一生的人,宗教教导他们在人间要顺从和忍耐,劝他们把希望寄托在天国的恩赐上。”其实质就是要维护现存秩序。与陶渊明相同,莪默·伽亚谟在《鲁拜集》中也表现出生命速逝,即使是伟人与英雄亦难逃一死的思想,倡导行乐与喝酒,对宗教禁欲主义作了无情的嘲弄。《鲁拜集》对人生无恒的感慨是深沉的:“夷朗牟的花园已和蔷薇消亡,蒋牟西的七环杯谁也不知去向。”(第5首)“君言诚哉;朝朝有千朵蔷薇带来,可是昨朝的蔷薇而今安在?带来蔷薇的这初夏之季,也使蒋牟西、凯科白提一去不回。”(第9首)因而他对希冀来生者发一猛喝:“啊,地狱之威胁,天堂之希望!只有一事是真——便是生之飞丧;只有此事是真,余皆是伪:花开一次之后永远凋亡。”(第63首)本着这一认识,他对“伟人”和“宏论”发出嘲笑,并进而对宗教进行了明显的挑战:“苏丹往死境去巡狩,天幕内曾作一日的勾留；黑暗的‘匪拉虚’待到苏丹起时，把天幕卷来又为他人建起。”（第45首）“奇哉，宁不奇乎？前乎吾辈而死者万千无数，却曾无一人归来，告诉我们当走的道路。”（第64首）“古代圣哲的宣传，不过是痴人说梦，醒后告了同侪，匆匆又归大梦。”（第65首）作者对天堂和地狱的如此析义：“天堂是心满意足的幻形，地狱是心焦在‘暗’中的虚影”（第67首），并勇敢地以人本主义的精神宣布：“我自己便是地狱，便是天堂！”（第66首）在此认识基础上，作者号召：“啊，在我们未成尘土之先，用尽千金尽可尽情沉湎，尘土归尘，尘下陈人，歌声酒滴——永远不能到九泉！”（第24首）正如陶渊明“但恨在世时，饮酒不得足”（《拟挽歌辞》）一样，他宣称：“我若为莫须有的‘来世果报’所惊，或者为‘神酒的希望’所诱，我一定要断此‘生命的灵浆’——但要等待到我死了的时候！”（第62首）甚至较陶渊明更进一步：“我的死灰也要进出葡萄，卷须在空气之中高标，信仰真理之人路过我时，无意之间都要被它缠绕。”（第92首）在此，葡萄具有了双关的含义，他对宗教的挑战，对真理的执著，是极其坚定的。

陶渊明的《饮酒》是“意不在酒，亦寄酒为迹”之作，表现出“众人皆醉我独醒”的精神，是借酒以对抗封建礼俗。我默·伽亚漠的《鲁拜集》亦颇像陶渊明，通过对酒的歌颂，以激进的自由思想来对抗宗教的思想统治。

陶渊明生活的时代，门阀世族居于统治地位，他们据有充足的财富，却宣称“不为物累”，他们剥削农民，拥有丰厚的农庄经济，却崇尚虚无。一面谈玄，一面以屠刀制造纷争和杀戮。生活在这样“乱也看惯了，篡也看惯了”的时代，陶渊明选择了“逃禄归耕”的隐居道路。《饮酒》的第四、六、九、十、十二、十九首，都是对归隐的抉择与省察，及表示决心的作品，著名的第五首（结庐在人境）更写出了隐居而得人生真意的深切体验。而在隐居生活的嗜酒中，进而表现出对现实的不满，对封建礼俗的蔑视和对抗。第八首写了青松独处草木，令人有出类之想，实是借松以自况，在“提壶抚寒柯，远望时复为，吾生梦幻间，何事绁尘羁”等句中，虽见有人生梦幻之感，但“何事绁尘羁”一语则足见对世俗的鄙弃。第十二首通过对汉张挚、后汉杨伦的隐而不仕，表明了自己“一往便当已，何为复狐疑？”的决心。第十三首颇似一则寓言，通过对“一士长独醉，一夫终年醒。醒醉还相笑，发言各不领”的形象塑造，谐中见庄地表现出自己的清醒精神，而“规规一何愚，兀傲差若颖”的判断，则更可见陶诗平淡中的真正底蕴，以及看出他对封建礼俗的兀傲精神。在最后一首中，作者对衰世之中无孔子之徒，趋炎附势而不亲六籍极愤慨，由于对士风颓败而失望，诗最后写道：“若复不快饮，空负头上巾。但恨多谬误，君当恕醉人。”颠倒了醉者与醒者的位置，认为不饮反而对不起头上的儒冠，则更可见对丑恶的现实、虚伪的礼俗是何等反感了，而这突然冒出、似与主题无关的语句，正是“没要紧语正是极要紧语，乱道语正是极不乱道语”，极见“醉语”之妙。

宗教从来都是用以约束和麻醉民众的，这在各国都概莫能外，而《鲁拜集》的酒的颂歌是与激进的自由思想、深刻的怀疑论相伴的。第三十一首写道：“从地心升到第七天门，升到土星座上高坐，沿途解释得无数的哑谜，人生的大哑谜却可猜推不破。”第三十四首写了叩问帷幕后的“我中汝”（神），神不能答，而“汝中的我（人）呀乃是盲瞽！”人生之谜仍不可知。作者转而写道：“呵，请莫用滥费了你的时辰，也莫用追求那彼是的空论，与其凄切地追求苦果，虚无，何如呵与这肥甘的葡萄共命？”（第54首）既然宗教不可信，那就必然醉乡莫须醉辞，作者一面明言“在这茅店内能捉得一闪‘真光’，比在寺院中出家的优胜。”（第77首）指斥造物主“做些陷阱蹄筌，阻塞着我徘徊的路径”（第80首），诅咒宗教“从没感觉的‘无’中，激发出一种有意识的‘有’”（第78首），表现出强烈的反叛精神，一面则因人生不可知，而号召痛饮，第三十五首、四十一首、五十五首、七十四首等作，均属此类。作者甚至在歌颂酒德之中，对举宗教而痛加贬抑：“你是大圣穆罕默德，崇高的教皇。”（第60首）“葡萄酒呀，你是以绝对的逻辑，说破七十二宗（按：当时伊斯兰教有七十二宗派）的纷萦：你是崇高的炼金术士，瞬时间把生之铅矿点化成金。”（第59首）当时，基督教教义影响了伊斯兰教，《鲁拜集》第八十二到九十首别为一组寓言，以陶工制造陶器拟上帝造人，大胆嘲笑了上帝。

总之，《饮酒》和《鲁拜集》都以唯物主义精神批判了中世纪的宗教唯心主义。“酒中有深味”，两者确有不少共同之处，而时代与世界观的局限，又使陶渊明与莪默·伽亚谟在探索人生不可知后，转而好酒，使作品的消极面也极相似。当然，《饮酒》中拒绝征召，坚持节操，肯定归隐之路，是《鲁拜集》所没有的；而《鲁拜集》中对人生、宇宙的探索精神，对宗教的批判嘲弄，又远过于《饮酒》。

（原载《比较文学三百篇》，上海文艺出版社1990年5月版）

龚自珍与雪莱

1792年,分别在中国和英国诞生了两位大诗人——龚自珍与雪莱。尽管此时中国正处于封建社会解体的前夕,而英国早已进行了资产阶级革命,半个世纪之后,后者侵略前者的鸦片战争使前者沦为半封建半殖民地社会,因而两人虽然生年相同,却有着完全相异的社会政治、经济、历史、文化、地域背景。然而,雪莱的一生与欧洲的民族运动和民主改革运动相始终,恩格斯称他为“天才的预言家”,龚自珍也以一生的创作批判封建主义,呼吁个性解放,梁启超曾将他拟为法国资产阶级启蒙思想家卢梭,高度赞扬了他“往往引《公羊》义讥切时政,诋排专制……晚清思想之解放,自珍确与有功焉。”由于以作品作为社会变革的呐喊,龚自珍和雪莱都是浪漫主义的诗人,而他们的运用浪漫主义创作方法又是植根于现实的,因而,他们的作品具有不少共同点。当然,由于前述的诸多原因,两人的相异处也不少。

龚自珍生活的时代,正值乾嘉“盛世”转向道光衰败之时,吏治废弛,财政困窘,贪污枉法,营私舞弊,上层统治集团极端腐朽。而农村经济的破产则又引起了多次武装反抗运动,其中以历时八年、转战数省的白莲教起义最为著名。尖锐的阶级矛盾更加深了清政府的统治危机,封建社会的衰败、解体,已成不可逆转之势。龚自珍出生在一个三世京官的家庭,目睹统治集团的昏庸腐朽,耳闻农民起义的战马嘶鸣,年轻的诗人敏锐地感觉到:尽管盛世还在,大厦未倾,但整个社会潜伏着极其巨大的危机。于是,他从素习不辍的经学中走了出来,不为正统的考据学派所囿,注目现实,痛贬时弊,揭露黑暗,倡导改革。二十三岁时,他就写下了激切的《明良论》四篇,后来又写了《乙丙之际箸议》。前者抨击了内外百官求富而忘国,鲜廉而寡耻,击中吏治腐败的时痼,然而,他又能摆脱“清君侧”的传统观念,指出其根由在于“主上之遇大臣如遇犬马”,在于“累日以为劳,计岁以为阶”的论资排辈的用人之道,甚至直指封建专制制度的根本,喻之为“独木”、“长绳”,提出“思更法”“以救今日束缚之病”,并警告“待其敝且变,而急思所以救之,恐异日之破坏条例,将有甚焉者矣。”后者更指出了治世、乱世、衰世的“三等之世”,并具体描绘了自己所处的类于治世而实为衰世的特征,预言“乱亦竟不远矣”,为此,他开出了“与其赠来者以劲改革,孰若自改革”的药方,并说:“《易》曰:‘穷则变,变则通,通则久。’非为黄帝以来六七姓括言之也,为一姓劝豫也。”但是,由于这是一个“戮其能忧心、能愤心、能思虑心、能作为心、能有廉耻心、能无渣滓心”的扼杀人才,使人绝望的时代,于是,他将目光从“朝”转向“野”,他说:“朝士寡助失亲,则山中之民,一啸百吟,一呻百问疾矣。朝士僝焉偷息,简焉偷活,侧焉徨徨商去留,则山中之岁月定矣。”固然,龚自珍并未认识到新的阶级力量即将兴起,但他对未来的乌托邦是有着朦胧期待,对变革的局面是由衷欢迎的:“夜之漫漫,鹖旦不鸣,则山中之民，有大音声起，天地为之钟鼓，神人为之波涛矣。”

与龚自珍的立足于传统文化不同，雪莱的思想直接继承了启蒙思想家的理性主义，他不是通过政论，而是以文学憧憬未来。龚自珍是正统考据学派代表段玉裁的外孙，自幼所受的学术影响主要属于汉学，但他在二十八岁后学习《公羊》学，接受了《公羊》“三世”说，力图从三世三统的微言大义中寻找历史发展规律，从而批判现实，倡导改革。而雪莱所生活的时代，正值英国资产阶级革命之后的启蒙运动时期。在法国革命的影响下，英国资产阶级激进派领导了民主运动，进行反对封建残余，反资本主义罪恶的斗争，这一运动在雪莱出生时已达到了高潮。雪莱在求学时期广泛阅读了启蒙思想家的著作，卢梭的论著及本国民主思想家葛德汶和潘恩的著作都给了他深刻的影响。他在大学期间已写成《无神论的必然性》的论文，被学校开除后，他到了爱尔兰，支持爱尔兰人民反抗英国压迫的斗争。这些论文和行动，表明了雪莱反对剥削，反对私有制、反对民族压迫的思想。1813 年，回到英国后的雪莱写成长诗《麦布女王》，这首诗通过一个年轻姑娘在睡梦中被麦布女王带到天上的漫游，展现了过去、现在和未来的三个世界，过去世界因被君主、教士、政客的统治而造成了灾难，现在世界是现金交易的世界，未来世界则是平等、友爱、充满理性、丰衣足食的世界，尽管诗中将宇宙精神的体现看作变革的根源，过于推崇道德和理性的力量，且艺术技巧也不够成熟，但其昭示的理想却使许多空想社会主义者为之憧憬，并在工人阶级中广泛流传。《麦布女王》中的三个世界虽与龚自珍的三世说有所不同，龚更多地回首过去，雪莱则更多地寄望于将来，但对于现实的有力批判则是共同的。在英国劳资矛盾尖锐，英政府对民主改革加强镇压，全欧洲民族运动高涨之时，雪莱写成了诗剧《解放了的普罗米修斯》，剧中歌颂了反抗专制的坚韧不拔和为求人类解放而不惜自我牺牲的精神，欢呼宇宙新生，歌唱人类的未来。此剧虽然缺乏《麦布女王》中对社会发展变革的唯心观点，但对于欧洲资产阶级革命的前途和民族解放运动胜利的信念，无疑给人以极大的鼓舞。

龚自珍曾以“但开风气不为师”自许，不仅在思想上，而且在文学上，他都是开创新风气的人物。梁启超所说的“初读定庵文集，若受电然”的感受，是与其“喜为要渺之思，其俶诡连犿，当时之人弗善”及“瑰丽之辞”的艺术魅力分不开的，而这种艺术魅力的产生则主要来自作品的浪漫主义精神。固然，非仅是龚白珍的政论多体现出“皆古方也，而中今病”的现实主义精神，他的诗文也是立足于现实的，但是，由于他追求个性解放，反对思想束缚，要求归真返璞，因而他主张诗歌创作要有童心，要有真情。他在《已亥杂诗》中写道：

少年哀乐过于人，歌泣无端字字真。既壮周旋杂痴黠，童心来复梦中身。

由于他的作品“下笔情深不自持”，所以有动人的力量：

不是无端悲怨深，直将阅历写成吟。可能十万珍珠字，买尽千秋儿女心。

批判黑暗现实与抒发主观感情的密切结合，势必突破纯客观的立场，对理想的热烈追求则要借助于积极浪漫主义精神，而现实的黑暗，文字狱的严酷，则使他善用比兴、象征的手法，诗歌想象奇峭，气势磅礴，文章则恢诡宛转，奇警犀利。龚自珍曾说过："《庄》《骚》两灵鬼，盘踞肝肠深。"对杜甫，他"颇觉少陵诗吻薄"，而对李白，他评之为"庄、屈实二，不可以并，并之以为心，自白始"。这些，都可看作他浪漫主义创作方法的自道根源，而"要渺之思"与"瑰丽之辞"及"俶诡（奇异）连犿（宛转）"的风格，正是《庄》、《骚》的特点。他的《尊隐》与《病梅馆记》虽有汪洋谬悠与生动明白之别，但都善用象征手法，都有不同程度的浪漫主义倾向。至于诗歌，则更为显见：

秋心如海复如潮，但有秋魂不可招。漠漠郁金香在臂，亭亭古玉佩当腰。
气寒西北何人剑？声满东南几处箫。斗大明星烂无数，长天一月坠林梢。

这不是思想与人性被窒息，悲凉之雾遍被全国的时代与环境么？而仰望明星落月、拈香佩玉的佳人，又岂非抒秋心、招秋魂的诗人自己？

美人清妙遗九州，独居云外之高楼。春来不学空房怨，但折梨花照暮愁。

这显然是不齿于与无耻之士为伍的作者自己。而《能令公少年行》这首"自祷祈之所言""可以怡魂而泽颜"的诗，也塑造了一个美人形象：

美人十五如花秾，湖波如镜能照容，山痕宛宛能助长眉丰；一索钿盒知心同，再索班管知才工，珠明玉暖春朦胧，吴歈楚词兼国风，深吟浅吟态不同，千篇背尽灯玲珑。

这难道不能看成是作者对理想追求的化身？怎样才能实现理想呢？龚自珍在《己亥杂诗》中批判现实，呼吁变革，召唤风雷。

不论盐铁不筹河，独倚东南涕泪多。国赋三升民一斗，屠牛那不胜栽禾？

统治者不重国计民生，却一味搜刮，农民只能杀牛而废农了。面对衰世敝象，他感到救国义不容辞：

霜豪掷罢倚天寒，任作淋漓淡墨看。何敢自矜医国手？药方只贩古时丹。

可是，在这“虎豹沈沈卧九阍”的时代，他只能感时伤世，怀古而思豪士：

> 陶潜诗喜说荆轲，想见《停云》发浩歌。吟到恩仇心事涌，江湖侠骨恐无多！

他难抑心中之情，终于表达了对涤荡旧世界的风雷的期待和召唤：

> 九州生气恃风雷，万马齐喑究可哀！我劝天公重抖擞，不拘一格降人材。

龚自珍虽未能看到这一变革，但他“受天下之瑰丽，而泄天下之拗怒”的作品，却给后来人以激励和召唤。

同龚自珍一样，雪莱立足于现实，但也是一个浪漫主义者。他在《伊斯兰的起义》序言中说：“我设法运用了音律和谐的语言，联翩的飘逸幻想，人类情操的种种急骤而微妙的变化。”在《诗辩》中，他更说道：“心灵有两类活动，叫做推理和想象。”在通常的意义下，诗可以界说为“想象的表现”。他的作品就是这一理论的实践。雪莱写过不少现实主义的政治抒情诗，但他的代表作则都充满了积极浪漫主义精神。早年的《麦布女王》采用的是幻景与寓言结合的形式，诗中所写的过去的世界描绘了人类的灾难，现在的世界则是《诗辩》中所说的“以金钱为化身的自我原则，成为世间的上帝和财神”的世界，而未来世界的种种幻景，确是“都带着极乐世界的光辉”。在运用想象、创造幻景上，如果说《麦布女王》还显得稚拙，那么四年后写成的《伊斯兰的起义》则进一步成熟了。诗中的引子是一段寓言，象征善的蛇被象征恶的鹰击败，落入海中，但它并没有死，它被一个美丽的姑娘收养了，将重新起来战斗，在蛇鹰格斗中，宇宙中风云奔突，雷电震荡，种种形象都具有象征性。而莱昂和茜丝娜领导的伊斯兰黄金城革命，则是法国革命的象征和暗示。再如《解放了的普罗米修斯》，作者将这一从古希腊埃斯库罗斯以来写之不辍的神话，赋予了新的意义，普罗米修斯成了人类解放者的象征，而天神尤皮特则象征专制，大地象征人民，各种精灵多象征正义的力量，这一斗争胜利的结局，无疑是对法国革命失败后，在同欧洲反动势力继续战斗的人民的一种鼓舞。

龚自珍由于更多的是继承了《离骚》香草美人的比兴手法，常是托物寄意，以小喻大，借古言今，不似雪莱的多以幻景作整体性的象征，但两人的作品都具有磅礴的气势和非凡的力量。龚诗写风有“排关绝塞忽大至”之句，写花有“四厢花影怒于潮”之句，写山则是“太行一臂怒趋东”，甚至连落花也是“如钱塘潮夜澎湃，如昆阳战晨披靡，如八万四千天女洗脸罢，齐向此地倾胭脂”。读雪莱的《西风歌》我们同样为之神往。试录一段：

> 太空中劝乱嵌崎，松散的流云被你吹起，
> 有如地上的落叶辞去天海的交枝，那是雨和电光的安琪。
> 在你那青色的云涛之巅，从暗淡的地平以至太空的中点，

布满了欲来的暴风雨之鬈丝，如象猛烈的预言者之头怒发上指。
夜幕将闭，将为这残年之大坟，以你所聚集的浩莽的云波勾其圆顶，
从那坚稠的浩气之中，将有黑雨电光冰雹飞迸，
你是这冉冉将死的残年的挽歌，你不羁的西风哟，你听，你听！

嘉道年间，举国醉梦于承平，龚自珍却敏锐地觉察到“四海变秋气，一室难为春”。同样，1819年曼彻斯特大屠杀使民主改革遭到血腥镇压，雪莱却写下了“严冬如来时，哦，西风哟，阳春宁尚迢遥？”的名句，他们都不愧为伟大的预言者。但是，欧洲毕竟不同于中国，启蒙运动在雪莱之前已有很深的基础，民族运动在西班牙、意大利、希腊相继兴起，而雪莱又有像拜伦这样的战友，他即使有“我生是创巨痛深，我是血流遍体！”之叹，但仍能似云雀一样高唱，“诗中被人格化了的事物，都带着极乐世界的光辉。”而龚自珍却是“一山突起丘陵妒”，充满了忧郁和孤独感，他的自拟落花，也是时代和环境使然。但是，“落红不是无情物，化作春泥更护花”，作为后来维新活动家的向导，龚自珍的思想是实足可与“波西·比希·雪莱——众心之心”等观的。

（原载《比较文学三百篇》，上海文艺出版社1990年5月版）

王国维“境界”与叔本华“理念”谈片

王国维是我国近现代之交的著名学者，他不仅是“新史学的开山”，也是不少新学科的开拓者、奠基者。作为得风气之先的人物，在美学上影响深远，这方面的代表作是1908年的《人间词话》，该著的理论核心为“境界”说。

境界说产生在我国古典美学传统的基础之上，是对严羽“兴趣说”、王士禛“神韵说”继承、取舍、发展的结果。但又与西方哲学、美学，尤其是叔本华的理论有较深的渊源关系。王国维早年研究哲学，先读康德的《纯粹理性批判》，但“苦其不可解，读几半而辍。嗣读叔本华之书而大好之。自癸卯(1903年)之夏以至甲辰(1904年)之冬，皆与叔本华之书为伴侣之时代也。”1906年之后，他看出了叔本华学说的矛盾，陷入了“哲学上之说，大都可爱者不可信，可信者不可爱。余知真理，而余又爱其谬误”的矛盾中。于是，他从哲学研究转入文学，主要成果就是1908年发表于《国粹学报》上的《人间词话》手定本。《人间词话》虽与叔本华的悲观主义、神秘主义相距甚远，但王国维原认为叔氏哲学“凌轹古今”，因而也不可能与之彻底决裂，“境界说”带有叔本华美学的清晰痕迹，也就不足怪了。

“境界”一词，原出于佛经，如《无量寿经》卷上就有“比丘白佛，斯义弘深，非我境界”之说。佛经所说的境界，原指禅义、禅法所达到的深度。它的民族色彩很鲜明，为什么说受到了叔本华理论的影响呢?

《人间词话》第一条说：“词以境界为最上。有境界则自成高格，自有名句。”作为艺术境界，是有特定的含义的：“境界有二：有诗人之境界。有常人之境界。诗人之境界，惟诗人能感之而能写之。”在王国维看来，“一切境界，无不为诗人设。世无诗人，即无此种境界。”这实际上就是“美之知识，实念(即理念)之知识也”的具体阐述。

叔本华在其代表作《意志及表象之世界》中，将康德所说的“物自体”改造成“意志”，又将康德的“现象世界”改造成“表象”。他认为，意志是先天的“自在之物”，是自然和社会的本体，是自发的、盲目的、从不停息的冲动。而表象，则是意志的体现，世界上的万事万物，都是意志的不同等级、不同程度的客观化，亦即表象化。至于“理念”，则是“意志”在某一阶段表现在对象物上的客观性，是概念的合适表象。

叔本华认为，作为世界本质与核心的“意志”处于永恒的冲动中，因而人生也充满了永恒的痛苦，正如被绑于地狱旋转不息的巨轮上的伊克赛恩，和被罚于黄泉中以筛子盛水的达瑙斯的女儿一样。为解脱痛苦，可以有两条道路：一条是通过佛教的“涅槃”，达到根本解脱，另一条则是以哲学的沉思、艺术的美的观照，达到暂时的忘我和解脱。根本的解脱难以做到，以美的观照求暂时的解脱，则是可行的道路。在审美活动中，人能在解脱之中，从表象世界上认出理念。

叔本华认为,事物的美是理念的表现,而美感则产生于审美静观之时,此时“我们对这东西的观照不受充足理由原理支配,不寻求它对任何外在事物的关系(这往往终于涉及对我们欲望的关系),而停止在这对象本身之上”。只是在这样的审美静观之中,作为“我的表象”的“世界”,“只是为主体而存在”。这一能被认出理念、能得到美感的世界,当然不是王国维所说的“常人之境界”,而只能是“诗人之境界”了。而王国维所说的“原夫文学之所以有意境者,以其能观也。”这个“能观”,当然也就是叔本华所说的审美静观了。尽管在《人间词话》中,已无《红楼梦评论》所说“解脱之道”这一叔本华悲观主义的鲜明痕迹,但“诗人对宇宙人生”“又须出乎其外”,“出乎其外,故能观之”,这个“观”,很显然就是“不受充足理由原理支配,不寻求它对任何外在事物的关系,而停止在这对象本身之上”的观照了。通过以上对照,“境界”与“理念”虽仍费解,但二者的关系却是很清楚了。

王国维的境界说还将境界分为“有我之境”和“无我之境”,“造境”和“写境”。

《人间词话》第三条:“有有我之境,有无我之境。‘泪眼问花花不语,乱红飞过秋千去。’‘可堪孤馆闭春寒,杜鹃声里斜阳暮。’有我之境也。‘采菊东篱下,悠然见南山。’‘寒波淡淡起,白鸟悠悠下。’无我之境也。有我之境,以我观物,故物皆著我之色彩。无我之境,以物观物,故不知何者为我,何者为物。古人为词,写有我之境者为多,然未始不能写无我之境,此在豪杰之士能自树立耳。”第四条:“无我之境,人惟于静中得之。有我之境,于由动之静时得之。故一优美,一宏壮也。”

尽管王国维认为艺术审美活动要摆脱意志、欲念的束缚,才能进入“能观”的审美静观状态,“悠然七尺外,独得我所观”,但他又注意到了人的主观心理状态与客观环境的不平衡,此时“其物直接不利于吾人之意志,而意志为之破裂,唯由知识冥想其理念者,谓之曰壮美之感情。”正是在外物对自己不利,而自己又不能抗拒,更不能制服它,在这种情况下主观的“意志”不能与外物和谐、同一,只能以理智来达观对象,“冥想其理念”。由于在对立、惊慑之时,感情正烈,难有创作,只是在由动趋静之时,进入创作状态,凭借新鲜的体味,创造出带着主观感情印记的作品(而所谓“宏壮”、“壮美”,实际上是强烈、鲜明而已),由于此时心中有较强烈的感情,在作品所呈现的境界中,主观的感情已移注到了对象物身上,因而“以我观物,故物皆著我之色彩”。从王国维所举两个例子看,一个出于冯延巳《鹊踏枝》,一个出于秦观《踏莎行》,冯延已作为南唐覆灭前的小国重臣,面临着难以逃脱的悲剧命运,《鹊踏枝》写道:“雨横风狂三月暮。门掩黄昏,无计留春住。”这难道仅仅是自然景象?南唐江河日下的局势岂非如此?春去难留,国势日非,岂非“其物直接不利于吾人之意志”?在“唯由知识冥想其理念”之时,难免会将这种“破裂的意志”移注到暮春景色中,否则,一个身为宰相的人为什么要“泪眼问花”呢?秦观的《踏莎行》写于宋哲宗绍圣四年作者所在的郴州贬所。作者因身为旧党而受排斥,一再远徙,独居孤馆,春寒料峭,心绪之凄厉与斜阳杜鹃相映,“意志”与外物对立,客观的观照弱了,但主观的抒情强了,凝之于笔端的孤馆春寒、斜阳杜鹃就成了“有我之境”。

从上面的分析可以看到,叔本华的“壮美”说对“有我之境”有理论影响,非仅此,因为他还有更为直接的说法,即“诗人仅仅鲜明地意识到他自己的心理状态并且描写它”。“主观的心情,意志的影响,把它的色彩染上所见的环境。”可见,王国维所说的“有我之境”所带有的叔本华印记是很清晰的。

至于“无我之境”,并非指创作中不表现“我”,不出现作者的感情,因为王国维曾说过“一切景语皆情语”的话,而是指我与物无利害冲突,从而得以进入审美静观的状态。此时的感情,即是《叔本华之哲学及其教育学说》中所说的:“今有一物令人忘利害之关系而玩之而不厌者,谓之曰优美之感情。”从王国维所举的两例看,一个出自陶渊明的《饮酒》,一个出自元好问的《颍亭留别》。《饮酒》中的“采菊东篱下,悠然见南山”,所表现的正是一种与外物无利害冲突的极为闲静的心情。作者从自然中“得意”、“得生”,用自然主义来规范生活,在喧嚣的尘世中能做到清静无为,心远意静,体会到“法天贵真,不拘于俗”的自然意趣。而这两句正是主观世界与外境融为一体,见出“真意”的极高境界。而《颍亭留别》中的“寒波淡淡起,白鸟悠悠下”,则是“北风三日雪”之后,在静穆平和之中,人与物相融相合,真切地传递出“物态本闲暇”的极端宁静,丝毫不见感情激切的印记,确实是“无我之境”。

王国维的“无我之境”同样可以从叔本华的著作中找到它的理沦根源。叔本华曾说过:“如果一个人凭心的力量，丢开寻常看待事物的方法……把全副精神专注在所觉物上面,把自己沉没在这所觉物里面,让全部意识之中只有对于风景、树林、山峦或是房屋之类的目前事物的恬静观照,使他自己‘失落’在这事物里面,忘去他自己的个性和意志,专过‘纯粹自我’的生活,成为该事物的明镜,好像只有它在那里,并没有人在知觉它……而沉没在这所觉物之中的人也不复是某某人(因为他已把自己‘失落’在这所觉物里面),而是一个无意志,无痛苦,无时间的纯粹的知识主宰了。”很显然,这一段话的中心意思是可以用“无我”二字来概括的,通过这段论述,无我之境是“人惟于静中得之”,也就不难理解了。

有我之境和无我之境有无高低之分呢？王国维说:“古人为词，写有我之境者为多,然未始不能写无我之境,此在豪杰之士能自树立耳。”从这段话看,有我之境多于无我之境,而只有豪杰之士始能写无我之境,当然是以无我之境的品格要高于有我之境了。

应该说,王国维的这一观点也是从叔本华那儿来的。叔本华哲学认为,人们意欲横流,常使精神无以安寄,面对着现实世界,总难以脱开利害关系,多处于“以我观物”的状态,因而世界的价值并不在其自身,却成了需求的手段。用“以我观物”审美,总难以消除物我的对应,而只有天才,才能够灭绝意欲,使自己“失落”在事物内,表现出充分的客观性。他认为,对于常人言,知识才能只是照路的灯,对天才言,则是照亮世界的太阳。天才不是意欲的奴隶,而是以知识的主宰成为客观世界存在的条件,因此也只有天才能在理念世界中得到精神幸福。王国维的“豪杰之士”岂非叔本华所说的天才？以豪杰之士能自树立,写无我之境,又岂非源出于叔本华？

当然,“境界说”毕竟是产生于中国古典文学、美学的土壤上,王国维以此来阐释诗词艺术魅力,探索创作规律,更是立足于传统,其丰富的民族色彩、内涵都远过于外来影响。

(原载《比较文学三百篇》,上海文艺出版社 1990 年 5 月版)

阳刚、阴柔与崇高、优美

我国古代哲人以阴阳之共相看待宇宙的万殊，经长期发展演变，导致了阳刚之美与阴柔之美的概念诞生。与之相近，欧洲人也经过千余年的理论探索，到十八、十九世纪的美学兴盛时代，也将崇高、优美看成一对审美范畴。

在中西美学各自独立的演进过程中，产生了殊途而同归的结果。

从历史典籍的记载中，可以明显看到我国古人以大为美的美学观。

《左传》襄公二十九年记载了季札观乐事，无论是观《齐》时所赞的“美哉！泱泱乎，大风也哉！表东海者，其大公乎？国未可量也。”还是最后见舞《韶箾》时所说的“德至矣哉！大矣，如天之无不帱也，如地之无不载也”，“观止矣！”都明显流露出赞颂“大”的思想。在孔子的言论中，在推崇“大”的基础上，已表现出赞颂“崇高”之意。他说：“大哉！尧之为君也。巍巍乎！唯天为大，唯尧则之。荡荡乎！民无能名焉。巍巍乎！其有成功也。焕乎！其有文章。”

在孔子之后，古代哲人的以大为美思想，开始了从审美主体的人、人的品行、道德，向审美客体的转移。如孟子所说的“充实之谓美，充实而有光辉之谓大”，庄子以河海相较说明“大”的涵义，都是审美目光转向自然天道的表现。汉代美学思想虽受制于“天人合一”的神学目的论，但汉赋中对“大”的赞美，仍是这一审美观的延续。

魏晋是“人的自觉”时代，人们对自身及自然之美开始有较深认识，对美学范畴的理解也渐近阳刚、阴柔之说。

曹丕《典论·论文》的“文气”说开启了盛行于魏晋的人物品评，在评价时人文章风格中，则已可见区分刚柔的端倪，使后来的沈约、刘勰得到启迪。《世说新语》所载品评人物的“岩岩清峙，壁立千仞”，和“濯濯如春月柳”，形容山水的“千岩竞秀，万壑争流”，与“翳然林木”、“日月清朗”，都有刚柔之别。

六朝以后，随文艺创作和理论研究的兴盛，经众多理论家的阐发，尤其是朱熹以《易经》谈文后，到姚鼐终能明确论述阳刚、阴柔之美。他在《复鲁絜非书》中宣称“文者，天地之精英，而阴阳刚柔之发也”，并形象地论道：“其得于阳与刚之美者，则其文如霆，如电，如长风之出谷，如崇山峻崖，如决大川，如奔骐骥”，“其得于阴与柔之美者，则其文如升初日，如清风，如云，如霞，如烟，如幽林曲涧，如沦，如漾……”姚鼐所论，真正把握了这一对审美范畴，形象地描绘了各自的美学特征，使两千多年来的论述得到明确的、科学的总结。

如同我国先秦时代推崇阳刚美，西欧也是偏重于雄伟和崇高的。较季札、孔子晚八百年左右，罗马朗吉弩斯有《论崇高》一书，书中说，“我们所欣赏的不是小溪小涧”，“而是尼罗河、多瑙河、莱茵河，尤其是海洋”。他认为人对着自己点燃的火，“总比不上日月星辰”,“我们也还不会认为这点小火比厄特拿火山口更为壮观”,“凡是使人惊心动魄的总是些奇特的东西。”

经过中世纪的长期沉寂后,随着文艺复兴运动的兴起,理论研究与创作实绩都极为可观。到十八世纪,英国的经验派美学家对崇高的特征作了较充分、明确的经验表达。爱笛生、荷迦兹、柏克等人,都分别从不同角度表达了自己的看法。尤其是柏克能对崇高和优美作出心理上的分析比较:“崇高总是引起惊赞, 总是在一些大得可怕的事物上面见出。爱的对象总是小巧的。我们屈服于我们所惊赞的东西,但是我们喜爱屈服于我们的东西。”

真正将崇高与优美的阐释从经验提高到哲理高度的, 是德国哲学家康德和黑格尔等人。康德早年写过《论秀美与雄伟的感觉》一文,认为秀美和雄伟分别产生欣喜和感动效果。从1764年的《论美和崇高》,到1790年的《判断力批判》,终将崇高和优美作了唯心主义的理论说明。他认为崇高并不在审美的客体,因为崇高感产生于审美主体的人,这是面对着雄伟事物的威力、人由瞬间抗拒激起精神振奋,从不快转为愉悦。而优美,则使人始终精神愉快。黑格尔则从他的“美是理念的感性显现”这一著名定义出发,认为崇高产生于观念与形式的矛盾,崇高感的产生在于感性形式的有限容纳不了理念内容的无限,从而感性形象变形,显示出感性形式中的无限理性力量。

十九世纪俄国唯物主义哲学家车尔尼雪夫斯基是不容忽视的人物,他提出了“美是生活”的著名定义。他从唯物主义的认识论出发,针对康德、黑格尔的观点,认定“美与崇高其实就存在于自然与人生之中”。他说:“任何东西,如果我们在其中看得到符合于我们的人生观的生活,那就是美的;任何东西,如果是比我们拿来跟它比较的事物更伟大的,那就是崇高的。”除以上经验派、唯心派、唯物派外,谷鲁斯、立普斯、斯宾塞等人对崇高、优美又有移情论的说明,其他论著也各有所倡。

从上面的历史追述中可以看到:无论是中国还是欧洲,都分别将阳刚、阴柔和崇高、优美看成一对审美范畴,并指出了许多共同属性。而且,中国和欧洲都偏重于阳刚、崇高,都是在理论发展的中后期才赋予阴柔、优美以独立意义,与阳刚、崇高相对举。

除这一相同点外,还可以找到明显的相异点。

第一,阳刚、阴柔说是我国古代宇宙观的产物,从阴阳相对相生出发而认识事物,最终又从对事物的深化认识中,回归于对这一宇宙观的完善阐释。而西方对于崇高、优美的认识,则从语言学、修辞学开始,并逐渐由经验上升、深化为体系完整的理论。

“观变于阴阳而立卦,发挥于刚柔而生爻”,这是我国古代哲人对宇宙万物对立统一的朴素看法,六朝文论于此受益甚多。如曹丕所说的“气之清浊有体”,沈约所说的“刚柔迭用,喜愠分明”,刘勰所说的“才有庸俊,气有刚柔”,都根源于此。朱熹《王梅溪文集序》更直接指明《易经》的阴阳说可观人事文章:“盖天地之间有自然之理:凡阳必刚,刚必明,明则易知;凡阴必柔,柔必暗,暗则难测。故圣人作《易》,遂以阳为君子,阴为小人。”“君子小人之极既定于内,则其形于外者,虽言谈举止之微,无不发见,而况于事业文章之际，尤所谓灿然者。”到了姚鼐，就能摒弃朱熹所论的道学色彩，针对历代区分风格的愈趋细密，以《易经·系辞》的“一阴一阳之谓道”，将众多的不同风格纳入阳刚、阴柔两类，并进而指出了二者的区别和联系，既对举成文，又调剂为用。这种既对立统一，又相反相成的看法，无疑是回归于对《易经》所述的宇宙观的极好阐释。他在《海愚诗钞序》中所说的“阴阳刚柔并行而不容偏废”，则是对长期以来推尊阳刚之美的纠偏之论。清末王国维《人间词话》“境界有大小，不以是而分优劣”，仍是这一精神的继续。

古代欧洲学者（如亚里士多德）很重视对语言、修辞的研究。朗吉弩斯也一样，他的《论崇高》从普遍人性出发来阐明写作原则。他认为“崇高是伟大心灵的回声”，而崇高语言的主要来源则有五个：“庄严伟大的思想”，“强烈而激动的感情”，“运用藻饰的技术”，“高雅的措辞”，“整个结构的堂皇卓越”。

经过中世纪神学文化的长期统治之后，文艺复兴运动创造出大批卓越成果，以绘画论，米开朗琪罗和提香、拉菲尔的风格就有显著的不同。因而，到十八世纪的英国经验派美学家，就能作较深入的研究。如爱笛生论述到一种伟大的、不平常的东西所引起的想象的乐趣。荷迦兹以众多例子论述了量对于美的作用，指出“量能在秀美之上加上伟大。”柏克则认为，崇高感产生在恐惧、不安和痛苦的感情中，但必须是不会真正威胁到生命和安全时。后来，罗斯金等人多不同意恐惧、痛苦之说，而倾向于崇高感来自物质上或精神上的伟大。从德国哲学家的所论，可以看到更为理性的分析。如康德对举自然景象、人物、民族，以论秀美和雄伟分别产生不同效果，说明优美与崇高之别。席勒在《审美教育书简》中，对崇高与优美的本质特征和审美效果都有较精到的分析。后起的移情论美学家则有更深入、细致的研究。总之，欧洲美学家论及崇高和优美，不仅是不同派别有不同的理解、说明，而且各自都有完整的体系。

第二，阳刚、阴柔说是从文艺创作实践出发，从而总结审美经验，表达审美感受的理论，因而体现出我国古代文论实践性、形象性的特点，由于表达的是对审美特征的体会、把握，故以归纳法为特征。崇高、优美说虽有经验派、唯心派、唯物派三大派系，但多从理论研究出发，注重审美心理探究，以思辨性、抽象性为特点，由于侧重于审美关系的研究，故以分析法为主。曹丕在《典论·论文》中评价了王粲、徐干、陈琳、阮瑀的文章后，又有“应玚和而不壮，刘桢壮而不密”之说，从风格评论中已渐逗刚柔相分的消息。刘勰《文心雕龙·熔裁》有“刚柔以立本”之说，《体性》分文章风格为八体。后来，皎然的《诗式》、司空图的《诗品》、严羽的《沧浪诗话》则愈分愈细。在刘勰，刚柔之别只体现为“壮丽”与“轻靡”；在司空图，雄浑、劲健、豪放、悲慨诸品都近于阳刚，而纤秾、绮丽则近于阴柔。入宋以后，文人词、宫廷画等改变了盛唐美学风范，“端庄杂流丽，刚健含婀娜”，刚柔并重成为一代新风。明清时期，文艺批评又有新发展，祝允明论画境，谢榛论养气与诗风，王世贞论南北曲，郑燮论文章的大小乘，都是对各领域刚柔风格的感受体会。因而姚鼐系统的阳刚阴柔说，和清末王国维的壮美优美说的出现，可谓适不足怪了。

从魏晋到清末，涉及阳刚、阴柔说的，多是对风格特点、形象思维、艺术手法、意境构成等方面的探讨、总结，都从创作实践出发，面对创作成果而总结审美经验，并用形象的语言表达自己的审美感受，不是理论分析，而是具有直观、可感的特点。前引姚鼐所说是如此，各家所论又何尝不是如此？从司空图二十四品的"分题系辞"、"比物取象"，到王国维《人间词话》的昭示境界、摘句评词，都可以看到我国文论善于对审美对象作总体把握、形象归纳的特点。

与我国文艺批评的"点悟"式、直觉、形象、经验式论述不同，欧洲美学以长于思辨、逻辑严密、体系庞杂为特点。前面引述了以柏克为代表的经验派对审美心理的研究，以康德、黑格尔为代表的唯心派的研究，以及以车尔尼雪夫斯基为代表的唯物派的研究。三派之中，德国哲学家最长于思辨，但较之中国，英国的经验派仍是理论的，而非经验的。

在中国，由于阳刚阴柔说是阴阳对立的宇宙观产物，因而阳刚、阴柔较早就成为一对范畴。而西方长期只侧重于研究崇高，到承认崇高和优美是一对范畴，为时既晚，接受面亦窄(不少美学家只强调二者绝对对立)。又由于阴阳与"气"关系密切，故阳刚阴柔说偏重于精神，而崇高、优美说多偏重于物质，多作量的分析，至后期才注重精神。即便如此，西方对这一对美学范畴的阐释形成了众多学说和流派，有极其纷繁复杂的分析。概言发展，中国是螺旋形上升的深化，欧洲则是极具广度的拓展。

(原载《比较文学三百篇》，上海文艺出版社 1990年 5月版)

现代新诗与古典诗词

意象与意境

近代的诗文，感受时代的风云，起而生变。文章开始打破桐城派的统治，梁启超结合欧、日与中国传统，创新文体，文笔平易畅达，笔端常带感情，导"五四"白话文之先。在以黄遵宪为代表的"诗界革命"浪潮中，多有"新世瑰奇异境生，更搜欧亚造新声"（康有为：《与菽园论诗兼寄任公、孺博、曼宣》）之作。因图存救亡是头等大事，诗文皆以直切明理为要，对于艺术性的追求是不甚重视的。"五四"时期，新诗运动掀起，在文学改良的口号下，白话文成为最大的变革，诗歌载体的语言之变革可谓第一要务，故多有如文的直叙、淡而无味的新诗作品，在"知"与"感"的选择中，显然是偏在前者。由于有三千年的诗歌创作传统，背靠于此而反思当今，诗人和论家都认识到，在历史的发展中不能因其突变而造成大的断裂，在积极向外国汲取同时，不能忘记自己的民族传统，于是，对于新诗创作也就逐渐注重意象与意境的创造，二者也成为新诗发展过程中值得注意的艺术问题。

第一节　互动与寻觅——西方诗歌与中国现代新诗

在我国的古代，"意象"原先并非一个词语，而是分而言之的。《周易·系辞上》："子曰：'圣人立象以尽意，设卦以尽情伪，系辞焉以尽其言。'"[①]这一立象尽意、系辞尽言说，具有重要的哲学认识论意义。魏晋时期，因儒学衰退、玄学渐兴，王弼认为汉儒解释爻象的方法太过刻板、机械，提出了新的方法论，其《周易略例·明象章》云："夫象者，出意者也；言者，名象者也。尽意莫若象，尽象莫若言。"[②]可见，象以达意、言以明象是他的认识论。在此基础上，他又提出了得象忘言、得意忘象之说。且不说王弼批判汉儒的机械论而走向了否定论是否正确，由《周易》的立象尽意说，到他的得意忘象说，对于意、象的肯定性或否定性说法，启发了人们在认识世界过程中对主客关系及其表述问题的思考，终于在经历了"文学自觉"的发展后，文学理论家能就文学形象问题而结合主客关系，将本为哲学概念的"意"与"象"，合成了属于文学理论范畴的"意象"一辞，刘勰《文心雕龙·神思》表述为："是以陶钧文思……然后使玄解之宰，寻声律而定墨；烛照之匠，窥意象而运斤。"[③]这里的"意象"，应是指"意"中之"象"，即经过作者思想、感情陶冶而生成的形象。此后，意象较多出现在诗歌理论之中。传为司空图《二十四诗品》的《缜密》曰："是有真迹，如不可知，意象欲生，造化已奇。"[④]明李东阳《麓堂诗

---

① 《易传·系辞》，见朱熹《周易本义》（新刊四书五经），上海：上海书店 1994 年版，第 116 页。

② 王弼：《周易略例·明象章》，《学津讨原》（丛书）第一集，琴川张氏藏版。

③ 刘勰：《文心雕龙·神思》，《文心雕龙义证》（中），詹锳义证，上海：上海古籍出版社 1989 年版，第 976 页、980 页。

④ 司空图：《二十四诗品》，《历代诗话》（上），何文焕辑，北京：中华书局 1981 年版，第 41 页。

话》在论及温庭筠诗句“鸡声茅店月，人迹板桥霜”时说：“人但知其能道羁旅野况于言意之表，不知二句之中，不用一二闲字，止提掇出紧关物色字样，而音韵铿锵，意象具足，始为难得……”①何景明《与李空同论诗书》则有专言意象之论：“夫意象应曰合，意象乖曰离，是故乾坤之卦，体天地之撰，意象尽矣。”②

作为古典文学理论的一个概念，“意象”的生成、运用过程大体如上。恰因在上世纪初新诗起始之时，诗人和诗论家看到了西方的意象派诗歌，而与之有了交汇。但是在汲取和照搬之后，随着激情的逐渐沉淀，返观之中，终于又发现了自己祖先的优长，民族传统被经意加以寻觅。

一、欧洲的意象、象征说与象征诗派

在西方的理论中，“意象” 说是黑格尔抒情诗美学范畴的核心。黑格尔继承了康德、莱辛的理论，将“意象”称为“诗的观念”，以之为兼具直觉与理性，既能观照诗人的主体心灵，又是诗人以艺术方式掌握客观世界的特定方式。就后者而言，诗人可以通过“意象”来表达理念或理想，因之，黑格尔认为，诗人可以通过创作抒情诗，将自己对客观世界的认识传达给他人，亦“使他们能自觉地生活”。在黑格尔看来，抒情诗的“意象”主要有三个特点：应是主体和客体的结合，即使是纯粹的抒情也要使之客观化而成为审美的对象；其中应蕴含“理”（理念、理想），不能脱离社会而抒发一己之情，而要体现民族性与时代性；须有独特的个性，而出于个性的独创性，才具有现代诗歌的决定性价值。

“象征”作为一种理论，也是在黑格尔那里得到了较好的阐释。黑格尔曾说：“象征一般是直接呈现于感性观照的一种现成的外在事物，对这种外在事物并不直接就它本身来看，而是就它所暗示的一种较普遍的意义来看。因此，我们在象征里应分出两个因素：第一是意义，其次是意义的表现。意义就是一种观念和对象，不管它的内容是什么，表现是一种感性存在或一种形象。”③

大文豪歌德虽较黑格尔年长 21 岁，却比后者晚逝一年，难以证实他曾受到黑格尔上述说法的影响，但是，他对象征的理论及在诗歌中的创作实践，却有较长时期的探索。歌德从 18 世纪 90 年代起就对文学的象征问题作了深入的思考，终于到 1824 年为这一概念作出了定义，他所强调的是：为了一般而追求特殊，结果就产生了寓意，“特殊”是作为一种描述，作为“一般”的例证；而在特殊中追求一般，才是诗歌的真正本质，它表现某种特殊事物，而不考虑或指向一般事物。歌德与英国诗人柯勒律治都强调，寓意提供的是一对客体（一个形象和一个概念），而象征只提供一个客体（形象），寓意是具体的，象征却具有无限的意义，有丰富的暗示，因此而象征成为文学表现的高级模式。这一观点得到了后来多数西方批评家的认同。

---

① 李东阳：《麓堂诗话》，《历代诗话续编》（下），上海：中华书局 1983 年版，第 1372 页。
② 何景明：《与李空同论诗书》，见《何大复集》，郑州：中州古籍出版社 1989 年版。
③ 黑格尔：《美学》第 2 卷，朱光潜译，北京：商务印书馆 1979 年版，第 10–12 页。

对于象征作为“直接呈现于感性观照”的“现成的外在事物”，对于它的“诗意义”和“意义的表现”，对于“表现是一种感性存在或一种形象”，歌德又能很好地体现在他的诗歌中，而且，因他在晚年时不满于欧洲文学的鄙陋，将目光投向了东方，使得所作有了东方和中国的色彩，也使东西方的诗歌有了交汇的可能。歌德曾阅读过《好逑传》、《玉娇李》等明清小说，爱克曼《歌德谈话录》记载了他对这些小说，进而对中国文学的看法，并流露出推崇之意。1814 年夏，歌德醉心于波斯诗人哈菲兹的抒情诗，遂有《西东诗集》的创作，比较文学研究者认为，歌德的这一诗集，有颇为浓厚的李白风味。歌德是通过德译本来了解哈菲兹的，而他并未读到李白的诗，他的近于李白的诗风是从何而来的呢？论者以为他是通过明清小说以及波斯诗歌来间接了解李白的。波斯是丝绸之路的重要大国，一直与我国有交往，接受唐朝物质与精神文明是不奇怪的，即使在中唐以后，陆上丝绸之路受阻，但海上丝路却一直畅通，受唐宋元三代的中华文化影响，波斯在十世纪到十五世纪间，诗歌创作出现了高峰，不少诗人的作品都带有唐诗的风味。兼受明清小说与波斯诗歌的影响，歌德的《西东诗集》和《中德四季晨昏杂咏》很有东方情调，颇见太白风概，诗中意旨和格调都较为相似。这一史实也说明，中国与欧洲虽然相隔遥远，有着巨大的文化区别，但是中西诗歌的互相学习、汲取，以至融汇，也并非是不可能的。

象征之运用于创作，在许多浪漫主义诗人已是早有所见，如雪莱的作品，就经常可见晨星、晚星、蛇鹰恶斗等具有个人意义的象征事物，而象征主义诗歌作为一个创作流派，其先导是波德莱尔，代表作为《恶之花》(1857 年)，这一流派产生在十九世纪八十年代的法国，并以文学运动的方式，开始于 1886 年。是年，在《费加罗日报》上发表了若望·莫瑞亚斯的《象征主义宣言》，而在此之前，在该派的诗歌创作中，已表现出基本的精神和原则。与哲学上的直觉主义相呼应，这一流派的理论家、诗人马拉美认为，诗歌应表现超现实的、非理性能把握的“理想世界”，即事物的“纯净”状态，这一世界只能通过象征来暗示，所以，主于表现个人的内心世界，就成为创作的主要倾向。而魏尔伦则将诗歌看作是个人感情和感觉的直接表现，韩波将诗歌作为认识不可知世界的手段。他们共同点在于都将客观世界看作主观世界的“象征”，此说发展了波德莱尔所说的“宇宙是一座象征的森林”，走向唯美与神秘主义，是不足为怪的。这些诗人都有着巨大的创作热情，如马拉美所说：“在巴那斯派诗人这方面，他们的确都是诗的忠仆，他们甚至把自己的人格也奉献给诗了；而青年一代诗人，他们从音乐直接获得创作冲动，这是前所未有的。”[①]法国象征主义诗歌对欧洲文坛造成了很大的影响，十九世纪九十年代以后，又影响了英国和美国，出现了一批象征主义诗人，德国和俄国也受到影响，也有一些较著名的象征派诗人和诗作。而到了第一次世界大战后，象征主义又得到了很大发展，叶芝的“拜占庭”组诗、艾略特的《荒原》，乔伊斯的小说《尤利西斯》，是其中最著名的作品。

---

① 马拉美：《关于文学的发展》，《西方文论选》(下)，上海：上海译文出版社 1996 年版。

由于象征派诗人很重视诗歌的形象创造，因而也就自然地走向了对诗歌意象的艺术追求。T·S·艾略特将表达感情的“某物”的象征体，称之为感情的“客观对应物”，而这一“客观对应物”，就是“将要充当那种特定情感表达方式的一组事物、一种情境或一串事情。”[①]这一说法显然符合黑格尔所说的要通过“意象”来“表达理念或理想”，诗人通过创作抒情诗，“将自己对客观世界的认识传达给他人”，即使是纯粹的抒情，“也要使之客观化而成为审美的对象”。所以，“一组事物、一种情境或一串事情”，就是诗歌中用以表达特定感情的“意象”。对于意象与象征的沟通，有这一非常明确的说法：

> 象征具有反复和固定的涵意。如果一个意象一度被引作隐喻，而它能固定地反复着那表现的与那重新表现的，它就变成象征。[②]

因意象的“一度被引作”隐喻，又“固定”、“反复”“那表现的”与“那重新表现的”，意象遂变成了象征，这就不仅是修辞学的解释，也为理解象征派诗歌找到了开门的“钥匙”。

象征派诗歌一般都具有对社会的批判倾向，因而诗人们所创造的意象，往往具有某种寓意，如兰波的《群鸦》，诗中的乌鸦是“全身丧服”地“在广阔的天空中布阵”，它们的叫声实可看作是诗人对黑暗社会的诅咒。波德莱尔的《腐尸》，通过描写一具女尸，传达出对时间和生命价值、意义的思考。象征派诗歌常见晦涩，多颓废情绪，其背后有着特定的社会生存背景，诗人在作品中体现出自己的人生观、世界观同时，又常带有对社会的强烈不满。作为艺术手法，象征主义的创作所注重的是：通过暗示来理解奥秘，以联想来产生形象，多用梦幻来表达思想，用对应来形成意念，消减激情而求含蓄，注重音韵节奏诱发想象。因多方的追求，丰富了艺术表现手法，但由于重视暗示、联想、梦幻而轻忽感觉、真实、生活，导致了对现实的脱离，也因所用的比喻、象征难以理解原设的对应，过分重视音韵节奏而无法做到语言的准确表达，未免在陷入唯美主义和神秘主义同时，偏于主观而难于理解，终又有碍于读者的接受。

二、中国现代新诗对于象征派及其他外国诗歌的摹仿

在新诗产生的二十世纪初期，伴随着国人持续半个多世纪的“睁开眼睛看世界”，诗人们所寻觅的多是与自己时代较近的西方榜样，而由于世纪初的悲哀与诉求，挣扎与反抗，很容易合上了欧洲十九世纪末的颓废，悲哀、挣扎对颓废的认同，造成了一时的新诗潮流，而这主要就是对法国象征派诗歌的摹仿。

“五四”以后，我国新诗人中的初期象征派，因个人生活的失意，对人生道路感到困顿、迷惘，故对象征主义诗歌非常沉迷，李金发与戴望舒是主要的代表。李金发虽自

---

① T·S·艾略特：《哈姆雷特》，转引自艾晓明译《象征主义》，北京：昆仑出版社 1989 年版，第 1 页。

② 韦勒克、沃伦：《文学理论》，刘象愚等译，南京：江苏教育出版社 2005 年版，第 214–215 页。

谓受波德莱尔与魏尔伦的影响而作诗,实际上却更接近马拉美。马拉美将“写出最完美的书”作为“世界的最终目的”,李金发也将创造美作为艺术的唯一目的,艺术家的唯一工作,而美则是蕴藏在想象、象征和抽象的推敲中,诗歌只是自己个人的感情记录,写诗只求发泄胸中的诗意。马拉美努力追求诗歌的美,所作既是感官对外物转瞬即逝的感受,又有显著个性的鲜明感情。因此,他的诗既用形象表现抽象,表现心灵中的感受,又用神秘的形象表现常见的事物。李金发同样如此,如《有感》:

> 如残叶溅
> 血在我们
> 脚上,
>
> 生命便是
> 死神唇边
> 的笑。
>
> 半死的月下,
> 载饮载歌,
> 裂喉的音
> 随北风飘散。
> 吁!
> 抚慰你所爱的去。①

残叶、溅血、死神、月光、北风等带有阴冷色彩的意象,多出于法国象征派诗歌。此外,如乌鸦、坟墓、寒夜、尸体等常见的法国式意象,也出现在我国新诗人的作品中。法国象征主义诗歌所创造的意象,多有特定的感情内涵和心理意蕴,而我国的新诗人在摹仿这些意象时却多满足于表层意义,而未能体现其神秘主义和潜意识、暗示性,有的甚至是生硬的照搬。如“Nymph”,出于希腊神话,是居住于山林河畔的仙女,其半裸的形象,与我国传统的女神大异,可是初期象征派诗人却置之不顾,甚至不作适当的翻译就直接用在自己的诗中。李金发就多次写道:“你可如 Nymph 与少年跳跃在林里,洗浴在清泉之底”(《悼韩英》),“你该伴 Nymph 远去,游玩那河流,山谷,平坂,高丘”(《我该羞愧》),“长林的 Nymph 何时休歇跳跃”(《高原夜语》),而这一形象因未能转换其社会、文化内涵,不具备民族的特色,陡然出现在我国的诗歌中,实在是难以消融其西方的神话色彩,而难以为国人所接受。此处再举冯乃超的《红纱灯》一例:

① 李金发:《有感》,《李金发诗集》,成都:四川文艺出版社 1987 年版,第 535 页。

森严的黑暗的深奥的殿堂中央，红纱的古灯微明地玲珑地点在午夜之心。

苦恼的沉默呻吟在夜影的睡眠之中，我听得魑魅魍魉的跫声舞蹈在半空。

乌云丛簇地丛簇地盖着蛋白色的月亮，白练满河流若伏在夜边的裸体的尸体僵。

红纱的古灯缓缓地渐渐地放大了光晕，森严的黑暗的殿堂撒满了庄重的黄金。

愁寂地静悄地黑衣的尼姑踱过了长廊，一步一声怎的悠久又怎的消灭无踪。

我看见在森严的黑暗的殿堂的神龛，明灭的惝恍地一盏红纱的灯光颤动。①

此诗虽堪称善于营建意境，具有较高的艺术性，诗中如红纱灯、尼姑、魑魅魍魉等，都为中国式意象，但全诗显见对法国象征派的摹仿，其气氛、意旨、构想，尤其那种种阴郁、可怖的意象，都不是中国式的。

不仅是学习象征派的诗歌，其他诗人在向外国诗歌学习时，也多有这种“移植”式的摹仿现象。如郭沫若在日本留学时曾阅读过泰戈尔的不少诗作，受到了泰戈尔以《吉檀迦利》为代表的泛神论思想的影响，郭沫若早期诗歌也在表述人神合一之时，有着泰戈尔诗歌常见的意象，虽说别的诗人也写新月、白云、大海、朝阳、潮汐、森林……但是那种平和、幽静，有时则是欢快、跳跃，则为泰戈尔所特有。另一位诗人王统照，1922 年在《民铎》杂志上撰文介绍泰戈尔的人格观，次年又在《小说月报》上发表论文《泰戈尔的思想与其诗歌的表象》，还在 1924 年泰戈尔来华访问时与徐志摩一同担任翻译。王统照的诗歌深受泰戈尔的影响，他的《小诗七十六首》，不仅体式与泰戈尔诗相似，其充满爱意的阳光、小草、玫瑰、森林、树叶、露珠等意象，也为泰戈尔的诗歌所惯见。另一位倾心于且被认为是最善于学习泰戈尔的，是诗人冰心。冰心对母爱、儿童的歌颂和赞美，固然与泰戈尔的思想有着显见的渊源关系，她对自然的赞美，也同样留有泛神论的色彩，诗中的诸般意象，也有显见的泰戈尔式特点。

应该指出的是，在冰心的诗集《繁星》中，已见宗教色彩，如八：“残花缀在繁枝上 / 鸟儿飞去了。撒的落红满地——生命也是这般的一瞥么？”二〇：“幸福的花枝 / 在命运的神手里 / 寻觅着要付与完全的人。”至于 1921 年所作的《圣诗》，完全是演绎《圣经》，如《傍晚》，注明是创世纪第三章第八节，诗中云：“光影里，宇宙的创造者，他——他自己缓缓的在园中行走。耶和华啊！你创造他们，是要他们赞美你么？是的，要歌颂他，要赞美他。他是昔在今在以后永在的，阿们。”而《夜半》，是《圣经》的《诗篇》第十六章第七节：“从星光里，树叶的声音里 / 我听见了你的言词。你在哪里，宇宙在哪里，人又在哪里？上帝是爱的上帝，宇宙是爱的宇宙。”如果说泰戈尔作为东方的诗人，与中国还是近邻，而且两国可以在佛教，尤其是东传后的禅宗上，找到共同的泛神论思想基

① 冯乃超：《红纱灯》，《创造月刊》第 1 卷，1927 年版，第 6 期，第 19 页。

础，因此，五四时期的新诗人学习泰戈尔，在诗歌的意象上还不觉得是显著的照搬；然而，如冰心那样的演《圣经》为诗，其诗中的意象则是难以与我国诗歌的传统相合，其外国的特色也难以为我国读者所广泛接受了。

第二节　民族的皈依

关于民族与世界的关系问题，虽在全球经济一体化的今日，会有不同于经典性论述的看法，但在上世纪初期，即便不会对创作实践作极端性的强调，认为"越是民族的就越是世界的"，却应看到民族特色是不会淹没在世界性、国际性潮流中的。如庞德对远游的中国诗神之倾心自是毋庸置疑，然而他对中国古典诗歌的摹仿，仍然带有西方的清晰印迹。如《仿屈原》："我要走入林中，戴紫藤花冠的众神漫步的林中，在银粼粼的蓝色河水旁，其它的神祗驶着象牙制成的车辆。那里，许多少女走了出来，为我的朋友豹采摘葡萄。这些豹可是拉车的豹。"①诗人虽然深受唐诗影响，此诗更明言是有意仿屈原而作，但诗中的紫藤花冠、众神、象牙车、葡萄等，仍构成了带有明显西方色彩的群像，他虽想摹仿屈原式的中国古典语境，却只能略似《山鬼》，其主导语境与意象，都显现出西方的文化特质。在我国新诗初起之时，在经历了一个倾心于外国诗歌的时期后，终于认识到在旧体与新诗之间并无难以逾越的鸿沟，新诗人也难以割断传统，在历来是诗歌国度的土壤中，不宜于生长起尽属"番""洋"的新种类，搬用、移植，会逐渐转为融合、嫁接。因此，在较之于古典诗歌是很不相同的新诗形式中，又出现了为国人所熟悉、认同、经改造的意象，而它们又多出自唐宋诗词。

一、由外转内

新诗初起之时，既有如上节所述的对法国象征派、对泰戈尔等人的摹仿，又有立足于本国的古典或民间，探索新诗的创作。后者同一味向外国汲取者不同，这些诗人在其作品中所用意象的原型物虽无异，而内涵则有别，不是外国诗歌意象的移植，而是本民族诗歌意象的延续或改造后的重建。如胡适的《老鸦》：

我大清早起，站在人家屋角上哑哑的啼，
人家讨嫌我，说我不吉利；
——我不能呢呢喃喃讨人家的欢喜！
天寒风紧，无枝可栖。
我整日里飞去飞回，整日里又寒又饥。
——我不能带着鞘儿，翁翁央央的替人家飞；
不能叫人家系在竹竿头，赚一把小米！②

---

① 庞德：《仿屈原》，《意象派诗选》，[英]彼德·琼斯编，裘小龙译，桂林：漓江出版社 1988 年版，第 83 页。

② 胡适：《老鸦》，《胡适文集》第九卷，北京：北京大学出版社 1998 年版，第 121 页。

俞平伯的《冬夜之公园》:

哑!哑!哑!队队的归鸦,相和相答。
淡茫茫的冷月,衬着那翠迭迭的浓林,越显得枝柯老态如画。
两行柏树,夹着蜿蜒石路,竟不见半个人影。
抬头看月色,似烟似雾朦胧的罩着,远近几星灯火,忽黄忽白不定的闪烁:
——格外觉得清冷。鸦都睡了;满园悄悄无声。
惟有一个突地里惊醒,这枝飞到那枝,不止为甚的叫得这般凄紧?
听它仿佛说道,"归呀!归呀!"①

前者以第一人称出现的乌鸦,显然不是法国象征派诗歌中的乌鸦,乌啼不吉自是民族信仰,系杆而戏则多见于我国民间。后者的归鸦是贯穿始终的主意象,而一始一终的乌鸦叫声,呼应之中其实点出了"归"的主题。二诗的乌鸦都"无枝可依",是此鸟在历来古代诗歌中的形象定型,而俞平伯诗中的环境及诸般意象,能令人想到曹操《短歌行》的"月明星稀,乌鹊南飞,绕树三匝,何枝可依?"以及李白《三五七言》诗的"秋风清,秋月明。落叶聚还散,寒鸦栖复惊。"显然,胡适与俞平伯诗中所写,是不同于李金发仿照兰波诗的乌鸦,而是中国古典诗词中的乌鸦,有特定的涵义,是民族传统的继承,却又出现在新诗之中。

又如胡适的《秘魔崖月夜》:

依旧是月圆时,依旧是空山,静夜;
我独自月下归来——这凄凉如何能解!
翠微山上的一阵松涛,惊破了空山的寂静。
山风吹乱的窗纸上的松痕,吹不散我心头的人影。②

《也是微云》:

也是微云,也是微云过后月光明。
只不见去年得游伴,也没有当日的心情。
不愿勾起相思,不敢出门看月。
偏偏月进窗来,害我相思一夜。③

诗中的明月具有拟人化的相思之内涵,而明月共照分处二地之人,月光引发了对

---

① 俞平伯:《冬夜之公园》,《俞平伯全集》第1卷,石家庄:花山文艺出版社1997年版,第19页。
② 胡适:《秘魔崖月夜》,《胡适文集》第九卷,北京:北京大学出版社1998年版,第232页。
③ 胡适:《也是微云》,《胡适文集》第九卷,北京:北京大学出版社1998年版,第244页。

于对方的思念，则又为古代诗词所常见，张九龄《望月远怀》云："海上生明月，天涯共此时。情人怨遥夜，竟夕起相思。"写出了最典型的因月而忆念，胡适的两首诗，或有此诗的影响，都与法国象征派诗歌的月亮不同，而是具有中国特色的意象。胡适即便在美国所写，诗歌的意象仍带中国特点，如《从纽约省会(Albany)回纽约市》：

四百里的赫贞江，从容的流下纽约湾，
恰像我的少年岁月，一去了永不回还。
这江上曾有我的诗，我的梦，我的工作，我的爱。
毁灭了的似绿水长流。留住了的似青山还在。①

赫贞江虽在美国，却带着孔子感慨流水"逝者如斯，不舍昼夜"的原始意蕴，而结尾二句的绿水青山，一动一静一去一留，则更是我国古典诗歌所常用的、蕴含哲理的喻象。

有些三、四十年代的青年诗人，多用古典诗歌的意象与语言，甚至将新诗写得如同旧体。如孙望的《给千帆》：

大道之直，方如青发。我欲攀废园的柳条，为君作宜春的锦鞭。
田家子将歌麦秀了！纵然你不怀念柳花，能忘承筐的纤指吗？②

而程千帆的和诗《答孙望》，较原诗更多用古典诗歌的原句原意：

长因榴火忆红裳，更难忘纤指之承筐；
人间有千万种风情，溱与洧之上。
你知道，我不是个鲁男子。
悲莫悲兮生别离！天下事十九不如意。
追悔放肆的少年游，仿佛忽已三年，不曾，马在跨而鞭在手。③

我们能看到的是古典的风貌，而不是新诗民族式意象的创造。或因这份对古典诗歌的爱，使得他们二位最终都走上了古代文学的研究道路。

二、搬用与化用

新诗中具有民族传统特色的意象，固然来自于古典诗词，而诗人之向古人所取，则有搬用与化用之别。

---

① 胡适：《从纽约省会(Albany)回纽约市》，《胡适文集》第九卷，北京：北京大学出版社1998年版，第272页。
② 孙望：《给千帆》，《文艺月刊》第10卷第1期，第88页。
③ 程千帆：《答孙望》，《文艺月刊》第10卷第1期，第88页。

所谓的搬用，最常见的就是对名句的采用。有的是直接的采用。如冯文炳的《星》：

满天的星，颗颗说是永远的春花。
东墙上海棠花影，簇簇说是永远的秋月。
清晨醒来是冬夜梦中的事了。
昨夜夜半的星，清洁真如明丽的网，疏而不失，
春花秋月也都是的，子非鱼安知鱼。①

诗中的"春花""秋月""海棠"都是我国古典诗歌中的常见意象，而此诗最后二句，一者令人想起李煜词的名句"春花秋月何时了"，而末句则是《庄子》的著名寓言，如果说前者还算能融化其中，那么后者之全用《庄子》原句，却在全诗中显得突兀而不浑融。

冯文炳的《星》是一句之用，而有的则是多句之用。如应寸照的《骚赋》：

"若有人兮山之阿，被薜荔兮带女萝。既含睇兮又宜笑，子慕余兮善窈窕。"
露花湿遍了满池芳草，我来第一个跟你舞蹈。
我们在蓝色的音符上，轻轻地溜去，不要把成缕的发香颠破。
昨夜的雨丝蹉跎。黄昏的脸上雾多。别问我良宵几时！别问我良宵何处！
你只把裙角提了，随我去寻一架狭小的桥，
我跟你偎倚着战兢步过，背离那古代的黑河。②

首节全用屈原《九歌·山鬼》原句，后面的男女舞蹈、相交，虽非与之完全难以相融，但完全的原句植入，却仍显生硬。

有的似是将古人的名句化成新诗的意象，却并非真正的化用。如吴兴华的《西珈》之八：

当我说我想感谢你，因为诗歌的世界／因你始向我接近，
把一些隐秘的珍藏／毫不吝惜地打开……
我仿佛看见你微扬／纤仄的黛眉，表示你惯于表示的不屑；
但是我欲吐的真实燃烧着我的唇颊，不只是力量和色彩渲染新近的诗章，
这点是明显易见的，不足为你的荣光，
而是更空灵的感触，更深也更加亲切——
满月立刻能使我想起半天的画船，酒炉边侧坐的佳人稍露凝脂的手腕；

① 冯文炳：《星》，原刊《新诗》第1卷第6期，1937年3月10日出版；见《废名集》第3卷，北京：北京大学出版社2009年版，第1584页。

② 应寸照：《骚赋》，原刊《人间》第1卷第3期，1943年9月出版（上海人间出版社）；见吴晓东编《中国沦陷区文学大系·诗歌卷》，南宁：广西教育出版社1998年版，第87页。

于是我爱它的清辉，渴望能与你同观。
或是在暮春当碧色侵上荒静的小道，我初次了解词人的心情不忍去蹂践，
伊人的罗裙处处荫覆着如油的芳草。①

诗中的最后六句，分别用了韦庄《菩萨蛮》词："炉边人似月，皓腕凝霜雪。"和牛希济《生查子》词："记得绿罗裙，处处怜芳草。"然而仅是原句的现代汉语翻译，不是真正的化用，未能做到化其形而存其神，未得其滋味、神韵，亦同样难说是创造出新的意象。所以，古代诗词名句的运用，虽或能诱发创造新诗的意象，但若不是化用而是搬用，则如搬用外国诗歌意象一样，也会显得生硬而不浑融，未能形成新诗真正的、优美的意象。

有的新诗所用的语言，所营的意象，不是一句或数句、一个或数个出自古典诗词，而是遍及全篇，虽较纯粹搬用外国诗歌的意象易于为国人所接受，但因并非点化，更非融化，未能真正创造出属于新诗的意象，故难以认为是成功之作。如俞平伯的《小劫》，既用了《离骚》的上下求索表现方式，又兼有《离骚》与《九歌》的名词与意象，却给人不今不古、不伦不类之感：

云皎洁，我底衣，
云烂熳，我底裙裾，
终古去敖翔，随着苍苍的大气；
为甚么要低头呢？哀哀我们底无俦侣。
去低头！低头看——看下方；
看下方啊，吾心震荡；看下方啊，撕碎吾身荷芰底芳香。
罡风落我帽，冷雹打散我衣裳，
似花花的蝴蝶，一片儿飘扬，
群仙都去接太阳，歌哑了《东君》，惹恼了天狼，
天狼咬断了她们底翅膀！独置此身于夜漫漫的，人间之上；
天荒地老，到了地老天荒！赤条条的我，何苍茫？何苍茫？②

再看化用。

在新诗的初期，李思纯已经阐明了对新诗的不满，以之太单调、太幼稚、太漠视音节，提出今后的要务是多翻译欧诗以输入范本，融化旧诗及词曲之艺术。对于后者，他认为胡适和康白情"都有融化旧诗、以创造新体的趋向"，还具体指出康白情的《从连山关到祁家寨》开头两句："这里的山花，比银还要白些。这里的山色，比黛还要浓些。"

① 吴兴华：《西珈》之八，原刊《文艺时代》第1卷第4期，1946年9月出版；见《吴兴华诗文集·诗卷》，上海：上海人民出版社2005年版，第57页。

② 俞平伯：《小劫》，《俞平伯全集》第1卷，石家庄：花山文艺出版社1997年版，第124–125页。

较王士祯称赏的"谷城山色青如黛,藤县花开白似银"趣味更浓,"这便是融化旧诗的作用了"①。

此外,前谓冯乃超的《红纱灯》是对法国象征派的摹仿,而《残烛》一诗却显然不同:

追求柔魅的死底陶醉 / 飞蛾扑向残烛的焰心
我看着奄奄垂灭的烛火 / 追寻过去的褪色欢忻
焰光的背后有朦胧的情爱 / 焰光的核心有青色的悲哀
我愿效灯蛾的无智 / 委身作情热火化的尘埃
烛心的情热尽管燃 / 丝丝的泪绳任它缠
当我的身心疲瘁后 / 空台残柱缭绕着迷离的梦烟
我看着奄奄垂灭的烛火 / 梦幻的圆晕罩着金光的疲怠
焰光的背后有朦胧的情爱 / 焰光的核心有青色的悲哀②

此诗不仅在押韵和句式上易于为惯熟旧体诗词的读者所接受,诗中的残烛意象,更应是出自李商隐著名的《无题》,显然是"蜡炬成灰泪始干"的形象与爱情内涵的演绎,而加之以飞蛾扑灯的传统意象,将《无题》的蜡烛与春蚕之分述、分拟,变成了蜡烛与飞蛾的互动,更在形象的联想中,可加深对爱情的表达,飞蛾与灯烛本用之表达追求光明而不惜身死,此诗用以歌颂爱情,较之于"春蚕到死丝方尽",则有炽烈、悲壮与沉缓、哀怨的不同,对读者心灵应有更强烈的震撼。

又一成功的例子是何其芳的《罗衫》,诗中将古代诗歌中常见的意象作了真正属于新诗的语言、体式的翻用,而罗衫的意象,则同样像古典诗词中所见,因季节之变而罗衣被弃、秋扇见捐,具有象征性:

我是曾装饰过你一夏季的罗衫,如今柔柔地折叠着,和着幽怨。
襟上留着你促游时双桨打起的荷香,袖间是你欢乐时的眼泪,慵困时的口脂。
还有一枝月下锦葵花的影子,是在你合眼时偷偷映到胸前的。
眉眉,当秋天暖暖的阳光照进你房里,你不打开衣箱,检点你昔日的衣裳吗?
我想再听你的声音。再向我说:"日子又快要渐渐地暖和。"
我将忘记快来的是冰与雪的冬天,永远不信你甜蜜的声音是欺骗。③

对于冯乃超这样的老诗人,丁景唐自属新的一辈,他以歌青春的笔名所作的《雁》,点化一句古诗而甚见成功的创造出新诗的意象。此诗开头则有数字:"故国霜前白雁来——杜甫",全诗是:

① 李思纯:《诗体革新之形式及我的意见》,原载1920年12月《少年中国》第2卷第6期,王运熙主编《中国文论选·现代卷》上,南京:江苏文艺出版社1996年版,第171页。

② 冯乃超:《残烛》,《冯乃超文集》(上),广州:中山大学出版社1986年版,第47页。

③ 何其芳:《罗衫》,《何其芳全集》第1卷,石家庄:河北人民出版社2000年版,第17页。

倚窗凝向落日：正半江红树，一天流霞。
寥廓的长空有雁阵，从漠北带来秋风。
寥廓的长空有雁阵，从漠北带来秋风，却不带来北国的音讯。
嘹唳声声，江岸的芦荻，连头颅也愁得斑白了。①

上面论述了新诗在其发展道路上既向外国学习，又皈依于民族传统的过程。这里还要指出：或许是出于"陌生化"的创作原则，无论是中国诗人还是西方诗人，都有向对方学习的可能与必然，而因意象本与诗意的语言密切相关，出于汉语为诗化语言的缘由，意象的营造也为我国古典诗歌所擅长，因此，新诗虽向外国诗歌学习，最终却又回到了寻找民族传统的道路，并因此而使这样的诗歌得到了民族的认同。

三、回归的途径

诗歌的特点在于用形象、感性说话，而不是用逻辑、理性说话，虽也有外在的句式、用韵等形式上的要求，但更重要的是用意象——融合了诗人感情、意念的形象，来建构自己的内在联系，而这种联系、结构又因偏在客观或主观，而分有或重在客观、或重在主观的区别。前者多按诗人对外部世界、真实生活的理解、感受建立起诗中的逻辑，具有一定的情节，所构建的意象偏在"象"一侧；后者多按诗人的主观感情线索来建立诗中结构，感情重于真实的生活，所经营的意象偏在"意"一侧。意象这种或偏于客观、或偏于主观的特点，可对应于意境的不同类型之说，此点在后面再论。我国现代的新诗，大体经历了由外而内、在反思中适度向古典诗词汲取的发展历程，新诗人逐渐懂得了如《二十四诗品》所说的"意象欲生，造化已奇"，也在意象的建构上，找到了回归民族传统的途径。

第一，从阴暗、污浊回归明朗。

法国象征派诗人的鼻祖波德莱尔曾说："（写诗）不仅在于运用大都会污浊生活的意象，而且在于把握这类意象之外的某种事物。"②而事实上，法国象征派诗人多注目于"恶"而不是"花"，他们虽多嫌恶大都会的生活，向往自然，却因多有颓废情绪，喜用神秘感受表现潜在意识，使之常在诗中出现诸如坟墓、尸体、枯骨、乌鸦、寒夜等阴冷、甚而是污浊的意象。而我国初期的象征派诗人，因生活道路的困顿，为彷徨失意而迷惘，诗歌创作的艺术趣味倾心于法国象征主义，一味刻意摹仿，遂造成了中国新诗的意象与法国的雷同。前面已举诸例，此处再看李金发的《弃妇》：

长发披遍我两眼之前，遂割断了一切羞恶之疾视，
与鲜血之急流，枯骨之沉睡。

① 歌青春（丁景唐）：《雁》，《中国沦陷区文学大系·诗歌卷》，南宁：广西教育出版社1998年版，第32页。
② 波德莱尔语，转引自查尔斯·查德威克：《象征主义》，周发祥译，北京：昆仑出版社1996年版，第66页。

黑夜与蚊虫联步徐来，越此短墙之角，狂呼在我清白之耳后，
如荒野狂风怒号，战栗了无数游牧。①

其意象、格调、情趣都不似本土所出。

即使是爱国诗人闻一多，其代表作《死水》一诗，表达了对毫无生气、一潭死水的环境的绝望，背后是对国家变革难期、因循旧习的悲愤，诗中全力展示了“污浊生活”，全幅地表现了阴暗面。相较而言，李广田《秋的味》还见平和，然而诗中所传递出的秋天气息，不是成熟的欢欣、收获的喜悦，也不是悲秋的主题，却是朽腐、衰败：

谁曾嗅到了秋的味，坐在破幔子的窗下，
从远方的池沼里，水滨腐了的落叶的——
从深深的森林里，枯枝上去熟了的木莓的——
被凉风送来了／秋的气息？
这气息／把我的旧梦醺醒了，
梦是这样迷离的，象此刻的秋似——
从窗上望出，被西风吹来，又被风吹去。②

随着新诗发展的下行趋势，读者的日渐冷落，作者和论家感知到在古典与现代之间不应有明显的断裂，仅向西洋学习或能一时满足于作者，却未免与读者长期养成的欣赏习惯脱节，在返身面对传统时，终于又看到了古典诗词毕竟还有可以借鉴之处。于是，闻一多等新月派诗人倡导新体格律诗，而这最终又不仅是形式问题，还改变了诗中意象，回归于国人所习见的光明、亮色。人们所欣赏的，不是闻一多将古怪的思想比作“尘封雨渍的钟楼里，飞出一阵猜怯的蝙蝠”（《玄思》），不是可怖的意象：“最好是让这头颅给田鼠掘洞，让这一团血肉也去喂着尸虫”（《静夜》），也不是如此的誓愿：“让你的酷冷冻死我！认你那无情的牙齿咬死我！让那寡恩的毒剑螫死我！”（《死》）甚而不是《死水》和《烂果》，而是“神速的金乌”、“六龙骖驾”、“楼角新升”、“自强不息”、“慈光普照”的太阳（《太阳吟》）是“尧舜的心”、“荆轲聂政的血”、“神农黄帝的遗孽”，是“戈壁的沉默”、“五岳的庄严”、“泰山的石霤还滴着忍耐，大江黄河又流着和谐”（《祈祷》），用此诗的话来说，是因为这些“歌声的节奏，原是九苞凤凰的传授”，因此而不应忘记自己“是中国人”，要“启示我，如何把记忆抱紧”。另一位诗人徐志摩，人们所欣赏的同样不是“吹糊你的灯，她在坟墓的那一边等，等你去亲吻”（《半夜深巷琵琶》），不是将残春的花比作“艳丽的尸体”（《残春》），而是温婉的《再别康桥》。他虽然为失恋而发出痛苦的喊声：“这是一个懦怯的世界，容不得恋爱，容不得恋爱！披散你的满头发，赤露你的一双脚；跟着我来，我的恋爱！抛弃这个世界殉我们的恋爱！”（《这

① 李金发：《弃妇》，《李金发诗集》，成都：四川文艺出版社 1987 年版，第 5 页。
② 李广田：《秋的味》，《李广田文集》第 2 册，济南：山东文艺出版社 1984 年版，第 10 页。

是一个懦怯的世界》)却不改其美好的信念,用天上的明星意象作为爱情的象征:

我有一个恋爱——
我爱天上的明星;
我爱它们的晶莹:
人间没有这异样的神明。

在冷峭的暮冬的黄昏,
在寂寞的灰色的清晨,
在海上,在风雨后的山顶:——
永远有一颗,万颗的明星!
……
我袒露我的坦白的胸襟,
献爱与一天的明星:
任凭人生是幻是真,
地球存在或是消泯:——
太空中永远有不昧的明星!①

第二,从叙事、说理回归抒情。

在相当长的时期,在一定的意义上,新诗其实就是自由诗,而"自由"之义,不仅在于对格律的挣脱,更在于能借助现代汉语在表述上较文言更为自由,又在平民文学和白话文的口号下,较之古典诗词更贴近了生活。确实,新诗不仅容量大,能表现复杂多变的生活,且变更了陈旧的程式,尤在叙事和说理上有其显见之长。但是,事物往往在充分表现出自己的优长之时,也辩证地体现出自己的短处,新诗人在经过了一轮"自由"的创作后,终又发现,文各有体不仅是人为的分工,也是文体自身所决定的,诗歌虽能用于叙事和说理,却毕竟以抒情为第一性。对此,许多诗人和诗论家都有认识和论述。如康白情说:"诗是主情的文学。没有情绪不能作诗;有而不丰也不能作诗。勿论紧张或弛缓,兴奋或沉郁,而我们底感情上只有快不快。由是勿论我们底情绪为欢乐为悲哀,都可以引起我们底美底感兴,而催我们作诗——而且愈悲哀,在诗人底味上觉得愈美……"因之他又认为:"诗是主情的文学;诗人就是宇宙底情人。那么要作诗,就不可不善养情……在科学上要痛用知识,而不滲人感情;在诗上要痛抒感情,而不必顾忌知识"。②郭沫若虽然对诗的形式不甚重视,所强调的是直觉、情调和想象,却

① 徐志摩:《我有一个恋爱》,《徐志摩全集》第4卷,天津:天津人民出版社2005年版,第242–243页。

② 康白情:《新诗底我见》,王运熙主编《中国文论选·现代卷上》,南京:江苏文艺出版社1996年版,第155、159页。

③ 郭沫若:《致宗白华》,王运熙主编《中国文论选·现代卷上》,南京:江苏文艺出版社1996年版,第182、186页。

仍有“诗的本职专在抒情”一说。③而在创作上,也逐渐能将直白的陈述、叙说,将对事理、物理的感悟,逐渐回归于抒情本位,并创造出相关的诗歌意象。早期新诗以胡适为代表,重在白话而多为叙事;冰心则以仿照泰戈尔见长,却多远离现实或表现宗教意识的理趣;郭沫若的诗虽表现了时代精神,诗中意象却如闻一多所说,多为外国的而缺乏“地方色彩”;“湖畔诗人”汪静之的一些小诗有日本短歌的韵味,却因其短而不以意象见长。相比之下,原属于象征派的诗人,或新月派诗人,较能在回归于抒情时创造意象,这些意象也多与唐宋诗词有渊源关系。

试看戴望舒的《秋夜思》:

谁家动刀尺?心也需要秋衣。
听鲛人的召唤,听木叶的呼息!
风从每一条脉络进来,窃听心的枯裂之音。
诗人云:心即是琴。谁听过那古旧的阳春白雪?
为真知的死者的慰藉,有人已将它悬在树梢,
为天籁之凭托——但曾一度谛听的飘逝之音。
而断裂的吴丝蜀桐,仅使人从弦柱间思忆华年。①

“鲛人”见《太平御览》引张华《博物志》:“鲛人从水出,寓人家积日,卖绡将去,从主人索一器,泣而成珠满盘,以与主人。”“木叶”则始见屈原《九歌·湘夫人》:“嫋嫋兮秋风,洞庭波兮木叶下。”因前者有神异色彩,后者状秋天之来临,均为后代诗人多所使用,以至成为古典诗歌的习见意象。诗人在联想中仿佛听到了鲛人的悲泣和木叶的叹息,又由“风从每一条脉络进来”,窃听诗人“心的枯裂之音”,将主观心迹借助于风的“窃听”作客观的呈现。“诗人云:心即是琴”承“心的枯裂之音”,转入对琴音的联想,表达的是知己已逝,空余琴音成为天籁绝响之感情,最后两句沿用李贺、李商隐的诗意和意象,而“断裂的吴丝蜀桐”既呼应“心的枯裂之音”,又暗合伯牙摔琴的故事。由上可见,诗人提取、沿用了古典诗词的意象,很好地表达了秋夜所思的主题,抒发了叹息时岁消失、良朋逝去的悲伤之情。

第三,从象征主义回归比兴传统。

前面曾说,新诗中的象征派对法国象征主义的模仿,多见于表面的意象,如兰波的《群鸦》,波德莱尔的《腐尸》,出于希腊神话的“Nymph”,都被多次仿用。而在李金发笔下,“乌鸦”只是在“无味地呼噪”,至多也不过是在“痛哭失路的兄弟”,中国初期象征派诗人笔下的“尸体”只是丑恶、腐朽之物,也不见暗示义和象征义,至于“Nymph”经常出现在初期象征派笔下,则更完全是生硬的照搬。这些意象多不顾特定的感情内涵和心理意蕴,而满足于表层意义,未能体现其神秘主义和潜意识、暗示性。

---

① 戴望舒:《秋夜思》,原刊《现代诗风》第1册,1935年10月出版;见《戴望舒全集》之诗歌卷,北京:中国青年出版社1999年版,第127页。

无论是大名鼎鼎的胡适，还是不甚知名的李思纯，都看到或论到新诗对旧体诗词的借鉴，这种借鉴不是艺术上的简单模仿，对比兴传统的继承应尤为重要。自屈原以来，就以“美人香草”表现其政治寄托，朱自清《诗言志辨》总结出《离骚》以古比今、以物比人、以仙比俗、以男女比君臣，认为这四种“比体诗”对后世影响甚巨，而所“比”者的诸多意象，兼及自然、人文与神话、传说。诸多著名诗人词人创造的独特意象，不仅成为创作个性的体现，而且也为后人所沿用或活用，新诗人在创作新诗意象时，也受到了显著的影响。李金发说：“诗之需要 image（形象、象征）犹人之需要血液。在现实中没有什么了不得的美，美诗蕴藏在想象中，象征中，抽象的推敲中。”[①]作为象征诗派的代表，他所说的诗之需要想象、形象、象征，实应从古典诗词中发掘与继承。而在实际的创作中，新诗所创造的著名意象，多有出于古典诗词者。如戴望舒《雨巷》的中心意象“雨”和“丁香”，出自李璟《摊破浣溪纱》的“丁香空结雨中愁”，他的《夕阳下》首句：“晚云在暮天上散锦”，化用谢朓《晚登三山还望京邑》的“余霞散成绮”。闻一多《口供》的“鸦背驮着夕阳，黄昏里织满了蝙蝠的翅膀”，化用温庭筠《春日野行》诗句“鸦背夕阳多”，和周邦彦《玉楼春》词句“雁背夕阳红欲暮”。卞之琳的《断章》：“你站在桥上看风景，看风景的人在楼上看你。明月装饰了你的窗子，你装饰了别人的梦。”看者与被看、装饰与被装饰的关系，一如杨万里《登多稼亭》诗句“偶见行人回头望，亦看老子立亭间”，和清代厉鹗《归舟江行望燕子矶》诗句“俯江亭上何人坐，看我我扁舟望翠微”。直到李瑛的《谒托马斯·曼墓》：“细雨刚停，细雨刚停 / 雨水打湿了墓地的钟声”，显出于杜甫《船下夔州郭》的“晨钟云外湿”。余光中的《劫》：“断无消息、石榴红得要死”，出自李商隐《无题》的“断无消息石榴红”，他的《碧潭》：“如果舴艋舟再舴艋些，我的忧伤就灭顶”，用了李清照《武陵春》词“只恐双溪舴艋舟，载不动，许多愁”。新一代朦胧诗人舒婷的《春夜》：“我愿是那顺帆的风，伴你浪迹四方”，也应受到北宋张先《江南柳》词“愿身能似月亭亭，千里伴君行”的影响。[②]洛夫说：“我曾写过这样的句子：‘清晨，我在森林中 / 听到树中年轮旋转的声音——’，这与杜甫‘七星在北户，河汉声流西’的诗句，具有同样的超现实效果。”还“做过一些将杜甫、李白、王维、李贺、李商隐等诗句加工改造、旧诗新铸的实验”，例如曾“把李贺的‘石破天惊逗秋雨’一句改为：‘石破 / 天惊 / 秋雨吓得骤然凝在半空’”。[③]由上可见，古典诗词意象因其比兴意义，具有难以割断的传统和价值，对于新诗的创作是很能资以借鉴的，而成功的新诗也证明了，自外国象征主义向古典诗词的比兴传统回归，应是正确的道路。

周作人《扬鞭集序》说：

“新诗本来也是从模仿来的，它的进化是在于模仿与独创之消长，近来中国的诗似乎有渐近于独创的模样，这就是融化。自由之中有节制，豪华之中实含清

① 李金发：《序林英强的〈凄凉的街〉》，见孙玉石《现代诗导读》，北京：北京大学出版社 1990 年版。

② 杨景龙：《古典诗词曲与现当代诗歌》，郑州：河南文艺出版社 2004 年版，第 3 页。

③《洛夫精品·序〈诗的传承与创新〉》，见《洛夫精品》，北京：人民文学出版社 1999 年版。

涩，把中国文学固有的特质因了外来的影响而益美化，不可只披上一件呢外套就了事。新诗的手法我不很佩服白描，也不喜欢唠叨的叙事，不必说唠叨的说理，抒情是诗的本分，而写法则是所谓‘兴’最有意思，新名词所谓象征主义。象征是诗的最新写法，但也是最旧，在中国‘古已有之’，上观国风，下察民谣，便可以知道中国的诗多用兴体。如‘桃之夭夭’一诗，既未必是将桃子去比新娘子，也不是指定桃花开时或是种桃子的家里有女儿出嫁，实因桃花的浓艳的气氛与婚姻有点共通的地方，所以用来起兴，但所谓起兴并不是陪衬，乃是也发表正意，不过用别一说法罢了。中国的文学革命是古典主义（不是拟古主义）的影响，一切作品都像是一个玻璃球，晶莹透彻得太厉害了，没有一点儿朦胧，因此也似乎缺少了一种余香与回味。正当的道路恐怕是浪漫主义——凡诗差不多无不是浪漫的，而象征实在是其精意。这是外国的新潮流，同时也是中国的旧手法；新诗如往这一路去，融合便可成功，真正的中国新诗也就可以产生出来了。”①

对于通过融化而回归于古典诗词的抒情与比兴象征传统，走出自己的道路，产生真正的中国新诗，是很好的总结。

第三节　意象类型与诗词传统

综观中国现代新诗的意象营建，似可作一定的类型区分、归纳，且又能在旧体，尤其是唐宋诗词中找到传统的影响，由此而可见证新诗与旧体之间虽有时代的分界，却又有民族精神与传统的维系。对意象的精心营构是汉语诗美最重要的，也是汉语诗歌审美蕴涵最具民族特征之处。弗洛伊德说：“现代诗人必须在他的心灵的打铁店冶炼尚未诞生的民族意识。”本节将对新诗的意象类型与古典诗词创作传统的关系作一论述。

意象有不同的类型，首先是有物同而感异之分，其间自有高下之别，并可作物象与意象的大体区分。陈善《扪虱新话》卷一云：

诗人有俱指一物，而下句不同者，以类观之，方见优劣。王右丞云：“遍插茱萸少一人。”朱放云：“学他年少插茱萸。”子美云：“好（当为醉）把茱萸仔细看。”此三句皆言茱萸，而杜当为优。又如子美云：“鱼吹细浪摇歌扇。”李洞云：“影弄晴波影上帘。”韩偓云：“池面鱼吹柳絮行。”此三句皆言鱼戏，而韩当为优。②

以上二组各三首诗，前一组都有茱萸，后一组同写鱼戏，但同组中各首的物象相

① 草川未雨：《中国新诗坛的昨日今日和明日》，北京：海音书局1929年版，第124页、123–124页、124–125页。

② 陈善：《扪虱新话》卷一，《宋诗话全编》第6册，吴文治主编，南京：凤凰出版社1998年版，第5559页。

同而情意有别,其优劣的断定当据字句锻炼的高下,更应据寓意的深浅。是否有寓意,或寓意的深浅,决定了物象或意象的归属,又是意象高下优劣的标准。其反向的外现,则表现为"物同感异":因诗人构作意象时下句不同,因而在传释意象上也导致不同的感受。陈善所定的优劣,当据物象中的立意、存意。

若谓上面所说的物同感异主要是区分物象与意象的标准,且意象高于物象,那么同为意象,亦有高下优劣之分。唐代三位诗人皆写到秋天的人与树:韦应物是"窗里人将老,门前树已秋"(《淮上遇洛阳李主簿》),白居易是"树初黄叶日,人欲白头时"(《途中感秋》),司空曙是"雨中黄叶树,灯下白头人"(《喜外弟卢纶见宿》),三者高下如何呢?明代谢榛《四溟诗话》说:

> 三诗同一机杼,司空为优:善状目前之境,无限凄感,见乎言表。①

三者都是秋树、老人的意象,立意、构象相同,之所以将诗名逊于韦、白的司空曙判为最高,当缘于其"无限凄感"是所含情意最深,而"善状目前之状"则既是"当下"而尤见鲜明;而且,韦诗意象近于描述,白诗意象近于比喻,而司空曙的黄叶树正当雨中,白头人则在灯下,主体与环境一起构成了象征性的意象。②

一、中心意象与多种意象

新诗作品的沿用或改造古典诗歌的意象,或在一首诗中为一个中心意象,如前述的胡适《老鸦》、《也是微云》,前者的乌鸦,后者的月亮。或在一首诗中既有中心意象,又有多个其他意象,如前引的俞平伯《冬夜之公园》,除了乌鸦外,还有冷月、树林、烟雾、灯火等多种意象。这些既是构成环境的要素,衬托了乌鸦这一主意象,本身亦为独立意象,具有自身的审美价值,而茫茫的冷月、翠迭的浓林、如画的枝柯,似烟似雾的朦胧月色,忽黄忽白的灯火,都可见到古典诗歌意象的特色。

再如俞平伯的《暮》:

> 敲罢了三声晚钟,把银的波底容,
> 黛的山底色,都销融得黯淡了,在这冷冷的清梵音中。
> 暗云层叠,明霞剩有一缕;但湖光已染上金色了。
> 一缕的霞,可爱哪! 更可爱的,只这一缕哪!
> 太阳倦了,自有暮云遮着;山倦了,自有暮烟凝着;
> 人倦了呢? 我倦了呢? ③

---

① 谢榛:《四溟诗话》卷一,《历代诗话续编》(下),丁福保辑,北京:中华书局 1983 年版,第 1142 页。
② 此处及下面关于意象的描述性、比喻性与象征性的分类,参考了已故中年学者陈植锷所论。
③ 俞平伯:《暮》,《俞平伯全集》第 1 卷,石家庄:花山文艺出版社 1997 年版,第 170 页。

俞平伯是五四时期的新诗人之一，他的诗歌颇受白话的影响，许多都接近口语，平实而较少诗味，此诗的语法、词序、句式，都与旧体诗词甚远，虽用白话，行笔却近于文而远于诗，又有欧化味道，但由于诗中的梵音、暗云、明霞、湖光、暮云、暮烟等多种意象，多见于唐宋诗词，较之于象征派的沿用外国意象，摹仿外国情调，似更能为国人所认可、接受。

俞平伯《冬夜之公园》、《暮》的篇幅长于胡适的《老鸦》，固然为营建多种意象提供了回旋的余地，但有些新诗，虽为短篇，亦同样在塑造中心意象同时，也能承继古典诗歌的多种意象。如黄烈的《鸿》(有赠)：

燕草的绿／碧入了修眉／倦旅的心／遂向蓝天／排几个人人字
当嫩柳枝／摇醒关山梦时／迢迢地心期／乃用地老天荒／绾紧了相思
拣尽寒枝／啼生栖止的怆悲／经年的来去／只有白云明月／认识那雄姿①

鸿是此诗的中心意象，而围绕着这一意象的是绿草、修眉、蓝天、雁行、嫩柳、寒枝、白云、明月等诸多意象，首、次二句将思妇的愁眉颦蹙，想象为草色之人，显出于李白的“嫩草如碧丝，秦桑低绿枝。当君怀归日，是妾断肠时。春风不相识，何事入罗帏？”(《春思》)而“拣尽寒枝”二句，则出于苏轼的“拣尽寒枝不肯栖，寂寞沙洲冷”(《卜算子》)。至于雁阵人字、关山梦醒、白云明月等，也是古代诗词中惯见的意象。

戴望舒的《雨巷》，是中心意象与多种意象结合的典范之作：

撑着油纸伞，独自／彷徨在悠长，悠长／又寂寥的雨巷，
我希望逢着／一个丁香一样地／结着愁怨的姑娘。
她是有／丁香一样的颜色，丁香一样的芬芳，
丁香一样的忧愁，在雨中哀怨，哀怨又彷徨。
她彷徨在这寂寥的雨巷，着油纸伞像我一样
像我一样地／默默彳亍着／冷漠，凄清，又惆怅。
她静默地走近／走近，又投出／太息一般的眼光，
她飘过／像梦一般地，像梦一般地凄婉迷茫。
像梦中飘过／一枝丁香地，我身旁飘过这女郎；
她静默地远了，远了，到了颓圮的篱墙，走尽这雨巷。
在雨的哀曲里，消了她的颜色，散了她的芬芳，
消散了，甚至她的／太息般的眼光，丁香般的惆怅。
撑着油纸伞，独自／彷徨在悠长，悠长又寂寥的雨巷，
我希望飘过／一个丁香一样地／结着愁怨的姑娘。②

① 黄烈：《鸿》(有赠)，《中国沦陷区文学大系·诗歌卷》，南宁：广西教育出版社1998年版，第207页。
② 戴望舒：《雨巷》，《戴望舒全集》诗歌卷，北京：中国青年出版社1999年版，第41页。

中心意象自是姑娘，而丁香则与之形成用喻与被喻的关系，李璟《摊破浣溪纱》词的“丁香空结雨中愁”，是此诗的原始意象，而被新诗人赋予了新的喻意。除了作为诗歌核心的丁香般的姑娘外，还有雨巷、篱墙、油纸伞等意象，因之以回环往复的舒缓节奏，上下勾连的句式，共同构成寂寥、惆怅、希冀、梦幻般的意境，读之令人低回不已，怅惘难去。戴望舒此诗已经形成了自创的意象群落，不是类似西方象征派的意象，而是具有中国古典诗歌的特色。

二、描述性意象与比喻性意象

无论是旧体还是新诗，诗歌的意象，最基本的是描述性意象。就新诗而言，上面引用的俞平伯《暮》，其中的银波、黛山、梵音、暗云、明霞、湖光、暮云、暮烟等多种意象，都为描述性意象。黄烈的《鸿》（有赠），诗中的鸿雁、绿草、修眉、蓝天、雁行、嫩柳、寒枝、白云、明月等，除了以草绿与修眉有比喻之义外，其他多为描述性意象。

较之于直观性描述，有的诗歌意象却以较为曲折的面目出现，一类如戴望舒《雨巷》的丁香，既是花的本身，又是姑娘的喻象，后者就具有比喻性。另一类则更为复杂，如纪弦的《吃板烟的精神分析学》：

从我的烟斗里冉冉上升的
是一朵蕈状的云，
一条蛇，
一只救生圈，
和一个女人的裸体。
她舞着，而且歌着；
她唱的是一道干涸了的河流的泛滥，
和一个梦的联队的覆灭。①

将烟斗中冉冉上升的烟写成各种形象，是因可就其变动的形态作此联想，而蕈状的云、蠕动的蛇、环绕如救生圈，则是很好的比喻，至于比作又唱歌又跳舞的裸体的女人，且以声比形，更是所比奇特却又可思可想。诗中的意象群，当属比喻性意象。

再举两个例子。一是前面提到的闻一多《口供》：

我不骗你，我不是什么诗人，纵然我爱的是白石的坚贞，
青松和大海，鸦背驮著夕阳，黄昏里绩满了蝙蝠的翅膀。
你知道我爱英雄，还爱高山，我爱一幅国旗在风中招展，
自从鹅黄到古铜色的菊花。配著我的粮食是一壶苦茶！

① 纪弦：《吃板烟的精神分析学》，《纪弦诗选》，北京：中国友谊出版公司1993年版，第84页。

可是还有一个我，你怕不怕？——苍蝇似的思想，垃圾桶里爬。①

诗中的白石、青松、大海，鸦背、夕阳、黄昏、蝙蝠、高山、菊花、国旗，多为描述性意象，见于古典诗词，又见于现代新诗；而最后一句将思想比作苍蝇在垃圾桶里爬，是以有形比无形，所取者在其“肮脏”，与前面诸般或优美或典雅意象形成了强烈对比，不由得令人竦动。

二是林徽因的《记忆》：

断续的曲子，最美或最温柔的 / 夜，带着一天的星。
记忆的梗上，谁不有 / 两三朵娉婷，
披着情绪的花 / 无名的展开 / 野荷的香馥，每一瓣静处的月明。
湖上风吹过，头发乱了，或是 / 水面皱起象鱼鳞的锦。
四面里的辽阔，如同梦 / 荡漾着中心彷徨的过往 / 不着痕迹，
谁都 / 认识那图画，沉在水底记忆的倒影！①

夜、星、野荷、月明、湖风，都属描述性意象，水面如鱼鳞又如锦，则是比喻性意象。至于记忆的“梗”，情绪的“花”，四面辽阔如梦，记忆如图画，又如沉在水底的倒影等，诗人将无形的记忆用多个有形的形象表现出来，而因这些优美的比喻性意象，使得此首极具诗性。

若谓林徽因的《记忆》因其语言与形式，而使诗中意象属于新诗所有，那么庄损衣（朱英挺）的《十五夜》一诗，虽总体形式与句子的排列很具现代性，诗中的比喻性意象却多近于古典诗词：

镜的神秘，荷叶暗示着 / 光明，而今夜里才完全 /
明白了。许多香水的瓶 / 陈列着山和水，山和水 //
小时候就听过这砧声 / 大一点的时候读从军行 /
以为那就是刀声 / 深闺里的衣裳在梦里成功 //
又一次月亮跟着人行 / 那里面也有山和水 /
却迷藏在那代表悲哀的 / 灰色的杨柳的小腰后 //
谁也希望有两柄欸乃的桨 / 何苦说手臂，如两弯新月 /
欣欣在林里摸鱼儿 / 而我若是樵子便想折一枝 / 月中的花持赠给照镜的人③

砧声、刀声、深闺、衣裳、月亮、摸鱼儿为古典诗词中多见的描述性意象，而月中

① 闻一多：《口供》，《闻一多全集》第1卷，武汉：湖北人民出版社1993年版，第126页。

② 林徽因：《记忆》《林徽因文集》文学卷，天津：天津百花文艺出版社1999年版，第187页。

③ 庄损衣（朱英诞）：《十五夜》，《中国沦陷区文学大系·诗歌卷》，南宁：广西教育出版社1998年版，第138页。

花、杨柳腰、船桨欸乃、臂如新月，则是常见的比喻性意象。

三、象征性意象

象征性意象始于《离骚》，人们论古典诗词常以比兴、象征言之，实际上象征与比兴有全局和局部之别，前者品位更高，而《离骚》的“美人香草”传统，则常见由局部的比兴变为了象征。唐诗继承《离骚》的创作传统，常见象征的运用。如骆宾王的《在狱咏蝉》，因古人以蝉饮露而不食，是高洁的象征，故作者咏之以自喻，诗的立意即取这一昆虫的象征义。诗中“露重飞难进，风多响易沉”，是武氏专权、佞臣在位，以致小人道长、君子道消的环境之象征。陈子昂的《感遇》：“兰若生春夏，芊蔚何青青。幽独空林色，朱蕤冒紫茎。迟迟白日晚，嫋嫋秋风生。岁华尽摇落，芳意竟何成。”所塑造的芳草摇落、芳意难成之形象，则是诗人自己政治失意、理想幻灭的象征

新诗中所创的象征性意象，以胡适的《乐观》为较早，作者说出了此诗的写作缘起：

《每周评论》于8月30日被封禁，国内的报纸很多替我们抱不平的。我做这首诗谢谢他们。

全诗分为五小节，为省篇幅，此处合在一起：

“这棵大树很可恶，它碍着我的路！
来！快把它砍倒了，把树根也掘去。——哈哈！好了！”
大树被砍做柴烧，树根不久也烂完了。
砍树的人很得意，他觉得很平安了。
但是那树还有许多种子，——很小的种子，裹在有刺的壳里，
——上面盖着枯叶，叶上堆着白雪，很小的东西，谁也不注意。
雪消了，枯叶被春风吹跑了。
那有刺的壳都裂开了，每个上面长出两瓣嫩叶，
笑眯眯的好象是说：“我们又来了！”
过了许多年，坝上田边，都是大树了。
辛苦的工人，在树下乘凉；聪明的小鸟，在树上歌唱，
——那砍树的人到哪里去了？①

此诗纯为白话，写得很通俗、生动，因有写作缘起的交代，可知大树之被砍，是《每周评论》被封的拟喻，因此大树也就成为象征性意象。围绕这一中心意象，其他如树种、嫩苗、再生的树，以及砍树之人、乘凉工人、歌唱的鸟等诸多意象，都可找到相应的

① 胡适：《乐观》，《胡适文集》卷，北京：北京大学出版社1998年版，第145页。

喻意,因而全诗也具有象征性。

孙玉石指出:“自《雨巷》开始,戴望舒找到了一种抒情的新原则:意象象征化的原则。”[①]戴望舒的诗确实可见颇多象征性意象。如《深闭的园子》:

五月的园子,已花繁叶满了,浓荫里却静无鸟喧。
小径已铺满苔藓,而篱门的锁也锈了——主人却在迢遥的太阳下。
在迢遥的太阳下,也有璀璨的园林吗?
陌生人在门外探首,空想着天外的主人。[②]

花繁叶茂的园子,静无鸟喧的浓荫,铺满苔藓的小径,锁锈斑斑的篱门,各个描述性的意象,充溢着内在的情感,组成了一个象征性的总意象:“深闭的园子”。诗人继而作出园子荒芜原因的推想:主人离开了园子,“在迢遥的太阳下”。如今身在远方的主人之弃园而走,不知对生活有何追求,而象征性的园子,则透出了诗人心中的寂寞悲凉。

再举三例象征性意象。臧克家的《老马》显然是以老马作为劳动者的象征,其辛苦劳作、强行忍耐的品性得到了很好的表现:

总得叫大车装个够,他横竖不说一句话,
背上的压力往肉里扣,他把头沉重地垂下!
这刻不知道下刻的命,他有泪只往心里咽,
眼里飘来一道鞭影,他抬头望望前面。[③]

牛汉《复仇的刺》,写了仙人掌的死而复生,这一意象也就成为复仇者的象征:

我家的阳台上/一盆仙人掌/在严寒的冬天/被活活冻死……//
仙人掌垂下荆棘的头颅/渐渐地出现冻伤的伤疤/
它由墨绿变成了灰白/最后成为一片薄薄的枯叶//
春天来了/我用手拔除它/
哎哟,哎哟/数不清的尖刺/扎得我满手淌出鲜血//
我中了埋伏/死去的仙人掌/留下了复仇的刺[④]

屠岸的《狭弄》所写的是噩梦中所见:

---

① 孙玉石:《戴望舒名作欣赏·序言》,北京:中国和平出版社1994年版。
② 戴望舒:《深闭的园子》,《戴望舒全集》诗歌卷,北京:中国青年出版社1999年版,第114页。
③ 臧克家:《老马》,《臧克家全集》第1卷,长春:时代文艺出版社2002年版,第25页。
④ 牛汉:《复仇的刺》,《牛汉诗选》,北京:人民文学出版社1998年版,第141页。

我常常梦见我走向一条路径——那样狭窄，那样细长的小巷，
地上铺着尖尖的碎石，一棱棱，在一线斜阳下泛起惨白的鳞光。
小路的一边是监狱，高墙陡立；另一边是教堂，看得见钟楼和墓园。
我在狭弄中行走着，孤独而凄迷，长长的甬道好象永远走不完。
猛地，囚徒的嚎叫搅拌着钟声，撞击着黄昏给心灵带来的落寞，
我惊异，疑惧而止步，仔细倾听：天使和撒旦翻了个，在半空拚搏。
呵，童年时常去游荡的狭弄，也是我永远挣脱不掉的噩梦！①

梦中所见的狭窄细长的小巷，地上所铺的泛光的尖尖碎石，一边是监狱的高墙，一边是教堂的钟楼和墓园，在好似走不完的甬道中听见囚徒的嚎叫，伴随着钟声而撞击人的心灵。诸般物象都见出可怖的色彩，也充溢着诗人的感情，组成了令人压抑、惊恐的意象群，给人以视觉与听觉的冲击，并诱人联想，因此，噩梦所见实为现实所有，可怖的意象群也成为现实生活的象征。天使与撒旦的翻了个，在半空拼搏，也应是现实中进步与反动势力斗争之象征。诗人借噩梦写人间现实，狭弄这一城市中常见的意象，也就成为受压抑、没自由、难以走出黑暗的生活之象征。

第四节 意境的失落与追寻

何谓意境？其自何而来？此处有必要作一简单追述。陆机《文赋》云："遵四时以叹逝，瞻万物而思纷；悲落叶于劲秋，喜柔条于芳春。"②说出了情因物感之理，因感而通向创作，则将肇始产生艺术意境的思想。刘勰《文心雕龙·物色》云："情以物迁，辞以情发"，"流连万象之际，沉吟视听之区；写气图貌，既随物以宛转；属采附声，亦与心而徘徊。"③会通情与物，表述了主观与客观相结合的创作思想。经南北朝佛教的鼎盛，玄学中最常见的"象"，遂被"境"所取代。到唐代，玄学之"意"与佛学之"境"终于结合成"意境"一词。托名王昌龄的《诗格》，提出"诗有三境"，即"物境"、"情境"、"意境"，此处的"意境"被释为"亦张之于意而思之于心，则得其真矣。"与后来的"意境"涵义不同。中唐时，皎然《诗式》提出"取境"说，虽侧重于"境"，但对"意"与"境"的联系已作了探讨。晚唐司空图《与王驾评诗书》有"思与境偕"一说，传为他所作的《诗品》更昭示了诗的二十四种意境。宋人论诗多持"情"、"景"之论，发展了意境说。欧阳修引梅尧臣语，以"含不尽之意见于言外"为高。苏轼《书司空图诗》赞赏其诗的"味外之味"，《书黄子思诗集后》更倡以"远韵"、"至味"、"一唱三叹"。姜夔《白石道人诗说》认为诗应"意中有景，景中有意"，以"句中有余味，篇中有余意"的诗为"善中善者"。范晞文《对床夜语》评杜诗曰："景无情不发，情无景不生。""情景相触而莫分。"严羽以禅喻诗，颇多精义，

---

① 屠岸：《狭弄》，《哑歌人的自白》（诗集），北京：人民文学出版社 1990 年版，第 56 页。

② 陆机：《文赋》，《文赋集释》，张少康集释，北京：人民文学出版社 2002 年版，第 20 页。

③ 刘勰：《文心雕龙·物色》，《文心雕龙义证》（下），詹锳义证，上海：上海古籍出版社 1989 年版，第 1732–1733 页。

“空中之音”等四喻实为艺术意境的昭示。词论之中，黄昇《花庵词选》引姜夔论史达祖词：“融情景于一家，会句意于两得。”张炎《词源》则有“情景交炼，得言外意”之说。明、清时期，王世贞、谢榛、金圣叹等人，对意境理论继有发挥。谢榛《四溟诗话》云：“作诗本乎情景，孤不自成，两不相背。”“景乃诗之媒，情乃诗之胚，合而为诗。”朱承爵《存余堂诗话》又有“意境”一词：“作诗之妙，全在意境融彻，出声音之外，极得真味。”尤其是王夫之《薑斋诗话》，以情景关系阐释意境，极有建树。如：“情景虽有在心在物之分。而景生情，情生景，哀乐之触，荣悴之迎，互藏其宅。”“情景名为二，而实不可离。神于诗者，妙合无垠。巧者则有情中景，景中情。”王士禛的神韵说倡意境清远，伫兴而作。词论如沈雄《古今词话》引宋徵璧语：“情景者，文章之辅车也。故情以景幽，单情则露；景以情妍，独景则滞。”在经历了长期的发展、演变之后，终于到二十世纪初的新旧学术交接期，王国维《人间词话》遂作开宗明义之语，提出了评词的新标准：

> 词以境界为最上。有境界则自成高格，自有名句。五代北宋之词所以独绝者在此。①

又说：

> 沧浪所谓兴趣，阮亭所谓神韵，犹不过道其面目；不若鄙人拈出“境界”二字，为探其本也。②

《人间词话》发表数年之后，新诗始作，其初起之时，最重视的是白话，而白话也毫无疑问地成为诗之是否“新”的标志，然而在人们看惯了、读懂了这些新诗后，又感到了在诸多新诗中似乎失落了诗性。失落的诗性究竟是什么呢？为什么有些新诗并不像诗呢？俞平伯辨析了诗与文的区别：“在文可以直说者，诗必当曲绘；文可以繁说者，诗只可简括。所以诗的表情说理叙事，均比较散文深一层。”③在比较中说出了诗当求“曲”“简”“深”，这实际上已经不仅是形式上的要求，而是隐约可见诗的意境特点了。明确拈出“意境”一辞的是宗白华，他在上文发表一年后的 1920 年，特地为诗下了一个定义，所突出的是诗应写意境。一个月后，康白情再次为诗下定义，仍然强调意境。“意境”在古代诗论中是非常重要的概念，在对新诗“把脉”时寻找出来，无疑是寻根之举，而“诊疗”之中看到了意境的失落，并为之努力追寻，则贯穿了整个的新诗发展进程。

一、意象的自足与不足

我国古代的字词经历了从单音节到双音节的发展，而文论的概念也大体如此，与

① 王国维：《人间词话》第一则，《蕙风词话·人间词话》，北京：人民文学出版社 1960 年版，第 191 页。

② 王国维：《人间词话》第九则，《蕙风词话·人间词话》，北京：人民文学出版社 1960 年版，第 194 页。

③ 俞平伯：《白话诗的三大条件》，原载 1919 年 3 月《新青年》6 卷 3 号，《俞平伯全集》第 3 卷，石家庄：花山文艺出版社 1997 年版，第 502 页。

《诗经》相关的赋、比、兴，孔子所论的兴、观、群、怨，都是单音节词，而到魏晋六朝，在陆机《文赋》、刘勰《文心雕龙》、钟嵘《诗品》等论者中，则渐多由单音节词复合而成的双音节词的理论概念，如缘情、体物、绮靡、感兴、情景、文气、风骨等。唐代是古典诗歌的黄金时代，随着创作的成功，对诗歌的理论探索也渐见深入，皎然的《诗式》提出了“取境”一说，而此处的“境”实即后人所说的“意境”。传为王昌龄的《诗格》进而将“境”分为三类：物境、情境与意境。此处所讲的三境与后世意义不同，我们要注意的是《诗格》对“物境”的解释应重在最后的“故得形似”四字，而“情境”则是最后的“深得其情”，一者在“形”、一者在“情”；至于“意境”则是“张之于意而思之于心，则得其真矣。”所强调的“心”与“真”。从以上对“意境”的阐发，并结合“意象”来看，相关的概念都有共同的特点：无论是意象还是意境，是物境、情境或意境等三境，它们都是复合名词；除“物境”以外，其他都是前字抽象、后字具象的复合名词。

前面曾引《二十四诗品》的“意象欲生，造化已奇”，李东阳的“意象具足”二说，然而，是否意象“欲生”并“具足”，诗意也就“生”而“具足”呢？我们不妨考察现代新诗的创作以作验证。郭沫若为诗拟定了一个公式：诗＝(直觉＋情调＋想象)+(适当的文字)[①]，认为“自己对于诗的直觉，总觉得以‘自然流露’的为上乘”，[②]“诗的本职专在抒情。抒情的文字便不采诗形，也不失其诗。”[③]可见，以这样的理念作诗，郭沫若的诗自是不甚重视意象的。而胡适、俞平伯等人则所重在白话，在平民性，也自是不甚重视意象，有些诗可谓淡而寡味。相较之下，学习法国象征派、美国意象派的，则较为重视意象的创造。法国的象征派以神秘主义与唯美主义为特色，但由于该派诗歌的意象组合尚具有统一性，结构亦以系统性为自足，其美感仍是显见的。如波德莱尔的《信天翁》和《忧郁》组诗、魏尔伦的《月光》、马拉美的《牧神的午后》、瓦雷里的《海滨墓园》等，意象间的组合具有明显的整体统一性，结构也具有系统性。而中国初期象征派在对该派的学习中，则是片面或表面的，诗中意象也仅是生硬的摹仿，未能做到统一性，整体结构未能依靠意象的系列组合、排列以达到对应、协调。更因不具民族特色而造成了怪异、难于被国人所理解。

象征派的有些作品，虽不具浑融、完整的意境，但诗中营建的意象还能保持一定的独立性，意象间的组合能根据诗人主观情感的节奏、强弱而定，整体上仍具有一定的连贯性、一致性。如李金发《琴的哀》：

> 微雨溅湿帘幕，正是溅湿我的心。
> 不相干的风，踱过窗儿作响，
> 把我的琴声，也震得不成音了！
> 奏到最高音的时候，似乎预示人生的美满。

---

①郭沫若：《致宗白华》，王运熙主编《中国文论选》(现代卷·上)，南京：江苏文艺出版社1996年版，第182页。
②郭沫若：《致宗白华》，王运熙主编《中国文论选》(现代卷·上)，南京：江苏文艺出版社1996年版，第185页。
③郭沫若：《致宗白华》，王运熙主编《中国文论选》(现代卷·上)，南京：江苏文艺出版社1996年版，第186页。

露不出日光的天空，白云正摇荡着，我的期望将太阳般露出来。
我的一切的忧愁，无端的恐怖，她们并不能了解呵。
我若走到原野上时，琴声定是中止，或柔弱地继续着。①

微雨、帘幕、风、窗，这几个意象可谓“象”很明朗，而“意”并不显见，待主意象琴声出现后，诗人明说“奏到最高音的时候，似乎预示人生的美满”，而天空、白云以及期待中的太阳，也与美满的人生相一致，下面却跌落而言忧愁、恐怖，谓天空、白云、阳光对此并不了解，于是转而设想走到草原，琴声将要中止或变得柔弱。诗中的琴声是具有象征性的意象，随着感情的波动、变化，外界的自然之意象也随之而变，感情与意象的一致性、协调性、连贯性都是显见的。再如《心愿》：

我愿你的掌心，变了船儿，使我遍游名胜与远海，
迨你臂膀稍曲，我又在你的心房里。
我愿在你眼里，找寻诗人情爱的舍弃，
长林中狂风的微笑，夕阳与晚霞掩映的色彩。
轻清之夜气，带到秋虫的鸣声，但你给我的只有眼泪。
我愿你的毛发化作玉兰之朵，我长傍花片安睡，
游蜂来时平和地唱我的梦；在青铜的酒杯里，长印我们之唇影，
但青春的欢爱，勿如昏醉一样销散。②

诗中主观的情爱与客观的环境，以及由此而营造的诸般意象，都是具有对应性、象征性的，同样也是协调、一致和连贯的。又如前引的冯乃超《红纱灯》，虽情调、意象多带有西方色彩，但其中的殿堂、红纱、古灯、夜影、魑魅魍魉、跫声、舞蹈、乌云、蛋白色月亮、裸尸、黑衣尼姑、神龛等意象，组成了互相协调的意象群，并营造出令人惊悚颤慄的环境，阴森可怖的气氛。

象征派的作品似以上一类者甚少，许多的还是如上所说，诗中意象多为对外国的生硬摹仿，既不具备统一性，整体结构也未能依靠意象的系列组合、排列，达到对应与协调。如李金发的《弃妇》：

长发披遍我两眼之前，遂割断了一切羞恶之疾视，
与鲜血之急流，枯骨之沉睡。
黑夜与蚊虫联步徐来，越此短墙之角，
狂呼在我清白之耳后，如荒野狂风怒号：战栗了无数游牧。
靠一根草儿，与上帝之灵往返在空谷里。

---

① 李金发：《琴的哀》，《李金发诗集》，成都：四川文艺出版社 1987 年版，第 10 页。
② 李金发：《心愿》，《李金发诗集》，成都：四川文艺出版社 1987 年版，第 265–266 页。

我的哀戚惟游蜂之脑能深印着；或与山泉长泻在悬崖，
然后随红叶而俱去。
弃妇之隐忧堆积在动作上，夕阳之火不能把时间之烦闷 / 化成灰烬，
从烟突里飞去，长染在游鸦之羽，
将同栖止于海啸之石上，静听舟子之歌。
衰老的裙裾发出哀吟，徜徉在丘墓之侧，
永无热泪，点滴在草地，为世界之装饰。①

虽诗中有长发、鲜血、枯骨、黑夜、蚊虫、短墙、荒野、狂风、独草、空谷、游蜂、山泉、悬崖、红叶、夕阳、烟突、游鸦、裙裾、丘墓、草地等诸多意象，但思绪的跳跃过大，意象之间缺少协调，难于理解，故也未能做到"意象欲生，造化已奇"，或者说奇则奇矣，却过奇而费解，也不是真正的"意象具足"。由上可见，仅以意象相求，对于诗歌还是不够的，即使能做到意象自足，仍会有不足，走向意境的追求是必然的。

二、意境理论的现代追寻

在本节的开头，已列举了宗白华、康白情关于意境之说。事实上，不仅是他们，不少新诗理论家都强调新诗应以意境相衡相求。发表在 1919 年 10 月 10 日《星期评论》上的胡适《谈新诗——八年来的一件大事》，是一篇全面谈新诗的长文，文中论述了新诗的意义和价值，提出了创作新诗应注意的三点：音节要合于语气的自然节奏，用字要自然和谐，要用具体的做法而不用抽象的说法。文中虽未强调意象与意境，却在具体分析沈尹默《三弦》一诗时说道："这首诗从见解意境上和音节上看来，都可算是新诗中一首最完全的诗。"②由于此诗与旧体诗词颇有渊源，胡适虽仅说是"用旧体诗词的音节方法来做的"③，但在引用后，即有上面所引的"意境"之说，这其实也可证要创造意境必须向古典诗词学习。朱自清论新诗中的长诗与短诗，认为短诗来源于周作人翻译的日本诗歌，和泰戈尔《飞鸟集》的短诗，"前一种影响甚大，但所影响的似乎只是诗形，而未及于意境和风格。""长诗底意境或情调必是复杂而错综，结构必是曼衍，描写必是委曲周至"，④着重对长诗提出了意境的要求。当然，较为全面阐述意境理论的还是宗白华与康白情。宗白华说：

用一种美的文字……音律的绘画的文字……表写人底情绪中的意境。

---

① 李金发：《弃妇》，《李金发诗集》，成都：四川文艺出版社 1987 年版，第 5 页。

② 胡适：《谈新诗——八年来的一件大事》，见《胡适文集》第 2 卷，北京：北京大学出版社 1998 年版，第 141 页。

③ 胡适：《谈新诗——八年来的一件大事》，见《胡适文集》第 2 卷，北京：北京大学出版社 1998 年版，第 141 页。

④ 朱自清：《短诗与长诗》，原载 1922 年 4 月《诗》月刊 1 卷 4 号，第 47–49 页。

紧接又说：

> 这能表写的，适当的文字就是诗的"形"，那所表写的"意境"，就是诗的"质"。换一句话说：诗的"形"就是诗中的音节和词句的构造；诗的"质"就是诗人的思想感情。①

一个月后，康白情为诗所下的定义是：

> 在文学上，把情绪的想象的意境，音乐的刻绘的写出来，这种的作品，就叫做诗。

他又将意境分为两种："就内容说，有情绪的和想象的两种意境"，②并分别对此两种意境作了论述。

意境说不仅在诗歌理论中得到了以上的表述，而且由于宗白华后来由新诗进而研究中国古代艺术，其意境说也随之发展到覆盖文学与艺术的多个领域，成为其美学思想极其重要的组成部分，自然也较康白情更为重要，故多用笔墨以论之。宗白华曾说："现代的中国站在历史的转折点，新的局面必将展开……就中国艺术方面——这中国文化史上最中心最有世界贡献的一方面——研寻其意境的结构，以窥探中国心灵的幽情壮采，也是民族文化的自省工作。"③他超越了仅拘守、阐释古人所论的层次，提出了创造性的五种境界说："什么是意境？人与世界接触，因关系的层次不同，可有五种境界。"即功利境界、伦理境界、政治境界、学术境界、宗教境界，五者分别主于利、爱、权、真、神。在排除五者之后，他拈出了艺术之境："以宇宙人生的具体为对象，赏玩它的色相、秩序、节奏、和谐，借以窥见自我的最深心灵的反映；化实景而为虚境，创形象以为象征，使人类最高的心灵具体化、肉身化，这就是'艺术境界'。艺术境界主于美。"④他虽是较多地论绘画、书法、音乐等艺术，不过，他关于艺术的意境理论是可以通之于诗歌的。

宗白华论意境，不采用西方主、客观二分思维的模式，不以心灵反映事物来看待意境之说，简单地将意境视为主观之"意"与客观之"境"的统一。而是源于古老的天人合一观，重视生命哲学，也更为重视艺术家的能动性创造。他借用清代书画家方士庶《天慵庵随笔》所说的"山川草木，造化自然，此实境也。因心造境，以手运心，此虚境也。虚而为实，是在笔墨有无间——故古人笔墨具此山苍树秀，水活石润，于天地之外，别构一种灵奇……"将被动的"反映"变为主动的"因心造境"，因而也就更强调"于

---

① 宗白华：《新诗略谈》，原载1920年2月《少年中国》第1卷第8期，王运熙主编《中国文论选·现代卷》上，南京：江苏文艺出版社1996年版，第145页。又，此处更改了标点的错误。

② 康白情：《新诗底我见》，原载1920年3月《少年中国》第1卷第9期，王运熙主编《中国文论选·现代卷》上，南京：江苏文艺出版社1996年版，第150页、155页。

③ 宗白华：《中国艺术意境之诞生》，《美学散步》，上海：上海人民出版社1981年版，第59页。

④ 宗白华：《中国艺术意境之诞生》，《美学散步》，上海：上海人民出版社1981年版，第59-60页。

天地之外，别构一种灵奇”的主观性创造。为此，他给意境所下的定义是：

> 艺术家以心灵映射万象，代山川而立言，他所表现的是主观的生命情调与客观的自然景象交融互渗，成就一个鸢飞鱼跃、活泼玲珑、渊然而深的灵境；这灵境就是构成艺术之所以为艺术的“意境”。①

另一位美学家朱光潜对于意境的理论有更为全面的阐述。

朱光潜在抗战时期出版的《诗论》中，专立《诗的境界》一章，对于意境理论作了全面的阐述。显然，他关于意境的理论受到了王国维的显著影响，在此章的开头即说：“严沧浪所说的‘兴趣’，王渔洋所说的‘神韵’，袁简斋所说的‘性灵’，都只能得其片面。王静安标举‘境界’二字，似较概括，这里就采用它。”此处的用语很像《人间词话》所说，当然，他的具体所论并不止于对王国维理论的阐释，而是有所辨正和发展。朱先生认为，“每首诗都自成一种境界”，“诗的境界是理想境界，是从时间与空间中执着一微点而加以永恒化与普遍化。”在指出其长现而长鲜后，又说：“诗的境界在刹那间见终古，在微尘中显大千，在有限中寓无限。”②这三句话的前两句分从时间与空间来说，后一句则合时空为一而论，可见诗境所具有的艺术生命力及无限的再创造性。朱光潜还论述了诗境的生成机制，提出了直觉说与意象、情趣契合说。他说：“无论是欣赏还是创造，都必须见到一种诗的境界，这里‘见’字最紧要。凡所见皆成境界，但不必全是诗的境界。一种境界是否能成为诗的境界，全靠‘见’的作用如何。要产生诗的境界，‘见’必须具备两个重要条件。”这就是“诗的‘见’必为直觉”，“‘见’所须具备的第二个条件是所见意象必恰能表现一种情趣”。对于前者，他以为诗的境界是用“直觉”见出，而不是用“知觉”见出，并沟通数者而论道：

> 诗的境界的突现都起于灵感。灵感亦无若何神秘，它就是直觉，就是“想象”(imagination，原谓意象的形成)，也就是禅家所谓“悟”。

对于后者，朱光潜特别强调了“见”的主动性：

> “见”为“见者”的主动，不纯粹是被动的接收……所以“见”都含有创造性。

在人情与物态的往复交流中，“以人情衡物理”而产生“移情作用”，而“以物理移人情”者则产生“内模仿作用”。③

---

① 宗白华：《中国艺术意境之诞生》，《美学散步》，上海：上海人民出版社 1981 年版，第 59 页。

② 朱光潜：《诗论》第三章《诗的境界——情趣与意象》，《朱光潜美学文集》第二卷，上海：上海文艺出版社 1982 年版，第 49-50 页。

③ 朱光潜：《诗论》第三章《诗的境界——情趣与意象》，《朱光潜美学文集》第二卷，上海：上海文艺出版社 1982 年版，第 51-53 页。

朱光潜不仅用意大利美学家克罗齐的理论，对“移情作用”和“内模仿作用”作了详细论述，还就王国维《人间词话》所提出的境界说，对诗境的几种重要分别作了阐释。他认为，王国维所说的“隔”与“不隔”，可用情趣与意象的契合，及“显”与“隐”理论来解释，并提出了自己的商榷意见，以王国维所说的“有我之境”与“无我之境”，其实应分别是“无我之境”与“有我之境”，且二者命名不确，应以“超物之境”与“同物之境”代之。①

朱光潜与宗白华是不同类型的美学家，他们的意境理论分有外国与中国、现代与古代的不同背景，在二十世纪三、四十年代，他们应是这两种背景相异的美学理论及意境说的代表。虽然在关于意境理论的阐述中还有他人所见，但无疑他们二位是最具代表性和最有建树的。

第五节 意与境、有我与无我、动与静

朱光潜与宗白华虽有不同的学术背景，但都是现代的美学家，而论述意境问题且关乎古典诗词，则不得不再说王国维的《人间词话》。虽然《人间词话》似不及况周颐的《蕙风词话》更具专门性，颇多主流之见以外的见解，而恰是“体制外”的、以境界说为核心的理论，却对二十世纪的美学和文艺理论产生了巨大而深远的影响。因此，我们也藉此以论述新诗与唐宋诗词之间在意境上的沟通。

王国维自谓“境界”一说较之于严羽的“兴趣”说、王士祯的“神韵”说，更是探本之论。在确立起这一概念同时，围绕着“境界”，《人间词话》兼融古典诗词与外国理论，又提出了一系列相关的概念，其中最重要的就是“意”与“境”、“情”与“景”、“有我之境”与“无我之境”、“隔”与“不隔”等对立性诸说。而这些概念若用于观照现代新诗，探寻其发展历程中对唐宋诗词意境的学习和皈返，也是很适用的。

一、意胜、境胜与意境两浑

“境界”作为《人间词话》(以下简称《词话》)的“探本”之论，有鲜明的理论色彩，有其基本含义。但由于王国维所取是传统的以实例明其义的方法，并未对“境界”作出明确的理论界说，且“境界”又多次出现，因语境不同而表义各异，易于使人产生歧见。如《人间词话删稿》以之与他者对比，确立起本末之分：“有境界，本也。气质、神韵，末也。有境界而二者随之矣。”②而《词话》中“境界”却多指景物，如第八则：“境界有大小，不以是而分优劣。‘细雨鱼儿出，微风燕子斜’，何遽不若‘落日照大旗，马鸣风萧萧’？‘宝帘闲挂小银钩’，何遽不若‘雾失楼台，月迷津渡’也？”③第五十一则：“‘明月照积雪’、‘大江流日夜’、‘中天悬明月’、‘黄(长)河落日圆’，此种境界，可谓

① 朱光潜：《诗论》：第三章《诗的境界——情趣与意象》，《朱光潜美学文集》第二卷，上海：上海文艺出版社1982年版，第56-61页。

② 王国维：《人间词话删稿》，《蕙风词话·人间词话》，北京：人民文学出版社1960年版，第227页。

③ 王国维：《人间词话》第八则，《蕙风词话·人间词话》，北京：人民文学出版社1960年4月第1版，第193页。

千古壮观。”[①]这里的“境界”与王夫之《薑斋诗话》“有大景,有小景,有大景中小景”之说,似并无区别。有时“境界”是指“阶段”,如二十六则“古今之成大事业、大学问者,必经过三种之境界”,[②]即此意。相较而言,《人间词乙稿序》关于“意”与“境”之论,对传统理论继承较多,也较易理解:

> 文学之事,其内足以摅己,而外足以感人者,意与境二者而已。上焉者意与境浑,其次或以境胜,或以意胜。苟缺其一,不足以言文学。[③]

此处的“意”和“境”,与王国维《文学小言》所说“二原质”的“景”、“情”近义。“上焉者意与境浑”,即范晞文《对床夜语》所说“情景相融而莫分”的另一表述;“以境胜”者近于《诗格》所说“物境”;“以意胜”者近于“情境”。而王夫之《薑斋诗话》所说:“情景名为二,而实不可离。神于诗者,妙合无垠。巧者则有情中景,景中情”[④]实为《乙稿序》的渊源所自。至于《人间词乙稿序》中所说的“出于观我者,意余于境。而出于观物者,境多于意”[⑤],则是“以意胜”、“以境胜”的进一步说明,前者重在主观,后者重在客观。

朱光潜从情趣与意象契合的分量,作出了诗的不同分类与分析。他说:“诗的最高理想在情景吻合,这也只能就大体说。古诗有许多专从‘情’出发而不十分注意于‘景’的,魏晋以后诗有许多专从‘景’出发,除流连于‘景’的本身外,别无其他情趣借‘景’表现的。这两种诗都不能算是达到情景忻合无间的标准,也还可以成为上品诗。”[⑥]他举了六例:“公无渡河,公竟渡河,渡河而死,将奈公何!”(《箜篌引》)“奈何许!天下人何限,慊慊只为汝!”(《华山畿》)“昔我往矣,杨柳依依;今我来思,雨雪霏霏。”(《诗·小雅·采薇》)以及陶渊明的“结庐在人境”(《饮酒》),《江南》“江南可采莲”,和《敕勒歌》。认为六首之中只有三、四首可算情景吻合,景恰足以传情;一、二首是纯从情感出发,自然中节而不必寄托于景;五、六首纯为景的描绘,意象优美而自成情趣。

现代新诗固然有或平淡无味、如同说话,或虽见意象、却乏协调,或奔腾叫嚣、一吐为快的不同形式表现,但也有在意境经营上颇见用心之作,并大体也可分为以意胜、以境胜或意境浑融三类。

以意胜者如闻一多的《发现》:

---

① 王国维:《人间词话》第五十一则,《蕙风词话·人间词话》,北京:人民文学出版社 1960 年版,第 216 页。

② 王国维:《人间词话》第二十六则,《蕙风词话·人间词话》,北京:人民文学出版社 1960 年版,第 203 页。

③ 王国维:《人间词乙稿序》,见《王国维诗词全编校注》,陈永正校注,广州:中山大学出版社 2000 年版,第 462 页。

④ 王夫之:《薑斋诗话》,《清诗话》,郭绍虞辑,上海:上海古籍出版社 1999 年版,第 11 页。

⑤ 王国维:《人间词乙稿序》,见《王国维诗词全编校注》,陈永正校注,广州:中山大学出版社 2000 年版,第 462 页。

⑥ 朱光潜:《诗论》第三章《诗的境界——情趣与意象》,《朱光潜美学文集》第二卷,上海:上海文艺出版社 1989 年版,第 71 页。

我来了，我喊一声，迸着血泪，
“这不是我的中华，不对不对！”
我来了，因为我听见你叫我；
鞭着时间的罡风，擎一把火，
我来了，不知道是一场空喜。
我会见的是噩梦，那里是你？
那是恐怖，是噩梦挂着悬崖，
那不是你，那不是我的心爱！
我追问青天，逼迫八面的风，
我问，（拳头擂着大地的赤胸）
总问不出消息；我哭着叫你，
呕出一颗心来，你在我心里！①

艾青《我爱这土地》：

假如我是一只鸟，我也应该用嘶哑的喉咙歌唱，
这被暴风雨所打击着的土地，这永远汹涌着我们的悲愤的河流，
这无止息地吹刮着的激怒的风，和那来自林间的无比温柔的黎明……
——然后我死了，连羽毛也腐烂在土地里面。
为什么我的眼里常含泪水？因为我对这土地爱得深沉……②

这两首都表现了诗人强烈的爱国主义感情，虽诗中也出现了少量物象，但难以形成与直接抒情相比的分量。此类作品正如朱光潜所说，属于“专从‘情’出发而不十分注意于‘景’的”，却无害其成为上品之作。

以境胜者如何其芳的《秋天》（二）：

震落了清晨满披着的露珠，伐木声丁丁地飘出幽谷。
放下饱食过稻香的镰刀，用背篓来装竹篱间肥硕的瓜果。
秋天栖息在农家里。
向江面的冷雾撒下圆圆的网，收起青鳊鱼似的乌桕叶的影子。
芦蓬上满载着白霜，轻轻摇着归泊的小桨。
秋天游戏在渔船上。
草野在蟋蟀声中更寥阔了。溪水因枯涸见石更清洌了。
牛背上的笛声何处去了，那满流着夏夜的香与热的笛孔？

① 闻一多：《发现》，《闻一多全集》第1卷，武汉：湖北人民出版社1993年版，第153页。
② 艾青：《我爱这土地》，《艾青全集》第1卷，石家庄：花山文艺出版社1991年版，第229页。

秋天梦寐在牧羊女的眼里。①

如画般的意象组图，带着对秋天的爱，通过农家、渔船和牧羊女三个视角的转换，分写出秋天之所在。若与上面二首相比，显然没有强烈的激情，而是充分展示秋天的收获与美景，所重在景色，在诸般意象所成之“境”。宋人黄庭坚《清平乐》发春归之问而作寻春之想：“春归何处？寂寞无行路。若有人知春去处，唤取归来同住。春无踪迹谁知？除非问取黄鹂。百啭无人能解，因风飞过蔷薇。”何其芳此诗不及其曲折、隐蔽，是用多种视、听景色所成意象，以展示秋天之美，由此而见诗人之所爱，而构思之围绕“秋在何处”，则与黄词为近。若以朱光潜所说相衡，应是“专从‘景’出发”，但又不能说是“除流连于‘景’的本身外，别无其他情趣借‘景’表现的”。此诗虽不及上面二首著名，却因其清新、优美，自成情趣，仍近于上品。

新诗中也有如《采薇》、《饮酒》的“意与境浑”之作，如刘半农的名作《教我如何不想她》：

天上飘着些微云，地上吹着些微风。
啊！微风吹动了我头发，教我如何不想她？
月光恋爱着海洋，海洋恋爱着月光。
啊！这般蜜也似的银夜，教我如何不想她？
水面落花慢慢流，水底鱼儿慢慢游。
啊！燕子你说些什么话？教我如何不想她？
枯树在冷风里摇，野火在暮色中烧。
啊！西天还有些儿残霞，教我如何不想她？②

徐志摩的《再别康桥》：

轻轻的我走了，正如我轻轻的来；
我轻轻的招手，作别西天的云彩。
那河畔的金柳，是夕阳中的新娘；
波光里的艳影，在我的心头荡漾。
软泥上的青荇，油油的在水底招摇；
在康桥的柔波里，我甘心做一条水草！
那榆荫下的一潭，不是清泉，是天上虹，
揉碎在浮藻间，沉淀着彩虹似的梦。

① 何其芳：《秋天》(二)，《何其芳全集》第1卷，石家庄：河北人民出版社2000年版，第18-19页。
② 刘半农：《教我如何不想她》，《中国新文学大系》(诗集)，上海：上海良友图书印刷公司1935年版，第16页。

寻梦？撑一支长篙，向青草更青处漫溯，
满载一船星辉，在星辉斑斓里放歌。
但我不能放歌，悄悄是别离的笙箫；
夏虫也为我沉默，沉默是今晚的康桥！
悄悄的我走了，正如我悄悄的来；
我挥一挥衣袖，不带走一片云彩。[①]

两诗主题不同，表达方式亦异，但都是情景吻合无间，互相交融，相辅相足，真正做到了意、境两浑，加以在修辞、语言和体式上的诸多优点，使之成为新诗史上的经典之作，一直传诵不已。

二、有我之境与无我之境

《人间词话》第三则云：

有有我之境，有无我之境。“泪眼问花花不语，乱红飞过秋千去”，“可堪孤馆闭春寒，杜鹃声里斜阳暮”，有我之境也。“采菊东篱下，悠然见南山”，“寒波澹澹起，白鸟悠悠下”，无我之境也。有我之境，以我观物，故物皆著我之色彩。无我之境，以物观物，故不知何者为我，何者为物。古人为词，写有我之境者为多，然未始不能写无我之境，此在豪杰之士能自树立耳。[②]

第四则又云：

无我之境，人惟于静中得之。有我之境，于由动之静时得之。故一优美，一宏壮也。[③]

“以我观物”与“以物观物”之说出自北宋理学家邵雍。其《皇极经世全书解·观物外篇十》云：“以物观物，性也；以我观物，情也。性公而明，情偏而暗。”[④]黄粤洲注曰：“皇极以观物也，即本物之理观乎本物，则观者非我，物之性也。若我之意观乎是物，则观者非物，我之情也。性乃公，公乃明。情乃偏，偏致暗。”[⑤]邵雍提倡“以道观道，以性观性，以心观心，以身观身，以物观物”。[⑥]这样可以做到两不相妨，摒弃情累。能够“以物观物”，就能“万物静观皆自得”，不溺于情，不累于物，做到物我两忘。王国维所说的

① 徐志摩：《再别康桥》，《徐志摩全集》第4卷，天津：天津人民出版社2005年版，第352页。
② 王国维：《人间词话》第三则，《蕙风词话·人间词话》，北京：人民文学出版社1960年版，第191页。
③《人间词话》第四则，《蕙风词话·人间词话》，北京：人民文学出版社1960年版，第192页。
④ 邵雍：《皇极经世全书解·观物外篇十》，黄粤洲注，上海：中华书局，1934—1936重印。
⑤ 邵雍：《皇极经世全书解·观物外篇十》，黄粤洲注，上海：中华书局，1934—1936重印。
⑥ 邵雍：《皇极经世全书解·观物外篇十》，黄粤洲注，上海：中华书局，1934—1936重印。

“以我观物,故物皆著我之色彩”,显然留有“观者非物,我之情也”的印记;“以物观物,故不知何者为我,何者为物”,也带着“观者非我,物之性也”的色彩。“豪杰之士能自树立”,当然以无我之境高,这也可见其受邵雍“性公而明”说的影响。

王国维所论虽起自邵雍,又受到叔本华的影响。王氏《叔本华之哲学及其教育学说》一文说过:“美之中又有优美与壮美之别。今有一物令人忘利害之关系,而玩之而不厌者,谓之曰优美之感情;若其物直接不利于吾人之意志,而意志为之破裂,唯由知识冥想其理念者,谓之曰壮美之感情。”①这就是“一优美,一宏壮”的由来。《词话》所举“采菊东篱下,悠然见南山”,是陶渊明以安贫乐道的态度对待生活,故能心远意静的结果;而“寒波澹澹起,白鸟悠悠下”之“物态本闲暇”,也是元好问在“北风三日雪”对静穆、闲静的感受。这些“无我之境”的“优美”,都以忘利害之关系,纯粹客观的静观心境为前提。反之,若“泪眼问花花不语,乱红飞过秋千去”为冯延巳所作,就应从其身为小国重臣,生当南唐国势日下之时来理解,因之而难免将时势之感移注于落花;而秦观被贬郴州,孤苦之情由馆中春寒而起,又移之于杜鹃、斜阳。由于客观环境与主观心理状态不平衡,“其物直接不利于吾人之意志, 而意志为之破裂, 唯由知识冥想其理念”,以求达观其对象,于由动之静时再行创作,主观心情未免染上所见的客观环境,成为“有我之境”。

《词话》所说的“未始不能写无我之境,此在豪杰之士能自树立耳”,既继承了邵雍“以物观物”的思想,更借鉴了西方哲学家强调艺术的自然性、客观性。康德说:“天才不能科学地指出它如何产生作品,它是作为自然才为艺术定规律。”②叔本华更以唯其自然始能知自然,唯其自然始能言自然,并说:“当我们称一件东西为美……观赏这对象则使我们客观化,也就是说,我们在静观它之时,不再觉得自己是个别的人,而是纯粹无意志的认识之主体。”③而“客观化”之成为“无意志的认识之主体”,其实就是主体的自然化。因此王国维《文学小言》说:“吾人之胸中洞然无物,而后其观物也深,而其体物也切。”④辅以其所赞赏的“纳兰容若以自然之眼观物,以自然之舌言情”,可见王氏对自然性、客观性的首肯。其推尊“无我之境”,更是根源于此,其“豪杰之士”,亦康德、叔本华所称“天才”也。

此处不辨“有我之境”、“无我之境”是否应改为“超物之境”、“同物之境”,无论是古典诗词还是现代诗歌,诗人在创作中确实有感情强弱之别,虽难以是绝对的“以我观物,故物皆著我之色彩”,或“以物观物,故不知何者为我,何者为物”,也难说所创者是否绝对的“有我之境”或“无我之境”,但所营意境确实会有主观感情留下的或轻或重印迹,其近于绝对者即分别为“有我”或“无我”之境。而从创作经验言,“无我之境,人惟于静中得之。有我之境,于由动之静时得之。故一优美,一宏壮也。”亦能基本得到认同。

---

① 王国维:《叔本华之哲学及其教育学说》,《王国维论学集》,傅杰编校,北京:中国社会科学出版社 1997 年版,第 272 页。

② 《西方美学史》,见《朱光潜美学文集》第四卷,上海:上海文艺出版社 1983 年版,第 407 页。

③ 北京大学哲学系美学教研室编《西方美学家论美和美感》,北京:商务印书馆 1980 年版,第 225 页。

④ 王国维:《文学小言》,《王国维论学集》,傅杰编校,北京:中国社会科学出版社 1997 年版,第 311 页。

古典诗词中的“有我之境”与“无我之境”,《词话》已作例举,现代新诗因其创作之起正是历史与社会的变革、动乱时期,此后的中国又经历了军阀混战、土地革命、抗日战争、解放战争,新诗之作多可见作者的爱恨、情仇、希冀、失望、向往,所营意境自是“有我”为多。试看朱自清的《光明》一诗:

风雨沉沉的夜里,前面一片荒郊。
走尽荒郊,便是人们的道。
呀!黑暗里歧路万千,叫我怎样走好?
“上帝!快给我些光明罢,让我好向前跑!”
上帝慌着说,“光明?我没处给你找!你要光明,你自己去造!”[①]

风雨交加的黑夜,失路无助的行人,象征性的环境,岂非投射着作者的“意”?岂不是“有我之境”?在“我”与“上帝”的对答中,彰显了失路而寻路者追求光明的意愿,从中可见新一代知识分子在经历了“五四”后的彷徨,终能以不冀外助、努力探寻的创造精神自勉。

再如朱湘的《残灰》:

炭火发出微红的光芒,一个老人独坐在盆旁,
这堆将要熄灭的灰烬,在他的胸里引起悲伤——
火灰一刻暗,火灰一刻亮,火灰暗亮着红光。
童年之内,是在这盆旁,靠在妈妈的怀抱中央,
栗子在盆上哔吧的响,一个,一个,她剥给儿尝——
妈那里去了?热泪满眼眶,盆中颤摇着红光。
到青年时,也是这盆旁,一双人影并映上高墙,
火光的红晕与今一样,照见他同心爱的女郎——
竟此分手了,她在天那方,如今也对着火光?
到中年时,也是这盆旁,白天里面辛苦了一场,
眼巴巴的望到了晚上,才能暖着火嗑口黄汤——
妻子不在了,儿女自家忙,泪流瞧不见火光
如今老了,还是这盆旁,一个人伴影住在空房,
他趁着残火没有全暗,挑起炭火来想慰凄凉——
火终归熄了,屋外一声梆,这是起更的辰光。[②]

通过童年、青年、中年、老年四阶段的同一场景,表达了对人生况味的不同感受,

① 朱自清:《光明》,《朱自清全集》卷五,南京:江苏教育出版社 1996 年版,第 6 页。
② 朱湘:《残灰》,《朱湘诗集》,成都:四川文艺出版社 1987 年版,第 72 页。

炭火盆与人组成的四个画面，都充溢着不同的感情，自是“有我之境”。对照宋末蒋捷《虞美人》词的少年、壮年、老年三个听雨场面，朱湘诗所受影响清晰可见：

> 少年听雨歌楼上，红烛昏罗帐。壮年听雨客舟中，江阔云低、断雁叫西风。而今听雨僧庐下，鬓已星星也。悲欢离合总无情，一任阶前、点滴到天明。①

相较而言，写诗而“无我”实在很难，不过，近于“无我之境”者也并非全不可见。兹举三例。冰心的《繁星》六九：

> 春天的早晨／怎样的可爱呢？融洽的风／飘扬的衣袖／静悄的心情。②

徐玉诺的《小诗》：

> 湿漉漉的伟大的榕树，罩着的曲曲折折的马路，我一步一步地走下，
> 随随便便地听着清脆的鸟声，嗅着不可名的异味……这连一点思想也不费，
> 到一个地方也好，什么地方都不能到也好，这就是行路的本身了。③

冯至《南方的夜》因沉醉于南方的静夜景象，并无显见的抒情，也近于“无我”：

> 我们静静地坐在湖滨，听燕子给我们讲讲南方的静夜。
> 南方的静夜已经被它们带来，夜的芦苇蒸发着浓郁的热情——
> 我已经感到了南方的夜间的陶醉，请你也嗅一嗅吧这芦苇丛中的浓味。
> 你说大熊星总像是寒带的白熊，望去使你的全身都觉得凄冷。
> 这时的燕子轻轻地掠过水面，零乱了满湖的星影——
> 请你看一看吧这湖中的星象，南方的星夜便是这样的景象。
> 你说，你疑心那边的白果松，总仿佛树上的积雪还没有消融。
> 这时燕子飞上了一棵棕榈，唱出来一种热烈的歌声——
> 请你听一听吧燕子的歌唱，南方的林中便是这样的景象。
> 总觉得我们不像是热带的人，我们的胸中总是秋冬般的平寂。
> 燕子说，南方有一种珍奇的花朵，经过二十年的寂寞才开一次——
> 这时我胸中忽觉得有一朵花儿隐藏，它要在这静夜里火一样地开放！④

上面三诗与古典诗词无关，而有些现代诗人却能受到唐宋诗词的启发，藉其境而

---

① 蒋捷：《虞美人》，《全宋词》第5册，北京：中华书局1965年版，第2442页。

② 冰心：《繁星》六十九，见《繁星·春水》，“新文学碑林”北京：人民文学出版社1998年版，第22页。

③ 徐玉诺：《小诗》，《徐玉诺诗文选》，北京：人民文学出版社1987年版，第83页。

④ 冯至：《南方的夜》，《冯至全集》第1卷，石家庄：河北教育出版社1999年版，第202-203页。

另作自创。如林庚有《春晚》一诗：

> 临苑的花香随着晚风／黄昏的家门蝴蝶飞出了／没有梦的昨夜留恋什么呢／
> 无声的荒草变了颜色／远处杜鹃啼／暮色沉重下／
> 双燕如青春的影子／掠过微黄的窗外①

此诗的行思、构境与南唐冯延巳的《鹊踏枝·春晚》近似。冯词是：

> 几日行云何处去，忘了归来，不道春将暮。百草千花寒食路，香车系在谁家树。泪眼倚楼频独语，双燕归来时，陌上相逢否？撩乱春愁如柳絮，依依梦里无寻处。②

冯词仍如"泪眼看花花不语"，词中的寒食时节、春色将暮、百草千花、遮蔽道路，香车他系，展现了令人伤心的暮春之时无路可行的彷徨之情，下片的泪眼倚楼、频频独语、春愁撩乱、状如柳絮，念双燕归来、不知是否相逢，更见孤独之状。全首展现的意境浸透了感情，或有"以男女比君臣"的寄托，自是"有我之境"。而林庚的《春晚》虽也写了孤独之感，也有寂寞中的期待，杜鹃啼、暮色重，更能令人生愁，但结尾的双燕如青春之影掠过微黄的窗外，则给人以希望，诗的意境也因其雅致冲淡而近于"无我"。

三、意句、境句与动境、静境

重于主观而以意胜，重于客观而以境胜，其极端者又有"有我之境"与"无我之境"之别。此外，古人结合具体的诗歌而有"意句"与"境句"之分，又作"境中带意"之论：

> 论曰：诗家云炼字莫如炼句，炼句莫若得格。格高本乎琢句，句高则格胜矣。天下之诗莫出于二句：一曰意句，二曰境句。境句则易琢，意句则难制。境句人皆得之，独意不得其妙者，盖不知其旨也。所以鲁直、荆公之诗出于流辈者，以其得意句之妙也。何则？盖意从境宣出，所以此诗作荆公诗中之眼者，妙在斯耳。鲁直《寄黄从善诗》云："我居北海君南海，寄雁传书谢不能。桃李春风一杯酒，江湖夜雨十年灯。"云云。初二句为破题，第三第四句为颔联。大凡颔联皆宜意对，春风桃李酒一杯，而想象无聊，屡空为甚。飘蓬寒雨十年灯之下，未见青云得路之便，其羁孤未遇之叹见矣，其意句亦就境中宣出。"桃李春风"、"江湖夜雨"皆境也。昧者不知，直谓境句谬矣。陈去非诗云："山林夜雨厌孤寂，春风几番沙草碧。衣盂无计若为传，负春空坠腰间石。"云云。已上皆古人未曾言之。虽然其来亦有所至也。陈无己诗云："枯松倒影半溪寒（境），数个沙鸥似水安（境中带意）。曾买江南十本

---

① 林庚：《春晚》，《林庚诗文集》第1卷，北京：清华大学出版社2005年版，第135页。

② 冯延巳：《鹊踏枝·春晚》，《全唐五代词》（上），曾昭岷、曹济平、王兆鹏、刘尊明编著，北京：中华书局1999年版，第649页。

画，归来一笔不中看(意)。”石屋诗云：“八峰春到了，双涧雨晴初(境)。小屋钩帘坐(境中带意)，人间无画图(意)。”《禁脔》谓：“夺胎法者，石屋之诗见之，然其境句不胜耳。”又诗失名云：“千金欲买吴州画，今向吴州画里行(意)。小雨半收蒲叶冷，渔人归去钓船横(境)。”此亦前模之自出也。愚亦效颦曰：“水阔天长雁影孤，眠沙鸥鹭倚黄庐。半收小雨西风冷(境)，藜杖相将入画图(意)。”又曰：“十里沙堤水满湖，着霜苇草未全枯。晓来细雨藏鸥鹭，何处人间有画图？”大凡但识境意明白，觑见古人千载之妙，其犹视诸掌。①

“境句”与“意句”实近于王国维“境胜”与“意胜”之说，而为二者的极端之句，就创作言，释普闻所说的“境句则易琢，意句则难制”，是很正确的体会。从欣赏的角度言，“境句人皆得之，独意不得其妙者，盖不知其旨也”，也是很中肯綮的。释普闻以黄庭坚、王安石为例，说明他们之所以出于流辈，是因为“以其得意句之妙也”，此妙就妙在“意从境宣出”。具体而言，黄庭坚《寄黄几复》一诗，“春风桃李酒一杯，而想象无聊，屡空为甚。飘蓬寒雨十年灯之下，未见青云得路之便，其羁孤未遇之叹见矣，其意句亦就境中宣出。”所以，“‘桃李春风’、‘江湖夜雨’皆境也。昧者不知，直谓境句谬矣。”“意”之由“境”宣出，此境就是“境中带意”。用于分析陈与义的诗而作判断，则是：“枯松倒影半溪寒（境），数个沙鸥似水安（境中带意)。曾买江南十本画，归来一笔不中看(意)。”石屋诗：“八峰春到了，双涧雨晴初(境)。小屋钩帘坐(境中带意)，人间无画图(意)。”境句与意句相对较易断定，为何“数个沙鸥似水安”和“小屋钩帘坐”是“境中带意”呢？因为前者数沙鸥而见定心于隐居，后者处小屋而钩帘安坐，都是在具体的场景及主人公的行为中透出意旨和情绪。

释普闻以黄庭坚、陈与义等人之诗为例，说明何为“境中带意”，由于古典诗词总体的文化背景是农业文化，在仕、隐道路的抉择中倘取后者，自是多对生活取审美静观的态度，琢炼所得之“境句”或能“境中带意”。新诗如何呢？试看沈尹默的《月夜》：

霜风呼呼的吹着，月光明明的照着。
我和一株顶高的树并排立着，却没有靠着。②

此诗的霜风、明月，与后唐庄宗李存勖词《一叶落》颇为相似：

一叶落，褰朱箔，此时景物正萧索。画楼月影寒，西风吹罗幕；吹罗幕，往事思量着。③

① 释普闻：《诗论》，见吴文治主编《宋诗话全编》第2册，南京：凤凰出版社1998年版，第1427页。
② 沈尹默：《月夜》，《新青年》第4卷，1918年出版，第1号。
③ 李存勖：《一叶落》，《全唐五代词》(上)，曾昭岷、曹济平、王兆鹏、刘尊明编著，北京：中华书局1999年版，第444页。

但李词多"境句",惟末句为"意句","画楼月影寒"近于"境中带意"。而沈诗仅四句,比李存勖的小令更短,前二句为"境句",后面却无"意句",而高耸的树木与"我"的并立,却通过"我"表现出青年人时代风貌,带着"五四"新文化运动以来人的觉醒之色彩,因此亦能认定"我和一株顶高的树并排立着,却没有靠着",是"境中带意"之句,其象征性更值得称道。王统照的《花影》仅四句:

> 花影瘦在架下,人影瘦在墙里,
> 是三月的末日了,独有个黄莺在枝上鸣著。[①]

诗中并无显见的抒情,仅人影之"瘦在墙里"略透出春愁,因之而观花影之瘦,和黄莺的独鸣枝头,可见是"境中带意",而所"带"之"意"当是相思之愁。此类诗歌的体式与构思方法,应是受到唐人宫怨诗影响,试看王昌龄的"金井梧桐秋叶黄,珠帘不卷夜来霜。熏笼玉枕无颜色,卧听南宫清漏长"(《长信秋词五首》其一)即可知。

艺术有时间艺术与空间艺术之分,莱辛《拉奥孔》首次明确而科学地断定了作为这二者代表的诗、画之界限:"绘画用空间中的形体和颜色,诗用在时间中发出的声音","物体和它们可见的属性是绘画所特有的题材","动作是诗所特有的题材","绘画也能摹仿动作,但是只能用暗示的方式通过物体来摹仿","诗也能描绘物体,但是也只能用暗示的方式通过动作来描绘",[②]诗画分别作为时间艺术和空间艺术,又有动静之别。黑格尔则认为:"绘画不能像诗或音乐那样把一种情境,事件或动作表现为承续的变化,而是只能抓住某一顷刻。"[③]"如果拿诗和绘画来对比,在感性现实和外在定性方面的这样欠缺在诗里却变成一种无可估计的富饶,因为诗不像绘画那样局限于某一一定的空间以及某一情节中的某一一定的时刻,这就使得诗有可能按照所写对象的内在深度以及时间上发展的广度把它表现出来。"[④]李泽厚也说:"审美意识的物化形式是过程与产品的统一,而由于它们或偏于过程或偏于产品,就或以动(时间)为主,或以静(空间)为主,而分成动的艺术与静的艺术。"[⑤]因此,诗之境界或诗质多而为动境,或近于画而为静境。

以王维诗言,其"渡头余落日,墟里上孤烟"(《辋川闲居赠裴秀才迪》)与"大漠孤烟直,长河落日圆"(《使至塞上》),皆属"诗中有画";但二者仍有微小区别:前者因"余"、"上"二字而使画面呈动态,遂近于"诗境",后者的"直"、"圆"呈静态而近于"画境"。若看《人间词话》第八则所举境界大小之例,仍可因动静之别而作诗境、画境之断:"细雨鱼儿出,微风燕子斜"与"落日照大旗,马鸣风萧萧",都见动态而近"诗境",而"宝帘闲挂小银钩"和"雾失楼台,月迷津渡"则因静态而近"画境"。第五十一则所举

① 王统照:《花影》,《童心》(诗集),"中国新诗经典"第二辑,杭州:浙江文艺出版社 1997 年版,第 128 页。

② 莱辛:《拉奥孔》,伍蠡甫主编《西方文论选》,上海:上海译文出版社 1988 年版,第 420 页。

③ 黑格尔:《美学》上册,北京:商务印书馆 1981 年版,第 289 页。

④ 黑格尔:《美学》下册,北京:商务印书馆 1981 年版,第 6 页。

⑤ 李泽厚:《美学论集》,上海:上海文艺出版社 1980 年版,第 392 页。

例："明月照积雪"、"大江流日夜"因"照""流"之"动"而近于"诗境"，"中天悬明月"、"黄（长）河落日圆"则相对静止而近于"画境"。

新诗人中，陈梦家长于写景状物，其《小庙春景》以寥寥数笔画出了一幅小庙、和尚的写生画：

要太阳光照到／我瓦上的三寸草，
要一年四季／雨顺风调。
让那根旗杆／倒在败墙上睡觉，
让爬山虎爬在／它背上，一条，一条……
我想在百衲衣上／捉虱子，晒太阳；
我是菩萨的前身，这辈子当了和尚。①

《鸡鸣寺的野路》前半首所造之境具有动态，近于"诗境"：

这是座往天上的路，夹着两行撑天的古树；
烟样的乌鸦在高天飞，声幽幽向着北风追；
我要去，到那白云层里，那儿是苍空，不是平地。②

而《雨中过二十里铺》前半首却如水墨画静景，近于"画境"：

水车上停着的乌鸦，什么事不飞呀？飞呀！
葫芦爬上茅顶不走了，雨落在葫芦背上流。
静静的老牛不回家，在田塍上听雨下。③

何其芳《月下》写梦的数句，则似兼具"诗境"与"画境：

今宵准有银色的梦了，如白鸽展开沐浴的双翅，
如素莲从水影里坠下的花瓣，如从琉璃似的梧桐叶，流到积霜的瓦上的秋声。④

---

① 陈梦家：《小庙春景》，《陈梦家诗全编》，蓝棣之编，杭州：浙江文艺出版社 1995 年版，第 154 页。
② 陈梦家：《鸡鸣寺的野路》，《陈梦家诗全编》，蓝棣之编，杭州：浙江文艺出版社 1995 年版，第 124 页。
③ 陈梦家：《鸡鸣寺的野路》，《陈梦家诗全编》，蓝棣之编，杭州：浙江文艺出版社 1995 年版，第 144 页。
④ 何其芳：《月下》，《何其芳全集》第 1 卷，石家庄：河北人民出版社 2000 年版，第 26 页。

第六节 新诗意境的类型

新诗从诞生之时起，就开始探索民族化的道路。胡适在五四运动后不久发表《谈新诗》一文，副标题为“八年来一件大事”，可见对新诗的重视。该文说：“我所知道的‘新诗人’，除了会稽周氏兄弟之外，大都是从旧式诗、词、曲脱胎出来的。”又指出：“沈尹默君初作新诗是从古乐府化出来的……我自己的新诗，词调很多，这是不用讳饰的……此外新潮社的几个新诗人——傅斯年、俞平伯、康白情——也都是从词曲里变化出来的。”[①]实际上，除了向外国学习、向民间学习外，新诗取法最多的还是古典诗词，因而在提出新诗应重视意境之后，因意境本属民族诗学的审美范畴，对其民族特色的探索，也必然在新诗的创作中得到体现。

一、琢炼与平淡

古典诗歌中历来就有琢炼与平淡之别，试看建安以来诸多并称的诗人，即多有这一区别：建安七子的曹刘相并，曹组丽而刘朴直，晋宋时陶谢并称，陶多平淡而谢多藻饰，颜谢相齐而颜更多丽辞。唐诗中王孟同派，却王清新而孟恬淡，高岑同调而高朴质、岑奇丽，李杜则有自然天成与重在人工之别，人谓如李广与孙、吴用兵之异，中晚唐不仅有白居易的老妪能解与李商隐的深隐琢炼，温李相并、亦有义山严谨工整、婉转优美而飞卿雕章琢句、善于藻饰之异。宋初如王禹偁学白居易，“西昆”诸家学李商隐，形成了平淡与琢炼的不同风气。词中也有密丽的温庭筠与清疏的韦庄之别，白描如李煜、李清照，精工如周邦彦、吴文英，华丽者如七宝楼台，朴素者如瓜棚豆架。

一方面由于诗歌在其发展过程中，艺术上所受道家的影响甚至过于儒家，庄子重自然天成的思想又得到了禅宗的继续“加码”；另一方面是源于汉语本身审美特性的多样性，使得汉语诗美结构中各因素的特征组合变化，趋向于追求自然平淡之美。古典诗歌的自然平淡美肇始于陶渊明，承接于王孟，又因白居易的学陶而得到继续，北宋得苏轼的“再发现”而被揄扬，使得崇尚平淡成为学杜以外的宋诗的共同择向。梅尧臣云：“作诗无古今，惟造平淡难。”[②]欧阳修也反对怪奇，而喜爱平淡之美，认为“古味虽淡醇不薄”，[③]“淡薄味愈长”。[④]苏舜钦则声明：“不肯低首事镌凿，直欲淡薄趋杳冥。”[⑤]值得注意的是，宋人所主张的平淡美，并非淡而无味，而是味虽“淡”而“醇不

---

① 胡适：《谈新诗——八年来一件大事》，原载 1919 年 10 月 10 日《星期评论》，见《胡适文集》第 2 卷，北京：北京大学出版社 1998 年版，第 138–139 页。

② 梅尧臣：《读邵不疑学士诗卷杜挺之忽来因出示之且伏高致辄书一时之语以奉呈》，见《梅尧臣集编年校注》卷二十六，朱东润编年校注，上海：上海古籍出版社 2006 年版，第 845 页。

③ 欧阳修：《读张李二生文赠石先生》，见《欧阳修全集》，北京：中国书店 1986 年影印本，第 10 页。

④ 欧阳修：《读书》，见《欧阳修全集》，北京：中国书店 1986 年影印本，第 61 页。

⑤ 苏舜卿：《赠释秘演》，见《苏舜卿集》卷二，沈文倬校点，中华书局上海编辑所 1961 年版，第 17 页。

薄"、"味愈长"、"趋杳冥"，此即王安石和苏轼所标举的"看似寻常最奇崛，成如容易却艰辛"[①]，以致于"发纤秾于简古，寄至味于淡泊"，达到"外枯而中膏，似淡而实腴"，"质而实绮，臞而实腴"的审美境界[②]，是"精能之至，反造疏淡"[③]。

重天然、主平淡是古代重要的文艺思想，另一方面则是讲琢炼、求功力，二者构成了辩证的"文""质"关系，孔子对此作了这样的表达："质胜文则野，文胜质则史，文质彬彬，然后君子。"[④]而在另外一些场合则表示尤重于文："子曰：'周监于二代，郁郁乎文哉！吾从周。'"[⑤]"有德者必有言，有言者不必有德。"[⑥]扬雄甚而说："玉不雕，玙璠不作器；言不文，典谟不作经。"[⑦]刘勰辨析了老庄对文质的态度，曰："老子疾伪，故称'美言不信'，而五千精妙，则非弃美矣。庄周云辩饰万物，谓饰藻也。韩非云艳采辩说，谓绮丽也。绮丽以艳说，藻饰以辩雕，文辞之变，于斯极矣。"[⑧]唐人言诗，不乏重文采之论："诗不假修饰，任其丑朴，但风韵正，天真全，即名上等，予曰：不然，无盐缺容而有德，曷若文王太姒有容而有德乎？"[⑨]"古之所以导下情而通比兴者，必文其言以表之。虽甿谣俚音，可俪风什。"[⑩]前谓宋代重自然平淡，而倡文采讲琢炼者仍不乏其人："文于道未为尊，固也。然譬之琢璞为器，琢固璞之毁也，若器成而不中度，琢就而不成章，则又毁之毁也。"[⑪]"文以文而工，不以文而妙，然舍文无妙，胜处要自悟。"[⑫]宋人还有一重要思想，即平淡美从追琢而来，由极炼而达于如同不炼：

陶潜、谢朓诗，皆平淡有思致，非后来诗人怵心刿目雕琢者所为也。老杜云，"陶谢不枝梧，《风》《骚》共推激。紫燕自超诣，翠驳谁剪剔"是也。大抵欲造平淡，当自绚丽中来，落其华芬，然后可造平淡之境，如此则陶、谢足进矣。今之人多作拙易诗，而自以为平淡，识者未尝不绝倒也。梅圣俞《和晏相诗》云："因令适性情，稍欲到平淡。若词未圆熟，刺口剧菱芡。"言到平淡处甚难也。所以《赠杜挺之诗》有"作诗无古今，欲造平淡难"之句。李白云："清水出芙蓉，天然去雕饰。"平淡而到天然处则善矣。[⑬]

---

① 王安石：《题张司业诗》，见《王安石全集·诗集》卷三十一，秦克、巩军标点，上海：上海古籍出版社 1999 年版，第 200 页。

② 苏轼：《评韩柳诗》、《与苏辙书》、《书黄子思诗集后》，《苏东坡全集》，北京：中国书店 1986 年版，第 37、70、559 页。

③ 苏轼：《书唐氏六家书后》，《苏轼文集》第 5 册，孔凡礼校点，北京：中华书局 1986 年版，第 2206 页。

④《论语·雍也》，《论语正义》（上），[清]刘宝楠撰，北京：中华书局 1990 年版，第 233 页。

⑤《论语·八佾》，《论语正义》（上），[清]刘宝楠撰，北京：中华书局 1990 年版，第 103 页。

⑥《论语·宪问》，《论语正义》（下），[清]刘宝楠撰，北京：中华书局 1990 年版，第 555 页。

⑦ 扬雄：《法言·寡见》，《法言义疏》（上），[清末民初]汪荣宝撰，北京：中华书局，1987 年版，第 221 页。

⑧ 刘勰：《文心雕龙·情采》，《文心雕龙义证》（中），詹锳义证，上海：上海古籍出版社 1989 年版，第 1154 页。

⑨ 皎然：《诗式》，《历代诗话》本《历代诗话》（上），[清]何文焕辑，北京：中华书局 1981 年版，第 182 页。

⑩ 刘禹锡：《上淮南李相公启》，《刘禹锡集》卷十八，上海人民出版社 1975 年版。

⑪ 杨万里：《答刘子和书》，《诚斋集》卷六十五，《四库丛刊》本。

⑫ 姜夔：《白石道人诗说》，《历代诗话》本《历代诗话》（下），[清]何文焕辑，北京：中华书局 1981 年版，第 682 页。

⑬ 张镃：《仕学规范》卷三十七，北京：北京图书馆出版社 2003 年版。

既然许多新诗人多有从学于古典诗词的经历，所作新诗也多从旧体诗词曲脱化而来，古人关于平淡与琢炼的艺术思想，对之也必然产生了影响，所成意境也必然有平淡与琢炼两种基本类型。琢炼者如戴望舒的《十四行》，每句押韵、两句一转，措辞工稳、字句整炼、比兴奇特，句式长短基本一致，极尽设色选声之能事，造境、用语、设喻都与李贺诗颇为相似：

微雨飘落在你披散的鬓边，
像小珠散落在青色的海带草间，
或是死鱼浮在碧海的波浪上，
闪出神秘又凄切的幽光。

诱着又带着我青色的魂灵，
到爱和死的王国中睡眠，
那里有金色的空气和紫色的太阳，
那里可怜的生物将欢乐的眼泪流到胸膛；

就像一只黑色的衰老的瘦猫，
在幽光中我憔悴又伸着懒腰，
流出我一切虚伪和真诚的骄傲；

然后，又跟着它踉跄在薄雾朦胧，
像淡红的酒沫飘浮在琥珀盅，
我将有情的眼藏在幽暗的记忆中。①

而同一位戴望舒，其《萧红墓畔口占》却创造了平淡中蕴含深情的意境：

走六小时寂寞的长途，到你头边放一束红山茶，
我等待着，长夜漫漫，你却卧听着海涛闲话。②

宗白华的《晨兴》也是短诗，展示的却是天人合一的平淡之境，令人玩味、思索不尽：

太阳的光，着我早起的灵魂。

① 戴望舒：《十四行》，原载《莽原》第2卷第20期，1927年12月；见《戴望舒全集·诗歌卷》，王文彬编，北京：中国青年出版社1999年版，第30页。

② 戴望舒：《萧红墓畔口占》，原载《华侨日报·文艺周刊》第33期，1944年9月10日；见《戴望舒全集·诗歌卷》，王文彬编，北京：中国青年出版社1999年版，第170页。

天边的月，犹似我昨夜的残梦。[①]

徐志摩颇多浪漫气质，其诗常见强烈抒情、丽辞密藻，而《偶然》虽写爱情，却是平淡之作：

我是天空里的一片云，偶尔投影在你的波心——
你不必讶异，更无须欢喜——在转瞬间消灭了踪影。
你我相逢在黑夜的海上，你有你的，我有我的，方向；
你记得也好，最好你忘掉，在这交会时互放的光亮！[②]

二、雄浑与奇诡

我国古代哲人很早就有刚柔兼济、巨细共生的辩证思想。对于前者，《周易》明确地提出了阴阳、刚柔的对立统一，且将二者结合而论之，《说卦》云："观变于阴阳而立卦，发挥于刚柔而生爻"，"分阴分阳，迭用柔刚，故《易》六位而成章"。而《周易》"经"的创作，首先就经历了阴阳概念的产生。"八卦"由"观物取象"而创立，其《乾》卦象征"天"，喻示"刚健"，《坤》卦象征"地"，喻示"柔顺"。"盈乎天地之间，无非一阴一阳之理"(《朱子大全·易纲领》)，《周易》这一认识，对古代中国人的思维有普遍的涵括性和指导意义，入于文艺领域，就产生了与阴阳、刚柔密切相关的概念，成为美学、文艺风格学的重要内容，也影响了意境理论。

传为司空图作的《二十四诗品》，如许印芳《二十四诗品跋》所说，采用的是"分题系辞"、"比物取象"方法。此著主于描绘诗歌的风格、意境，部分兼及表现手法、艺术功能，《四库全书总目提要》谓之"所列诸体毕备，不主一格"，甚当。对于此著，郭绍虞先生有"所作重在体貌诗之风格意境"[③]的准确概括。《二十四诗品》所列的二十四品是：雄浑、冲淡、纤秾、沉着、高古、典雅、洗练、劲健、绮丽、自然、含蓄、豪放、精神、缜密、疏野、清奇、委曲、实境、悲慨、形容、超诣、飘逸、旷达、流动。可见对诗歌的风格、意境体味甚深，分类很细。

清代的郭麐仿《二十四诗品》而有《词品》之作，由于词受制于内容题材，加之本为倚声之歌词，其境确实较诗为狭、少，郭麐认识到这一点，故《词品》仅得十二品，其小序云："……仿表圣《诗品》，为之标举风华，发明逸态。以其途较隘，止得表圣之半"。[④]十二品是：幽秀、高超、雄放、委曲、清脆、神韵、感慨、奇丽、含蓄、逋峭、秾艳、明隽。后来杨伯夔又作《续词品》十二则(实为十一则)，具体是：轻逸、独造、凄紧、微婉、闲雅、高寒、澄淡、疏俊、疏瘦、精炼、灵活。虽有补充、发展，却未及《词品》准确，又显得力绌

① 宗白华：《晨兴》，原刊《时事新报·学灯》，1922年9月7日；见《宗白华全集》第1卷，合肥：安徽教育出版社1994年版，第378页。

② 徐志摩：《偶然》，《徐志摩全集》第4卷，天津：天津人民出版社2005年版，第308页。

③ 郭绍虞：《诗品集解·续诗品注·序》，北京：人民文学出版社1963年版。

④ 序见于嘉庆丁卯本《灵芬馆杂著》卷二。

而见拼凑之迹。

无论是《二十四诗品》还是《词品》、《续词品》，除了属于作法者以外，其他占大部的所有各“品”，作为风格、意境，其美学属性基本都在“阳刚”、“阴柔”的范围之内，其余则大体可入于“古雅”一类。对于众多的古典诗词遗产，即使是名篇，也难于对照各“品”作出一一对号。论析现代新诗的意境，亦同样困难。由于新诗所处的时代经历了两次世界大战，是世界进入工业化和后工业化的时代，国内更是经历了诸多的革命、战争和运动，内外环境的激烈变化，使得新诗在主动和被动的应变中，也发生了许多变化。对于新诗所成之意境，这里似尤应论述其雄浑、奇诡二类，前者在古典诗歌中较为多见，可视为继承和发展，后者则在古典诗歌中较少见，可认为是有所创造。

意境雄浑的新诗，兹举二例。先看穆旦的《古墙》：

一团灰沙卷起一阵秋风，奔旋地泻下了剥落的古墙，
一道晚霞斜挂在西天上，古墙的高处映满了残红。
古墙寂静地弓着残老的腰，驼着悠久的岁月望着前面。
一只手臂蜿蜒到百里远，败落地守着暮年的寂寥。
凸凹的砖骨镌着一脸严肃，默默地俯视着广阔的平原；
古代的楼阁吞满了荒凉，古墙忍住了低沉的愤怒。
野花碎石死死挤着它的脚跟，苍老的胸膛扎成了穴洞；
当憔悴的瓦块倾出了悲声，古墙的脸上看不见泪痕。
暮野里睡了古代的豪杰，古墙系过他们的战马，
轧轧地驰过他们凯旋的车驾，欢腾的号鼓荡动了原野。
时光流过了古墙的光荣，狂风折倒飘扬的大旗，
古代的英雄埋在黄土里，如一缕浓烟消失在天空。
古墙蜿蜒出刚强的手臂，曾教多年的风雨吹打；
层层的灰土便渐渐落下，古墙回忆着，全没有惋惜。
怒号的暴风猛击着它巨大的身躯，沙石交战出哭泣的声响；
野草由青绿褪到枯黄，在肃杀的原野里它们战栗。
古墙施出了顽固的抵抗，暴风冲过它的残阙！
苍老的腰身痛楚地倾斜，它的颈项用力伸直，瞭望着夕阳。
晚霞在紫色里无声地死亡，黑暗击杀了最后的光辉，
当一切伏身于残暴和淫威，矗立在原野的是坚忍的古墙。①

诗人似是触物兴情，有感而发，诗中用了拟人和象征的手法，表现了古墙对时间和空间双重侵袭、绞杀的抵抗。古墙的意象令人想起我们这个古老的民族，想起历经

① 穆旦：《古墙》，原载北平《文学》杂志，1937年1月诗歌专号。李方《穆旦诗全集》，北京：中国文学出版社1996年版，第32页。

磨难而不屈的斗争历史，其意境在雄浑中透出肃杀、悲壮，读之令人在沉重的感觉中努力挣扎向上，并为所升华的精神而鼓舞。此诗作于抗日战争前夕，作者似乎预感到风雨之将临，此后八年抵抗日本侵略的民族战争，也使诗人对民族、国家前途的预见，在其创造的形象、意境上得到了验证。

再看风格并不相同的卞之琳《大车》：

> 拖着一大车夕阳的黄金，骡子摇摆着踉跄的脚步，
> 穿过无数的疏落的荒林，无声的扬起一大阵黄土，
> 叫坐在远处的闲人梦想，古代传下来的神话里的英雄，
> 腾云驾雾去不可知的远方——古木间涌出了浩叹的长风！①

此诗篇幅较短，诗人两处着笔，正写大车前行，侧写“闲人”所想，结于虚实之间。若以《二十四诗品》的诸品相拟，其意境大体近于雄浑、高古，又不乏劲健、豪放。

唐宋诗词的奇诡意境较为少见，韩孟诗派及李贺或得偶见，宋词中更少，只有吴文英的少量作品有“仙思鬼境”之评。新诗因其所处的时代原因，诗人的主观创作精神、观念的变化，使之作品的奇诡之境较为多见。如前引的冯乃超的《红纱灯》、屠岸的《狭弄》等都属此类。此处再举二例。覃子豪的《造访》：

> 夜，梦一样的辽阔，梦一样的轻柔／梦，夜一样的甘美，夜一样的迷茫／
> 我不知道，是在梦中，还是在夜里／走向一个陌生的地方，殷殷地寻访／
> 雨底街，是夜的点彩／雾里的树，是夜的印象／
> 穿过未来派色彩的图案／溶入一幅古老而单调的水墨画里／
> 无数发光的窗瞪著我，老远的／像藏匿在林中野猫的眼睛在闪烁／
> 发著油光的石子路是鳄鱼的脊梁／我是蓦然的从鳄鱼的脊梁上走来／
> 围墙里的花园是一个深邃的画苑／我茫然探索，深入又深入／
> 在一个陌生的小门前停了足步／像是来过，因为我确知你曾在这里等我②

诗中对偶、拟喻、象征并用，以利于营建气氛、意境，令人感到恐怖、奇诡，却又能如听鬼故事一样诱人而读、欲罢不能。

纪弦的《乌鸦》以“黑色”写歌，作驮梦、驮心之拟，虽因篇幅过短而无完整的境界，仍因奇思而“意”奇，而不失为奇诡之境：

> 乌鸦来了，唱黑色之歌；投我的悲哀在地上，碎如落叶。
> 片片落叶上，驮着窒息的梦；疲惫烦重的心，乃乘鸦背以远飏。③

① 卞之琳：《大车》，《卞之琳诗文集》第1卷，合肥：安徽教育出版社2002年版，第49页。
② 覃子豪：《造访》，《覃子豪全集》，台北：覃子豪全集出版委员会1964年版，第223页。
③ 纪弦：《乌鸦》，《纪弦自选集》，台北：黎明文化事业公司1978年版，第109页。

三、含蓄与朦胧

受到哲学上重“中道”的思想影响，我国古代的艺术创作不求极致，较之于西方文艺，尤见含蓄，“义欲婉而正，辞欲隐而显”①成为普遍性追求。宋人论诗曰：“必能状难写之景，如在目前，含不尽之意，见于言外，然后为至矣。”②“诗者述事而寄情，事贵详，情贵隐，及乎感会于心，则情见于词，此所以入人深也。如将盛气直述，更无余味，则感人也浅。”③评杜牧《华清宫三十韵》，称道：“无一字不可人意。其叙开元一事，意直而词隐，晔然有《骚》《雅》之风。”但又认为“至‘一千年际会，三万里农桑’之语，置在此诗中，如使伶优与嵇阮辈并席而谈，岂不败人意哉。”④严羽认为诗应“不涉理路，不落言筌”，如“羚羊挂角，无迹可求，故其妙处透彻玲珑，不可凑泊，如空中之音，相中之色，水中之月，镜中之象，言有尽而意无穷。”⑤元人杨载论含蓄之理极好：“诗有内外意，内意欲尽其理，外意欲尽其象，内外意含蓄，方妙。”⑥用以上理论揆之于古典诗词，确能见臻于“内意欲尽其理，外意欲尽其象，内外意含蓄”之妙境。严羽盛赞盛唐诗，是因为盛唐诗人所造之境能“不落言筌”、“无迹可求”，“言有尽而意无穷”。如王维的《息夫人》：“莫以今时宠，能忘旧日恩。看花满眼泪，不共楚王言。”据孟棨《本事诗》，此诗因宁王（玄宗兄）夺饼师之妻而作，诗人借春秋时楚灭息国、国君的夫人被楚王所占，写此眼前之事，因强弱悬殊，被占者只能以流泪不语的方式表其难忘旧人，怨而不怒却深刻动人。又如李白的《玉阶怨》：“玉阶生白露，夜久侵罗袜。却下水晶帘，玲珑望秋月。”诗中无一“怨”字，却通过宫女行动的“外尽其象”，透出了闭于深宫、青春空逝的无穷幽怨。

新诗在其初期，并不以含蓄为倡，相反是以明白透彻为务，但时间一长就引起了不满，如李思纯所说，太单调、太幼稚是主要原因，因而也逐渐重拾起重视含蓄的古典诗词传统。胡适在《蕙的风·序》中修正了自己以前的主张，认为诗有深浅，不全在“露”与“不露”，“含蓄”并不是求人解的不露，而是能透过一层，因为直说直叙不能表达出诗人的本意，故要脱略枝节，超过细目，抓住了一个要害之点，另求一个“深入而浅出”的方法。宗白华的《小诗》大概可算是“深入而浅出”的含蓄之作：

> 生命的树上，雕了一枝花，
> 谢落在我的怀里，我轻轻的压在心上。
> 她接触了心中的音乐，化作小诗一朵。⑦

---

① 刘勰：《文心雕龙·谐隐》，《文心雕龙义证》（上），詹锳义证，上海：上海古籍出版社1989年版，第549页。

② 欧阳修：《六一诗话》引梅尧臣语，《历代诗话》（上），[清]何文焕辑，北京：中华书局1981年版，第267页。

③ 魏泰：《临汉隐居诗话》，《历代诗话》（上），[清]何文焕辑，北京：中华书局1981年版，第323页。

④ 周紫芝：《竹坡诗话》，《历代诗话》（上），[清]何文焕辑，北京：中华书局1981年版，第350页。

⑤ 严羽：《沧浪诗话·诗辨》，郭绍虞《沧浪诗话校释》，北京：人民文学出版社，1961年版，第26页。

⑥ 杨载：《诗法家数》，《历代诗话》（下），[清]何文焕辑，北京：中华书局1981年版，第736页。

⑦ 宗白华：《小诗》，《宗白华全集》第1卷，合肥：安徽教育出版社1994年版，第380页。

王统照的《小诗》十二亦然：

多年的秋灯之前，一夕的温软之语，如今随著飞尘散去，
不知那时的余音，又落在谁的心里？①

“一夕的温软之语”经时空的转换，不知彼时之“余音”终落何人心上？寥寥数句，将失恋者之心、情，表现得十分含蓄、敛约，堪称“怨而不怒”。

与含蓄相近而又不同的是朦胧，古人从意象着眼而论道：“‘乐意相关禽对语，生香不断树交花’，论者以为至妙，予不能辨，但恨其意象太著耳。”②画家郑板桥也有“盆画半藏，兰画半含”之说。唐诗中的白居易《花非花》就是朦胧之作：“花非花，雾非雾，夜半来，天明去，来如春梦几多时，去似朝云无觅处。”此诗用多个比喻，而无论是雾中之花、夜半之时，还是来如春梦、去似朝云，都仅是喻体，却不知所喻之题旨为何，却给人留下了遐思的余地，可作或诗人情思、或人生感悟、或创作灵感之想。对现代诗词理论和文艺美学影响甚大的《人间词话》，对朦胧的意境却不欣赏：

白石写景之作，如“二十四桥仍在，波心荡、冷月无声”、“数峰清苦，商略黄昏雨”、“高树晚蝉，说西风消息”，虽格韵高绝，然如雾里看花，终隔一层。梅溪、梦窗诸家写景之病，皆在一“隔”字。③

问“隔”与“不隔”之别，曰：陶谢之诗不隔，延年则稍隔矣。东坡之诗不隔，山谷则稍隔矣。“池塘生春草”、“空梁落燕泥”等二句，妙处唯在不隔。④

什么是“隔”？那就是“如雾里看花”；什么是“不隔”？那就是“语语都在目前”。显然，王国维赞赏的是“意象”鲜明，是“著”，反对的是朦胧之“终隔一层”。

卞之琳的《记录》直接将“朦胧”写入诗中：

现在又到了灯亮的时候，我喝了一口街上的朦胧，
倒象清醒了，伸一个懒腰，挣脱了多么沉重的白日梦……⑤

而他的《墙头草》则表意稍见隐蔽、且形象较为朦胧：

五点钟贴一角夕阳 / 六点钟挂半轮灯光 /

① 王统照：《小诗》十二，《童心》（诗集），“中国新诗经典”本，杭州：浙江文艺出版社 1997 年版，第 82 页。
② 李东阳：《麓堂诗话》，《历代诗话续编》（下），丁福保辑，北京：中华书局 1983 年版，第 1379 页。
③ 王国维：《人间词话》第三十九则，《蕙风词话·人间词话》，北京：人民文学出版社 1960 年版，第 210 页。
④ 王国维：《人间词话》第四十则，《蕙风词话·人间词话》，北京：人民文学出版社 1960 年版，第 210–211 页。
⑤ 卞之琳：《记录》，《卞之琳文集》（上），江弱水、青禾编，合肥：安徽教育出版社 2002 年版，第 34 页。

想有人把所有的日子／就过在做做梦，看看墙／墙头草长了又黄了①

纪弦《幻像》所塑造的形象在虚实之间，奇诡而又朦胧：

幻像是一个难忘的／天长地久的情妇，
一日不见，如隔三秋。
黄昏时分，她来了。
我看见她着了一袭／雾色的轻衫，
而那一双馥郁的红唇，遂益觉其魅人了。
她悄悄坐下，在我身旁，
抚弄我长披之发，以她多情的手。
我倾听着她之诉语，而她也懂得我的凝眸。
她常播一粒种籽，在我荒凉的心里，
而让花在笔尖上开，结通红的果子在纸上。
若有庸俗的脚步闯入我幽静的书斋，她乃迅速地奔避了。②

现代新诗中的朦胧之作不少，而经历了一段消歇之后，到“文化大革命”则是“万马齐喑”、一片肃杀。至十年禁锢被破，思想解放的闸门渐开，“黑夜”中生成的年轻一代诗人，张开了朦胧的“黑色眼睛”，在寻找新生的光明之时，形成了规模可观的朦胧诗创作高潮，也造就出中国新诗发展史上一道独特的“风景”。

---

① 卞之琳：《墙头草》，《卞之琳文集》（上），江弱水、青禾编，合肥：安徽教育出版社 2002 年版，第 17 页。
② 纪弦：《幻像》，《纪弦自选集》，台北：黎明文化事业公司 1978 年版，第 109 页。

声韵与体式

汉字因音、形、义一体，在其最初期形成了字即词的现象，亦即汉语的词汇是单音节词。后虽因双音节词渐出渐多，而不能认定汉语为单音节语言，但若与其他国家、民族的语言相比，汉语既见单音节词汇多，又具有显著的单音节性能。从单音节发展过来的汉语，为避免口头交流时产生理解的歧义，尤见在"音"的基础上需有"调"的变化，而每一字词的读音，又由"声""韵"结合而成。写成诗歌，则如刘勰《文心雕龙·声律》所说："是以声画妍蚩，寄在吟咏，吟咏滋味，流于字句。气力穷于和韵。异音相从谓之和，同声相应谓之韵。韵气一定，故余声易遣；和体抑扬，故遗响难契。"[①]刘勰认为，诗歌的滋味要从句子的安排中流露，工夫体现在句子的"和"与句末的"韵"，不同的字调配合而成"和"，同韵的字呼应而为"韵"。由于"和"与"韵"相成的诗句是"同"与"异"的矛盾统一体，"韵"之在句末呼应而使整篇得"同"，其对于诗歌的重要性自不待言。

汉语是声、调、韵三者结合的语言，凭藉其极具变化的语音，使得汉语诗歌在听觉上自具美感，句末所用的韵更起了"同声相应"的作用，使听觉美感更为加强。就视觉而言，诗歌之美感又如何呢？诗因字而生句，积句而成章，字是"文"，与"言"有别，仍因其单音节的性质，使精炼的"文"通过方块字极易"砌"成整齐的句子，辅之以文字的对偶性，句式排列的均齐划一，遂成为诗歌视觉美感的主要体现。而因感情的起伏，与诗歌相配的音乐节奏之变，又使诗句有长短不均的变化，是又以参差辅均齐，造就出辩证的视觉美。进入现代以来，文、言脱节的现象为之改变，白话文的提倡，更使诗歌语言接近口语，因此，新诗的句子必然要长于古典诗词，而因现代汉语之有大量双音节词汇，使之与单音节词一起组成的句子也一改律、绝的齐言形式，多变为长短参差的杂言。

西方诗律由长短音交替或轻重音间隔构成，而汉语诗歌则用韵脚表示和谐，靠语言的整一性来建构韵律，其具体形态是齐言、骈偶和声律。齐言是中国古代诗歌的第一要素，从《诗经》的四言到后来的五、七言，是主要形式，乐府、词曲虽是杂言，但仍有"奇偶相生"的规律，形成整齐的音步组合，在不齐中显示出齐一性，即"不齐之齐"。齐言之外，骈偶和声律构成古典诗歌韵律的另两个要素。现代以来形成的新诗，既有自由诗，又有追求"音乐美"、押韵的新式格律诗；新诗既有不拘句式长短之作，又有倡导均齐律、讲究"建筑美"、颇近于律诗、绝句者。就如古代诗歌经由了用韵的多次变化，体式在齐言与杂言交替更换中发展，现代新诗的历史虽短，却也在声韵与句式的变化中前进，构建起自己的听觉美与视觉美。

① 刘勰：《文心雕龙注·声律》，《文心雕龙义证》，詹锳义证，上海：上海古籍出版社 1989 年版，第 1226–1228 页。

第一节　汉语声韵与古典诗歌

汉语诗歌以声韵作为诗美的重要因素，押韵尤为重要。王力先生认为，这一漫长过程可分为三期："唐以前为第一期。此期完全依照口语而押韵。唐以后至五四运动以前为第二期。在此时期中，除了词曲及俗文学之外，韵文的押韵，必须依照韵书，不能专以口语为标准。五四运动以后为第三期。在此时期中，除了旧体诗之外，又回到第一期的风气，完全以口语为标准。"[①]这是一个打通古代与现代的宏观判断。这里先论古代。

一、汉语的声韵及古人的探讨

如朱光潜《诗论》所说，"中国诗音律的研究向来分声(子音)韵(母音)两个要素"，"声就是平上去入"[②]，"韵有两种：一种是句内押韵，一种是句尾押韵，它们实在都是叠韵，不过在中文习惯里，句内相邻两字成韵才叫'叠韵'，诸句尾字成韵则叫做'押韵'。"[③]朱光潜论述了四声与诗歌的节奏、调质的关系，认为四声对中国诗的节奏影响甚微，而"四声的'调质'的差别比长短、高低、轻重诸分别较为明显，它对于节奏的影响虽甚微，对于造成的和谐则功用甚大。"[④]韵的功用为何？朱光潜引章学诚《文史通义·诗教》所说，是"便讽诵，志不忘"，且认为这只是指出了韵的一种功用，以其成因"或许是歌、乐、舞未分时用来点明一节乐调和一段舞步的停顿，应和每节乐调之末同一乐器的重复的声音。""主要功用仍在造成音节的前后呼应与和谐。"[⑤]

我们这里拟就声、韵之外，从汉语语音所具有的独到形象美，以作些补充。

最早的汉字是象形字，后来形声字孳乳渐多，汉字的象形成分越来越少，但因作为表意文字，性质毕竟在于表意，比起纯粹的表音符号来，字形与字义还有密切的联系。单音节词的单文独义，在积字成句的过程中发挥独特的作用，使所成的句、节、段，具有明显的直观形象性。在诗歌中尤可见省略词语间联系词之举，使意象密集罗列，西方有人称之为"并置脱节"，造就出鲜明的形象性。如常被引用的温庭筠诗句"鸡声茅店月，人迹板桥霜"，和马致远散曲"枯藤老树昏鸦，小桥流水人家，古道西风瘦马"，画面转换，美感自现。汉语文学的形象性还直接来自汉字本身的形象性。尽管后来的汉字已不是原始的象形字，但文学家还是能将相同或相近事物作字形组合，充分利用文字的表意性以构成形象的画面。如枚乘的《七发》，并列多种鸟类，又用众多三点水旁的字以状水势，给人以形象的感受。司马相如的《上林赋》更大量运用同偏旁字，如

---

① 王力：《汉语诗律学》，上海：上海教育出版社2002年版，第3页。

② 朱光潜：《诗论》第八章《中国诗的节奏与声韵的分析(上)：论声》，《朱光潜全集》，合肥：安徽教育出版社1987年版，第159页。

③ 朱光潜：《诗论》第十章，《朱光潜全集》第3卷，合肥：安徽教育出版社1987年版，第183页。

④ 朱光潜：《诗论》第八章，《朱光潜全集》第3卷，合肥：安徽教育出版社1987年版，第171页。

⑤ 朱光潜：《诗论》第十章，《朱光潜全集》第3卷，合肥：安徽教育出版社1987年版，第184–185页。

第一段用三点水旁的字多达五十多个，第三段前八句写山，共三十五字，其中用山字旁或山字头的字共二十个。

汉字的形象性不但表现在字形上，而且还体现在语音上。文学家为使作品写得好，对用词造句多费心揣摩，汉字音韵的形象性遂成颇为关心的问题。近代学者刘师培认为字义起于字音，如“吐”字像吐哺之声，“咳”字音验以喉，“呕”字之音验以口，“兮”字之音验以鼻，“斥”、“驱”之音像挥物使退之声，“止”、“至”之音像招物使止之声，“奚”之音像意有所否，“思”像敛齿度物。元音中 i、y、e 等音浏亮清越，多表欢愉、轻快、悠闲之情，a、o、u 等元音发音重浊阴沉，多表沉痛、暗淡、抑郁之感，鼻化元音发音浑重，常表模糊之意。辅音的发音也相同。《诗·七月》：“八月剥枣，十月获稻。”“剥”即“扑”，敲击扑打之意，弃“打”而用“剥(扑)”，发音短促沉着，其义阻抑沉痛，与上声之“打”字之开朗激昂不同，故能与“采荼薪樗，食我农夫”等诗句相呼应，与全诗风格的沉郁、悲愤一致。《诗·东山》中“町畽鹿场，熠耀宵行。不可畏也，伊可怀也”，“伊”字平声，发音清新激扬，有欢愉轻逸之感，难怪“五四”后文学家喜用“伊”作青年女子的第三人称。王之涣《登鹳雀楼》：“白日依山尽，黄河入海流。欲穷千里目，更上一层楼。”后二句虽是虚写，但“千”字从鼻音，模糊含混，隐约可辨，表黄昏之千里苍茫极好，而“更”字直硬，发音梗塞难吐，传使劲、着意之情，且有递升上楼之感。①

汉字字音的形象性对文学作品的表现思想感情有很大作用，如曹植《赠白马王彪》一诗，除用章节结构的顶真蝉联，造就出抑扬顿挫之妙以外，其用词也极重声音的形象性。如诗的第二节结于“我马玄以黄”，第三节以“玄黄犹能进，我心郁以纡”开头，以“揽辔止踟蹰”结尾，“玄黄”状马病，出《诗·周南·卷耳》，“郁”意为愁，“纡”意为屈，“踟蹰”是徘徊不前。若仔细品味，可感“玄黄”是叠韵词，本来分状天地之色，以之写马病，不但有天地相混之感，而且似可觉病马之昏然难行；“郁”“纡”二字的读音给人以束紧难吐之感，“踟蹰”是双声词，读音似觉行进费力，加上用足字旁，更有举足困难之感。又如李清照《声声慢》的著名十四叠字：“寻寻觅觅，冷冷清清，凄凄惨惨戚戚。”七组的音节重叠，读之已令人有每步一留的沉重感，多用齿音声母，可想象愁绪难嚼难咽之状，而闭合式韵母、鼻韵母，更有此愁挥之难去之感。从文意看，“寻寻觅觅”是“怅然若失”的心理表现，可以见出那种空虚孤苦、不能希求、不敢追忆、难于排遣、起而又坐、止而又行的神态，“冷冷清清”则是如有所失、欲有所觅、旧欢不来、新愁又至，袭上心头的只有孤独之感，“凄凄惨惨戚戚”是由轻而重，由浅入深，复由“戚戚”的较淡转出，可见反复缠绵，已不是一次。这样的文意得到语音的形象帮助，对表现主人公孤独、凄苦、复杂而深细的心理状态，渲染哀怨幽咽的气氛，的确是起到极大的作用。

汉语词汇具有词义不定与多义性的特点，而恰是这一特点，给人提供了联想的空间。因为汉语中同音词多，加上诗歌的体制较短，简练的语言极易造成同音联想。我们所熟知的南朝乐府吴声歌如《子夜四时歌》：“乘月采芙蓉，夜夜得莲子”，“愿天无霜

---

① 张永鑫：《声与诗》一文，见《古代文学理论研究》第三辑，上海：上海古籍出版社 1981 年版。

雪，梧子解千年"，"莲"与"怜"谐音，"梧"与"吾"谐音，就是通过同音词的联想表现青年男女的爱情。《子夜歌》的"金铜作芙蓉，莲子何能实"，"莲子"同样是"怜子"，用今天的话讲就是"爱你"，而"芙蓉"则"夫容"即丈夫的容颜，所以从字面上看，意为："用金铜铸成的莲花，怎能结出果实——莲子来呢？"而实际的意思是：对方这样无情，板着面孔，一番爱怜之意是终究要落空的。所以诗的表面意义与实际意义是不同的，如何理解真实含义呢？那就要靠同音联想了。比起西方的诗歌来，汉语单音词的同音联想确有自己的优越性，传情达意很见委婉动人。

《尚书·尧典》说："诗言志，歌永言，声依永，律和声。八音克谐，无相夺伦，神人以和。"《汉书·艺文志》阐发"诗言志，歌永言"二语云："故哀乐之心感，而歌咏之声发。诵其言谓之诗，咏其声谓之歌。"可见历来的诗、歌并称实际是主文与主声的结合，而只有将二者结合起来，才更具备感发、激劝之力。而就"主声"而言，倘不言"歌咏"而仅言"诵其言"，古人之有上说，是深知语言声韵之美的。因此，陆机《文赋》发其"声""文"关系之见：

> 暨音声之迭代，若五色之相宣。虽逝止之无常，固崎锜而难便。苟达变而识次，犹开流以纳泉。如失机而后会，恒操末以续颠。谬玄黄之秩序，故淟涊而不鲜。①

李善注前二句云："言音声迭代而成文章，若五色相宣而为绣也。"陆机之时，四声说尚未出，但他已经认识到音声自有高下长短之别，不同声调的更迭使用，能充分发挥韵律的作用，如五色配合能成锦缎。到音韵声律之学渐形发达后，学者进而认识到：

> 夫五色相宣，八音协畅，由乎玄黄律吕，各适物宜，欲使宫羽相变，低昂互节，若前有浮声，则后须切响。一简之内，声韵尽殊；两句之中，轻重悉异，妙达此旨，始可言文。②
>
> 凡声有飞沉，响有双迭；双声隔字而每舛，叠韵离句而必睽；沉则响发而断，飞则声扬不还：并辘轳交往，逆鳞相比；忤其际会，则往蹇来连，其为疾病，亦文家之吃也。③

在诗歌的创作中更具体地将这些理论运用于实践："永明末，盛为文章。吴兴沈约、陈郡谢朓、琅琊王融，以气类相推毂。汝南周颙善识声韵，为文皆用宫商。以平上去入为四声，以此制约，有平头、上尾、蜂腰、鹤膝。五字之中，音韵悉异，两句之内，角徵不同，不可增减，世呼为'永明体'。"④

① 陆机：《文赋》，《文赋集释》，张少康集释，北京：人民文学出版社 2002 年版，第 132 页。
② 沈约：《宋书·谢灵运传论》，中华书局本二十四史《宋书》卷六十七。
③ 刘勰：《文心雕龙·声律》，范文澜注《文心雕龙注》，北京：人民文学出版社 1978 年版，第 552–553 页。
④《南史·陆厥传》，《南史卷·列传》，[唐]李延寿撰，北京：中华书局 1975 年版，第 1195 页。

"永明体"直导近体律诗与绝句的产生,使之成为唐诗的主体,亦使唐代成为我国诗歌的黄金时代。

兹引台湾学者所论,以见古代以来对音韵声律探讨的大体历程:

中国文字之特质,为孤立与单音。因其为孤立,故宜于对偶;因其为单音,故宜于讲声律。古代竹帛繁重,学术传授,多凭口耳,故韵语杂出,藻绘纷陈,以诗经例之,押韵形式已甚繁密,而其音调和谐,利于口吻,已自合于声律。礼记乐记云:"诗言其志也,歌咏其声也,舞动其容也,三者本于心,然后乐器从之。"又云:"乐者心之动也,声者,乐之象也,文采节奏,声之饰也。"言志为诗,歌咏为乐,皆须以文采节奏装之,是古时文人表情达志,实注视文采节奏也。乐记又云:"凡音者生人心者也,情动于中,故形于声,声成文谓之音……宫为君,商为臣,角为民,徵为事,羽为物,五者不乱,则无怗懘之音矣。"此乃古时诗不离乐之本也。又如王褒、张衡之赋,王粲、陆机之诗,皆声音谐美,耐人口诵。又如司马相如所谓"一宫一商",陆机所谓"音声之迭代",皆古人注视声律之证明,然此皆言自然音调之和谐,尚未知人为声律之限制也。魏晋之时,文人更知编辑韵书,以便制作,《隋书·经籍志》著录魏李登《声类》十卷。《封演闻见记》云:"魏时有李登者,撰《声类》十卷,凡一万一千五百二十字,以五声命字。"《魏书·江式传》云:"晋世吕静尝仿《声类》,作《集韵》五卷,为宫、商、角、徵、羽各为一篇。"又《隋书·潘徽传》:"李登《声类》,吕静《韵集》,始判清浊,才分宫商。"隋陆法言《切韵序》所列六朝韵书尚有夏侯咏《韵略》,阳修之《韵略》,周思言《音韵》,李季节《音谱》,杜台卿《韵略》,可知其时声韵之研究,已渐盛行。又自东汉佛教传入以来,魏晋时佛经转读之风日盛,因之影响我国文学上声律研究之进步。慧皎《高僧传》云:"自大教东流,乃译文者众,而传声者盖寡,良由梵音重复,汉语单奇,若用梵音以赢汉语,则声繁而偈迫;若用汉曲以咏梵文,则韵短而辞长。"此言汉梵语音之异,不易传译也。又云:"若能经达经旨,洞晓音律,三位七声,次而无乱,五言四句,契而莫爽。……动韵则揄靡弗穷,张喉则变态无尽,故讷讷感炳发八音,光扬七善……故听声可以娱耳,听语可以开襟。若然可谓梵音深妙,令人乐闻者也。"此言唯洞晓音律之人,能创梵呗声调之美也。又云:"天竺方俗,凡是歌咏法言,皆称为呗。至于中土,咏经则称为转读,歌赞则号为梵音。"佛经之转读与歌赞有赖于音律之洞晓;于是剖声析韵,反切之法乃益为盛行。反切之用,向皆以为始于孙炎,然《经典释文》录魏王肃《周易音》,内有用反语者十余条,是并时王肃亦知反语。又《汉书·地理志》应邵注广汉郡梓橦条下:"沓水所出,南入垫江,垫音徒浃反。"辽东郡沓氏下,应邵注:"潼水也,音长答反。"应邵与郑玄同时,年辈在王肃孙炎之前,其时已有反语,则谓反语始于孙炎者非也。顾炎武《音论》更历举经传中合二声为一字者,已证反切之语自汉以上而已有之。然反语应用虽甚早,而佛经流行后,受梵语拼音之影响,而反切乃大为盛行,是亦不无理由也。陈寅恪《四声三问》云:"中国入声,较易分别，平上去三声，乃摹拟转读佛经之三声而成。转读佛经之三声，出于印度古时声明论之三声也。于是，创为四声之说，撰作《声谱》。借转读佛经之声调，应用于中国之美化文，四声乃盛行。永明七年二月二十日，竟陵王子良大集沙门于京邸，造经呗新声，为当时考文审音一大事。故四声之成立，适值永明之世，而周颙、沈约为此新说之代表人也。”陈氏此说，以为四声之创，始于齐梁，而平上去三声乃仿拟转读佛经而成，不甚可信。盖中国语言，自存其声调，四声绝非创自六朝，古时或无四种声调，或虽有四声调，亦不同于六朝，然声调之分则不可以为乌有也。①

二、诗词曲的用韵

声与韵相较，后者对于诗歌更为重要。“五四”时期，钱玄同、吴敬恒、高元等人提倡注音字母，认为四声不适用，主张废弃之。胡适为高元《国音学》作序，根据最古的广州话有九声，后起的北部西部为四声，断定再往前进将走到四声完全消灭，因而他在《谈新诗》一文里主张推翻旧体的种种束缚，要不拘平仄，不拘长短。从新诗的创作实践看，声律、平仄确实没有押韵重要。而回到古代，则齐梁以前之诗，虽或有暗合平仄四声者，但不少好诗皆如古时钟鼎，具浑朴之美，而不以精致称。可见，无论对于古体、歌行，还是现代新诗，声律的重要性是比不上用韵的，因之本小节专论古代诗歌（广义）用韵的发展。

王世贞曾说：“三百篇亡而后有骚、赋，骚、赋难入乐而后有古乐府，古乐府不合俗而后以唐绝句为乐府，绝句少宛转而后有词，词不快北耳而后有北曲，北曲不谐南耳而后有南曲。”②此说不仅说出了诗体代变的音乐之由，由此而兴衰、转移之机，又使人隐然可观照与音乐相偕的诗歌用韵之变。我国古代诗歌与音乐互为表里，钟嵘《诗品序》说：“气之动物，物之感人，故摇荡性情，形诸舞咏。”“凡斯种种，感荡心灵，非陈诗何以展其义，非长歌何以骋其情？”③纵观历代韵文的各种形式，大约除了汉赋的“不歌而诵”，其余皆大体为诗与乐的结合。刘勰《文心雕龙·乐府》云：“乐辞曰诗，诗声曰歌。”又说：“诗为乐心，声为乐体。”此说既指出了我国古代诗、歌连称之由，诗、乐密不可分的关系，也揭示了二者间表里互动的因由。诗歌与音乐的这种关系，用郑樵《通志·乐略》所云，即：“乐以诗为本，诗以声为用。”这种情况一直持续至明清时期。清人冯班《钝吟杂录·古今乐府论》所说甚是：

> 古诗皆乐也，文士为之辞曰诗，乐工协之于钟吕为乐。自后世文士或不闲音律，言志之文，乃有不可施于乐者，故诗与乐画境。文士所造乐府，如陈思王、陆士衡，于时谓之“乖调”。刘彦和以为“无诏伶人，故事谢丝管”。则是文人乐府，亦有不谐钟吕，直自为诗者矣……

---

① 王忠林：《中国文学之声律研究》（上）第二章《中国文学声律史略》之第一节《声律说之兴起》，台北：台湾师范大学出版社1963年版，第4–5页。

② 王世贞：《曲藻》，《中国古典戏曲论著集成》（四）北京：中国戏剧出版社1959年版，第27页。

③ 钟嵘：《诗品序》，《诗品集注》，曹旭集注，上海：上海古籍出版社1994年版，第1页。

总而言之:制诗以协于乐,一也;采诗入乐,二也;古有此曲,倚其声为诗,三也;自制新曲,四也;拟古,五也;咏古题,六也;并杜陵之新题乐府,七也。古乐府无出此七者矣。唐末有长短句,宋有词,金有北曲,元有南曲,今则有北人之小曲,南人之吴歌,皆乐府之余也。①

虽从曹植、陆机的“乖调”,到拟古、咏古题及杜甫的新题乐府,都是诗乐分离的,但他所说自唐末长短句以来的六类“乐府之余”,则又回到了“古诗皆乐”的道路,是诗乐结合的。

平仄、四声虽对节奏影响不大,却利于诗的和谐,而诗之成为歌,以“唱”出之,四声更会发生变化、错位甚而被淹没于曲调之中,这是我们今天在唱歌时都能体会到的。相比之下,无论是可歌还是“乖调”,诗歌之用韵,却都很重要,都能起“造成音节的前后呼应与和谐”(前引朱光潜语)的作用。古代(指现代以前)诗歌的用韵,其实是一个发展的动态过程,随着语音的实际变化,各代韵书所规定的韵部自然也会在实际的写作中被有所突破,因这一问题过于专门,此处不论。仅拟先取宋人蔡居厚所论,以见相关的几个问题。

蔡居厚论上古至中古关于诗的声韵之变曰:

秦汉以前,字书未备,既多假借,而音无反切,平侧通用。如“庆云、卿云、皋陶、咎繇”之类,大率如此。《诗》:“瞻彼日月,悠悠我思;道之云远,曷云能来!”“燕燕于飞,上下其音;之子于归,远送于南。”“思”与“来”,“音”与“南”,皆以为协声。魏晋间此体犹在:刘越石“握中有白璧,本自荆山璆。惟彼太公望,共此渭滨叟。”潘安仁“位同单夫邑,愧无子贱歌。岂敢陋微官,但恐添所荷”是也。自齐梁后,既拘以四声,又限以音韵,故大率以偶俪声响为工,文气安得不卑弱乎?惟陶渊明韩退之时时摆脱世俗拘忌,故“栖”与“乖”字,“阳”字与“清”字,皆取其傍韵用,盖笔力自足以胜之也。②

不仅可见其尚古意识,且将齐梁之后的拘四声、限音韵看作是文气卑弱之由。而论及双声叠韵则云:

皮日修云:“梁武帝诗‘后牖有巧柳’,沈约诗‘偏眠船舷边’,叠韵兴焉。《诗》曰‘蝃蝀在东’又曰‘鸳鸯在梁’,双声兴焉。王元谟问谢庄:‘何为者双声?何为者叠韵?’答曰:‘互护为双声,磝碻为叠韵’当时伏其捷。”③

① 冯班:《钝吟杂录·古今乐府论》,《清诗话》,上海:上海古籍出版社1999年版,第37–38页。

② 蔡居厚:《蔡宽夫诗话》,吴文治主编《宋诗话全编》第1册,南京:凤凰出版社1998年版,2006年10月第2次印刷,第607页。

③ 蔡居厚:《蔡宽夫诗话》,吴文治主编《宋诗话全编》第1册,南京:凤凰出版社1998年版,2006年10月第2次印刷,第666页。

声韵之兴，自谢庄沈约以来，其变日多。四声中又别清浊以为双声，一韵者以为叠韵，盖以轻重为清浊尔，所谓“前有浮声，则后有切响”是也。王融《双声诗》云“园蘅眩红蘤，湖荇晔黄华。迴鹤横淮翰，远越合云霞”，以此求之可见。自唐以来，双声不复用，而叠韵间有。杜子美“卑枝底结子，接叶暗巢莺”，白乐天“户大嫌甜酒，才高笑小诗”之类，皆因其语意所到，辄成就之，要不以是为工也。①

由于胡适《谈新诗》对双声叠韵很重视，以之论新诗创作而沟通古今，故此处录《蔡宽夫诗话》语以见其缘起，及在齐梁与唐诗中的运用。

再看关于诗中重韵问题：

诗中重押韵：蔡氏曰：杜子美《饮中八仙歌》“船”、“眠”、“天”字并再押，“前”字凡三押，前古未见其体。尝质之叔父元度，云此歌分八篇，人人各异，虽重押何害？亦《周诗》分章之意也。《闻见录》亦引此诗及李太白、韩退之诗为疑。《松江诗话》引杜子美一诗押两“萍”字，东坡一诗押两“耳”字，谓字同而意异，不妨重叠。又谓子美《八仙歌》押两“船”字，在歌行则可，他不可为法。仆谓诸公各肆臆说，于古人之诗，是未深考。诗中重押字，自古有之，岂但李、杜、韩、苏四公而已，姑引数章于此：苏子卿诗曰：“四海皆兄弟，谁为行路人。”又曰：“我有一尊酒，欲以赠远人。”又诗曰：“欢愉在今夕，嬿婉及良时。”又曰：“努力爱春花，莫忘欢乐时。”沈休文诗曰：“多值息心侣，结架山之足。”又曰：“所愿从子游，寸心于此足。”阮嗣宗诗曰：“如何当路子，磬折忘所归。”又曰：“惜无怀乡志，辛苦谁为归。”张景阳一诗押两“生”字，任彦昇一诗两押“生”字、三押“情”字，古诗重叠押韵如此之多，岂可谓古未见此体？亦不可谓古人分章与夫惟歌行之体有此。以是知李、杜诗皆有所祖。沈云卿一诗凡四叠韵。②

唐代声诗与徒诗分流，前者的辞与曲发生抵牾，造成了长短句歌词体之初成，晚唐五代，得温庭筠、韦庄等人努力，词体渐成，入宋而至宋仁宗时期，柳永变旧声为新声，一改此前多为小令的格局，创作出诸多长调歌词，宋词随之大盛。词不仅具有长短互节、错综变化之长，词之用韵也变得较宽，依戈载的《词林正韵》，词韵可分为十九部(平上去声十四部，入声五部)。其用韵方式也多有发展，从声调角度言，有平仄互叶、平仄转韵、平仄错叶等；从韵位角度言，有密韵、疏韵或疏密相间等。周济《介存斋论词杂著》附录《词辨自序》曰：“后世之乐去诗远矣，词最近之，是故入人为深，感人为远。往往流连反复，有平矜释躁、惩忿制欲、敦博宽鄙之功。”③词韵之变有利于谐节奏、调起毕，对于抒发感情、掌握节奏甚有助益，故能“入人”、“感人”，以至于被夸张为有“平

① 蔡居厚：《蔡宽夫诗话》，吴文治主编《宋诗话全编》第1册，南京：凤凰出版社1998年版，2006年10月第2次印刷，第609页。

② 王楙：《野客丛书》卷二十，王文锦点校，北京：中华书局1987年版，第228页。

③ 唐圭璋：《词话丛编》，北京：中华书局1986年版，第1637页。

矜释躁、惩忿制欲、敦博宽鄙之功。”

散曲与剧曲是宋词之后又一“乐府之余”，尤其元曲更与唐诗、宋词并肩，被誉为“一代之文学”。因地缘政治导致的文艺地理之变，元曲盛于北方，曲韵也经历了“入派三声”之变，周德清据当时戏剧家关汉卿、马致远等人的戏曲作品所用韵字，正视当时的语音实际，出于戏曲用韵的需要，编辑成《中原音韵》一书，不走其他音韵学家探求古音韵的路子，开了今韵学一派。对于元曲，尚应注意宫调一事。何谓宫调？历来曲学家众说纷纭，其中以王骥德所释最为详尽，他以相旋为宫之理，说明八十四调与四十八调的来历，将宫与调分开释名，其《曲律》卷二说：“凡以宫声乘律，皆呼为宫，以商、角、羽三声乘律，皆呼为调。”①而吴梅《顾曲麈谈》则曰：“余以一言定之曰：宫调者，所以限定乐器管色之高低也。”②据古人所言，宫调又具有特殊的声情，陶宗仪《辍耕录》与周德清《中原音韵》皆尝论之。概言各宫调之声情，分别是：

仙吕宫（清新绵邈）	南吕宫（感叹悲伤）	中吕宫（高下闪赚）
黄钟宫（富贵缠绵）	正宫（惆怅雄壮）	道宫（飘逸清幽）
大石（风流蕴藉）	小石（旖旎妩媚）	高平（条荡滉漾）
般涉（拾掇坑堑）	歇指（急并虚歇）	商角（悲伤婉转）
双调（健捷激袅）	商调（凄怆怨慕）	角调（呜咽悠扬）
宫调（典雅沉重）	越调（陶写冷笑）	

从王骥德到吴梅所论，宫调皆与音乐相关，若要做到声情与文情相谐，则应是声律、曲调与曲辞的完满结合，其中也不可缺少音韵的作用。

第二节 新诗与声韵

音乐美是中外诗歌共有的重要特征，但这种美在中外诗歌是并不相同的。中国的古典诗歌自有其声调音韵的要求，加上对仗等要素，形成了特有的格律。而西方的诗律是由长短音交替或轻重音间隔相构成。在“五四”前后的新诗运动中，受到惠特曼等人及自由诗风的影响，有些新诗放弃了历来古典诗词对音韵美的刻意追求，甚而采取了与之决裂的态度。但随着新诗创作渐盛，读者日多，对其不满也渐起，诗人及批评家也在自省和反思中，开始呼唤民族特色的归来，对于诗歌内在的韵律建构，也就成为新诗人的努力方向，因此，诗歌音乐美建构一直就是中国新诗发展中的一项重要功课。自由与格律的对立、冲突以及融合的尝试，成为新诗运动中否定之否定规律的体现，也成为促进中国新诗发展的一个重要因素。中国现代诗人们在其理论表述与创作实践中，在对音乐美多向度探求中所呈现的艰辛历程及其得失，他们对于自己的诗歌

---

①《王骥德曲律》卷二，陈多，叶长海注译，长沙：湖南人民出版社1983年。

② 吴梅：《顾曲麈谈》，《吴梅全集·理论卷》（上），石家庄：河北教育出版社2002年版，第7页。

信仰以及诗学理念的虔诚坚守，构成了中国新诗诗美建构的一道最为亮丽的风景。

一、诗乐相离的新诗

我国的新诗作者，一部分受到西方自由诗的影响，所重在于诗情勃发，不加掩抑，以直吐为快，故常见创作自由体诗。另一部分则意在白话，只求能懂，作诗近于为文，也不重韵律。但初期新诗处于"五四"前后那个时代，思想是多元的，文学创作毕竟也是多元的，白话诗人本多由词曲入新诗者，自难免格律的影响；而一部分自由诗的作者，则在狂飙突进、跳踉呐喊之后，逐渐在沉静中回味，修正了早先的创作观念，凭藉他们本已具有的古典诗词修养，转而重视音韵格律，在向唐诗宋词汲取中，有了自己的创造。因此，综观我国的新诗，若作最简略的形式分类，大体可分为格律诗与自由诗两类。这里先论自由诗，且因这一体式与声韵无关，故侧重论其主要成因。

我国古代最早的原始艺术应是歌谣、音乐与舞蹈的三位一体，进入到诗歌时代后，舞蹈才逐渐退而居次。西周时期，舞蹈与诗乐渐见分工，如谓西周雅乐的"六舞"是重在舞蹈与音乐，到《诗经》时代，则舞蹈逐渐减少。阮元《揅经室一集》卷一《释颂》认为，"颂"即"容"，"风、雅但弦歌笙间，宾主及歌者皆不必因此而为舞容。惟三颂各章皆是舞容，故称为'颂'。"可见，即使是《诗经》，也已经是舞蹈少而以音乐、诗歌为主。因诗、乐结合，故我国长期有"诗歌"之称，对于诗与乐的关系，冯班说得很好：

> 伶工所奏，乐也。诗人所造，诗也。诗乃乐之词耳，本无定体，唐人律诗，亦是乐府也。①

近现代曲学大师吴梅则有一个覆盖更广的说法：

> 一代之文，每与一代之乐相表里，其制度虽定于瞽宗，而风尚实成于社会。天然之文，反胜于乐官之造作，故尼山正乐，雅颂始得所，而国风则不烦厘定。即后世飨祀符瑞歌功颂德之作，亦每视为官样文章，不如闾巷琐碎，儿女尔汝之争相传述。由斯以例历代乐府之真际，于周代则属风骚，于汉则属古诗，于晋唐则属房中、竹枝、子夜、边调等，于宋则属诗馀，于金元则属杂剧。②

这段话既阐明了雅俗乐的更替之迹，在"官样文章"与"乐府真际"的对比中作出了符合史实的判断；又道出了文乐相表里，而风尚成于社会的生存、弃取原则。

现代的自由诗是如何生成的呢？朱自清也以诗乐相表里的原理相观照，抓住了诗随乐变这一关键，指出自由诗背离了长期以来的民族传统，其生成是受到了外国的影

---

①《清诗话》，上海：上海古籍出版社1999年版，第42页。

②吴梅：《中国戏曲概论·明总论》，《吴梅全集·理论卷》（上），石家庄：河北教育出版社2002年版，第267页。

响。他说：

> 中国诗体的变迁，大抵以民间音乐为枢纽……
>
> 按照上述的传统，我们的新体诗应该从现在民间流行的曲调词擅变出来，如大鼓等似乎就有变为新体诗的资格。但我们的诗人为什么不去模仿民间乐曲，现在都来模仿外国，作毫无音乐的白话诗？这就要看一看外国的影响的力量。在历史上外国对中国的影响自然不断地有，但力量之大，怕以近代为最。这并不就是奴隶根性；他们进步得快，而我们一向是落后的，要上前去，只有先从效法他们入手，文学也是如此。这种情性之下，外国的影响是不可抵抗的，它的力量超过本国的传统。就新诗而论，无论自由诗，格律诗（姑用此名）每行之长，大抵多于五七言，甚至为其倍数。在诗词曲及现在的民族乐曲中，是没有这样长的停顿或乐句的。（词曲每顿过七字者极少，在大鼓书通常十字三顿，皮黄剧词亦然。）
>
> 这种影响的结果，诗是不能吟诵了……①

吴梅所说的历代乐府，无论是周、汉、晋、唐的风骚、古诗、房中、竹枝、子夜、边调，还是宋金元的诗余、杂剧，都是与音乐相表里的。即使是因乐成词，亦如冯班所说，“诗乃乐之词”。而中国现代新诗却几乎完全脱离了音乐，“不去模仿民间乐曲，现在都来模仿外国，作毫无音乐的白话诗”，朱自清认为，新诗中无论是自由诗还是格律诗，非但因脱离了音乐而不能唱，其以长句构成，甚而不能用于吟诵。为此，他提倡读诗，明确指出：“读诗的方法最为当务之急。”

诗歌（广义）由古代之能唱，到或不能唱而能吟，再到现代的仅能提倡读，对照前引的章学诚所说，诗之用韵是“便讽诵，志不忘”，朱光潜所说的“主要功用仍在造成音节的前后呼应与和谐”。那么，对于诗词曲是极其重要的用韵，对于不唱、不吟、不读（朱自清提倡读诗，可见新诗用作读的甚少），只写、只看的新诗，韵似乎就不是那么重要了。

二、中国现代诗人、论家对声韵的探讨

在现代新诗的创作初期，诗人与论家常是二位一体，他们有自己的创作经历和经验，且多有旧体诗词的根柢，从“旧营垒”到“新阵地”，自有许多对“转换”的体会、反思或前瞻，因之在对新诗声韵的探讨中，常有切实的见解。我们拟就新诗初期的“五四”前后到二十年代，对论家关于声韵问题的相关探讨，作择要的论述。

第一，俞平伯论“音节务求谐适，却不限定句末用韵”。

俞平伯1919年发表的《白话诗三大条件》一文，已将声韵作为三条件之一。此文首列用字造句，次则论音韵，即“音节务求谐适，却不限定句末用韵”：

---

① 朱自清：《论中国诗的出路》，《朱自清全集》第四卷，南京：江苏教育出版社1996年版，第287页。

……诗歌明是一种韵文,无论中外,都是一样。中国语既系单音,音韵一道,分析更严。现在句末虽不定用韵,而句中音节,自必力求和谐。否则做出诗来,岂不成了一首短篇的散文吗?何以见得他是诗呢?做白话诗的人,固然不必细刨宫商,但对于声气音调顿挫之类,还当考求,万不可轻轻看过,随便动笔。[①]

因此文提出了"雕铸是陈腐的,修饰是新鲜的",胡适非常推崇这两句话,认为做白话诗的人千万不可忘记这个道理。而上面所引关于音节力求和谐,还当考求声气音调顿挫之类的话,则是"修饰""新鲜"在"声"上的体现。俞平伯自己多有自由诗之作,有的亦如"短篇的散文",故在"韵"的见解上较为自由,认为可不限定句末用韵。

第二,胡适不重押韵与平仄,重视双声叠韵,提倡自然的音节,以新诗用韵有三种自由。

在俞平伯上文发表半年多后,胡适的长文《谈新诗——八年来一件大事》发表,文中将新诗的音节作为一个重要问题来谈。胡适认为,攻击新诗的人说新诗没有音节,做新诗的人也以为新诗可以不注意音节,这两者都是错的。攻击新诗者所执是用脚韵和调平仄,胡适认为这并非真懂音节,他驳斥道:

中国字的收声不是韵母(所谓阴声),便是鼻音(所谓阳声),除了广州入声之外,从没有用他种声母收声的。因此,中国的韵最宽。句尾用韵真是极容易的事,所以古人有"押韵便是"的挖苦话。押韵乃是音节上最不重要的一件事。至于句中的平仄,也不重要。[②]

他分析了《古诗十九首》的"相去日已远,衣带日已缓。浮云蔽白日,游子不顾返。"(《行行重行行》)和陆游的诗句"我生不逢柏梁建章之宫殿,安得峨冠侍游宴?"认为都是平仄不调,却音节响亮,原因在语气自然、一气贯注,双声叠韵更使之音节和谐。为此他强调说:

诗的音节全靠两个重要分子:一是语气的自然节奏,二是每句内部所用字的自然和谐。至于句末的韵脚,句中的平仄,都是不重要的事。语气自然,用字和谐,就是句末无韵也不要紧[③]。

胡适不重平仄与脚韵,却重双声叠韵,他举沈尹默的《三弦》及自己的《一颗星

① 俞平伯:《白话诗的三大条件》,原载 1919 年 3 月《新青年》6 卷 3 号,《俞平伯全集》第 3 卷,石家庄:花山文艺出版社 1997 年版,第 502 页。

③ 胡适:《谈新诗——八年来的一件大事》,原载 1919 年 10 月 10 日《星期评论》,《胡适全集》第 2 卷,北京:北京大学出版社 1998 年版,第 140 页。

④ 胡适:《谈新诗——八年来的一件大事》,原载 1919 年 10 月 10 日《星期评论》,《胡适全集》第 2 卷,北京:北京大学出版社 1998 年版,第 141 页。

儿》说明双声叠韵的重要作用。这是旧诗音节的精彩容纳在新诗里，可用于新旧过渡时期。

至于"新诗大多数的趋势，依我们看来，是朝着一个公共方向走的。那个方向便是'自然的音节'。"胡适说，自然的音节分为"音"和"节"，节就是"诗句里面的顿挫段落"，因"新体诗句子的长短，是无定的；就是句里的节奏，也是依着意义的自然区分与文法的自然区分来分析的。白话里的多音字比文言多得多，并且不止两个字的联合，故往往有三个字为一节，或四五个字为一节的。"至于"音""就是诗的声调。新诗的声调有两个要件：一是平仄要自然，二是用韵要自然。""白话诗的声调不在平仄的调剂得宜，全靠这种自然的轻重高下。"①

对于用韵，胡适提出应当给予新诗以三种自由：

> 第一，用现代的韵，不拘古韵，更不拘平仄韵。第二，平仄可以互相押韵，这是词曲通用的例，不但是新诗如此。第三，有韵固然好，没有韵也不妨。②

他跳出音节自身之外论音节，认为：

> 内部的组织——层次，条例，排比，章法，句法——乃是音节的最重要方法。③

第三，康白情认为：新诗音节以读来爽口、听来爽耳为标准。

康白情论新诗的要素，从形式而言，"有音乐与刻绘两个作用。音乐是音节，刻绘就是写法。"就前者，他以为由旧诗变新诗之由是："旧诗里音乐的表现，专靠音韵平仄清浊等满足感官底东西。因为格律底束缚，心官于是无由发展；心官愈不发展，愈只在格律上用工夫，浸假而仅能满足感官；竟嗅不出诗底气味了。于是新诗排除格律，只要自然的音节。"④那么何为自然的音节呢？他说：

> 情发于声，因情的作用起了感兴，而其声自成文采。看感兴底深浅而定文采底丰歉。这种的文采就是自然的音节。我们底感兴到了极深底时候，所发自然的音节也极谐和，其轻重缓急抑扬顿挫无不中乎自然底律吕。⑤

---

① 胡适：《谈新诗——八年来的一件大事》，原载1919年10月10日《星期评论》，《胡适全集》第2卷，北京：北京大学出版社1998年版，第142–143页。

② 胡适：《谈新诗——八年来的一件大事》，原载1919年10月10日《星期评论》，《胡适全集》第2卷，北京：北京大学出版社1998年版，第144页。

③ 胡适：《谈新诗——八年来的一件大事》，原载1919年10月10日《星期评论》，《胡适全集》第2卷，北京：北京大学出版社1998年版，第144页。

④ 康白情：《新诗底我见》三，原载1920年3月《少年中国》第1卷第9期，《中国新文学大系·建设理论集》，上海：良友图书印刷公司1935年10月初版，上海文艺出版社2003年7月影印，第327页。

⑤ 康白情：《新诗底我见》三，原载1920年3月《少年中国》第1卷第9期，《中国新文学大系·建设理论集》，上海：良友图书印刷公司1935年10月初版，上海文艺出版社2003年7月影印，第327页。

因尚自然，故又云："诗要写，不要做，因为做足以伤自然的美。不要打扮，而要整理；因为整理足以助自然的美。"具体到音节，他说：

新诗本不尚音，但整理一两个音就可以增自然的美，就不妨整理整理他。新诗本不尚韵，但整理一两个韵就可以增自然的美，又不妨整理整理他。新诗本不尚平仄清浊，但整理一两个平仄清浊就可以增自然的美，也不妨整理整理他……总之，自那时音节底整理，总以读来爽口，听来爽耳为标准；若到真妙处，更可以比官能更进一层。①

后期以穆木天、王独清、闻一多、饶孟侃为代表。

第四，穆木天认为诗人应将各种语言的声音，按自己感情的波动表现出来。

如果说胡适、俞平伯属于旧体诗词营垒内"杀出"的新诗人，那么穆木天就是受法国象征派影响颇大的新诗人，因此他在论及新诗的用韵时，是以法国相衡，使用的是现代的方法，提倡诗歌的语音应随感情而变：

……诗歌是语言的艺术。它同音乐不同。纯音响的表现，不是诗，而是音乐。诗，是要藉着语言的形象和声音，去表达它的内容的。诗的语言中的音响的考究，是一个诗歌工作者所要注意的。是人能运用合乎他的感情的波动的语言的节奏，他的诗就会发生声音的有力的效果的。譬如说，表雄壮的情绪，多用O，A的声音，表达悲凄的情绪，多用I，U的声音，在过去诗已有定评的了。雨果的诗，就是O，A很多，魏尔林的诗I，U，很多。前者，诗大罗大鼓的诗歌，后者则是低音乐器的小曲了。譬如，魏尔林，在他的《秋之歌》里边，用好多的鼻音以传达和唤起秋日的哀愁，就是一例。如在《秋之歌》第一节中，他歌唱着：

Lessanglotslongs(l，n，l，o，o，n)秋日的
Desviolins(o，l，o，n)提琴的
Del'autoume(l，au，o，n)长叹声音
BlessentmonCoeur(n，l，n)用单调的
D'unelangucur(n，l，n)忧郁呀
Monotone(o，n，o，o，n)刺伤我心。

他用L和N的叠音法和O的谐音法，以表达唤起秋日萧瑟的感觉和气氛来。用这个例子类推，我们可以了解到诗中的语言的声音的效果了。一个诗人，就是要在他的诗里，把各种语言的声音，按着自己的感情的形象的波动，表现出来。②

---

① 康白情：《新诗底我见》三，原载1920年3月《少年中国》第1卷第9期，《中国新文学大系·建设理论集》，上海：良友图书印刷公司1935年10月初版，上海文艺出版社2003年7月影印，第328页。

② 穆木天：《诗歌创作上的表现形式问题》，原载《怎样学习诗歌》，上海生活书店，1938年版，引自《穆木天文学评论选集》，北京：北京师范大学出版社2000年版，第218页。

第五，王独清明确宣称应学习法国象征派，将“色”与“音”用在诗歌的语言上。

王独清的《再谭诗》说：

……我觉得我们现在唯一的工作便是锻炼我们底语言。我很想学法国象征派诗人，把“色”与“音”放在文字中，使语言完全受我们底操纵。①

他对自拟的“(情＋力)＋(音＋色)＝诗”这一公式，认为最难的是“音”与“色”。这里着重看前者：他举自己所作《我从 Cafe 中出来》为例，以之采用了“把语句分开，用不齐的韵脚来表作者醉后、断续的、起伏的思想……故表形尽管是用长短的分行表出作者高低的心情，但读起来终有一贯的音调。”②在王独清看来，“不齐的韵脚”和“一贯的音调”，对于诗歌的表情达意是非常重要的。

第六，饶孟侃全面论述音节诸要素，强调格调要守自然规律，提倡新诗用韵以北京话为标准。

饶孟侃有《新诗的音节》的专文，在此文中，他认为除了新题材之外，新诗差不多可以说是“音节上的冒险”，可见对音节的重视。他说，音节“实在包含得有格调，韵脚，节奏，和平仄等等的相互关系。”其中的格调“即是指一首诗里面每段的格式”，“所以一首诗里面的音节要有一定的格调，也即是守着自然的规律的意思”，韵脚在新诗中所起的作用，“是把每行诗里抑扬的节奏锁住，而同时又把一首诗的格调缝紧。”至于押韵的标准，他主张不必完全依照旧的韵府，“凡是同音的字，无论是平是仄，都可通用；而发音的根据则以普通的北京官话为标准。”“音节又可以分开两方面来讲：一方面是由全诗的音节当中流露出的一种自然的音节，一方面是作者依照格调用相当的拍子(Beats)组合成一种混成的节奏……固然最妙的是用第一种方法去做第二种工作。”他还以闻一多《死水》为例，说明拍子是由声音和语气所决定的。至于平仄，他认为若抛弃之“即是等于抛弃音节中的节奏和韵脚……我们固然不是讲要恢复旧诗音节里死板平仄作用，不过一首诗里的平仄要是太不调和，那首诗的音节也一定是单调。”③

至于闻一多所论，我们将在本章第五节中再作引述。

第三节　新诗声韵的建构

中国现代诗人们无论是对于自由的坚守，还是对于格律的追求，为了论证所追求的诗学理念的合理性，在其诗学观念的阐述和创作实践中，都有意无意地涉及他

① 王独清：《再谈诗——寄给木天、伯奇》，原载 1926 年 3 月《创造月刊》第 1 卷第 1 期，第 90 页。

② 王独清：《再谈诗——寄给木天、伯奇》，原载 1926 年 3 月《创造月刊》第 1 卷第 1 期，第 93 页。

③ 饶孟侃：《新诗的音节》，原载 1926 年 4 月 22 日《晨报·诗镌》第 4 号，引自王运熙主编《中国文论选·现代卷(上)》，南京：江苏文艺出版社 1996 年版，第 484-488 页。

们所接受的诗学资源及对于这些资源的摄取、整合乃至创造性的转化。那么,作为中国传统诗歌最高成就的唐宋诗词，是否被作为中国现代新诗音乐美建构的重要资源？在不同诗人那里,唐宋诗词在何种程度上影响了其诗歌的音乐美建构？具体而言,新诗的声韵与旧体诗词曲之间有何关系？是如何取资？有何得失呢？本节拟对此作专门的论述。

一、旧法为新与韵和音雅

朱自清1943年发表的《诗韵》说:

> 韵是一种复沓,可以帮助情感的强调和意义的集中。至于带音乐性,方便记忆,还是次要的作用。从前往往过分重视这种次要的作用,有时会让音乐淹没了意义,反觉得浮滑而不真切。即如中国读诗重读韵脚,有时也会模糊了全句;近体律绝声调铿锵,更容易如此。幸而一般总是隔句押韵,重读的韵脚不至于句句碰头。[①]

无论对于诗韵的功能,还是对旧体诗用韵的看法,都是较为通达的。而对于新诗的用韵,则应注意旧法为新及韵和音雅,二者分以胡适、郭沫若为代表。

旧法为新是指胡适所说的用旧体诗词的音节方法做新诗，是胡适及其同道“尝试”精神的体现。

正如胡适所说:“我所知道的‘新诗人’,除了会稽周氏兄弟之外,大都是从旧式诗、词、曲里脱胎出来的。”他又具体言道:“沈尹默君初作的新诗是从胡悦服化出来的。例如他的《人力车夫》……稍读古诗的人都能看出这首诗是得力于《孤儿行》一类的古乐府的。我自己的新诗,词调很多,这是不用讳饰的……此外新潮社的几个新诗人——傅斯年、俞平伯、康白情——也都是从词曲里变化出来的,故他们初做的新诗都带着词或曲的意味音节。”[②]他列举众多例子,以证上述说法。这里再引录他所引的《少年中国》刊登的《过印度洋》,以见此类诗“一半词一半曲的过渡时代”的风貌:

> 圆天盖着大海,黑水托着孤舟。
> 也看不见山,那天边只有云头。
> 也看不见树,那水上只有海鸥。
> 那里是非洲？那里是欧洲？
> 我美丽亲爱的故乡却在脑后!

---

① 朱自清:《诗韵》,《朱自清全集》第二卷,南京:江苏教育出版社1996年版,第402页。

② 胡适:《谈新诗——八年来的一件大事》,原载1919年10月10日《星期评论》,《胡适文集》第2卷,北京:北京大学出版社1998年版,第138-139页。

怕回头，怕回头，
一阵大风，雪浪上船头，
飕飕，吹散一天云雾一天愁。①

胡适对沈尹默的《三弦》作具体分析，以见出如何在新诗中运用旧体诗词的音节方法。沈诗是：

中午时候，火一样的太阳，没法去遮拦，让他直晒着长街上。
静悄悄少人行路；只有悠悠风来，吹动路旁杨树。
谁家破大门里，半兜子绿茸茸细草，都浮若闪闪的金光。
旁边有一段低低土墙，挡住了个弹三弦的人，却不能隔断那三弦鼓荡的声浪。
门外坐着一个穿破衣裳的老年人，双手抱着头，他不声不响。

胡适分析道：

……看他第二段"旁边"以下一长句中，旁边是双声；有一是双声；段，低，低，的，土，挡，弹，的，断，荡，的，十一个都是双声。这十一个字都是"端透定"的字，模写三弦的声响，又把"挡""弹""断""荡"四个阳声的字和七个阴声的双声字(段，低，低，的，土，的，的)参错杂用，更显出三弦的抑扬顿挫。苏东坡把韩退之《听琴诗》改为送弹琵琶的词。开端是"昵昵儿女语，灯火夜微明，恩冤尔汝来去，弹指泪和声。"他头上连用五个极短促的阴声字，接着用一个阳声的"灯"字，下面"恩冤尔汝"之后，又用一个阳声的"弹"字，也是用同样的方法。②

胡适还以自己的诗《一颗星儿》为例论述用双声叠韵以助音节的和谐。诗云：

我喜欢你这颗顶大的星儿，可惜我叫不出你的名字。
平日月明时，月光遮尽了满天星，总不能遮住你。
今天风雨后，闷沉沉的天气，
我望遍天边，寻不见一点半点光明。
回过头来，只有你在那杨柳高头依旧亮晶晶地。

他说："这首诗'气'字一韵以后，隔开三十三个字方才有韵，读的时候全靠'遍、天、边、见、点、半、点'一组叠韵字(遍、边、半、明，又是双声字)和'有、柳、头、旧'一组

① 周无：《过印度洋》，《少年中国》第1卷第2期，1919年版。
② 胡适：《谈新诗——八年来的一件大事》，原载1919年10月10日《星期评论》，《胡适文集》第2卷，北京：北京大学出版社1998年版，第141–142页。

叠韵字夹在中间,故不觉得'气''地'两韵隔开那么远。"①

前引胡适对新诗用韵提出的"三种自由",其中第三种"有韵固然好,没有韵也不妨"是属于真正的"自由",第二种是学习词曲平仄韵互押,来自古典诗歌,这两者分别是远于和近于古典诗词。对于新诗来说,用韵所用的方法,多是他的第一种自由,即:"用现代的韵,不拘古韵,更不拘平仄韵。"应该说,这是一条最可行的、改良的道路。新诗自非律绝,体式较长,内容较多,许多作者都走上了大致押韵的创造道路,根据语音的实际变化,与时俱进,自然是不拘古韵,不拘平仄,也不避重韵。仅举朱自清的新诗代表作《北河沿的路灯》为例:

有密密的毡儿,遮住了白日里繁华灿烂。
悄没声的河沿上,满铺着寂寞和黑暗。
只剩城墙上一行半明半灭的灯光,还在闪闪烁烁地乱颤。
他们怎样微弱!但却是我们唯一的慧眼!
他们帮着我们了解自然;让我们看出前途坦坦。
他们是好朋友,给我们希望和慰安。
祝福你灯光们,愿你们永久而无限!②

朱自清是胡适的学生,是将现代文学设为大学课程的首创者,曾数论新诗,所持观点多出胡适。而上诗的用韵,不拘古韵,也不拘平仄,即是胡适"第一种自由"的体现。

"韵和音雅"出自郭沫若的诗,也是他在自己创作中后期对音韵的追求,在新诗创作中具有一定的代表性。

新诗的用韵一般还是如古典诗词那样在句末押韵,所用韵多是不拘古韵,不拘平仄,郭沫若亦如此。与其早年的《女神》不同,郭沫若后来的诗集《星空》,显然可见对诗歌形式格律的讲究,以及对"韵和音雅"艺术效果的追求。"韵和音雅"一语出自郭氏此期创作的《白云》一诗:

鱼鳞斑斑的白云,波荡在少海青色的天里;
是首韵和音雅的,灿烂的新诗。

听哟,风在低吟,海在扬声唱和;
这么冰感般的,幽缘的音波。③

---

① 胡适:《谈新诗——八年来的一件大事》,原载1919年10月10日《星期评论》,《胡适文集》第2卷,北京:北京大学出版社1998年版,第142页。

② 朱自清:《北河沿的路灯》,《朱自清全集》第5卷,南京:江苏教育出版社1996年版,第13页。

③ 郭沫若:《白云》,《郭沫若全集》(文学编)第1卷,北京:人民文学出版社1982年版,第191页。

诗人用无形写有形,以新诗状云天,而灿烂的新诗则是“韵和音雅”,可见在他心目中好诗的标准为何。郭沫若此期诗歌的用韵,如胡适所倡的“第三种自由”。倘以《诗韵新编》(上海古籍出版社 1989 年出版)相对照,《静夜》一诗上下两节均为偶数句押韵,上节押痕韵(in)、庚韵(ing),此二韵在诗韵中不同部,此处通押,即体现了“不拘古韵”。《南风》一首与之相似,上节押平声“开”(ai)韵,下节押仄声“姑”(u)韵,为一、二、四句押韵,仅用韵与韵脚的位置有变。《雨后》全诗共四节,每节三句,均二、三句押韵,一韵到底。

其他新诗人所作,亦多近于“第三种自由”,且见“韵和音雅”。试举刘大白与刘延陵二例。刘大白 1921 年作的《秋夜湖心独出》:

被秋光唤起,孤舟独出,向湖心亭上凭栏坐。
到三更,无数游船散了,剩天心一月,湖心一我。
此时此际,密密相思,此意更无人窥破;——
除是疏星几点,残灯几闪,流萤几颗。
蓦地一声箫,挟露冲烟,当头飞堕。
打动心湖,从湖心里,陡起一丝风,一翦波。
彷佛耳边低叫,道“深深心事,要瞒人也瞒不过。
不信呵,看明明如月,照见你心中有她一个。”①

此诗的体式和风格显然近于词曲,基本为三句一韵,用韵也近于词曲的平仄互押,如认定为新诗的不拘平仄亦可,都不失为“韵和音雅”。

刘延陵的《水手》则为完全的新诗:

月在天上,船在海上,
他两只手捧住面孔,躲在摆舵的黑暗地方。
他怕见月儿眨眼,海儿掀浪,引他看水天接处的故乡。
但他却想到了,石榴花开得鲜明的井旁,
那人儿正架竹子,晒她的青布衣裳。②

用韵显是不拘古韵,平仄通押,也近于“调和音雅”。

二、早期新诗的常见用韵方式

新诗中如自由诗不论,近于格律诗者应是受到旧体诗词的影响,其中四句一小节的形式近于绝句,虽系长短句,但因偶数句押韵,亦与绝句接近,较能得人欣赏。但总

① 刘大白:《秋夜湖心独出》,《刘大白诗集》,北京:书目文献出版社 1983 年版,第 173 页。

② 刘延陵:《水手》,《中国新文学大系·诗集》,上海:上海良友图书印刷公司 1935 年 10 月初版,上海文艺出版社 2003 年 7 月影印,第 194 页。

体而言,多数诗与律绝相远,用韵方式亦有别。新诗所用之韵基本不从古代韵书,多为现代读音,实际上历代韵书所用所遵已被颠覆、结构,而基本上是按现代北方话的读音为新诗押韵。本小节拟选择上世纪二三十年代十位诗人的作品为例,以探求新诗(以格律诗为主)常见的不同用韵形式。

(一)郭沫若:

郭沫若是"五四"时期新诗的主要代表,以《女神》二名噪一时,后逐渐创作了一些新体格律诗,与早年所作不同。此处分析其两首诗的用韵。

《天上的街市》为四句一小节:

远远的街灯明了,好像闪着无数的明星。
天上的明星现了,好像点着无数的街灯。

我想那缥渺的空中,定然有美丽的街市。
街市上陈列的一些物品,定然是世上没有的珍奇。

你看,那浅浅的天河,定然是不甚宽广。
我想那隔河的牛女,定能够骑着牛儿来往。

我想他们此刻,定然在天街闲游。
不信,请看那朵流星。那是他们提着灯笼在走。①

此诗近似用四首绝句组成,每四句中偶数句押韵,韵脚读音或为近似,每一韵或平声,或仄声,不用平仄相错。

《炉中煤——眷念祖国的情绪》为五句一小节,奇数句押韵,平仄不拘。而《太阳礼赞》则多长句,每句押韵,两句一换韵,多为一组中或平或仄,少数为一组内有平有仄:

青沈沈的大海,波涛汹涌着,潮向东方。
光芒万丈地,将要出现了哟——新生的太阳!

天海中的云岛都已笑得来火一样地鲜明!
我恨不得,把我眼前的障碍一概划平!

出现了哟!出现了哟!耿晶晶地白灼的圆光!
从我两眸中有无限道的金丝向着太阳飞放。

① 郭沫若:《天上的街市》,《郭沫若全集》(文学编)第1卷,北京:人民文学出版社1982年版,第191页。

太阳哟！我背立在大海边头紧觑着你。
太阳哟！你不把我照得个通明，我不回去！

太阳哟！你请永远照在我的面前，不使退转！
太阳哟！我眼光背开了你时，四面都是黑暗！

太阳哟！你请把我全部的生命照成道鲜红的血流！
太阳哟！你请把我全部的诗歌照成些金色的浮沤！

太阳哟！我心海中的云岛也已笑得来火一样地鲜明了！
太阳哟！你请永远倾听着，倾听着，我心海中的怒涛！①

(二)刘半农：

刘半农也是“五四”时期的主要诗人，诗的题材、风格多样。

前面已论其代表作《教我如何不想她》，以之为意境浑融之作，此诗因“教我如何不想她”一句反复出现四次，与之相配，邻句用与“她”相同之韵，其余则基本每句用韵，全首转韵多次，或因表达爱情之温柔，除“话”字外，全首皆用平声韵。《相隔一层纸》叙述性较强，近于民歌体，全诗除第三句外，每句押韵，皆为上声：

屋子里拢着炉火，老爷分付开窗买水果，
说“天气不冷火太热，别任它烤坏了我。”
屋子外躺着一个叫化子，咬紧了牙齿对着北风喊“要死”！
可怜屋外与屋里，相隔只有一层薄纸。②

再看其《铁匠》一首：

叮当！叮当！清脆的打铁声，激动夜间沉默的空气。
小门里时时闪出红光，愈显得外间黑漆漆地。
我从门前经过，看见门里的铁匠。
叮当！叮当！他锤子一下一上，砧上的铁，闪作血也似的光，
照见他额上淋淋的汗，和他裸着的，宽阔的胸膛。
我走得远了，还隐隐的听见，叮当！叮当！
朋友，你该留心着这声音，他永远的在沉沉的自然界中激荡。

---

① 郭沫若：《太阳礼赞》，《郭沫若全集》(文学编)第1卷，北京：人民文学出版社1982年版，第191页。

② 刘半农：《相隔一层纸》，《半农诗歌集评》，赵景深原评，杨扬辑补，北京：书目文献出版社1984年版，第3-4页。

你若回头过去，还可以看见几点火花，照射在漆黑的地上。[①]

此首若作以上排列，可见句尾的用韵，除“气”“地”二字外，皆押一韵，或平或仄，最后二韵皆去声，雄劲有力，而“叮当”二字的反复出现，非仅因拟声而点题，且有回环往复的呼应之美。

（三）徐志摩：

徐志摩的代表作《再别康桥》共七小节，头三节与尾二节皆为偶句押韵，当中二节较自由。《我不知道风》四句一节，共六节，每节前三句全同而反复出现，一三句末字分为“风”“中”二字，第三句末为“吹”字，全首仅每节末句换尾字，此字为韵脚。徐志摩的诗体式较为多变，较多是四句一节的组合，韵脚多在偶句。长诗中颇有自由诗，短诗则多用韵。如《天神似的英雄》每句押韵，四句同韵，全首用两个韵部的韵，前入声而后平声：

这石是一堆粗丑的顽石，这百合是一丛明媚的秀色，
但当月光将花影描上石隙，这粗丑的顽石也化生了媚迹。

我是一团臃肿的凡庸，她的是人间无比的仙容；
但当恋爱将她偎入我的怀中，就我也变成了天神似的英雄！[②]

《起造一座墙》不分节，每句押韵，二句一韵，共转韵五次，四声俱备，似是有意追求声韵的音乐效果：

你我千万不可亵渎那一个字，别忘了在上帝跟前起的誓。
我不仅要你最柔软的柔情，蕉衣似的永远裹着我的心；
我要你的爱有纯钢似的强，这这流动的生里起造一座墙；
任凭秋风吹尽满园的黄叶，任凭白蚁蛀烂千年的画壁；
就使有一天霹雳翻了宇宙，——也震不翻你我“爱墙”内的自由！[③]

（四）闻一多：

闻一多明确地提出诗歌应具有音乐美，其诗有多种用韵方式的尝试。有首尾相同、前后呼应，每句押韵、二句一转的《祈祷》：

请告诉我谁是中国人，启示我，如何把记忆抱紧；

---

① 刘半农：《铁匠》，《半农诗歌集评》，赵景深原评，杨扬辑补，北京：书目文献出版社1984年版，第19页。
② 徐志摩：《天神似的英雄》，《徐志摩全集》，韩石山编，天津：天津人民出版社2005年版，第328页。
③ 徐志摩：《起造一座墙》，《徐志摩全集》，韩石山编，天津：天津人民出版社2005年版，第262页。

请告诉我这民族的伟大，轻轻的告诉我，不要喧哗！
请告诉我谁是中国人，谁的心里有尧舜的心，
谁的血是荆轲聂政的血，谁是神农黄帝的遗孽。
告诉我那智慧来得离奇，说是河马献来的馈礼；
还告诉我这歌声的节奏，原是九苞凤凰的传授。
谁告诉我戈壁的沉默，和五岳的庄严？
又告诉我，泰山的石溜还滴着忍耐，大江黄河又流着和谐？
再告诉我，那一滴清泪，是孔子吊唁死麟的伤悲？
那狂笑也得告诉我才好，——庄周淳于髡东方朔的笑。
请告诉我谁是中国人，启示我，如何把记忆抱紧；
请告诉我这民族的伟大，轻轻的告诉我，不要喧哗！①

《发现》、《静夜》等作亦每句押韵、二句一转韵。录《心跳》：

这灯光，这灯光漂白了的四壁；
这贤良的桌椅，朋友似的亲密；
这古书的纸香一阵阵的袭来；要好的茶杯贞女一般的洁白；
受哺的小儿接呷在母亲怀里，鼾声报道我大儿康健的消息。
……这神秘的静夜，这浑圆的和平，我喉咙里颤动着感谢的歌声。
但是歌声马上又变成了诅咒，静夜！我不能，不能受你的贿赂。
谁希罕你这墙内尺方的和平！我的世界还有更辽阔的边境。
这四墙既隔不断战争的喧嚣，你有什么方法禁止我的心跳？
最好是让这口里塞满了沙泥，如其它只会唱着个人的休戚，
最好是让这头颅给田鼠掘洞，让这一团血肉也去喂着尸虫；
如果只是为了一杯酒，一本诗，静夜里钟摆摇来的一片闲适，
就听不见了你们四邻的呻吟，看不见寡妇孤儿抖颤的身影，
战壕里的痉挛，疯人咬着病榻，和各种惨剧在生活的磨子下。
幸福！我如今不能受你的私贿，我的世界不在这尺方的墙内。
听！又是一阵炮声，死神在咆哮。静夜！你如何能禁止我的心跳？②

《一句话》为两节构成，除每节的第六句外，是每句用韵，多为仄声，且似带方音，若用川鄂方言诵读，较普通话更见合韵：

① 闻一多：《祈祷》，《闻一多全集》第1卷，武汉：湖北人民出版社1993年版，第154页。

② 闻一多：《心跳》，原刊《时事新报·学灯》1927年5月20日版，《闻一多全集》第1卷，武汉：湖北人民出版社1993年版，第151–152页。

有一句话说出就是祸，有一句话能点得着火，
别看五千年没有说破，你猜得透火山的缄默？
说不定是突然着了魔，突然青天里一个霹雳
爆一声："咱们的中国！"

这话叫我今天怎么说？你不信铁树开花也可，
那么有一句话你听着：等火山忍不住了缄默；
不要发抖，伸舌头，顿脚，等到青天里一个霹雳
爆一声："咱们的中国！"①

此外，如《太阳吟》为三句一节，每节首句皆结于"太阳"二字，第三句押"阳"字韵，平仄不拘。《口供》为每句押韵，两句一转，前多平声韵，间作上声，末二句"可是还有一个我，你怕不怕——苍蝇似的思想，垃圾桶里爬"，为去声转平声韵，因"去声分明哀远道"（明释真空《玉钥匙歌诀》），且具"拗怒"特点，与平声相继，有击撞戛捺之妙，对于表达情感颇有作用。《死水》为每四句一节，每节中偶句押韵，每节换一韵，三组平声，二组去声，亦有跌宕起伏之感。

（五）穆木天：

穆木天论诗崇尚象征与有序，其诗亦如此。《苍白的钟声》很有旧体诗词用语的滋味，五句一小节，每节转韵，其中"ong""ang""an"三韵与钟声尤近，全首的节奏亦近于敲钟，颇具形象性。其《落花》一首，多长句，基本每句押韵，"花"字多次出现，平仄交错，读来如缓缓的花瓣飘落：

我愿透着寂静的朦胧薄淡的浮纱
细听着淅淅的细雨寂寂的在檐上激打
遥对着远远吹来的空虚中的嘘叹的声音
意识着一片一片的坠下的轻轻的白色的落花
落花掩住了藓苔幽径石块沉沙
落花欢送来白色的幽梦到寂静的人家
落花倚着细雨的纤纤的柔腕虚虚的落下
落花印在我们唇上接吻的余香啊不要惊醒了她
啊不要惊醒了她不要惊醒了落花
任她孤独的飘荡飘荡飘荡飘荡在
我们的心头眼里歌唱着到处是人生的故家
啊到底哪里是人生的故家啊寂寂的听着落花

① 闻一多：《一句话》，《闻一多全集》第1卷，武汉：湖北人民出版社1993年版，第151–152页。

妹妹你愿意罢我们永久的透着朦胧的浮纱
细细的深尝着白色的落花深深的坠下
你弱弱的倾依着我的胳膊细细的听歌唱着她
“不要忘了山巅水涯到处是你们的故乡到处
你们是落花”①

《心响》一首较为特别，此诗从三句一韵转为三句二韵，再转为每句皆韵，或与感情从舒缓到激烈有关。为看得清楚，按原来的排列录之：

几时能看见九曲黄河
盘旋天际
滚滚白浪
几时能看见万里浮沙
无边荒凉
满目苍茫
啊广大的故国
人格的庙堂
啊憧憬的故乡呀
我对你为什么现出了异国的情肠
飘零的幽魂
几时能含住你的乳房
几时我能拥你怀中
啊禹城我的母亲
啊神州我的故邦
啊死者的血炎
啊人心的叫响
地心潜在猛火的燃腾
啊云山苍茫
啊我对你为什么作异国的情肠
啊几时能看见你流露春光
啊几时能看见你杂花怒放
神州禹城朦胧的故乡
几时人能认识你的灿烂的黄金的荣光

---

① 穆木天：《落花》，原刊《创造月刊》第 1 卷第 1 期，1926 年 10 月 15 日版，见《穆木天诗选》，北京：人民文学出版社 1987 年版，第 32–33 页。两个版本的诗不但在排列上有一些差别，且《创作月刊》版有标点符号；《穆木天诗选》版无标点符号。此据《穆木天诗选》版。

啊人格的庙堂
我为什么对你作异邦的情肠
啊落霞的西方
啊无涯的云乡①

(六)王独清:

王独清的代表作《我从 Cafe 中出来》是一首转韵之作:

我从 Cafe 中出来,身上添了 / 中酒的 / 疲乏,
我不知道 / 向哪一处走去,才是我底 / 暂时的住家……
啊,冷静的街衢,黄昏,细雨!
我从 Cafe 中出来,在带着醉 / 无言地 / 独走,
我底心内 / 感着一种,要失了故园的 / 浪人底哀愁……
啊,冷静的街衢,黄昏,细雨!②

以上变更了原先的句式,去掉了关联格的表示,而按韵脚重新排列句子,如此,则长短参差,形成了两段对应的文字。因转韵后又回到"啊,冷静的街衢,黄昏,细雨!"二句,彷徨无路之感得形式之助,表现得恰到好处。

《但丁墓旁》亦为两段而篇幅较长,采用每句押韵、两句一转的形式,上下段最后四句的韵脚字均为"愁""守""下""话",较为特殊:

现在我要走了(因为我是一个飘泊的人)!
唉,你收下罢,收下我留给你的这个真心!
我把我底心留给你底头发,
你底头发是我灵魂底住家;
我把我底心留给你底眼睛,
你底眼睛是我灵魂底坟茔……
我,我愿作此地底乞丐,忘去所有的忧愁,
在这出名的但丁墓旁,用一生和你相守!
可是现在除了请你把我底心收下,
便只剩得我向你要说的告别的话!
Addio,miabella!

① 穆木天:《心响》,原刊《创造月刊》第 1 卷第 1 期,1926 年 10 月 15 日版;引自《穆木天诗选》,北京:人民文学出版社 1987 年版,第 32-33 页。但两者在排列上有一些差别,在《创造月刊》发表时有标点符号,收入《穆木天诗选》则无标点符号。

② 王独清:《我从 Cafe 中出来》,《独清自选集》,上海:乐华图书公司 1933 年版,第 12-14 页。上海书店 1989 年 6 月影印。

现在我要走了(因为我是一个飘泊的人)!
唉,你记下罢,记下我和你所经过的光阴!
那光阴是一朵迷人的香花,
被我用来献给了你这美颊;
那光阴是一杯醉人的甘醇,
被我用来供给了你这爱唇……
我真愿作此地底乞丐,弃去一切的忧愁,
在我倾慕的但丁墓旁,到死都和你相守!
可是现在我惟望你把那光阴记下,
此外应该说的只有平常告别的话!
Addio,miaCara![①]

(七)戴望舒:

戴望舒的诗兼有自由体与格律诗,后者既有如《过旧居》这样较长篇幅之作,四句一小节,多为每句押韵;少数是一节三韵,又有四句一节的短诗,如《偶成》,偶句押韵。其代表作《雨巷》多长短相间的句式,韵脚配合节奏,真有漫步行走在雨巷的感觉。《意象与意境》一章曾论的《十四行》基本是每句押韵,两句一转,最后六句则三句一组、分用二韵。再看《狱中题壁》:

如果我死在这里,朋友啊,不要悲伤,
我会永远地生存/在你们的心上。
你们之中的一个死了,在日本占领地的牢里,
他怀着的深深仇恨,你们应该永远地记忆。
当你们回来,从泥土/掘起他伤损的肢体,
用你们胜利的欢呼/把他的灵魂高高扬起。
然后把他的白骨放在山峰,曝着太阳,沐着飘风:
在那暗黑潮湿的土牢,这曾是他唯一的美梦。[②]

此首是每一长句一韵,前二句“ang”韵,当中四句“yi”韵,最后二句“ong”韵。《我用残损的手掌》按原先排列,不作更动,诗如下:

我用残损的手掌
摸索这广大的土地:

① 王独清:《但丁墓旁》,《中国新文学大系·诗集》第229—230页,上海:上海良友图书印刷公司1935年版,上海文艺出版社2003年7月影印,第229-230页。

② 戴望舒:《狱中题壁》,《戴望舒全集·诗歌卷》,北京:中国青年出版社1999年版,第149页。

这一角已变成灰烬，
那一角只是血和泥；
这一片湖该是我的家乡，
（春天，堤上繁花如锦障，
嫩柳枝折断有奇异的芬芳）
我触到荇藻和水的微凉；
这长白山的雪峰冷到彻骨，
这黄河的水夹泥沙在指间滑出；
江南的水田，你当年新生的禾草
是那么细，那么软……现在只有蓬蒿；
岭南的荔枝花寂寞地憔悴，
尽那边，我蘸着南海没有渔船的苦水……
无形的手掌掠过无限的江山，
手指沾了血和灰，
手掌粘了阴暗，
只有那辽远的一角依然完整，
温暖，明朗，坚固而蓬勃生春。
在那上面，我用残损的手掌轻抚，
像恋人的柔发，婴孩手中乳。
我把全部的力量运在手掌贴在上面，
寄与爱和一切希望，
因为只有那里是太阳，是春，
将驱逐阴暗，带来苏生，
因为只有那里我们不像牲口一样活，
蝼蚁一样死……那里，永恒的中国！①

前四句为偶句押“yi”韵，转韵后四句改为每句押“ang”韵，再转为每句押韵、每两句转一韵，先后用“wu”韵、“ɑo”韵、“ui”韵，以及“ɑn”、“un”、“wu”、“ɑng”、“wo”等韵。其中 14 到17 句又交叉押韵，或非有意而是出于偶然。

（八）朱湘：

朱湘是新月派诗人，享年仅 29 岁，其诗极重形式美，用韵也很讲究。如《昭君出塞》，不仅意象与语言都带有古典诗词意味，且全诗五节，共 25 句，几乎每句用韵、一韵到底，颇见功力。所用的韵是：第一节有琶、哗、甲、呀；第二节有琶、芽、桠、下、花；第三节有琶、沙、下、话、家；第四节有琶、华、咤、嫁、涯；第五节有琶、沙、发、答、笳。其《摇

① 戴望舒：《我用残损的手掌》，《戴望舒全集·诗歌卷》，北京：中国青年出版社 1999 年版，第 151–152 页。

篮歌》共四节，所押的韵与现代读音稍有距离，是将“真”“庚”“青”等部之韵通押：

春天的花香真正醉人，一阵阵温风拂上人身，
你瞧日光它移的多慢，你听蜜蜂在窗子外哼：
睡呀，宝宝，蜜蜂飞的真轻。
天上瞧不见一颗星星，地上瞧不见一盏红灯；
什么声音也都听不到，只有蚯蚓在天井里吟：
睡呀，宝宝，蚯蚓都停了声。
一片片白云天空上行，像是些小船飘过湖心，
一刻儿起，一刻儿又沉，摇着船舱里安卧的人：
睡呀，宝宝，你去跟那些云。
不怕它北风树枝上呜，放下窗子来关起房门；
不怕它结冰十分寒冷，炭火生在那白铜的盆：
睡呀，宝宝，挨着炭火的温。①

而《残灰》一首从多为偶句押韵，转为基本每句押韵。所用的韵字是：芒、旁、伤、亮、光、旁、央、响、尝、眶、光、旁、墙、样、郎、方、光、旁、场、上、汤、忙、光、旁、房、凉、梆、光、因每小节开头落于“旁”字，在回环往复中，韵字亦多有重出，以不变而见变，很好地表现了在相同环境（火盆旁）中不同人生阶段的感受。

（九）陈梦家：

陈梦家也是新月派诗人，多作短诗，用韵方式亦多变。《一朵野花》按下面排列，则长短句相间，若以一韵为一句，大体长短相近，一韵到底：

一朵野花在荒原里开了又落了，
不想这小生命，向着太阳发笑，
上帝给他的聪明他自己知道，
他的欢喜，他的诗，在风前轻摇。
一朵野花在荒原里开了又落了，
他看见青天，看不见自己的渺小，
听惯风的温柔，听惯风的怒号，
就连他自己的梦也容易忘掉。②

《鸡鸣寺的野路》按如下排列，则为每句押韵，二句一转，其中9、10两句的韵脚“廓”“角”，用北方话读为不同韵，应是用南方的方音押韵：

---

① 朱湘：《摇篮歌》，《朱湘诗集》，成都：四川文艺出版社1987年版，第57页。

② 陈梦家：《一朵野花》，《陈梦家诗全编》，蓝棣之编，杭州：浙江文艺出版社1995年版，第3页。

这是座往天上的路
夹着两行撑天的古树；
烟样的乌鸦在高天飞，
钟声幽幽向着北风追；
我要去，到那白云层里，
那儿是苍空，不是平地。

大海，我望见你的边岸，
山，我登在你峰头呼喊……
劫风吹没千载的城廓，
何处再有凤毛与麟角？
我要去，到那白云层里，
那儿是苍空，不是平地。①

《过高台县往安西——高台多悲风》为两小节，前一节首尾两句押韵，后一节首句承上句押韵，次句转韵，末句押次句韵，为偶句押韵：

感谢两旁的白杨，送我们到高台，
虽然没有风，已经够苍凉。
感谢温和的太阳，送我们往西走，
面对着沙里的远山，喝一杯暖酒。②

（十）何其芳：

此处分析何其芳的两首诗。一是《预言》，为六句一节，少数七或八句，其中夹有短句，每节的首句与偶句押韵，共用四韵，每节换韵：

这一个心跳的日子终于来临！你夜的叹息似的渐近的足音，
我听得清本是林叶和夜风私语，麋鹿驰过苔径的细碎的蹄声！
告诉我用你银铃的歌声告诉我，你是不是预言中的年青的神？
你一定来自那温郁的南方，告诉我那里的月色，那里的日光，
告诉我春风是怎样吹开百花，燕子是怎样痴恋着绿杨。
我将合眼睡在你如梦的歌声里，那温暖我似乎记得，又似乎遗忘。
请停下，停下你疲劳的奔波，进来，这里有虎皮的褥你坐！

---

① 陈梦家：《鸡鸣寺的野路》，《陈梦家诗全编》，蓝棣之编，杭州：浙江文艺出版社 1995 年版，第 124 页。

② 陈梦家：《过高台县往安西——高台多悲风》，《中国新诗库·陈梦家卷》第 5 集，武汉：长江文艺出版社 1993 年版，第 404 页。

让我烧起每一个秋天拾来的落叶，听我低低地唱起我自己的歌。
那歌声将火光一样沉郁又高扬，火光一样将我的一生诉说。
不要前行！前面是无边的森林，古老的树现着野兽身上的斑纹，
半生半死的藤蟒一样交缠着，密叶里漏不下一颗星星。
你将怯怯地不敢放下第二步，当你听见了第一步空寥的口声。
一定要走吗？请等我和你同行！我的脚步知道每一条熟悉的路径，
我可以不停地唱着忘倦的歌，再给你，再给你手的温存。
当夜的浓黑遮断了我们，你可以不转眼地望着我的眼睛。
我激动的歌声你竟不听，你的脚竟不为我的颤抖暂停！
像静穆的微风飘过这黄昏里，消失了，消失了你骄傲的足音！
呵，你终于如预言中所说的无语而来，无语而去了吗，年青的神？[①]

《河》一诗基本每句押韵，其中的"脚"字，须用四川方言来读才合：

我散步时的侣伴，我的河，
你在歌唱著什麼？
我这是多麼无意识的话呵。
但是我知道没有水的地方就是沙漠。
你从我们居住的小市镇流过。
我们在你的水里洗衣服洗脚。
我们在沈默的群山中间听著你，
像听著大地的脉搏。
我爱人的歌，也爱自然的歌，
我知道没有声音的地方就是寂寞。[②]

三、早期新诗用韵的特殊形式

前论早期新诗较为多见的用韵方式，现在再论特殊形式，其实"特殊"只是相对而言，与常态相比，较为少见而已。

(一)抱韵：

抱韵是指前后两头押韵。旧体诗词不用这一方式，应是从西方传来(尤见于"商籁")的。

刘半农《一个小农家的暮》是一种特殊的抱韵用法：

她在灶下煮饭，新砍的山柴，必必剥剥的响。

---

① 何其芳：《预言》，《何其芳全集》第1卷，石家庄：河北人民出版社2000年版，第3–5页。
② 何其芳：《河》，《何其芳全集》第1卷，石家庄：河北人民出版社2000年版，第407页。

灶门里嫣红的火光，闪着她嫣红的脸，闪红了她青布的衣裳。
他衔着个十年的烟斗，慢慢地从田里回来；屋角里挂去了锄头，
便坐在稻床上，调弄着只亲人的狗。
他还踱到栏里去，看一看他的牛，
回头向她说："怎样了——我们新酿的酒？"
门对面青山的顶上，松树的尖头，已露出了半轮的月亮。
孩子们在场上看着月，还数着天上的星：
"一，二，三，四……""五，八，六，两……"
他们数，他们唱："地上人多心不平，天上星多月不亮。"①

上面按韵脚作了重新排列，可见前后部分用同一韵，当中又用一韵，平仄不拘。

卞之琳的《望》，应是十四行诗，自应用该体（商籁）的抱韵法：

小时候我总爱看夏日的晴空，
把它当作是一幅自然的地点：
蓝的一片是大洋，白云一朵朵
大的是洲，小的是岛屿在海中；
大陆上颜色深的是山岭山丛，
许多孔隙裂缝是冷落的江湖，
还有港湾像是望风帆的归途，
等它们报告发现新土的成功。

如今，正像是老话的苍海桑田，
满怀的花草换得了一把荒烟，
就是此刻我也得像一只迷羊
辗转在灰沙里，幸亏还有蔚蓝，
还有仿佛的云峰浮在缥渺间，
倒可以抬头望望这一个仙乡。②

此首前八句分为两段而抱韵：前四句"空"、"功"为两端，后四句"丛"、"功"为两端，皆为"ong"韵。后六句转为间隔韵：一、二、五句押"yan"韵，三、六句押"yang"韵。

林徽因的《时间》为三句一节，一、三句押韵，显为抱韵，而第五句韵脚的"片"字又与上节"变""天"同韵，或为偶合：

---

① 刘半农：《一个小农家的暮》，《中国新文学大系·诗集》，上海：上海良友图书印刷公司 1935 年 10 月初版，上海文艺出版社 2003 年 7 月影印，第 19–20 页。

② 卞之琳：《望》，《卞之琳诗文集》（上），江弱水、青禾编，合肥：安徽教育出版社 2002 年版，第 112 页。

人间的季候永远不断在转变
春时你留下多处残红，翩然辞别，
本不想回来时同谁叹息秋天！

现在连秋云黄叶又已失落去
辽远里，剩下灰色的长空一片
透彻的寂寞，你忍听冷风独语？①

（二）交错：

新诗的交错用韵，方式颇多。兹举数例。

徐志摩《雪花的快乐》作五句一小节，每节中首、次句同韵，三、四、五句同韵，平仄不拘，不避重韵。全首四小节中，前三节的第四句相同，末节三、五句的后七字全同。

假若我是一朵雪花，翩翩的在半空里潇洒，
我一定认清我的方向——飞扬，飞扬，飞扬——这地面上有我的方向。
不去那冷寞的幽谷，不去那凄清的山麓，
也不上荒街去惆怅——飞扬，飞扬，飞扬——你看，我有我的方向！
在半空里娟娟的飞舞，认明了那清幽的住处，
等着她来花园里探望——飞扬，飞扬，飞扬——啊，她身上有朱砂梅的清香！
那时我凭藉我的身轻，盈盈的，沾住了她的衣襟，
贴近她柔波似的心胸——消溶，消溶，消溶——溶入了她柔波似的心胸。②

他的《献词》一诗，四句为一节，每句用韵，二句一换，每节二韵，第三节换为奇、偶句分押同韵，最后一节作短句，为偶句押韵：

那天你翩翩的在空际云游，自在，轻盈，你本不想停留
在天的哪方或地的哪角，你的愉快是无拦阻的逍遥。
你更不经意在卑微的地面，有一流涧水，虽则你的明艳
在过路时点染了他的空灵，使他惊醒，将你的倩影抱紧。
他抱紧的只是绵密的忧愁，因为美不能在风光中静止；
他要，你已飞渡万重的山头，去更阔大的湖海投射影子！
他在为你消瘦，那一流涧水，

---

① 林徽因：《时间》，《林徽因文集·文学卷》，梁从诫编，天津：百花文艺出版社 1999 年版，第 211 页。

② 徐志摩：《雪花的快乐》，原刊《现代评论》第 1 卷第 6 期，1925 年 1 月 17 日出版，《徐志摩全集》第 4 卷，韩石山编，天津：天津人民出版社 2005 年版，第 193–194 页。

在无能的盼望,盼望你飞回!①

覃子豪的《距离》,似有意或无意交错用 yi 与 hui 两韵,以下按韵脚排列诗句:

即使地球和月亮/有着不可衡量的距离
而地球能够亲睹月亮的光辉
他们有无数定期的约会
两岸的山峰,终日凝望/他们虽曾面对长河叹息
而有时也在空间露出会心的微笑/他们似满足于永恒的遥远相对
我的梦想最绮丽
而我的现实最寂寞/是你,把它划开一个距离
失却了永恒的联系
假如,我有五千魔指/我将世界缩成一个地球仪
我寻你,如寻巴黎和伦敦/在一回转动中,就能寻着你②

林徽因《八月的忧愁》是另一种的交错,为能看得更清,按其原来的三节排列而录之:

黄水塘里游着白鸭,
高粱梗油青的刚高过头,
这跳动的心怎样安插,
田里一窄条路,八月里这忧愁?

天是昨夜雨洗过的,山岗
照着太阳又留一片影;
羊跟着放羊的转进村庄,
一大棵树荫下罩着井,又像是心!

从没有人说过八月什么话,
夏天过去了,也不到秋天。
但我望着田垄,土墙上的瓜,

① 徐志摩:《献词》,此诗创作于 1931 年 7 月,初以《献词》为题,收入此年 8 月新月书店版的《猛虎集》,后改题为《云游》,刊于 1931 年 10 月 5 日出版的《诗刊》第 3 期,1932 年上海新月书店出版徐志摩诗集《云游》,收录此诗,并以之作为诗集名。见《徐志摩全集》第 4 卷,韩石山编,天津:天津人民出版社 2005 年版,第 419–420 页。

② 覃子豪:《距离》,《台湾现代诗选》,沈阳:春风文艺出版社 1987 年版,1996 年 5 月第 3 次印刷,第 47 页。

仍不明白生活同梦怎样的连牵。[①]

每节都是一、三句同韵，二、四句同韵，奇偶交错而作间隔呼应。

(三)其他：

林徽因的《情愿》是每节的一、二句不押韵，三、四句押韵：

我情愿化成一片落叶，
让风吹雨打到处飘零；
或流云一朵，在澄蓝天，
和大地再没有些牵连。

但抱紧那伤心的标志，
去触遇没着落的怅惘；
在黄昏，夜班，蹑着脚走，
全是空虚，再莫有温柔；

忘掉曾有这世界；有你；
哀悼谁又曾有过爱恋；
落花似的落尽，忘了去
这些个泪点里的情绪。

到那天一切都不存留，
比一闪光，一息风更少
痕迹，你也要忘掉了我
曾经在这世界里活过。[②]

穆旦的《哀国难》从一韵到转韵，或与感情抒发的节奏相近：

一样的青天一样的太阳，
一样的白山黑水铺陈一片大麦场；
可是飞鸟飞过来也得惊呼：
呀！这哪里还是旧时的景象？
我洒着一腔热泪对鸟默然——

① 林徽因：《八月的忧愁》，原刊《大公报·文艺副刊》，1936 年 9 月 30 日版，见《林徽因文集·文学卷》，梁从诫编，天津：百花文艺出版社 1999 年版，第 196 页。

② 林徽因：《情愿》，原载《新月诗选》，陈梦家编，上海新月书店，1931 年 9 月版，见《林徽因文集·文学卷》，梁从诫编，天津：百花文艺出版社 1999 年版，第 151–152 页。

我们同忍受这傲红的国旗在空中飘荡!

眼看祖先们的血汗化成了轻烟,
铁鸟击碎了故去英雄们的笑脸!
眼看四千年的光辉一旦塌沉,
铁蹄更翻起了敌人的凶焰;
坟墓里的人也许要急起高呼:
"喂,我们的功绩怎么任人摧残?
你良善的子孙们哟,怎为后人做一个榜样!"
可惜黄土泥塞了他的嘴唇,
哭泣又吞咽了他们的声响。

新的血涂着新的裂纹,
广博的人群再受一次强暴的瓜分;
一样的生命一样的臂膊,
我洒着一腔热血对鸟默然。
站在那里我像站在云端上,
碧蓝的天际不留人一丝凡想,
微风顽皮地腻在耳朵旁,
告诉我——春在姣媚地披上她的晚装;
可是太阳仍是和煦的灿烂,
野草柔顺地依附在我脚边,
半个树枝也会伸出这古墙,
青翠地,飘过一点香气在空中荡漾……
远处,青苗托住了几间泥房,
影绰的人影背靠在白云边峰。
流水吸着每一秒间的呼吸,波动着,
寂静——寂静——
蓦地几声巨响,
池塘里已冲出几只水鸟,飞上高空打旋。①

以上列举了新诗用韵的主要形式,较之于古典诗词,新诗绝大多数不遵诗韵、词韵、曲韵的旧韵,而是据实际的语音变化,用现代汉语押韵,由于当时尚未推广普通话,部分作者还带着各别的方音。较之古典诗词,最大的变化和发展,当体现在改变了

① 穆旦:《哀国难》,原刊《南开中学生》1935年(春季)第3期,见《穆旦诗文集》(一),北京:人民文学出版社2007年版,第182–183页。

近体律绝较为单调的押韵方式，而在词曲多变的形式基础上有更大的发展，甚而汲取西洋诗歌的表现形式，在用韵方式上变得非常丰富。

第四节　新诗的体式建构与中外诗歌资源

正如朱自清所说："现在的新诗，初时大部分出于词曲……以后的作者，则似乎受西洋影响的多。所谓西洋影响，内容方面是新的人生观与宇宙观，形式方面是自由诗体……去年，闻一多、徐志摩诸先生刊行《诗镌》，才正式反对这自由诗体，而代以格律诗体，也是西洋货色……所以新诗彻头彻尾受着外国的影响，与皮黄和歌谣同样是'风马牛不相及'……我想文学史的演进，到这一期，或者是显着'突变'的状态吧。"① 在突变时期而呈突变面貌的新诗，确实是受到西方的影响更多。但是，既然初期的新诗还大部出于词曲，新诗人中多有古典诗词的根基，即使新诗是彻头彻尾受到外国诗歌的影响，其根本性的突变，也不能完全割断与民族传统的联系。当然，由于新诗格律诗的提倡"也是西洋货色"，可见在我国古典诗词影响了新诗同时，在新诗的体式建构中，又应看到西洋格律诗"代以"的足迹。

一、从古诗到近体、词曲

我国古代诗歌的发展变化似受到两个规律的支配：一是本章前述的音乐与诗歌之互为表里，一是齐言与杂言的转换。后者决定了诗歌体式的主要变化，兹论之。

我国最早结集的诗歌《诗经》以四言体为基础，而这一基础又是古代诗歌、歌谣所奠定的。

最早的诗歌、歌谣以齐言为主而兼有杂言。如二言：

断竹，续竹，飞土，逐肉。

——《弹歌》，《吴越春秋》卷九《勾践阴谋外传》

四言基础上的杂言：

日出而作，日入而息，凿井而饮，耕田而食。帝力于我何有哉！

——《击壤歌》，《帝王世纪》卷二

此系传为帝尧时期的歌谣，相近的体式尚有传为神农氏所作的蜡辞：

土返其宅，水归其壑，昆虫毋作，草木归其泽。

---

① 朱自清：《唱新诗等等》，《朱自清全集》第四卷，南京：江苏教育出版社1996年版，第220页。

——《礼记》卷八《郊特牲》

以及《尧戒》：

战战栗栗，日谨一日。人莫踬于山，而踬于垤。

——《淮南子》卷十八《人间训》

以上皆为早期歌谣，多为齐言的四言，而实际上有的确为四言，如《康衢谣》：

立我蒸民，莫匪尔极。不识不知，顺帝之则。

——《列子》卷四《仲尼》

而有的则是三字句加一个虚词，如《君臣赓歌》：

股肱喜哉，元首起哉，百工熙哉。元首明哉，股肱良哉，庶事康哉。

——《尚书》卷二《益稷》

《卿云歌》：

卿云烂兮，纠缦缦兮。日月光华，旦复旦兮。

——《尚书大传》卷下《虞夏传》

由于古歌谣或为后人改动、伪托，故相较而言，殷墟发掘的商代卜辞更为可信。载于郭沫若《卜辞通纂》的《癸卯卜》其实就是一首诗：

今日雨？其自西来雨？其自东来雨？其自北来雨？其自南来雨？

除第一句，皆每句五字，而除去表疑问的“其”字，则为一首四言诗。

《诗经》中产生较早的《周颂》，句式多未定型，是不整齐的，稍后的大小雅，句式变为整齐，逐渐定型，尤其《小雅》的不少诗篇与国风几无差别。风诗多重章叠句，反复歌咏，虽也有二、三、五、六、七、八言者，但基本以四言为主，对此，已无须例举。由于《诗经》以国风为大端，也使其四言句式成为与后世诗歌的显著区别。

自《诗经》以来，古代诗歌出现了齐言与杂言的两次大转换。最先的转变见于《楚辞》。

《楚辞》自其前身的楚歌起，就与《诗经》不同，体式较多变。如《说苑·正谏篇》所载的《楚人歌》为四言体，且重章反复，近于国风：

薪乎菜乎！无诸御己，讫无子乎！菜乎薪乎！无诸御己，讫无人乎！

而《论语·微子》所载的《接舆歌》则为杂言：

凤兮凤兮！何德之衰？往者不可谏，来者犹可追。已而，已而！今之从政者殆而！

此歌在《庄子·人间世》中篇幅变长，且以四言为主，怀疑是经后人仿《诗经》作了改动。另一首《孺子歌》见于《孟子·离娄》：

沧浪之水清兮，可以濯我缨。沧浪之水浊兮，可以濯我足。

若除去“兮”字，则为五言诗。《楚辞》继承了《诗经》的四言体，又吸收了战国时期的散文句式，成为杂言体。虽屈原早期所作如《橘颂》、《天问》为四言，《离骚》若除去“兮”字基本为六言，但《九歌》却长短参差，至宋玉《九辩》，更见错落变化。因此，《楚辞》总体上可认为是杂言诗。

汉乐府诗有宋代郑樵与郭茂倩的两种分类法：郑分为正声、遗声、祀飨正声、祀飨别声、文武舞五类；而郭茂倩分为十二类，即郊庙歌辞、燕射歌辞、鼓吹曲辞、横吹曲辞、相和歌辞、清商曲辞、舞曲歌辞、琴曲歌辞、杂曲歌辞、近代曲辞、杂歌谣辞、新乐府辞。郭茂倩的十二类之分因跨越从汉代到唐代，故覆盖的时间既长，体式亦广。汉乐府已经有五言体，最为完备的就是长篇五言《陌上桑》，但更多的是杂言体，短句仅一、二字，长句甚至多达十字，如《孤儿行》的“不如早去下从地下黄泉”即是。且不管郑樵或郭茂倩的分类多寡，而由于乐府诗的音乐仅有雅声乐、楚声乐与新声乐的三类之分，楚声乐是主要的音乐来源，加以新声乐的因乐系辞，故汉乐府诗就形体而言，是以杂言为主。

由上可知，从《诗经》经《楚辞》而到汉乐府，是齐言转换到杂言的第一个周期。

汉代开始了五言诗的创作，最初的五言诗“质木无文”，而发展到汉末，则有《古诗十九首》兼备文质的“五言之冠冕”（钟嵘语），使得在重文而轻乐同时，诗歌又回归于齐言，自此成为文人诗的主要形式。同时，杂言的乐府诗一直在继续着，历魏晋南北朝而至隋唐，皆如此。虽此期实际上存在着诗乐分（文人诗）与合（乐府诗）的现象，但可视作是齐言与杂言并存的时期。自“永明体”产生以来，诗歌逐渐进入到“近体”阶段，经隋唐两代，五律、五绝、七律、七绝遂成为诗歌的主要形式，而律、绝的成熟，则使得齐言诗的基本形式为之定型。论者以为，“中国现存最古之诗，为《诗经》三百篇，内包括三言、四言，以至九言等句，而以四言居多。然后中国诗歌则以五七言为主，其由四言而变为五言七言，亦纯为音节之故，盖四言音节短促，宜于表现质实之情，而五七言则音节较舒缓，宜于表现跌宕之情，各因其表现情绪之需要，而产生音节不同之形式。

中国诗歌通常每两字一顿，每句诗读音先抑后扬，于声音之长短、高低、轻重中，自见其节奏。奇数字诗，则末一字延长自成一顿，因之更易表现抑扬顿挫，此亦五七言所以盛行之故也。”①

上说系从抒情角度立论，而五七言诗的再变为杂言，则是音乐与诗不能相谐的原因。唐代近体诗盛行，其中有徒诗与声诗之别，唐人声诗在演唱中因出现声辞不等的现象，长短句随之出现，杂言歌辞也就逐渐演变为词，所以，齐言与杂言的转换变更，与音乐大有关系。而综观诗之从乐，任半塘作了大体的划分：

……不妨就音乐之系统，划唐人之声诗、大曲、长短句词，五代两宋之大曲及长短句词，皆属于燕乐之领域；而综金之诸宫调、元明之南北曲、明清之小曲，皆属于曲乐之领域，庶几赅切。②

元稹《乐府古题序》指出，《诗经》、《楚辞》之后，诗流为二十四名，其中有诗、行、咏、吟、题、怨、叹、章、篇等九类，“皆属事而作，虽题号不同，而悉谓之为诗可也。后之审乐者，往往采取其词，度为歌曲，盖选词以配乐，非由乐以定词也。”③可见，这些是由“审乐者”“采取其词，度为歌曲”，才使徒诗成为可歌之诗，其创作法是“选词以配乐，非由乐以定词。”这种可歌之诗简称为歌诗，亦即声诗。元稹所说后八种的操、引、谣、讴、歌、曲、词、调，“皆起于郊祭、军宾、吉凶、苦乐之际。在音声者，因声以度词，审调以节唱。句度短长之数，声韵平上之差，莫不由之准度。而又别其在琴瑟者为操、引，采民甿者为讴、谣，备曲度者，总得谓之歌、曲、词、调。斯皆由乐以定词，非选调以配乐也。”④八种虽亦各有区别，但共同者在于歌辞的创作是“因声以度词”，歌唱者是“审调以节唱”，而“由乐以定词，非选调以配乐”则再次强调了固定、现成的音乐在先、曲辞在后的性质。显然，这就是倚声填词的曲子词，后来简称为词。

关于唐代声诗，任半塘对其关涉辞、乐、歌、舞四事的体制有一个非常简明的界定：“声诗以其特点齐言体与唐曲子及大曲内之杂言体对立，尚须不混于历史上前面所有六朝乐府内之齐言及后面所有宋词内之齐言。”⑤按照今天的一般定义，词应该是合乐的长短句歌词，而唐声诗却是齐言体，那么，前者是如何由后者发展、转化而来的呢？据前引元稹所说可知，无论是选词以配乐的声诗，还是由乐以定词的曲子词，都存在一个乐与词相谐的问题。乐曲多参差变化，而唐人却以近体诗入乐，为克服其不谐，必然走上杂言歌辞一路。

总结前人所论，齐言歌词之变为杂言之由，有和声说、泛声说、虚声说和散声说四

---

① 王忠林：《中国文学之声律研究》（下），第四章《诗之声律》，台北：台湾省立师范大学出版1963年版，第349–350页。

② 崔令钦撰，任半塘笺订：《教坊记笺订》，北京：中华书局1962年版，第62页。

③ 元稹撰，冀勤点校：《元稹集》，北京：中华书局1982年版，第254页。

④ 元稹撰，冀勤点校：《元稹集》，北京：中华书局1982年版，第254页。

⑤ 任半塘：《唐声诗上下编简介》，《唐声诗》上编，上海：上海古籍出版社1982年版，第1页。

种。首倡“和声说”的沈括云：

诗之外又有和声，则所谓曲也。古乐府皆有声有词，连属书之，如曰贺贺贺、何何何之类，皆和声也。今管弦之中，缠声亦其遗法也。唐人乃以词填入曲中，不复用和声。①

“泛声”说以朱熹为代表。《朱子语类》云：

古乐府只是诗，中间却添许多泛声。后来人怕失了那泛声，逐一声添个实字，遂成长短句，今曲子便是。②

胡仔倡“虚声”说，而“散声”说则见于清人方成培《香研居词麈》，皆不引录。总之，各说虽不同，却都说出了五七言诗与乐曲之间不能相谐，要做到声与文相从，就必然是将齐言的诗句变为长短句。

此后，广义的诗歌因曲的兴起而再盛，王世贞简单地阐释其理由曰：“词不快北耳而后有北曲，北曲不谐南耳而后有南曲。”③无论是以北曲为音乐基础的元曲，还是以南曲为基础的南戏、明清传奇，都是杂言体。

综上可见，虽诗之旧体代有作者，各体并行是不争的事实，但就宏观的发展而言，从古歌到《诗经》而《楚辞》而乐府，是杂言到齐言再到杂言的第一个转换周期；由汉代五言诗而唐代近体律绝，再到词曲，是齐言到杂言的第二个转换周期。第一个转换期近于循环中的发展，第二个转换期是回复中的上升。倘能本着进化观而不是复古观看待文学，诗之从齐言向杂言转化，由近体诗而词曲，应是发展、进步。对于如何以古代诗歌的发展史来观照现代新诗，这应是可资而有益的。

二、尝试本土与学习外国

最早创作现代新诗且影响甚大的胡适，之所以将其新诗结集以“尝试”命名，当缘于他确实对探索新诗的路径作过多方的尝试。他既有新体如 1917 年所作的《四月二十五夜》：

吹了灯儿，卷开窗幕，放进月光满地。
对着这般月色，教我要睡也如何睡！
我待要起来遮着窗儿，推出月光，又觉得有点对他月亮儿不起。
我终日里讲王充，仲长统，阿里士多德，爱比苦拉斯……几乎全忘了我自己！

---

① 沈括撰，胡道静校注：《新校正梦溪笔谈》卷五，北京：中华书局 1957 年版，第 62 页。
② 黎靖德编，王星贤点校：《朱子语类》卷一四〇，北京：中华书局 1986 年版，第 3333 页。
③ 王世贞：《曲藻》，《中国古典戏曲论著集成》（四），北京：中国戏剧出版社 1959 年版，第 27 页。

多谢你殷勤好月,提起我过来哀怨,过来情思。
我就千思万想,直到月落天明,也甘心愿意!
怕明朝,云密遮天,风狂打屋,何处能寻你!①

又有近于古典诗歌中律绝或词曲一类。如《蝴蝶》:

两个黄蝴蝶,双双飞上天。
不知为什么,一个忽飞还。
剩下那一个,孤单怪可怜。
也无心上天,天上太孤单。②

以及 1921 年作的《希望》:

我从山中来,带着兰花草,
种在小园中,希望开花好。
一日望三回,望到花时过;
急坏看花人,苞也无一个。
眼见秋天到,移花供在家;
明年春风回,祝汝满盆花!③

也有新旧夹半的《三溪路上大雪里一个红叶》:

雪色满空山,抬头忽见你!
我不知何故,心里很欢喜;
踏雪摘下来,夹在小书里;
还想做首诗,写我欢喜的道理。
不料此理狠难写,抽出笔来还搁起。④

《湖上》:

水上一个萤火,水里一个萤火,
平排着,轻轻地,打我们的船边飞过。

---

① 胡适:《四月二十五夜》,《胡适文集》第九卷,北京:北京大学出版社 1998 年版,第 130 页。
② 胡适:《蝴蝶》,《胡适文集》第九卷,北京:北京大学出版社 1998 年版,第 97 页。
③ 胡适:《希望》,《胡适文集》第九卷,北京:北京大学出版社 1998 年版,第 180 页。
④ 胡适:《三溪路上大雪里一个红叶》,《胡适文集》第九卷,北京:北京大学出版社 1998 年版,第 122 页。

他们俩儿越飞越近，渐渐地并作了一个。[①]

由于胡适的创作期较早，人们还不习惯语言直白、句式参差、不用韵的自由体，或韵脚很疏的新诗，所以在他的多种尝试中，较得人欣赏、且传诵较广的，还是近于古典诗歌的一类。如《希望》一首，后来被谱作歌曲、广为传唱而直至如今。

胡适用白话写新诗始于1916年7月，其《白话诗八首》发表在1917年2月1日的《新青年》杂志，一般的现代文学史都以之为白话新诗的最初"尝试"。其实，胡适此前在留学美国期间，受欧美Sonnet的影响，曾尝试写过四首Sonnet，其《尝试集·自序》云："在绮色佳(Ithaca)五年，我虽不专治文学，但也颇读了一些西方文学书籍，无形之中，总受了不少的影响，所以我那几年的诗，胆子已大得多……带有试验的意味。"[②]他在1914年12月22日曾用英文写过一首Sonnet意体，这是迄今为止所能见到的现代诗人最早的十四行诗。屠岸先生将此诗翻译为中文《十四行诗康乃尔世界学生会成立十周年有感》：

但愿从此地开始人类的共济，
在此地西方与东方自由地往来，
人把人至少当万物之灵来对待。
使彼此了解，亲爱，乃我们的目的。

创始人如是说；我们把工作担起：
此地并非欢舞与饮宴的所在！
我们都立誓要有牧师的襟怀，
去带头冲锋，为人类的圣战出力。

过去十年中，我们有何事完成？
怕极少；一粒盐掀不起大海的咸浪。
但我们坚信，那一天终将来临———

其时我们的梦想不再是幻想，
地球上每个国家都异口同声：
"人类的博爱超越在各国之上！"[③]

此诗用四四三三段式，每行节奏为五个音尺。韵式为ABBAABBACDCDCD，是典型

① 胡适：《湖上》，《胡适文集》第九卷，北京：北京大学出版社1998年版，第163页。

② 胡适：《尝试集自序》，《胡适文集》第九卷，北京：北京大学出版社1998年版，第71页。

③ 胡适：《十四行诗康乃尔世界学生会成立十周年有感》，屠岸译，转引自许霆、鲁德俊《十四行体在中国的钩沉》，见《新文学史料》1997年第2期，第111页。

的意大利彼特拉克体。十天后的 1915 年 1月 1 日，胡适又写了一首意体英文 Sonnet，他在日记中作《告马斯》，并说："马斯者(MARS)，古代神话所谓战祸之神也。此诗盖感欧洲战祸而作。"形式格律都与前一首类似。屠岸译成汉语《告马耳斯》如下：

告马耳斯至尊的大神！我们，赴死的人们，
向你敬礼！我们应号召而入列，
来为你效力，献出灵魂和一切，
毫无怨言，也不知为何去牺牲！

你高高在上，安详地注视人和人
互相杀戮，文化也濒临毁灭！
看啊！所有的受伤者在呼喊，趔趄，
带着临终的叹息，仰望你笑吟吟！

你知道垂死者目睹何等景象：
两位新的巨人站起来，比之于
曾把你囚禁的两巨人更加顽强。

"爱"与"法"，将匡正人间的一切谬误，
将主宰人类，进入大同的理想，
而你呢，大神！不久就会被废黜。[①]

胡适的"尝试"兼及本土与外国，既有近于唐人王梵志之类的旧体白话诗，又有从词曲变化而来的白话诗，还有如上所引的意体十四行诗。胡适是开风气、领潮流者，风气所开，一时从者甚众，如前引其《谈新诗》一文所说："……此外新潮社的几个新诗人——傅斯年、俞平伯、康白情——也都是从词曲里变化出来的。"[②]俞、康所作，前已有引述，而向外国学习十四行诗，则有简述的必要。

胡适之后，许多诗人都创作十四行诗。据现有资料，最早用汉语写此体的是郑伯奇，题为《赠台湾的朋友》，载 1920 年 8 月 15 日的《少年中国》第 2 卷第 2 期。原诗如下：

我血管中一滴一滴的血，禁不住飞腾跳跃！
当我见你的时候，我的失散了的同胞哟！

① 胡适：《告马耳斯》，屠岸译，转引自许霆、鲁德俊《十四行体在中国的钩沉》，见《新文学史料》1997 年第 2 期，第 111-112 页。

② 胡适：《谈新诗——八年来的一件大事》，原载 1919 年 10 月 10 日《星期评论》，《胡适全集》第 2 卷，北京：北京大学出版社 1998 年版，第 139 页。

我的祖先——否，我们的祖先——他在灵魂中叫哩：
“我们同享着一样的血，你和着他，他和着你。”

我们共享有四千余年最古文明的荣称！
我们共拥有四百余州锦绣河山的金城！
这些都不算什么！我们还有更大的，
我们的生命在未来；我们的未来全在你！

太平洋的怒潮，已打破了黄海的死水，
泰山最高峰上的积雪，已见消于旭日；
我们的前途渐来了！呀！创造，奋斗，努力！

昏昏长夜的魔梦，虽已被光明搅破；
但是前途，也应有无限的波澜坎坷；
来！协力，互助，打破运命这恶魔！[①]

将“Sonnet”最早音译成商籁体的是闻一多，此名首见于1928年《新月》创刊号上发表的白朗宁夫人情诗，为闻一多所译。以后，多数人就使用十四行体或商籁体的译名。闻一多又是最早创作中文十四行诗的诗人之一。1921年5月，他写了《爱底风波》，发表在《清华周刊》第220期（收入《红烛》时改题为《风波》）。二十年代中期以后，闻一多写了大量新格律诗，包括十四行诗《收回》、《你指着太阳起誓》、《静夜》、《天安门》、《回来》，前四首收入《死水》，末首载1928年5月10日出版的《新月》1卷3期。这些诗格律严格，音步整齐，是我国十四行诗的佳作。对于他所译的白朗宁夫人十四行情诗，朱自清评价道：“他尽量保存原诗的格律，有时不免牺牲了意义的明白。但这个试验是值得的，现在商籁体（即十四行）可算是成立了，闻先生是有他的贡献的。”[②]闻一多还在他早年的重要诗论《律诗底研究》中以“商勒”称十四行体，认为此体犹我国的律诗。后又在1930年5、6月的《新月》3卷5、6期中，刊出他致陈梦家谈商籁体的信，针对陈梦家的两首《太湖之夜》，闻一多从构思、语言、用韵和用字四方面，发表了他对创作十四行诗的见解，在当时产生了较大影响。

在创作实践中基本解决了十四行体音步移植的是孙大雨和闻一多。孙大雨深谙中西诗律，他认为：“在新诗里则根据文字和语言发展到今天的实际情况，不应当再有等音计数主义，而应当讲究能产生鲜明节奏感的、在活的语言里所找到的、可以利用来形成音组的音节。”又说：“音组乃是音节底有秩序的进行；至于音节，那就是我们所

---

①郑伯奇：《赠台湾的朋友》，转引自许霆、鲁德俊《十四行体在中国的钩沉》，见《新文学史料》1997年第2期，第111-112页。

②《朱自清全集》第二卷，南京：江苏教育出版社1988年版，第373页。

习以为常但不大自觉的、基本上被意义或文法关系所形成的、时长相同或相似的语音组合单位。”[1]孙大雨的十四行体得到了梁宗岱、徐志摩等人的赞赏，陈梦家更说：

> 十四行诗(sonnet)是格律最谨严的诗体，在节奏上它需求韵节在链锁的关连中最密切的接合；就是意义上，也必须遵守合律的进展。孙大雨的三首商籁体，给我们对于试写商籁体增加了成功的指望，因为他从运用外国的格律上，得着操纵裕如的证明。[2]

除了郑伯奇、闻一多、孙大雨外，郭沫若、冯乃超、李金发、朱湘、刘梦苇、陆志苇、李唯建、陈梦家、柳无忌等诗人也写十四行体，尤其是梁宗岱与稍后的冯至、卞之琳等诗人，在十四行诗的创作上取得了很高的成就，以至成为王力《汉语诗律学》论析商籁体的典范。

由上可知，胡适的《尝试集》颇多是从我国古代的诗词曲取资，以建构新诗的体式，在他之外，还有他所说的傅斯年、俞平伯、康白情，以及擅用旧体诗词的音节方法写作新诗的沈尹默，至于年辈较长的刘大白，其《秋夜湖心独坐》就足以说明，运词曲之法入新体诗，是完全可以取得成功的。郭沫若等人的不少新诗，也证明了这一点。而由胡适开端、首见于郑伯奇的现代汉语十四行诗，则是对西方格律诗的认同，且较为成功地移植到中国现代诗歌土壤的一体。朱自清所说的现代新诗“突变”固然是不争的事实，新诗人却毕竟还能在古典诗词曲中，找到了小足“放脚”“尝试”的“步法”，又能在运用外国诗歌的格律上，用现代汉语做到“操纵裕如”，对现代新诗体式建构之向古代和西方的双向取资，是可以适度肯定的。

第五节　从音乐美到建筑美

穆木天曾明确宣称诗要兼具造型与音乐的美：

> 中国人现在作诗，非常粗糙，这也是我痛恨的一点。我喜欢用烟丝，用铜丝织的诗。诗要兼造型与音乐之美。在人们神经上振动的可见而不可见、可感而不可感的旋律的波，浓雾中若听见若听不见的远远的声音，夕暮里若飘动若不动的淡淡的光线，若讲出若讲不出的情肠，才是诗的世界……[3]

闻一多更益之为“三美”。1925年回国之后，闻一多就致力于格律诗的研究，他在

---

① 孙大雨：《诗歌底格律》，《复旦学报》1957年第1期。

② 陈梦家：《〈新月诗选〉序言》，《新月诗选》陈梦家序言，北京：解放军文艺出版社2000年版，第9页。又，以上关于十四行诗的论述，仍参考许霆、鲁德俊：《十四行体在中国的钩沉》一文，《新文学史料》1997年第2期。

③ 穆木天：《谈诗——寄沫若的一封信》，原载1926年3月《创造月刊》第1卷第1期，第85页。

《诗的格律》一文中说:“诗国里的革命家喊道‘皈返自然!’其实他们要知道自然界的格律,虽然有些像蛛丝马迹,但是依然可以找得出来。不过自然界的格律不圆满的时候多,所以必须用艺术来补充它。这样讲来,绝对的写实主义便是艺术的破产。‘自然的终点便是艺术的起点’,王尔德说得很对。自然并不尽是美的……偶然在言语里发现一点类似诗的节奏,便说言语就是诗,便要打破诗的音节,要它变得和言语一样——这真是诗的自杀政策了……诗的所以能激发情感,完全在它的节奏;节奏便是格律……这样看来,恐怕越有魄力的作家,越是要戴着脚镣跳舞才跳得痛快,跳得好。只有不会跳舞的才怪脚镣碍事,只有不会做诗的才感觉得格律的束缚。对于不会作诗的,格律是表现的障碍物;对于一个作家,格律便成了表现的利器。”[①]在下了“格律就是节奏”的定义后,闻一多又说:

> ……从表面上看来,格律可从两方面讲:(一)属于视觉方面的,(二)属于听觉方面的。这两类其实不当分开来讲,因为它们是息息相关的。譬如属于视觉方面的格律有节的匀称,有句的均齐。属于听觉方面的有格式,有音尺,有平仄,有韵脚。但是没有格式,也就没有节的匀称;没有音尺,也就没有句的均齐。
>
> 关于格式、音尺、平仄、韵脚等问题,本刊上已经有饶孟侃先生《论新诗的音节》的两篇文章讨论得很精细了。不过他所讨论的是听觉方面着眼的。至于视觉方面的两个问题,他却没有提到。当然视觉方面的问题比较占次要的位置。但是在我们中国的文学里,尤其不当忽略视觉一层,因为我们的文字是象形的,我们中国人鉴赏文艺的时候,至少有一半的印象是要靠眼睛来传达的……诗的实力不独包括音乐的美(音节),绘画的美(词藻),并且还有建筑的美(节的匀称和句的均齐)……增加了一种建筑美的可能性是新诗的特点之一。[②]

“五四”以后的新诗创作虽取得了很大的成绩,但对于新诗是否要格律,对于新诗的艺术美,仍有较多歧见,不少作品还是艺术水平较低,难以赢得读者。闻一多此文从综合性的感官方面立论,就读者的审美感受提出了新诗应具备的音乐美、绘画美和建筑美,对于新诗的发展是具有指导性的,故能产生较大的影响。

穆木天、闻一多以外,王独清也提倡“色的听觉”、“音画”,且认为“叠字叠句的写法,这种长短断续的写法,可以说是一种‘力’之表现。”[③]虽对写法的看法不同,却也无悖于“三美”。穆木天与王独清所倡者表达了法国象征主义诗派的理论倾向,而闻一多则是新月派,归属虽不同,在提倡诗的音乐美和建筑(或造型)美上却颇多一致。前面已论新诗的声韵,本节再论建筑美——节的匀称和句的均齐,并在其中寻找古典诗词的影响。

---

① 闻一多:《诗的格律》,原载1926年5月15日《晨报·诗刊》,《闻一多全集》第2卷,武汉:湖北人民出版社1993年版,第138–139页。

② 闻一多:《诗的格律》,原载1926年5月15日《晨报·诗刊》,《闻一多全集》第2卷,武汉:湖北人民出版社1993年版,第140–141页。

③ 王独清:《再谈诗——寄给木天、伯奇》,原载1926年3月《创造月刊》第1卷第1期,第94–95页。

一、从诗词格律到新诗“三美”

因单音节的原因,汉语所成的文学具有体制上的整一性。这种整一性,在古代韵文创作中反映得最为明显,几乎构成了民族古典诗歌韵律的整个基础。西方诗律由长短音交替或轻重音间隔构成,而汉语诗歌除用韵脚表示和谐外,只有依靠语言的整一性来建构韵律,其具体主要表现为声律与骈偶,而齐言则更能造成视觉上的整一。骈偶又名对仗,指上下两句之间词义、字数、结构严格相对待的组合方法。这也是汉语特有的修辞现象。西方语言受多音节限制,虽有上下句意义的排比,终不能像方块字那样排列整齐。骈偶既适合于汉语性能,故应用非常普遍,从上古歌谣、散文之偶见,到辞赋兴起之大量采用,再到骈体文赋而登峰造极,影响到诗歌,逐渐发展出一种中间诸联必讲对仗的律体诗,下而及于词曲。这样的语句组织,上口自有铿锵的声韵,比起一般齐言句子,在整一性上又进了一大步。声律固然是基于汉语声调而对字音所作的协调,但那种平仄相间、上下相生的格式,却是骈偶原理在音律上的推广、体现。声律说的兴起,大致在骈体诗文宣告成熟之际,而声律的运用范围,也经由初起时限于一联,逐步扩大到全篇的历程。这都反映出声律和骈偶间的内在联系。唐人已将诗文创作中这两个新的要素予以规范化、定型化,并同五七言诗的齐言精神结合起来,才创建了近体诗的格律,使民族文学的整一的美发挥到极致。宋元词曲对齐言的形式有所改造,而依然保留着声律规定,可见作用之深刻。

通常所说的格律,对于诗(包括古体、近体)与词、曲,都有不同的要求,而押韵、平仄、对仗,则是共同的三大要素。前面已讨论用韵并涉平仄,此处再讨论对仗。对仗是指出句与对句以其词义而成为对偶,如“天”与“地”、“古”与“今”、“大”与“小”、“高”与“低”、“来”与“去”等。一般都具有同词性相对的特点,即名词与名词相对,动词与动词相对,形容词与形容词相对,代词与代词相对,副词与副词相对,但有时也可以跨越词性,如动词(尤其是不及物动词)可以对形容词。因受平仄律的支配,对仗一般还要做到在对应位置上用字的平仄相对。古体诗可以不用对仗,但随诗意常有自然而见者,诗人若才大者,更能应用裕如。较之于近体诗,古体诗所用对仗的词性、平仄要求都不甚严格。

兹举古体诗的对仗数例。陈子昂的《感遇》三十八首其二十三,为五言十二句古体,第七、八两句用对仗:

旖旎光首饰,葳蕤烂锦衾。

李白《宣州谢朓楼饯别校书叔云》的开头二句即为对仗:

弃我去者昨日之日不可留,乱我心者今日之日多烦忧。

此诗后又有：

抽刀断水水更流，举杯消愁愁更愁。

杜甫《前出塞》其六为五言八句古体，前四句为对仗：

挽弓当挽强，用箭当用长。射人先射马，擒贼先擒王。

其长诗《洗兵马》对仗甚多，如：

三年笛里关山月，万国兵前草木风。
东走无复忆鲈鱼，南飞觉有安巢鸟。
鹤驾通宵凤辇备，鸡鸣问寝龙楼晓。

近体诗对于对仗的要求颇严。律诗一般在当中两联，即颔联与颈联用对仗，如王维《山居秋暝》：

空山新雨后，天气晚来秋。明月松间照，清泉石上流。
竹喧归浣女，莲动下渔舟。随意春芳歇，王孙自可留。

也可以多至三联，即首联、颔联、颈联用对仗，如刘禹锡的《再授连州至衡阳酬柳柳州赠别》：

去国十年同赴召，渡湘千里又分歧。
重临事异黄丞相，三黜名惭柳士师。
归目并随回雁尽，愁肠正遇断猿时。
桂江东过连山下，相望长吟有所思。

极个别的有全首皆对者，如杜甫的《登高》：

风急天高猿啸哀，渚青沙白鸟飞回。
无边落木萧萧下，不尽长江滚滚来。
万里悲秋常作客，百年多病独登台。
艰难苦恨繁霜鬓，潦倒新停浊酒杯。

亦有少至一联为对者，即只用于颈联，此种情况很少见。尾联一般不用对仗，仅极少用之,如杜甫《闻官军收河南河北》的尾联为“即从巴峡穿巫峡,便下襄阳向洛阳”。绝句可以不用对仗,若用,则用在首联,如王昌龄《采莲曲》:

荷叶罗裙一色裁,芙蓉向脸两边开。
乱入池中看不见,闻歌始觉有人来。

首尾两联都用对仗的较为少见,王之涣《登鹳雀楼》即是:

白日依山尽,黄河入海流。欲穷千里目,更上一层楼。

律诗中有三类特殊的对仗,即数目对、方位对和颜色对。数目对如“城阙辅三秦,烽烟望五津”(王勃《送杜少府之任蜀川》),方位对如“西望瑶台降王母,东来紫气满函关”(杜甫《秋兴八首》),颜色对如“白云回望合,青霭入看无”(王维《终南山》)。名词中凡是同类相对的,称为工对:如“星垂平野阔,月涌大江流”(杜甫《旅夜书怀》),“星”“月”为天文对;“山随平野尽,江入大荒流”(李白《渡荆门送别》),“山”“江”为地理对;“兰叶春葳蕤,桂华秋皎洁”(张九龄《感遇》十二首其一),“春”“秋”为时令对;“管乐有才真不幸,关张无命欲何如”(李商隐《筹笔驿》),“管乐”“关张”为人物对;“波漂菰米沉云黑,露冷莲房坠粉红”(杜甫《秋兴八首》),“菰米”“莲房”为植物对;“庄生晓梦迷蝴蝶,望帝春心托杜鹃”(李商隐《锦瑟》),“蝴蝶”“杜鹃”为动物对;“银烛吐青烟,金樽对绮筵”(陈子昂《春夜别友人》),“银烛”“金樽”为器物对;“渭北春天树,江东日暮云”(杜甫《春日怀李白》),“渭北”“江东”为地理加方位对;等等。

词是杂言体,并无对仗的硬性要求,但因有前后句字数相等,即多用对仗。而因词的四字、六字句本系骈文之所擅,多讲究对仗,用于词中,亦多对偶句;五字、七字句在近体律绝中已被纯熟运用作对偶,入于词体,亦当如此。此处分别举不同字数的句子,以见词的对仗:三字句如“钿蝉筝,金雀扇”(温庭筠《蕃女怨》),“胡未灭,鬓先秋”(陆游《诉衷情》),温庭筠《酒泉子》结尾甚至为三字鼎足对:“绿树浓,芳草歇,柳花狂”;四字句如“乱石穿空,惊涛拍岸”(苏轼《念奴娇》),“秋菊堪餐,春兰可佩”(辛弃疾《沁园春》),“朱户粘鸡,金盘簇燕”(姜夔《一萼红》);五字句如“依旧桃花面,频低柳叶眉”(韦庄《女冠子》),“水是眼波横,山是眉峰聚”(王观《卜算子》);六字句如“宝髻松松挽就,铅华淡淡妆成”(司马光《西江月》),“莺嘴啄花红溜,燕尾点波绿皱”(无名氏《如梦令》);七字句如“人如风后入江云,情似雨余粘地絮”(周邦彦《玉楼春》),“平岗细草鸣黄犊,斜日寒林点暮鸦”(辛弃疾《鹧鸪天》),“人去秋千闲挂月,马停杨柳倦嘶风”(吴文英《望江南》)。词体虽有短、长句,而用作对仗者,当以三字到七字为多。与诗相较,词的对仗形式较为特殊的是用扇面对,即两句上联、两句下联,四句成一对仗,常见于《沁园春》词调,如“似谢家子弟,衣冠磊落;相如庭户,车骑雍容”(辛弃疾《沁园春·灵山齐庵赋》),即扇面对。各个词调常有不同的对仗要求,内容太多,此处不述。

曲体的对偶形式很多，为诗词皆未见，如明人朱权《太和正音谱》命名的就有连璧对、连珠对、鸾凤和鸣对等，此外还有鼎足对、救尾对等。连璧对为四句相对，如“忙劫劫蜂翅穿花，闹炒炒燕子寻巢，喜孜孜寻芳斗草，笑吟吟南陌西郊”。连珠对即多句相对，如“自别后遥山隐隐，更那堪远水粼粼？见杨柳飞绵滚滚，对桃花醉脸醺醺。透内阁香风阵阵，掩重门暮雨纷纷”。鸾凤和鸣对即首尾相对，[叨叨令]用之，如无名氏此调首句为“黄尘万古长安路”，末句为“英雄尽是伤心处”。鼎足对即三句相对，前已引词中温庭筠一例，此处再看曲中鼎足对，如“五眼鸡岐山鸣凤，两头蛇南阳卧龙，三脚猫渭水飞熊”。救尾对为周德清《中原音韵》所名，谓[红绣鞋]、[寨儿令]皆用之，还说二调若是末句稍弱，即用此法救之，如张可久[红绣鞋]（天台山瀑布寺）的“青蛇昏宝剑，团锦碎袍花，飞龙闲厩马”可证之。

因现代汉语作为新诗的语言载体，加以时代、环境等因素的剧变，新诗不可能运用诗词曲的格律，形成了内容，尤其是形式上的突变。但是，诗词曲格律的部分因素，仍会被汲取到新诗之中，以助于诗美的构建，无论是音乐美、绘画美还是建筑美，都得到了古典诗词曲的助益，并将格律因素变之为新诗的形体与节奏。

关于诗词曲的对仗之影响了新诗，我们将在下一节论修辞中的对偶时再详论，而因对偶的运用，使得新诗虽多长句，却仍能形成较为整齐的句式，或有对偶句而见前后的对称，形成一定的建筑美，而对偶所用的颜色字，则成文字的绘画美。如冯乃超《外白渡桥》的开头：

钢铁的骨骼构成现代的体躯，
钢铁的精神提供我们的武器。

诗中：

我们有我们的悲哀、愤怒，和对于人类的理想，
他们的皇帝，总统，独裁者不外是矗立的铜像，
……
极度的疲劳不能永远麻痹他们的感觉，
今日的忍从，忍耐构成明日的钢铁的体格；
极度的悲哀不能永远破坏他们的人心，
今日的憎恶，愤怒构成明日的钢铁的精神。[①]

冯至的《蚕马》，诗中颇有对句，如“溪旁开遍了红花，天边染上了春霞”，“温暖的柳絮成团，彩色的蝴蝶翩翩”，“荆棘生遍了她的田园，烦闷占据了她的日夜，随着风声

① 冯乃超：《外白渡桥》，原刊《创造月刊》第2卷第1期，《冯乃超文集》（上），广州：中山大学出版社1986年版，第93–94页。

哀诉，伴着雨滴悲啼”，“若是那夜深静悄，小溪的细语低低；若是那树枝风寂，鸟儿的梦境迷离”。

以上这些对偶句或如一帧帧美丽的画面，或能通过声韵的变化体会感情的起伏，又或以整一的句式，或化参差而为对称、整饰，给人以美感。总之，在旧体诗词曲格律的影响下，虽新诗已不讲平仄，但因押韵和对偶的运用，仍然坚持了格律的要素，故能造就出音乐美、绘画美和建筑美。

二、节奏与体式

由于诗体的解放，现代新诗已不作平仄的要求，古典诗词曲的格律之还能影响新诗，主要在于押韵和对偶，加之以由字而句的要求大体整齐，新诗的音乐美和建筑美主要分别体现为节奏与体式。

前面已经引述了“五四”前后不少著名诗人对新诗声韵的见解，其中如饶孟侃更对诗的节奏发表了较为全面的看法，他认为：“音节又可以分开两方面来讲：一方面是由全诗的音节当中流露出的一种自然的音节，一方面是作者依照格调用相当的拍子(Beats)组合成一种混成的节奏……固然最妙的是用第一种方法去做第二种工作。”[①]他还通过分析闻一多的《死水》这一实例，说明拍子是由声音和语气所决定的。

经历了半个多世纪的探索，老诗人林庚对于如何把握诗的节奏很有自己的体会。他认为，正如历史上三字音组之取代四言诗的二字音组，新诗应掌握现代语言形成的新音组，要适应口语句式变长，应以四字五字等音组取代五七言诗的三字音组；还要服从普遍遵循的“半逗律”，即将诗分为两个半段，在半行上形成类似“逗”的节奏点，力求让这个节奏点保持在稳定的位置上。[②]

对于诗歌的节奏，老诗人王辛笛认为走回古典诗词的老路是不可行的，他结合己作而有很详尽的论述，此处引录之：“我赞成卞之琳把汉语口语的语言停顿单位作为诗歌节奏的重要因素，但我还认为这种节奏还应该随着思想情感的起伏而变化，这就要求每一诗行的停顿单位也必须随着节奏而增减，不可能统一固定不变。我在这方面的尝试有《门外》、《姿》、《杜鹃花和鸟》等。诗行根据语言的停顿、思想感情的变化而有长有短，甚至在一行诗句中为了强调情感的起伏而使用逗点却不分行，造成一种或舒缓或急骤的节奏。现在大家都感到新诗太自由，需要有一种格律来规范，而且是容易琅琅上口。能注意到新诗的缺陷是好的，但须知新诗的节奏应该比词的长短句变化更丰富些，已不可能恢复到中国传统的绝句、律体。”[③]“如果走回那条老路去，既不符合新诗发展的规律，也无法包容现代人思想感情丰富复杂的节奏。即使形式上看似整齐划一，语言表达上也要通过停顿的变化来展示情绪的抒发。我曾写过惟一的一首方块诗，实际上是一首实验诗，题为《月光》，每行均十一字，不用标点，每节均五行，一共三

① 饶孟侃：《新诗的音节》，原载1926年4月22日《晨报·诗镌》第4号，引自王运熙主编《中国文论选·现代卷(上)》，南京：江苏文艺出版社1996年版，第486–487页。

② 林庚：《问路集》自序，见《林庚诗文集》第2卷，北京：清华大学出版社2005年版。

③ 王辛笛：《我与诗》，见王辛笛《梦余随笔》，南京：凤凰出版社2003年版，第163页。

节。看形式是豆腐干体，整整齐齐，实际上有内在的变化，表现在语言的停顿上，抒发充满神圣而纯粹的情感。例如第一节每行的停顿（用‘、’表示）为：

何等、崇高、纯洁、柔和的光啊
你充满、渗透、泻注、无所不在
我沐浴于你、呼吸怀恩于你
一种清亮的情操、一种渴想
芬芳热烈地、在我体内滋生

这一节头两行，前半基本上是两字一顿，有三顿，但第一行最后是五字一顿，第二行最后是四字一顿；第三行五字一顿，六字一顿；第行七字一顿，四字一顿；第五行又是五字一顿，六字一顿。同样十一字一行，各行字数、顿数都因为语言随情绪起伏而有变化，故不觉板滞。第二节五行的停顿为：

你照着、笑着、沉没着、抚拭着
多情激发着、永恒地感化着
大声雄辩着、微妙地讽喻着
古今、山川、草木、物我的德性
生来须为创作、到死不能休

这里第一行前面基本两字一顿，后面变化为三字一顿；第二、三行又变化为五字一顿、六字一顿；到第四、五行又有短停顿和长停顿的不同。视觉上方块诗，读来却是自由体的感觉。所以我以为有韵脚当然好，但不必刻意追求，而更应该提倡腹韵（即句中韵），以求丰富中多变化，建行与节奏也要根据诗中表达的思想感情的要求变化而变化。在语法、建行、词藻运用方面既要顾到汉语的传统用法，又要有所创新，才能把所要抒发的思想感情婉约而丰富地表达出来。李金发的诗不乏新意，但字句语法过于欧化，往往辞不达意，减色不少。戴望舒和他相比，在语言上更成熟，‘化’得更好，因此影响也比较大。现在有些诗人提倡跨行与跨段，在我看来根据诗情表达的需要可以适当使用，但不宜太离谱，否则太不合汉语规范，也就难有成功的范例。”[①]他还结合章法结构和意象营造而论道：“在我的创作中，我比较注意章法结构，如《蝴蝶、蜜蜂和常青树》在章法上有过去、现在、将来的含义。有时一首小诗外在形式上不分段，却有内在的章节，如《丁香、灯和夜》：

今夜第一次

---

① 王辛笛：《我与诗》，见王辛笛《梦余随笔》，南京：凤凰出版社 2003 年版，第 163 页。

我惊见灯下
我的树高且大了
花的天气里夜的白色
映照中一个裙带的柔和
今夜第一次
我试着由廊下探首窗间
绿窗有无声息
独自为主人
描一个轻鸽的梦吗

全诗十行,未分段,但用'今夜第一次'的重复出现划成内在的两节,第一行引领的四句是由内向外看,第六行重复第一行而引领的四句则由外向里看。这首诗除了在章法上比较严谨外,我还采用意象扑面惊人的写法,春夜猛见窗外的丁香树在灯影下变得又高又大,把人产生的幻觉意象凌空抓起,扑面而来,现实、幻觉、想象融合在一起:春天树开花,有月光,花就有颜色,联想到女性,表达出一种美的感觉,也化用了韦端己句'劝我早归家,绿窗人似花'。类似这种意象扑面而来的写法还有《秋天的下午》、《寂寞所自来》等。"①

至于诗的体式,闻一多提出的"三美"所要达到的最终理想"均齐",本出于他对中国古典律诗的研究,他在早年所成的《律诗底研究》一文中指出,"抒情之作宜整齐也",②"均齐之艺术纳之以就规范,以挫其暴气,磨其棱角,齐其节奏,然后始急而中度,流而不滞,快感油然而生矣",③"诗之有借于格律音节,如同绘画之有借于形色线",他还认为:"中国艺术最大的一个特质是均齐,而这个特质在其建筑与诗中尤为显著。"④试以"均齐"看闻一多的代表作《死水》:

这是一沟绝望的死水,
清风吹不起半点漪沦。
不如多扔些破铜烂铁,
爽性泼你的剩菜残羹。

也许铜的要绿成翡翠,
铁罐上绣出几瓣桃花;
再让油腻织一层罗绮,

① 王辛笛:《我与诗》,见王辛笛《梦余随笔》,南京:凤凰出版社2003年版,第164–165页。
② 闻一多:《律诗底研究》,《闻一多全集》第10卷,武汉:湖北人民出版社1993年版,第156页。
③ 闻一多:《律诗底研究》,《闻一多全集》第10卷,武汉:湖北人民出版社1993年版,第157页。
④ 闻一多:《律诗底研究》,《闻一多全集》第10卷,武汉:湖北人民出版社1993年版,第159–160页。

霉菌给他蒸出些云霞。

让死水酵成一沟绿酒，
飘满了珍珠似的白沫；
小珠笑一声变成大珠，
又被偷酒的花蚊咬破。

那么一沟绝望的死水，
也就夸得上几分鲜明。
如果青蛙耐不住寂寞，
又算死水叫出了歌声。

这是一沟绝望的死水，
这里断不是美的所在，
不如让给丑恶来开垦，
看他造出个什么世界。①

此诗实际是七言句式而用现代口语表达，变而为九字句，全首由五节组成，每节四句，每句九字，整齐划一，诗人自谓从第一行起，每行都是用三个"二字尺"和一个"三字尺"构成，加以化丑为美的色彩字，确实是兼得音乐美、绘画美和建筑美。

闻一多的《太阳吟》虽非"豆腐干"体式，而采用三句一小节，一、三句押韵的形式，每句中音节较为多变，长短互节，宜于表达起伏跌宕的感情，亦兼具音乐美与建筑美：

太阳啊，刺得我心痛的太阳！
又逼走了游子底一出还乡梦，
又加他十二个时辰的九曲回肠！
太阳啊，火一样烧着的太阳！
烘干了小草尖头底露水，
可烘得干游子底冷泪盈眶？

太阳啊，六龙骖驾的太阳！
省得我受这一天天的缓刑，
就把五年当一天跑完那又何妨？

① 闻一多：《死水》，《闻一多全集》第1卷，武汉：湖北人民出版社1993年版，第146–147页。

太阳啊——神速的金乌——太阳!
让我骑着你每日绕行地球一周,
也便能天天望见一次家乡!
太阳啊,楼角新升的太阳!
不是刚从我们东方来的吗?
我的家乡此刻可都依然无恙?

太阳啊,我家乡来的太阳!
北京城里底官柳裹上一身秋了吧?
唉!我也憔悴的同深秋一样!

太阳啊,奔波不息的太阳!
——你也好像无家可归似的呢。
啊!你我的身世一样地不堪设想!

太阳啊,自强不息的太阳!
大宇宙许就是你的家乡吧。
可能指示我我底家乡的方向?

太阳啊,这不像我的山川,太阳!
这里的风云另带一般颜色,
这里鸟儿唱的调子格外凄凉。
太阳啊,生命之火底太阳!
但是谁不知你是球东半底情热,
——同时又是球西半的智光?

太阳啊,也是我家乡底太阳!
此刻我回不了我往日的家乡,
便认你为家乡也还得失相偿。

太阳啊,慈光普照的太阳!
往后我看见你时,就当回家一次;
我的家乡不在地下乃在天上!①

① 闻一多:《太阳吟》,《闻一多全集》第1卷,武汉:湖北人民出版社1993年版,第92页。

以格律来规范新诗的绝非仅有闻一多，朱自清就说过："第一个有意实验种种体制，想创新格律的，是陆志韦氏……但也许时候不好吧，却被人忽视过去。"(《中国新文学大系·诗集导言》)非但今日读过陆志韦代表诗集《渡河》的人极少，即便当时，注意他的人也不多，陆志韦的种种新格律实验影响并不大。但仅通过陆志韦即可见，当时的诗人，即使在今日被认为是无名的诗人，对于格律施之于新诗，以构建自己的体式，也是非常努力于探索的。

三、新诗体式的"齐"与"不齐"

建筑美具有多样性，均齐固然美，不齐之齐也是美，中国现代新诗的体式亦如此，这里只能就"齐"与"不齐"略作举隅。

在向外国的学习中，中国诗人发现了十四行诗与近体中的律诗之相似，于是有大量的创作，并创造出原本被认为是难以翻译、无法传递其神韵、面貌的中国式商籁体。在本国资源的开掘中，汉语单音节的特点最宜见于齐言的律绝，也被诗人们发现了，于是有了极为均齐的"豆腐干"体。这是"建筑美"既古代、更现代的体现，闻一多的《死水》就是典范之作，此诗五小节，每节四句，每句九字，似七绝而多二字，所多者多是现代汉语所生、日常说话所用、常以之连接口语的词汇。

作整齐划一"豆腐干"体的诗人还有很多，再举数例：

邵洵美的《季候》：

初见你时你给我你的心，
里面是一个春天的早晨。

再见你时你给我你的话，
说不出的是炽烈的火夏。

三次见你你给我你的手，
里面藏着个叶落的深秋。

最后见你是我做的短梦，
梦里有你还有一群冬风。①

林庚的《活》与《广场》都是三段式，一者十句，一者十二句。前者：

我们要活着都是为什么

① 邵洵美：《季候》，《新月诗选》，陈梦家编，北京：解放军文艺出版社，2000年版，第58页。

我们说不出也没有想说
今年的冬天像是一把刀
我们在刀里就这样活着

明天的日子比今天更多
春天要来了像一条小河
流过这一家流过这一家
春天的日子像是一首歌

我们不用说大家都知道
我们的思想像一个广告①

后者:

阴天都是云看不见太阳
今天的日子跟每天一样
我们要说话要走出大门
这世界今天是一个广场

我说这世界是一个广场
这正是人们集聚的地方
我们把今天写在墙壁上
我们的话是公开的思想

一切明白的用不着多讲
我们原来是跟每天一样
阴天都是云看不见太阳
这世界今天是一个广场②

直到晚一辈的袁可嘉,仍有《沉钟》之作:

让我沉默于时空,
如古寺锈绿的洪钟,
负驮三千载沉重,

① 林庚:《活》,《林庚诗文集》第2卷,北京:清华大学出版社2005年版,第26页。
② 林庚:《广场》,《林庚诗文集》第2卷,北京:清华大学出版社2005年版,第25页。

听窗外风雨匆匆；
把波澜掷给大海，
把无垠还诸苍穹，
我是沉寂的洪钟，
沉寂如蓝色凝冻；
生命脱蒂于苦痛，
苦痛任死寂煎烘，
我是锈绿的洪钟，
收容八方的野风！①

冯至的《我们听着狂风里的暴雨》是十四行诗，也能写得每句字数相同，全诗极为整齐：

我们听着狂风里的暴雨，
我们在灯光下这样孤单，
我们在这小小的茅屋里，
就是和我们用具的中间
也有了千里万里的距离；

铜炉在向往深山的矿苗，
瓷壶在向往江边的陶泥，
它们都像风雨中的飞鸟
各自东西。我们紧紧抱住，
好像自身也都不能自主。

狂风把一切都吹入高空，
暴雨把一切又淋入泥土，
只剩下这点微弱的灯红
在证实我们生命的暂住。②

以上是最能体现“均齐律”的体式。

与闻一多不同，戴望舒反对诗的“三美说”，但是他的《烦忧》一诗也是“豆腐干”，而回文的写法，则是取自古典诗歌，在新诗中极为罕见：

---

① 袁可嘉：《沉钟》，见《九叶之树常青——“九叶诗人”作品选》，上海：华东师范大学出版社 1994 年版，第 172 页。

② 冯至：《我们听着狂风里的暴雨》，《冯至全集》第 1 卷，石家庄：河北教育出版社 1999 年版，第 236 页。

说是寂寞的秋的清愁，
说是辽远的海的相思。
假如有人问我的烦忧，
我不敢说出你的名字。

我不敢说出你的名字，
假如有人问我的烦忧：
说是辽远的海的相思，
说是寂寞的秋的清愁。①

钟鼎文的《风雨黄山行》如《诗经》的重章叠句，有一唱三叹之妙：

迎面的山风、飒飒，
迎面的山雨、蒙蒙，
迎面的山色，掺着曙色，
如梦的幽昧，苍翠而朦胧；
三十六峰，还在睡眠中。

冒着迎面的山雨，
顶着迎面的山风，
我在风雨的山岬间独步，
忽觉得这盘曲的山路，
通向米芾的画图中……②

田间的《坚壁》则最能体现闻一多所说的“鼓点”特点，是短节奏、问答式：

狗强盗，
你要问我么
“枪、弹药，
埋在哪儿？”

来，我告诉你：
“枪、弹药，

① 戴望舒：《烦忧》，《戴望舒全集·诗歌卷》，北京：中国青年出版社 1999 年版，第 68 页。
② 钟鼎文：《风雨黄山行》，《台湾现代诗选》，刘登翰编，沈阳：春风文艺出版社 1987 年版，1996 年 5 月第 3 次印刷，第 49 页。

统埋在我的心里！”①

郑敏《生的美》是不多见的体式，短句极短，长句很长，“不齐”的句构成了“齐”的三节：

剥啄，剥啄，剥啄，你是那古树上的啄木鸟，在我沉默的心上不住的旋绕 /
你知道这里藏躲有懦怯的虫子 / 请瞧我多么顺从的展开了四肢 //
冲击，冲击，冲击，海啸飞似的挟卷起海涛 / 朝向高竖的绝壁下奔跑 /
每一个冷漠的拒绝 / 更搅动大海的血液 //
沉默，沉默，沉默，像树木无言地把茂绿合弃 / 在地壳下忍受黑暗和压挤 /
只有当痛苦深深浸透了身体 / 灵魂才能燃烧，吐出光和力。②

每节开头的三叠句，如鼓点敲打在心头，借助其特殊的体式和比喻、象征等修辞手段，很好地表现了诗人对生活哲理的思考。

第六节　新诗体式与诗词散曲

现代新诗的突变使之完全脱离了古典诗词曲，以其新的语言载体，新时代的表现形式，走上了一条新的发展道路，这是明摆着的事实。然而，新诗毕竟生长在中国的土壤，向外国学习，虽有十四行诗的较为成功的民族化，却也有生硬学习法国象征派的失败，深厚的民族传统不可能被全然抛弃，新诗人所具备的旧体诗词修养更在起着潜移默化的作用，即便是不经意之间，旧的传统、习惯性的思维，还在起着影响，在新诗的种种体式中，还依稀留有诗词曲的痕迹。即便是经历了几十年之后，诗人兼学者郑敏依然肯定了老一辈诗人对旧体的借鉴。她说：“……在成功的例子中，这种古典诗语的渗透能化成氛围，和无形的痕迹，影响着新诗的节奏、颜色、造形和词藻。俞平伯先生的《凄然》就是一个绝好的例子。它明显地糅进了元曲的节奏，如果我们默读一遍其节奏的魅力是显然的。如：“只凭着七七八八，廓廓落落 / 将倒未倒的破屋 / 粘着失意的游踪 / 三两番的低徊踯躅。”这诗句多么传神，又带有浓郁的传统气息。都是因为它在无形中将古典诗语的韵味糅入新诗中，形成新的节奏和氛围。……《凄然》一诗充分使用了元曲句法的错落节奏，显示古迹的颓唐、荒凉和钟声的深沉稳重，及境界的玄远。”③为此，本节拟专寻新诗体式之中所留下的旧体影响、痕迹。

---

① 田间：《坚壁》，《中国新诗库》第 7 集《田间卷》，武汉：长江文艺出版社 2000 年版，第 1003 页。

② 郑敏：《生的美》，原刊《大公报·星期文艺》1947 年 3 月 9 日，见《九叶之树常青——“九叶诗人”作品选》，上海：华东师范大学出版社 1994 年版，第 119 页。

③ 郑敏：《中国新诗八十年反思》，《文学评论》2002 年第 5 期，第 69 页。

一、新诗与旧诗

有的新诗其实就是古典诗歌的略作改观，如冯乃超《消沉的古伽蓝》，其音韵与体式都如旧体，笔者试将原诗列于左，而稍作改动所成的七言体列于右，对比之后原作的旧体面貌更清晰可见：

树林的幽语，嗡嗡——树林幽语声嗡嗡——
暮霭的氛氲，朦胧——暮霭氛氲渐朦胧——
远寺的古塔，峙空——远寺古塔影峙空——
沉潜的残照，暗红——沉潜残照落暗红——
飘零的游心，哀痛——飘零游心起哀痛——
片片的乡愁，晚钟——片片乡愁入晚钟——

消沉的情绪，苍苍——消沉情绪何苍苍——
天空的美丽，凄怆——天空美丽化凄怆——
祷堂的幽寂，渺茫——祷堂幽寂且渺茫——
黄昏的气息，颓唐——黄昏气息颇颓唐——
万籁的律动，衰亡——万籁律动现衰亡——
消沉的古寺，深藏——消沉古寺永深藏——

万古的飞翔，沉沦——万古飞翔终沉沦——
夜静的信仰，身殉——夜静信仰以身殉——
无言的缄默，巡逡——无言缄默人巡逡——
苍茫的怀古，无尽——苍茫怀古思无尽——
传奇的情热，灰烬——传奇情热成灰烬——
墓坟的纪念，青春——墓坟纪念是青春——①

由上可见，每句除去“的”字，在原来的第六字位置上加一字，则将2—1—2—2节奏变为2—2—1—2，将七字的5—2两句变为一个整句，虽不调平仄，亦非律绝，艺术性也不逮古人，却无疑是旧体七言诗。

新诗人中如新月派较重视格律，所受旧体诗词的影响也较为显见。如徐志摩的诗即常见古典的意味，此处举一例《月下待杜鹃不来》：

看一回凝静的桥影，数一数螺钿的波纹，

① 冯乃超：《消沉的古伽篮》，原刊《创造月刊》第1卷第1期，1926年版；此据《冯乃超文集》（上卷），广州：中山大学出版社1986年版，第22-23页。

我倚暖了石栏的青苔，青苔凉透了我的心坎；
月儿，你休学新娘羞，把锦被掩盖你光艳首，
你昨宵也在此勾留，可听她允许今夜来否？
听远村寺塔的钟声，象梦里的轻涛吐复收，
省心海念潮的涨歇，依稀漂泊踉跄的孤舟！
水粼粼，夜冥冥，思悠悠，何处是我恋的多情友，
风飕飕，柳飘飘，榆钱斗斗，令人长忆伤春的歌喉。①

诗中的语言略带文言且不说，起头的对句“看一回凝静的桥影，数一数螺钿的波纹”，中间的对句“听远村寺塔的钟声，象梦里的轻涛吐复收，省心海念潮的涨歇，依稀漂泊踉跄的孤舟！”结句中的“水粼粼，夜冥冥，思悠悠”，“风飕飕，柳飘飘，榆钱斗斗”，叠字所成之优美节奏和意象，都受惠于古典诗歌。

朱湘的《摇篮歌》前论音韵时已引，此诗每小节用相同的句式：前四句每句九字，后二句均为“睡呀，宝宝”，分带“蜜蜂飞的真轻”、“蚯蚓都停了声”、“你去跟那些云”、“挨着炭火的温”四句，虽语言通俗，近于儿歌，却有着古体诗歌的影子。

小鹿的《临别曲》在体式上颇有特点，为省篇幅，并阅读方便，改变其原先排列而录之：

姑娘，请吃了这杯苦酒求个尽欢，此番分道长征，远别后知何时归还？
再相见，恐已消逝了青春白发斑斑！
再相见，恐已消逝了青春白发斑斑！且痛饮，且高唱，趁此时光诉诉衷肠；
看，看月影西沉，红烛将完长夜已残。
看月影西沉，红烛将完长夜已残。莫作儿女痴顽，这一双宝剑暂分藏；
门外，门外呵早准备了战马与征鞍。
门外，门外呵早准备了战马与征鞍。从此驰苯沙场，作个壮男儿，奇女郎。
临阵愿勿怯，挥刀杀敌，让血染征裳！
临阵愿勿怯，挥刀杀敌，让血染征裳，切记！马蹄儿不踏翻了敌阵誓不还，
回还时请挥着旗帜任风飘荡。
姑娘，快干了这一杯酒求个尽欢，此番分道长征，远别后知何时归还？
再相见，恐已消逝了青春白发斑斑！②

此诗为三句一小节，共六节，每节一、三句押韵，前三节及末节同为“an”韵，而第四、第五节转为“ang”韵。第二、三、四小节的每节第二句藏同一韵，不管是有意还是无

① 徐志摩：《月下待杜鹃不来》，原刊上海《时事新报·学灯》1923年3月29日，《徐志摩全集》4卷，韩石山编，天津：天津人民出版社2005年版，第100–101页。

② 小鹿：《临别曲》，《河北民国日报副刊之一》第6号（民国十七年十二月七日）。

意，所用甚好。下一节首句即重复上一节末句，最后一节与首节全同，实为首节的反复，其重章叠句的方式很像《诗经》的通用形态；而勾连接续，接字、钩句，则似南朝乐府民歌《西州曲》，显然是对之有所借鉴而又有变化。《古诗归》谓《西州曲》"声情摇曳而纡回"，《古诗源》以之"续续相生，连跗接萼，摇曳无穷，情味愈出"，以之用来评《临别曲》亦颇为得当。

覃子豪的《雪中》，虽新诗而亦见旧体的特点：

感谢上帝呀，画出来这样的图画，
在这寂寞的路旁，画上了我们两个；
雪花儿是梦一样地缤纷，
中间更添上一道僵冻的小河。

我怀里是灰色的、岁暮的感伤，
你面上却浮荡着绯色的春光——
我暗自思量啊，如果画图中也有声音
我心里一定要迸出来："亲爱的姑娘！"

你是深深地懂得我的深意，
你却淡淡地没有一言半语；
一任远远近近的有情无情，
都无主地飘蓬的风里雪里。

最后我再也忍不住这样的静默，
用我心里惟一的声音把画图撕破。
雪花儿还是梦一样的迷朦，
在迷朦中再也分不清楚你我。①

此诗四句一节，每节中一、二、四句押韵，仅第一节首句不押韵，每节换用一韵。第二节前两句"我怀里是灰色的岁暮的感伤，你面上却浮荡着绯色的春光"为对句，整个第三节亦为对偶，尤其"深深地"与"淡淡地"，"有情无情"与"风里雪里"，是通俗的语言，却暗含平仄之对。用意的复沓、回环与用韵、修辞、叠字、接句结合得相当和谐，所受旧体诗的影响，使之成为具有民族风格、能为人认可的新诗。

---

① 覃子豪：《雪中》，《覃子豪全集》，台北：覃子豪全集出版委员会 1964 年版，第 167 页。

二、新诗与词体

刘永济对于词之因杂言而“代胜”于诗，有一段精彩的论述：

> 诗自五言倡于汉代，七言成于魏世，一句之中杂有单偶之辞，气脉疏荡，已较四言平整者为优，然而错综之妙，变而未极。填词远承乐府杂言之体，故能一调之中长短互节，数句之内奇偶相生，调各有宜，杂而能理，或整若雁阵，或变若游龙，或碎若明珠之走盘，或畅若流泉之赴谷，莫不因情以吐字，准气以位辞，可谓极织综之能事矣①。

词的体式复杂多样。俞平伯指出：词“1.是各式各样的，多变化的。假如把五、七言比作方或圆，那么词便是多角形；假如把五、七言比作直线，词便是曲线。它的格式：据万树《词律》，为调六百六十，为体一千一百八十余；清康熙《钦定词谱》，调八百二十六，体二千三百零六。如说它有二千个格式，距事实大致不远。这或者是后来发展的结果，词的初起，未必有那么多。也不会太少，如《宋史·乐志》称‘其急慢诸曲几千数’……2.词是有弹性的。据上列数目字，‘体’之于‘调’，约为三比一。词谱上每列着许多的‘又一体’，使人目眩。三比一者，平均之数；以个别论，也有更多的……”②

词的小令容量小，适合于言短意长的抒情，贵精炼而不宜铺排叙事；慢词篇幅大，宜繁复曲折而忌平直破碎。虽为格律所限，难以随心所欲，然如刘熙载所说：“词以炼章法为隐，炼句法为秀。秀而不隐，是犹百琲明珠而无一线穿也。”③将欲表现的事件、情节、人物、情感，通过时空环境的安排，人物与情景的适当搭配，锤炼其章法、句法，善作起、承、转、合，尤有或一气奔迸或潜气内转之妙，确能凭藉其长短互节、奇偶相生，调各有宜，杂而能理的体制之长，因情以吐字，准气以位辞，以极织综之能事，为诗体之所不能为。

虽说胡适等早期白话诗人曾用词调的小令写新诗，但这只是一种尝试，是“小脚女人”的“放脚”之举，还不是真正意义的新诗，稍后而起的新诗自是不可能再沿用词调，更不能按词谱来写，因此，词，尤其是唐五代和两宋之词，对于新诗的影响主要不在体制，而在其“缘情”文学的性质，在其抒情、构境、运思、表达的细腻，在于文小、质轻、径狭、境隐④，在于将诗的康庄九逵、车驱马骤的创作途径，导入深岩曲径、丛筱幽花之中，追随其狭而深之境，阴柔美与悲剧性⑤。因此，在词的潜移默化影响下，新诗人虽出以新诗之体，却隐然可见其内在的词之精神。

徐志摩是一位杰出的抒情诗人，其《偶然》一诗，无论是抒情的格调，表达的婉约，

① 刘永济：《词论》，上海：上海古籍出版社1981年版，第5页。

② 俞平伯：《唐宋词选释·前言》，北京：人民文学出版社1979年版，第5页。

③ 刘熙载：《艺概·词概》，唐圭璋编《词话丛编》，北京：中华书局1986年版，第3699页。

④ 缪钺：《论词》，《诗词散论》，上海：上海古籍出版社1982年版，第55-66页。

⑤ 邓乔彬：《唐宋词美学》三《唐宋词的艺术境界》，济南：齐鲁书社1993年版。

体式的双段,都与词为近:

我是天空里的一片云,
偶尔投影在你的波心——
你不必讶异,
更无须欢喜——
在转瞬间消灭了踪影。

你我相逢在黑夜的海上,
你有你的,我有我的,方向;
你记得也好,
最好你忘掉
在这交会时互放的光亮!①

他的《天神似的英雄》带有寓言诗的色彩,而短小的双段式结构,却与词的小令颇为相像。

卞之琳的《断章》历来为人所称赏:

你站在桥上看风景,
看风景人在楼上看你。
明月装饰了你的窗子,
你装饰了别人的梦。②

此诗不仅颇具哲理,"你"与"他者"的转换,又颇似词的构思、章法之曲折,而在方位变换上又与李白《菩萨蛮》相似:"平林漠漠烟如织,寒山一带伤心碧。暝色入高楼,有人楼上愁。玉阶空伫立,宿鸟归飞急。何处是归程,长亭连短亭。"俞平伯联系《西洲曲》的楼上、楼上"忆郎"、"望郎"作类比,以"表示多方的盼望"来解释,③甚当。卞之琳的《无题》(一),很像是一首词:

三日前山中的一道小水,
掠过你一丝笑影而去的,
今朝你重见了,揉揉眼睛看

① 徐志摩:《偶然》,原刊上海《晨报副刊·诗镌》1926年5月27日,《徐志摩全集》第4卷,韩石山编,天津:天津人民出版社2005年版,第308页。

② 卞之琳:《断章》,《卞之琳文集》(上卷),江弱水、青禾编,合肥:安徽教育出版社2002年版,第29页。

③ 俞平伯:《唐宋词选释》,北京:人民文学出版社1979年版,第9页。

屋前屋后好一片春潮。

百转千回都不跟你讲，
水有愁，水自哀，水愿意载你
你的船呢？船呢？下楼去！
南村外一夜里开齐了杏花。①

移情于水，为词中所常见，杏花、春雨、江南更是典型的词境，此诗虽不具词的体式，却近于词的精神。而《白螺壳》的一节虽全为七字句，其用语、意象、格调都很像词，最后的蔷薇宿泪，更令人想起才子词人秦观之所拟：

我梦见你的阑珊：檐溜滴穿的石阶，
绳子锯缺的井栏……时间磨透于忍耐！
黄色还诸小鸡雏，青色还诸小碧梧，
玫瑰色还诸玫瑰，可是你回顾道旁，
柔嫩的蔷薇刺上，还挂着你的宿泪。

何其芳也是一位以抒情诗著称的诗人，其《脚步》一诗，除了用韵方式外，所叙之事，所抒之情，所营之境，以及篇幅之大小，都俨然是一首用现代汉语写成的词：

你的脚步常低响在我的记忆中，
在我深思的心上踏起甜蜜的凄动，
有如虚阁悬琴，久失去了亲切的手指，
黄昏风过，弦弦犹颤着昔日的声息，
又如白杨的落叶飘在屋檐的荒郊，
片片互递的叹息犹是树上的萧萧。
呵，那是江南的秋夜！
深秋正梦得酣熟，
而又清澈，脆薄，如不胜你低抑之脚步！
你是怎样悄悄地扶上曲折的阑干，
怎样轻捷地跑来，楼上一灯守着夜寒，
带着幼稚的欢欣给我一张稿纸，
喊着你的新词，
那第一夜你知道我写诗！②

① 卞之琳：《无题》(一)，《卞之琳文集》(上卷)，江弱水、青禾编，合肥：安徽教育出版社2002年版，第70页。
② 何其芳：《脚步》，《何其芳全集》第1卷，石家庄：河北人民出版社2000年版，第6页。

诗中“虚阁悬琴”、久失所弹之拟，黄昏风过、江南秋夜之境，都是词中所常见，而带着幼稚欢欣的“你”，俨然就是宋词中经常出现的“萧娘”。

艾青虽也以抒情诗著称，但是他的诗却多表现对祖国、对人民、对北方或故乡的深情，鲜见有爱情诗。而就体式而言，其《手推车》虽是无韵的自由诗，形体却似双片的词：

在黄河流过的地域
在无数的枯干了的河底
手推车
以唯一的轮子
发出使阴暗的天穹痉挛的尖音
穿过寒冷与静寂
从这一个山脚
到那一个山脚
彻响着
北国人民的悲哀

在冰雪凝冻的日子
在贫穷的小村与小村之间
手推车
以单独的轮子
刻画在灰黄土层上的深深的辙迹
穿过广阔与荒漠
从这一条路
到那一条路
交织着
北国人民的悲哀①

上面虽举数例以论新诗与词体的关系，但由于我们所重在于“体”，而词体受格律的严格限制，调谱极多，实际上难以作出实证性的对应论证，故只能言其大概、论其创作精神。至于词在运思、谋篇、构境上对新诗的影响，则出于本节的论述范围之外，此处不作论述了。

三、新诗与散曲

散曲的体式与词全然不同，词因长短而有小令、中调和慢词之异，而散曲则有小

---

① 艾青：《手推车》，《艾青全集》第1卷，石家庄：花山文艺出版社1991年版，第168页。

令与套数。小令近于词的小令，常是单支，而词以双片为多，散曲的小令可与另一支组成“带过曲”形式。套数从“诸宫调”发展而来，由两个至十多个同宫调的曲调组合而成，套数有“尾声”，而且一韵到底。小令适合于写简单题材，如余兴未尽，还可再写“么篇”，较词灵活。套数容量大，能写复杂、重要的题材。词调字数固定，如增加字数，则成“又一体”，而曲调却可以在曲律规定的字外加“衬字”，一般是小令的衬字少而套数的衬字多。由于调式灵活，加上衬字，既增加了语言的生动性、灵活性，适于较自由地表达思想，且多有特殊的风趣，更为直切感人，衬字一多，则音节急促，使得整支或整套曲轻重相间、缓急相继、长短相衬，更增加了音乐效果。除了衬字，散曲还可以增字或损字，增句或损句，使曲子在保持腔格的前提下，力图将思想表达充分，是大胆的突破，对后世的民歌、弹唱文学、戏曲，直到自由诗都有影响。

散曲的艺术风格与词不同，一般以急切透辟、极情尽致为尚。任中敏《散曲概论》对散曲的特点作了如此的概括：

词静而曲动，词敛而曲放，词纵而曲横，词深而曲广，词内旋而曲外旋，词阴柔而曲阳刚，词以婉约为主，别体则为豪放，曲以豪放为主，别体则为婉约，词尚意内言外，曲竟为言外而意亦外。[①]

若从体式上印证新诗所留下的散曲印迹，是难于作出实证的，否则新诗就不成其为“新”了，我们只能从上述的散曲的动、放、横、广、外旋、阳刚、豪放、意外言外以论之。

艾青《黎明的通知》是一首颇合以上几点的作品，以“尽”为极致，具有显见的发散性：

为了我的祈愿／诗人啊，你起来吧／／
而且请你告诉他们／说他们所等待的已经要来／说我已踏着露水而来／／
已借着最后一颗星的照引而来／我从东方来／从汹涌着波涛的海上来／／
我将带光明给世界／又将带温暖给人类／／借你正直人的嘴／请带去我的消息／／
通知眼睛被渴望所灼痛的人类／和远方的沉浸在苦难里的城市和村庄／／
请他们来欢迎我／白日的先驱，光明的使者／／
打开所有的窗子来欢迎／打开所有的门来欢迎／／
请鸣响汽笛来欢迎／请吹起号角来欢迎／／
请清道夫来打扫街衢／请搬运车来搬去垃圾／／
让劳动者以宽阔的步伐走在街上吧／让车辆以辉煌的行列从广场流过吧／／

① 任中敏：《散曲概论》卷二《作法》，中华书局，聚珍仿宋版。

请村庄也从潮湿的雾里醒来 / 为了欢迎我打开它们的篱笆 //
请村妇打开她们的鸡棚 / 请农夫从畜棚牵出耕牛 //
借你的热情的嘴通知他们 / 说我从山的那边来,从森林的那边来 //
请他们打扫干净那些晒场 / 和那些永远污秽的天井 //
请打开那糊有花纸的窗子 / 请打开那贴着春联的门 //
请叫醒殷勤的女人 / 和那打着鼾声的男子 //
请年轻的情人也起来 / 和那些贪睡的少女 //
请叫醒困倦的母亲 / 和他身边的婴孩 //
请叫醒每个人 / 连那些病者和产妇 //
连那些衰老的人们 / 呻吟在床上的人们 //
连那些因正义而战争的负伤者 / 和那些因家乡沦亡而流离的难民 //
请叫醒一切的不幸者 / 我会一并给他们以慰安 //
请叫醒一切爱生活的人 / 工人,技师及画家 //
请歌唱者唱着歌来欢迎 / 用草与露水所渗合的声音 //
请舞蹈者跳着舞来欢迎 / 披上她们白雾的晨衣 //
请叫那些健康而美丽的醒来 / 说我马上要来叩打他们的窗门 //
请你忠实于时间的诗人 / 带给人类以慰安的消息 //
请他们准备欢迎,请所有的人准备欢迎 / 当雄鸡最后一次鸣叫的时候我就到来 //
请他们用虔诚的眼睛凝视天边 / 我将给所有期待我的以最慈惠的光辉 //
趁这夜已快完了,请告诉他们 / 说他们所等待的就要来了①

卞之琳的《傍晚》,为四句一小节的三节小诗,第一节夕阳与庙墙作拟人的表现,第二节换为老汉骑驴回家的场面,第三节写乌鸦的飞起而歇下。虽非典型的散曲风味,但其质朴而略带俳谐的格调,通俗而形象的语言,让俗事俗物带上诗性,又使之颇像散曲,诗中意象则更令人想起马致远著名的《天净沙》,想起"枯藤老树昏鸦"、"古道西风瘦马"和"夕阳西下":

倚着西山的夕阳,
和呆立着的庙墙
对望着:想要说什么呢?
怎又不说呢?

驮着老汉的瘦驴

① 艾青:《黎明的通知》,《艾青全集》第1卷,石家庄:花山文艺出版社1991年版,第574–578页。

匆忙的赶回家去，
忑忑的，足蹄敲道道儿——
枯涩的调儿！

半空里哇的一声
一只乌鸦从树顶
飞起来，可是没有话了，
依旧息下了。[①]

林徽因的《深笑》，以多个动态的意象描写动态的笑，从侧面用博喻来表现，如莱辛《拉奥孔》所说的"诗人就美的效果来描写美"，语言的轻快跳跃，风调的轻灵动荡，用笔的善于铺张，表达得淋漓尽致，都颇似散曲：

是谁笑得那样甜，那样深，
那样圆转？一串一串明珠
大小闪着光亮，迸出天真！
清泉底浮动，泛流到水面上，
灿烂，
分散！

是谁笑得好花儿开了一朵？
那样轻盈，不惊起谁。
细香无意中，随着风过，
拂在短墙，丝丝在斜阳前
挂着
留恋。

是谁笑成这百层塔高耸，
让不知名鸟雀来盘旋？是谁
笑成这万千个风铃的转动，
从每一层琉璃的檐边
摇上
云天？[②]

---

① 卞之琳：《傍晚》，《卞之琳文集》（上卷），江弱水、青禾编，合肥：安徽教育出版社2002年版，第40页。
② 林徽因：《深笑》，《林徽因文集·文学卷》，梁从诫编，天津：百花文艺出版社1999年版，第181页。

上面所举诸例，只能说是一种相似，因为散曲虽在某些方面是对诗词二体的解放，但却因此体在形式上又形成了许多限制，故以新诗相比，较之诗词之与新诗，可谓相距更远。因此，正如前引郑敏的评述俞平伯《凄然》，是从节奏、韵味、境界着眼，而以之甚似元曲，对于新诗与散曲，是不能作体式的简单相比的。

新诗的突变确实很难、亦无必要接上古典诗词格律的断环，对于现代新诗应如何建设自己的格律，诗律学家王力有很好的见解，兹引以结束本章：

> 所以我觉得现代的作家在提倡格律诗的时候，不必忙于规定某一种格律，最好是先作为一种技巧，把它应用在自己的作品里。只要这种技巧合于声律的要求，自然会成为风气，经过人民群众的批准而变成为新的格律。也许新的格律诗的形成并不是直线进行的，而是经过迂回曲折的道路，也就是说，集合了几辈子的诗人的智慧，经过了几番修改和补充，然后新的、完美的格律诗才最后形成了。①

---

① 王力：《中国格律诗的传统与现代格律诗的问题》，《文学评论》1959年第3期，第3页。

语言与修辞

从鸦片战争到五四运动，我国从近代到现代的步武确实显得非常匆忙，若将中日甲午战争作为近代后期的起点，那么到现代起点的五四，仅有二十多年的时间。而由于时代的转换之快，文学的变革也呈现突变而非渐变的过程。被梁启超誉为“独辟境界，卓然自立于二十世纪诗界中”（《饮冰室诗话》三二）的黄遵宪，他的诗歌体现出自云“光丰之后益矜奇”（《酬曾重伯编修》）的时代精神，然而这种“以旧风格含新意境”的作品尚未为人们普遍接受，晚清诗界革命的口号还在耳畔回响，胡适与陈独秀已分别提倡文学改良与文学革命，新文学亦呼之欲出。胡适《文学改良刍议》所言八事中，“不摹仿古人”，“须讲求文法”，“务去滥调套语”，“不用典”，“不讲对仗”，“不避俗字俗语”，涉语言与修辞者泰半。陈独秀的《文学革命论》提出排斥贵族文学、古典文学、山林文学，因三者分别有“藻饰依他”、“铺张堆砌”、“深晦艰涩”之弊，亦关涉语言与修辞，这一革命之倡，遂引发了钱玄同、刘半农、罗家伦等人的积极响应。胡适在上文发表一年多后，又在《新青年》上撰发了《建设的文学革命论》，以“国语的文学，文学的国语”为建设新文学的唯一宗旨，提倡白话文学。具体到新诗，俞平伯《白话诗的三大条件》，将用字精当、造句雅洁、安章完密作为第一个条件；而胡适的《谈新诗》将新诗称为诗体的大解放，以之为辛亥革命八年来的一件大事，其中将“内部所用字的自然和谐”，作为一个重要的条件。宗白华、康白情等人也参与到讨论新诗的行列中，其中对新诗的语言、修辞亦有所见。随着对平民文学与贵族文学，以及诗歌之何以归属的讨论，新诗创作的实绩也逐渐告诉我们：语言虽有今古之别，但无论现代还是古代，只要所作的是中国诗歌，就只能使用汉语，新的诗歌语言固然可以出于日常生活，而富于诗歌意味的新语言又应是在旧诗词语言基础上产生的，完全抛弃古典诗歌，尤其是唐宋诗词的用语，无异于割断民族语言的传统，而对于如何继承传统又推陈出新，在保持民族特色同时，又体现时代特点，则是一个颇为漫长的探索过程。

第一节　古代、现代汉语的同一性与异质性

新诗之所以为“新”，固然包括所表现的时代精神、内容题材，同时也体现在作为诗歌载体的语言及艺术表达的修辞手法上。而由于新诗不是脱离其文化母体而生，不能离开其文化环境而长，只能在新时代的中国大地上变革和发展，对于母语的依存，使之不能是外国诗歌的移植或翻版，只能是中国的新诗；而对于母语的变化，则使之不能是古典诗词的延续，仍然只能是中国的新诗。因此，我们必须看到古汉语与现代汉语的同一性，因为这是现代新诗继承、汲取古典诗词的语言基础；我们又必须看到

古汉语与现代汉语的异质性，因为这是现代新诗自立面貌、自创新风的必然前提。

一、古汉语与现代汉语的同一性

由于诗歌的“魂灵”实际上寄存于语言的“躯壳”之内，现代汉语虽与古代汉语有别，但因既然是汉民族的语言，也就具有这一语言的特殊性，无论是古代还是现代，汉语在语音、词汇和语法上，较之于其他国家、民族的语言，都有共同的特点，并不因时代之变而发生完全、彻底的改变。因之，新诗的语言自是可以向成就最高的唐宋诗词汲取，换言之，这种汲取的可能是根于现代新诗与唐宋诗词的语言虽具有异质性，却又具有同一性。

我们且从以下两方面先论同一性。

第一，字与词。

世界各国、各民族的语言，只要是字母所构成，字与词都是分开的。而我国的古代，字、词一体，是音、形、义的三者合一。汉字是从象形字发展过来的，后因象形有限，又出现了其他的造字法。许慎《说文解字序》曰：“……苍颉之初作书，盖依类象形，故谓之文。其后形声相益，即谓之字。字者言孳乳而浸多也。”“《周礼》：八岁入小学，保氏教国子，先以六书。一曰：指事。指事者视而可识，察而可见，上下是也。二曰：象形。象形者画成其物，随体诘诎，日月是也。三曰：形声。形声者以事为名，取譬相成，江河是也。四曰：会意。会意者比类合谊，以见指㧑，武信是也。五曰：转注。转注者建类一首，同意相受，考老是也。六曰：假借。假借者本无其字，依声托事，令长是也。”[①]随着社会发展进步，由“文”到“字”确是“孳乳而浸多”，而由字到词，在相当长的时期内，两者似乎是等同的。《说文》成于汉和帝永元十二年(100)，共收九千三百五十三字、重文一千一百六十三个。许慎创部首排列法，以五百一十四个部首领属全部九千多字。据语言学家研究，汉代是形声字大发展时期，因大批表形字和表音字(假借字)改造成为形声字，遂改变了这三类文字在汉代文字中所占比例。战国时期，形声字约占百分之五十左右，此时上升到百分之八十以上，这一变化实际上改变了汉字的性质，如果说从商周到战国，汉字基本属于表音文字体系，汉代以后，则成为以形声字为主体的形音文字，一直到现在，仍然大致是这样一种格局。

包括重文(异体字)，《说文解字》共收一万多字，晋代吕忱的《字林》已佚，而据唐人张怀瓘《书断》和封演《封氏见闻记》记载，此书共收一万二千余字。经由梁顾野王的《玉篇》，以及唐宋两代的增补，至现在通行的《大广益会玉篇》(简称《玉篇》)，增至二万二千六百九十二字。到《康熙字典》及民国初年的《中华大字典》，共达到了约四万八千字，而最新的《中华大字典》，则为五万四千多字，这一数字与宋代编成的《集韵》所收的五万三千多字几乎相等。可见，汉字到宋代已经发展到顶点，此后的新字只能是极其缓慢而有限的增长了。据 1988 年国家语言文字工作委员会和国

---

① 许慎：《说文解字序》，见苏宝荣著《说文解字今注》，西安：陕西人民出版社 2000 年版。

家教委联合发布的《现代汉语常用字表》,共收字三千五百个(常用字二千五百个,次常用字一千个)。同年,国家语委和国家新闻出版署又联合发布《现代汉语通用字表》,共收字七千个。这竟然与两千多年前的秦朝常用字大体相同！亦可见常用汉字所具有的历史稳定性,这也有力地证明了古代汉语与现代汉语在文字上的同一性。

上面论说了汉字的特点,下面再说汉语的词。

汉字因系音、形、义一体,在其起始时,字即词,词即字,亦即:词具有单音节的特点。吕叔湘《语文常谈》引刘勰《文心雕龙》所云“人之立言,因字而生句,积句而成章”。而刘勰所说,恰证明了他心目中的“字”并非仅具形体,而就是表义之“词”。此后,虽双音节词渐出,而不能将汉语认定为单音节语,但是,若与其他民族语言相比,不仅单音节词汇多,而且具有突出的单音节性能。读先秦古籍,可以明显感受到语言的单音节性,一直到《康熙字典》这样的汉字工具书,所收四万七千余汉字中,除了少量联绵字不能单独解释意义外,其余都可看作是单音节词。由于古代受教育不普遍,具有阅读能力的人数占总人口的比例不高,而最初的书籍又是刻、写在竹木简之上的,到战国时期才有帛,受载体和技术所限,表达要力求精练,单音节词以及省略词汇间的连接成分,无疑是好办法。只是因后来造纸业和印刷术的发达,书籍才流通渐广,而因长期以来知识为少数人所有,也就造成文、言脱节的普遍现象。即使口语的词汇已变,书面语却还未变,文章、书籍都难改言简意赅之习,写作和阅读亦未改“字”即“词”的传统。

由于汉语在最初时期的单音节性,造成了在较长时间内、相当程度上的字词一体情况。从语言的使用来说,古汉语是以单音节为主的文言文,只要能读懂文言,阅读的视觉所见伴随着思考进行,不会产生多少理解的歧义,所以书面语的文言一直都以单音节词为主。与阅读不同,口语中的单音节词是较容易产生歧义的,为了判断同音词(指声母与韵母的结合)的不同意义,除了借助不同的语境以作判断外,尤需不同的韵调以作同音字(词)的区别,可以认为,汉语韵调、声调之繁富,是与其单音节词之多分不开的。而随着口语交际的发展需要,以不同的调区别单音节词的词义已显得不够,汉语必然会走上双音节词渐形丰富的道路。

若将现代汉语的复音词与古代汉语的单音词比较,就会发现,若非增加新词汇,而只是旧词的同义延伸,那么复音词大体上是沿三条路发展来的:一是单音节词通过加上词尾(或词头)变成了双音节词,如“砖”变成“砖头”,“兔”变成了“兔子”,“帕”变成了“手帕”;二是单音节词转换成同义的双音节新词,如“目”变成了“眼睛”,“笊”变成了“笊篱”;三是将两个同义词作为词素,构成新的复音词,如“囚”变成了“囚犯”,“岩”变成了“岩石”。这三条道路对于古汉语而言,前二者多不合,仅同义词组合为双音节词较合,而且稳定性较差。在复音词中,原先的每一个单音词是作为词素,而在另一场合,又能拆解还原而用作单音词。所以,除了连绵字构成的单纯复音词因每字仅有音节意义、不能单独释义而具有稳定性外,古汉语的复音词是不稳定的。

以上关于古汉语单音词与现代汉语复音词的比较,以及古汉语复音词的不稳定,即可以证明:汉语不论古今,其词汇的同一性是显见的。

第二,语法。

以单音节词为基础的汉语语法,在词法和句法上都有自己的特点。

先看词法。

首先,因汉语的词具有词性的不定性、多义性,所以词类可以活用。

一般而言,古汉语中词汇的词性较为固定,在句子中的作用也大致可分,如名词多作主语、宾语,也作定语,动词多作谓语,形容词多作定语或状语,副词则多作状语。但由于在最早的汉语中以单音节词为多,后来发展出的一词多义遂造成了词性多变的情况,所以在不同的语境中,常有因词类的活用而见词性改变的情况。

此处试举一例,可见单音节词的多义及词性多变。如"辑",有协调驾车之众马、和睦、和同、聚集、敛(拖而不使脱落)、通"缉"(连缀)等义,在不同的句子中的词性也随之不同。而一般被认定为某种词性之词,出现在不同的句中,也会发生词性改变的现象。最常见的是名词变为动词,而形容词也能作使动用法的动词。有时同一个词多次出现在一个句子中,会表现出不同的词性,如孟子所说的"老吾老以及人之老,幼吾幼以及人之幼","老"本为形容词,但此处前一"老"用作动词,后二"老"用作名词,后面的"幼"也相同。由于词性多义和不定,所以在具体的运用时可以活用。如"之"作为人称代词,可用作第三人称,如:"赵太后新用事,秦急攻之。"(《国策·赵策四》)又可作第二人称,如:"君亟定变法之虑,殆无顾天下之议之也。"最后一"之"字相当于"你们"。还可以作第一人称,如:"君将哀而生之乎?"(柳宗元《捕蛇者说》)"之"即"我"。而有时又作指示代词用,如:"均之二策,宁许以负秦曲。"(《史记·廉颇蔺相如列传》)还可以作动词用,如:"齐闵王将之鲁。"(《国策·赵策三》)"之"为"到""往"意;"之死矢靡它"。(《诗·鄘风·柏舟》)"之"为"直到"、"至"。作助词,相当于"的":"以三寸之舌,强于百万之师。"(《史记·平原君列传》);变主谓结构为偏正结构,如:"孤之有孔明,犹鱼之有水也。"(《隆中对》);构成动宾倒装式,如:"宋何罪之有?"(《公输》)作语助词,无义,如:"于是天龙闻而下之。"(《叶公好龙》)作连词,相当于"和""与",如:"皇父之二子死焉。"(《左传·文公十一年》)作介词,相当于"于",如:"人,之其所亲爱而辟焉。"(《大学》)朱熹注:"之,犹于也;辟,犹偏也。"以上还只是主要的用法,并未包括全部。

其次,词法缺少形态变化。

一般的西方语种,名词有性、数、格之变,动词有时、态、式之异,无论是动词变为形动词或动名词,或形容词转为副词,都要经过词形变化。这些语言同一词的诸种形态,是很常见的,其中的一个主因就在于西方语种的多音节性。由于多音节,可以通过变更部分而保留基干,体现出不变为主而变者为次,其科学性和用词的严格、准确可见。汉语因最初由单音节词占优,一词一音一形的结构方式,使得难以形成复杂的语法形态变化,也就不能建立起西方语言那样的词的形态学,词法也不发达。仍以"之"字为例,如用作第三人称代词,是既可以表示单数(如《左传·宣公二年》的"宰夫胹熊蹯不熟,杀之"的"之"代"宰夫"),又可以表示复数(如《诗·邶风·谷风》的"凡民有丧,匍匐救之"的"之"代"民",为多数),不必作任何变化。

再看句法。

因为汉语缺少形态变化，句法亦随之变得简单。在古汉语的体系中，只能通过不同的词序来组织词汇，以确立词与词之间的逻辑关系，才能够“因字生句”；句子若能表示完整的、合乎逻辑的涵义，才能够“积句成章”。依靠词汇的排列顺序似乎是唯一的方法，此外难有别的好办法。若将汉语与印欧语系诸语种比较，可见出其间的明显不同，印欧语系诸语种的语言结构并不单靠词序，更要靠词形变化来决定，这也应是西语的通则。在西语中，从词形就可以看出词的性、数、格。而汉语的名词单复数，动词的时态，都必须联系上下文才能辨别，若脱离具体的“语境”是难以判断的。

句法的特殊性又反过来影响了词法。同一个词，在不同句子中可以转换词性，此即“一词多类”或“词无定类”。如“襄”字，可作名词：在“两服上襄”（《诗·郑风·大叔于田》）中指驾车的马；可作动词：在“臣闻交龙襄首奋翼”（《汉书·邹阳传》）中为上举之意；可作形容词：在“襄岸夷涂”（张衡《西京赋》）中指高低之高。可见，汉语因要靠词与词之间的逻辑联系，要根据上下文意才能断定其“类”，所以词法又受制于句法，词性随势转移。

以上所论的是古汉语的词法与句法，而未及现代汉语，但既然都是汉语，虽有古代与现代之别，却都是词法缺少形态变化，句法也都较为简单，也都需要通过词序的组织来造句，句子成分的次序也有相同的民族习惯，一般都是主—谓—宾的结构，宾语前置的情况极为少见。所以，尽管现代汉语与日常口语的距离很小甚或消失了，与古汉语的文言脱节相异，但如以上所说的词法与句法都无根本改变，也使二者间仍具有较多的同一性。

二、古汉语与现代汉语的异质性

古汉语与现代汉语的异质性，是因古代与现代之别所造成的。

古代中国是农耕社会，人口中的绝大多数以小农经济的方式，过着自给自足的农耕生活，整个社会的“躯体”由无数单个的农业家庭“细胞”组成，人们之间只有极为有限的交流。接受教育，以文言文授受经典，只是少数人的事，因此，在文、言有别的情况下，古汉语的演变是非常缓慢的。只有在手工业和商业较为发达一度出现资本主义萌芽的宋代和明代，才因市井生活与市民文艺的发展，使得语言有了较大程度的通俗化。由近代到现代，中国长期以来的农业文化发生了根本性的改变，国门打开之后，近现代工业与商业出现了，随之也使传统“四民”之一的商人队伍得到了壮大，在手工业者以外，又出现了伴随大工业而生的现代无产阶级，城市大为发展，生活方式随之而丰富，不仅是自然经济逐渐被商品交换所取代，外来的事物和文化，也逐渐进入国人的生活。而我国之从古代的农业文化转为现代的多元文化，则是古代汉语变为现代汉语的主要动因，这既是现代生活的需要，更是人们之间日益增多的交际的需要。总之，由古代的农业文化转为现代的多元文化，是古汉语转变为现代汉语的时代、文化背景。

我国古代的农业文化几乎是亘古不变的，几千年来，只是在缓慢的进步，而进入现代之后，生活变为日新月异、快速发展，信息量大增，二十世纪更是信息“爆炸”的时代，促使语言不得不变。长期以来使用的古汉语，其词汇大致发生了几种变化：有的虽然意义并无变化，但已经不能单独使用，而只能作为复音词或成语的成分，只有构词能力较强的单音节词还在极其有限地使用；有的意义虽无改变，但在使用上受到了限制，只能用于一定的场合，或有限地构词；而有的则发生了词义转化的现象，其原有之义已不再用。在原有词汇发生词义改变、扩大、缩小、弱化、转移等诸多现象同时，更有大量的新词汇产生，尤其是外来事物和概念的进入，使得新词汇不断生成，现代科学、技术，更带来了很多的外来语，古汉语原有的单音节词也还原为文字，而成为构成新词的词素。

现代社会的发展，使得受教育从极少数人之事，逐渐变为大众，甚而向全民发展之事，印刷、出版、影像业的发达，数目可观的读者和观众群的形成，在传播与接受的互动中，破除语言障碍，求简便易入成为必然的发展趋势，遂使得长期以来文言脱节的现象得以根本改变，现代汉语的白话文必然地得到推广。这一推广的结果，则是逐渐摆脱文言的影响，白话文成为通行的甚至是唯一通行(新中国成立后)的书面语，书面语与口语的合一，也使得现代汉语与古汉语之间产生了显著的不同。

古代中国由于地处东亚，周边大洋、高山、广漠的自然环境，形成了独特的地理隔绝机制，长期以来，除了与边裔游牧民族争夺生存空间而发生战争，或在国力强盛时期的开边拓土外，一直多因自足的文化体系，优越的文化地位，奉行以人文化成天下的对外方针，即刘向《说苑》所云：“圣人之治天下也，先文德而后武力。凡武之兴，为不服也，文化不改，然后加诛。”而近代以来，因列强侵略，一系列的失败和随之而来的丧权辱国不平等条约，使得国人非但失去了自信力，而且改变了传统的华夷之辨和“化外”观，在怀着对“外夷”的复杂情绪中，被动或主动地接受着外来文化，而外来语言的科学性与逻辑性，也为国人所了解、倾心，现代汉语遂在其生成、发展的过程中，接受了与西方事物共入的词汇，也局部接受了西语的语法，与古汉语之间又有了另一种不同之处。

在古汉语演变的过程中，因复音词弹性大、稳定性差，在经历了很长的历史时期还难以做到约定俗成，因此汉语词汇，尤其是书面语，一直都以单音节词占据优势，中古时期的双音节词迅猛增多，与佛经传译大有关系。而双音词和多音词的大量发展，特别是许多基本词汇由单音转向双音或多音，只是最近一百多年间的事，这与近现代大量的外来事物与语言涌入有关。在长期文、言分离的情况下，个性化的词汇创造不难看到，而只是到了“五四”时期，因风起云涌的白话文运动，个性化的、创造性的词汇，也就经过了这一历史突变而达到稳定，也使得汉语真正进入现代时期。

现代汉语词汇的义界较古汉语明确，活用性不如古汉语，但是，由于古汉语难于表现动词的时态，现代汉语就用动词后面连缀“着”、“了”、“过”来分别表示，在西语的影响下，因词汇的时态得以建立，使语法形态学初成。而第一、第二、第三人称的复数分别用“我”、“你”、“他”后面加上“们”来表示，也应是科学性加强的表现。这些，都应是现代汉语现代性、科学性的体现，也是与古汉语异质之所在。

我们还是就词汇与语法论说现代汉语与古汉语的异质性。

先说词汇。由于进入现代之后，新事物的大量出现使得新词汇也大为增加，虽有论者认为：“同时却逼得我们不能不承认所谓现代语，也许可以卓有余裕地描画某种题材，或惟妙惟肖地摹写某种口吻，如果要完全胜任文学表现的工具，要充分应付那包罗了变幻多端的人生，纷纭万象的宇宙的文学底意境和情绪，非经过一番探险、洗炼、补充和改善不可。”[①]但是，在这一过程中，现代汉语毕竟表现出适应时代需要的承载力和表现力，这是古汉语无法做到的，而古代与现代汉语的这一因词汇所表现出的异质性，则又决定了古典诗词与现代新诗的最大不同。新诗人在感受到现代汉语与古汉语的异质性同时，也将这种异质性体现在自己的诗歌创作中，他们比较古典诗词与新诗的区别，在肯定后者的新生命同时，也陈述了语言变革的理由和现代汉语的活力，并为之辩护：

> 那就要问传统的诗的源泉为什么会枯竭了呢？明显的原因是一切可说的话都概念化了，一切的动词形容词副词在诗中也都成了定型的而再掉不出什么新花样来了。在这时候诗人乃放弃了一向写诗的工夫，而努力与打开这枯竭之源，寻找那新的语言生命的所在，于是自由诗乃应运而生。这一个新的诗体既基于感觉到文字表现来源的空虚，于是乃利用了所有的语言上的可能性，使得一些新鲜的动词形容词副词得以重新出现，而一切语法也得到无穷的变化；通过这些，因而追求到了从前所不易亲切抓到的一些感觉与情调。自由诗所以永远予人以新的口味，而更因起整个都是新的，其不易为一般人所接受乃是当然的事，同这相类似的，如中国人一般不太欣赏钢琴便是最常见的，不是也有许多人在埋怨钢琴太难懂吗？[②]

尽管古汉语与现代汉语具有异质性，但其同一性更为显见，对于文学，尤其是诗歌，其表达也较西语为优。由于词法、句法相对简单，加以“一词多类”，汉语的科学性、逻辑性确实不如西语，但又应看到，在长于阐释、演绎、分析同时，却又短于综合、概括、归纳。若谓西语更适用于科学和哲学，汉语则见长于文学和艺术；西语尤能体现为客观、精细，甚至有些刻板，汉语则善于表现主观、直觉，不失为灵动；西语长在语言局部严密关系的处理，汉语则善于对语言作整体有机联系的把握。汉语与西语相比，有自己的短处，也有显见的长处，尤在简练性、生动性、形象性上，确实有自己的优势，汉语堪称诗性的语言。

综上，汉字在两千多年中并无多大变化，而汉语的词汇，却经由了从单音节到双

① 梁宗岱：《文坛往哪里去》，《诗与真》，北京：外国文学出版 1984 年版，第 56 页。

② 林庚：《诗与自由诗》，见《林庚诗文集》第 2 卷，北京：清华大学出版社 2005 年版，第 3–5 页。

音节或多音节之变。因此可以认为,汉语虽非单音节语,古代汉语却是以单音节词为主的语言,古代与现代汉语的区别,不在于字,而在于词。而因汉字的古今之同,以及部分单音节词的稳定性,使得古典诗词与现代新诗在语言上具有了同一性;即使现代汉语词汇向双音节、多音节转变,使得现代新诗的语言与古典诗词有异,但在产生出异质性同时,仍然因带有历史的惯性而具有同一性,尤其是在与外国的比较中,这种同一性更为显见。正如有论者所说:

> 汉字的字形与其表达的意义有着密不可分的亲缘关系。汉字的结构指示着复杂多变的意义。正因为如此,汉字与西方拼音文字不一样。西方的拼音文字由于是以语音为中心的,而声音无法使人对声音所唤起的所指,有一种直接的感性领悟。这种声音能指必须跨越"概念"所指,才能到"物"本身,而从声音到概念又完全是武断的和任意的。因此,西方的文字不是感性的,而是理性的,抽象的。汉字则恰好与西方的拼音文字相反,它由字形和字象直接进入人的大脑之中,唤醒对事物本身的认识和感悟。这样,汉字本身是诉诸感官的,它直接唤起情感、心灵的感应、灵性和悟性。所谓汉字的诗意特质指的是汉字具有在形象中积淀中华文化历史的功能,并且汉字由于其象形性和复杂的字形结构体现出感性的、多层、多意、多信息、多联想的特点。由于汉文是由这样的方块字构成的,它又以不受逻辑性强的语法(如西方某些语言的语法)之规范为特点,因此,汉文,特别是汉语文言文,同样具有重感性,多义,互文等突出性质,构成汉文特有的诗意价值。[①]

由于同一性,新诗与古体实可以互换。试以郭沫若的《霁月》为例:

> 我身上觉着轻寒,你偏那样地云衣重裹,
> 你团鸾无缺的明月哟,请借件缟素的衣裳给我。
> 我眼中莫有睡眠,你偏那样地雾帷深锁。
> 你渊默无声的银海哟,请提起你幽渺的波音和我。

就可按原诗之意改为五言古体诗:

> 我觉身上寒,你偏云衣裹,团鸾无缺月,请借衣裳我。
> 眼中莫有睡,你偏雾深锁。渊默之银海,请提波音我。

但又因异质性,终觉若不作词序变动,这五言诗又不甚像诗歌,尤其三、四句与

① 章燕:《汉文与诗歌的现代性》,见《诗探索》,1997年第2期,第54页。

七、八句，节奏近于文而远于诗，若要改得更近于诗，则须作适当改动、调整，可改为：

我觉身上寒，你偏云衣裹，明月尤团窝，衣裳请借我。
我眼莫有睡，你偏雾深锁。银海悄无声，波音请提我。

如此，则可反证古典诗歌与现代新诗毕竟不同，除了词序之决定似诗还是似文外，现代新诗还要加上被古代诗歌忽略了的状语或定语，要有表现时态或状态的现代汉语新词，如《霁月》中的"地"、"的"、"那样"。

第二节　中国现代新诗诗人在语言转换期的探索

黑格尔曾说："诗的目的不在事物及其实践性的存在，而在形象和语言。"[①]"一般来说，只有在观念已实际体现于语文的时候，诗才真正成其为诗。"[②]语言是诗歌的载体，要完成古代诗歌到现代新诗的转型，首先就要完成语言的转换。

我国新诗的语言无疑是伴随着新时代、新事物而产生的。清末的黄遵宪、夏曾佑、梁启超等人，为了开启民智而提倡过"白话"，尤其是黄遵宪，更代表了晚清"诗界革命"的创作实绩。他以"诗之外有事，诗之中有人"（《人境庐诗草自序》）自励，这诗外之事，就包括时政要事，也包括伴随着科学发展、工业革命以来出现的新事物，因此，他的诗虽系旧体，却也因新事物的出现而使用了新的语言。但由于"诗界革命"是有限的"旧瓶装新酒"，受到旧形式的束缚，人们纵然可以看到诗中的新名词和新内容，其思想和意旨还是得不到充分的表达。"五四"前后，掀起了反帝反封建的浪潮，人们强烈地呼唤"德先生"和"赛先生"，虽号为"革命"的晚清诗歌自是难以承载，诗歌语言的根本性改革被提上了日程。

一、白话的多种尝试

1915年，在美国留学的胡适和诗给任鸿隽，有句云："诗国革命自何始？要须作诗如作文。琢镂粉饰丧元气，貌似未必诗之纯。"后来在给任氏的信中，胡适又针对梅光迪的诗文有别之见而论道："……即其（觐庄）所论'诗之文字'与'文之文字'之别（文字谓 Diction），其言亦不尽当。即如韩退之诗'升堂坐阶新两足，芭蕉叶大支子肥。'白香山诗'城云臣按六典书，任土贡有不贡无，道州水土所生者，只有矮民无矮奴。'李义山诗'公之斯文若元气，先时已入人肝脾。'黄山谷诗'狂卒猝起金坑西，胁从数百马前蹄。所过州县不敢谁，肩舆掳载三十妻。伍生有胆无智略，谓河可平湖可搏，身膏白刃浮屠前，此乡父老至今怜。'（《题莲花寺》）此诸例所用之文字，是诗之文字乎？抑文之文字乎？又如适之赠足下诗：'国事今成遍体疮，治头治脚具所急。'此中字字皆

① 黑格尔：《美学》第3卷，朱光潜译，北京：商务印书馆1981年版，第21页。
② 黑格尔：《美学》第3卷，朱光潜译，北京：商务印书馆1981年版，第63页。

觐庄所谓文之文字。……可见诗之文字原不异文之文字，正如诗之文法原不异文之文法也。”[①]之所以认为诗文无异，是因为在胡适看来诗歌应该如同文章那样明白以道，而不是因语障而难明其意。胡适是白话文学的倡导者，也是《白话文学史》的作者，而何谓白话，他在《白话解》一文中作了三点定义：“（一）白话的‘白’是戏台上‘说白’的白，世俗语‘土白’的白。故白话即是俗话。（二）白话的‘白’，是‘清白’的白，是‘明白’的白。白话但须要‘明白如话’，不妨来几个文言的字眼。（三）白话的‘白’，是‘黑白’的白。白话便是干干净净，没有堆砌涂饰的话，也不妨来几个明白易晓的文言字眼。”[②]

五四时代的新诗，无论是体式还是语言，正如胡适《尝试集》之所命名，属于多方的尝试者为多。胡适及其追随者钱玄同、刘半农、刘大白等人，都以“干干净净”、“没有堆砌涂饰”、“明白如话”的“俗话”写诗。他们的共同点在于语言皆为白话，但有的是诗味较多的白话，如古代诗歌或词曲中的白话体，有的则如刘半农《瓦缶集》那样的民歌体；另外一些人则使用很少诗味或不见诗味的语言，如同日常说活。较有诗情诗味、如同旧体白话诗的，如胡适的《希望》：

我从山中来，带着兰花草，
种在小园中，希望开花好。
一日望三回，望到花时过；
急坏看花人，苞也无一个。
眼见秋天到，移花供在家；
明年春风回，祝汝满盆花！[③]

或是新体、白话的胡适的《梦与诗》：

都是平常经验，都是平常影象，
偶然涌到梦中来，变幻出多少新奇花样！
都是平常情感，都是平常言语，
偶然碰着个诗人，变幻出多少新奇诗句！
醉过才知酒浓，爱过才知情重；——
你不能做我的诗，正如我不能做你的梦。[④]

刘大白《旧梦》九〇：

---

① 胡适：《致任鸿隽》，《胡适书信集》（上），北京：北京大学出版社1996年版，第68页。
② 胡适：《答钱玄同书》，《胡适文集》第2卷，北京：北京大学出版社1998年版，第35页。
③ 胡适：《希望》，《胡适文集》第九卷，北京：北京大学出版社1998年版，第180页。
④ 胡适：《梦与诗》，《胡适文集》第九卷，北京：北京大学出版社1998年版，第166页。

恋人底小影，只有恋者底眼珠，是最适当的框子。[①]

而有的却几乎只是“明白”的“俗话”而不见有诗，试看胡适作于1917年的《三溪路上大雪里一个红叶》：

雪色满空山，抬头忽见你！我不知何故，心里很欢喜；
踏雪摘下来，夹在小书里；还想做首诗，写我欢喜的道理。
不料此理狠难写，抽出笔来还搁起。[②]

前六句尚似旧体白话诗，而后四句则全无诗味，连“打油”都称不上。即使是提倡白话诗三大条件的俞平伯，所作的《忆》（第一）也实在只是说话而算不上是诗：

有了两个橘子，一个是我底，一个是我姊姊底。
把有麻子的给了我，把光脸的她自己有了。
“弟弟，你底好，绣花的呢。”
真不错！好橘子，我吃了你罢。
真正是个好橘子啊！[③]

提倡白话的胡适及其追随者，所强调的是语言的通俗浅显，叙事的平实晓畅，却忽视了诗自有其特殊的语言及表达方式，应注重含蓄与韵味，尽管实践了白话的主张，却难说是成功的诗。

当时作为另一重要派别的创造社，以郭沫若为代表的诗人，与胡适一派的偏于写实不同，他们多具浪漫的气质，注重主观感情的抒发，同时也忽略了诗歌的含蓄敛约、蕴藉悠远。郭沫若的诗，因受惠特曼《草叶集》的影响较多，其思想、旨趣又受雪莱和泰戈尔的影响，自与胡适渊源不同，但在语言与体式上，也有与胡适相同的取资古典诗歌之处，显见的不同则是郭沫若不用胡适所喜的平易白话，其浪漫的个性更使其诗歌的语言和手法，与当时的主流创作有别。郭沫若说：“我想我们的诗只要是我们心中的诗意诗境之纯真的表现，生命源泉里流出来的Strain，心琴上弹出来的Melody，生之颤动，灵的喊叫，那便是真诗，好诗，便是我们人类欢乐的源泉，陶醉的美酿，慰安的天国。”[④]因此，他给诗歌下了这样一个定义：诗 =（直觉 + 情调 + 想象）+（适当的文字）。[⑤]而从郭沫若的新诗创作实践来看，直觉、情调和想象这三者是并不缺乏的，至于“适当的文字”则须做具体分析了，他的诗有的文字是较为适当的，且与传统旧诗的写法接

① 刘大白：《旧梦》，《刘大白诗集》，北京：数目文献出版社1983年版，第129页。
② 胡适：《三溪路上大雪里一个红叶》，《胡适文集》第九卷，北京：北京大学出版社1998年版，第122页。
③ 俞平伯：《忆》（第一），《俞平伯全集》第1卷，石家庄：花山文艺出版社1997年版，第302页。
④ 郭沫若：《致宗白华》，王运熙主编《中国文论选·现代卷》，南京：江苏文艺出版社1996年版，第181页。
⑤ 郭沫若：《致宗白华》，王运熙主编《中国文论选·现代卷》，南京：江苏文艺出版社1996年版，第182页。

近，如同样都写自己和月亮，他的诗就比胡适写得好。胡适《四月二十五夜》如同说话：

吹了灯儿，卷开窗幕，放进月光满地。
对着这般月色，教我要睡也如何睡！
我待要起来遮着窗儿，推出月光，又觉得有点对他月亮儿不起。①

前引的郭沫若《霁月》却较有诗情、诗意。再如《炉中煤——眷念祖国的情绪》也是：

啊，我年青的女郎！我不辜负你的殷勤，你也不要辜负了我的思量。
我为我心爱的人儿，燃到了这般模样！
啊，我年青的女郎！你该知道了我的前身？你该不嫌我黑奴卤莽？
要我这黑奴底胸中，才有火一样的心肠。
啊，我年青的女郎！我想我的前身，原本是有用的栋梁，
我活埋在地底多年，到今朝才得重见天光。
啊，我年青的女郎！我自从重见天光，我常常思念我的故乡，
我为我心爱的人儿，燃到了这般模样！②

但是，最能体现郭沫若特色的却是那些狂飙突进式的作品，过于直露、奔蹦跳跃、一泄无余，有的甚而是大喊大叫，全失旧诗传统。例如《天狗》：

我是一条天狗呀！我把月来吞了，我把日来吞了，
我把一切的星球来吞了，我把全宇宙来吞了。我便是我了！
我是月底光，我是日底光，我是一切星球底光，
我是X光线底光，我是全宇宙底Energy底总量！
我飞奔，我狂叫，我燃烧。我如烈火一样地燃烧！
我如大海一样地狂叫！我如电气一样地飞跑！
我飞跑，我飞跑，我飞跑，
我剥我的皮，我食我的肉，我嚼我的血，我啮我的心肝，
我在我神经上飞跑，我在我脊髓上飞跑，我在我脑筋上飞跑。
我便是我呀！我的我要爆了！③

二、理论的多方探索

无论是胡适代表的一派，还是郭沫若代表的一派，都因有所偏嗜而忽略了新诗应

① 胡适：《四月二十五夜》，《胡适文集》第九卷，北京：北京大学出版社1998年版，第130页。

② 郭沫若：《炉中煤——眷念祖国的情绪》，《郭沫若全集》（文学编）第1卷，北京：人民文学出版社1982年版，第58-59页。

③ 郭沫若：《天狗》，《郭沫若全集》（文学编）第1卷，北京：人民文学出版社1982年版，第54-55页。

有的语言美:前者仅以白话为新诗的必要条件,而在一定意义一定程度上牺牲了诗歌语言的其他要素;后者重在直觉、激情和想象,也在“适当”的范围中失落了诗歌的语言美。所以,在新诗运动经历了一个时期之后,不少本身就是诗人的诗论者,对诗歌的语言问题作了较深刻的反思和探讨。

俞平伯很早就有《白话诗的三大条件》一文,他提出的第一个条件是:“用字要精当,造句要雅洁,安章要完密”,认为“用白话作诗,发挥人生的美,虽用不着雕琢,终与开口直说不同。这个是用通俗的话做美术的诗之第一条件。”第二个条件是:“音节务求谐适,却不限定句末用韵”,提出“做白话诗的人,固然不必细剖宫商,但对于声气音调顿挫之美,还当考求”,可见新诗的语言美是包含了语音因素的。俞平伯的第三个条件是“说理要深邃,表情要切至,叙事要灵活”,其中表达了与胡适“诗文无异”不同的思想,认为“在文可以直说者,诗必当曲绘;文可以繁说者,诗只可简括。”认定“用白话入诗,比较困难。因为说得太多太真便失了诗的面目;太包括了,又怕笼统含糊,意义欠清晰。”①

1926年3月,《创造月刊》第1卷第1期同时发表了穆木天的《谈诗——寄沫若的一封信》和王独清的《再谈诗——寄给木天、伯奇》,都就“纯诗”作了重点讨论。穆文指出:“纯粹诗歌”应“是诗与散文的纯粹的分界。我们要求的是‘诗的世界’。”“我们要求的诗是——在形式方面上说——一个有统一性有持续性的时空间的律动。”②穆木天还特地强调了诗歌与散文的区别,以避免新诗的散文化创作倾向:“诗的逻辑想出来的文句,所以他的Syntaxe,得是很自由的超越形式文法的组织法。换一句说:诗有诗的Grammaire,绝不能用散文的文法规则去拘泥他。诗句的组织法得就思想的形式无限的变化。诗的章句构成法得流动,活软,超于散文的组织法。”③

对诗歌的语言稍涉到押韵与句读。王独清的文章对穆木天之文表示赞同,也有象征主义的理论倾向,文中引进了象征诗派“色与音”的理论,认为理想中最完美的是:(情+力)+(音+色)=诗。这一公式中最难运用的是“音”与“色”,而只有达到“‘色’‘音’感觉的交错”的“色的听觉”和“音画”的艺术才是“最高的艺术”。④

二十世纪三十年代初,梁实秋有针对性地就白话与诗发表己见:

> 经过了许多时间,我们才渐渐觉醒,诗先要是诗,然后才能谈到什么是白话,可是什么是诗?这个问题在七八年前并没有多少人讨论。偌大一个新诗运动,诗是什么的问题竟没有多少讨论,而之见无量数的诗人在报章上发表不知多少首

---

① 俞平伯:《白话诗的三大条件》,1919年3月《新青年》6卷3号,王运熙主编《中国文论选·现代卷》南京:江苏文艺出版社1996年版,第123页。

② 穆木天:《谈诗——寄沫若的一封信》,王运熙主编《中国文论选·现代卷》,南京:江苏文艺出版社1996年版,第453、455页。

③ 穆木天:《谈诗》,见《中国现代诗论》(上),广州:花城出版社,1985年版,第101页。

④ 王独清:《再谈诗——寄给木天、伯奇》,王运熙主编《中国文论选·现代卷》,南京:江苏文艺出版社1996年版,第462、464页。

诗，——这不是奇怪么？这原因在哪里？我以为就在：新诗运动的起来，侧重白话一方面，而未曾注意到诗的艺术和原理一方面。一般写诗的人以打破旧诗的范围为唯一职志，提起笔来固然无拘无束，但是什么标准都没有，结果是散漫无纪。[①]

这实在是很好的、实事求是的反思。试看前面所引的胡适、俞平伯二首，确实是“什么标准都没有，结果是散漫无纪。”之所以如此，除了未遵循作诗的一般法则外，更与语言大有关系。因此，梁实秋又说：

自白话入诗以来，诗人大半走错了路，只顾白话之为白话，遂忘了诗之所以为诗，收入了白话，放走了诗魂。[②]

继续穆木天、王独清而讨论“纯诗”理论，并作出明确阐释的是梁宗岱写于1934年的《谈诗》一文。梁宗岱提倡“纯诗”并着力发掘传统诗词的“纯诗”境界，尤其推崇诗歌语言的纯粹美。他认为，诗“本身底音韵和色彩底密切混合便是它底固有的存在理由。”还说：“在创作最高度的火候里，内容和形式是像光和热般不能分辨的。正如文字之于诗，声音之于乐，颜色线条之于画，土和石之于雕刻，不独是表现情意的工具，并且也是作品的本质；同样，情绪和意境——题材或内容——底修养，锻炼，选择和结构也就是艺术或形式的一个重要原素。”将“文字”视为与情意同样重要，甚而是诗的本质的看法，在关于新诗问题的讨论中，堪称是最重视语言的一家。

在作诗倾向上表现出唯美色彩的徐志摩、闻一多等“新月派”诗人，对于诗歌的形式美问题作过较多较系统的讨论，其中也包括诗歌的语言。1926年，徐志摩的《〈诗刊〉弁言》已经强调了要寻找合适的形式表现诗歌的思想内容，要讲求诗性与诗美。同年，饶孟侃发表《新诗的音节》一文，特别强调“音节在诗里面是最要紧的一个成分，又知道决不是所谓的灵感（其实是杂感）一到就能够写一首好诗出来”。他认为诗的音节包括格调、韵脚、节奏和平仄，不能使“音节和情绪失了均匀”，因为汉语的文字是单音节字，故还要讲求平仄，以增强诗的抑扬顿挫。[③]饶孟侃所说虽是诗的音节问题，其实与语言密切相关。闻一多是兼精古典诗歌与西洋诗歌、卓有建树的新诗人，他从美国回国后，致力于格律诗的研究，发表了《诗的格律》一文，认为格律对于新诗仍是绝对必要的，诗歌应是戴着格律镣铐的舞蹈，“诗的所以能激发感情，完全在它的节奏，节奏便是格律。”而格律是兼顾视觉与听觉的，前者在于“节的匀称”、“句的均齐”，后者则是对格式、音尺、平仄、韵脚的要求，两者能圆满结合，就具有音乐美、绘画美和建筑美。[④]格律因涉及诸多因素，因

---

① 梁实秋：《新诗的格调及其他》，《诗刊》创刊号，1931年1日20日。

② 梁实秋：《读〈诗的进化的还原论〉》，《梁实秋作品集》，敦煌文艺出版社1997年版。

③ 饶孟侃：《新诗的音节》，王运熙主编《中国文论选·现代卷》，南京：江苏文艺出版社1996年版，第483–489页。

④ 闻一多：《诗的格律》，王运熙主编《中国文论选·现代卷》，南京：江苏文艺出版社1996年版，第491–497页。

为诗歌是积字成句、积句成篇的，形式上的匀称、均齐，音乐性的平仄、韵脚，以及用辞藻造就的绘画美，都关系到语言文字，所以，闻一多所论的三美虽具有西方文艺理论的背景，却又与我国古典诗词中的近体律绝形式特点最为接近。

对于诗人们在新诗语言上的理论与实践探索，著名诗人兼学者郑敏曾有客观的评价："新月派所谈的建筑美应当包括行距、长短句的结合、诗的结尾的突兀之美；在音乐方面注意到错落抑扬。徐志摩的《偶然》在音乐性和境界上都是与优秀的古典诗一脉相承。李金发在语言的古今的汇合上作了试验，效果是突出的。他和写《雨巷》的戴望舒都十分注意字词所带给诗的颜色、情调，以及那种难以捕捉的依附在字词上面的感情色彩，这种无形的踪迹可以凭增了多少诗的魅力。此外也还有好几位今天已被遗忘了的诗人，如写《落叶》的柳倩，写《这一夜》、《独游》、《帘下曲》的史卫斯和写《乐音之感谢》、《大街》等的玲君，都曾在词藻的魅力和表达的艺术性上留下很好的诗，虽说他们都明显的受了西方印象派的影响，但词藻的建设一直是中国古典诗词重视的方面。"[①]在经历了较长的历史时期后，作为老诗人的林庚，结合新诗创作经验系统地说出了自己的体会：

> 作为一种具有特殊艺术性能的诗歌，是否需要与之相适应的特殊的艺术形式呢？诗歌语言的解放是否仅仅意味着散文化呢？问题就这样摆到了我的面前。新诗的发展，很自然地会把对更完美的新形式的要求提到日程上来……一切艺术形式都因为它有助于特殊艺术性能的发挥而存在的，否则就都是不必要的。而语言原是建筑在抽象概念之上的，艺术却需要鲜明具体的直接感受；诗歌作为最单纯的语言艺术，除了凭藉于语言外又别无长物；换句话说它所惟一凭藉的，乃是它所要求突破的。这就正是艺术上面临的特殊矛盾。那么新诗语言既已在散文解放的浪潮中获得了自由，是否还需要再解放呢？诗不同于散文，它总是要有个与散文不同的形式，自由诗必须分行，这也是起码区别散文的形式；但是仅止于此还是不够的。为了使诗歌语言利于摆脱散文中与生俱来的逻辑习性，还有待于进一步找到自己更完美的形式。形式并不等于艺术，它不过是一种手段或工具，但一个完美的诗歌形式却可以有助于艺术语言的充分解放与涌现。自然，要寻求一个完美的诗歌形式并非一朝一夕之事，而为了新诗发展的需要，对此进行不懈的探索、不断的尝试，乃是值得的。

他继而具体结合自己的经验论述道：

> 我是从两方面进行探索的。一方面致力于把握现代生活语言中全新的节奏，因为它正是构成新诗诗行的物质基础；一方面则追溯中国民族诗歌形式发展的

---

① 郑敏：《中国新诗八十年反思》，《文学评论》2002年第5期，第69页。

历史经验和规律。这两方面原是相辅相成相互促进的。历史的回顾更加深了我的信念。从楚辞到唐诗,中国诗歌的民族形式正经历过类似的发展过程。它也是先在散文解放的浪潮中取得一定自由,后来又进一步找到了五七言的完美形式而得到更充分的自由。"李白斗酒诗百篇",中国古典诗歌最成熟、最解放的高潮,恰好就出现在五七言形式完全确立之后,这难道是偶然的吗?固然在那时也出现过像陈子昂《登幽州台歌》那样并非五七言的名篇,可是唐诗的高潮和全面繁荣,毕竟是建筑在五七言的普遍形式之上的。那么,新诗为了语言更为成熟与解放,为了尽快地促成这样一个历史进程,就需要我们从现在开始便作出自觉的努力。和传统的诗歌形式一样,未来的新诗形式也必然是适应民族语言的特点,而又从现实的生活语言中不断吸取新鲜的养料的。我所创作的一些格律诗,也就是基于这种认识之上的尝试。

新诗并非仅是自由诗,林庚接着谈了自己对新诗格律的理解和体会:

半个世纪以来,我在新诗创作方面走过了漫长的道路,对新诗的格律也逐渐形成了一些个人的意见。这些意见可以主要归纳为以下三点:一要寻求掌握生活语言发展中含有的新音组。在今天为适应口语中句式上的变长,便应以四字五字等音组来取代原先五七言中的三字音组;正如历史上三字音组曾经取代了四言诗中的二字音组一样。二要服从于中国民族语言在诗歌形式上普遍遵循的"半逗律",也就是将诗行划分为相对平衡的上下两个半段,从而在半行上形成一个类似"逗"的节奏点。三要力求让这个节奏点保持在稳定的典型位置上。如果它或上或下、或高或低,那么这种诗行的典型性就还不够鲜明①。

四字或五字音组在新诗中是较为适合的,双音节为主的现代汉语决定了这一点,而由此而组成的新诗长句,必然不同于五言或七言的律绝,或以三字、四字、五字、六字、七字为主的词之长短句;而半逗律及这一节奏点的典型位置,也确实是新诗作为"诗"而非"文"所应肯定和探索的主要问题。在经过了近百年的历史进程之后,这应是对《文心雕龙》所云"因字而生句,积句而成章"的回应和落实,是这一理论的可行的现代版。

第三节 中国现代新诗的语言策略与唐宋诗词

我国之由近代转换到现代,确实是异常迅速,国力衰微、被动挨打的局面,人为刀俎、我为鱼肉的事实,蚕食鲸吞、豆剖瓜分的现状,促使有识之士在"睁开眼睛看世界"同时,"求新声于异邦"也就成为必然的结果。不管后来对"五四"是如何反思的,当时

---

① 林庚:《问路集》自序,见《林庚诗文集》第2卷。北京:清华大学出版社2005年版,第3–5页。

喊出“打倒孔家店”确实是历史的必然，毕竟儒家思想是两千年来的“道统”，又被历代统治者奉为“治统”，老大中华帝国落到这步田地，能不归咎于孔孟之道吗？经由了“洋务运动”以来从物质和制度层面向西方学习，到“五四”时期，终于掀起了从思想文化层面向西方学习的高潮。正是在这一时代潮流中，应运而生的现代新诗，也就避免不了取径西方而割断历史的失误，即使是诗歌的语言，也带上了“异邦”之“新声”。胡适说：“初期的白话作家，有些是受过西洋语言文字的训练的，他们的作风早已带有不少‘欧化’成分。虽然欧化的程度有多少的不同，技术也有巧拙的不同，但明眼人都能看出，凡具有充分吸收西洋文学的法度的技巧的作家，他们的成绩往往特别好，他们的作风往往特别可爱。所以欧化白话文的趋势可以说是在白话文学的初期已开始了。”[①]傅斯年更认为，当时的语言是“直用西洋文的款式，文法，词法，句法，章法，词技……一切修词学上的方法，造成一种超于现在的国语，欧化的国语。”[②]或因完全的欧化毕竟不适合国情，难于为全民接受，故此到了三十年代的大众语运动之时，瞿秋白将已经拥有大量文学作品的现代白话文归结为“采用了许多古文文法，欧洲文的文法，日本文的文法”的一种语言，[③]显然，这是一种混合式的语言。经历了历史的沉淀后，新诗人及批评家们终于意识到，全盘的欧化白话文，或混合式的现代白话文，都不适用于现代新诗，中国是一个有悠久传统的诗国，三千年的诗歌历史不能割断，民族的传统不能丢弃，现代的新诗必须生长在曾繁育历代旧诗的土壤之上，应扎根在这片沃土之中，因此，现代新诗必然要正视成就最高的唐宋诗词，而唐宋诗词也必然为实施新诗语言策略所取资。

一、中国现代新诗对唐宋诗词的借鉴

平心而论，新诗初起之时，多缺少诗味，无论是诗的意旨抑或诗的语言，都距离民族传统甚远。胡适、郭沫若等最早的新诗人，为此作了多方的尝试，其中就不乏借鉴唐宋诗词之作，而恰是这类作品，与创作传统和欣赏习惯最近，也最能为人所接受。李金发的法国象征派诗歌，冰心的泰戈尔式的《春水》、《繁星》等，之所以“学”于“外”而不能“化”于“内”，思维、构象固然是形成距离之所在，语言更是重要的原因。因为语言毕竟是诗歌的载体，“语言的差别取决于其形式，而形式与民族的精神禀赋，与那种在创造或创造之际渗入它之中的精神力量的关系极为密切”。[④]德国理论家的这段话确实揭示出事物的本质，“民族的精神禀赋”自是诗歌的灵魂，中国的诗歌传统，无论是形式还是语言，都体现出自己的民族精神和禀赋，是不能被外来者所“猎杀”或取代的。

---

① 胡适：《中国新文学大系·建设理论集·导言》，上海：良友图书出版公司，1935年版，第37页。

② 傅斯年：《怎样做白话文》，见《中国新文学大系2建设理论集》，上海：良友图书出版公司1935年版，第223页。

③ 宋阳（瞿秋白）：《大众文艺的问题》，见《文学运动史料选》第2卷，北京大学、北京师范大学等编，上海：上海教育出版社1979年版，第393页。

④ 威廉·洪堡特：《论人类语言结构的差异及其对人类精神发展的影响》，姚小平译，北京：商务印书馆1997年版，第50页。

这是问题的一方面，另一方面则是对白话的绝对强调，也导致了诗美的被销减甚而绞杀，梁宗岱说得好：

> 所谓“有什么话说什么话”——不仅是反旧诗的，简直是反诗的；不仅是对于旧诗和旧诗底流弊之洗刷和革除，简直是把一切纯粹永久的诗底真元全盘误解与抹煞了。①

而他自己所作的《晚祷——呈敏慧》之二，虽是外来宗教的内容，却用了“暮霭的茫昧”、“野蔷薇的幽梦”、“幽微的片红”、“阑珊的东风”等古典诗词语言。冯乃超的《红纱灯》是带有外国情趣与格调的象征派诗歌，而《消沉的古伽蓝》前两节所用却是古代诗词的意象与语言：

> 树林的幽语，嗡嗡——暮霭的氛氲，朦胧——远寺的古塔，峙空——
> 沉潜的残照，暗红——飘零的游心，哀痛——片片的乡愁，晚钟——
> 消沉的情绪，苍苍——天空的美丽，凄怆——祷堂的幽寂，渺茫——
> 黄昏的气息，颓唐——万籁的律动，衰亡——消沉的古寺，深藏——②

即使是李金发，其《时之表现》亦有：

> 你傍著雪儿思春，我在衰草里听鸣蝉，
> 我们的生命太枯萎，如牲口践踏之稻田。
> 在阴处的睡莲，不明白日月的光耀，
> 打桨到横塘去，教他认识人间一点爱。③

最早写新诗的刘大白，其诗歌虽系现代的意旨，有现代意识，但语言却颇近于古典诗词。如1922年的《心上的写真》：

> 从低吟里，短歌离了她底两唇，飞行到我底耳际。
> 但耳际不曾休止，毕竟颤动了我底心弦。
> 从瞥见里，微笑辞了她底双唇，飞行到我底眼底。
> 但眼底不曾停留，毕竟闪动了我底心镜。
> 心弦上短歌之声底写真，常常从掩耳时复奏了；
> 心境上微笑之影底写真，常常从合眼时重现了。④

① 梁宗岱：《新诗的分歧路口》，《诗与真二集》，北京：外国文学出版社1984年版。
② 冯乃超：《消沉的古伽蓝》，《冯乃超文集》（上卷），广州：中山大学出版社1986年版，第22–23页。
③ 李金发：《时之表现》，《李金发诗集》，成都：四川文艺出版社1987年版，第406页。
④ 刘大白：《心上的写真》，《刘大白诗集》，北京：书目文献出版社1983年版，第192页。

追溯新诗的发展史，可以看到借鉴唐宋诗词语言的三种情况：

第一，直接的搬用。

三、四十年代的新诗作者，颇多此类。如冯文炳《宇宙的衣裳》：

> 灯光里我看见宇宙的衣裳，于是我离开一幅面目不去认识他，
> 我认得是人类的寂寞，犹之乎慈母手中线，游子身上衣——
> 宇宙的衣裳，你就做一盏灯吧，
> 做诞生的玩具送给一个小孩子，且莫说这许多影子。①

“慈母手中线，游子身上衣”是孟郊《游子吟》的著名诗句。他的《寄之琳》则将杜甫七律《登高》的名句镶嵌其中：

> 我说给江南诗人写一封信去，乃窥见院子里一株树叶的疏影，
> 他们写了日午一封信。
> 我想写一首诗，犹如日，犹如月，犹如午阴，
> 犹如无边落木萧萧下——我的诗情没有两片叶子。②

有的诗人还从唐宋诗词之外汲取中国古典的语言营养，如冯文炳的《理发店》直接用了《庄子》：“理发店的胰子沫，同宇宙不相干，又好似鱼相忘于江湖。”黄雨的《越鸟》则取自《古诗十九首》：“越鸟早自巢南枝，有多少行人，过这荒凉的古屋。”这种直接的搬用，将诗词名句镶嵌在新诗中，却显得不够浑融

第二，化用。有局部化用与全局化用之别。

前者如程千帆的《给曼曼》：

> 万古的精灵飞上／曼曼的春纤：（它们怕的就是／寂寞得慌。）
> 茂陵的／山色与雨声，现在全给作了／曼曼的愁眉泪眼。
> 自己的勇敢／也能教自己烦忧。管不着襞底的／征尘杂酒痕；
> 那一切只好听安排。（听谁个安排？）曼曼怕的就是／寂寞得慌。③

诗中的“征尘杂酒痕”是全用陆游诗《剑门道中遇微雨》：“衣上征尘杂酒痕，远游无处不消魂。”而以山色雨声与女子的愁眉泪眼相拟，令人想起宋人王观《卜算子》词的“水是眼波横，山是眉峰聚。欲问行人去那边？眉眼盈盈处。”

---

① 冯文炳：《宇宙的衣裳》，原载《文学杂志》第1卷第2期，1937年6月1日出版；见《废名集》第3卷，王风编，北京：北京大学出版社2009年版，第1586页。

② 冯文炳：《寄之琳》，原载《新诗》第2卷第3、4合期，1937年7月10日出版；见《废名集》第3卷，王风编，北京：北京大学出版社2009年版，第1590页。

③ 程千帆：《给曼曼》，《文艺月刊》第10卷第1期，第88-89页。

又如庄损衣(朱英诞)1943年发表的《别离》,前半段较为接近古典诗词,尤其近于李煜词的语言:

后夜的雨幽探/落在前夜的/花浓月皎里/此夜金风正起/
人类在时间之环中/知道朱颜难驻/与美人别离/
你与青天同样的远近/蓝天绿树和白云/做成你的窗的梦/
当夜半燃起孤灯/你的灯是我的白昼/
星散(夜田树间发散)/人类幸有宇宙的纵观/[①]

最早的白话诗人刘大白,诗风多样,其中作于1921年的《秋夜湖心独出》,完全是古典爱情诗词的意境与语言:

被秋光唤起,孤舟独出,向湖心亭上凭栏坐。
到三更,无数游船散了,剩天心一月,湖心一我。
此时此际,密密相思,此意更无人窥破;——
除是疏星几点,残灯几闪,流萤几颗。
蓦地一声箫,挟露冲烟,当头飞堕。
打动心湖,从湖心里,陡起一丝风,一翦波。
彷佛耳边低叫,道"深深心事,要瞒人也瞒不过。
不信呵,看明明如月,照见你心中有她一个。"[②]

诗中有的用语如"到三更,无数游船散了",似是散文句式,"深深心事,要瞒人也瞒不过。不信呵,看明明如月,照见你心中有她一个。"更纯为口语,但若细品,则似更近于长短句的词体的用语与句式,如"天心一月,湖心一我","疏星几点,残灯几闪,流萤几颗",都如宋词中四字句的排比,而"一丝风,一翦波","密密相思,此意更无人窥破","挟露冲烟,当头飞堕"等,语言的爽利、直切则又如元散曲。

朱湘的《昭君出塞》不是局部似古典诗词语言,而是全首的意象和语言都好像于古典诗词中所惯见,却不是引用,而是化用,又能将古典与现代和谐地融为一体:

琵琶呀,伴我的琵琶:趁着如今人马不喧哗,
只听得啼声得得,我想凭着切肤的指甲,弹出心里的嗟呀。
琵琶呀,伴我的琵琶:这儿没有青草发新芽,也没有花枝低桠;
在敕勒川前,燕支山下,只有冰树结琼花。

---

① 庄损衣(朱英诞):《别离》,原刊《中国文艺》1943年第9卷第2期,见《中国沦陷区文学大系·诗歌卷》,南宁:广西教育出版社1998年版,第142页。

② 刘大白:《秋夜湖心独出》,《刘大白诗集》,北京:书目文献出版社1983年版,第173页。

琵琶呀，伴我的琵琶：我不敢瞧落日照平沙，
雁飞过暮云之下，不能为我传达一句话，到烟霭外的人家。
琵琶呀，伴我的琵琶：记得当初被选入京华，常对着南天悲咤，
那知道如今去朝远嫁，望昭阳又是天涯。
琵琶呀，伴我的琵琶：你瞧太阳落下了平沙，
夜风在荒野上发，与一片马嘶声相应答，远方响动了胡笳。①

诗人是新月派，各段较为相同或相近的句式，抑扬有致，长短互节，颇能体现出闻一多所倡的“音乐美、绘画美和建筑美”。

二、中国现代新诗与唐宋诗词的炼字炼意

中国现代新诗在其创作的初期，有的仅以白话、达意为目的，对字句的烹炼是不够注意的。探索之中，逐渐感到对诗歌的美的追求是非常重要的，而无论是主张“纯诗”，还是全面的追求音乐美、绘画美和建筑美，都因最终是要凭藉文字来表达，故炼字及与之密切相关的炼意，都是极为重要的。

我国古代的诗人词人与诗词论家，都非常重视炼字炼意。先举宋人所论，以见炼字的重要。如范温说：

> 好句要须好字，如李太白诗“吴姬压酒唤客尝”，见新酒初熟，江南风物之美，工在“压”字。老杜《画马》诗“细拈秃笔扫骅骝”，初无意于画，偶然天成，工在“拈”字。柳诗“汲井漱寒齿”，工在“汲”字。工部又有所喜用字，如“修竹不受暑”，“野航恰受两三人”，“吹面受和风”，“轻燕受风斜”，“受”字皆入妙。老坡尤爱“轻燕受风斜”，以谓燕迎风低飞，乍前乍却，非“受”字不能形容也。至于“能事不受相促迫”，“莫受二毛侵”，虽不及前句警策，要自稳惬尔。②

所举的“压”、“拈”、“汲”三字，都是动词，用得既见物态而尤见人情，实属传神写意之笔，在句中难以移易。而杜甫之极喜用“受”字，在不同的语境中自有不同的作用，而主体之“受”动于客体作用则一，能够“皆入妙”，无体物悟理之诗心，是莫能办到的。苏轼之所以“尤爱‘轻燕受风斜’”，是因为“以谓燕迎风低飞，乍前乍却，非‘受’字不能形容也。”因自己也是大诗人，懂得创作的甘苦，故杜甫的善表物态，能准确说出其中的道理。炼字虽是局部的，却又关系全局，以所举李白诗一例而言，范温《潜溪诗眼》又引黄庭坚所言，由字而句而全首分析道：

---

① 朱湘：《昭君出塞》，《朱湘诗集》，成都：四川文艺出版社 1987 年版，第 72 页。

② 范温：《潜溪诗眼》，见吴文治主编《宋诗话全编》第 2 册，南京：凤凰出版社 1998 版，2006 年 10 月第 2 次印刷，第 1249 页。

学诗贵识：山谷言“学者若不见古人用意处，但得其皮毛，所以去之更远。如‘风吹柳花满店香’，若人复能为此句。亦未是太白。至于‘吴姬压酒劝客尝’，‘压酒’自他人亦难及。‘金陵子弟来相送，欲行不行各尽觞’，益不同。‘请君试问东流水，别意与之谁短长？’至此乃真太白妙处。当潜心焉。故学者要先以识为主，如禅家所谓正法眼者。真须具此眼目，方可入道。”

沈德潜《唐诗别裁》谓此诗“语不必深，写情已足”，可见“不必深”的用字构句，却因“吴姬”榨出新酒劝客而尝，一“压”字可见勉力而为，劝客尝新更显殷勤之意，又由“吴姬”转写，最终落在金陵子弟的送别，使得诗人用东流之水与之相较别意长短，以实比虚，递进而层深，故“写情已足”，“至此乃真太白妙处”。

新诗在其发展进程中，不能无视古人的经验，亦重炼字，且取资于古典诗词。试看卞之琳《白螺壳》的末节，用语就与旧体诗词为近：

我梦见你的阑珊：檐溜滴穿的石阶，绳子锯缺的井栏……
时间磨透于忍耐！黄色还诸小鸡雏，青色还诸小碧梧，玫瑰色还诸玫瑰，
可是你回顾道旁，柔嫩的蔷薇刺上，还挂着你的宿泪。①

尤其是何其芳的《休浣红》：

寂寞的砧声撒满寒塘，澄清的古波如被捣而轻颤。
我慵慵的手臂欲垂下了。能从这金碧里拾起什么呢？
春的踪迹，欢笑的影子，在罗衣的退色里无声偷逝。
频浣洗于日光与风雨，粉红的梦不一样浅退吗？
我杵我石，冷的秋光来了。它的足濯在冰样的水里，
而又践履着板桥上的白霜。我的影子照得打寒噤了。②

若谓诗中的砧声“撒满”寒塘，古波如“被捣”而“轻颤”，人影被寒秋照得“打寒噤”，是拟人化的动词运用，很见炼字之功；那么用“粉红色”修饰“梦”以状其美，“浅退”之以“色”显梦之渐逝，春之迹、笑之影伴随着罗衣的褪色而“无声偷逝”，则是着很好的炼意。此诗不仅意境颇似六朝旧作，其炼字炼意之功亦如旧体诗词。

新诗在炼字上取资于古典诗词，是新诗人认识到语言的载体虽有古今之别，但异质性并不为同一性所排斥，新诗与旧体之别固然在其“新”，但新者并不是完全脱离其母体之“旧”而生，更不能借“腹”于外国诗歌而生，时代虽有古今之别，民族性却是难

---

① 卞之琳：《白螺壳》，《卞之琳诗文集》（上），江弱水、青乔编，合肥：安徽教育出版社 2002 年版，第 79 页。
② 何其芳：《休浣红》，《何其芳全集》第 1 卷，石家庄：河北人民出版社 2000 年版，第 27 页。

以移易的。既然古人意识到只能在前人的基础上创造，这一经验也应当适用于现代新诗。有人曾将黄庭坚的“夺胎换骨法”视为“剽窃之狎”，却终于认识到此法的合理性。惠洪《冷斋夜话》卷一载：

山谷云：“诗意无穷，而人之才有限。以有限之才，追无穷之意，虽渊明、少陵，不得工也。然不易其意而造其语，谓之换骨法；规模其意而形容之，谓之夺胎法。”如郑谷《十月菊》曰：“自缘今日人心别，未必秋香一夜衰。”此意甚佳，而病在气不长。两汉文章雄深雅健者，其气长故也。曾子固曰：“诗当使人一览语尽而意有余，乃古人用心处。”所以荆公作《菊》诗则曰：“千花万卉凋零后，始见闲人把一枝。”东坡则曰：“万事到头终是梦，休，休，休，明日黄花蝶也愁。”又如李翰林诗曰：“鸟飞不尽暮天碧。”又曰：“青天尽处没孤鸿。”然其病如前所论。山谷作《登大罐台诗》曰：“瘦藤拄到风烟上，乞与游人眼界开。不知眼界阔多少，白鸟去尽青天回。”凡此之类，皆换骨法也。顾况诗曰：“一别二十年，人堪几回别。”其诗简缓而立意精确。舒王作《与故人诗》云：“一日君家把酒杯，六年波浪与尘埃。不知乌石江边路，到老相逢得几回。”乐天诗曰：“临风杪秋树，对酒长年身。醉貌如霜叶，虽红不是春。”东坡《南中作》诗云：“儿童悞喜朱颜在，一笑那知诗醉红。”凡此之类，皆夺胎法也。学者不可不知。[①]

虽为言“法”，其精神却是在“惟陈言之务去”（韩愈《答李翊书》）基础上的“师其意而不师其辞”（《答刘正夫书》）。韩愈是有强烈变革精神的文学家，他深知“若无新变，不能代雄”（《南齐书·文学传论》），但“新变”并非全然不顾古人，韩愈《进学解》自陈所学就有《尚书》、《春秋》、《易》、《诗》，以及“下逮《庄》《骚》，太史所录，子云、相如，同工异曲。”在学习中自应是“师其意”，而对其“辞”则师而能变。黄庭坚是看出了底细的，他说：

自作语最难，老杜作诗，退之作文，无一字无来处。盖后人读书少，故谓韩、杜自作此语耳。古之能为文章者，真能陶冶万物，虽取古人之陈言入于翰墨，如灵丹一粒，点铁成金也。[②]

总之，“不易其意而造其语，谓之换骨法；规模其意而形容之，谓之夺胎法”，实为“师其意”；而“取古人之陈言入于翰墨，如灵丹一粒”的“点铁成金”，则是“师其辞”。

现代新诗的开创者胡适，所作自是以白话为最大特色，如前所云，他的白话诗亦有多种表现形式，既有近于由“缠足”而“放脚”的诗词体之作，又有类于说话的散文体，前者未免点化唐宋诗词之语，后者如《从纽约省会(Albany)回纽约市》，也有“恰像

---

① 释惠洪：《冷斋夜话》卷一，《宋诗话全编》，南京：凤凰出版社 1998 年版，第 2429 页。

②《答洪驹父书》，《豫章黄先生文集》卷十九，四部丛刊本。

我的少年岁月，一去了永不回还。”“毁灭了的似绿水长流。留住了的似青山还在。”很容易令人想起辛弃疾《菩萨蛮》词的“青山遮不住，毕竟东流去。”是联想、构思之偶合呢？还是有意识的“不易其意而造其语”，“规模其意而形容之”？以胡适的古典文学根底，我们宁可相信是后者。不妨再举数例：前面第七章论述意象与意境时，所举冯乃超《残烛》之与李商隐诗句“蜡炬成灰泪始干”，戴望舒《雨巷》之与李璟词的“丁香空结雨中愁”，丁景唐《雁》之与杜甫诗句“故国霜前白雁来”，都是“师其意”而衍用其辞的很好例子；而冯文炳《星》的“永远的春花”，“永远的秋月”之与李煜词，黄烈《鸿》(有赠)“燕草的绿，碧入了修眉”，“当嫩柳枝，摇醒关山梦时”之与李白诗，“拣尽寒枝”之与苏轼词，则在“师其辞”时，虽难说是“点铁成金”，却也留下了显见的“点”之痕迹。

有的诗人不是显然的“换骨”、“夺胎”，难以寻找可以指实的“金”痕“铁”迹，但诗中却能见到古典诗词的意蕴和惯用的语言，如卞之琳《音尘》的“西望夕阳里的咸阳古道，我等到了一匹快马的蹄声。”西望、夕阳、咸阳、古道、快马、蹄声诸语，在唐宋诗词中屡见。有些诗歌更几乎全首都能体会出唐宋诗词的语言况味，如穆木天作于1926年初的《苍白的钟声》：

> 苍白的钟声衰腐的朦胧 / 疏散玲珑荒凉的蒙蒙的谷中 /——衰草千重万重 / 听永远的荒唐的古钟 / 听千声万声 //
>
> 古钟飘散在水波之皎皎 / 古钟飘散在灰绿的白杨之梢 / 古钟飘散在风声之萧萧 /——月影逍遥逍遥——/ 古钟飘散在白云之飘飘 //
>
> 一缕一缕的腥香 / 水滨枯草荒径的近旁 /——先年的悲哀永久的憧憬新觞——/ 听一声一声的荒凉 / 从古钟飘荡飘荡不知哪里朦胧之乡 //
>
> 古钟消散入丝动的游烟 / 古钟寂蛰入睡水的微波潺潺 / 古钟寂蛰入淡淡的远远的云山 / 古钟飘流入茫茫四海之间 /——暝暝的先年永远的欢乐辛酸 //
>
> 软软的古钟飞荡随月光之波 / 软软的古钟绪绪的人带带之银河 /——呀远远的古钟反响古乡之歌——/ 渺渺的古钟反映出故乡之歌 / 远远的古钟入苍茫之乡无何 //
>
> 听残朽的古钟在灰黄的谷中 / 入无限之茫茫散淡玲珑 / 枯叶衰草随呆呆之北风 / 听千声万声——朦胧朦胧——/ 荒唐茫茫败废的永远的故乡之钟声 / 听黄昏之深谷中①

张健说：“新诗现代化是旧诗、词、曲达到颠峰后必趋的路向，但最低限度，新诗人们仍需对其表达工具的特质有一起码之认识，才能进而写出更中国化的新诗来。”由于表达工具的汉语自有显著的特征，中国化的新诗必须顾及自己民族语言的特点，更不能无视达到巅峰的旧诗、词、曲的成就，唐宋诗词的炼字炼意更是值得新诗人很好

---

① 穆木天：《苍白的钟声》，《穆木天诗选》，北京：人民文学出版社1987年版，第56页。

学习的，而能为广大读者所接受的新诗，也是这类认真炼字炼意、能从唐宋诗词语言中汲取营养的作品。林庚曾结合自己的创作谈到实际的体会："当我第一次写出《夜》那首诗来时，我的兴奋是无法比拟的，我觉得我是在用最原始的语言捕捉了生活中最直接的感受。"[①]"原始的语言"与"直接的感受"是并不矛盾的，是可以"授""受"结合而用、获得成功的。

三、新诗语言的个性化与唐宋诗词

诗歌的语言贵在创造，然而创造并不容易，前引"诗意无穷，而人之才有限。以有限之才，追无穷之意"，即使是大诗人也很难办到，故而黄庭坚有"夺胎换骨"之说。但是，诗人之作诗，自有其创作的动因和环境，在使用共用的语言时亦应表现出自己的个性，正如外国理论家所言："我们具有的每一种情绪和感觉，我们每一刹那的意识，都是各有不同的。因此，我们不可能通过普通文学的常规的和一般的语言来恰如其分地传达我们的感觉。每个诗人都有自己独特的个性，他意识中的每一顷刻都有特殊的音调，以及这各个因素相互联系的独特的方式。诗人的任务就是去发现创造那唯一能够表现他的个性和情绪的特殊语言。"[②]唐代诗人中，李白飘逸、杜甫沉郁，苏轼论中唐诗人而有"郊寒岛瘦、元轻白俗"之说，这些评语，主于风格而兼涉内容，也多少点出了诗人在语言上的个性特点。风格，尤其是语言的风格，应是诗人创作成熟的重要标志，因而个性化的语言也是新诗人所努力追求的。

早期的新诗，虽不同作者也有自己的风格，但因在语言上的多方尝试，尚未能"发现创造那唯一能够表现他的个性和情绪的特殊语言"。随着在创作和理论上的不断探索，表现个性和情绪的语言逐渐能体现出可贵的"唯一"性，而唐宋诗词对于形成诗人个性化的语言，是有着显著帮助的。郭沫若表现爱国感情的诗歌，显然不同于他那些受惠特曼及泛神论影响的作品，作广被一切、覆盖众生的无序"喷发"呐喊，而是学习古典诗词的比兴象征，走以古比今、以仙比俗、以物比人、以男女比君臣一路[③]。如《炉中煤——眷念祖国的情绪》一诗，用以表现副标题的就是借煤之"黑奴"以自拟，而以"女郎"比祖国，表现自己对祖国如同煤之燃烧的深沉之爱。其代表作《凤凰涅槃》则借助佛教的"涅槃"之说，以凤凰的死而复生歌颂祖国的新生，诗中的凤凰和百鸟，丹穴山及周围环境，凤凰所唱及众鸟之歌，都是比兴、象征，出于上述的四类"比体诗"，源于《离骚》又发扬于唐宋诗词。前者的浅而深，后者的悲而壮，一静一动，一短一长，却都为郭氏所独有。而留美的闻一多，虽与郭沫若的留学日本不同，爱国的情绪也有差别，但借助古典诗词的比兴手法来表达这一深长的爱，则是相同的，最典型的就是《孤雁》一诗，兹摘引之：

---

① 林庚：《问路集》自序，见《林庚诗文集》第2卷，北京：清华大学出版社2005年版，第3页。

② 威尔逊：《阿克尔的城堡》，纽约1959年英文版，第21页。

③ 关于四种"比体诗"及其导源于《离骚》的论述，参见朱自清《诗言志辨》，《朱自清全集》第六卷，南京：江苏教育出版社1996年版，第175–229页。

……流落的孤禽啊！到底飞住哪里去呢？那太平洋底彼岸，可知道究竟有些什么？

啊！那里是苍鹰底领土——那鸷悍的霸王啊！他的锐利的指爪，已撕破了自然底面目，建筑起财力底窝巢。

那里只有钢筋铁骨的机械，喝醉了弱者底鲜血，吐出些罪恶底黑烟，涂污我太空，闭熄了日月，教称飞来不知方向，息去又没地藏身啊！

……归来罢，失路的游魂！归来参加你的伴侣，补足他们的阵列！他们正引着颈望你呢。

归来偃卧在霜染的芦林里，那里有校猎的西风，将茸毛似的芦花，铺就了你的的床褥，来温暖起你的甜梦。

归来浮游在温柔的港溆里，那里方是你的浴盆。归来徘徊在浪舐的平沙上，趁着溶银的月色，婆婆着戏弄你的幽影。

归来罢，流落的孤禽！与其尽在这水国底绝塞，拼着寸磔的愁肠，泣诉那无边的酸楚，不如擢翅回身归去罢！

啊！但是这不由分说的狂飙，挟着我不息地前进；我脚上又带着了一封信，我怎能抛却我的使命，由着我的心性，回身擢翅归去来呢？①

显然，这是“以物比人”手法的运用，借助孤雁的形象以表对“太平洋彼岸”的恨，通过回归雁阵的呼唤，和带信使命的两边挣扎，以表达对祖国的爱。“平沙落雁”历来是古典诗词与绘画的传统题材，诗中所描写的雁阵、芦林、西风、平沙、月色、幽影，以及大雁传书之说，亦为唐宋诗词中所常见。闻一多早期的诗歌以爱国主义著称，此类名篇多在“把记忆抱紧，请告诉我这民族的伟大，请告诉我谁是中国人”（闻一多《祈祷》）的背景下，而有古典诗词的意蕴与语言，形成了闻一多的显著特色。

个性化的语言又得之于特定的题材、场合。如王统照的《小诗》、《花影》、《小的伴侣》都是短篇，或轻盈或幽怨，短语长情，含蓄隽永，而作于 1938 年的《又一度听见秋虫》，却如诗中所云，是“战伐的金风”，此诗后注引《新序》曰：“楚王载繁弱之弓，忘归之矢，以射随兕于梦也。”作意可见。诗云：

又一度听见秋虫——是否还紧追着旅人的秋梦？
调一曲初凉夜的秋音，万落千村响动战伐的金风。
这世代里叫不出小儿女的怨情；诗人肺腑不再被凄凉乐音引动，
他情愿正看白骨上那一点流萤——一点燐火，迸跃出光丽的真诚！
密云下到处奔驰着风霆，为震醒“供人食料”的苍生。
城市，郊原，夜夜里烦冤鬼哭，悲壮的音从人间惊破幽冥！

① 闻一多：《孤雁》，《闻一多全集》第 1 卷，武汉：湖北人民出版社 1993 年版，第 126 页。

谁曾向毒热的“夏日”低头爱慕，谁曾为秋气萧瑟战栗吞声？
您不必空挥着忧心的涕泪，秋来，无根的百草应分凋零。
悠悠么，耐不住这惨冷的长夜，捧一把小心期待着风霆后的空明？
江头，阔野，高空，看多少铁手厮拼，谁有生命的余力徒念着凄清？
这正当时序成熟的壮盛，荡漾起“秋肃”传音，心底永生。
战士为仇敌备下了“未归箭”，暗夜里等他们自碰飞锋。
又一度听见秋虫，是否还紧追着旅人的秋梦？
有多少“万窍”惊鸣，高壮，清肃，压住草下的和应。
调一曲初凉夜的秋音，万落千村齐响动战伐的金风！
听秋音要彻底的悲壮，谁有生命的余力徒念着凄清？[①]

此诗与前说的诸作显为不同，而“战伐的金风”式语言，则令人想起了杜甫的“三吏”“三别”，联系其创作背景，可见“创造那唯一能够表现他的个性和情绪的特殊语言”，又缘于“每一种情绪和感觉，我们每一刹那的意识，都是各有不同的”。

同样近于杜诗却具另一种风格的，是孙大雨 1943 年发表的十四行诗《遥寄》四首，作者有感于自己只身执教西南，妻子却滞留在沦陷的上海，离别悲痛化为了民族仇恨，虽此种体式为西方所创，然而其第二首的杜鹃意象与诗中用语，则多出自唐宋诗词：

杜鹃该已经漫山遍谷地殷红，
但今年在病里消磨了一半春荫，
不复有登临的逸致。杜鹃一声声
啼着“不如归”，可是遥望江之东，
淞之浦，寇氛正幂天扑地似的浓，
纵使有家怎得归？没奈何，向亲人
得传语道，“还是你西来，待明春
鸟啼声里折山花，悲偕喜也同。”

别时方黄叶初残。日永如长年，
到如今一整度寒暑早已捱过，
山色再回青，春又韶华快要老。
可恨未荡平丑类，烧绝倭巢前，
（悭吝的飞行恐怖迟迟不西渡！）
只有你历尽了辛苦千重来的好。[②]

① 王统照：《又一度听见秋虫》，《王统照文集》第 4 卷，济南：山东人民出版社 1982 年版，第 340–342 页。
② 孙大雨：《遥寄》第三首，《孙大雨诗文集》，石家庄：河北教育出版社 1996 年版，第 60 页。

能表现出诗歌语言的个性特色，固然缘于诗人“独特的个性，他意识中的每一顷刻都有特殊的音调，以及这各个因素相互联系的独特的方式”，也取决于诗人在学习、汲取中的语言择向。如冯至，固然以《十四行集》为代表作，但笔者以为他的诗歌的语言，却以那些取材于古代小说笔记或民间传说的作品最见特色。如《蚕马》得之于干宝《搜神记》，《吹箫人》出于古代传说，而《帷幔》则如副题，是“乡间的故事”。这些诗歌中，如“温暖的柳絮成团，彩色的蝴蝶翩翩，我心里正燃烧着火焰，我悄悄地走到她的窗前。我说，姑娘啊，蚕儿正在三眠，你的情怀可曾觉得疲倦？”(《蚕马》)“若是那夜深静悄，小溪的细语低低；若是那树枝风寂，鸟儿的梦境迷离。”(《吹箫人》)“恼人的春风，才吹绿了山腰，凄凉的秋雨，又淋病了檐前的弱柳。”“梧桐的叶儿，依依地落，枫树的叶儿，凄凄地红。风翕翕，雨疏疏，她开了窗儿，等候着，等着吹笛的牧童。”(《帷幔》)都可见唐宋诗词语言的影响。而才女诗人林徽因，其诗的善感善觉，表达的细腻而形象，语言的轻灵优美，韵味悠长，实有着难以移易的独特个性，那种特有的分行分段，又带着她的画家、建筑家气质。而她的小诗如《时间》：

> 人间的季候永远不断在转变，春时你留下多处残红，
> 翩然辞别，本不想回来时同谁叹息秋天！
> 现在连秋云黄叶又已失落去，辽远里，剩下灰色的长空一片，
> 透彻的寂寞，你忍听冷风独语？①

《静坐》：

> 冬有冬的来意，寒冷像花——花有花香，冬有回忆一把。
> 一条枯枝影，青烟色的瘦细，在午后的窗前拖过一笔画；
> 寒里日光淡了，渐斜……就是那样地/像待客人说话。
> 我在静沉中默啜着茶。②

其体会人情物态的深细，描写技巧的入微，喻无形为有象，变绘画的片刻为诗歌的渐进，既令人想起晚唐诗和周、姜词，又似有陆游《临安春雨初霁》一类诗的些许影子。

总之，诗歌的语言具有特殊性，显著不同于科学的语言，“科学的趋势必须是使其用语稳定，把它们冻结在严格的外延之中；诗人的趋势恰恰相反，是破坏性的，他用的词不断地在互相修饰，从而互相破坏彼此的词典意义。”又不同于散文的语言，“与散

---

① 林徽因：《时间》，原刊《大公报·文艺副刊》1937年3月14日；见《林徽因文集·文学卷》，梁从诫编，天津：百花文艺出版社1999年版，第211页。

② 林徽因：《静坐》，原刊《大公报·文艺副刊》1937年1月31日；见《林徽因文集·文学卷》，梁从诫编，天津：百花文艺出版社1999年版，第209页。

文相比,诗的语言应该定义为对规范语言的一种偏离。”①时至二十世纪,工业革命以来的迅猛发展,人们生活方式的改变,也带动了思维与语言的革命,如有些学者所说:“现代性思维恰恰在于其超越理性和逻辑,呈现出跳跃式的、非线性的、多层的、模糊的、互文的等一些特点。这种思维观更重视想象和创造。二十世纪的语言哲学的特点便是重新认识语言文字的超工具意义的诗意价值,及其对现代思维观的重要启迪作用。”②上述关于诗歌语言的“破坏性”也好,“偏离”也好,其实尤见于汉语,而“跳跃式的、非线性的、多层的、模糊的、互文的”特点,“更重视想象和创造”的思维,则尤见于中国古典诗词。因此,现代新诗人在实施其语言策略时,自不能无视古典诗词的资源,古典诗词对新诗语言的影响是显而易见的。

第四节　现代新诗的修辞策略与唐宋诗词

无论中外,修辞对于文学都是极为重要的,文学的语言之所以区别于科学的语言,修辞可谓决定性的因素。据载,有一次有人问切斯特顿(1874—1936,英国诗人,小说家),逻辑学者和诗人有何不同,他回答说:“逻辑学者是呆子,总想把天空装进他的脑袋,诗人却只想把他的脑袋装进天空。”在回答问题的过程中,他就用了好几种修辞手法,这自身就是文学语言的回答,也证明了文学语言的生动、直观和富于趣味,且又不乏哲理。接着是就此而专谈比喻:

> 博尔赫斯:哈哈,好极了,他的回答非常妙。既然我们谈到切斯特顿,谈到比喻,我就来回忆一下我读过的若干比喻,最惊人的比喻。我读过但丁,读过雨果,读过其他许多人的作品。在欧洲有一个海盗财迷心窍,要去抢劫,想得到金子和大理石。似乎很难找到把金子和大理石这类基本的事物比作什么的例子。但是切斯特顿找到了。他写道:“银子像固体的月光。”(《白马叙事谣》)这在清理上是难以接受的。关于金子的比喻还要令人惊讶:“金子仿佛凝固的火。”(《白马叙事谣》)就是说,这两个形象在情理上是不能接受的。但是,读者的想象力可以接受和领会。在他之前似乎不可能找到这样的比喻。③

外国古代的诗人是善于使用修辞手段的,现代新诗人在经历过只重白话、散文式的创作后,也终于认识到修辞的重要。此处举穆木天专论象征主义以见之:

> 这里,或者有人会提出问题说,一切文学都是象征的,象征是从来就有的,象

① 热拉尔·热奈特《诗的语言,语言的诗学》,见赵毅衡编选《符号学文学论文集》,天津:百花文艺出版社2004年版,第529页。

② 章燕:《汉文与诗歌的现代性》,见《诗探索》1997年第2期,第53页。

③ [阿根廷]豪·路·博尔赫斯《和听众谈诗歌》,见《波佩的面纱》,朱景冬等译,北京:社会科学文献出版社1999年版,第15页。

> 征主义,是什么新鲜的流派之可言呢?不错的。杜牧之,是在诗里使用象征的,李后主,也是在诗里使用象征的。拉马丁、雨果、雪莱、戚兹、雷芒托夫,都是在诗里使用象征的,然而,象征派以前的诗人所用的象征,诗与象征派诗人的象征不相同的。譬如说,在雷芒托夫的诗《帆》里,诗人诗借着海上的白色的帆影,以表示自己的对于平静的生活的不满和希望狂飙和动乱的气氛。而,反之,象征派的作品,象征是暗示着一种境界的,例如,栾豹的《沉醉的船》不是对于光怪陆离日趋崩溃的旧社会的暗示么?梅特林的戏曲《檀塔吉尔之死》和《室内》等,不是一种世界之暗示么?在一般的作家身上,象征只是好些表现手法之一,是借着某种生活的现象去表现其他的生活的现象。可是,在象征主义诗人们,象征诗对于另一个"永远的"世界的暗示。①

诗人穆木天不仅例举了欧洲的象征主义诗人诗作,以说明象征与暗示,还沟通中外,强调杜牧和李煜早就将象征用于自己的诗了。由外而中,象征派新诗人是这样走过来的,由古而今,现代新诗的修辞策略究竟与唐宋诗词又是如何沟通的呢?

一、对偶与排比

由于汉语词汇从单音节向双音节发展,而无论是单音还是双音,形音义的一体,使得对偶成了修辞中最常见的一种。对偶最早是偶见于文章,因具显著的视觉、听觉之长,使得既形之于文字又诉诸于听觉的后出的韵文各体,对之大感兴趣,成为常用或必用的修辞手法,作对子也成为自幼儿教育起的常有功课,唐人的近体诗,尤其是律诗,都有对偶句的要求,分别形成首联、颔联、颈联和尾联,而以用当中的颔联、颈联为多,甚而也有全首皆为对偶句的。唐诗中的名篇如王之涣的《登鹳雀楼》四句皆对:"白日依山尽,黄河入海流。欲穷千里目,更上一层楼。"杜甫的《登高》八句皆对:"风急天高猿啸哀,渚清沙白鸟飞回。无边落木萧萧下,不尽长江滚滚来。万里悲秋常作客,百年多病独登台。艰难苦恨繁霜鬓,潦倒新停浊酒杯。"词曲二体,也各有格律要求,各调的对偶不同,但对偶句却是常用的,散曲的对偶形式尤多。新诗在经历了散文化、口语化之后,也逐渐走上借鉴古典诗歌的对偶、排比之路,因为这样最能体现音乐美与建筑美。虽对偶没有古典诗词那样整齐的句式、严格的平仄、词性的虚实以对、语义的事类关联,但也能做到大致的均衡、匀称而近于词曲。

1920年从芝加哥大学回国的哲学博士陆志韦,曾在多所高校任教,是"五四"之后比较活跃的一位诗人。受到西欧格律诗的影响,他首先在中国提倡新诗格律化,并出版了多种诗集,朱自清以之为"第一个有意实验种种体制,想创新格律"(《中国新文学大系·诗集导言》)的诗人。陆志韦主张"舍平仄而采抑扬",其十四行诗中的《瀑布》,大体能见之,前八句尤多对句:

---

① 穆木天:《什么是象征主义》,原载郑振铎、傅东华编《文学百题》,生活书店,1935年7月出版;见《穆木天文学评论选集》,北京:北京师范大学出版社2000年版,第97–98页。

尽有别人的头发强似你的头发。
尽有别人的身子还比你的瘦弱。
日升日落，你总是活泼泼的。
月生月死，你总是冷瑟瑟的。
无端跟你下山来，在这冬青林下过，
你也不知何处去，我也不知何以故。[①]

创作期不同的新诗人，诗中多有此类“舍平仄而采抑扬”的对偶句。兹举数例：

一个星，两个星，无数明丽的火星。
一锤影，两锤影，无数快重的锤影。
一只手，两只手，无数粗硬的黑手。
一阵风，两阵风，无数呼动的风阵。

——王统照《铁匠铺中》

隔江泥衔到你梁上，隔院泉挑到你杯里，
昨夜付一片轻喟，今朝收两朵微笑，
付一枝镜花，收一轮水月。

——卞之琳《隔江泪》

好比一盏金黄的向日葵，我是一个光明的追求者；
又如一羽扑灯的小青虫，对于暗夜永不说出妥协。
太阳在哪里我就朝向哪里，灯光在何处我就飞向何处。

——纪弦《光明的追求者》

第一例以三句为一组，组成四组对偶，第二例则是每两句皆为上下句相对，第三例前四句为一、三句相对，后二句前后相对。

与对偶密切相关的是排比。排比也不是汉语独有的修辞手法，但是也因汉语单音节、双音节词汇之多，使其排比的效果也为西语或他种语言难及。因为排比是古典诗词最常用的修辞，也可以不必举例，且看现代新诗的排比：

让我淹死在你眼睛底汪波里！让我烧死在你心房底熔炉里！
让我醉死在你音乐底琼醪里！让我闷死在你呼吸底馥郁里！
不然，就让你的尊严羞死我！让你的酷冷冻死我！

① 陆志韦：《瀑布》，《中国新诗库》第1集，武汉：长江文艺出版社1993年版，第765页。

让你那无情的牙齿咬死我！让那寡恩的毒剑螫死我！

——闻一多《死》

不少诗人都喜用排比句，如王辛笛说："我对炼字炼句也比较看重，有时喜欢用排比式联句：

流水渐濯我情怀清浅/青林渐染我生命欣新/(《熊山一日游》)
它的浓酽有如武夷的岩茶/它的馥郁有如鉴湖的陈绍/(《南国之夜》)
我的脉管流着你热乎乎的血液/我的心胸燃烧着你长征的火炬
我的每一粒细胞都沉浸着幸福/我的每一根神经都弹奏着尊严(《祖国，我是属于你的》)

有时也用对比的方式造成反差：

夏天的土地绿得丰饶自然/兵士的新装黄得旧褪凄惨/(《风景》)
无风的时候/水与石微语/带来了亲人的思念
有风的时候/浪花的白帽/追赶着春月秋潮/(《潮音和贝》)
诗艺方面的不断实验和探索使我感到其乐无穷。"①

郑敏《开在五月的白蔷薇》是一首句式较短、节奏奇特的诗，颇多非典型的排比句：

死之哀悼/死之恋念/死之悬疑/死在春暮/死在黎明/死在生里//
死的雕塑/死的沉寂/死的无穷/没有悔恨/没有犹疑/那最翠绿的枝/
最纯白的小花/在死的祭坛上/等候无情的屠宰//
开在五月的白蔷薇/世界的弥撒钟声/震惊了外空的星辰/
惊问：是人？神？天使？妖魔？
是嗜血的魔怪嚼碎了/开在五月的白蔷薇。②

由对偶发展出对比，是因为单音节语言向多音节发展，由重辞而转为重意。由于古汉语与现代汉语的差异，以前者为语言工具的古典诗歌，能在句式、平仄、词义、事类上将对偶、排比做得非常整齐、完美，而现代新诗则难求如此，因突出了诗句中词义的不同，与对偶、排比相关，新诗颇重对比。上引王辛笛语，自谓以对比造成反差，所举例子则多有对偶意味，而有的诗歌，却仅有意义的对比，并不显句式的对比，这是需要特别说明的。

---

① 王辛笛：《我与诗》，见王辛笛《梦余随笔》，南京：凤凰出版社 2003 年版，第 166-167 页。
② 郑敏：《开在五月的白蔷薇》，《郑敏诗集》，北京：人民文学出版社 2000 年版，第 161 页。

二、明喻与隐喻

诗歌的本质之一在于想象，而想象施之于修辞，则重拟喻。古典诗词较重隐喻，新诗则在学习、继承唐宋诗词的过程中走过了从明喻到隐喻，渐多博喻与诡喻的创作道路。

早期的白话诗，其形象生动者，多用拟人以状物，使物态带有人情。如刘大白《秋江的晚上》：

> 归巢的鸟儿，尽管是倦了，还驮着斜阳回去。
> 双翅一翻，把斜阳掉在江上；头白的芦苇，也妆成一瞬的红颜了。[①]

《旧梦》二五：

> 贪洗海水澡的星群，被颠狂的海水晃荡得醉了；
> 拥着赤裸裸的明月，突然跳舞起来。[②]

现代新诗自然也多用比喻，如王独清的《月光》Pes Amica Silentia Lunae——Vergilius，将投在海面上的月光喻为长桥，诗人在明月的朗照下踏桥走向远方，在所塑造的晶莹透彻境界中，可见追求光明的意愿：

> 月儿，你像向著海面展笑，在海面上画出了银色的装饰一条。
> 这装饰画得真是奇巧，简直是造下了，造下了一条长桥。
> 风是这样的轻轻，轻轻，把海面吻起了颤抖的叹息。
> 月儿，你底长桥便像是有了弹性，忽高忽低地只在闪个不停。
> 哦，月儿，我愿踏在你这条桥上，
> 就让海底叹息把我围在中央，我好一步一步地踏著光明前往，
> 好走向，走向那辽远的，人不知道的地方……[③]

诗中的长桥是明喻，而风的轻吻、海的叹息则是拟人，拟、喻结合，充满了诗情画意。此诗的移情于月，又善作想象，令人不由得想起一生都歌颂月亮的李白。

李白常将自然外物作人格化的描绘，喜爱交游的他在独处时会作“举杯邀明月，对影成三人”（《花间独酌》）之想，新诗人也会在移情于物时对外物作自拟的抒情。如陈梦家《铁马的歌》：

---

① 刘大白：《秋江的晚上》，《刘大白诗集》，北京：书目文献出版社1983年版，第401页。

② 刘大白：《旧梦》二五，《刘大白诗集》，北京：书目文献出版社1983年版，第111页。

③ 王独清：《月光》，《闻一多全集》第1卷“现代诗抄”，武汉：湖北人民出版社1993年版，第470页。

天晴，又阴，轻的像浮云，隐逸在山林：丁宁，丁宁，
不祈祷风，不祈祷山灵。风吹时我动，风停，我停。
没有忧愁，也没有欢欣；我总是古旧，总是清新。
有时低吟、清素的梵音，有时我呼应、鬼的精灵。
我赞扬春，地土上的青，也祝福秋深，绿的凋零。
我是古庙、一个小风铃，太阳向我笑，绣上了金。
也许有天、上帝教我静，我飞上云边，变一颗星。
天晴，天阴，轻的像浮云，隐逸在山林：丁宁，丁宁。①

如借王独清诗中的句子，上面二诗基本属于"踏着光明前往"一类；而另一类虽善作拟喻，却近于唐诗中的李贺或"卢奇马怪"一类。如侯汝华《秋的描绘》：

白手套，红围巾，尚压在箱底，水的气息，潜匿、于皱折的线纹里。
薄寒有似禅翼，海棠花淡薄地 / 披着装束，闲忧、于残破的篱底。
朱砂菊、像死鱼的腮，它仅能这样、显示它的秋思。
颓黄的阳光，田野的酱素，十月的下午，陈腐的滋味。
湖上的水、完全像一张宣纸，青青的波光、只留下伤情的追忆。
树枝伸张着嶙瘦的手，无力挽住西风的运行，颤颤的抖，哀感之声。②

其气息、格调、喻象，颇似李贺的"瓦棺篆鼎，不足为其古也；时花美女，不足为其色也；荒国陊殿，梗莽邱垄，不足为其恨怨悲愁也；鲸呿鳌掷，牛鬼蛇神，不足为其虚荒诞幻也。"③亦近于"用意造句，仙思鬼境，两穷其妙"④的吴文英词。而覃子豪的《吹箫者》，在令人叹赏其妙喻同时，也为其阴冷、恐怖而战栗，如读李贺的充满鬼气之诗：

吹箫者木立酒肆中 / 他脸上累集着太平洋上落日的余晖 /
而眼睛却储藏着黑森森的阴暗
神情是凝定而冷肃 / 他欲自长长的管中吹出 / 山地的橙花香
他有弄蛇者的姿态 / 尺八是一蛇窟 / 七头小小的蛇潜出 / 自玲咙的孔中
缠绕在他的指间 / 昂着头，饥饿的呻吟
是饥饿的呻吟，亦是悠然的吟哦 / 悠然的吟哦是为忘怀疲倦
柔软而圆熟的音调 / 混合着夜的凄凉与颤栗
……

① 陈梦家：《铁马的歌》，《陈梦家诗全编》，杭州：浙江文艺出版社 1995 年版，第 118 页。
② 侯汝华：《秋的描绘》，《东方文艺》第 1 卷第 5、6 期合刊（1933 年 3 月 15 日出版），第 382-384 页。
③ 杜牧：《李贺集序》，杜牧著，陈允吉校点《樊川文集》卷十，上海：上海古籍出版社 1978 年版，第 149 页。
④ 陈廷焯著，屈兴国校注：《白雨斋词话足本校注》卷二，济南：齐鲁书社 1983 年版，第 156 页。

象一颗钉，把自己钉牢于十字架上
以七蛇吞噬要吞噬他灵魂的欲望／且欲饮尽酒肆欲埋葬他的喧哗
他以不茫然的茫然一瞥／从一局棋的开始到另一局棋的终结……①

隐喻具有凝练、简约，意味深长的特点，古典文学中较为常见。如“世混浊而不清，蝉翼为重，千钧为轻。”（屈原《卜居》）“宝玉玙璠，难得而易毁，故箧椟以养其全。”（苏轼《谢馆职启》）文中的“蝉翼”、“千钧”分别代表轻、重，以喻人们认识上的偏颇甚至颠倒；“宝玉”、“玙璠”（美玉）喻人才，因难得而易毁，所以要仔细保护起来，“箧”（小箱子）、“椟”（匣子）喻良好的环境。或因现代新诗以追求明白易懂为职志，故明喻多而隐喻较少。汪静之的代表作《蕙的风》当是用暗喻者：

是哪里吹来这蕙花的风——温馨的蕙花的风？
蕙花深锁在园里，伊满怀着幽怨。
伊底幽香潜出园外，去招伊所爱的蝶儿。
雅洁的蝶儿，薰在蕙风里：他陶醉了；想去寻着伊呢。
他怎寻得到被禁锢的伊呢？他只迷在伊底风里，
隐忍着这悲惨而甜蜜的伤心，醺醺地翩翩地飞着。②

此诗的立意多少有着李商隐《无题》的春蚕、蜡炬影响，而喻体、喻象则有五代咏蝴蝶词的影子。诗人将春日的蝴蝶翩飞在蕙花的风中，拟作蝶与花的相恋，诱人想象，透出了“五四”时代男女追求自由恋爱的哀美之情。因其意象优美、情感略带凄怨，隐言而非直说，耐人寻味不已，故流传很广、影响颇大。

三、博喻与诡喻

“郑司农云‘比者，比方于物’，诸言‘如’者，皆比辞也。”③诗中“比方于物”的“比辞”从单一逐渐发展为多个，是为博喻。唐诗如白居易《琵琶行》、韩愈《听颖师弹琴》、李贺《李凭箜篌引》三诗，都分用多样事物比喻乐声，就是善用博喻的典型例子。而因近体诗的体式容量所限，博喻多用于古体或歌行、排律，后来到元曲中则呈跳跃动荡的新貌。新诗的拟喻本与古典诗词有割不断的联系，而因新诗以现代汉语为载体，语言的变化，生活与社会的发展、丰富，使诗人对于“比者，事类之言”（挚虞《文章流别论》）的“事类”认知愈多，遂使“取象曰比”（皎然《诗式》）之“象”向群象发展，以致新诗尤多博喻。

林徽因的《笑》是虚实结合的博喻，令人叹服这用灵动的文字织就的活的美人图：

① 覃子豪：《吹箫者》，《台湾现代诗选》，沈阳：春风文艺出版社 1987 年版，第 45–46 页。
② 汪静之：《蕙的风》，原刊《诗》第 1 卷第 1 号，1922 年 1 月 15 日出版；见《汪静之文集·诗歌卷上·蕙的风》，杭州：西冷印社出版社 2006 年版，第 43 页。
③ 孔颖达：《毛诗序》疏，《毛诗正义》卷一，《十三经注疏》本，北京：中华书局 1980 年版。

笑的是她的眼睛，口唇，和唇边浑圆的漩涡。
艳丽如同露珠，朵朵的笑向 / 贝齿的闪光里躲。
那是笑——神的笑，美的笑；水的映影，风的轻歌。
笑的是她惺松的鬈发，散乱的挨着她耳朵。
轻软如同花影，痒痒的甜蜜 / 涌进了你的心窝。
那是笑——诗的笑，画的笑：云的留痕，浪的柔波。①

艾青《冬天的池沼》（给 W.I）诸喻令人深思，感到沉重：

冬天的池沼，寂寞得像老人的心——饱历了人世的辛酸的心；
冬天的池沼，枯干得像老人的眼——被劳苦磨失了光辉的眼；
冬天的池沼，荒芜得像老人的发——像霜草般稀疏而又灰白的发：
冬天的池沼，阴郁得像一个悲哀的老人——佝偻在阴郁的天幕下的老人。②

何其芳的《欢乐》以有形比无形的博喻组成诸多提问，同时解答了诗人对欢乐的理解，最后陡然转折，由轻快变为忧伤：

告诉我，欢乐是什么颜色？像白鸽的羽翅？鹦鹉的红嘴？
欢乐是什么声音？像一声芦笛？还是从稷稷的松声到潺潺的流水？
是不是可握住的，如温情的手？可看见的，如亮着爱怜的眼光？
会不会使心灵微微地颤抖，而且静静地流泪，如同悲伤？
欢乐是怎样来的？从什么地方？萤火虫一样飞在朦胧的树阴？
香气一样散自蔷薇的花瓣上？它来时脚上响不响着铃声？
对于欢乐，我的心是盲人的目，但它是不是可爱的，如我的忧郁？③

林徽因的诗常见在运用博喻表达诗情和趣味同时，又能结合铺排，充分发挥汉语特色，又有建筑之美，充分体现出她作为建筑学家之所长。如《人生》一诗，用博喻表达双方的互相依存，诗句长短互节，参差错落，犹如古典建筑：

人生，你是一支曲子，我是歌唱的；
你是河流 / 我是条船，一片小白帆 /
我是个行旅者的时候，你，田野，山林，峰峦。
无论怎样，颠倒密切中牵连着 / 你和我，我永从你中间经过；

① 林徽因：《笑》，《林徽因文集·诗歌卷》第 148 页，天津：百花文艺出版社 1999 年版，第 148 页。
② 艾青：《冬天的池沼》，《艾青全集》第 1 卷第 316 页，石家庄：花山文艺出版社 1991 年版，第 316 页。
③ 何其芳：《欢乐》，《何其芳全集》第 1 卷，石家庄：河北人民出版社 2000 年版，第 11 页。

我生存，你是我生存的河道，理由同力量。
你的存在 / 则是我胸前心跳里 / 五色的绚彩 /
但我们彼此交错 / 并未彼此留难。/…………/
现在我死了，你——我把你再交给他人负担！①

前引阿根廷的豪·路·博尔赫斯《和听众谈诗歌》语："这两个形象在情理上是不能接受的。但是，读者的想象力可以接受和领会。在他之前似乎不可能找到这样的比喻。"想象力向情理的极限挑战，则发展出诡喻。学界对中唐诗歌的韩愈、孟郊一派，有怪奇或奇诡之定评，此说可见证于该派诗歌常见的诡喻。韩愈笔下的赤藤杖是"共传滇神出水献，赤龙拔须血淋漓；又云羲和操火鞭，暝到西极睡所遗。"(《和虞部卢四酬翰林钱七赤藤杖歌》)，孟郊则以"秋草瘦如发"写草，以"老虫干铁鸣"状虫吟，卢仝竟然以枯树拟诗人马异："千岁万岁枯树枝，半折半残压山谷，盘根蹙节成蛟螭"。新诗人或非直接受到他们的影响，但作品中所用的诡喻却有相近之处。如施蛰存的《银鱼》，设想新异，所喻奇诡：

横陈在菜市里的银鱼，土耳其风的女浴场，
银鱼，堆成了柔白的床巾，魅人的小眼睛从四面八方投过来。
银鱼，初恋的少女，连心都要袒露出来了。②

因旧有银鱼是西施玉体所化的传说，此诗所喻实有所本，"土耳其风"云云，则更增加了异域色彩。前面曾引纪弦的《幻像》，诗中将幻象拟作情妇，诡异中带着鬼魅之气，有古老的《诗经》语言，而设想却与西方为近。袁可嘉的《冬夜》有众多诡喻的排比，奇思妙想实在令人叹服：

冬夜的城市空虚得失去重心，街道伸展如爪牙勉力捺定城门，
为远距离打标点，炮声砰砰，急剧跳动如犯罪的良心；
谣言从四面八方赶来，像乡下大姑娘进城赶庙会，
大红大绿一身色彩，招招摇摇也不问你爱不爱；
说忧伤也真忧伤，狗多噩梦，人多沮丧，
想多了，人就若痴若呆地张望，活像开在三层楼上的玻璃窗；
身边天边都无以安慰，这阵子见面都叹见鬼；
阿狗阿毛都像临危者抓空气，东一把，西一把，却越抓越稀。
这儿争时间无异争空间，聪明人却都不爱走直线；
东西两座圆城门伏地如括弧，括尽无耻，荒唐与欺骗；

---

① 林徽因：《人生》，《林徽因文集·诗歌卷》，天津：百花文艺出版社1999年版，第218页。
② 施蛰存：《银鱼》，《现代》1932年第1卷第2期，1932年版，第230–231页。

起初觉得来往的行人个个不同,像每一户人家墙上的时辰钟;
猛然发现他们竟一如时钟的类似,上紧发条就滴滴答答过日子;……[①]

诗中"如"、"像"之后,正是前引孔颖达所云"诸言'如'者,皆比辞也。"七八个比喻不是喻一事一物之博喻,而是"冬夜"题下的城市生活与众生相,所喻奇诡而又事理相通,实在是让人拍案叫绝。杜牧《李贺集序》以"骚之苗裔,理虽不及,辞或过之"评李贺,而此诗却是理辞相称,足见作者发见事理、揭示逻辑的眼光和调侃、讽刺的才能,其呈才弄巧之处又近于元散曲风味。

四、象征

现代新诗与西方象征主义诗派曾有密切的关系,而追溯象征在我国古典诗歌中的发展,则尤见于诗、骚转换时期。一般认为,《诗经》"六义"的风、雅、颂是诗之体,赋、比、兴是诗之用,而《离骚》则以不同之"体",在继承《诗经》的比兴手法时,又将其"用"大为发展,如《史记·屈原传》引淮南王刘安语:"国风好色而不淫,小雅怨诽而不乱,若《离骚》者可谓兼之矣。……其文约,其辞微,其志洁,其行廉,其称文小而其指极大,举义迩而见义远。"以及东汉王逸《离骚序》所说:"《离骚》之文,依诗取兴,引类譬喻,故……灵修、美人,以媲于君,宓妃、佚女,以譬贤臣……"因郑司农对比兴的解释是:"比者,比方于物也。兴者,托事于物。"[②]"称文小而其指极大,举义迩而见义远",施之为"灵修、美人,以媲于君,宓妃、佚女,以譬贤臣",就是将楚民歌惯用的男女相恋主题、形式,用而作言此意彼的表达,寄托屈原自己对国家大事的隐忧,对君臣关系的陈述,开启了以"男女比君臣"的诗歌传统。同时,《离骚》的"寄情于物"、"托物以讽"对后世亦有很大影响,尤其是作品后半部分所用的叩阊阖、游春宫、求宓妃、见佚女、灵氛占卜、巫咸降神、旧乡临睨、仆马悲怀等神话运用和故事虚构,构成了诗人"上下求索"的象征体系,表现了自己的苦闷和追求,这是作为局部所"用"的比兴不能相比的。唐诗对《离骚》寄托、象征的继承甚多,以著名诗人为例,李白以乘风而起的大鹏表现自己的理想抱负,杜甫以呼唤苍梧虞舜表达对美政理想的追求,李贺所写的仙境是对美好事物、青春幻想与朦胧爱情的憧憬,李商隐笔下的锦瑟、流莺则是自己情感、身世的幻化……至于宋词,苏轼用"月有阴晴圆缺"以明"人有悲欢离合"之理,陆游驿外断桥的梅花与姜夔千树寒压的梅花,各有其寄托、象征,更不用说辛弃疾的屡用《离骚》之意象意旨了。

中国现代新诗人中,最推崇屈原、自己又最具浪漫主义气质的,当数郭沫若,其代表作《凤凰涅槃》是期待祖国新生的浪漫歌唱。诗中的凤凰象征祖国,冷酷如铁、黑暗如漆、腥秽如血的茫茫宇宙,自是上世纪初所面临的环境,因之凤环顾四方而有西方

---

① 袁可嘉:《冬夜》,《半个世纪的脚印——袁可嘉诗文选》,北京:人民文学出版社 1994 年版,第 15 页。
② 《周礼·春官宗伯·大师》,《周礼注疏》卷二十三,《十三经注疏》本。

是“脓血污秽着的屠场”、东方是“悲哀充塞着的囚牢”、南方是“群鬼叫号着的坟墓”、北方是“群魔跳梁着的地狱”的诅咒;凰歌之回顾历史,不由得追问年轻时候的新鲜、甘美、光华、欢哀之所去。在凤凰聚香木自焚时,群鸟得意而歌,它们各有象征,众生之相毕呈:岩鹰是空界霸王,家鸽自称驯良百姓,鹦鹉是雄辩家,白鹤是高蹈派,孔雀自炫其花翎,鸱枭羡鼠肉之馨香。凤凰涅槃后所唱,是对新生祖国的歌颂,“我们”的新鲜、净朗、华美、芬芳、热诚、挚爱、欢乐、和谐、生动、自由等,既是对凤凰浴火重生的歌颂,也是诗人对祖国未来的向往。如同屈原借助楚国男女情歌以作美政理想、君臣关系的比兴,以种种神话传说寄托自己精神追求的上下求索,郭沫若借助佛教的涅槃说,赋予凤凰这一中国的图腾以新的意义,凭藉全诗诸多意象构建起的象征体系,表达了对祖国新生的企盼,因此而最能代表新诗人的追求,最能体现“五四”的时代精神。

闻一多的《死水》,所摹写的一沟绝望的死水,种种实写,见出了作者既长于绘画,又善于将形象的画化作文字的诗,还可见波德莱尔等西方诗人的影响,而这令人绝望的死水,无疑是令人绝望的社会的象征,诗人展示了死水的种种污秽,应是对这一社会的批判和唾弃。而作为留美学生的闻一多,他的《太阳吟》则是爱国的歌唱。诗中点出“还乡梦”和自己的“九曲回肠”,希望太阳“五年当一天跑完”,而望见太阳“每日绕行地球一周”,也就“天天望见一次家乡”,由于身处异国,故有“这不像我的山川”,风云另带颜色,鸟鸣格外凄凉之感。诗中藉太阳维系、抒发爱国思乡的感情,而太阳则成为爱怨交织的符号,成为祖国的象征。

而刘延陵的《竹》,却通过竹林的象征,表达了对生命的赞美和希望,对人群互助互爱的肯定,对和谐生活的期待,流露出一抹亮色:

> 几千竿竹子,拥挤着立在一方田里,碧青的,鲜绿的,
> ——这是生命的光,青春的吻所留的润泽呀。
> 他们自自在在地随风摇摆着,轻轻巧巧地互相安慰抚摩着,
> 各把肩上一片片的日光,相与推让移卸着。
> 这不又是从和谐的生活里,流出来的无声的音乐么?①

“五四”前后,新诗人徘徊于现实与理想之间,对人生、未来是充满了憧憬,也充满了惶惑,他们的诗歌也常是藉艺术上的象征以表现之。如徐志摩的《我不知道风》:

> 我不知道风/是在那一个方向吹——我是在梦中,在梦的轻波里依洄。
> 我不知道风/是在那一个方向吹——我是在梦中,她的温存,我的迷醉。
> 我不知道风/是在那一个方向吹——我是在梦中,甜美是梦里的光辉。

---

① 刘延陵:《竹》,《诗》1922年第1卷第3号,第59页。

我不知道风 / 是在那一个方向吹——我是在梦中，她的负心，我的伤悲。
我不知道风 / 是在那一个方向吹——我是在梦中，在梦的悲哀里心碎！
我不知道风 / 是在那一个方向吹——我是在梦中，黯淡是梦里的光辉！①

重章叠句，反复微吟，首句相同的呼应与回环，形成了一种掩抑低回的气氛，虽然具体的因“她”的温存、负心分别引起了“我”的迷醉和伤悲，可以理解为是诗人因感情受挫而自诉，但是，诗中的风、梦和她，又可以看作是因“不知风向”所造成的时代惶惑的象征。

朱自清的《不足之感》兼用比喻与对比，是对现实中产生出的不足之感的形象演绎，反之，这些形象的对比也都成为所感的象征，且有更为广泛的意义：

他是太阳，我像一枝烛光；
他是海，浩浩荡荡的，我像他的细流；
他是锁着的摩云塔，我像塔下徘徊者。
他像鸟儿，有美丽的歌声，在天空里自在飞着；
又像花儿，有鲜艳的颜色，在乐园里盛开着；
我不曾有什么，只好暗地里待着了。②

邵洵美的《季候》用四季象征爱情的四阶段及自己的感受，写得很生动：

初见你时你给我你的心，里面是一个春天的早晨。
再见你时你给我你的话，说不出的是炽烈的火夏。
三次见你你给我你的手，里面藏着个叶落的深秋。
最后见你是我做的短梦，梦里有你还有一群冬风。③

如果说上面诸作多有可以指实的象征意义，那么有些诗歌则似是难以确定的象征，如王统照的《铁匠肆中》：

一个星，两个星，无数明丽的火星。
一锤影，两锤影，无数快重的锤影。
来呀，大家齐用力，咱们要使这铁火碰动！
一只手，两只手，无数粗硬的黑手。
一阵风，两阵风，无数呼动的风阵。
来呀，大家齐用力，咱们先要忍住这火热的苦闷。

---

① 徐志摩：《我不知道风》，《徐志摩全集》，韩石山编，天津：天津人民出版社 2005 年版，第 338–339 页。
② 朱自清：《不足之感》，《朱自清全集》第 5 卷，南京：江苏教育出版社 1996 年版，第 22 页。
③ 邵洵美：《季候》，《新月诗选》，陈梦家编，北京：解放军文艺出版社 2000 年版，第 58 页。

一个星，一锤影；一只手，一阵风；
无数的星，无数的锤影；无数的手，无数的风阵。
来呀，大家齐用力，在这里是生活的紧奋！[①]

可以是铁匠生活的实写，也可以是奋斗生活的象征。诗风多为明丽幽雅的徐志摩，也有融合比喻与强烈对比，充满死亡气息之作，如《残春》：

昨天我瓶子里斜插着的桃花／是朵朵媚笑在美人的腮边挂；
今儿它们全低了头，全变了相——红的白的尸体倒悬在青条上。
窗外的风雨报告残春的运命，丧钟似的音响在黑夜里叮咛：
"你那生命的瓶子里的鲜花也／变了样：艳丽的尸体，谁给收殓？"[②]

此诗可以说是唐人"春眠不觉晓，处处闻啼鸟。夜来风雨声，花落知多少"（孟浩然《春晓》）的"负片"。孟浩然无意于人世的纷扰，身心融合于大自然中，全诗在"觉"与"不觉"间表现了淡泊人生、胸无芥蒂的隐者情怀，用形象的语言表达出对外物变化的感受，颇有禅悟风味。而徐志摩却将残春、落花一事，表现为昨与今的巨大差别，媚笑的美人变为艳丽的尸体，与孟浩然同一题材，却写得全然不同，昨日桃花、今日凋谢，风雨、丧钟、黑夜具有象征的意义，残春的自然变化竟然成了生命与死亡的象征之界，象征派的影响、象征派的手法清晰可见。

曾被徐志摩热烈追求的林徽因，则擅作美好事物的象征，试看《你是人间的四月天——一句爱的赞颂》：

我说你是人间的四月天；笑响点亮了四面风；
轻灵／在春的光艳中交舞着变。
你是四月早天里的云烟，黄昏吹着风的软，
星子在／无意中闪，细雨点洒在花前。
那轻，那娉婷，你是，鲜妍／百花的冠冕你戴着，
你是／天真，庄严，你是夜夜的月圆。
雪化后那篇鹅黄，你像；新鲜／初放芽的绿，
你是；柔嫩喜悦／水光浮动着你梦期待中白莲。
你是一树一树的花开，是燕／在梁间呢喃，
——你是爱，是暖，是希望，你是人间的四月天！

① 王统照：《铁匠肆中》，《中国新文学大系·诗集》（1927—1937），上海：上海文艺出版社 1985 年版，第 24 页。

② 徐志摩：《残春》，《徐志摩全集》，韩石山编，天津：天津人民出版社 2005 年版，第 321 页。

③ 林徽因：《你是人间的四月天——一句爱的赞颂》，《林徽因文集·诗歌卷》，天津：百花文艺出版社 1999 年版，第 171 页。

其韵律、节奏和建筑的美清晰可感,此诗是意象、修辞、音韵、体式美的综合,而四月天象征着鲜妍、天真、庄严,爱、暖、希望,有形与无形、外在的美好事物与内心的美好感情,充分得到了表现。

与林徽因的赞颂不同,纪弦《光明的追求者》则见执着,坚定的信念、斗争的精神、果决的行动、献身的勇气,在比喻与对偶结合的诗句中跃然而出,而向日葵与太阳、小青虫与灯火、光明与黑暗,理想和我,对应中构成了自足的象征体系:

好比一盏金黄的向日葵,我是一个光明的追求者;
又如一羽扑灯的小青虫,对于暗夜永不说出妥协。
太阳在哪里我就朝向哪里,灯光在何处我就飞向何处,
因为我是一个光明的追求者,对于黑暗怎么可以树起白旗?
一旦这世上的灯火完全熄灭,我便鼓着小翅膀向着星丛飞;
要是太阳忽然冷却,不再燃烧,我呀,我就点亮了我自己。[①]

综上,新诗在其前进的过程中,逐渐从学习外国或只求浅言直说中走向反思,在转向民族传统时,学习了唐诗宋词的语言与修辞,逐渐在艺术性上取得了进步。其成功之处足可证明论家所说:

我们必须牢记,每个单字在诗中都代表复杂符号,而非日常应用时的单一符号;它的意义必须取决于行文的秩序;意象比喻都发生积极的作用如用平面织锦;语调,节奏,神情,姿态更把一切的作用力调和综合使诗篇成为一个立体的建筑物;而诗的意义也就在于全体的结构所最终获致的效果里。[②]

---

① 纪弦:《光明的追求者》,《纪弦诗选》,北京:人民文学出版社 1995 年版,第 106 页。

② 袁可嘉:《诗与意义》,见《论新诗现代化》,北京:生活·读书·新知三联书店 1988 年版,第 87 页。

论文存目

[1]《诗的空间假借与画的时间凝缩》,《学术月刊》,1989 年 1 期。

[2]《时间艺术的空间感与空间艺术的时间性》,《社会科学家》,1990 年 6 期。

[3]《诗的"收空于时"与画的"寓时于空"》,《文艺理论研究》,1991 年 2 期。

[4]《南宗画与神韵诗》,《社会科学家》,1991 年 4 期。

[5]《南宗禅与南宗画》,《中国画研究》,第 7 辑(1993 年 12 月)。